승려와 불교의 동아시아 해역 교류

승려와 불교의 동아시아 해역 교류

정순일 엮음

| 서문 |

이 책은 승려와 불교를 주제어로 한 동아시아 해역사의 최신 연구 성과를 담은 것이다. 한국을 비롯하여 중국, 타이완, 일본, 베트남 등 5개국·지역의 연구자가 함께 축적한 다년간의 공동 연구 결과물이기도 하다.

전근대 해역 교류의 실태가 그러했듯이 이 책이 세상에 나오기까지는 우여곡절이 적지 않았다. 험난한 항해의 과정이었다고 표현하지 않을 수 없다. 여러 국가·지역의 연구자들이 서로 다른 언어로 작성한 원고를 수합하고, 그것을 한국어로 번역하는 과정은 물론, 9세기 일본의 승전 자료인『입당오가전』의 역주 작업은 지난했다. 수록 논문에서는 한국 학계에 익숙하지 않은 사료 및 자료들이 다양하게 구사되고 있으며, 한국어로 직역해서는 곤란한 용어가 다수 활용되고 있었기에 번역 작업 자체가 또 하나의 새로운 연구를 수반해야 했다. 그러나, 한편으로는 그런 콘텐츠를 담고자 했던 도전적인 시도이기에 이 책의 출간은 대단히 흥분되고 즐거운 과정이기도 했다. 동료 연구자들이 관련 연구 및 후속 연구를 진행할 때 조금이나마 기여할 수 있다고 생각하니 그만큼 보람도 느낄 수 있었다.

이런 주제의 책을 기획할 수 있었던 것은 다년간 이루어진 공동 연구의 축적 덕분이다. 2018년 한국연구재단 일반 공동연구 지원 사업에 <고대 동아시아 해역과 일본 승려의 중국 순례: 고대 일본의 입당승(入唐僧)·입송승(入宋僧) 연구>라는 주제가 선정된 바 있다. 필자가 연구책임자로 나섰고, 건국대 나행주 교수, 전남대 강은영 교수, 경희대 데시마 다카히로 교수가 공동연구원으로 참여하였다. 연구 참여자들의 개인 연구에 더불어, 일본 헤이안 시대의 승려 기록물을 정기적으로 강독하였다. 이 책에 실린『입당오가전』역주도 그 성과 가운데 일부이다. 한국 학계에는 9세기 이후의 일본 역사와 관련한 연구 성과가 충분히 소개되지 못했다는 문제의식에서 해당 시기를 전공하는 국내외 전문가의 발표를 들어보고 토론하는 모임의 정례적 개최에도 힘을 쏟았다. 그 결과 모두 10여 차례에 걸친 해외 전문가 초청 학술 세미나를 열 수 있었다. 한국연구재단의 지원 덕분에 그동안 시도되지 못했던 승려와 불교에 관한 밀도 있는 현지 조사도 실시 할 수 있었다. 1차년도에는 중국 장쑤 성, 저장 성 일대를 답사하면서 해당 지역이 어떤 과정에서 동아시아 해역의 '불교 성지(聖地)'로서 기능했는지를 파악할 수 있었다.

그러나, 공동 연구의 2차년도에는 예기치 못한 사태에 직면하게 되어 어려움을 겪기도 하였다. 바로 '코로나19'의 전 세계적 확산이라는 장벽에 부딪힌 것이다. 본래 우리 연구팀은 2020년 2월 14일~18일의 기간에 2차년도 현지 조사를 실시할 계획이었다. <동아시아 문화교섭의 무대, 나가사키를 걷다>는 주제로 규슈 서북부의 나가사키, 히라도, 후쿠에, 시마바라 일대를 둘러보면서 고대 일본의 불교 교류가 지닌 특성을 해명해보고자 하였으나 실행에 옮길 수 없었다. 나아가, 2020년 3월 6일~7일 양일간에 걸쳐 <승려·상인·사신이 이어주는 전근대 동아시아 해역 세계: 바다를 둘러싼 종교·신앙·교류 이야기>라는 주제로 국제 심포지엄을 열 예정이었다. 우리의 공동연구는 9세기를 중심으로 해서 주로 헤이안 시대 초기만을 분석 대상으로 하고 있었기에, 동일한 문제의식과 동질적인 관점에서 시기를 확장하여 바라본다면 어떤 이야기가 가능할지 논의해보고 싶었다. 하지만, 이 계획 또한 '코로나19' 감염 확산을 이유로 전면 취소할 수밖에 없었다. 당시 해외 현지 조사, 국제 심포지엄을 준비하면서 힘들게 자료집을 만들었던 기억이 새록새록하다. 만만치 않았던 수수료를 부담해가면서까지 항공권 및 숙박을 취소했던 일도 머릿속에 선명하다.

역설적이게도 이 책은 그와 같은 난관이 있었기 때문에 기획된 측면이 강하다. 당시 해외 조사 계획에서 좌절을 경험했던 공동 연구팀의 구성원은 물론, 국제 심포지엄에서 발표를 약속해주었던 국내외의 연구자들이 바로 이 책의 집필자들이다. '코로나19'가 사람들의 국제 이동을 제약할지 몰라도, 거꾸로 그러한 때야말로 '전근대 사람들의 바다를 통한 국제 이동'을 다루는 우리의 공동 연구가 더욱 새로운 의미로 발신될 것이라 판단했다. 참여 연구자들의 그와 같은 공통된 '믿음'이 이 책의 출판으로 이어졌다고 하겠다. 전 세계적인 감염병 확산은 사람들의 국제 이동을 단절시키긴 했지만, 국제적인 공동 연구까지 막지는 못했다.

책의 구성과 내용에 대해서 소개해두지 않을 수 없을 것 같다. 알기 쉬운 형태로 발신하고자 노력하긴 하였으나 한국 사회 및 한국 학계에 생소한 사료와 용어가 적지 않다고 생각되기 때문이다. 이 책은 크게 세 개의 부로 이루어지며, 제 1부에서는 〈해역을 왕환하는 승려와 불교〉를 다룬다. 여기서는 주로 헤이안 시대 초기를 시대 배경으로 하는 다양한 주제와 입당승·입송승 등장의 전야(前夜)로서 7세기 동아시아의 상황을 검토한다. 베트남에서 전개된 불교 문화에 대한 논고도 주목할 만하다. 제 2부에서는 〈동아시아 해역을 둘러싼 교류〉에 대해서 논한다. 동아시아 해역 교류가 지닌 여러 모습을 사신, 상인, 종교, 신앙 등의 키워드로 풀어낸다. 제 3부는 관련 연구, 후속 연구를 위한 토대 자료이기도 하다. 9세기에 중국 당을 방문한 다섯 명의 일본 승려 이야기를 담은 『입당오가전』을 학계 최초로 역주한 결과물이 실려 있다. 일본에서 출판된 佐藤長門 編, 『遣唐使と入唐僧の研究: 附 校訂『入唐五家伝』』(高志書院, 2015)에서 『입당오가전』의 '교정 본문' 제시와 '고훈(古訓)'으로 읽기가 이루어진 바 있지만, 현대어 번역이나 상세한 주석이 시도된 바는 아직 없다. 이 책에 수록된 역주는 그와 같은 일본 학계의 연구 성과를 계승한 형태이긴 하지만, 전 세계 학계에서 처음으로 시도된 작업이기 때문에 학술적으로 커다란 의의가 있다고 자평한다. 역주에 뒤이어 수록하고 있는 〈고대 일본의 입당승·입송승 일람〉 또한 대단히 공을 들인 기초 연구이다. 이 자료를 바탕으로 하여, 더욱 농밀한 후속 연구가 한국 학계에서도 발표되기를 희망한다.

다음으로는 수록된 글의 내용에 대한 개괄이다. 우선 제 1부 〈해역을 왕환하는 승려와 불교〉에 대해서이다. 여기에는 모두 8편의 논문이 실려 있다.

나행주 「7세기 일본 견수 학문승의 활동과 역할-승의 다양한 기능과 양태-」는 7세기 왜(倭)의 견수사 및 초기 견당사에 동반하여 중국에 유학한 학문승의 활동을 추적한다. 특히 이들이 귀국 이후 열도 사회의 사적 전개에서 어떠한 역할을 수행했는지를 검토하고 있다. 당시부터 바다를 왕래한 승려는 단순한 불교 성직자에 머무는 것이 아니라 정치문화 및 외교·군사적 분야 등 제 방면에서 활약했으며 특수 기능 보유자로서 성격도 동시에 지니고 있었음을 구명한다.

강은영 「8세기 전반 일본 불교계의 동향과 天平期 견당사의 파견」은 일본의 견당사 파견 기간에 나타난 승려의 모습에 초점을 맞추고 있다. 당으로 파견된 사신단 못지않게 유학생에게 부여된 임무가 중시되었음을 실증적으로 밝힌다. 이와 같은 작업은 승려의 활동이 단지 종교적 영역뿐 아니라 정치적 사안에 이르기까지 폭넓게 확인되던 당시의 실태를 이해하는 데 도움을 준다. 특히 고대 일본이 중국의 고승 감진(鑑眞)을 청빙하게 된 대내적·국제적 배경을 정밀하게 다루면서 당시 열도 사회가 승려와 불교를 어떻게 제어하고, 또 활용하고자 했는지를 이해하기 쉽게 풀어간다.

고치 하루히토 「입당승과 해외 정보」는 국제 정보를 유통·매개하는 일본의 입당승에 대해서 본격적으로 다루고 있다. 7~9세기의 입당승 활동에서 포착되는 시대별 특징을 지적하는 한편으로, 입당승이 당 체재 시 어떻게 다양한 정보를 입수·수집했는지, 나아가 그러한 해외 정보를 어떻게 일본으로 발신할 수 있었는지를 구체적인 사례를 통해 해명한다.

가와노 하스히로 「입당승의 이동을 뒷받침한 사람들: 재당 신라인 사회와 해상 교역자의 변화」는 9세기 당 사회에 존재했던 '교역 이산 공동체'에 주목한다. 율령 규정상 사무역은 용인되지 않았지만 동아시아 각 왕권의 중심과 주변의 경계에 살던 사람들의 왕래를 허용하면서 교역을 추동한 시대적 특성을 알기 쉽게 풀어나가고 있다. 당 상인은 물론, 재당 신라상인은 중국과 일본을 왕래한 입당승의 도해 및 해외 체재를 지탱해주고 있었음을 밝힌다.

후루하타 도루의 「발해승 정소의 여행: 『입당구법순례행기』의 「곡일본국내공봉대덕영선화상시병서」를 소재로」는 발해 승려 정소의 여행에 대한 전체상을 복원하고 있다. 특히 「곡영선화상시병서」의 전문 번역 및 새로운 해석은 이 책을 통해 처음 공개되는 연구 성과라서 더욱 주목을 끈다. 한 사람의 승려에 초점을 맞추고 있지만 당, 발해, 일본을 비롯한 9세기 동아시아 역내의 실태를 폭넓게 이해할 수 있는 계기를 마련해준다.

데시마 다카히로의 「입송승 조넨 사제와 우전왕사모상: 여러 의미의 청래를 둘러싸고」는 한국어로 발표되는 일본의 입송승에 대한 거의 최초의 본격적 연구라는 점에서 그 의의가 작지 않다. 이 논문에서 언급되는 '우전왕사모상'을 그 유명한 교토 아라시야마 소재 세이료지 석가상 그 자체로 보는 언설 및 인식이 생성된 시대적 배경에 대해 동아시아 해역사의 관점에서 풀어가고 있다. 입송 순례승을 매개로 한 일본과 송 사이의 교류가 지니고 있는 공적인 측면을 들여다봄으로써 헤이안 시대의 정치문화가 가지고 있는 특성의 일단을 살펴본 것이다.

정순일 「한일 역사교과서는 입당승·입송승을 어떻게 서술하고 있는가 -'견당사 정지-국풍문화 발달' 문맥과의 관련성에 주목하여-」는 한국과 일본의 역사교과서에 나타난 입당승·입송승 관련 서술을 면밀히 검토하고 있다. '견당사 이후' 시기를 묘사함에 있어 입당승·입송승의 실태를 강조할 것인지, 아니면 '견당사 정지'는 '국풍문화 발달'을 가져왔다는 통념적 도식을 유지할 것인지의 갈림길에서 교과서 내의 역사상이 어떻게 구축되어왔는지를 추적하고 있다.

팜 레 후이 「전근대 동아시아에서의 한역 대장경 전파와 그 전개: 베트남의 전기 레 왕조, 리 왕조의 대장경 장래 사업을 중심으로」는 역사상 불교를 매개로 한 동서 교류에서 중요한 허브 역할을 수행해왔던 베트남 지역의 대장경 전래 경위와 배경에 대해 고찰하고 있다. 중국 경유의 한역 불교가 베트남으로 이입되고, 문화적으로 재생되는 과정은 물론 이른바 '내부화'의 관점에서 베트남 각 왕조가 행해온 대장경의 필사, 목판 주조, 신역 경전의 추가 등에 대해서도 실증적으로 밝힌다.

다음으로 제 2부 〈동아시아 해역을 둘러싼 교류〉에 대해서이다. 여기에는 모두 7편의 논문을 담았다.

에노모토 와다루 「중국 절강성 태주의 지명으로 보는 고려·신라」는 중국 송대부터 청대의 지리지를 주된 사료로 활용하여 절강성 태주 지역에 남아 있는 고려·신라 관계 지명에 대해 추적해나고 있다. 구체적으로는 태주 임해현의 고려두산, 신라서, 신라산 등의 지명을 확인하고 그 교통상의 자리매김에 대해 논한다. 나아가 황암 신라방을 비롯한 외래 상인 거류 구역에 관한 주요 사항을 논증한다.

미즈구치 모토키 「바다·머리카락·동아시아, 그리고 기도」는 머리카락을 자르는 '단발' 행위와 해양 신앙과의 상관성을 심층적으로 분석한 연구이다. 사람들이 바다를 횡단할 때 머리카락을 자름으로써 무사를 기원하는 행위가 고대 동아시아 역내에 공통적으로 나타난다는 것은 이러한 문화 습속이 경계를 넘는 과정에서 어느 정도 변용은 되었을지라도 사람의 국제 이동을 통해 전파·확산된 기도의 방식이라는 점을 지적하고 있다.

곤도 쓰요시 「몽골 습래를 둘러싼 문서, 사절, 선박」은 몽골 습래 시기의 일본, 원, 고려 등 동아시아 각 지역의 동향을 '문서', '사절', '선박'이라고 세 가지 키워드를 통해 고찰하고 있다. 우선 원과 고려가 일본으로 보낸 외교문서인 '대몽고국중서성첩', '고려국경상진안동도안찰사첩'을 밀도 있게 분석한 후, 다음으로 일본에 외교문서를 전달한 고려 사신의 위상에 대해 검토한다. 끝으로 이른바 '원구선'에 관한 최근의 일본 수중고고학 연구 성과를 소개한다.

셰종즈 「남해에서 동해로: 황충 『해어』의 해양 서사」는 중국 명 시기의 해양과 관련한 황충의 논저 『해어』를 고찰한다. 종래에는 저자인 황충의 생애를 다루는 연구가 주를 이루었다면, 이 글에서는 『해어』의 편찬 배경이나 시대적 가치는 물론 이 서적이 전하고 있는 해양 세계에 대한 인식 등을 다각적·입체적으로 다루고 있다.

이가와 겐지 「무로마치 시대 방일 조선인과 일본사회」는 무로마치 시기(조선 전기) 일본을 방문한 조선인에 대해 검토한다. 15세기 전반 양국 사절이 빈번한 왕래가 이루어지는 단계, 15세기 중반 조선 사절의 일본 방문이 두절되는 단계, 16세기 이후 이른바 당선 무역의 단계로 나누어 시기별 특성에 대한 고찰은 물론, 해당 시기 교류가 지니는 전체적인 성격을 논하고 있다.

야마우치 신지 「조선통신사와 항해 안전의 기도: 근세 동아시아 해역 속 항해신앙의 한 모습」은 17~19세기 통신사의 항해신앙을 실마리로 하여 근세 동아시아 해역에서 행해진 항해자들의 구체적인 신앙 행위를 추적한다. 통신사가 바다를 건너기 전에 행했던 제사, 나아가 바다 위에서 행했던 제사의 모습과 과정을 복원하고 있다. 영가대 제사와 수종 제사로 구별되는 항해신앙의 이중 구조에 대한 고찰은 물론, 근세 일본의 신앙 사례와 비교하는 내용은 관련 연구의 확장성을 엿볼 수 있게 한다.

류천 「근세 조일 통교에서의 문화교섭과 역사인식: '서복일서' 전설을 중심으로」는 근세 시기 조선 통신사가 일본을 방문할 때 중국 고전에 등장하는 서복이라는 인물을 누차 언급한 정치 문화적 맥락에 대해 고찰하고 있다. 통신사 일행은 조일 양국 관계의 개선 및 유지를 위해 일본 측이 초래한 정치적 모욕을 견뎌가면서도, 한편으로는 문화적 측면에서는 일본 측을 경시하거나 오만한 태도로 일관하고자 하였는데 그러한 과정에서 서복 전설이 활용되고 있었음을 지적한다. 조선과 일본의 교섭과 경쟁에 '현장에 없는 중국'을 등장시킨 배경에 대한 탐구는 근세 한일관계사를 다시 바라볼 수 있도록 해준다.

이어지는 제 3부 〈『입당오가전』의 역주 및 입당승·입송승 일람〉에 대해서이다. 여기에는 〈『입당오가전』의 해제〉와 〈역주〉를 차례로 수록하였다. 앞서 밝힌 바와 같이, 이 역주 작업은 일본 학계를 포함하더라도 세계에서 처음 시도된 것이다. 선도적이라서 참신한 만큼 미흡한 해석 및 불충분한 주석이 있을 수 있음을 미리 고백하고 밝혀두고 싶다. 다만, 〈고대 일본의 입당승·입송승 일람〉은 일본의 입당승 연구, 입송승 연구의 대표 논자인 가와노 교수, 데시마 교수가 직접 참여한 작업인 만큼 귀중한 정보를 농축하여 일목요연하게 정리한 것이 말할 수 있다.

사실, 수록 콘텐츠의 초고는 이미 수년 전에 최초 제출되었다. 그러나 엮은

이의 불민함과 태만함으로 인해 이 세상으로 나오기까지 너무 오랜 시간이 걸렸다. 그럼에도 불구하고 묵묵히 기다려주신 집필자 선생님들께 머리 숙이지 않을 수 없다. 여기 실린 논문의 상당 수는 이 책을 위해 새롭게 써주신 것들이지만, 이미 외국어로 발표된 바 있는 옥고를 번역·전재하는 경우도 없지 않다. 하지만 그런 경우라도 초고를 수정·가필하였으며 가능한 그 후에 발표된 새로운 연구 성과를 반영하여 다듬는 과정을 거쳤음을 밝혀둔다.

이 책이 만들어지기까지는 적지 않은 사람들의 수고가 있었다. 수록된 논문 번역에서부터 막바지 책의 교열 및 편집에까지 힘을 써준 고려대 대학원 박사과정의 정기웅 선생, 한상아 선생, 성근 선생에게 고마움을 표하지 않을 수 없다. 『입당오가전』 본문 텍스트화 작업에는 강나리 박사의 큰 도움이 있었다. 수업 및 세미나를 통해 역주 작업에 공동으로 참여하고 기여해준 대학원생들에게도 감사의 뜻을 전한다. 다른 어떤 분들보다도 여러모로 미숙한 후배를 신뢰해주고 물심 양면으로 함께 해주신 공동연구원 나행주 교수, 강은영 교수, 데시마 다카히로 교수께도 머리 숙여 인사드리고 싶다. 출판 시장이 어려운 가운데에도 이 책의 학술적 의의에 공감해주시고 적극적으로 도움을 주신 경인문화사 한정희 대표님과 난삽한 글의 묶음을 잘 정리해주신 편집부 김한별 선생님께는 특별히 경의를 표하며 진심을 담아 감사의 인사를 올린다.

2024년 10월

집필자를 대표하여

정순일 序

| 목차 |

제 2부 동아시아 해역을 둘러싼 교류

제 3부 『입당오가전』의 역주 및 입당승 · 입송승 일람

제 1부

해역을 왕환하는 승려와 불교

1

7세기 일본 견수 학문승의 활동과 역할
: 승의 다양한 기능과 양태

- 나행주

Ⅰ. 머리말

Ⅱ. 7세기 왜국의 학문승 - 견수 및 초기 견당 학문승

Ⅲ. 고대의 승의 다양한 기능과 양태

Ⅳ. 맺음말

Ⅰ. 머리말

본고는 7세기를 중심으로 하는 왜국의 견수사 및 초기 견당사에 동반해 중국에 유학한 학문승(입수·입당승)의 활동과 역할을 규명하는 것을 목표로 한다.

구체적으로는 7세기 일본의 견수사와 함께 수에 건너간 유학승들이 중국에서의 유학생활은 어떠하였고, 장단기간의 유학생활 후 귀국하여 일본열도에 무엇을 초래하였는지, 그들은 일본고대사에서 일본열도의 정치문화 형성·발전에 어떠한 방면에서 어떠한 역할을 수행하였고, 당대를 대표하는 지식인의 대명사로서 어떠한 특수기능을 겸비했는지, 나아가 일본고대의 정치문화 형성에 어떠한 족적을 남겼는지 등을 추적함으로써 견수사 및 초기 견당사의 역사적 의의에 대해 종합적으로 검토하고자 한다.

본고에서는 특히 한반도 내의 다양한 승려의 활동을 검토하고 동시에 한반도 삼국에서 왜국(일본)으로 파견되어 일본열도에서 활동한 도래승, 왜국의 학문승을 중심으로 한 왜국승들의 구체적인 활동상을 확인한다. 이를 통해 동아시아 고대 정치문화와 외교·군사적 방면에서의 승의 다양한 역할을 규명해 보고자 한다. 더 나아가 각 방면의 특수기능 소유자로서의 승의 모습을 통해 고대 사회에 있어서의 승려의 제(諸) 양태를 정리해 보기로 한다.

요컨대 고대 한반도와 일본열도에서 활동한 승려의 사례를 중심으로 하는 동아시아 고대세계에서의 다양한 승의 모습을 제시하고자 한다.

Ⅱ. 7세기 왜국의 학문승 - 견수 및 초기 견당 학문승

고대 일본의 역사적 전개 과정에서 한자(한문), 불교, 유교문화로 상징되는 열도사회의 문명화로의 전환은 열도라는 자연 지리적 조건으로 인해 새로운 선진 사상이나 문화는 외부 세계에서의 도입·수용이 필수불가결한 요소로 작용하고 있다고 할 수 있다.

일찍이 왜국은 4세기 야마토 왕권의 성립 이래 선진문화와 문물의 수용·도입은 한반도의 가야제국과 백제, 고구려와 신라와의 교류교통 속에서, 특히 백제와 고구려에서 파견된 선진의 인적자원[01]을 통해 그 수요를 충당해 왔고, 한편으로 7세기 초의 추고조에 들어 국가 의식 고양과 함께 중국 유래의 선진의 문물제도와 사상 등의 도입 필요성이 보다 제기되었고, 이에 대응하기 위한 조치로서 적극적인 국가의 시책으로 마련된 것이

01 예를 들면, 5세기 초에 백제에서 파견된 왕인과 아직기로 상징되는 박사와 학자, 계체기에 파견된 중국 남조에서 유래하는 오경박사로 대표되는 각종 제박사와 흠명조의 불교공전 이래로 파견된 혜총과 관륵으로 대표되는 백제승, 추고조 이래 왜국으로 건너온 혜자와 담징으로 상징되는 고구려의 승 등.

바로 중국을 대상으로 한 견수사와 견당사의 파견 정책이다. 그리고 이러한 국가시책에 따른 중차대한 역할을 담당한 존재가 바로 견수사와 견당사에 동반해 수당에 파견된 유학자들(유학승·유학생)이다.

우선, 견수사의 파견목적을 유학승(생) 파견과 관련해 살펴보기로 한다. 우선 주목되는 사료가 『수서(隋書)·왜국전(倭國傳)』의 대업(大業) 3년(607) "聞海西菩薩天子重興佛法故遣朝拜兼沙門數十人來學佛法"이다. 여기에는 견수사에 동반해 수십인(数十人)의 사문(沙門)이 불법을 배우기 위해 동행한 사실이 보인다. 이를 통해 일본의 정사에서는 직접적으로 명시하고 있지 않지만, 607년의 오노노 이모코(小野妹子)가 이끄는 제2차 견수사 파견에 동반해 수십 인의 '학문승(學問僧)'이 수나라로 건너갔음을 알 수 있다.

따라서 대수외교의 개시목적, 즉 유학승(생)의 파견목적은 견수사의 파견에 승려 수십 인이 동행하고 있는 점,[02] 견수사의 파견에 즈음하여 성덕태자가 대사 이모코(妹子)에게 '선세지송(先世持誦)'의 법화경을 장래(將來)하도록 지시하고 있는 점,[03] 608년의 제3차 견수사 파견의 경우에도 학생 4인과 학문승 4인을 파견하고 있는 점[04] 등에서 기본적으로 수에 학생과 학문승을 파견함으로써 장기적으로 대륙의 불교, 유교, 정치제도, 예제(禮制) 등 선진의 사상과 학술, 신문물과 선진 문화를 수용하려는 데 있었음을 알 수 있다. 결국 견수사는 정치 문화사절로 보지 않으면 안 된다.

---

02 『일본서기(日本書紀)』 추고기 15년 7월조 및 『수서』 왜국전.

03 『일본서기』, 『석일본기(釋日本紀)』, 『선린국보기(善隣國寶記)』, 『부상략기(扶桑略記)』 추고천황조 등.

04 『일본서기』 추고기 16년 9월조.

한편 견당사의 파견목적도 기본적으로는 동일하다고 할 수 있다. 제1차 견당사는 630년에 처음으로 계획·실행되는데 그 파견목적은 과거 견수유학승·유학생으로 중국에 다녀온 후 에사이(惠齊), 에니치(惠日) 등이 한 정책 건의 "其大唐國者法式備定之珍國也, 常須達"[05]에 따른 것으로, 일차적으로는 문화 선진국 당의 정치문화를 배우기 위한 정치 문화사절의 성격을 지니고 있다. 아울러 제1차 견당사 파견에는 정책건의의 당사자인 에니치가 직접 견당사 부사로 참여하고 있는 점과 632년 제1차 견당사의 귀국 시에 실제로 견수유학승 3인(靈雲, 僧旻, 勝鳥養)을 동반하고 있는 점으로 보아 이전에 파견되어 이미 학업을 마친 견수유학생과 학문승을 왜국으로 불러들여 활용하려는 보다 현실적인 이유도 있었다.[06] 그리고 이러한 정치 문화사절로서의 견당사의 기본적인 성격은 838년 6월에 출발해 실질적인 최후의 견당사가 된 승화 연간(834년 임명, 836~838년 출발)의 견당사절까지 그대로 유지되었다고 할 수 있다.

다음으로 653년의 제2차 견당사 파견 목적은 보다 직접적으로 대규모의 학문승 파견에 있었다. 즉, 제2차 견당사의 제1선에 121명, 제2선에 120명이 승선한 총 241명 사절단 인원 가운데 학문승이 15명~17명,[07] 학생이

05 『일본서기』 추고기 31년 7월조.

06 김은숙, 「7세기 동아시아의 국제관계」, 『한일관계사연구』 26, 2007.4, 65쪽.

07 학문승으로는 도엄(道嚴), 도쓰(道通), 도코(道光), 에세(惠施), 가쿠쇼(覺勝), 벤쇼(弁正), 에쇼(惠照), 소닌(僧忍), 지소(知聰), 도쇼(道昭), 조에(定惠), 안다치(安達), 도간(道觀), 지벤(知辨), 기토쿠(義德), 도후쿠(道福), 기쿄(義向)가 확인된다.

고세노 오미쿠스리(巨勢臣藥) 등[08] 2~3명 파견되고 있는 점에서 견수사에 동반해 파견된 학문승·학생과 비교해 그 규모와 의도를 짐작하게 한다.

이상을 통해 왜국의 견수사 및 견당사 파견의 1차적 목적이 어디에 있는지를 알 수 있는데, 그렇다면 다수의 학문승 파견의 구체적인 목적은 무엇일까.

결론을 먼저 말하자면, (가) 입당구법 즉 불교수학, (나) 경전(불교 및 유교 관련) 등 서적의 구입·장래, 그리고 궁극적인 목표로서 (다) 중국 수당의 선진문물 수용과 각종 제도·사상 등의 체득과 그 활용에 있었다고 할 수 있다.

우선 파견목적 (가)와 관련해서는 『수서』 왜국전에 대업 3년(607) 왜국사가 이르러 "해서의 보살천자가 거듭하여 불법을 일으켰다고 들었다. 그런 연유로 견사·조공하고 아울러 사문 수십 인이 이르러 불법을 배우고 싶다"고 주청했다고 전하는 것처럼, 학문승 파견의 제1차 목적은 이들을 통해 중국의 불교를 현지에서 직접 배우기 위한 것으로 이해된다. 그리고 실제로 입당승의 경우는 당을 대표하는 삼장법사 현장에게 직접 법상종을 배우고 있는 것이다. 예를 들면, 입당구법의 구체적인 사례로 (1) 제명조의 지다치(智達)와 지쓰(智通)는 현장법사에게서 직접 무성중생의(無性衆生義)를 사사했고, (2) 조에(定惠)도 장안에서 신태(神泰)에게 불법을 배웠으며, (3) 도쇼(道昭)는 장안에서 현장으로부터 법상종을 배우고 많은

08 학생으로 고세노 오미쿠스리(巨勢臣藥), 히노 무라지 오키나(氷連老人), 사카이베노 무라지 이와쓰미(坂合部連磐積)가 확인된다.

경전을 가지고 귀국한다.[09] 또한 (4) 도지(道慈)는 장안에서 법상·삼론을 배우고 당에서 학업 우수의 승(僧)으로 표창되고 귀국 후 당의 서명사(西明寺)를 모방한 다이안지(大安寺)의 건립에 진력했고, (5) 장안에서 청룡사(青龍寺)의 혜과(惠果)에게 밀교를 배우고 많은 경전·불상·불구를 장래한 홍법대사 구카이(空海), (6) 천태산에 올라 도수(道邃)·행만(行滿)에게 천태를, 월주 용흥사(龍興寺)의 순효(純曉)에게 밀교를 배운 전교대사 사이초(最澄) 등에 대해서는 주지의 사실이다.

다음으로, 파견목적 (나)와 관련해서는 『선린국보기』 권상에 견수사의 파견목적을 직접적으로 "是時國家書籍未多. 爰遣小野臣因高於隋國買求書籍"으로 명시하고 있어서 그 중심적 역할을 유학승·유학생이 담당했을 것임은 추측하기 어렵지 않다. 아울러 『일본서기』 백치(白雉) 5년(654) 7월 시월(是月)조를 통해 견수사뿐만 아니라 견당사 파견목적도 기본적으로 이와 동일하다고 할 수 있다. 더 나아가 이들의 주요 임무인 각종 문서· 서적의 구입과 장래에는 유교경전과 함께 불교경전도 구입대상이 되었다. 이를 보다 직접적으로 보여주는 사료로 『부상략기』에 성덕태자가 대사 이모코에게 법화경의 구입과 장래를 직접 지시하고 있는 사례를 들 수 있다.[10]

지금까지 학문승 파견과 관련해 그 주요 목적 가운데 하나로서 구법(불법수행)과 경전의 장래라는 측면을 강조했는데, 왜국의 견당사 파견과 관련

---

09 아울러 도쇼는 700년에 사망하자 그 유언에 따라 율원(栗原)에서 화장되는데 그것이 일본 최초의 화장이었다고 전해지고 있다.

10 『부상략기』 추고천황조에는 성덕태자가 견수사로 파견되는 오노노 이모코(小野妹子)에게 직접 경전(소지 법화경)의 장래를 지시하고 있다.

한 중국의 선진문물 및 서적의 도입은 헤이안 시대에 파견된 견당사의 경우에서도 마찬가지로 확인된다. 예를 들면 연력 23년(804)과 승화 5년의 경우도 견사(遣使)하여 최신의 불경이나 사상을 섭취하는데 그 목적이 있었다.

수당으로의 학문승(생)의 파견목적 가운데 최종적인 목적인 (다)는 물론, 동아시아문화의 중심이자 문화선진국 수당에 파견한 학생과 유학승의 장기 유학을 통해 선진의 문물, 국가제도, 사상 등을 직접 체득하여 도입하고 왜국(일본)에서 국가사회의 필요에 따라 이를 활용하기 위한 것임은 재언을 요하지 않는데, 이는 유학승(생)의 귀국 후의 활동을 통해 확인할 수 있다.

1. 7세기 수당에 파견된 학문승과 학생

한반도 및 중국의 선진문화와 기술, 사상·제도 등의 적극적인 도입·수용을 위한 일본 고대국가의 중대한 프로젝트가 해외에의 유학자의 파견이다. 우선 7세기를 중심으로 왜국에서 해외(한반도제국·중국의 수당)로 파견된 유학자(유학승·유학생)를 표로 정리해 보면 다음과 같다.

〈표 1〉 7세기 한반도 및 중국에 파견된 유학자(유학승·학생) 일람표(*출전은 『일본서기』)

번호	이름	승/학생	파견국	출발/귀국	유학기간
1	선니(善尼)	학문니	백제	588-590	02
2	선니(善尼)		백제		
3	선니(善尼)		백제		
4	남연청안(南淵請安)	학문승	수[당]	608-640	32
5	왜한복인(倭漢福因)	학생	수[당]	608-623	15

번호	이름	승/학생	파견국	출발/귀국	유학기간
6	민(旻)	학문승	수[당]	608-632	24
7	고향현리(高向玄理)		수[당]	608-640	32
8	나라혜명(奈羅惠明)		수[당]	608-?	
9	혜은(慧隱)	학문승	수[당]	608-639	31
10	신한인대국(新漢人大圀)		수[당]	608-?	
11	신한인광제(新漢人廣齊)	학문승	수[당]	608-?	
12	혜제(惠齊)	학문승	당	?-623	
13	혜광(惠光)	학문승	당	?-623	
14	약사혜일(藥師惠日)	학문승 (학생)	당	?-623	
15	영운(靈雲)	학문승	당	?-632	
16	승조양(勝鳥養)	학생?	당	?-632	
17	혜운(惠雲)	학문승	당	?-639	
18	안작득지(鞍作得志) 등	학문승	고구려	?-645?	
19	불명	학문승	삼국(신라)	648(효덕4-2)	
20	도엄(道嚴)	학문승	당	653-?	
21	도통(道通)	학문승	당	653-?	
22	도광(道光)	학문승	당	653-678	25
23	혜시(惠施)	학문승	당	653-?	
24	각승(覺勝)	학문승	당	653 객사	
25	변정(辯正)	학문승	당	653-?	
26	혜조(惠照)	학문승	당	653-?	
27	승인(僧忍)	학문승	당	653-?	
28	지총(知聰)	학문승	당	653	
29	도조(道昭)	학문승	당	653-?	
30	정혜(定惠)	학문승	당	653-665	12
31	안달(安達)	학문승	당	653-?	
32	도관(道觀)	학문승	당	653-?	
33	지변(知辯)	학문승	당	653-?	
34	의덕(義德)	학문승	당	653-690	37
35	도복(道福)	학문승	당	653 난선(難船)	
36	의향(義向)	학문승	당	653 난선	
37	혜묘(惠妙)	학문승	당	객사	
38	지국(智國)	학문승	당	난선	

번호	이름	승/학생	파견국	출발/귀국	유학기간
39	지종(智宗)	학문승	당	654-690	36
40	의통(義通)	학문승	당	난선	
41	거세약(巨勢藥)	학생	당	653-?	
42	빙로인(氷老人)	학생	당	653-668	15
43	지통(智通)·지달(智達)	학문승	당	658(제명4-7)	
44	판합부석적(坂合部石積)	학생	당	653-?	
45	고황금(高黄金)	학생	당	?-668	
46	묘위(妙位)	학문승	당	?-668	
47	법승(法勝)	학문승	당	?-668	
48	토사생(土師甥)	학생	당	?-684	
49	백저보연(白猪寶然)	학생	당	?-684	
50	영관(靈觀)	학문승	신라?	?-685	
51	관상(觀常)	학문승	신라?	?-685	
52	지융(智隆)	학문승	신라?	?-687	
53	관지(觀智)	학문승	신라?	?-689	
54	명총(明聰)	학문승	신라?	?-689	
55	정원(浄願)	학문승	당	?-690	
56	산전사어형(山田史御形)	학문승	신라	?-692?	
57	신예(神叡)	학문승	신라?	693-?	
58	변통(辨通)	학문승	신라?	693-?	
59	도등(道登)	학문승	고구려	?-? (효덕조 이전)	*59는 개신정권 하의 십사(十師)의 1인
60	지장(智藏)	학문승	당	천지조	*60의 속성은 화전(禾田)씨. 천무조의 승정. 『회풍조』에 한시 2수. 오국인(吳國人) 복량(福亮) 법사의 아들

* 이 표는 泉敬史, 「古代日本の留學者②」, 『札幌大學總合論叢』 33(2012.3)의 표를 참고해 이에 약간의 수정 및 보완하여 작성하였음.

우선, 〈표 1〉에서 보는 것처럼 이 가운데 특히 중국 수당에의 유학자 파견은 왜국의 중장기적 전망 하에서 수립된 대외 정책의 일환으로 추진되고 있었다는 점을 유학자(학문승·학생)들의 출발에서 귀국까지의 20~30년이라는 장기간의 체재 기간을 통해서도 충분히 알 수 있다.

이하, 수당에 파견된 유학승과 학생의 구체적인 활동상을 살펴보기로 한다.

학문승의 파견과 관련해 앞서 본 『수서』 왜국전에서 대업 3년(607) 왜국사와 함께 '사문 수십 인이 이르러 불법을 배우고 싶다'고 주청했다고 전하고 있고, 추고기(推古紀) 16년(608) 9월 신사조에는 608년, 배세청의 귀국에 동반해 재차 수에 파견된 대사 오노노 이모코(小野妹子), 부사 기시노 오나리(吉士雄成) 등 일행에 8명의 유학생·유학승을 파견했다고 기록하고 있다. 즉, 학생, 유학생이 그 주인공들이다. 이들을 표로 정리해 보면 다음과 같다.

〈표 2〉 수에 파견된 학문승·학생 일람

번호	이름	승/학생	출국(파견)	귀국	체재기간	비고
1	남연한인청안(南淵漢人請安)	학문승	608	640	32	학당개설
2	신안인민(新漢人旻)	학문승	608	632	24	국박사
3	지하한인혜은(志賀漢人慧隱)	학문승	608	639	31	
4	신한인광제(新漢人廣濟)	학문승	608			
5	왜한직복인(倭漢直福因)	학생	608	623	15	
6	고향한인현리(高向漢人玄理)	학생	608	640	32	국박사/견당사압사
7	나라역어혜명(奈羅譯語惠明)	학생	608			
8	신한인대국(新漢人大圀)	학생	608			

그럼, 이들의 행적을 추적해 보자. 먼저, 『일본서기』 추고 16년(608) 9월 신사조에는 '당객(唐客)' 배세청의 송사로서 재차 수에 건너간 오노노 이

모코에 동행한 학생 4인에 대해서 "야마토노 아야노 후쿠인(倭漢直福因), 나라노 오사에묘(奈羅譯語惠明), 다카무쿠노 아야히토겐리(高向漢人玄理), 이마키노 아야히토다이코쿠(新漢人大國)"라 기술하고 있다. 이 가운데 야마토노 아야노 후쿠인은 15년 후인 추고 31년(623)에 15년간의 유학을 마치고 당에서 귀국하고 있는데,[11] 여기에는 대당학문자승(大唐学問者僧)의 일원으로 보이고 있다.

다음으로, 중국에 파견된 최초의 학문승은 4인으로 이마키노 아야히토니치몬(新漢人日文), 미나부치노 쇼안(南淵漢人請安), 시가노 아야히토에온(志賀漢人惠隱), 이마키노 아야히토코사이(新漢人廣齊)이다. 앞서 본 견수학생의 경우와 마찬가지로 수에 파견된 유학승들은 그 출자가 공통적으로 한인(漢人)과 신한인(新漢人)으로 명기되어 있어 모두 도래계 씨족의 후예들임이 확인된다. 대부분이 한인을 칭하는 인물들이었다. 8인의 한인 가운데 신한인 3인은 소위 신래(新來)의 한인으로 금래군(대화국 고시군)에 거주하는 한인을 의미한다. 이전의 한인에 비해 백제를 통해 도입한 최신의 선진문화와 사상, 기능과 기예를 지닌 인물들이다.

고향한인 등 3인의 한인은 다카무쿠, 나부치(南淵), 시카(志賀) 등 지명을 관칭하고 있는데 그들의 거주지를 말한다. 아울러 추고조 당시 금래군에는 추고천황의 오하리다(小墾田) 궁이 위치하고 있었다. 학문생과 학문

---

11 『일본서기』 추고 31년(623) 7월조.
대당 학문승 에사이와 에코 및 의원 에니치와 복인들이 모두 지세이를 따라 귀국하였다. 에니치 등이 함께 "당에서 유학한 자들은 다 학업을 달성했습니다. 소환함이 좋을 것입니다."

승으로 선발된 8인은 7세기 초반 당시의 왜국을 대표하는 최고의 지식인들이었던 것이다.

이들은 야마토 조정에 직속되어 문필업에 종사했던 동한(東漢)씨계의 사부(史部) 집단에서 선발된 청년들로서, 견수사 파견에 즈음하여 새로운 사명을 띠고 유학생·유학승에 선발된 엘리트 집단이었다. 이들이 모두 당시 왜국의 문필업을 전담하는 사부 집단에 속하고 있었다는 점은 견수사 및 유학생(승)의 파견이 새로운 시대를 여는 중요한 계기였다는 점을 말해주는 동시에 웅략조 이래의 '사부' 집단의 존재가 왜국 내에서 차지하는 중요성을 잘 말해주고 있다. 이 점은 7세기 당시의 왜국에 있어 4세기 이래로 왜국의 정치문화에 불가결한 문자문화를 담당하고 주도하는 주체들이 동문씨, 서문씨, 문(서)씨 등 도래계 씨족 및 그 후예들이였음을 말해주고 있다.

한편, 이들의 귀국 후의 다양한 활동과 역할도 추적할 수 있는데, 예를 들면 최초의 견수학문승 4인 가운데 1인이었던 이마키노아야히토니치몬(新漢人日文)은 24년 후인 632년에 승민(僧旻)으로서 귀국하고 있다. 그 13년 후인 645년의 대화개신 때에는 같은 시기에 유학자로서 수에 건너간 '학생' 다카무쿠노 겐리와 함께 국박사(國博士)에 임관(任官)되고 있으며, 그 외에도 조정에 중용되었음이 확인된다.[12] 미나부치노 쇼안은 파견으로부터 32년 후인 640년에 겐리와 함께 귀국하고 있으며, 644년에는 미나부

12 『일본서기』에 승민에 관한 사료가 다수 보이고 있는데, 서명기 4년(632) 8월조, 동 9년 2월조, 동 11년 정월조, 효덕기 즉위전기(황극 천황 6년 4월조), 효덕기 대화 원년 8월조, 동 대화 5년 2월 시월조, 동 백치 원년 2월조 등 참조.

치(南淵) 선생(先生)으로서 학당을 개설해 나카노 오오에(中大兄)와 나카토미노 가마코(中臣鎌子), 소가노 이루카(蘇我入鹿) 등에게 공자(周孔)의 가르침을 전하고 있다.[13] 시가노 아야히토에온은 31년 후인 서명(舒明) 11년 9월에 귀국하고 있는데 그 후 2차례에 걸쳐 칙명으로 『무량수경(無量壽經)』을 강석하고 있다.[14] 이마키노 아야히토코시이에 대해서는 그 후의 사정을 전하는 사료가 없다.

이어 이들의 귀국 후의 활동을 특히 대화개신과의 관련성 속에서 살펴보기로 한다.

608년의 견수사는 다수의 유학생을 동반하여 직접 대륙문화의 도입을 의도한 획기적인 사업이었는데, 이들 8인 가운데 최초로 귀국하고 있는 인물이 후쿠인(福因)이다. 618년 수가 멸망하고 당이 성립했는데 그로부터 5년째인 추고 21년 7월에 신라사 지세이(智洗爾)를 따라 학문승 에사이·에코 및 의사 에니치·후쿠인이 귀국하고 있다. 다른 3인의 귀국 시기는 불명인데 복인은 약 15년 만의 귀국으로 수당에서 의학을 배우고 돌아온 것임을 알 수 있다. 이때 에사이와 에니치 등은 재당의 유학생들이 모두 학업을 성취했다는 보고와 동시에 "대당국은 법식이 정비된 진귀한 나라"이기 때문에 금후에 통교해야 한다고 건의하고 있다.[15] 율령법의 계수와 율령국가의 건설이 금후의 왜국의 과제라는 점을 단적으로 지적하고

13 『일본서기』 서명기 12년 10월조 및 황극기 3년 정월조 참조.

14 『일본서기』 서명기 11년 9월조 및 동 시세조, 효덕기 백치 3년 4월조 참조.

15 『일본서기』 추고기 31년 7월조에 "대당 학문승 에사이·에코 및 의원 에니치·후쿠인들이 모두 지세이를 따라 귀국하였다. 에니치 등이 함께 "당에서 유학한 자들은 다 학업을 달성했습니다. 소환함이 좋을 것입니다."라 보인다.

있는 이 주청은 당시의 위정자들에게도 절실하게 받아들여졌을 것이다.

이 623년 7월에 귀국한 에니치의 정책건의를 전해주는 기사에 에니치와 함께 이름이 보이는 학문승 에사이와 에코는 과거에 수에 유학한 학생 4인 가운데 한명인 후쿠인과 함께 신라사 지세이를 따라 귀국하고 있어서 마찬가지로 유학자(유학승)라 생각된다.

무엇보다도 그들이 주상한 내용으로 보아 귀국한 4인 외에 현재 당에서 배우고 있는 자들이 달리 있었다는 점도 알 수 있다. 무엇보다도 학문승의 경우는 학생과 달리 그 신분이 관인이 아니며, 따라서 학문승으로서의 유학자들은 그런 만큼 정사에 하나하나 이름을 남기지 않는 경우가 많았던 것일 것이다.

아무튼 혜제와 혜일 등의 대외정책 건의의 결과의 하나로서 630년 8월, 이누카미노 미타스키(犬上三田耜)를 대사로 하는 제1차 견당사가 파견된다. 귀국 후 당과의 통교를 제언했던 당사자 약사(藥師) 에니치가 직접 견당사절의 부사로 임명되고 있는 점을 보면 일차적으로는 학업성취를 한 유학생들의 귀국을 목적으로 한 파견이었다고 생각된다. 그리고 632년, 최초로 왜국에 파견된 당사 고표인과 함께 귀국한 이누카미노 미타스키는 학문승 료운(靈雲)·승민 및 스구리노 도리카이(勝鳥養)를 동반하여 귀국한다.

이 가운데 료운과 승 조양에 대해서는 자세히 알 수 없으나 승민은 25년간의 유학생활을 마치고 귀국하고 있다. 이어 639년 9월, 승 에온(32년 동안 체재)과 에운이 귀국하고 다음 해 10월에는 승 쇼안(請安, 동 33년)과 학생 다카무쿠노 겐리(高向玄理)가 귀국했다. 이들은 모두 신라를 경유해 귀국하고 있는데, 이는 당시의 신라와 당의 관계를 전제로 한 것이었다.

이들의 귀국 후의 활동을 통해 정치지도자(교육자·사상가)로서의 승, 정책입안자로서의 승(학생), 대외 사절로서의 학생(승)의 면모를 확인할 수 있는데, 추고조에 수에 파견되어 당으로 교체된 이후 시기인 630년대에 연이어 귀국하고 있는 유학생들이 대화개신의 성공에 커다란 역할을 수행했다는 점에 대해서는 많은 연구가 있다. 예를 들면 미나부치노 쇼안은 개신파의 주역인 나카노 오오에 황자와 나카토미노 가마타리가 함께 주공의 가르침을 남연선생에게서 배웠다고 한다.[16] 아울러 나카노 오오에와 나카토미노 가마타리 두 사람이 쇼안 선생의 학당을 다니며 공부하면서 함께 오가는 길에 소가씨 타도를 모의했다는 이야기는 널리 알려진 사실이다(황극기 3년조).

귀국한 유학생과 학생 가운데 개신 정치의 지도자로서 보다 커다란 족적을 남긴 인물이 승민과 다카무쿠노 겐리 2인이다. 이들 두 사람의 사례를 통해 정치지도자이자 정책입안자, 국가의 브레인으로서의 역할을 담당한 승(학생)의 모습을 확인할 수 있다.

즉, 승민과 다카무쿠노 겐리는 대화 원년 6월, 개신정부의 성립과 동시에 국박사에 임명되어 국정의 최고고문이 되었다. 국박사로서 한 일들에 대해서는 대화 5년(649) 2월의 '팔성백관의 설치'가 기록에 남아 있으나, 공지공민제의 구상, 중앙 및 지방의 관료조직의 설계, 도성 나니와쿄(難波

16 쇼안의 사례를 통해서는 승속의 미분화, 유불 미분화의 고대사회에 있어서 승의 다양한 모습, 즉 교육자로서의 승, 특수기능 보유자로서의 승의 양태를 확인할 수 있다.

京)의 건설 등 효덕조에서 추진된 일련의 국제 개혁의 플랜 즉 청사진은 대부분 이들의 머리에서 나왔을 것이다.

다카무쿠노 겐리는 그 외에 외교관으로서의 활약이 두드러진다. 대화 2년 9월, 견신라사가 되어 신라에 파견되었는데 개신정권의 새로운 '임나의 조'에서 '질(質)' 도입책으로의 정책 전환이라는 대신라정책을 입안한 장본인일 것이다. 다카무쿠노 겐리는 귀국 후 왜국의 개신 정권에서 이러한 한반도 대외정책을 입안하고 또 당에 대해서도 제3차 견당사의 압사로서 직접 사절단을 이끌고 파견되는 등 외교 일선에서 두드러진 활약을 하고 있다. 그의 수당에서의 장기간의 유학 경험과 그를 통해 습득한 선진문화와 사상 등을 통해 체득한 지식이나 국제적인 식견 등이 그의 활약을 뒷받침했을 것이다. 다카무쿠노 겐리의 사례를 통해 대외정책의 입안자, 대외 외교사절로서의 학문승·학생의 양태를 확인할 수 있다.

대화개신 이후 개신 정권은 백치 4년(653) 5월과 다음 해 2월에 이어서 견당사를 파견한다. 그 공통의 목적은 대화(大化)의 국제(國制) 개혁의 뒤를 이어 당의 발달한 제도나 문물을 섭취하여 율령국가 체제를 정비하는 데 있었으며 그 목적에 따라 다수의 유학생이 파견된 것이다.

제2차 견당사는 제1선에 15명(서기가 인용한 혹본에는 18명), 제2선에는 2명의 유학생·유학승이 동반했다. 제3차 견당사와 관련해서는 이키노 하카토코(伊吉博德書) 등 관계자의 여행기에 의해 다수의 씨명이 확인된다.[17]

그런데 20여 명을 헤아리는 이 시기의 견당 유학생(승) 가운데 경력이

17 『일본서기』 효덕기 백치 4년(653) 5월조 및 동 백치 5년 2월조 등 참조.

나 출자가 분명한 경우를 중심으로 살펴보면, 학문승 에세(惠施, 小豆首)와 도쇼(道昭, 船史), 학생 시라누노 후비토호네(白猪史寶然)와 같은 도래계 씨족, 특히 문필전업 집단인 사부(史部)에 속하는 도래계씨족이 다수를 차지하고 있고, 또한 견당사 사절단의 구성원 가운데에도 백치 5년(654)의 견당압사가 된 다카무쿠노 겐리를 비롯해 다카타노 네마로(高田首近麻呂), 구즈시노 에니치(藥師惠日), 후미노 마로(書直麻呂), 다나베노 후히토토리(田邊史鳥), 이키노 하카토코(伊吉史博德) 등과 같이 사부류의 도래계씨족이 채용되고 있는 점은 이전과 마찬가지이다. 그러나 한편으로 학문승 조에, 안다치, 도간 등 고급귀족의 고급귀족의 자제나 반조(伴造)씨족에 속하는 중하급 관인의 자제들도 선발되어 참가하고 있다. 당시 왜국에 있어서 지식층의 범주가 종래의 도래계 씨족의 후예들에게서 점차 왜국의 귀족계급 및 중하급 관인의 자제들로 확대되었음을 의미한다.

일본 고대사회에 있어서 견수사 및 견당사에 동반해 중국에 유학한 학문승과 학생들은 대화(大化) 전대 이전의 한반도에서 도래한 제 박사와 승려들과 함께 당시 동아시아 고대사회를 대표하는 지식인의 대명사라 할 수 있는데, 본고에서는 이러한 지식인 가운데 특히 승, 중국 및 한반도 삼국에 파견된 유학승, 한반도에서 왜국으로 건너온 고대의 승의 존재에 주목해 승이 당시의 동아시아 국가사회에 있어서 어떠한 역할과 활동을 하였는지, 더 나아가 이를 통해 고대의 승의 양태와 역할에 대해 살펴보는 데 목적이 있다. 이어 절을 바꾸어 한반도에 파견된 왜국의 학문승과 한반도에서 왜국으로 도래한 승들의 활약상을 보기로 한다.

2. 7세기 한반도에 파견된 학문승

한편, 왜국에서 중국으로의 학문승·학생의 파견과 달리 한반도 삼국에의 유학자의 파견은 중국에 비해 단기간에 그 소기의 성과를 얻을 수 있다는 이점이 있었다. 백제와 고구려에 파견된 학문승, 통일신라 이후의 학문승 파견 사례를 표로 정리해 보면 다음과 같다.

〈표 3〉 7세기 한반도에 파견된 유학자(유학승·학생) 일람표

번호	이름	승/학생	파견국	출발-귀국	유학기간	비고
1	선니(善尼)	학문니	백제	588-590	02	왜국 최초의 학문승(니)
2	선니(善尼)	학문니	백제	588-590	02	
3	선니(善尼)	학문니	백제	588-590	02	
4	행심 안작득지(鞍作得志) 등	학문승	고구려	?~645?		객사. 일본서기· 부상략기
5	불명	학문승	삼국 (신라)	648~?		신라에 파견되었을 가능성이 큼
6	운관(雲觀)	학문승	통일신라	?~685		
7	관상(觀常)	학문승	통일신라	?~685		
8	지륭(智隆)	학문승	통일신라	?~687		
9	관지(觀智)	학문승	통일신라	?~689		
10	명총(明聰)	학문승	통일신라	?~689		
11	산전사어방 (山田史御方)	학문승	통일신라	?~692		환속
12	신예(神叡)	학문승	통일신라?	693~?		
13	변통(辨通)	학문승	통일신라?	693~?		

우선, 백제에의 학문승 파견에 대해서는 일본서기 민달(敏達) 13년(584) 조에 왜국에서 역사상 최초로 외국(백제)에 파견한 최초의 학문승(학문니)의 존재가 보이는데, 젠신(善信)과 그 제자 에젠(惠善)과 젠조(禪藏) 3인이

라고 한다. 이는 일본에서 한반도에 파견한 최초의 학문승의 사례에 해당하는데, 이때 파견된 사마달 등의 딸인 젠신노 아마는 왜국 사상 최초의 비구니승이 된다는 점에서도 주목된다.[18] 이들의 귀국 이후의 행적은 숭준기 3년 3월조에 "학문니 선신 등이 백제에서 돌아와 사쿠라이지(櫻井寺)로 갔다"라고 전하고 있다.

다음으로, 고구려에 파견된 학문승의 경우에는 백제와 달리 다수의 학문승이 황극조에 파견되어 당시의 고구려불교는 물론 침술이나 기술(奇術) 등 각종의 기능을 습득했음을 알 수 있다. 아울러 고구려에 파견된 학문승의 사례로서 이보다 앞선 추고조에 교젠(行善)이 고구려에 학문승으로 유학한 사례를 확인할 수 있다.

행선에 대해서는 『속일본기(續日本紀)』 양로(養老) 5년 6월조에 샤몬교젠(沙門行善)이라 보이며 "책 상자를 짊어지고 유학한지 이미 7년이 지났다" 라고 하여 '유학(遊學)'이라 표현하고 있고 7대를 경과했다고 말하고 있어 사료상 약간의 혼란이 있는 듯하나, 『일본영이기(日本靈異記)』에는 추고조(推古朝)에 파견된 고구려에의 유학자로서 동명의 인물이 등장하고 있다(『일본영이기』 상, 6). 아울러 추고조에 활약하는 혜자로 대표되는 고구려승의 존재, 특히 성덕태자와 혜자의 관계, 왜국의 불교계를 리드하는 승

18 백제에의 학문승 파견 목적과 젠신노 아마 등의 출발에 대해서는 '『일본서기』 숭준 즉위전기(587)조에 젠신노 아마 등이 대신에게 "출가의 법도는 계를 받는 것을 근본으로 합니다. 원컨대 백제로 가서 수계법을 배우고자 합니다."라고 말하였다.'라 보이고, 『일본서기』 숭준 원년(588) 3월조에 '소아마자숙녜는 백제의 승려들을 청하여 수계의 법에 대해 물었다. 그리고 젠신노 아마 등을 백제국의 사신 은솔 수신 등에게 딸려서, 학문을 배우도록 파견하였다.'라 보인다.

정의 자리에 오른 고구려승 혜관 등의 존재를 전제로 하면 행선을 추고조에 학문승으로서 고구려에 유학한 인물로 이해해도 커다란 지장은 없을 것이다.

추고조에 이어 황극조에도 다수의 학문승이 고구려에 유학하고 있는데, 이와 관련해 황극기 4년 4월조에 구라쓰쿠리노 도쿠시 등 고려 학문승들 즉 고구려에 파견된 다수의 학문승이 존재했음을 말해주고 있다.

통일신라 이전의 신라에 대해서는 대화(大化) 4년(648) 신라에 파견된 최초의 학문승 사례를 통해 확인할 수 있는데[19] 그때 파견된 학문승의 구체적인 승명은 불명이다.

이어 한반도에서 왜국으로 건너와 활동한 한반도 출자의 승을 정리해 보면 다음과 같다.

1) 왜국에서 활동한 백제승

① 흠명 13년(552) 10월조의 석가불(釋迦佛) 금동상(金銅像) 1구(軀), 경론(經論), 번개(幡蓋) 약간, 승 도심 등 7인, ② 흠명 15년(554) 2월조의 학자·오경박사·승려(담해 등 9인)·역박사(易博士)·역박사(曆博士)·의박사(醫博士)·채약사(採藥師, 2인)·악인(楽人, 4인) 등 교체파견, ③ 민달기 6년(577) 11월조의 경론 약간, 율사(律師)·선사(禪師)·비구니(比丘尼)·주금사(呪禁師)·조불공(造佛工)·조사공(造寺工) 등 6인의 인적자원 파견, ④ 숭준기 원년(588) 시세조의 불사리(佛舍利)·승(僧, 혜총(惠聰)·영근(令斤) 등 및 율사

19 『일본서기』 대화(大化) 4년 2월조.

(律師)외 5인)·사공(寺工)2인·노반박사(鑪盤博士)·와박사(瓦博士)4인·화공(画工), ⑤ 추고기 3년(595) 시세조 의 혜총(慧聰), ⑥ 추고기 10년(602) 10월조의 관륵(觀勒), ⑦ 제명조의 백제 니승(선니) 법명(法明), ⑧ 천무조의 상휘(常輝), 법장(法藏) 등이 확인된다.

6세기 후반 당시의 백제에서 왜국으로의 율사, 선사와 비구니 파견 사례로서 특히 흠명조의 불교공전 이후 다수의 승의 파견과 주기적 교체가 이루어지고 있고(①과 ②), 민달조에는 오오와케오지의 건립과 관련해(③), 숭준조에는 일본 최초의 본격적인 가람이라 할 수 있는 아스카데라의 건립과 관련한 다수의 승과 불사가 제공되고 있다(④). ③의 민달조의 백제승 도래와 관련해서는 민달(敏達) 6년(577) 5월에 "대별왕(大別王)과 소흑길사(小黑吉士)를 보내 백제국의 재(宰)로 삼았다" 및 동 11월에 "백제국왕이 돌아오는 사신 대별왕 등에게 딸려서 경론(經論) 약간 권과 율사(律師)·선사(禪師)·비구니·주금사(呪禁師)·조불공(造佛工)·조사공(造寺工)의 6인을 바쳤으므로 나니와(難波)의 오오와케오지(大別王寺)에 안치했다."가 확인되며, ④ 숭준조의 왜국에도 백제에서 파견된 다수의 승려들이(9명 이상) 존재하고 있었음을 숭준기 원년 시세조[20]를 통해 알 수 있다. 제명조에 백제에서 파견된 승 가운데 왜국에서 활동한 실명을 알 수 있는 사례로서 선니(禪尼, 니승) 법명(法明)의 경우도 확인된다. 즉 ⑦에 대해서는 『부상략기』에 따르면 제명(齊明)천황 2년(656)에 후지와라노 가마타리(藤原鎌足)의 병을 고치기 위해 유마힐경(維摩詰經)을 강독했다. 이에 감격한 가마타리

20 『일본서기』 숭준기(崇峻紀) 원년(588) 시세조.

는 야마시나데라(山階寺)를 건립하여 유마회(維摩會)를 시작했다고 한다.[21] 또한 천무조에 활동한 백제승의 존재도 확인되는데, ⑧ 상휘(常輝)와 법장(法藏)이다. 즉 상휘는 당시 100세를 맞이한 노승이 되어 봉호 30호를 하사받고 있으며,[22] 법장은 우바색 금종과 함께 미농(美濃)지방으로 가서 백출(白朮)을 다리는 일을 맡았고, 그 공로로 시(絁)와 면포(綿布)를 하사받고 있다.[23] 이 백출 제조는 그가 지닌 특수기능을 말해주는 것으로 보이는데 당시 천무천황의 병환 치유를 위한 처방이었던 것으로 여겨진다.

2) 왜국에서 활동한 고구려승

① 민달조 혜편(惠便), ② 추고조 혜자(惠慈), ③ 동 승륭(僧隆), 운총(雲聰), ④ 동 담징(曇徵), 법정(法定), ⑤ 동 혜관(惠灌), ⑥ 효덕조 박대법사(狛大法師) 복량(福亮) 등이 확인된다.

우선 ①의 혜편의 경우는 승속이 미분화된 고대의 승의 존재 양태를 보여주고 있어 흥미롭다. 특히 그가 지닌 특수기능을 국가가 정치적 필요에 따라 어떻게 활용하고 있는지를 잘 보여준다. 즉 민달조에서는 고구려승 혜편을 환속시켜 그를 충분히 활용하고 있는 것이다.

왜국의 아스카문화 특히 추고조의 불교를 중심으로 하는 정치문화 형성에 있어 고구려 파견 승려의 역할은 무시할 수 없다. 저명한 ② 혜자와 ④ 담징의 사례 외에도 혜관과 복량의 존재가 주목되는데, ⑤ 혜관은 백제

---

21 『부상략기』 제명 천황 2년조.

22 『일본서기』 천무기(天武紀) 14년(685) 10월조.

23 『일본서기』 천무기 14년(685) 10월조.

승 관륵(觀勒)의 뒤를 이어 고구려승으로서는 최초로 일본불교계의 최고의 위(位)인 승정(僧正)의 자리에 오른다. 아스카시대 일본 불교계를 총괄하는 최고 지도자의 자리에 오른 것이다. ⑥ 복량은 박대법사로 불리며 아스카데라의 사주(寺主)인 승민(旻)과 함께 개신정권에서 십사(十師)의 일원이 되어[24] 그가 개신정권 성립 후 일본불교계에 중요한 역할을 담당했음을 알 수 있다. 또한 복량에 관해서는 겐신(顯眞)의 『성덕태자전사기(聖太子傳私記)』에 인용된 「법륭사탑노반명(法起寺塔露盤銘)」에는 무술년(서명천황 10)에 복량승정이 미륵상을 만들었다고 보인다. 이에 따르면 고구려승 복량이 개신정권 탄생 이전 시기인 서명조의 불교계를 리드하는 존재였음을 알 수 있다. 또한 『부상략기』에는 "오국인(吳國人)이 삼론(三論)을 받아 제명천황 4년 도원가정사(陶原家精舍)에서 나카토미노 가마타리(中臣鎌子)를 위해 유마힐경(維摩詰經)을 강론했다"고 전하고 있어, 그가 후지와라씨 가문과 깊은 관계 속에서 왜국 조정에서 활동하고 있었음을 확인할 수 있다.

3) 왜국에서 활동한 신라승

왜국(일본)에서 활동한 다수의 백제승·고구려승과는 달리 신라에서 파견된 승의 존재는 자주 확인되지 않는다. 645년 개신 정권 성립 이전 시기까지는 1명의 존재도 사료에 그 흔적을 남기고 있지 않기 때문이다. 신라승의 존재가 모습을 나타내는 것은 개신정권 출범 이후인데, 그 주된 이유

24 『일본서기』 효덕기 대화 원년 8월조.

는 개신 정권(효덕정권) 출범 이후 왜국의 대외(한반도)정책은 종래의 친백제를 기본으로 하면서도 친신라·당의 양면외교책으로 새롭게 전환되었기 때문이다.[25]

그 상징이 바로 신라의 '질' 체제 성립이다. 그 결과로서 김춘추(647)-김다수(649)-미무(655)로 이어지는 신라의 '질'이 효덕조와 제명조에 왜로 건너왔고, 그에 동반해 신라에서 파견한 승이 왜국에 최초로 도왜(渡倭)하게 된다. 즉 개신 정권의 대외정책(대신라정책) 전환의 결과로서 649년에 신라의 '질' 김다수와 함께 '질'사절단 구성원의 일원으로 왜에 온 신라승이 존재한다.[26] 사상에서 확인되는 신라가 왜국에 공식적으로 파견한 최초의 승려의 사례이다.

아울러, 649년에 파견된 신라승의 존재와 조응하는 것으로 최초의 신라승과 신라의 학자(시학사)의 존재도 불가분의 관계에 있다고 할 수 있다. 왜국조정에서의 신라 파견의 승려와 학자의 존재는 소위 신라 질 체제의 결과에 다름 아니다. 그리고 그 결과가 바로 효덕조의 왜국에 있어서 확인되는 신라식의 지배체제 및 기술체계 수용[27]으로 나타나고 있는 것이다.

---

25 개신정권 성립 전후의 왜국의 대외정책 기조에 대해서는 金鉉球, 『大和政權の對外關係研究』, 吉川弘文館, 1985; 연민수, 『고대한일관계사』, 혜안, 1998; 나행주, 「大化改新政權의 대외정책」, 『일본역사연구』 12, 2000; 이재석, 「7세기 왜국의 대외 위기감과 출병의 논리」, 『일본역사연구』26, 2007 등을 참조.

26 『일본서기』 효덕기 대화 5년 시세조.

27 『일본서기』 효덕조의 관위제, 관직제, 관등제(4등관제), 지방 제도, 불교 및 불교통제기관, 학제 및 대학, 각종 수공업 생산기술자의 존재 등이 확인된다. 이에 대해서는 나행주, 「왜왕권과 백제·신라의 질-왜국의 질도입·수용의 의미」, 『일본역사연구』 24, 2006.12 참조.

삼국시대에는 왜국에서 활동한 신라승의 구체적인 모습은 거의 찾아보기 어려운데, 다만 천무조의 신라승 행심(行心)의 경우는 그 예외라 할 수 있다. 행심은 오쓰(大津) 황자의 스승이자 정치브레인으로 천무조의 왜왕권에서 일정한 역할을 한 것으로 추측된다.[28]

이상에서 한반도와 일본열도를 오고 간 다수의 학문승과 한반도 승의 왜국에서의 활동을 보았다. 참고로 후자를 표로 정리해 보면 다음과 같다.

〈표 4-1〉 백제승 일람

시기	승(파견시기)	출전 및 비고
흠명조	도심 등 7인(552) 담혜 등 9인(554)	흠명기 13-10조 동 15-2조
민달조	율사 선사 비구니(577)	민달기 6-11조
숭준조	혜총 영근 혜식 등(588) 영조율사, 영위, 혜중, 혜숙, 도엄, 영개 등(588)	숭준기 원년 시세조 동
추고조	혜총(595) 관륵(602)	추고기 3-시세조. 성덕 태자의 스승, 아스카데라주지 동 10-10조. 일본 최초의 승정
천무조	상휘(685) 법장(685)	천무기 14-10조 동. 백출(白朮)과 음양도에 능함

〈표 4-2〉 신라승 일람

시기	승(도왜 시기)	출전 및 비고
효덕조	신라승 1인(649)	효덕기 대화 5년 시세조. 최초의 신라승
지통조	신라사문 행심	지통기 즉위 전기 주조 원년10월조. 오오쓰 황자의 브레인
문무조	융관(隆觀)	『속일본기』 대보 3년(703) 10월 16일조. 예술과 산력(算曆)에 뛰어남

---

28 『일본서기』 지통 천황 즉위 전기 주조 원년(686) 10월조.

〈표 4-3〉 고구려승 일람

시기	승(도왜시기)	출전 및 비고
민달조	혜편(惠便, 584?)	민달기 13년 9월조. 최초의 환속승
추고조	혜자(惠慈, 595)	추고기 3년 5월조. 성덕 태자의 스승
추고조	승륭(僧隆), 운총(雲聰, 602)	추고기 10년 10월조
추고조	담징(曇徵), 법정(法定, 610)	추고기 18년 3월조. 담징은 5경 능통, 채색, 지묵(紙墨), 맷돌 제조법을 전수함
추고조	혜관(惠灌, 625)	추고기 33년 1월조. 추고조의 승정(僧正)이 됨
효덕조	박대법사(狛大法師) 복량(福亮, 645이전)	효덕기 대화 원년 8월조. 개신 정권의 십사(十師)의 일원

아울러 이러한 승들의 활동을 통해 고대 한일 간의 정치문화의 교류, 특히 한반도에서 일본열도로의 불교 관련 문물의 장래가 이루어졌는데, 그 대표적인 사례를 정리해 보자.

우선 백제를 통한 불교 관련물 장래-백제에서 전해진 불교 관련 물품은 다음 〈표 5〉와 같은데, 불상과 경전, 불사리 등 불교의식에 필요한 물품만이 아니라 내외전, 의약서, 명당도 등 각종 서적 164권이 백제에서 장래되고 있는 점이 주목된다. 이 점은 앞서 본 학문승 파견의 중요한 목적 가운데 하나인 서적(유교와 불교 경전)의 구입·장래와도 관련되고 있는 사항이기 때문이다.

〈표 5〉 백제에서 장래된 불교관련물

번호	시기(출전)	내용(불교 관련)
1	선화기	불교 공전(만약 538년이 불교공전이라면 승 및 불상, 경전 등 불교 관련물이 증여되었을 가능성이 큼)

번호	시기(출전)	내용(불교 관련)
2	흠명 12(551)	내외전(內外典), 약서, 명당도 등의 각종 서적 164권, 불상 1구, 기악도 1구
3	흠명 13(552)	석가불 금동상 1구, 경론, 번개 약간, 승려 7인
4	민달 6(577)	경론 약간, 율사·선사·비구니, 주금사·조불공·조사공 등 (오오와케오지 건립과 관련)
5	민달 13(584)	미륵석상 1구, 불상 1구 등
6	승준 1(588)	불사리, 승(율사 외 5인), 사공 2인, 노반박사, 와박사 4인, 화공 (아스카데라 건립을 위해)

이어서 신라를 통한 불교물품 장래-신라에서 일본에 장래된 불교 물품은 다음과 같다.

① 616년 불상,[29] ② 623년 불상 일구(一具), 금탑(金塔) 및 사리(舍利), 관정대번(灌頂大幡) 일구(一具), 소번(小幡) 12조(條),[30] ③ 688년 불상,[31] ④ 689년 금동아미타불(본존), 금동관세음보살상(좌협시), 대세지보살상(우협시) 각 1구(軀)[32] 등이다.

①은 추고조 24년(616년) 7월 신라가 다시 나말 죽세사를 파견하여 불상을 보내고 있는데 이는 신라가 왜국에 보낸 최초의 불상 증여의 사례라 할 수 있다. 이와 관련해 『성덕태자전력(聖德太子傳曆)』과 『부상략기』에는 그 불상의 크기가 2척으로 봉강사(蜂岡寺, 법륭사)에 안치되었다고 전하고 있다. ②는 흠명조의 백제 성명왕(성왕)에 의한 불교 공전 이후 백제불교

29 『일본서기』 추고기 24년(616) 7월조.

30 『일본서기』 추고기 31년(623) 7월조.

31 『일본서기』 지통기 2년(688) 2월조.

32 『일본서기』 지통기 3년 4월조.

(고구려 불교) 중심의 왜국의 불교계에 신라가 기도한 제2의 불교공전 시도[33]의 일환으로 증여된 것으로 불상 뿐만 아니라 불교 의례에 관련한 물품들이 세트로 보내지고 있다.

668년 적대관계에 있던 신라와 왜국이 정치적 외교재개 이후 신라를 통한 불교관련 물품의 도입 증가하는데, ③은 그 일환으로서 688년 래일한 신라사의 '별공물(別貢物)' 가운데 불상과 종종의 채견(綵絹) 등이 존재하고 있다. ④ 689년의 신라사는 불상(아미타불(본존), 관세음보살상(좌협시), 대세지보살상(우협시) 등)과 함께 불교 관련 물품 불교의 의례 및 행사와 관련된 번(幡), 전단향(旃檀香) 등도 증여하고 있다.

삼국시대의 신라와 달리 통일신라기에는 불교를 통한 왜국(일본)과 신라의 교류, 더 나아가 신라를 매개로 한 한중일 삼국 간의 대외교류가 활발히 이루어지고 있다. 이와 관련한 신라의 송사외교 사례를 들면 다음과 같다.

「대당학문승의 송사(신라를 통한 귀국)」

① 623년 승 에사이(惠齊)·에코(惠光)와 의사(醫師) 에니치(惠日),[34] ② 632년 대당 학문승 료운(靈雲), ③ 639년 에온(惠隱), ④ 640년승 쇼안(請安)과 학생 다카무쿠노 겐리, ⑤ 654년 견당사 기시노 조탄(吉士長丹), ⑥ 684

33 新川登龜男, 『日本古代文化史の構想』, 名著刊行會, 1994.

34 이때 신라를 통해 귀국한 에사이와 에니치 등이 조정에 법식이 정비된 선진국 중국(당)과의 통교를 주창하는 대외정책을 건의하고 있는데, 이는 당과 신라의 의향이 다분히 반영된 것이라 할 수 있다.

년 대당학생 하지노 오이(土師甥)와 시라이노 호네(白猪寶然), ⑦ 690년 학문승 지종 지소(智宗), 기토쿠, 조간(淨願)[35] 등의 사례가 보인다.

한편, 왜국의 견당학문승의 송사(신라를 통한 입당) 사례로 제명조의 지다치(智達)과 지쓰(智通)의 경우가 있는데, 658년에 신라배로 당으로 건너가 삼장법사 현장에게 직접 무성중생의(無性衆生義)[36]를 시시받았다고 한다.[37]

「견신라학문승의 파견 및 귀국」

왜국에서 신라로의 학문승 파견은 대화개신 이후 한반도 정책 변화의 결과로서 648년 처음으로 신라에 학문승이 파견되었다. 다만, 그 구체적인 승명은 전하지 않는다.[38]

본격적인 왜국(일본) 파견의 신라학문승은 668년의 양국의 국교재개 후인 통일신라기에 보이고 있다. ① 685년 학문승 관상(觀常), 영관(靈觀),[39] ② 687년 승 지융(智隆),[40] ③ 689년 명총(明聰),[41] ④ 692년 이전 신라에서

---

35 『일본서기』 지통기 4년 9월조.

36 무성중생의는 법상종을 말하는데, 법상종에서는 영구히 성불할 수 없는 불성이 없는 무성오성(無性五性)에게도 각기 법문을 설하므로 법상종을 배운 것을 이렇게 표현하고 있다.

37 『일본서기』 제명기 3년(657) 시세조 및 동 4년(658) 7월 시월조 참조.

38 『일본서기』 효덕기 대화 4년(648) 2월조.

39 『일본서기』 천무기 14년 5월 26일조.

40 『일본서기』 지통기 원년 9월 23일조.

41 『일본서기』 지통기 3년 4월 20일조. 아울러 『일본서기』 지통기 동년 6월 20일조에는 신라학문승 명총(明聰), 관지(觀智) 등이 신라의 사우(師友)에게 면(綿) 140근을 보내고 있어서 학문승을 매개로 한 신라와 일본의 불교계의 사상적 학

학문한 야마다노 미카타(山田史御形),[42] ⑤ 693년 학문승 변통(辨通), 신예(神叡)[43] 등의 사례이다.

「중국과 한반도에서 왜국으로 건너온 승들」

우선, 중국승의 경우는 나라 시대에 초빙되어 우여곡절을 거쳐 래일한 후 도다이지 계단원의 창설 즉 일본 최초의 계율 설치에 기여한 감진(鑑眞)의 사례가 거의 유일에 가깝게 저명한데, 사료상으로는 한사문(漢沙門) 도영(道榮)의 존재도 확인된다.[44] 그는 견당 학문승 승효와 함께 불교의식에서의 전경창례 시에 종래의 오음(吳音) 사용에서 한음(漢音) 사용으로의 대체 사업에 종사한 점으로 보아 당나라에서 초빙된 승려일 가능성이 높다. 아울러 그는 이 해에 완성을 보게 되는 일본서기의 편찬에도 일정한 역할을 하지 않았나 추측된다.

문적 교류가 지속되고 있었음을 말해주고 있다.

42 『일본서기』 지통기 6년 10월 11일조. 아울러 이 기사로 보아 야마다노미카타는 직전에 신라에서 학문을 마치고 귀국한 것으로 추정할 수 있고, 지통조에서 그의 재능을 활용하기 위해 환속시켜 조정의 일을 맡긴 것으로 생각된다. 학문승의 능력을 국가사회에 활용하기 위한 환속승의 사례로서도 주목되는데, 그의 구체적인 활동상에 대해서는 후술하기로 한다.

43 『일본서기』 지통기 7년 3월 16일조. 사물의 사례를 통해 변통과 신예는 신라 학문승으로 신라에서 학문을 습득한 후 귀국한 것으로 추측된다. 혹은 신문왕의 사를 애도하는 조문사 파견과 함께 신라에 학문승으로 파견된 것인지도 모른다. 아무튼 당시 신라와의 사이에 학문승의 왕래가 있었던 사례임은 분명하다.

44 『속일본기』 양로(養老) 4년(720) 12월 25일조.

Ⅲ. 고대의 승의 다양한 기능과 양태

승의 정치문화상의 역할과 관련해 무시할 수 없는 존재가 고구려 승 혜자와 백제승 혜총이다. 교육자로서의 승, 정치 자문으로서의 승, 구법자로서의 승, 그리고 불교계의 지도자로서의 승의 모습을 한 몸에 체현하고 있기 때문이다.

추고기 원년 4월조 등에는 성덕태자와 고구려 승 혜자의 관계가 잘 나타나 있는데, 성덕태자는 혜자를 내전 즉 불교의 스승으로 삼았고, 백제의 박사 각가에게는 외전 즉 유학(유교)을 교수 받았다고 전한다.[45]또한 혜자는 삼론종의 학문승으로 성실종에도 통달하였다고 전하며(『삼국불법전통연기(三國佛法傳通緣起)』) 그런 만큼 '삼보의 동량'으로서 일본 아스카불교의 발전에 크게 기여하였다. 한편 백제승 혜총 역시 일본 최초의 가람인 아스카데라의 조영과 관련해 왜국에 파견되어 절의 조영을 주도하였고, 고구려승 혜자와 함께 성덕태자의 스승 역할을 하는 동시에 완성된 아스카데

45 『일본서기』 추고기 3년 5월조.

라에서 주지로 머물며 '삼보의 동량'으로 추앙받고 있었다.[46]

이하, 고대의 승의 다양한 모습을 한반도 및 왜국 승의 사례를 통해 확인하도록 한다.

1. 한반도 및 왜국(일본) 승의 다양한 활동

1) 정책입안자로서의 승-에사이(惠齊), 승민, 도지(道慈) 등

견수사에서 견당사로의 정책 건의-623년(추고 31), 수와 당에서의 유학 후 귀국한 유학승 에사이(惠齊)·유학생 구스리노 에니치(藥師惠日) 등은 조정에 두 가지 사항(당에서 유학중인 자는 모두 이미 충분히 학업을 수득(修得)했기 때문에 귀국시킬 것, 당은 법률이 정비된 뛰어난 국가이기 때문에 사자를 파견하여 교류해야 한다는 점)을 건의했다.[47] 그리고 후자를 받아들여 630년에 최초의 견당사 파견이 이루어진다. 물론, 견당사 파견의 제1차적이고 궁극적인 목적은 선진국 당의 문물제도의 도입에 있다는 점은 재언을 요하지 않는다.

귀국 후의 도지(道慈)의 건의-도지는 귀국 후 『우지(愚志)』라는 책을 저술하여 당(唐)과 달리 교전(教典)에 따르고 있지 않은 경우가 많은 일본 불교계를 비판하고 승니(僧尼)의 질(質)을 향상시키기 위해 계사(戒師)를 당에

---

46 『일본서기』 숭준기 원년 시세조 및 『일본서기』 추고기 3년 시세조 등.

47 『일본서기』 추고기 31년 7월조.

서 초청(招請)할 것을 제안했다. 결국 계사의 초청은 754년(천평승보 6)의 견당사가 귀국할 때 함께 동행한 감진(鑑眞)의 래일로 마침내 실현되게 된다.

2) 선진제도와 법, 사상 도입자로서의 승-유학승 승민, 고향현리(학생)

607년에 견수사에 동반해 수로 건너간 유학승 이마키노 아야히토 니치몬(新漢人日文)은 24년 후인 632년 8월에 승민(僧旻)이라는 이름으로 귀국한다. 그 12년 후인 대화개신(645) 때에는 함께 수에 건너간 '학생' 다카무쿠노 겐리와(高向玄理)와 더불어 국박사(國博士)에 임관되는데, 그는 개신정권 하에서 국가의 주요 정책을 입안하는 국박사로서 8성과 백관을 설치[48]하는 등 신정권의 브레인으로 중용되어 고대 왜국의 정치와 문화, 교육, 사상 등 다방면에서 중요한 역할을 하고 있다.

고대의 왜국이 학문승 및 학생 등의 해외 유학자를 파견하는 궁극적인 목적이 어디에 있었는지를 단적으로 상징하는 인물이 유학승 민(旻, 日文)과 학생 다카무쿠노 겐리의 경우이다. 즉 이들이 장기간의 유학을 마치고 귀국한 후에 보여준 행적, 즉 다양한 방면에서의 활약상을 보면 왜국 조정이 장기적인 전망 하에 수당에 유학생과 학생을 파견한 의도와 목적을 알

48 『일본서기』 효덕기 대화 5년 2월 시월조. 이 승민이 관여한 팔성과 백관의 설치와 관련해서, 팔성은 율령제의 중앙관서를 총칭하는 것으로 대화 연간에는 아직 존재하지 않았기에 이 표현은 『일본서기』 편자의 윤색이라는 입장과 함께 이미 신정이 개시되고 4년이 경과한 시기이므로 중앙정부의 신관제가 어느 정도 갖춰진 것으로 이해하는 입장이 존재하나, 용어 자체의 윤색은 있었다 하더라도 효덕조에 중국을 모방한 관직제도가 성립된 사실은 부정할 수 없을 것이다. 효덕조의 중국적인 관제 정비에 대해서는 吉田晶, 「評制の成立過程」, 『日本古代國家成立史論』, 東京大學出版會, 1973; 森公章, 『白村江 以後』, 講談社, 1998 등 참조.

수 있다.

3) 불법 수행자로서의 승-입수·입당 구법자(지다치, 지쓰, 도쇼, 도지, 조에 등)

제명기 3년 시세조에 따르면, 왜국은 신라에 사자를 파견해 승 지다치·하시히토노 미우마야(間人御廐)·요사미노 와쿠고(依網稚子) 등을 신라의 입당사에 동행시켜줄 것을 요청했으나 신라가 이를 거절하여 귀국하나 다음 해에 지다치·지쓰 등 승들만은 신라선을 타고 도항할 수 있게 되었다. 결국 그들은 당에서 현장(玄奘, 삼장법사)으로부터 법상(法相)을 배우고 귀국하여 일본불교의 진전에 커다란 족적을 남기게 된다.

말할 나위도 없이, 지다치와 지쓰의 일차적인 파견 목적은 입당 구법에 있다. 이에 대해서는 『일본서기』와 『삼국불법전통연기(三國佛法傳通緣起)』의 기사[49]가 잘 말해주고 있다. 아울러 그들의 귀국 후의 사정에 대해서는 당에서 돌아온 뒤 법상종을 전파하였고, 헤이조쿄(平城京)에 관음사를 건립하였다. 특히 지통은 천무천황 2년(674)에는 승정에 임명되고 있어 귀국 후 왜국의 불교계에 지대한 역할을 하였음을 알 수 있다.

아스카시대의 학문승 지쓰와 지다치의 사례에 이어 나라시대의 입당구법·불교수학 및 경전 장래의 대표적인 사례로서 도쇼와 도지의 경우도 확인된다.

---

49 『일본서기』 제명기 4년 7월 시월조에 "이 달에 승려 지쓰와 지다치가 명을 받들어 신라의 배를 타고 당에 가서 무성중생의(無性衆生義)를 현장법사에게 배웠다."고 전하고, 『삼국불법전통연기』에서 '지쓰, 지다치가 명을 받들어 신라배를 타고 당에 가서 현장 삼장을 만나서 법상종을 배웠다'라고 전한다.

도쇼(629-700)는 道紹 혹은 道照로도 표기되고 있다. 가와치국(河内國) 다지히군(丹比郡)에 거주하는 후네노 무라지(船連) 출신으로 법상종(法相宗)의 승려이며 아버지는 후네노 에샤쿠(船惠尺)[50]이다. 653년에 제2차 견당사의 일원으로서 조에(定惠) 등과 함께 입당하여 현장삼장(玄奘三藏)을 사사(師事)하여 법상교학(法相教学)을 배웠다. 귀국 시(660년 경) 기지고 온 많은 경론(經論)·경전류(經典類)는 헤이조쿄(平城右京)의 선원(禪院)에서 중용되었다.

도지(道慈, ?-744)는 나라 시대 삼론종(三論宗)의 승으로 속성(俗姓)은 누카타씨(額田氏). 출신은 야마토국(大和國) 소에지모군(添下郡)이다. 702년에 입당하여 서명사(西明寺)에 거주하면서 삼론(三論)에 통달했고 인왕반야경(仁王般若經)을 강설(講說)하는 고승(高僧) 100인 가운데 1인으로 선발되었다. 718년(양로2)에 귀국하는데 일본삼론종(日本三論宗)의 제삼전(第三傳)이라 말해진다.

4) 문화사상의 선진문화·문물 장래자로서의 승-많은 경전과 전적을 장래한 에온과 도쇼(道昭)

우선, 구법 및 경전 장래의 사례로서 견수학문승 에온의 경우가 주목된다. 에온은 수로 떠난 지 31년 후인 서명(舒明) 11년 9월에 귀국했는데 그 후 2차례에 걸쳐 칙명으로 『무량수경(無量壽經)』을 강석하고 있다(서명 11

---

50 『속일본기』 문무천황 4년 3월 기미조. 도쇼에 대해서 "가와치국 다지히군 사람으로 속성은 후네노 무라지(船連)로 당에서 현장에게 배우고 귀국한 후 간고지(元興寺)에 거주하였다"고 적고 있다.

년 9월조 및 동 12년 5월조). 이를 통해 에온이 학문승으로서 수로 건너간 목적 가운데 하나가 무량수경 경전을 구해서 가져오는 데 있었을 것으로 추측할 수 있다.

5) 불교계의 지도자로서의 승-승정에 오른 백제승 관륵, 고구려승 혜관, 견당 학문승 지쓰, 벤쇼, 도쇼, 에세 등

앞서 본 (2), (3), (4)의 성과이자 어쩌면 그 당연한 귀결이라고도 할 수 있는데, 입수 및 입당 학문승은 귀국 후 왜국(일본)의 불교계에서 지도적 역할을 수행하고 있다. 불교계의 최고 지도자의 자리인 승정(백제승 관륵, 고구려승 혜관, 견당학문승 지쓰, 벤쇼, 도쇼, 에세 등)이나 불교계를 이끄는 십사(十師), 그리고 아스카데라로 상징되는 국가적 사찰의 주지, 사주로 활약하는 경우를 확인할 수 있기 때문이다.

즉, 불교계의 지도자로서의 승의 역할은 왜국의 불교계에서 불교통섭기관인 승강제의 최초의 창설과 그 최고위인 승정으로서 제도의 운영에 직접 간여한 백제승 관륵[51]과 고구려승 혜관,[52] 개신정권 성립 후에 도입된 십사(十師)제에서 승민과 함께 십사의 구성원에 발탁된 고구려대법사(狛大

---

51 『일본서기』 추고기 32년 4월조. 아울러 추고조에 처음으로 실시된 왜국(일본)의 불교통제기관인 승강제와 관련해서는 백제의 불교통제기관과 관련해 이해하지 않으면 안 된다. 적어도 백제가 대왜외교정책의 일환으로 파견한 승려 관륵의 존재를 무시할 수 없다. 무엇보다도 승강제의 기원담이 백제승 관륵과 밀접하게 관련되어 있고 실제로 관륵이 일본최초의 승정이 되어 불교계를 리드하고 있기 때문이다.

52 『일본서기』 추고기 33년 정월조.

法師)라 칭했던 고구려승 복량[53]의 경우에 잘 나타나 있다.

다음으로, 왜국의 학문승 가운데 승민은 개신 정권 하에서 불교계를 지도하기 위해 창설된 십사의 일원으로 발탁되어 왜국의 불교계를 주도하고 있다.[54] 신라를 통해 입당한 지쓰 역시 천무조의 승정에 임명되고 있어 귀국 후 왜국의 불교계에 지대한 역할을 하였음을 알 수 있다. 백치기에 파견한 백제계 씨족 출신의 변정도 귀국 후 승정에 임명되고 있다.

아스카데라의 주지인 혜총과 혜자, 왜국 최초의 승정인 관륵(백제승), 고구려승으로서는 처음으로 승정이 된 혜관 등 종래 고구려, 백제 도래승이 행한 역할과 종교적 지위를 점차 왜국의 학문승들이 귀국 후 이어받고 있는 양상을 확인할 수 있다.

6) 교육자 및 정치브레인으로서의 승

승의 다양한 모습 가운데 특히 교육자 및 정치 브레인으로서의 얼굴은 혜자와 혜총, 관륵과 담징, 쇼안(請安)과 승민 등의 사례를 통해 확인할 수 있다. 우선 교육자로서의 승으로는 성덕태자의 스승 역할을 한 혜총과 혜자, 각종 특수기능을 직접 전수한 관륵과 담징, 학당을 개설해 유학과 주역을 교수한 청안과 승민 등의 사례가 알려져 있다.

왜국에 있어서 교육자로서의 승의 양태를 보여주는 사례로서 그 선구

---

53 『일본서기』 효덕기 대화 원년 8월조.

54 『일본서기』 효덕기 대화 원년 8월조, 동 5년 2월조 등. 아울러 승민이 천문에도 상당한 조예가 있었음을 말해주는 유성 및 천구와 관련한 에피소드가 『일본서기』 서명기 9년 2월조에 전하고 있다.

는 역시 고구려승 혜자와 백제승 혜총인데, 중국에 학문승으로 파견되어 귀국 후 다음 세대의 왜국의 정치지도자인 중대형과 중신겸족, 소아입록 등 유력 귀족의 자제들에게 유학 및 사상을 가르친 쇼안[55]과 승민의 경우는 이와 좋은 대조를 보이고 있다고 할 수 있다.

아울러 유학을 교수하고 있는 쇼안의 사례는 유교와 불교의 미분화·습합(習合)적 상황인 고대의 특징을 시사하고 있는 점에서도 주목된다. 승이 유학에도 정통하고 있음을 말해주는데 고구려 파견의 승 담징의 경우는 오경에 능통했다고 전하고 있다. 음양도에 정통한 승민의 경우도 소가노 이루카나 가마타리 등에게 주역(周易)을 강의했다고 한다 (『등씨가전(藤氏家傳)』상).

교육자로서의 승의 활동은 동시에 왕족 및 귀족가문의 자제를 대상으로 한 왕재교육과 왕가 및 특정가문의 정치브레인으로서의 활동으로 나타난다. 고구려승 도현(道顯), 신라승으로 천무조의 오쓰(大津)황자의 브레인 역할을 수행한 행심(行心)의 사례를 통해서도 확인된다.

7) 대외 정책의 입안 및 대외 외교에 종사하는 승

해외에 유학한 유학승 및 학생은 귀국 후 중요한 대외 정책을 건의·입안하거나 또는 직접 대외 외교사절로 선발된다. 그들이 장기간의 유학을 통해 중국(수당)에서 몸소 체득한 학업 성과를 귀국 후에 문화적 후진지역인 왜국의 국가사회에 널리 활용하기 위함이었던 것이다.

---

55 『일본서기』 서명기 12년 10월조 및 『일본서기』 황극기 3년 정월조 등.

아울러 귀국 후 에사이와 함께 중요한 국가정책을 건의한 에니치는 이후 수 차례 외교사절로서도 활약하게 되는데 630년 최초의 제1차 견당사 파견에 즈음하여 이누카미노 미타스키(犬上君三田史)와 함께 책임자로 선발되어 대중 외교를 담당하고 있고,[56] 654년에는 제3차 견당사의 부사로 임명되어 압사 다카무쿠노 겐리와 함께 당으로 향하고 있다.[57] 견당집절사의 역할을 수행한 학문승 도간의 사례, 대보도 견당사의 구성원으로 직접 참여한 승 벤쇼의 사례도 확인된다.

8) 각종 국가사업에 종사하는 승

고대국가의 중요한 국책사업인 사서(史書) 및 율령편찬에 참여하는 승의 모습을 볼 수 있다.

율령법의 계수와 율령국가의 형성은 에니치 등의 건언 이래 왜국(일본)의 중요한 국가목표가 되었는데, 성문법전으로서의 율령의 편찬은 근강령(천지 7년 668), 정어원령(지통 3년 689)의 편찬을 거쳐 대보율령(대보 원년 701)의 찬정으로 완성을 보게 된다.

율령편찬 및 역사서 편찬에 직접적으로 관여한 학문승·학생의 사례로 우선 환속승 야마다노 미카타(山田史御形)의 경우가 주목된다. 그는 이전

56 『일본서기』 서명기 2년 8월조. 에니치의 출자와 관련해서는 『속일본기』 천평보자 2년조에 따르면, 먼 조상인 덕래(德來)는 원래 고려(고구려)인으로 백제에 도래하여 거주하다 웅략조에 왜국으로 왔으며, 그 5세손이 에니치로 추고조에 중국에 건너가 의학을 배웠다고 하며, 그 자손들이 난바 야쿠시(難波藥師)를 성(姓)으로 칭하고 있다고 한다.

57 『일본서기』 효덕기 백치 5년 2월조.

에 신라에 유학승으로 유학한 경험이 있는 인물인데, 국가가 그의 뛰어난 재능을 활용하기 위해 환속시킨다. 그는 지통조에 본격화하는 일본서기의 편찬 작업에도 깊이 관여한다.[58]

9) 대외군사외교에 관여하는 승

고대 승려들의 활약상은 정치외교 및 군사상에 있어서도 확인되는데, 수나라에 군사를 요청하는 걸사표(乞師表)를 작성하고 화랑도의 지침인 세속5계를 마련한 신라승 원광법사,[59] 대왜외교에서 커다란 활약상을 보이는 백제승 혜총과 관륵,[60] 고구려 승 혜자[61]와 담징[62]이 주목된다.

왜국에서 활동한 삼국의 승들은 기본적으로 자국의 대외 전략과 밀접 불가분한 관련성 속에서 파견되어 활동하고 있는데, 추고조의 고구려 승 혜자의 경우나 649년 신라 대왜 사절로서 김다수를 '질(質)'로 파견하는 소위 질 사절단의 대사 격으로 승이 동행하고 있는 사례[63]가 단적으로 보

---

58 아울러, 『회풍조(懷風藻)』에 따르면 그는 오늘날의 국립대학 총장에 해당하는 대학료(大學寮)의 대학두(大學頭)에 있었다.

59 이에 관해서는 新川登龜男, 『日本古代文化史の構想』, 名著刊行會, 1994를 참조.

60 『일본서기』 추고기 10년 10월조 및 동 32년 4월조 등.

61 『일본서기』 추고기 원년 4월조, 동 3년5월조, 동 4년 11월조 등 참조.

62 『일본서기』 추고기 18년 3월조. 담징에 대해서는 성덕 태자의 씨사인 호류지의 금당벽화를 그렸다는 속설이 존재하나 사실성에 의문이 남는다. 다만, 담징과 성덕태자의 관련성에 대해서는 『성덕태자전력』(917년 혹은 922년 성립)에 태자가 담징을 이카루가궁에 불러 호류지에 머물게 했다고 전하고 있어 양자의 관계를 무시할 수는 없다. 아울러 금당벽화는 이 시기에 활약한 고구려계의 화공집단이 간여했을 가능성이 크다고 할 수 있다.

63 『일본서기』 효덕기 대화 5년 시세조. 아울러 이 사례는 신라가 왜국에 공식적으로 파견한 최초의 신라승의 사례에 해당하는데, 그 의미에 대해서는 졸고 참조.

여주는 것처럼, 왜국에 파견된 한반도의 승들은 자국의 대왜 정책 하에서 파견된 것이며 따라서 기본적으로는 외교관으로서의 중차대한 임무와 역할을 부여받고 있었던 것이다.[64]

아울러 대외 외교에 종사하는 승, 특히 외교관으로서의 승의 대표적인 사례로서 고구려승 혜자의 경우를 빼놓을 수 없는데, 그의 파견은 특히 추고조의 중심인물인 성덕태자와의 접촉[65]을 전제로 하여 고구려의 대왜 정책의 일익을 담당하는 외교관으로서의 임무를 띠고 파견되었다고 할 수 있다. 즉, 흠명조에 본격적으로 시작된 고구려의 대왜 외교는 6세기말 7세기 초에 재개되어 약 20년 만에 승 혜자를 파견하기에 이른다. 그 배경은 고구려의 수와의 관계 악화 속에서 혜자 등의 승려를 지속적으로 파견하여 대왜외교를 전개함으로써 왜국의 대외정책이 자국에 유리하게 전개되도록 활동하고 있는 것이다. 소위 '승려외교'로 명명해도 좋을 것이다.

다음으로, 외교 및 군사 방면에서 활동한 왜국 승의 사례로 ① 당사 곽무종 일행을 응대한 승려 지벤(智辨)의 존재(『선린국보기』 소인 「해외국기」)와 ② 천지조 당시 당과 왜국의 대외교섭에 있어 중재역을 담당한 승 조에의 사례를 볼 수 있다.

---

64 이러한 각 시기의 왜국에서 활동한 한반도 파견의 승들에 대해서는 역시 『일본서기』 응신조의 백제의 왕인박사, 계체조의 오경박사, 흠명조의 제박사 및 학자 왕진이 파견 등과 완전히 같은 맥락에서 그 의미를 추구할 필요가 있다.

65 성덕태자와 혜자의 깊은 관련성에 대해서는 615년에 귀국한(『일본서기』 추고기 23년 11월조) 혜자가 621년 제자인 성덕태자의 부음을 접하고 태자의 명복을 위해 직접 청승설제(請僧設齋)하고 친히 설경(說經)하고 있고, 더욱이 자신도 태자가 죽은 날에 맞춰 죽겠다고 서원하고 그대로 행하고 있는 점에 두 사람의 왜국에서의 관계가 보통이 아니었음을 알 수 있다. 『일본서기』 추고기 29년 2월 시월조 참조.

결국, 이상의 사례를 통해 당시의 승려는 고대 동아시아 해역을 왕래하는 가운데 일면에서는 승려 고유의 불교문화 및 불교사상을 체득하는 구법자적 존재이자 선진문화 체득자였고, 동시에 필요에 따라서는 국가 간의 우호를 매개하는 존재로서 외교관적인 역할과 기능도 충실히 수행한 귀중한 존재였음을 확인할 수 있다.

10) 군사지도자로서의 승

보다 직접적으로 군사를 이끌고 대외전쟁을 치르는 군사지도자로서의 승의 사례도 확인된다. 백제와 고구려 멸망기의 백제승 도침(道琛)과 고구려승 신성(信誠)의 경우가 대표적이다.

11) 대외 첩보활동(소위 스파이)에 종사하는 승

고대의 승의 활동상으로 보면 당연한 양태 가운데 하나가 높은 학식과 견문을 활용한 정보수집, 첩보활동 등 소위 스파이 활동을 수행하는 승의 모습을 볼 수 있다.

① 고구려의 첩자로 활동한 '부도덕창(浮屠德昌)'이 있고(삼국사기 열전), ② 신라의 거칠부는 승의 모습을 하고 고구려에 잠입하여 고구려의 정황을 살피고 있다(동). 의상은 원효와 함께 중국 유학길에 올라 요동 변방을 지나던 중 국경을 지키는 군사에게 첩자로 의심받아 갇힌 일이 있었다(삼국유사 의해). 승과 첩자의 깊은 관련성을 시사하고 있다. 대마도에서 체포

된 신라 간첩[66]의 경우도 승의 형상을 하고 활동하고 있었을 것이다. ③ 고구려의 부도 신성은 첩자를 이용해 당과 내응하였고, 신라 진덕왕대에 백제 첩자도 신라에서 활동하고 있었고, 신라 무열왕대 활동한 신라 간첩 조미곤(租未坤)도 확인된다.[67] ④ 김유신에게 역으로 이용당한 고구려의 첩자나 반대로 김유신을 속인 고구려 첩자 백석(白石)의 경우도 있다.[68] 이상이 적국을 대상으로 한 대외첩보활동을 했던 소위 스파이로서의 승의 모습이었다고 한다면 승려의 활동이 보다 직접적으로 일국을 멸망으로 이끈 극단적인 사례가 고구려 장수왕이 백제 개로왕에게 보낸 부도 도림(道琳)의 경우일 것이다.[69]

이상, 고대 사회에서 활동한 승의 다양한 모습, 양태를 살펴보기 위해 각 방면에서 활동하는 승의 사례를 확인했다. 이를 통해 정치 지도자로서의 승, 외교에 종사하는 승, 정치 브레인 및 교육자로서의 승, 특수기능 보유 및 전수자로서의 승, 불교계의 지도자, 군사 지도자로서의 승, 대외사절단의 책임자로서의 승 등 실로 다방면에 걸쳐 활동하는 다양한 승의 양태를 확인했다. 이처럼 다채로운 승의 얼굴은 어쩌면 동아시아 고대 사회에 있어 당대를 대표하는 최고의 지식인·지성인·교양인으로서의 존재 양태에 어울리는 모습이라 할 수 있을 것이다.

---

66 『일본서기』 추고기 9년(601) 9월조에 "가을 9월 신사(辛巳) 초하루 신라의 간첩 가마다(迦摩多)가 쓰시마(對馬)에 이르렀다. 이에 잡아들여 (천황에게) 올리니 우에노(上野)에 유배하였다."라고 보인다.

67 『삼국사기』 열전 제2의 김유신전 중(中).

68 『삼국유사』 권제1 김유신.

69 『삼국사기』 백제본기 개로왕 21년(475)조.

2. 승의 특수기능

고대의 정치문화에서 커다란 족적을 남긴 승의 다양한 모습들은 승이 보유한 유교와 불교는 물론 문예나 기예 등 다방면에 걸쳐 그들이 체득한 교양이나 재능과 밀접하게 관련되어 있다.

고대 동아시아 정치문화 형성의 주역이라 할 수 있는 승이 보유한 특수기능의 전래 및 전수를 보여주는 대표적인 사례가 관륵과 담징의 경우인데, 이는 한반도의 승려를 도입한 왜국이 그들이 보유한 각종 기능을 왜국의 필요에 응해 적극적으로 활용하고 있음을 의미한다.

백제승 관륵은 역법·천문둔갑술 그리고 방술과 같은 특수사상·기능을 보유하고 있었고, 이러한 제 기능을 직접 왜국의 서생들에게 학습을 통해 전수시키고 있다. 이러한 직접적인 교수는 특수기능의 왜국에의 정착을 위한 필요불가결한 과정이라 할 수 있다. 비록 승의 경우는 아니나, 오(吳)에서 직접 습득한 기악이라는 특수 기예·기능을 보유한 백제의 미마지가 왜국에 파견되어 소년들에게 직접 그 기예를 학습시키고 있는 사례도 확인된다.[70]

담징은 유교의 오경에 능통했고 채색과 지묵의 제작에도 뛰어난 재능을 보였는데, 그의 유학에 대한 깊은 조예와 종이 및 먹 제작 등의 특수기능은 왜국의 제자들에게 그대로 전수되었을 것이다. 마치 한발 앞서 왜에 온 혜자와 혜총이 성덕태자를 비롯한 왜국의 요인들에게 불교를 교수하

70 『일본서기』 추고기 20년 시세조.

고, 백제의 박사 각가가 성덕태자에게 유학을 교수했던 것처럼 말이다.[71]

다음으로 왜국의 해외 학문승 가운데 특수기능을 겸비한 대표적인 사례를 보면 다음과 같다.

① 견고구려 학문승 구라쓰쿠리노 도쿠시-침술과 각종 기술(奇術),[72] ② 견수학문승 승민-음양도 및 주역,[73] ③ 백제승 법장(法藏)-음양도와 의약(백출(白朮) 다리기),[74] ④ 한음에 능통한 견당 학문승 쇼교(勝曉)-오음에서 한음으로 전환,[75] ⑤ 연분(鉛粉) 제작술의 간조(觀成),[76] ⑥ 예술과 산력(算曆)에 뛰어난 사문 류칸(隆觀),[77] ⑦ 주살(呪殺, 주술에 의한 살해)에 뛰어난 교신(行信),[78] ⑧ 바둑의 고수 벤쇼[79] 등이 확인된다.

지금까지 승이 보유한 특수기능의 일면을 보았다. 즉 승의 보유 기능으로서 유학(오경)과 미술 등 각종 방면에 재능을 지닌 고구려승 담징, 역법과 천문지리, 방술 등에 탁월한 백제승 관륵, 그리고 예술과 산역(류칸), 백출(법장)과 연분(관성) 제조 기능, 한음(승효)의 전문가 등 유학, 의학(침술),

---

71 백제 파견의 박사에 의한 왜국에서의 유교(유학) 및 경전에 대한 교수는 일찍이 아직기와 왕인박사가 응신(應神)의 태자 우지왕자에게 강독한 사례로 그 기원이 거슬러 올라간다.

72 『일본서기』 황극기 4년 4월조.

73 『일본서기』 서명기 9년(637) 2월조, 동 11년(639) 정월조, 『일본서기』 효덕기 백치 원년(650) 2월조.

74 『일본서기』 천무기 14년(685) 10월조, 『일본서기』 지통기 6년(692) 2월조.

75 『속일본기』 양로 4년(720) 12월 25일조.

76 『일본서기』 지통기 6년(692) 윤5월조.

77 『속일본기』 대보 3년(703) 10월 16일조.

78 『속일본기』 천평승보 6년(754) 11월 24일조.

79 『회풍조』 석변정(釋辨正)의 전기.

약학, 예술, 역법, 천문지리, 음양 등에 깊은 조예가 있었다.

아울러, 승이 보유한 특수기능으로서 ⑧의 바둑에 대해 부연하자면, 바둑은 당시 동아시아 세계의 지배층, 혹은 제박사나 승으로 대표되는 지식인들에게 있어서 하나의 교양이 아니었나 생각된다. 승이 지닌 특수기능으로서의 바둑과 관련해서는 백제 개로왕을 멸망으로 이끈 고구려승 도림의 사례(삼국사기)가 상기된다. 아울러, 대보도(大寶度)의 견당사의 일원으로 참가한 학문승 벤쇼의 특수 기예 및 이를 매개로 한 즉위 전 당 현종과의 교유, 그리고 현종이 견신라사를 파견하면서 유학(유교경전)에 뛰어난 대사에 이어 애써 부사로서 당나라 최고의 바둑 고수를 선발한 사례가 상기된다. 당시의 동아시아 고대의 외교의 장에서의 시문(詩文) 외교와 함께 소위 바둑 외교도 일정하게 기능하고 있었음을 시사하는 대목이다.[80]

80 아울러 백제 의자왕이 당시 왜국의 정권 중추에 있던 가마타리(鎌足)에게 선물했다고 전해지는 정창원 소장의 바둑알과 바둑판의 존재도 이러한 이해를 뒷받침하는 것은 아닐까.

Ⅳ. 맺음말

본고는 7세기에 견수사 및 초기 견당사에 동반하여 중국(수당)에 건너간 왜국(일본)의 학문승에 대해 검토한 것으로 특히 고대일본의 정치문화 형성에 있어 승려들이 행한 다양한 기능과 역할을 살펴보았다.

무엇보다도 본고에서는 승속이 미분화된 고대 사회에서 다양한 기능과 역할을 수행한 승의 보다 다채로운 모습을 알아보기 위해 한반도 삼국의 승의 사례를 살펴보고, 이와 함께 삼국 및 통일신라에서 왜국(일본)으로 건너와 일본 열도에서 활동한 승, 그리고 왜국의 승 가운데에서는 해외에 유학 경험이 있는 승들의 귀국 후의 활동에 주목하면서 고대 승의 존재형태를 확인할 수 있었다.

특히 본고를 통해 제시한 다양한 승의 양태는 다음과 같다. 즉, 승 본래의 불법 수행자로서의 역할(씨족불교 하의 씨족과 국가(호국)불교 시대의 왕권 및 국가사회를 위한 법회나 강설(독경) 등 행위)이나 불교계의 지도자로서의 역할(승정, 사주, 십사로서의 활동)은 물론, 선진문물 습득 및 새로운 문물도입(장래)자로서의 승, 국가사회의 필요에 응하는 각종 특수기능을 발휘하는 승(음양도 및 '전백출(煎白朮)', 의술, 기우, 기술 등), 대외

첩보활동에 종사하는 승, 군사 지휘관으로서의 승, 정치 외교 고문으로서의 승(혜자와 혜총 등), 특수기능의 보유 및 전수자로서의 승(관륵과 담징 등), 정책 입안자로서의 승(국박사), 왕재 교육을 담당한 교육자로서의 승, 대외 정책 건의 및 입안, 그리고 정치 외교의 일익을 담당한 외교관으로서의 승의 사례 등등 실로 다양한 고대의 승의 존재 양태를 확인할 수 있었다.

이 글은 나행주, 「7세기 일본 견수 학문승의 활동과 역할-승의 다양한 기능과 양태-」, 『한일관계사연구』 71, 한일관계사학회, 2021을 바탕으로 가필 수정한 것이다.

참고문헌

| 사료

『일본서기』

『속일본기』

『석일본기』

『선린국보기』

『부상략기』

『회풍조』

『삼국사기』

『삼국유사』

| 연구서

金鉉球, 『大和政權の對外關係研究』, 吉川弘文館, 1985.

연민수, 『고대한일관계사』, 혜안, 1998.

新川登龜男, 『日本古代文化史の構想』, 名著刊行會, 1994.

森公章, 『白村江以後』, 講談社, 1998.

吉田晶, 『日本古代國家成立史論』, 東京大學出版會, 1973.

| 연구논문

김은숙, 「7세기 동아시아의 국제관계」, 『한일관계사연구』 26, 2007.

나행주,「大化改新政權의 대외정책」,『일본역사연구』 12, 2000.
나행주,「왜왕권과 백제·신라의 질-왜국의 질도입·수용의 의미」,『일본역사연구』 24, 2006.
이재석,「7세기 왜국의 대외 위기감과 출병의 논리」,『일본역사연구』 26, 2007.

2

8세기 전반 일본 불교계의 동향과 천평기 견당사의 파견

- 강은영

Ⅰ. 머리말

Ⅱ. 8세기 전반 율령국가와 불교계의 동향

Ⅲ. 천평기의 견당사 파견 목적과 감진의 도래

Ⅳ. 맺음말

Ⅰ. 머리말

고대 일본의 율령제도 성립에 도래인의 역할은 높이 평가 받고 있지만, 그 중에서도 8세기 중엽 일본에 수계제(受戒制)를 도입한 감진(鑑眞)에 대한 평가는 이루 말할 수 없이 높다.[01] 감진의 일본 도래와 관련한 이야기는 그의 제자 시타쿠(思託)가 찬한 『대당전계사승명기대화상감진전(大唐傳戒師僧名記大和上鑑眞傳)』 즉 『대화상전(大和上傳)』을 간추려 엮은 오우미노미부네(淡海三船)의 『당대화상동정(唐大和尙東征)』에 상세히 전하고 있다. 『당대화상동정』과 『일본고승전연요문초(日本高僧傳延要文抄)』 사탁전(思託傳)에 의하면, 감진은 천평 4년(732) 견당사의 유학승이었던 후쇼(普照)와 요에이(榮叡)의 요청을 받아 일본으로의 도항을 시도하였고, 이후 연이은 도항 실패로 천평승보 4년(752)의 견당사 일행과 함께 6번째의 시도 끝에 겨우 12년만인 천평승보 6년(754)에 일본에 도달할 수 있었다고 한다. 수계사(授戒師) 감진의 일본 도래는 견당사 없이는 불가능한 것이었고, 갖은 고난 끝에 일본에 도착한 감진에 대한 전기가 천평 4년 견당사를 따라 일

---

01 安藤更生, 『鑒眞大和上伝の研究』, 平凡社, 1960.

본에 온 당승 도선(道璿) 아래에서 승려 생활을 하였던 오미노 미부네(淡海三船) 즉 겐카이(元開)에 의해 이루어진 것도 우연은 아닐 것이다.

일본 고대사에서 견당사란 당으로부터 율령, 학문, 불교 등을 배우고, 정창원 보물로 대표되는 선진적인 문물, 제도, 기술 등을 일본에 전달한 문화 사절적인 측면이 강하다. 편의상 견당사를 7세기에 파견된 전기 견당사와 8세기 이후에 파견된 후기 견당사로 분류할 수 있다면, 후기의 견당사 파견 시기에는 당을 중심으로 한 국제관계가 안정되었기 때문에 문화사절적 측면이 한층 강해지게 되었다고 이해된다.[02] 그렇다면 과연 당시 일본 조정이 상당한 인적·물적 비용과 희생을 감내하면서 연기제(年紀制)에 따라 형식적인 견당사를 파견하였을까. 전기의 견당사 연구에서는 국제적인 정세를, 후기의 견당사 연구에서는 문화적인 요소를 중요시하는 경향이 강하지만, 그 어떤 견당사 파견도 국제·국내적인 정치 문제로부터 자유로울 수는 없을 것이다. 8세기가 되면 대략 15~20년 간격으로 파견되는 견당사의 행로는 결코 쉬운 일이 아니었기에 그 나름의 특별한 목적이 있었을 것이다. 이는 수많은 선행연구에서도 확인되는 바인데, 후기 견당사의 파견목적에 대해서는 주로 국내적인 정치문제보다도 국제적인 역학관계에 초점을 두었다고 할 수 있을 것이다.[03]

---

02 東野治之, 『遣唐使船』, 朝日新聞社, 1999, 27~30쪽.

03 대보의 견당사 파견 목적과 관련해서는 율령의 편찬과 관련짓는 견해(森公章, 『遣唐使と古代日本の對外政策』, 吉川弘文館, 2008; 森公章, 『遣唐使の光芒』, 角川書店, 2010)가 주를 이루고, 국제적인 사정은 당을 둘러싼 국제정세가 안정기에 접어들면서 주변국과 당 사이에 외교를 중시하는 경향이 강해지자 일본도 이러한 국제정세에 편승하고자 하였으며(金子修一, 『隋唐の國際秩序と東アジア』, 名著刊行會, 2010; 廣瀨憲雄, 『古代日本外交史-東部ユ-ラシアの視點から

사실 견당사의 역할에 대해서는 『속일본기』와 『일본후기(日本後紀)』 등에 견당사의 복명서가 남아있고, 견당 청익승(請益僧)이었던 엔닌의 『입당구법순례행기(入唐求法巡禮行記)』를 통해 어느 정도 추정이 가능하다. 전기의 견당사가 7세기 동아시아의 국제적 역학관계 속에서 파견되었기 때문에 정치적 목적성을 강하게 띠었고, 선박도 2척의 소규모이며, 한반도를 경유하는 북로 항로를 취했다고 이해된다. 반면 후기의 견당사는 당을 중심으로 한 국제관계가 안정된 시기에 파견되어 문화사절적인 역할이 강해지며, 항로는 본격적으로 오도열도를 거쳐 동중국해를 횡단하는 남로를 취하게 되었고, 사절·선원·수행원·유학생 등 600명에 달하는 구성원들이 4척의 선박에 분승하는 체제를 갖추게 된다.[04]

讀み直す』, 講談社, 2014), 한편 신라와의 관계가 악화하자 한반도를 경유하는 북로 대신에 새롭게 당으로 가는 남로를 개척했다는 견해(古畑徹, 「七世紀末から八世紀初にかけての新羅·唐關係」, 『朝鮮學報』 107, 1983; 鈴木靖民, 『古代對外關係史の硏究』, 吉川弘文館, 1985) 등이 있다.

양로의 견당사 파견 목적은 국내사정보다는 국제정세에 집중되어 있고, 대체로 신라를 강하게 의식한 국제관계 속에서 파견되었다고 한다(古瀨奈津子, 「隋唐と日本外交」, 『日本の對外關係2 律令國家と東アジア』, 吉川弘文館, 2011). 천평의 견당사는 견당사 파견과 절도사 임명이 동시기에 이루어졌다는 점에서 긴박한 동아시아의 국제관계에 대응하고자 파견한 것이라는 견해(古畑徹, 「唐渤紛爭の展開と國際情勢」, 『集刊東洋學』 55, 1986)가 대세를 이루고, 동시에 외국인 초청의 임무를 띠었다는 견해(河上麻由子, 『古代日中關係史』, 中公新書, 2019)가 있어 주목된다.

천평승보의 견당사는 일본의 중화의식의 명확화가 진행되고, 현실에서 신라의 세력신장과 일본의 신라에 대한 반발이 배경이 되었으며, 천평의 견당사와 마찬가지로 신라를 의식한 파견으로 보았다(古瀨奈津子, 앞의 논문). 8세기 마지막 견당사인 보귀의 견당사는 신라·발해 간의 갈등과 관련짓는 견해(金子修一, 앞의 책)가 있다.

04 東野治之, 「『延喜式』にみえる遣外使節の構成」, 『遣唐使と正倉院』, 岩波書店, 1992; 東野治之, 『遣唐使』, 岩波書店, 2007; 古瀨奈津子, 앞의 논문; 강은영, 「7

견당사의 구성원 중 주요 활동 인물들은 사절과 유학생이다. 이들이야말로 견당사의 주도적 역할을 하였다고 할 수 있을 것이다. 사절은 견당사의 본체로서 대사·부사·판관·녹사의 4등관으로 구성되며, 그 아래에 사생(서기관)·종자가 포진한다. 한편 유학생은 일괄적으로 지식과 기술을 연수하기 위해 파견한 인물들까지 포함하지만, 파견 목적에 따라 대우와 활약상이 다르다. 단순한 기술을 연마하기 위한 다양한 분야의 기술 연수생 즉, 옥생(玉生), 단생(鍛生), 주생(鑄生), 세공생(細工生), 약생(藥生), 무생(舞生) 등부터 파격적인 대우[05]를 받는 장기유학자와 단기유학자까지 다양하다. 유학생 중에서도 중국학의 장기유학자인 유학생과 승려의 장기유학자인 학문승의 대우가 다르고, 마찬가지로 단기 유학자의 경우도 환학승(還學僧, 청익승)의 대우가 월등히 좋은 것[06]을 보면, 유학승에게 부여된 임무의 중요성을 엿볼 수 있다. 유학승의 파견이 사절만큼이나 중요시되었다면, 이는 단순한 종교적 문제가 아닌 보다 정치적인 문제가 관여되어 있을 것이다.

본 논문은 문화 사절로서 일컬어지는 후기 견당사 중 천평 4년 견당사의 파견 목적과 배경을 살피고자 한다. 『당대화상동정』과 『동대사요록(東大寺要錄)』에 보이는 천평 4년 유학승들의 활동과 감진 청래의 이유를 고

세기 후반 일본의 耽羅使 파견의 의의와 對中交通路의 변화」, 『新羅史學報』 44, 2018.

05 장기 유학승의 도항 수당은 지극히 고액이어서 견당 부사의 수당에 필적하고, 천평 4년의 유학승 후쇼(普照)의 경우는 당 조정으로부터 매년 견(絹) 25필과 계절별 의복료로써 '시복월료(時服月料)'를 지급받았으며, 신변 수발을 도와 줄 겸종(傔從)을 허락받았다(東野治之, 앞의 책, 114쪽).

06 東野治之, 앞의 책, 104-116쪽.

찰함으로서 8세기 일본 조정과 불교계의 관계가 명확하게 드러내고자 한다. 기원전 5세기 무렵 인도에서 탄생한 불교는 서북 인도에서 중앙아시아를 거쳐 기원 1세기 무렵에는 중국의 중원지방에 도달하였고, 이후 중국적 특색을 갖게 된 중국불교는 동아시아의 제국에 전파되었다.[07] 인도불교가 중국에 수용되어 가는 과정 혹는 중국불교가 동아시아 각국에 수용되어 가는 과정은 다양한 모습을 보인다. 특히 동아시아에서 불교가 성행하던 수당시기에는 세속권력인 왕법과의 마찰이 빗어지기도 한다. 이 시기 중국을 둘러싼 동아시아 각국에서도 불교가 수용되어 가는 과정은 평판하지만은 않았을 것이다. 8세기 초중반, 불교가 수용된 지 약 180여 년이 지난 일본에서는 율령불교가 성립되었음에도 불구하고, 중국적 수계제를 도입하고자 노력하였다. 일본조정은 율령불교 아래에서 불법을 규제하고자 하였으나 여의치 않자 새로운 통제 방식으로서 수계제를 도입하고자 한 것은 아닐까. 이는 동아시아 제국의 불교 도입과 정착에서 나타나는 일 단면을 보여줌과 동시에 동아시아 세계의 공통종교인 불교가 각국에서 어떠한 특수성을 띠게 되는지를 보여줄 것이다.

07 薗田香融,「東アジアにおける佛教の傳來と受容」,『日本古代佛教の傳來と受容』, 塙書房, 2016.

Ⅱ. 8세기 전반 율령국가와 불교계의 동향

고대 국가와 왕권에게 사원과 승려는 중요한 의미를 가진 존재이다. 불교 전래 이래 일본의 고대 사원은 부처가 거주하는 신성한 공간이고, 승니가 일상생활과 종교적 활동을 영위하는 공간임과 동시에 건립 주체의 권력을 상징하는 공간이다.[08] 불교의 전래 이래 중국에서는 왕법과 불법 사이의 갈등이 한동안 지속되었고, 세속 권력인 왕법은 '폐불'이라는 극단적 방법을 통해 불법을 제어해 왔다. 율령국가 성립 후, 일본에서는 중국과 같은 극단적인 방법이 아니라 사원의 건립 주체인 국가와 왕권이 불교 운영에 직접적으로 관여함으로써 불교를 통제할 수 있었는데, 이는 승니의 생산 즉 득도의 권한을 장악하여 법에 의해 승니의 생활전반에 걸쳐 규제를 가함으로써 불교의 내면적인 부분까지 질서를 구축함으로써 가능하였다.[09] 즉 율령국가는 관도제(官度制)를 실시하고, 승니에 대해서는 승니

---

08 本鄕眞紹, 「古代寺院の機能」, 『日本國家の史的特質 古代·中世』, 思文閣出版, 1997; 本鄕眞紹, 『律令國家佛教の研究』, 法藏館, 2005에 재수록.

09 本鄕眞紹, 「律令國家と僧尼集團-國家佛教から教團佛教へ-」, 『日本佛教の史的展開』, 塙書房, 1999; 本鄕眞紹, 『律令國家佛教の研究』, 法藏館, 2005에 재수록.

령을 비롯한 법 규제를 가하였으며, 치부성(治部省) 현번료(玄蕃寮)라는 속인의 행정기관의 관할 하에 둠과 동시에 승니의 교도(教導)에 해당하는 승강(僧綱)도 국가가 임명하는 등 국가의 의향을 크게 반영한 운영 시스템을 구축하였다.[10]

그러나 이러한 율령국가의 의도에도 불구하고 사도(私度) 또는 자도(自度)라 칭하는 무자격의 승니가 활동한다. 관승(官僧)이라 하더라도 승니령의 규정에 따르지 않는 처벌 사례가 다수 나타나는 점에서 본래 율령국가가 얼마나 엄격하게 승니 통제를 목표로 했는지 의심스럽고, 승니령에 기반을 둔 질서라는 것은 유명무실하여 국가불교라는 용어를 쓰기 어렵다는 견해[11]도 존재하지만, 『속일본기』에는 양로연간에 불교계에 대한 국가의 의구심과 통제를 위한 정책들이 나타나는 것으로 보아 헤이죠쿄(平城京) 천도를 계기로 불법에 대한 조정의 규제가 본격화되고 있음을 알 수 있다.

〈사료 A〉

(1) 임진, 조(詔)를 내리기를, "관직을 두고 능력 있는 자를 임명하는 것은 우민(愚民)을 교도(教導)하기 위한 까닭이다. 법을 만들고 제도를 세우는 것은 그 간비(姦非)를 금단하기 위한 것이다. 요즘 백성들이 법률을 어기고, 제멋대로 자기 뜻에 따라서 머리카락을 깎고 수염

10 本鄉眞紹, 앞의 논문, 33쪽.

11 吉田一彦, 「國家佛教論批判」, 『日本古代社會と佛教』, 吉川弘文館, 1995.

을 자르고, 함부로 승복을 입는다. 모습은 승려(桑門)와 비슷하나 마음은 간악한 도적과 같으니 속이고 숨기는 것들이 일어나는 원인이다. 간귀(姦宄)가 이로부터 일어나니 첫 번째 문제이다. 무릇 승니는 사가(寺家)에 한적하게 거처하여 가르침을 받고 도를 전한다. 영(令)에 의하면, '걸식하는 경우가 있으면 삼강(三綱)이 연서하라. 오시(午) 이전에 바리(鉢)를 들고 다니며 구걸하라. 이때 다른 물건을 구걸해서는 안 된다'고 하였다. 그런데 지금 소승(小僧) 교키(行基)와 제자 등이 거리에서 떼를 지어 모여서 헛되이 죄복(罪福)을 말하고, 무리를 짓고, 손가락을 태우거나 팔뚝의 살을 벗기고, 집집마다 돌아다니며 거짓으로 설법하고, 강제로 다른 물건을 요구하면서, 속여서 성도(聖道)라 칭하여 백성을 현혹하고 있다. 도속이 모두 혼란에 빠져 사민(四民)이 생업을 버리고 있다. 나아가서는 부처의 가르침을 어기고, 물러나서는 법령을 위반한다. 두 번째 문제이다. 승니는 불도에 의지하여 신령스러운 주문을 써서 도탄에 빠진 무리를 구하고, 탕약을 베풀어서 고질(痼疾)을 치료하는 것은 법에서도 이를 허락하였다. 그런데 지금은 승니가 함부로 병자가 있는 집을 찾아가서 거짓으로 환괴(幻怪)의 정(情)을 빌고, 어그러지게 무술(巫術)을 주장하고, 도리어 길흉(吉凶)을 점친다. 노인을 공갈·협박해서 점점 많은 것을 요구하기에 이른다. 도속이 구별이 없어서 마침내 간악함과 혼란을 만든다. 세 번째 문제이다. 치료해야 할 중병이 있으면 청정하게 수행한(淨行) 사람을 청하되 승강을 거쳐서 알리고, 삼강(三綱)이 연서하라. 정해진 날에 찾아가되 그로 인해 머무르면서 날을 늘려서는 안 된다. 참으로 주관하는 관사가 엄단을 가하지 않으므로 이러한 폐단에 이르게 된 것이다. 지금 이후로는 그러한 일이 없도록 하라. 촌리에 널리 알려서 힘써 금지하도록 하라"고 하였다 (『속일본기(續日本紀)』 양로(養老) 원년(717) 4월 임진조).[12]

(2) 겨울 10월 경오, 태정관이 승강(僧綱)에 알리기를, "지혜의 거울이 되는 바가 당대의 으뜸이어서 여러 사람들의 추천을 받아 가히 법문의 사범이 되어야 할 승려는 마땅히 그의 높은 덕을 드러내어야 할 것이다. 또 더 배우려고 하여 싫증을 내지 않고 스승의 뒤를 이으며, 재능이 후진의 영수가 될 만한 자가 있으면 또한 법명과 경력을 기록하여 문서로 연락하라. 5종의 학문과 3장의 교리는 토론하는 데 남다른 바가 있고 변담(辨談)하여 남과 같지 않으며, 스스로 능히 종의(宗義)를 깨달은 자는 참으로 종사(宗師)라 할 만 하다. 각 종마다 사람을 뽑아 모두 기록하라. 다음으로 자질에도 타고난 분별이 있고, 그 성취에도 역시 차이가 있다. 마땅히 타고난 성분(性分)에 따라 모두 학문에 나아가게 해야 한다. 무릇 모든 승도(僧徒)는 떠돌아다니지 못하게 하라. 중리(衆理)를 강론하고, 제의(諸義)를 학습하며, 경문(經文)을 창송(唱誦)하고 선행(禪行)을 닦고, 각각 업을 나누어 모두 그 도를 얻도록 해서 그 지덕을 숭표(崇表)하며 그 행능(行能)을 드러내어 기록하게 하라. 그래야 연석과 초박은 각기 빛남이

12 이근우 편역, 『속일본기1』, 지식을만드는지식, 2012, 270-272쪽.

나눠지고 우소와 정음은 가락이 섞이지 않는다. 장차 상덕의 청정한 물이 만드는 큰 물결이 법금을 맑게 하고, 용지의 지혜로운 불이 내뿜는 아름다운 빛이 조정에 알려져야 할 것이다. 하물며 법사(法師)로서 불법을 비난하여 도리어 불교를 실추시키는 것은 부처님이 깊이 경계한 바이고, 도인(道人)이 도를 어겨 함부로 황제의 법을 가벼이 여기는 것 또한 옥조에서 엄히 금하는 바이다. 승강은 마땅히 맑은 거울을 비추듯이 불교계를 청정하게 만들어야 할 것이다. 그런데도 승려들의 거처가 정사(精舍)에 있지 않고 수행하는 바는 연사와 어그러지며, 마음대로 산에 들어가 함부로 암굴을 지어 산하의 청정을 혼탁하게 하고 연무의 빛깔을 어지럽힌다. 또 경(經)에서 말하기를 '날로 구걸해서 번잡한 시리(市里)에 더럽게 섞여 있으니 마음은 비록 화광(和光)을 따르고자 해도 모습은 궁핍한 거지와 다름이 없다'고 하였다. 이와 같은 무리들은 진실로 금지하고 깨우쳐야 할 것이다"고 하였다(『속일본기』 양로 2년(718) 10월 경오조).[13]

위의 〈사료 A-1〉은 양로 원년(717) 4월, 불교계의 비위를 질책하는 3개조로 이루어진 조서이다. 교키(行基) 집단에 대한 위법행위는 두 번째 문제에서 상세히 다루고 있지만, 이는 실례에 관한 설명으로 교키 집단의 위법성은 모든 항목에 해당된다고 보아야 할 것이다. 첫 번째로 제기된 불교계의 문제는 정당한 심사과정을 거치지 않고 마음대로 출가하는 풍조를

13 이근우 편역, 앞의 책, 291-293쪽.

비난하였다. 이 문제는 교키 집단뿐만 아니라 당시 왕권이 바라본 일본 불교계의 가장 큰 문제점이었을 것이다.

승니란 모름지기 10계를 받고 출가한 사미·사미니와 더 정진하여 250계를 받은 비구·비구니를 가리키는데, 득도를 하면 도연(度緣)이 발부되고, 일반 호적에서 제명되어 과역을 면제받는다. 득도하는 사람의 재능과 수행은 현번료(玄蕃寮)·좌우경직(左右京職)·제국(諸國)의 국사(國司)가 담당하였고, 당시 승니의 명적(名籍) 관리도 불철저하였다. 따라서 공적인 수속을 거치지 않고 승니가 될 수 있는 방법은 얼마든지 존재하였다. 헤이조쿄의 조영사업이 시작된 이래 국가의 각종 부역을 피해 출가한 이들뿐만 아니라 당시 문벌이 절대조건인 귀족사회에서 유일하게 자신이 지닌 능력을 통해 사원의 삼강(三綱), 국 단위에서 사원 승니를 관리하는 국사(國師), 더 나아가 전국의 사원 승니를 관리하는 승강(僧綱)에까지 출세할 수 있다는 가능성 때문에 부정한 방법을 통해 출가한 이들은 증가하였을 것이다. 물론 교키는 사도승(私度僧)이라기 보다는 훗날 "약사사승(藥師寺僧)"이라 불리고 있고, 천무 11년 무렵에 출가하여 아즈카 데라(飛鳥寺) 승이 되었다고 하는 기록과 교키의 민중포교와 사회사업이 아즈카 데라의 도쇼(道昭)와 관련 있다는 점을 참조한다면 어엿한 관승이라 할 수 있을 것이다.[14]

원명 천황은 화동 원년(708) 2월, 헤이조로의 천도를 발표하고, 9월 조평성경사(造平城京司)를 임명함으로써 조영공사가 시작되었다. 이듬해 9

14 井上薰, 『人物叢書 行基』, 吉川弘文館, 1959, 26-27쪽; 吉川眞司, 『天皇の歷史 聖武天皇と佛都平城京』, 講談社, 2011, 148-149쪽.

월, 조영사업의 장령(將領) 이하에게 물건을 사여한 것으로 보아 조영공사가 1년 만에 어느 정도 마무리되고 있어, 이 공사에 얼마나 많은 부역민이 동원되었을지 충분히 추정할 수 있다. 화동 3년(710) 3월에는 후지와라(藤原)에서 헤이조(平城)로 천도하였다. 한편 교키는 화동 5년(712) 포교 활동을 시작하여 영귀 2년(716)에는 온고지(恩光寺, 生駒院), 양로 2년(718)에는 류후쿠인(隆福院, 登美院), 양로 4년(720)에는 가와치국(河内國) 가다이군(河内郡) 히노시타촌(日下村)에 이시고리인(石凝院), 양로 6년(722)에는 헤이조우쿄(平城右京)에 기코지(喜光寺, 菅原寺)를 세웠다. 교키는 화동 5년 이래, 기나이(畿內) 각지로 진출하여 그의 교설에 동조하는 사람들을 모으고, 그 집단을 성장시키기 위해 교통의 요로에 후세야(布施屋)을 세우는 운동을 시작하였다.[15]

후세야는 헤이조쿄 건설에 동원되었던 사람들과 조용(調庸)의 세물을 왕경으로 운반하는 사람들에게 숙박을 제공하고 음식물을 보시하는 시설이다. 보시행은 대승불교의 수행자인 보살에게 필수적인 수행 방법인 육바라밀(六波羅蜜)의 하나로 보시자는 탐욕을 버리고 삼보·빈민 등에게 의식 등을 제공함으로써 복된 보답을 받는다. 헤이조쿄 조영에 동원되었던 역민 중에는 귀향 시 식량이 떨어져 도중에 아사하는 사례[16]가 나타나는

---

15 吉田靖雄, 『ミネルヴァ日本評傳選 行基-文殊師利菩薩の反化なり-』, ミネルヴァ書房, 2013, 54-55쪽.

16 『속일본기』 화동(和銅) 5년(712) 정월 을유조.
조를 내리기를 "제국에서 요역을 하기 위해 오는 인민들이 고향으로 돌아가는 날, 식량이 다 떨어져서 많은 사람이 도로에서 굶주리고, 구덩이나 도랑에 묻히는 사람들도 적지 않다. 국사 등은 마땅히 힘써 어루만지고 보살피고, 헤아려 진휼하라. 죽은 사람이 있을 때에는 또한 매장을 하고, 그 성명을 기록하여 본속에

데, 숙박과 음식물을 제공해주는 공급처가 국가의 공공시설이 아니라 교키 집단이었다는데 문제가 있다.

양로 원년의 조서에서 지적한 교키 집단에 대한 상세한 위법행위는 ① 헤이조쿄의 거리에서 집단으로 설법하고, ② 집단으로 사신공양을 하고, ③ 탁발행으로서 음식물 이외의 것을 청구하고, ④ 깨달음을 얻었다고 사칭하여 사람들을 미혹시켰다는 점이다. 이러한 교기 집단의 포교행위는 승니령(僧尼令)을 위반하는 부분[17]이 분명 존재하지만, 양로 원년의 조서에 나타난 표현들을 살펴보면, 이는 율령국가의 불교계에 대한 비판적 시각으로 이해된다. 과장한 표현을 써서 당시 교키 집단을 비롯한 불교계를 비난한 율령국가의 위정자에게는 그만한 근거가 있었을 것이고, 그 근거란 위정자가 습득한 중국 역사상의 사례일 것이다. 종교 결사에 의한 반란운동으로서 먼 시대의 사건으로는 후한대의 '태평도의 난'이나 '오두미도의 난'을 떠올렸을 것이고 가까운 시대의 사건으로는 대업 6년(610) '미륵교도의 난'을 떠올렸을 가능성이 높다. 대업 6년 정월 초하루, 마침 수양제가

보고하라"고 하였다.

17 ① 소승 교키와 제자들이 헤이조쿄 거리에 모여서 망령되이 죄복의 인과를 설파하는 것은『양로승니령 (養老僧尼令)』제5조 "사원에 있지 않고, 별도로 도량을 세워 무리를 모아 교화하고 아울러 망령되 이 죄복을 설파하거나 장숙(長宿)을 구격(毆擊)하면 모두 환속하라"에 저촉되고, ② 집단으로 행하는 사신공양은『양로승니령』제4조 "붕당을 모아 도중(徒衆)을 어지럽히다"에 해당한다. ③ 탁발행으로 음식물 이외의 것을 요구하는 행위는『양로승니령』제23조 "승니가 경(經)·상(像)을 속인에게 주고 집문 마다 방문하여 교화하는 경우는 100일을 고사(苦使)하게 한다"에 해당하고, ④ 사람들을 속여 미혹하는 행위는『양로승니령』제1조 "거짓으로 성도(成道)를 얻었다고 칭하는 승니는 법률에 의해 과죄(科罪)한다"에 해당한다.

동도(東都) 낙양에 체재하고 있을 때 하얀 관에 연의(練衣)를 걸치고 향화(香華)를 받든 수십 명이 미륵불을 외치면서 건국문(建國門)으로부터 침입하는 사건이 벌어졌으나 양제의 차남 양간(楊暕)에 의해 폭도들은 모두 제압되었으며, 격노한 양제는 낙양성 뿐 아니라 인근의 관계자들을 철저히 조사하여 연좌된 사람만 하더라도 수천 명에 달했다고 한다.[18]

미륵교도의 반란이 일어난 대업 6년은 문제 이래로 이루어져 온 대운하 사업 중 강남운하가 완성된 해라는 점이다. 수양제는 대토목공사를 추진하는 도중에 사원 통합을 포함한 교단 정리를 감행하였다. 대업 5년에는 전국적으로 일제히 덕업이 없는 승니를 환속시키고, 재적을 허락받은 사원을 제외하고는 통합 내지 폐훼가 이루어졌는데, 폐훼 처분을 받은 사원은 50인 미만의 중소 사원이었다.[19] 이는 수양제의 대토목공사와 고구려 원정을 위해 역민이 필요했기 때문에 이루어진 조치로 여겨진다. 미륵교도의 난은 우연하게 돌발적으로 일어난 것이 아니라 국가에 의한 역민의 고역 때문이었고, 이는 헤이조쿄 천도로 역민의 고충이 심해져 교키 집단이 성장하는 일본의 상황과 겹치고 있다.

즉 〈사료 A-1〉은 교키 집단의 반체제적인 행위 혹은 예비 반란세력에 대한 왕권의 당혹감을 표현한 것이라 할 수 있을 것이다. 다만 〈사료 A-1〉의 조서는 교키에 대해 '소승(小僧)'이라고 멸칭하고 있지만, 위반 승니에 대한 벌칙 규정이 없고, 관계 관서에 향후 엄격하게 금단하고 촌리에 포고

18 藤善眞澄, 『白帝社アジア史選書005 隋唐時代の佛教と社會』, 白帝社, 2004, 77쪽.

19 藤善眞澄, 앞의 책, 80~81쪽.

하라는 가벼운 방침뿐이다. 〈사료 A-1〉의 방침을 결정한 당시 양로 원년 4월의 의정관은 우대신 후지와라노 후히토(藤原不比等), 중납언 아와타노 마히토(粟田眞人), 중납언 아베노 스쿠나마로(阿倍宿奈麻呂), 중납언 고세노 마로(巨勢麻呂) 4인이었고, 의정관의 수장인 우대신 후지와라노 후히토의 의향이 반영된 조서라고 생각된다. 대보 율령과 양로 율령을 제정하여 율령국가의 기틀을 다진 후지와라노 후히토에게 교키 집단의 행위는 위험하게 보였을 것이지만, 그럼에도 강경한 어조에 비해 특별한 처분을 내리지 않았던 이유는 후지와라노 후히토가 열렬한 불교신자였다는 점[20]이 크게 작용하였을 것이다. 이를 뒷받침하는 자료가 〈사료 A-2〉이다. 양로 원년의 강한 어조의 조문에도 불구하고 이듬해(718) 10월, 태정관은 승강에 대해 5개조의 자정노력을 주문하였는데, 그 내용을 살펴보면, ① 법문의 사범이 될 만한 자를 추천할 것, ② 삼장오종(三藏五宗)의 종사(宗師)가 될 만 한 자를 추천할 것, ③ 승니는 학업에 종사할 것, ④ 승니는 법에 따를 것, ⑤ 마음대로 입산하여 암굴을 짓거나 탁발행을 금지할 것 등을 명하고 있다. 원정(元正) 천황과 후지와라노 후히토를 비롯한 율령국가의 의정관은 중국불교의 극단적인 숙정 작업과 달리 가능한 불교 교단의 자정능력을 기대하며, 비위행위를 한 승니에 대해서는 승강(僧綱)이 주체적으로 제어하기를 바랐던 것이다. 또는 일본은 왕법과 불법의 갈등 정도가 중국보

20 후지와라노 후히토의 불교 상의 업적으로서 고후쿠지 유마회(維摩會)의 재흥을 들 수 있다. 또한 간고지 섭대승론중은 후히토의 경제원조를 얻어 강설을 지속할 수 있었다(高島正人, 『人物叢書 藤原不比等』, 吉川弘文館, 1997, 176~177쪽).

다는 현저히 낮았을 가능성도 높다.[21]

〈사료 B〉

기묘, 태정관이 아뢰기를(奏), "내전과 외교의 도가 뜻하는 바가 비록 다르다 하더라도 재주를 헤아려 직분을 받기는 이치는 서로 같습니다. 요사이 승강 등이 모여서 회합하는 일이 드물고, 방자하게 횡행하여 마침내 일을 제대로 처리하지 못하고, 이리저리 왔다 갔다 하면서 헛되이 시일을 끕니다. 기안된 문서가 아직 결재를 거치지 않아 승강의 세세한 사무가 막히어 일이 진척되지 아니합니다. 무릇 승강이라는 것은 지와 덕을 빠짐없이 갖추어서 진(眞)과 속(俗)의 동량이 되어야 합니다. 이치와 의리에 모두 정통해서 계율과 학업에 정밀하고도 성실하여야 합니다. 그렇기 때문에 승려들이 추앙하고 일반 백성들이 이로 말미암아 귀의하여 우러러봅니다. 그러나 거처가 한 곳이 아니고 불교와 관련된 사무가 제대로 이루어지지 않아서 잡사가 거듭 폭주하여 마침내 법의 규정에도 어그러집니다. 마땅히 야쿠시지(藥師寺)를 늘 머무르는 곳으로 하소서"라고 하였다.

또 아뢰기를, "교화를 하고 가르침을 베푸는 것은 장정(章程)에 의지해

21 율령국가는 승니를 8위의 관인에 상당하는 존재로서 대우하였음은 주지의 사실이다(本鄕眞紹, 앞의 책, 36쪽). 승니를 관인적 성격을 가진 존재로서 사회계층의 하나로 설정함으로써 국가는 그 생산을 관리하고 그들의 행동을 규제하는 것은 당연한 소치였다. 소위 득도(得度)·수계(受戒)·입사위(入師位) 등은 일반 관인의 임관이나 승진과 같은 것이었기 때문에 불법이 왕법을 위협할 여지가 애초부터 존재할 수 없었다.

서 비로소 실행되는 것입니다. 그런데 속(俗)을 이끌고 사람을 가르치는 것이 이전(彝典)에 어긋나서 마침내 제대로 이루어지지 못하고 있습니다. 요사이 도성에 있는 승니가 얕은 지식과 가벼운 지혜로써 죄와 복의 인과를 교묘히 설법하고, 계율을 익히지 않고, 도성 안의 백성을 거짓으로 속입니다. 안으로는 성스러운 가르침을 더럽히고, 밖으로는 황유(皇猷)를 이지러지게 합니다. 마침내 사람의 처자로 하여금 머리를 깎고 피부를 벗기도록 하고, 걸핏하면 불법을 칭하면서 갑자기 가족을 떠나게 합니다. 강기(綱紀)를 두려워하지도 않고, 양친과 지아비를 돌아보지 않으며, 혹은 불경을 지거나 바리때를 받들고, 거리에서 걸식하거나 혹은 허위로 그릇된 주장을 암송하고, 촌읍 가운데 모여들어 함께 자는 것을 당연하게 여기고, 무리 지어 요상하고 허황된 말을 합니다. 처음에는 수도하는 것 같았는데, 끝내는 간사함과 어지러움에 이릅니다. 영원히 그 폐단을 말하여 특별히 금단하도록 하소서"라고 하였다. 아뢴 것을 허락하였다(『속일본기』 양로 6년(722) 7월 을묘조).[22]

한편, 〈사료 B〉는 양로 6년(722) 7월 10일, 태정관은 2개조에 달하는 불교 교단의 폐해에 대해 상주하고 처분에 대한 허락을 받았다. 그 내용을 살펴보면, ① 최근 승강이 정해진 곳에 있지 않고 마음대로 움직이기 때문에 관청에 보낼 첩(牒)의 문안도 결재할 수 없어서 사무처리가 정체되는 일이 많으니 승강의 거소를 야쿠시지로 정할 것, ② 최근 재경의 승니가

22 이근우 편역, 『속일본기1』, 지식을만드는지식, 2012, 365~367쪽.

계율을 익히지 않고 죄복의 인과를 교묘하게 설파하여 왕경인을 혹세무민하고 있으며, 처자를 자유출가시켜 부모와 지아비를 버리게 하고, 거리마다 탁발과 사신공양을 하여 사설을 설파하고 있으니 이를 금단할 것을 요청하고 있다. 『속일본기』에는 여기까지만 기록하고 있으나 『유취삼대격(類聚三代格)』[23]에는 그 후속 조치가 기록되어 있다.

양로 6년의 상주는 양로 원년의 조서와 달리 위법 승니에 대해 실질적인 처분이 이루어지고 있는데, 왕경과 제국(諸國)에 전임의 관인을 파견하여 감독하게 하고, ②의 위반 사항을 용인한 관사는 현직에서 해임하고, 위반한 승니는 장죄(杖罪) 100에 처하고 향리로 돌려보내기로 하였다. 또한 위법을 용인한 주인(主人)·방령(坊令)·이장(里長)은 장죄 80에 처하였다. 양로 원년·2년과 양로 6년의 처분이 다른 이유는 양로 4년(720) 8월에 우대신 후지와라노 후히토가 사망하고 우대신 나가야왕(長屋王) 정권이 출범하였기 때문이다. 나가야왕 정권은 후지와라노 후히토와 같이 불교 교단의 자정기능이나 승강의 주체성을 인정하지 않고, 비위 승니에 대해 장죄를 적용하는 엄벌주의를 취하고 있다. 교키 집단에 대한 처벌은 이

---

23 『類聚三代格』 卷2, 僧尼禁忌事, 養老六年七月十日 太政官奏, 禁僧尼不練戒律奸亂并依律科罪事. 垂化設教. 資章程以方通. 導俗訓人. 違彝典而即妨. 近在京僧尼. 以淺識輕智. 巧說罪福之因果. 不練戒律. 詐誘都裏之衆庶. 內黷聖教. 外虧皇猷. 遂令人之妻子剃髮刻膚. 動稱佛法. 輒離室家. 無懲綱紀不顧親夫. 或負經捧鉢. 乞食於街衢之間. 或僞誦邪說. 寄落於村邑之中. 聚宿爲常. 妖訛成羣. 初似脩道終挾姦乱. 永言其弊. 特須禁制. **望請. 京城及諸國國分遣判官一人. 監當其事嚴加捉搦. 若有此色者. 所由官司即解見任. 其僧尼一同詐稱聖道. 妖惑百姓依律科罪. 其犯者即決百杖. 勒還鄉族. 主人隣保及坊令里長竝決杖八十. 不得官當蔭贖. 量狀如前. 伏聽天裁. 謹以申聞謹奏. 奉勅. 依奏.**

養老六年七月十日

루어지지 않았지만, 교키는 향리로 돌아가 나가야왕이 실각하는 천평 원년(729) 2월까지 향리인 이즈미(和泉)와 가와치(河內)에 한정되어 활동하였다.[24]

나가야왕은 교키와 같은 탁발행자에게 혐오감을 가지고 있었다. 『일본영이기(日本靈異記)』[25]에는 천평 원년 간고지에서 법회가 열렸을 때 천한 모습의 사미가 공양 음식을 받으러 오는 것을 보고 나가야왕이 피가 나올 정도로 사미를 때렸다는 기록이 있다. 이는 나가야왕 정권기에도 여전히 양로 원년에 제기된 불교계의 폐단이 고쳐지지 않았고, 나가야왕이 〈사료 B〉의 "불경을 지거나 바리때를 받들고, 거리에서 걸식하거나 혹은 허위로 그릇된 주장을 암송하고, 촌읍 가운데 모여들어 함께 자는 것을 당연하게 여기고, 무리 지어 요상하고 허황된 말"을 하는 탁발행위를 얼마나 기피하고, 엄격히 처분하고자 하였는지를 여실히 보여주고 있다. 따라서 나가

24 吉田靖雄, 앞의 책, 84쪽.

25 『日本靈異記』 中卷
恃己高徳刑賎形沙彌以現得悪死縁第一
諾楽宮御宇大八嶋国勝宝応真聖武太上天皇発大誓願以天平元年己巳春二月八日於左京元興寺備大法供養三宝勅太政大臣正二位長屋親王而任於供衆僧之司時有一沙彌濫就罐供養之処捧受飯親王見之以牙册以罰沙彌之頭々破流血沙彌摩頭捫血悕哭而忽不覲所去不知時法会衆道俗偸嗲之言凶之善矣. 逕之二日有嫉妬人讒天皇奏長屋謀傾社稷将奪国位受天心瞋怒遣軍兵陳之親王自念无罪而被囚執此決定死為他刑殺不如自死即其子孫令服毒薬而絞死畢後親王服薬而自害天皇勅捨彼屍骸於城之外而焼末散所擲海唯親王骨流于土左国時其国百姓多死云, 百姓患之而解官言依親王気国内百姓可皆死亡天皇聞之為近皇都置于紀伊国海部郡椒抄奥嶋嗚呼悯哉, 福貴熾之時高名雖振華裔而妖交窖之日无所婦唯一旦滅也, 誠知怙自高徳刑彼沙彌護法嚬蹙善神悪嫌著袈裟之類雖賎形不応不恐隠身聖人交其中故憍慢経云, 先生位上人尺迦牟尼仏頂佩履踟人等罪云々何況著袈裟之人打侮之者, 其罪甚深矣.

야왕의 실각 이후 조정의 불교계에 대한 인식은 바뀔 수밖에 없을 것이고, 율령국가 체제가 안정기에 접어들면서 불교를 군주권 강화가 적극적으로 이용하게 되는 것은 자연스러운 수순이라 할 수 있을 것이다.

Ⅲ. 천평기의 견당사 파견 목적과 감진의 도래

인도에서 성립한 불교는 동아시아 제국에서 각각의 고유 신앙을 상대화할 수 있는 외래신앙으로서의 공통성을 지니고, 보편적인 세계종교로서 중요한 역할을 담당하였다. 그리고 동아시아 각국의 불교를 숭상하는 군주는 군주 자신의 개인적 신앙 문제에만 머물지 않고 국가정책에 직접 반영하여 국내의 군주권 강화에 큰 힘을 발휘하였다.[26] 율령체제가 안착하던 8세기 중엽 일본에서도 불교를 군주권 강화에 이용하고자 하는 숭불 천황이 등장하는 것은 당연한 귀결이지도 모른다. 천평 19년(747)에 작성된 『대안사가람연기병유기자재장(大安寺伽藍縁起幷流記資財帳)』에는 삼보지법영전(三寶之法永傳)의 서원(誓願)이 성덕태자에서 출발하여 각 시대의 황위 계승자와 그 예정자인 황태자, 즉 추고(推古)→서명(敍明)→제명(齊明)→천지(天智)→천무(天武)→초벽(草壁)→지통(持統)→문무(文武)→성무(聖武)로 전해지고 발전해 왔다고 한다. 삼보지법영전의 상징인 구마고리데라(熊凝寺)의 영전(永傳)은 구마고리무라 도조(熊凝村道場)→구다라노 오

26 勝浦令子, 「8世紀における「崇佛」天皇の特質」, 『『佛教』文明の受容と君主權の構築-東アジアのなかの日本-』, 勉誠出版, 2012, 143쪽.

오데라(百濟大寺)→다케치 다이지(高市大寺)→오오쓰카사노 오오데라(大官大寺)→다이안지(大安寺)의 형태로 계승되었고, 「삼보지법영전」이란 다이안지를 중심으로 한 숭불천황의 사명이라고 한다. 『대안사가람연기병유기자재장』에 투영된 당시 불교계의 인식은 천황 계승의 적통성과 숭불의식을 연결시켰다는 점이다. 특히 성무 천황을 8세기의 대표적인 숭불천황으로 여기고 있음을 보여준다. 8세기 후반인 연력 7년(788)에 감진의 제자 시타쿠(思託)가 찬한 『연력승록(延曆僧錄)』 권2에는 10명의 보살 명칭을 띤 천황·황후·황족의 전기가 수록되어 있었을 것으로 추정되는데, 현재는 성덕태자(聖德太子)·천지천황·성무천황·광명황후·환무천황·을모루황후(乙牟漏皇后)·훈야노 기요미(文室淨三) 등 7명의 전기가 남아 있다. 이 중에서도 천지·성무·환무는 '천황 보살'로서 부처의 유촉(遺囑)을 받아 만기를 다스리고 불법을 흥륭시킨 천황 보살상으로 그려진다.[27] 이처럼 8세기를 통관하여 숭불천황이라는 이름에 걸맞는 이는 성무천황임을 알 수 있다. 『속일본기』 천평 3년(731) 8월 계미조에는 다음과 같은 조서가 발표되었다.

〈사료 C〉

계미, 주전(主典) 이상 396인이 대궐로 나아가 상표하고 이름을 들어 아뢰었다. 조(詔) 하기를, "매년 행기법사(行基法師)를 뒤따라 다니는 우바소쿠와 우바이 등 법에서 정한 대로 수행하는 자는 남자는 61세 이상,

---

27 勝浦令子, 앞의 논문, 146~147쪽.

여자는 나이 55세 이상이면 모두 입도하는 것을 허락하라. 그 밖에 탁발하는 자는 유사(有司)에 명령해 엄히 단속하라. 부모와 지아비의 상을 당한 경우에는 기년(期年) 이내에 수행하는 것은 논하지 마라"고 하였다(『속일본기』 천평 3년(730) 8월 계미조).[28]

위의 사료는 앞서 살펴보았던 〈사료 B〉 양로 6년의 처분과는 너무나도 이질적인 내용을 담고 있다. 천평 3년(730), 율령정부는 갑작스럽게 교키 집단에 대한 탄압책을 완화하고, 일부의 우바소쿠(優婆塞)·우바이(優婆夷)의 득도를 인정하기로 했는데, 득도의 조건은 '법에 정한 바와 같이 수행'할 것을 요구하고 있지만, 상당히 애매모호한 표현이다. 이는 당시 일본의 일반적인 득도기준이 불명확했음을 말해주고 있으며, 향후 위정자의 자의적 대량 득도가 이루어지게 되는 이유 중의 하나가 되었다. 율령정부는 양로 초년까지 승니령의 입장에서 불교를 통제하고자 하였으나 신귀 말년에서 천평 초기를 경계로 정부의 불교정책에 변화가 도래하였다.[29] 그 이유로는 불교에 대해 엄격주의를 관철했던 나가야왕의 몰락과 보살천황 성무천황의 등장, 광명황후의 책립 등을 꼽을 수 있겠으나, 무엇보다 중요한 원인은 보살천황 성무천황의 등장이 아닐 수 없다. 그렇다고 성무천황이 즉위하자마자 보살천황의 모습을 보였던 것은 아니다. 오히려 즉위 초기였던 신귀 연간은 의정관의 수장이 나가야왕이었던 만큼 율령정부 즉

28 이근우 편역, 『속일본기2』, 지식을만드는지식, 2012, 12~13쪽.

29 速水侑, 『日本佛教史 古代』, 吉川弘文館, 1986, 112쪽.

천황의 불교에 대한 기조도 엄격주의였을 것이다.

그런데 신귀 6년(729) 2월 나가야왕이 좌도(左道)를 배워 모반을 꾀하려 한다는 이유로 제거된 후, 신속하게 동년 6월에 후지와라노 후히토의 여식인 후지와라노 고묘시(藤原光明子)의 황후책립이 이루어졌다. 광명황후와 함께 가정기관인 황후궁직(皇后宮職)이 후지와라노 후히토의 저택에 세워지고, 천평 2년 4월에는 황후궁직에 시약원(施藥院)을 설치하였는데, 이는 교키의 구민 대책 활동에 영향을 받은 것이다. 황후궁직에 설치된 시약원의 연원은 교키의 초기 포교활동의 하나인 후세야(布施屋)이지만, 이미 양로 7년(723) 고후쿠지 경내에 시약원과 히덴인(悲田院)이 설치된 것으로 보아 후지와라씨와 교키의 밀접한 관계를 유추할 수 있다. 따라서 고묘시의 입후(立后) 이후, 교키 집단에 대한 율령정부의 긍정적 시각은 당연한 귀결이라 하겠다.

성무천황의 치세를 대표하는 천평 연간은 연호의 뜻과는 상반되게 재해가 다발하는 시기였다.[30] 이 시기에 천황과 황족의 재액(災厄)을 막고 병을 치유하기 위해 한 번에 수백에서 수천인에 이르는 대량 임시 득도가 자주 이루어졌다. 한편에서는 엄격한 정행(淨行)과 학업을 요구하는 연분제도(年分制度)가 시행되면서 다른 한편에서는 천황가를 중심으로 불교의 주술적 효험을 기대한 나머지 득도의 방만화가 이루어졌다고 할 수 있다. 표면적으로는 국가불교의 융성기를 보여주듯 하지만 임시득도는 학업·계율과 무연한 승니의 대량 출현을 낳았고, 이는 진호국가불교의 담당자여

30 김송이, 『8세기 전반 일본 조정의 疫病 대응과 불교의술』, 전남대학교 석사학위논문, 2018.

야 할 관승(官僧) 집단의 질적 저하로 연결되었다. 대보 원년에 입당하여 15년의 유학 생활을 마치고 양로 2년에 귀국한 도지(道慈)는 "지금 일본의 속인과 승려가 불법을 행하는 법식을 살펴보니, 전혀 대당(大唐) 도속(道俗)의 성교(聖教)를 전하는 법식과 다르다"[31]고 개탄할 정도로 8세기 중반 일본 승려의 수계(受戒)는 중국과 전혀 달랐음을 알 수 있다. 율령정부는 어쩔 수 없이 세력화한 교키 집단을 인정하면서 한편으로는 불교계의 기강을 쇄신하기 위해 중국불교의 수계제도를 적극적으로 이용하고자 하였다. 다음 사료는 율령정부의 수뇌부와 승강으로 대표되는 불교계 지도자들의 수계제도에 대한 인식을 잘 보여준다.

〈사료 D〉

(천평 6년 11월) 무인, 태정관이 주상하였다. "불교의 류전(流傳)은 반드시 승니(僧尼)에게 있습니다. 도인(度人)의 재행(才行)은 실로 해당 관사에서 선발하는데 요즘 출가는 학업을 자세히 살피지 않고, 청탁으로 말미암는 경우가 많으니, 심히 법의(法意)에 어그러집니다. 앞으로는 도속(道俗)을 논하지 않고 추천하는 도인은 오직『법화경(法華經)』전부 혹은『최승왕경(最勝王經)』전부를 암송하고, 아울러서 예불(禮佛)을 행할 수 있고, 정행(淨行) 3년 이상인 자를 취해 득도하게 하면, 학문은 점점 깊어지고 청탁은 저절로 없어질 것입니다. 승니의 아이를 취해 거짓으로 남녀라고 하여 출가하게 하면, 법에 준해 죄를 주십시오. 득도한 자도

---

31 『속일본기』 천평 16년(744) 10월 신묘조.

환속토록 하십시오." 아뢴 것을 허락하였다(『속일본기』 천평 6년(734) 11월 무인조).[32]

위의 사료에 따르면, 득도를 위한 최소 조건은 『법화경』 1부 혹은 『최승왕경』 1부를 암송하고, 예불을 행할 수 있으며 정행(淨行)을 3년 이상 행한 자에 한정한다고 명시하였다. 이 법령을 두고 양로 7년 4월에 발표된 '삼세일신법(三世一身法)'과 연결시켜서 율령제의 수정을 통해 율령권력의 재편강화를 꾀한 것이라는 견해가 있어 주목된다.[33] 양로기에는 승니통제책을 학단의 정비와 교계의 충실에서 찾았다면, 천평기에는 소위 삼사칠증(三師七證)의 중국적 수계제(受戒制)를 통해 율령정부의 교계장악을 꾀했다고 할 수 있을 것이다. 물론 승니가 되기 위한 불가결의 의례인 수계제가 아주 없었던 것은 아니다. 다음은 감진(鑑眞) 도래 이전의 수계와 관련한 자료이다.

〈사료 E〉

(1) 백제국왕이 돌아오는 사신 대별왕(大別王) 등에게 딸려서 경론 약간 권과 **율사(律師)** · 선사(禪師) · 비구니(比丘尼) · 주금사(呪禁師) · 조불공(造仏工) · 조사공(造寺工) 6인을 바쳤으므로 나니와(難波)의 대별왕사(大別王寺)에 안치했다.[34]

---

32 이근우 편역, 『속일본기2』, 지식을만드는지식, 2012, 58~59쪽.

33 家永三郎 外, 『日本佛教史 古代編』, 法藏館, 1967, 143~145쪽.

34 『일본서기』 민달 6년(577) 11월 경오삭조.

(2) 젠신노 아마(善信阿尼) 등이 대신에게 "출가의 길은 계(戒)를 근본으로 하는 것이니 백제에 가서 수계법(授戒法)을 배우고자 합니다"라고 하였다. 이달, 백제의 조사(調使)가 와서 조알했다. 대신이 사신에게 "이 비구니들을 데리고 너희 나라에 가서 계법(戒法)을 배우게 하여 다 마치면 보내라."고 말했다. 사신이 "신 등이 본국으로 돌아가 먼저 국왕에게 아뢴 뒤에 보내도 늦지 않을 것입니다."라고 대답하였다.[35]

(3) 이해, 백제국이 사신과 승려 혜총(惠總)·영근(令斤)·혜식(惠寔) 등을 보내어 불사리를 바쳤다. 백제국이 은솔 수신(首信)·덕솔 개문(蓋文)·나솔 복부미신(福富味身) 등을 보내어 조(調)를 진상하고 아울러 불사리, 승려 영조율사(聆照律師)·영위(令威)·혜중(惠衆)·혜숙(惠宿)·도엄(道嚴)·영개(令開) 등, 사공(寺工) 태량말태(太良末太)·문고고자(文賈古子), 노반박사(鑪盤博士) 장덕백미순(將德白味淳), 와박사(瓦博士) 마나문노(麻奈文奴)·양귀문(陽貴文)·능귀문(陵貴文)·석마제미(昔麻帝彌), 화공(畫工) 백가(白加)를 바쳤다. 소가노우마코(蘇我馬子宿禰)가 백제 승려들을 초청하여 수계지법(受戒之法)을 묻고 젠

冬十一月庚午朔, 百濟國王付還使大別王等. 獻經論若干卷幷律師, 禪師, 比丘尼, 咒禁師, 造佛工, 造寺工六人. 遂安置於難波大別王寺.

35 『일본서기』 숭준천황 즉위전기 용명 2년(587) 6월 갑자조.
甲子, 善信阿尼等謂大臣曰, 出家之途以戒爲本. 願向百濟學受戒法. 是月, 百濟調使來朝. 大臣謂使人曰, 率此尼等將渡汝國令學戒法. 了時發遣. 使人答曰, 臣等歸蕃先道國王. 而後發遣. 亦不遲也.

신노 아마(善信尼) 등을 백제국 사신 은솔(恩率) 수신(首信) 등에게 부탁하여 보내어 학문을 배우게 했다.[36]

(4) 승니 2400 여인을 초청하여 제회(齋會)를 크게 개설하였다. 승니는 비록 많다하여도 아직 계율(戒律)이 전해지지 않았다. 천무천황 시대, 도코율사(道光律師)를 견당사로 삼아 율장(律藏)을 배우게 하였고, 칙을 받들어 입당하였다. 몇 해가 지나 율을 배워 마침내 천무천황 7년(679) 무인에 귀조하였다. 도코는 이 해에 1권의 책을 만들었는데 이름하여 "사분율에 의거해서 녹문을 찬하였다(依四分律鈔撰錄文)"이라 하였다. … 도선율사(道宣律師)의 사분율초(四分律鈔)는 오래전부터 전래되었는데 사람들이 해독을 하지 못해 세월을 흘러 보냈다. 이에 도융선사(道融禪師)가 스스로 이를 해독하고 사람들에게 강론하였다.[37]

36 『일본서기』 숭준 원년(588) 시세조.
是歲, 百濟國遣使并僧惠總, 令斤, 惠寔等, 獻佛舍利. 百濟國遣恩率首信, 德率蓋文, 那率福富味身等進調, 并獻佛舍利. 僧聆照律師, 令威, 惠衆, 惠宿, 道嚴, 令開等, 寺工太良未太, 文賈古子, 鑪盤博士將德白昧淳, 瓦博士麻奈文奴, 陽貴文陵貴文, 昔麻帝彌, 畫工白加. 蘇我馬子宿禰請百濟僧等, 問受戒之法. 以善信尼等付百濟國使恩率首信等, 發遣學問.

37 『삼국불법전통록기』 권下 율종.
天武天皇御宇白鳳四年乙亥四月, 請僧尼二千四百餘人. 大設齋會. 僧尼雖多. 未傳戒律. 天武天皇御宇, 詔道光律師爲遣唐使. 令學律藏. 奉勅入唐. 經年學律. 遂同御宇七年戊寅歸朝. 彼使卽以此年作一卷書. 名依四分律鈔撰錄文. … 道宣律師, 四分律鈔. 自昔傳來. 而人不讀披. 空送年月. 爰道融禪師, 自讀披之. 爲人講之.

흠명(欽明) 천황 시기(538년·552년)에 불교가 백제로부터 전해지면서 승니가 지켜야할 수행규칙으로서의 계율도 필요하였다. 민달(敏達) 천황 6년(577)에는 최초로 백제로부터 율사가 파견되었으며, 숭준(崇峻) 천황 원년(588)에는 젠신노 아마 등이 백제로 건너가 계율을 배워 일본에 전하였다. 백제의 수계법이 어떠한 형식이었는지는 알 수 없지만, 불교의 공전과 함께 계율이 백제로부터 전해졌음은 확실하다. 『삼국불법전통연기』에는 천무 천황 백봉(白鳳) 6년에 승려 도코가 당으로부터 『사분율(四分律)』을 가지고 돌아왔고, 이를 바탕으로 『의사분율초찬녹문(依四分律鈔撰錄文)』을 저술하였으며, 승려 도융(道融)은 당 도선(道宣)의 『사분율행사초(四分律行事抄)』를 강의하였다고 한다. 백봉 연호는 사연호(私年号)로서 사서에서는 확인되지 않지만, 『일본서기』 백치 4년 5월에 파견된 견당사 일행 중 도코의 존재[38]가 확인되는 바, 파견 시기가 백치=백봉 연간이었고, 귀국한 것이 천무조였기 때문에 도당시기와 귀국시기가 혼합되어 『삼국불법전통연기』에는 천무천황 시기 백봉 6년이라고 기술하였을 것이다.

『사분율』은 인도의 소승교단 중 법장부에서 적용하였던 교단 내의 규율을 설파한 경전으로서 『담무덕율(曇無德律)』이라고도 한다. 인도인 불타야사(佛陀耶舍)가 중국인 축불념(竺佛念)의 협력을 얻어 홍시(弘始) 12년(410)부터 14년(412)까지 2년에 걸쳐 60권으로 번역하였다. 비구의 계율로는 바라이법(婆羅夷法, 교단 추방의 중죄)을 비롯해 7항목 250조의 계법(戒法)을 규정하고, 비구니는 348조를 규정하였다. 이외에 교단의 조직과 운

---

38 『일본서기』 백치 4년(653) 5월 임술조.

영에 관한 규정으로는 입단규칙을 나타내는 수계법, 월 2회의 포살(布薩)의 집합운영을 설파한 설계법(說戒法), 우기 3개월의 정주생활을 설파한 안거법(安居法) 등의 내용을 담고 있다.[39] 『사분율』은 사분율종의 성행으로 가장 널리 보급되었으며 일본에서도 도선(道宣)의 남산율(南山律)이 수입되어 대보령의 승니령에 많은 영향을 주었다고 한다.[40]

『사분율』에 따르면, 비구의 수계는 계사(戒師)·갈마사(羯磨師)·교수사(教授師)의 삼사(三師)와 7명의 학증사(學證師)로 이루어진 10사가 필요하다. 적어도 불교유포가 늦은 변경지라도 삼사이증(三師二證)의 오사(五師)가 필요하다고 한다. 8세기 중반까지도 일본에서는 삼사칠증(三師七證)에 의한 수계의식은 존재하지 않았지만 『사분율』에 의한 수계는 이루어졌을 것으로 보인다. 예를 들어, 교효(行表)는 천평 15년(743) 고후쿠지 북창원(北倉院)에서 수계하였고, 천평 19년 정월[41]에는 "7도 제국의 사미·니로 하여금 당국의 사원에서 수계를 하고 왕경에 들어와서는 안 된다"는 법령이 나온 것으로 보아 천평 19년 무렵 수계를 통제하는 권한은 승강에 있었고, 이 권한이 한층 강화된 듯하다. 3사7증제의 수계제는 계율사(戒律師)인 간진(鑑眞)과 제자 24인이 천평승보 6년(754)에 도래하고 나서 처음으로 가능하게 되었고, 이는 기존의 수계법과는 다른 것이다.

계율사 감진의 도래는 우연한 기회에 일어난 것이 아니라 율령체제를 수

---

39 今泉淑夫 編, 『日本佛教史辭典』, 吉川弘文館, 1999, 437쪽.

40 井上薫, 「鑑眞の諸問題」, 『文化財學報』 3, 1984, 15쪽.

41 제하기를, "7도 모든 구니의 사미니들은 해당 구니의 절에서 수계하면 다시 경(京)에 들어올 필요가 없다"고 했다.

립한 후 안정기에 들어선 8세기 중엽, 이완된 불교계의 승니 통제를 위해 중국적 수계제를 도입하고자 한 일본 조정의 노력에 의한 것이라고 할 수 있을 것이다. 그 시작이 바로 천평 4년 견당사 파견이라 할 수 있다. 『속일본기』의 기록을 중심으로 천평 4년 견당사의 활동을 살펴보면, 다음과 같다.

양로 원년에 출발한 견당사로부터 16년만인 천평 4년(732) 8월 정해(17일), 견당대사 종4위상 다지히노 히로나리(多治比眞人広成), 부사 종5위하 나카토미노 나시로(中臣朝臣名代), 판관(判官) 4인, 녹사(錄使) 4인이 임명되었다. 같은 날 절도사(節度使)가 임명되고 있고, 9월에는 발해가 당의 등주를 공격하는 등 천평 4년의 견당사 파견목적은 증폭하는 국제사회의 긴장국면과 관련한 정치적인 것이라는 견해가 주류를 이룬다.[42] 천평 5년(733) 윤3월에 사견(辭見)을 하고, 4월에 나니와진(難波津)을 출발하였다. 견당사선은 4척으로 이루어졌고, 사인의 총수는 590인이었다. 『책부원귀(冊府元龜)』에 따르면, 대사 히로나리(広成) 등은 풍파에 고생하면서도 8월에는 강남 소주에 도착하였다.[43] 이듬해 개원 22년(734) 4월, 일본국사는 당에 미농시(美濃絁) 200필, 수직시(水織絁) 200필을 헌상하였다.[44] 이후 견당사 일행은 임무를 마치고 동년 10월, 소주를 떠나 귀국길에 들어섰으나 풍랑을 만나 4척의 견당사선이 모두 이산하였다. 대사 히로나리는 동년 11월 다

---

42 古瀨奈津子, 앞의 논문, 69~70쪽.

43 『책부원귀』 권170 제왕부(帝王部) 내원(來遠)
日本國朝賀使真人廣成與人傔從五百九十人舟行遇風飄至蘇州刺史錢惟正以聞詔通事舍人韋景先往蘇州宣慰勞焉.

44 『책부원귀』 권971 외신부(外臣部) 조공(朝貢) 제4.
四月日本國遣使來朝獻美濃絁二百匹水織絁二百疋.

네가지마(多褹嶋)에 도착하여 이듬해 천평 7년(735) 3월에 입경하고 절도(節刀)를 반납하였다. 이때 대사 히로나리의 배에 동선했던 인물로는 유학생 기비노 마키비(下道眞備), 학문승 겐보(玄昉), 청익생 하타노 오오마로(秦大麻呂), 당인 등이다. 부사 나카토미노 나시로가 탄 배는 조난하여 다시 당에 되돌아갔다가[45] 천평 8년(736) 8월, 당승 도센(道璿), 바라문승(波羅門僧) 보다이(菩提), 임읍승(林邑僧) 불철(佛徹), 당인 황포동조(皇甫東朝), 파사인(波斯人) 이밀예(李密翳) 등을 동반하고 입경하였다.

한편, 판관 헤구리노 히로나리(平群廣成)의 귀국길은 험난함 그 자체였다. 천평 6년 10월에 소주를 출발한 후, 풍랑을 만나 곤륜국에 표착하여 115인 중 헤구리노 히로나리를 비롯한 4명만 살아남아 곤륜왕에게 구류당했다가 천평 7년(735) 곤륜인의 무역선에 잠입하여 당에 돌아갈 수 있었다. 당에 돌아온 헤구리노 히로나리 일행은 아베노 나카마로(阿倍仲麻呂)의 알선으로 발해국 경유의 귀국을 황제로부터 허락받아 천평 10년(738) 3월 등주에서 발해로 출발하였고, 5월에는 발해에 도착, 발해사와 동행하여 천평 11년(739) 7월 데와구니(出羽國)에 귀환하였다. 나머지 한 척의 배의 소식은 두절되어 그 생사를 알 수 없다.[46] 천평 4년도 견당사의 파견 목적에 대해 당시 신라·발해·당 3국의 관계긴장에 기민하게 대처하기 위해 파견되었다는 견해가 주를 이루지만, 천평 4년도 견당사의 역할

---

45 『책부원귀』 권999 외신부 청구(請求).
二十三年閏十一月, 日本國遣其臣名代來朝獻表懇求, 『老子』經本及天尊像以歸於國發揚聖教許之.

46 青木和夫 外, 「補註11-28」, 『新日本古典文學大系13 續日本紀2』, 岩波書店, 1990, 553쪽.

중 빼놓을 수 없는 것이 불교와 관련한 부분이다. 다음은 천평 4년도 견당사의 불교관련 활동을 나타내는 사료이다.

〈사료 F〉

(1) 양변(良弁)을 공가(公家)로 삼고, 견색원(羂索院)을 창립하였다. 고금종사(古金鍾寺)라고 하는 것이 이것이다. 또 간고지 사문 류손율사가 있었는데, 뜻이 아주(鵝珠)에 있어 끝내 초계(草繫)를 구하였다. 우리나라에는 비록 율본(律本)이 있으나 전계인(傳戒人)이 없고, 불법(玄門)을 가지런히 하고자 하나 계족(戒足)이 없음을 한탄하였다. 즉 사인왕자(舍人王子)의 거처에 청하여 말하기를 "일본에는 계율이 아직 갖추어져 있지 않습니다. 왕의 위력을 발어 승려 요에를 보내 사신을 따라 당에 들어가서 전계사(傳戒師)를 청해 우리 성조로 돌아와 수계품(受戒品)을 전하게 하소서"라고 하였다. 도네리 신노(舍人親王)은 즉시 류손(隆尊)을 위해 주상하였다. 칙을 내려 요에를 입당하게 하였다. 이에 고후쿠지 요에와 후쇼가 함께 칙을 받들었다. 4월 3일, 견당대사 다지히노 히로나리(多治比眞人廣成)를 따라 당국(唐國)에 도착하였다. 유학하는 동안 본국에 전계인이 없음을 알고 대복선사 사문 도선(道璿)을 청하여 견당부사 나카노미노 나시로(中臣朝臣名代)의 선박 편에 실어 먼저 일본으로 향하게 하였고, 전계법사(傳戒法師)로 삼고자 하였다.[47]

47 『동대사요록(東大寺要錄)』 권1, 본원장(本願章) 제一.
(天平)五年癸酉, 公家爲良弁. 創立羂索院. 号古金鍾寺是也. 又有元興寺沙門隆尊

(2) 사문 요에·후쇼 등이 견당대사 다지히노 히로나리를 따라 당국에 이르러 유학하였다. 이해는 당 개원 21년. 당국 모든 사찰의 삼장대덕은 모두 계율로서 입도의 정문으로 삼는다. 만약 계를 지니지 못한 자가 있다면, 승려 안에 참여할 수 없다. 이에 바야흐로 본국의 전계인(傳戒人)이 없음을 알고 동도(東都) 대복광사의 사문 도선(道璿) 율사를 초청하여 부사 나카노미노 나시로의 배로 먼저 일본으로 향하게 하여 전계사로 삼고자 하였다. 요에·후쇼는 당국에 유학하여 이미 10여년이 지났다. 비록 사신을 기다리지 못하더라도 빨리 귀국하고자 하였다. 이에 서경 안국사의 승려 도항(道航)·징관(澄觀), 동도의 승려 덕청(德清)· 고려승(高麗僧) 여해(如海)를 청하고, 또 재상 이임보의 형 임종의 서안을 얻어 양주의 창조 이주(李湊)에게 주어 큰배를 만들고 식량을 준비하여 보내게 하였다. 또 일본국 동학의 승려인 현랑·현법 두 사람과 함께 내려와 양주에 이르렀다. 이해가 당의 천보원재 겨울 10월이다[일본 천평 14년 임오이다].[48]

律師者, 志存鵝珠, 終求草繫. 於我國中, 雖有律本, 闕傳戒人. 幸簉玄門. 嘆無戒足. 卽請舍人王子處曰, 日本戒律未具. 假王威力, 發遣僧榮叡. 隨使入唐. 請傳戒師. 還我聖朝. 傳受戒品. 舍人親王卽爲隆尊奏. 勅召件榮叡入唐. 於是興福寺榮叡. 與普照俱奉勅. 四月三日, 隨遣唐大師多治比眞人廣成, 到唐國. 留學問. 方知本國無傳戒人. 請大福先寺沙門道璿, 附副使大中臣朝臣名代之舶先向日本. 擬傳戒之法師.

48 藏中進 編,『寶曆十二年版本 唐大和上東征傳』, 和泉書院, 1979, 1~2쪽.
天平五年歲次癸酉, 沙門榮叡·普照等隨遣唐大使丹墀眞人廣成, 至唐國留學. 是年唐開元廿一也. 唐國諸寺三藏大德皆以戒律爲入道之正門. 若有不持戒者不齒於僧中. 於是方知本國無傳戒人仍請東都大福光寺沙門道璿律師附副使中臣朝臣名代之舶. 先向本國, 去擬爲傳戒者榮叡普照留學唐國已經十載. 雖不待使而欲早歸. 於是西京安國寺僧道航·澄觀·東都僧德清·高麗僧如海, 又請得宰相李林甫之兄

(3) ○ 유교경(遺教經) ○ 이시야마데라 소장(石山寺所藏)

당의 청신(淸信) 제자 진연창이 이 대승경전을 장엄하여 일본사(日本使) 국자감 대학 붕고만(朋古滿)에게 주어서 그 나라에 널리 유포하게 하였다.

개원 22년(천평 6년) 2월 8일 경(京)에서 발기(發記)하다.[49]

천평 4년도 견당사 중에는 『속일본기』 등의 정사에는 보이지 않는 인물들이 포함되어 있었다. 그 중에서도 승려들의 활약이 눈에 띄는데, 〈사료 F-1, 2〉와 같이 대사 다지히노 히로나리 등과 함께 고후쿠지 승려인 요에와 후쇼, 이경(理鏡)[50] 등이 계사(戒師) 초청의 임무를 띠고 파견되었음을 알 수 있다. 계사 초청은 간고지의 류손(隆尊)이 발안하고, 지태정관사(知太政官事)인 도네리 신노(舍人親王)이 주청한 것으로 되어 있다. 류손은 양로 연간 이래 승강의 승정을 역임한 의연(義淵)에게서 법상종을 배웠고, 752년 도다이지 대불개안회에서 도사(導師)를 역임했으며, 천평승보 3년부터 입적하는 천평보자 4년까지 승강의 일원인 율사를 역임하였다[부표

林宗之書, 與揚州倉曹李湊令造大舟備糧送遣, 又與日本國同學僧玄朗·玄法二人俱下至揚州. 是歲唐天寶元載冬十月日本天平十四年歲次壬午也.

49 竹內理三 編, 『寧樂遺文 中卷』, 東京堂出版, 1962, 614쪽.
○遺教經 ○石山寺所藏
唐淸信弟子陳延昌莊嚴此大乘經典, 附日本使國子監大學朋古滿, 於彼流傳.
開元卄二年(天平六年)二月八日從京發記

50 『南天竺婆羅門僧正碑幷序』
于時, 聖朝通好, 發使唐國, 使人丹治比眞人広成·學問僧理鏡, 仰其芳譽, 要請東歸. 僧正感其懇志, 無所辭請. 以大唐開元十八年十二月十三日, 與同伴林邑僧佛徹·唐國僧道璿, 隨船泛海. … 天平八年五月十八日, 得到築紫大宰府.

참조]. 승강과 연이 깊은 류손의 존재와 당시 황친의 수장인 도네리 신노의 존재를 상기한다면, 천평 4년도 견당사의 파견 목적에는 계사 초청이라는 승강과 일본 황실의 의도가 숨어 있다고 할 것이다. 승강의 입장에서는 수계의 권한을 승강 아래에 두고 승강을 중심으로 한 불교계의 통합을 의도했다면, 황실의 의도는 천황이 중심이 되어 불제자가 된 천황의 영도 아래 불교계는 물론 불교를 사상의 중축에 두어 사회적 통합을 이끌어 내고자 하였을 것이다.

게다가 〈사료 F-3〉의 이시야마데라 소장 유교경은 헤이안시대 전기의 사본이지만, 원본은 당에서 서사된 것으로 불경의 말미에 남아있는 발어(跋語)에 의하면, 개원 22년(천평 6) 2월 8일, 불교를 신봉하는 당나라 사람 진연창이 이 경전을 일본에 보급시키고 싶어서 경권으로 만들어 '일본사 국자감 대학인 붕고만(朋古滿)'에게 유교경을 맡겼다고 한다. 『유교경』은 석가모니의 유언을 기록한 것으로 승려로 하여금 경계로 삼고자 한 경전이기 때문에 불교계의 타락을 규탄하던 당태종의 눈에 들어, 639년에는 대량으로 서사되어 귀족과 지방장관에게 배포된 대중적 경전이다.[51] 개원 22년 장안에서 진연창을 만난 붕고만에 대해 양로 원년(717)의 견당사로서 유학한 아베노 나카마로의 겸종(傔從) 하구니노 요시마로(羽栗吉麻呂)로 추정하는 견해[52]가 있지만, 일본명을 당풍으로 바꾼 천평승보 2년의 견당부사 오토모노 고마로(大伴古麻呂)일 개연성이 더 높다. 『속일본기』에는

---

51 東野治之, 앞의 책, 82-84쪽.

52 河內春人, 「石山寺遺教經奧書をめぐって」, 『續日本紀研究』 363, 2006.

기록이 없지만, 오토모노 고마로도 대학료의 관인 혹은 학생으로서 도당하였을 가능성이 있고, 천평승보 2년 견당사 파견 시 다른 누구보다도 감진 초청에 열성적이었음[53]을 상기한다면, 오토모노 고마로도 계사 초청에 어떤 역할을 부여받았던 것은 아닐까. 따라서 천평 4년도 견당사의 파견에는 일본 불교계의 숙정을 기도하기 위한 계사초청이라는 큰 목적이 있었다고 할 수 있을 것이다.

요에와 후쇼는 도센(道璿)·보다이(菩提)·붓테쓰(佛徹) 등을 부사 나시로(名代)의 귀국선에 태워 일본으로 보내고 나서도 당 유학을 지속하면서 계사(戒師)를 찾았다. 요에(榮叡)는 장안 대안국사 도항의 추천으로 양주 대명사에서 율을 강론하던 감진을 방문해 동도(東渡)를 간청하였다. 감진은 천보(天寶) 3년(744)부터 6회에 걸쳐 도항을 시도하였는데, 1회째는 도항 멤버에서 빠진 제자 여해(如海)의 밀고로 해적과 결탁했다는 혐의를 받아 배가 몰수되었다. 2회와 3회는 풍랑을 만나 조난하였고, 4회는 감진을 떠나보내기 싫어했던 제자와 제사(諸寺)의 승려들이 관에 압력을 넣어 도항할 수 없었다. 5회째는 배를 띄웠으나 선박 안에서 갈증과 식량부족으로 고통을 받다가 배가 바람에 의해 당으로 돌아가는 틈에 실패하고 만다. 이때 요에와 상언(祥彦)이 병사하고, 감진은 눈병을 앓게 된다. 천평승보 4년(752) 견당대사 후지와라노 기요카와(藤原淸河) 등은 요에·감진의 소식을 듣고 이듬해 10월 15일, 양주 연광사에서 용흥사 승려들에 의해 구류되어 있던 감진을 탈출시켜 19일 회하(淮河)를 내려가 소주의 황사포에 이르

53 강은영, 「大伴古麻呂의 석차 논쟁에 대한 고찰」, 『歷史學硏究』 58, 2015, 241~242쪽.

렀다. 23일 대사 기요카와는 각자 분승할 배를 정했는데, 감진이 일본으로 간다는 소문에 당인이 감진을 수색한다면 대사의 배가 위험하게 될 것을 우려하자, 11월 10일, 부사 오토모노 고마로가 자신의 배에 감진과 제자들을 실었다. 소식을 듣고 명주의 아육왕사에서 달려온 후쇼는 또 한 명의 부사 기비노 마키비의 배를 타고 일본에 돌아갈 수 있었다. 천평승보 4년도 견당사의 구성은 독특하게도 2명의 부사가 설정되어 있는데, 이들 두 명은 천평 4년도 견당사 경험이 있는 오토모노 고마로와 천평 4년도 견당사와 함께 귀국한 기비노 마키비다. 천평승보 4년도 견당사 파견의 목적은 도다이지 대불조영 완성의 보고와 그 불사에 상주할 고승을 초청하는 것(계사초청)임[54]은 이미 지적된 사실이다.

천평승보 5년(753) 12월 20일, 감진 일행은 아키메야포(秋妻屋浦)에 도착하였고, 이듬해(754) 2월 1일 나니와진(難波津)에 이르렀으며, 4일에 일행은 헤이조쿄의 나성문 밖에서 칙사 아스카베왕(安宿王)의 영접을 받아 도다이지로 들어갔다. 5일에는 도선(道宣)과 보리가 감진을 방문해 위문하고 칙사 기비노 마키비(吉備眞備)가 감진에게 성무천황의 칙을 전달하였는데, "짐은 이 도다이지를 만든지 10여년이 지났다. 계단을 세워 계율을 전수하고자 하니 이 마음을 하룻밤도 잊을 수 없다. 지금 여러 대덕(大德)이 멀리서 와서 계를 전한다. 마음 깊숙이 맹세한다. 지금부터 이후로 수계전율(受戒傳律)은 오직 대화상(大和尙)에게 맡긴다"고 하였다.[55] 천평승보 6년

54 강은영, 「8세기 중후반 일본의 內政과 對新羅關係의 추이-752년 金泰廉 使行團의 來日-」, 『日本歷 史硏究』 31, 2010.

55 藏中進 編, 앞의 책, 102-103쪽.

(754) 4월에는 도다이지 노사나대불전 앞에 계단(戒壇)이 설치되어 성무태상천황을 비롯해 광명황태후·효겸천황이 등단수계(登壇受戒)하였다. 이어 사미(沙彌)·증수(証修) 등 440 여명이 수계하고, 구대승(舊大僧)인 영우(靈祐)·현경(賢璟)·지충(志忠)·선정(善頂)·도연(道緣)·평덕(平德)·인기(忍基)·선사(善謝)·행잠(行潛)·행인(行忍) 등 80여명의 승려가 구계(舊戒)를 버리고 대화상에게서 계를 받았다.

감진은 전계사로서 일본 조정의 초청을 받아 수계전율을 전담하게 되었지만, 한편에서는 여러 대사(大寺)의 승려들과의 사이에 마찰이 일어났다. 『칠대사연표(七大寺年表)』에 따르면[부표참조], 감진의 도래 이후, 혹본에서는 승강의 중추에 있으면서 수계전율을 담당하였을 도선, 류손의 이름이 한동안 승강 구성에서 사라진 사실이나, 천평승보 7세(755) 4월에 대불전 앞에서 감진이 수계하였을 때, 승려 지충·영우·현경 등이 수계에 관해 좋은 계사(戒師)와 청정한 승려를 얻지 못할 경우, 계를 지키는 것을 자신 스스로 부처에게 맹세하는 자서(自誓)에 의한 구족계를 받을 수 있다고 『점찰경(占察經)』에 기술되어 있기 때문에 삼사칠증은 반드시 필요한 것이 아니라고 주장하면서 감진의 수계에 반항하였다고 한다.[56] 한편 천평승보 8세(756) 4월, 간진이 성무태상천황의 병 치유를 기도하고, 성무의 소지품에 갈마(羯磨)를 할 때, 모인 승려들 모두 이를 인정하지 않고, 승려들의 얼굴에 불만의 기색이 나타나던 중, 고후쿠지 법적(法寂)이 기립하여 크게

56 『日本高僧傳延要文抄』普照傳.

소리 지르며 거친 말을 하였다[57]고 한다.

이처럼 감진이 기존의 불교계 즉 승강의 강렬한 반대에 부딪친 이유는 수계의 권한이 승강에서 감진에게로 넘어갔기 때문이다. 천평 4년도 견당사 파견이래로 불교계와 조정은 계사초청에 열심이었고, 감진 도래 이전까지 승강을 중심으로 수계가 제도화되었다. 예전에는 태정관에서 득도자에게 도연(度緣)을 주고, 수계한 승려에게 공험(公驗)을 수여하였다면, 승보연간에는 삼사칠증이 도연은 폐기하고, 공험 대신에 계첩(戒牒)을 주었다.[58] 삼사칠증은 당연히 천평 4년도 견당사와 함께 도래한 보제·도선 등을 포함한 승강과 관대사 소속의 승려들이었을 것이다. 이를 성무천황이 도다이지 계단원에서 감진에게 전권을 주었으니, 기존의 불교계와 감진의 갈등은 당연한 결과이다. 게다가 감진의 계율사상은 승강과는 약간 차이를 보이는데, 천평승보 6년 7월에 도다이지 사경소에서 대승계를 설파한 『범망경(梵網經)』이 서사되었고,[59] 이는 감진에 의한 계율사상의 고양과 관련이 있는 듯하다. 즉 감진은 소승계인 『사분율』에 의거하면서 동시에 대승계인 『범망경』의 이념 하에 대승적 전환을 꾀하였다[60]고 할 수 있을 것이다.

성무천황은 기존 불교계를 규제하는 방식으로서 중국과 같은 '폐불'의 극단적인 방법을 취하지 않고, 감진 도래 이후, 감진과 그 제자를 승강의

57 『東大寺要錄』 卷第一, 本願章第一, 延曆僧錄文.

58 井上薰, 앞의 논문, 19쪽.

59 『大日本古文書』 續續修十帙卄七, 梵網經法華經充紙筆墨帳, 天平勝宝六年七月卄八日, 73項.

60 井上薰, 앞의 논문; 堀池春峰, 「鑑眞大和上東征の意義」, 『南都佛教史の研究-遺芳篇』, 法藏館, 2004, 458쪽.

일원으로 편입시키고[부표참조], 수계제의 전권을 감진 일인에게 부여하면서 불교계를 천황의 아래에 귀속시키고, 보살천황 아래에서 사상적 통합을 꾀하고자 하였던 것이다. 헤이조쿄 천도로 율령불교의 위약함이 드러났는데 이는 사도승의 증가와 교키 집단으로 대표되는 신앙단체의 등장이라고 할 수 있다. 이에 조정과 승강은 율령불교를 재건하기 위해 중국적 수계제를 도입하고자 하여 천평 4년도 견당사를 파견하였다. 요에와 보조·이경·류손·도네리 신노(舍人親王)·오토모노 고마로(大伴古麻呂)의 활약으로 중국 승려를 비롯한 이국의 승려들이 도래하여 소승계의 『사분율』에 기초한 수계의례를 확립하고, 승강을 중심으로 불교계를 통합하고 자정하고자 하였다. 그러나 조정의 생각은 달랐고, 특히 천황보살 성무는 천평 연간 미증유의 재난을 겪으면서 불교를 사회통합의 구심점으로 삼고자 하였다. 여기에 부합한 것이 감진의 수계의례였다고 할 수 있을 것이다. 감진 일인에게 계율을 전임한 것은 불제자가 된 천황의 영도 아래 불교계는 물론 불교를 사상의 중축에 두어 사회적 통합을 이끌어 내고자 했던 성무의 의도가 깔려 있는 것이다.

Ⅳ. 맺음말

본 논문은 문화사절로서 일컬어지는 후기견당사 중 천평 4년 견당사의 파견 목적과 배경을 살피고자 하였다. 특히 천평 4년 유학승들의 활동과 감진 청래의 이유를 고찰함으로서 8세기 일본 조정과 불교계의 관계가 명확하게 드러내고자 하였다. 인도불교가 중국에 수용되어 가는 과정 또는 중국불교가 동아시아 각국에 수용되어 가는 과정은 다양한 모습을 보인다. 동아시아에서 불교가 성행하던 수당시기에는 세속권력인 왕법과의 마찰이 빚어지기도 한다. 이 시기 중국을 둘러싼 동아시아 각국에서도 불교가 수용되어 가는 과정은 평판하지만은 않았을 것이다. 일본의 경우, 수계제의 도입은 불교가 일본사회에 수용되는 과정과 동시에 일본불교의 특수성을 보여준 것이다. 본문의 내용을 간략하게 정리함으로써 맺음말을 갈음하고자 한다.

율령국가 성립 후, 일본에서는 중국과 같은 극단적인 방법이 아니라 사원의 건립 주체인 국가와 왕권이 불교 운영에 직접적으로 관여함으로써 불교를 통제할 수 있었는데, 이는 승니의 생산 즉 득도의 권한을 장악하여 법에 의해 승니의 생활 전반에 걸쳐 규제를 가함으로써 불교의 내면적인 부분까지 질서를 구축하고자 하였다. 그러나 헤이조쿄의 천도로 역역을 피해 승려가 되는 이들이 늘어나고, 교키 집단과 같은 승려단체가 등장하면서 율령정부는 불교계에 대한 위기감에 휩싸인다. 후지와라노 후히토 정권기인 양로 초년에는 강한 어조에 비해 후속조치가 미비하였다. 이는 후지와라노 후히토를 비롯한 율령국가의 의정관은 중국불교의 극단적인 숙정작업과 달리 가능한 불교교단의 자정능력을 기대하며, 비위행위를 한 승니에 대해서는 승강(僧綱)이 주체적으로 제어하기를 바랐던 것이다. 또는 일본은 왕법과 불법의 갈등 정도가 중국보다는 현저히 낮았을 가능성이 높다. 반면 양로 6년에는 위법 승니에 대한 실질적인 처분이 이루어지고 있는데 이는 원칙주의자인 나가야왕의 의향이 강하게 반영된 것으로 보아야 할 것이다.

그러나 교키 집단에 대한 율령정부의 시각은 나가야왕의 죽음과 보살천황 성무의 등장으로 바뀌게 된다. 천평연간이 되면, 당시 일본의 불교계는 엄격한 정행(淨行)과 학업을 요구하는 연분제도(年分制度)가 시행되면서 다른 한편에서는 천황가를 중심으로 불교의 주술적 효험을 기대한 나머지 득도의 방만화가 이루어졌다. 이를 쇄신하고자 조정과 승강에서는 천평 4년도 견당사에 중국의 수계제 도입이라는 임무를 부여하였다. 천평 4년도 견당사 파견이래로 불교계와 조정은 계사초청에 열심이었고, 감진 도래 이전까지 승강을 중심으로 수계가 제도화되었다. 승강의 입장에서는 수계를 승강 아래에 두고 승강을 중심으로 한 불교계의 통합을 의도했다면, 황실의 의도는 천황이 중심이 되어 불제자가 된 천황의 영도 아래 불교계는 물론 불교를 사상의 중축에 두어 사회적 통합을 이끌어 내고자 하는 의도였을 것이다. 성무천황은 기존 불교계를 규제하는 방식으로서 중국과 같은 폐불훼석의 극단적인 방법을 취하지 않고, 감진 도래 이후, 감진과 그 제자를 승강의 일원으로 편입시키고, 수계제의 전권을 감진 일인에게 부여하면서 불교계를 천황의 아래에 귀속시키고, 보살천황 아래에서 사상적 통합을 꾀하고자 하였던 것이다.

이 글은 강은영, 「8세기 전반 일본 불교계의 동향과 天平期 견당사의 파견-鑑眞請來의 배경과 관련하여-」, 『역사학연구』82, 호남사학회, 2021을 바탕으로 가필 수정한 것이다.

〈표〉『七大寺年表』에 나타난 양로원년~보자3년 僧綱의 구성원

	(大僧正)僧正	大僧 都	少僧 都	律師	비고
양로원년	義淵(홍복사)	觀成(원흥사)	辨正	神叡(원흥사)	
양로2년	義淵	觀成	辨正	神叡	
양로3년	義淵	觀成	辨正	神叡	藤原不比等 사망, 승니에게 처음으로 公驗발급
양로4년	義淵	觀成	辨正	神叡	
양로5년	義淵	觀成	辨正	神叡	
양로6년	義淵	觀成	辨正	神叡	
양로7년	義淵	觀成	辨正	神叡	홍복사 안에 施藥院과 悲田院을 설치
신귀원년	義淵	觀成	辨正	神叡, 良敏(홍복사)	
신귀2년	義淵	觀成	辨正	神叡, 良敏, 榮辨, 行達(약사사 行基제자), 太演(西大寺)	
신귀3년	義淵	觀成	辨正	神叡, 良敏, 榮辨, 行達, 太演	
신귀4년	義淵	觀成	辨正	神叡, 良敏, 榮辨, 行達, 太演	
신귀5년	義淵(입멸)	觀成(입멸)	辨正	神叡, 良敏, 榮辨, 行達, 太演	
천평원년			辨正 (동대사)	神叡, 良敏, 榮辨, 行達, 太演, 道慈(대안사, 의연의 제자)	
천평2년		辨正	神叡, 良敏	榮辨, 行達, 太演, 道慈	
천평3년	辨正		神叡, 良敏	榮辨, 行達, 太演, 道慈	
천평4년	辨正		神叡, 良敏	榮辨, 行達, 太演, 道慈	
천평5년	辨正		神叡, 良敏	榮辨, 行達, 太演, 道慈	
천평6년	辨正		神叡, 良敏	榮辨, 行達, 太演, 道慈	
천평7년	辨正		神叡, 良敏	榮辨, 行達, 太演, 道慈	玄昉 귀국
천평 8년	辨正(입멸)		神叡, 良敏	榮辨, 行達, 太演(입멸), 道慈	菩提, 道璿 도래
천평 9년	玄昉(홍복사)		神叡(입멸), 良敏	榮辨, 行達, 道慈	
천평 10년	玄昉	良敏(입멸)		榮辨, 行達, 道慈, 行信(원흥사)	
천평 11년	玄昉	行達	榮辨	道慈, 行信	

	(大僧正)僧正	大僧 都	少僧 都	律師	비고
천평 12년	玄昉	行達	榮辨	道慈, 行信	
천평 13년	玄昉	行達	榮辨	道慈, 行信	
천평 14년	玄昉	行達	榮辨	道慈, 行信	
천평 15년	玄昉	行達	榮辨	道慈, 行信	
천평 16년	玄昉	行達	榮辨	道慈(입멸), 行信	
천평 17년	大僧正 行基(약사사), 僧正 玄昉	行達	榮辨	行信, 良辨(동대사), 慈訓(흥복사)	
천평 18년	大僧正 行基, 僧正 玄昉(입멸)	行達	榮辨	行信, 良辨, 慈訓	
천평 19년	大僧正 行基	行達	榮辨	行信, 良辨, 慈訓	
천평 20년	大僧正 行基	行達	榮辨	行信, 良辨, 慈訓	동대사대불 주조 완료
천평승보 원년	大僧正 行基(입멸)	行達	榮辨	行信, 良辨, 慈訓	
천평승보 2년		行達	榮辨(입멸)	行信(입멸), 良辨, 慈訓	자훈은 이해 이후 혹본에 보이지 않음
천평승보 3년	菩提(천축승)	行達		良辨, 隆尊(東大寺供養導師), 道璿(唐僧)	
천평승보 4년	菩提	行達	良辨(東大寺別當)	慈訓, 道璿, 隆尊	동대사 대불개안회
천평승보 5년	菩提	行達	良辨	慈訓, 道璿, 隆尊	
천평승보 6년	菩提	行達(입멸)	良辨	慈訓, 道璿, 隆尊	鑑眞 도래, 동대사 계단을 세워 천황이 보살계를 받음
천평승보 7년	菩提		良辨	慈訓, 道璿, 隆尊	혹본에 도선과 융존은 이후 율사에서 퇴임.
천평승보 8년	菩提	鑑眞	良辨	慈訓, 道璿, 隆尊, 法進(동대사, 감진제자), 慶俊(대안사)	
천평보자 원년	菩提	鑑眞, 良辨	慈訓(興福寺別當)	道璿, 隆尊, 法進, 慶俊	
천평보자 2년	菩提	鑑眞, 良辨	慈訓	道璿, 隆尊, 法進, 慶俊	
천평보자 3년	菩提	良辨	慈訓	道璿, 隆尊, 法進, 慶俊	당초제사 건립

참고문헌

| 사료

『日本書紀』

『續日本紀』

『類聚三代格』

『日本靈異記』

『三國佛法傳通緣起』

『冊府元龜』

『東大寺要錄』

『寶曆十二年版本 唐大和上東征傳』

『寧樂遺文』

『南天竺婆羅門僧正碑幷序』

『日本高僧傳延要文抄』

『大日本古文書』

『大安寺伽藍緣起幷流記資財帳』

| 연구서

家永三郎 外, 『日本佛敎史 古代編』, 法藏館, 1967.

高島正人, 『人物叢書 藤原不比等』, 吉川弘文館, 1997.

金子修一, 『隋唐の國際秩序と東アジア』, 名著刊行會, 2010.

廣瀨憲雄,『古代日本外交史-東部ユ-ラシアの視點から讀み直す』, 講談社, 2014.
今泉淑夫 編,『日本佛教史辭典』, 吉川弘文館, 1999.
吉田靖雄,『ミネルヴァ日本評傳選 行基-文殊師利菩薩の反化なり-』, ミネルヴァ書房, 2013.
吉川眞司,『天皇の歷史 聖武天皇と佛都平城京』, 講談社, 2011.
東野治之,『遣唐使船』, 朝日新聞社, 1999.
東野治之,『遣唐使』, 岩波書店, 2007.
藤善眞澄,『白帝社アジア史選書005 隋唐時代の佛教と社會』, 白帝社, 2004.
本郷眞紹,『律令國家佛教の硏究』, 法藏館, 2005.
森公章,『遣唐使と古代日本の對外政策』, 吉川弘文館, 2008.
森公章,『遣唐使の光芒』, 角川書店, 2010.
速水侑,『日本佛教史 古代』, 吉川弘文館, 1986.
安藤更生,『鑒眞大和上伝の硏究』, 平凡社, 1960.
鈴木靖民,『古代對外關係史の硏究』, 吉川弘文館, 1985.
井上薰,『人物叢書 行基』, 吉川弘文館, 1959.
河上麻由子,『古代日中關係史』, 中公新書, 2019.
古瀨奈津子,『日本の對外關係2 律令國家と東アジア』, 吉川弘文館, 2011.
吉田一彦,『日本古代社會と佛教』, 吉川弘文館, 1995.
堀池春峰,『南都佛教史の硏究-遺芳篇』, 法藏館, 2004.
東野治之,『遣唐使と正倉院』, 岩波書店, 1992.
本郷眞紹,『日本國家の史的特質 古代·中世』, 思文閣出版, 1997.

本郷眞紹, 『日本佛教の史的展開』, 塙書房, 1999.
勝浦令子, 『佛教文明の受容と君主權の構築-東アジアのなかの日本-』, 勉誠出版, 2012.
薗田香融, 『日本古代佛教の傳來と受容』, 塙書房, 2016.
이근우 편역, 『속일본기1 · 2』, 지식을만드는지식, 2012.
김송이, 『8세기 전반 일본 조정의 疫病 대응과 불교의술』, 전남대학교 석사학위논문, 2018.

| 논문

강은영, 「8세기 중후반 일본의 內政과 對新羅關係의 추이-752년 金泰廉 使行團의 來日-」, 『日本歷史研究』 1, 2010.
강은영, 「大伴古麻呂의 석차 논쟁에 대한 고찰」, 『歷史學研究』 58(2015).
강은영, 「7세기 후반 일본의 耽羅使 파견의 의의와 對中交通路의 변화」, 『新羅史學報』 44, 2018.
古畑徹, 「七世紀末から八世紀初にかけての新羅·唐關係」, 『朝鮮學報』 107, 朝鮮學會, 1983.
古畑徹, 「唐渤紛爭の展開と國際情勢」, 『集刊東洋學』 55, 1986.
井上薫, 「鑑眞の諸問題」, 『文化財學報』 3, 1984.
河內春人, 「石山寺遺教經奧書をめぐって」, 『續日本紀研究』 363, 2006.

3

입당승과 해외 정보

- 고치 하루히토

Ⅰ. 머리말

대외 교류에서는 사람의 왕래에 부수하여 여러 가지 것들이 오고 가게 된다.[01] 그리고 국제 세계에서 유통되는 것은 실체적인 물건뿐만 아니라, 정보도 또한 사람을 매개로 해서 전달되는 하나의 물건으로 간주하는 것이 가능하다.[02] 일본 고대국가에서 해외의 정보는 외교상 혹은 국내적인 정치적 판단을 내리는 데 있어서 귀중한 재료였다. 그래서 일본의 밖에서 발생한 현상에 관한 정보를 해외 정보라고 규정하고, 여기에 대해서 고찰하려고 한다.

그런데 해외 정보에 관한 지금까지의 연구는 그렇게 두터웠다고는 말할 수 없다.[03] 정보를 논증의 수단으로 하는 연구는 있었지만, 정보 자체를

---

01 물건의 유통을 분석 시각으로 해서 역사적으로 고찰한 연구로는, Charlotte von Belgien 著·河内春人訳, 『モノが語る日本対外交易史 七~一六世紀』, 藤原書店, 2011이 있다.

02 石井正敏, 『東アジア世界と古代の日本』, 山川出版社, 2003.

03 해외 정보에 대해서 개괄적으로 살펴본 연구로는 東野治之, 「遣唐使と海外情報」, 『遣唐使船』, 朝日新聞社, 1999를 참조.

연구의 대상으로 하는 것은 비교적 새로운 시각이다.[04] 또한 최근에는 개별적인 사례에 대해서 검토했던 논고는 어느 정도 축적이 되었지만,[05] 해외정보를 총체적으로 조망할 볼 필요성도 인정된다.

그런데 정보 그 자체는 실체적이지 않기 때문에 다루기가 어려운 측면이 있다. 정보의 가치는 정확성에 따라서 좌우되는 경우가 큰데, 그 이유는 전달 과정에서 항상 편견이 개입되는 것에 의해서 변질되어 가기 때문이다. 예를 들어 지리적인 거리 혹은 시간적인 간격이 커지게 되면 그만큼 정확성에 대한 신뢰도는 하락한다. 또한, 정보는 발신자 혹은 수신자의 입장과 상황에 따라 모습을 바꿔 간다는 것도 상정해야 한다. 기억의 차이 등으로 인해서 오류가 발생하기도 하고, 의도적으로 잘못된 정보가 전달되는 경우도 발생할 수도 있다. 그러나 그 자체를 역사적 현상이라고 파악하면, 역사학적으로는 거짓되거나 잘못된 정보도 정보로서 똑같은 의미를 갖고 있다고 생각해야 한다. 따라서 사료에 기재되어 있는 해외 정보에 대해서, 그 정확성을 판단기준으로 삼아서, 거기에 구애되는 것은 전혀 생산적이지 않다고 생각한다.

그렇다면 시점을 바꾸어보자. 첫 번째로 정보의 발신자와 수신자의 관계에 주목한다. 정보를 제공하는 측의 의도와 받는 측의 수용 방식으로부터 해외 정보의 처리에 대해서 고찰한다. 두 번째, 정보의 유통을 매개하

---

04 국내의 교통과 정보 전달이라는 시점에서의 연구로는 松原弘宣, 『日本古代の交通と情報伝達』, 汲古書院, 2009가 있다.

05 山内晋次, 「国際情報と律令国家」, 『日本の対外関係 2 律令国家と東アジア』, 吉川弘文館, 2011.

는 '사람'에 유의하고자 한다. 전근대에서 정보는 사람의 이동에 부수하여 전달되는 것이다. 어떠한 계층이 어떠한 이유로 정보의 전달을 담당하고 있는지를 검토함으로써, 고대 대외 관계의 일단을 분명하게 할 수 있을 것으로 생각하기 때문이다. 이처럼 두 가지의 관점을 설정해서, 견당사의 시대에 해외 정보가 어떻게 유통되었는가에 대해서 생각하는 것이 본 장의 과제이다.

Ⅱ. 7·8세기의 해외 정보

해외 정보의 수신자를 왜(倭)/일본으로 고정하고, 정보의 전달에 대해서 논리적 개연성으로 구분하는 경우, 해외 정보는 「A」 공적인 루트를 거친 정보, 「B」 비공식적인 루트를 거친 정보로 구분할 수 있다. 나아가 해외 정보를 발신자라는 시각에서 분류하면, 「a」 수신자와 동일한 그룹(왕권·국가)에 속하는 발신자, 「b」 수신자와 다른 그룹에 속하는 발신자로 나눌 수 있다. 즉 해외 정보의 양태는 다음과 같다.

- 「A-a」 외교와 외교에 준하는 공적인 활동으로 해외로 갔던 왜국인(倭國人)/일본인이 가져오는 정보
- 「A-b」 외교와 외교에 준하는 공적인 활동으로 해외로부터 도래한 사람이 가져오는 정보
- 「B-a」 종교·경제 등 공적이지 않은 활동으로 해외로 갔던 왜국/일본인이 가져오는 정보
- 「B-b」 종교·경제 등 공적이지 않은 활동으로 해외로부터 도래한 사람이 가져오는 정보

위와 같은 구분에 기초해서, 이하 각 시기마다 해외 정보의 존재 방식을 개관한다.

1. 7세기의 해외 정보

7세기 해외 정보의 유통에 대해 고려할 때에는, 『일본서기』에 의거해야만 하는 부분이 있다. 정보의 실태를 파악하는 데에는 사료적인 제약이 크다고 할 수 있는데, 본 항에서는 여기에 주의하면서 『일본서기』에 기록된 해외 정보를 검토한다.

1) 왜국인에 의한 공적 전달(「A-a」)

여기에 해당하는 것이 견외사절(遣外使節)의 파견이다. 7세기에서의 외교 상대는 수당과 조선의 3국이다. 우선 견당사에 대해서 살펴보자. 『일본서기』에는 몇 군데에 이키노 하카토코(伊吉連博德)의 글이 주석으로 개재되어있다.[06] 일기 형식을 채용한 이 기록은 해외 정보를 상세하게 담고 있으며, 그 내용은 견당사가 받았던 처우와 의식의 내실, 그리고 당의 대외관계까지 폭이 넓다. 내용이 풍부하고 구체적이어서 연구에서도 그 정보가 주목을 받고 있다.[07] 그러나 사카모토 다로(坂本太郎) · 기타무라 분지(北

06 『일본서기』 백치(白雉) 5년 2월 조, 제명(斉明) 5년 7월 무인조, 제명 6년 7월 을묘조, 제명 7년 5월 정사조.

07 河内春人, 「唐からみたエミシ」, 「『新唐書』日本傳の成立」, 『東アジア交流史のな

村文治)가 말하였듯이 본서는 지통조에 작성되었으며, 저술 목적은 이키 하카토코의 공적을 강조하기 위해서였다.[08] 그 때문에 정보의 취사 선택에 있어서 하카토코의 안목라는 필터가 작용하고 있다는 것에 유의할 필요가 있다. 또한 제명조 5년 7월 무인(戊寅)조에는 이키노 하카토코의 글과 함께 나니와노 기시오히토(難波吉士男人)의 글이 주석의 형식으로 실려있다. 이 글도 이키의 글에 준하여서 생각해야 할 것이다.

또한 견외사절을 수행했던 유학생도 공적인 정보 전달을 담당하고 있었다.

① 『일본서기』 추고(推古) 31년 7월 조

신라가 대사 내말지세이(奈末智洗爾)를, 임나가 달솔내말지(達率奈末智)를 보내어 함께 내조하였다.

(…) 이때 당에서 학문하던 승려 에사이·에코 및 의(醫) 에니치·후쿠인 등이 모두 지세이를 따라서 돌아왔는데, 에니치 등은 "당에 머무르며 공부하는 사람들은 모두 학업을 달성하였으므로 불러들여야 할 것입니다. 또 당은 법식이 갖추어진 드문 나라입니다. 모름지기 항상 왕래해야 합니다" 라고 함께 아뢰었다.

かの遣唐使』, 汲古書院, 2013.

08 坂本太郎, 「日本書紀と伊吉連博徳」, 『日本古代史の基礎的研究 上 文献編』, 東京大学出版会, 1964; 北村文治, 「伊吉連博徳書考」, 『大化改新の基礎的研究』, 吉川弘文館, 1990.

율령을 배우기 위한 목적으로 견당사 파견을 주청(奏請)하는 기사라고 알려져 있다. 당의 국제(國制, 율령제)에 대해서 논하는 한편, 당과의 외교 및 유학생의 등용을 제언하고 있다. 이것을 말했던 자가 바로 신라를 경유해서 신라사와 함께 귀국했던 에니치(惠日)이다. 유학 중에 습득한 식견을 서술했던 것으로서 정보량에 일정한 제한이 있었을 것이지만, 실제의 견문에 의해 뒷받침되었기 때문에 비교적 객관적인 정보라고 간주해도 좋다.

국외 파견 사절로부터의 정보 수집은 중국과 조선에 대해서 뿐만이 아니다.

② 『일본서기』 천무(天武) 10년 8월 병술조

다예도(多禰嶋)에서 사신 등을 파견하여 다예도의 지도를 바쳤다. 그 나라는 수도에서 5천여리 떨어져 있으며 쓰쿠시의 남해 가운데에 있다. 머리카락을 자르고 풀치마를 입으며 벼는 언제나 풍성하다. 한 번 심어서 두 번 수확한다. 토산물은 지자(支子), 왕골 및 각종 해물 등이 많다.

천무조에는 다예도와의 접촉이 빈번해지는데, 다예도에서 파견한 사신이 나라의 지도를 헌상하고 풍속을 알리고 있다. 율령국가 성립을 목표로 판도를 확대하는 가운데 열도의 주변 집단의 정보를 적극적으로 수집하고 있다.

2) 이국인에 의한 공적 전달(「A-b」)

이 사례에서 우선 생각할 수 있는 것은, 외국의 사신이 직접 해외 정보를 가져오는 것이다. 가장 단적인 사례가 고구려 사신이 전했던 수의 고구려 공격에 대한 정보이다.

③ 『일본서기』 추고 26년 8월 계유삭조

> 고구려가 사신을 파견하고 방물을 바쳤다. 그리고 "수 양제가 30만의 무리를 일으켜 우리나라를 공격하다가 도리어 우리에게 패하였습니다. 그 때문에 포로 정공(貞公)과 보통(普通) 2인, 고취(鼓吹)·노(弩)·포석(抛石) 등 10종류와 아울러 토산물과 낙타 1필을 바칩니다"라고 말하였다.

618년에 고구려가 왜국에 사절을 파견해서 전달했던 정보이다. 수 양제에 의한 고구려 정토는 611년(실제 침공은 다음 해), 613년, 614년에 세 차례에 걸쳐서 실행되었다. 고구려 원정에 대한 부담 때문에 613년에는 양현감(楊玄感) 등의 중신이 반란을 일으켜 수는 내란 상태에 빠졌다. 618년에 수 양제는 살해되었고 같은 해에 수는 멸망하고 당이 건국된다. ③의 정보가 어느 시점의 것인지가 명기되어 있지 않은데, 제1차 공격에서 우문술의 군대 약 30만이 고구려에 패하였으므로[09], 수치적으로 고려하면 제1차 공격의 시점일 가능성이 높다. 전부 승전에 대한 정보라고 하더라도

---

09 『수서(隋書)』 권61 우문술(宇文述) 전에 "初 渡遼九軍三十萬五千人 及還至遼東城 唯二千七百人"이라고 되어 있다.

그것이 전달되는 데에는 몇 년이 소요되고, 정보 전달의 계기와 내용의 측면에서 고구려에 유리한 필터가 작용하고 있다는 점을 염두해야 한다.

다른 사례로서는, 연개소문의 쿠데타가 고구려 사신을 통해서 왜에 전달되고 있는 사례가 있다.

④ 『일본서기』 황극(皇極) 원년 2월 정미

대부(大夫)들을 나니와군으로 보내서, 고구려국이 조공한 금,은,동과 그 헌상물을 점검하도록 했다. 고구려의 사인은 바치는 일이 끝나자 "작년 6월에 제왕자(弟王子)가 죽었습니다. 가을 9월에는 대신 이리가수미(伊梨柯須弥)가 대왕을 죽이고 아울러 이리거세사(伊梨渠世斯) 등 180여명을 살해했으며, 제왕자의 아들을 왕으로 삼고 동성인 도수류금류(都須流金流)를 대신으로 삼았습니다"라고 말하였다.

나아가 고구려뿐만 아니라, 백제로부터 정보를 얻고 있는 사례도 살펴보자.

⑤ 『일본서기』 황극 원년 2월 무자

아즈미노 야마시로노 무라지 히라후(阿曇山背連比良夫)와 구사카베노 기시 이와카네(草壁吉士磐金), 야마토노 아야노 후미노 아타이 아가타(倭漢書直県)를 백제의 조사가 있는 곳에 보내 그 사정을 물었다. 조사는 "백제국주가 신에게 '새상(塞上)은 항상 나쁜 짓을 하고 있다. 귀국하는 사자에게 딸려서 백제로 돌아오게 하려 해도 천황이 허락하지 않을 것이다'고 말씀하셨습니다"라고 보고하였다. 또한 백제조사의 겸인(傔人)들이 "작년 11월에 대좌평 지적(智積)이 죽었습니다. 또한 백제의 사신이 곤륜(崑崙)의 사신을 바다에 던졌습니다. 금년 정월에는 국왕의 어머니가 죽고, 제왕자인 교기(翹岐)와 친여동생 4인, 내좌평 기미(岐味), 그 외 신분이 높은 인물 40여 명이 섬으로 추방되었습니다"라고 말하였다.

⑤에서는 백제가 파견한 서명(舒明)의 조문사에게 백제의 '소식'을 묻고 있다. 이에 조문사 겸인이 백제의 정변을 전달하고 있다.

③~⑤를 보면, 외국 사절 측에서 해외 정보를 전해주는 경우, 왜국이 사절에게 질문하는 경우가 있다는 것을 간파할 수 있다. 전자의 경우, 그것을 전달하는 것 자체가 외교의 목적이었던 것도 있다. 또한 사절의 하료(下僚)로부터 해외 정보를 얻는 경우도 있었다.

그런데 왜국에 정치적으로 도래했던 것은 외교 사절만이 아니다. 조선제국(諸國)과의 관계에서 7세기에는 '질(質)'이라고 하는 존재도 여기에 들어맞는다.

⑥ 『일본서기』 황극 원년 4월 을미

소아대신은 무방(畝傍)의 집에 백제의 교기 등을 불러서 친히 대화하고 좋은 말 1필과 철정 20개를 주었다. 그러나 새상(塞上)은 부르지 않았다.

여기에서는 교기(翹岐)가 소가노 에미시(蘇我蝦夷)와 면담했던 것을 기록하고 있는데, 이 대화 가운데에 해외 정보도 포함되어있었다고 간주하는 것이 온당할 것이다.

3) 왜국인에 의한 비공적인 전달(B-a)

백촌강에서 당의 포로가 되었던 사람들이 귀국하는 사례가 천무조 이후 산견된다.

⑦ 『일본서기』 지통(持統) 4년 10월 을축

이쿠사요보로(軍丁) 쓰쿠시국(筑紫国) 가미쓰야메군(上陽郡) 사람 오오토모베노 하카마(大伴部博麻)에게 "천풍재중일족희천황(天豊財重日足姫天皇) 7년에 백제구원전쟁에서 그대는 당군의 포로가 되었다. 천명개별천황(天命開別天皇) 3년에 이르러 하지노 무라지 호도(土師連富杼), 히노 무라지 오유(氷連老), 쓰쿠시노 기미 사치야마(筑紫君薩夜麻), 유게노 무라지 간호(弓削連元宝)의 아들 등 4인이 당인의 계략을 보고하려 하여도 의복과 식량이 없는 까닭에 이루지 못한 것을 분하게 여겼다. 그래서 오오토모베노 하카마가 하지노 호도 등에게 '나는 너희들과 함께 본국으로 돌아가고 싶지만 의복과 식량이 없어서 같이 가지 못한다. 바라건대 나의 몸을 팔아서 의식을 충당하라'고 말하였다. 하지노 호도 등은 박마의 계책대로 하여 천조(天朝)에 돌아올 수 있었다. 그대는 혼자 이국에 체류한 지 금년이 30년이다. 짐은 조정을 존숭하고 나라를 사랑하여 자기를 팔아 충성을 표시한 것을 기뻐한다. 그러므로 무대사(務大肆)의 관위와 아울러 비단 5필, 명주 10둔, 삼베 30단. 벼 1천 속, 논 4정을 내린다. 그 논은 증손까지 전한다. 또한 삼족의 부역을 면제하여 그 공적을 현창한다"고 말하였다.

백촌강 싸움 이후 당에 투항하였던 하지노 호도(土師連富杼) 등이 귀국해서 「당인소계(唐人所計)」를 전하고 있다. 이것은 투항했던 사람이 전해온 경우인데, 조정이 이러한 사람들로부터 당의 정세를 파악하려고 했던 것은 당연히 이루어졌을 것이다.

4) 이국인에 의한 비공적인 전달(「B-b」)

『일본서기』에는 『일본세기(日本世記)』라는 책이 인용되고 있다. 고구려 승려 도현(道顯)이 썼던 『일본세기』는 해외 정보를 많이 포함하고 있다. 도현의 생몰년 및 일본에 왔던 연도는 불명이지만, 이 책에는 백제의 멸망과 부흥 운동, 그리고 가마타리의 사망이 기록된 일문(逸文)이 수록되어 있으며, 『등씨가전』에도 일문이라고 추정되는 문장이 있다. 이 책의 내용으로부터, 도현은 고구려 멸망 이후에 왜국에 머무르면서 가마타리와 밀접한 관계를 가지고 있었다는 것을 엿볼 수 있어서, 도현이 공적인 사절은 아니었다고 생각된다. 또한 도현은 예언을 하는 등 참위설에도 능통하였다. 『일본세기』에는 대외 관계가 상세하게 기록되어 있는데, 도현이 고구려에서 도래한 승려라는 점에 비추어보면, 한반도의 정치 정세에 특히 정통하였을 것이다. 또한 왜국 측도 그러한 정보에 관심이 높았다고 생각해도 좋을 것이다. 또한 『일본서기』의 원 사료 중 하나로서 채용되고 있다는 점은, 『일본세기』가 조정에 헌상되었다는 것을 의미한다. 이것을 전제로 한 집필이었다고 한다면, 당연하지만 그 내용은 왜국 조정에 대한 고려라고 하는 편견이 개입되어있다는 것이 된다.

또한 백촌강 싸움에서 당의 포로가 되었던 왜인의 존재에 대해서는 전술하였는데, 거꾸로 당인 포로도 왜국으로 도래하고 있다. 『일본세기』에 의하면, 백제는 속수언(續守言)을 왜국으로 보내고 있다.[10] 속수언과 살홍락(薩弘洛)은 음박사로서 국가의 구축에 협력하였고, 그들로부터 해외정보를 얻으려고 하였을 것이다.

그 외에도 비공식적인 정보 전달의 계기로서 망명 백제인의 존재도 고려해야 할 것이다. 귀족층을 중심으로 많은 사람들이 관인으로서 등용되었는데, 이들로부터 해외 정보에 접하지 않았다고 생각하는 것은 부자연스럽다. 다만 그것을 명시하는 사료는 유감스럽지만 확인할 수 없다.

2. 8세기의 해외 정보

율령국가의 성립은 해외 정보의 유통에서 어떠한 변혁을 가져왔을까. 매개를 담당했던 사람들은 누구였을까. 이러한 관점에서 고찰하려고 한다.

---

10 『일본서기』 제명 7년 11월 무술조. 또한 『일본서기』 천지(天智) 2년 2월 시월조에도 "이달 좌평 복신이 당의 포로 속수언 등을 바쳤다"라고 되어 있어서 기사가 겹치고 있다.

1) 일본인에 의한 공적 전달(「A-a」)

견외 사절에 의한 정보 전달로서는, 견당사가 큰 비중을 차지하였다. 견당사는 복명 보고라는 형태로 해외 정보를 전달하였다. 예를 들어 보귀(宝亀)의 견당사에 대해서는 『속일본기』에 당에서의 동향이 상세하게 기록되어 있다. 이 기록은 견당사가 복명했던 때에 제출한 문서를 직접 인용했던 것으로 여겨진다. 『속일본기』의 인용을 보는 한 일기 형식을 채택하고 있는데, 이러한 것들을 총칭하여 재당 일기라고 해둔다. 그 내용은 견당사의 동정뿐만 아니라 당국 소식이라고 칭해지는 해외 정보도 포함한 것이었다.

⑧ 『속일본기』 보귀 9년 10월 을미조

당의 소식으로는, 지금 천자 광평왕(広平王)은 이름이 적(適)이고, 나이는 53세입니다. 황태자 옹왕(雍王)은 이름이 괄(适)입니다. 연호는 대력(大暦) 13년으로, 보귀 9년에 해당합니다.

당 소식으로서 당 황제의 이름 등 정형적인 정보를 일본으로 가져왔다. 연력 견당사 때에도 마찬가지의 정보가 전해지고 있다.[11] 황제나 황태자의 이름과 같은 외국의 데이터는 군주 간 외교에서 필수적인 사항이고, 항상 입수해야 하는 정보였다고 할 수 있다. 또한 연호는 당으로부터 다량의

11 『일본후기(日本後紀)』 연력(延暦) 24년 6월 을사조. 山内晋次, 「遣唐使と国際情報」, 『奈良平安期の日本とアジア』, 吉川弘文館, 2003을 참조. 또한 관련된 정보는 엔닌도 당에 있을 때 접할 수 있었고(『입당구법순례행기(入唐求法巡礼行記)』 개성(開成) 3년 11월 17일조), 비공식적으로도 입수할 수 있었다.

문물을 획득했을 때 대비되는 기준점으로서 유용하였다는 것이 지적되고 있다.[12]

7세기에는 구두로 이루어졌을 보고가, 8세기에는 글로 기록되기 시작하였다. 율령제 하에서 견당사의 복명 보고가 문서화되었다고 할 수 있다. 여기에서는 견당사의 동정에만 머무르지 않고, 당 소식이라고 하는 정보의 수집이 꾀하여졌던 것이다.

이와 같이 견당사에 의한 정보 수집이 활발해지는 한편, 당은 정보의 유출에 세심한 주의를 기울이고 있었다. 7세기의 사례이기는 하지만, 제명조의 견당사가 '해동(海東)의 정(政)'에 의해서 유폐되었던 사례가 있고, 또한 율령에 의한 규제가 복수의 조문에서 정해지고 있다.[13] 그 때문에 당과 직접 접촉하지 않고, 신라나 발해로부터 간접적으로 해외 정보를 입수하는 것도 적극적으로 이루어졌다.

가장 단적인 예가 안사의 난에 대한 정보이다. 견발해사로서 파견된 오노노 타모리(小野田守)는 발해에서 안사의 난에 대한 정보를 접하고 귀국한 후에 주상하고 있다. 그것을 기반으로 신라 정토 계획이 입안되었던 것은 이전에 논하였다.[14] 이 정보가 전해졌던 시기는 759년으로서, 755년에 안사의 난이 발생하고 이미 4년이 경과한 후에야 겨우 정보를 입수했던 것이 된다. 일본 조정은 정보를 접하고 "안록산이라는 자는 미친 오랑캐

---

12 東野治之, 앞의 논문.

13 石井正敏, 앞의 책.

14 河内春人, 「東アジアにおける安史の亂の影響と新羅征討計画」, 『日本歴史』 56, 1994.

이고 교활한 자이다. 하늘을 거스르고 반란을 일으켰으니, 일이 반드시 이롭지 않다. 서쪽을 칠 수 없어서 되돌아와 해동을 칠까 걱정된다"[15]라고 서술하였듯이, 안사의 난은 동아시아 여러 나라에 위기감을 가져왔던 사건이었지만, 일본은 애초에 해외 정보의 획득이 늦는다고 하는 치명적인 상황에 있었다고 할 수 있다.

2) 이국인으로부터의 공적 전달(「A-b」)

외국 사절로부터 해외 정보가 전해지는 예를 들어보자.

⑨ 『속일본기』 신귀(神亀) 5년 정월 갑인조

천황이 중궁에 나아갔다. 고제덕(高斉徳) 등이 그 왕의 글과 함께 방물을 올렸다. 글에서 이르기를, "무예(武芸)가 계(啓)합니다. 산하의 영역이 다르고, 국토가 같지 않아서 어렴풋이 풍유(風猷)를 듣고도 단지 경앙하는 마음만 더하였습니다. 엎드려 생각하건대 대왕의 천조가 천명을 받들어, 일본이라는 나라의 기틀을 열고, 대대로 밝은 군주가 재위하여, 후손이 백세에 이릅니다. 무예가 황송하게 열국을 맡아 외람되게 여러 번을 거느리게 되어 고려의 옛 땅을 회복하였고, 부여의 유속을 가지게 되었습니다. 다만 천애(天崖)의 길은 험난하고 바다는 아득하게 멀어 소식이 아직 통하지 못하였고 길흉을 알리는 것이 끊어졌습니다만, 인자한 사람을 가까이 하여 우호를 맺

15 『속일본기』 천평보자(天平宝字) 2년(758) 12월 무신조.

고자 합니다. 바라건대 과거의 관계를 회복하여 사신을 통하고 이웃을 찾는 일을 오늘부터 시작하고자 합니다. 삼가 영원장군(寧遠将軍) 낭장(郎将) 고인의(高仁義), 유장군(游将軍) 과의도위(果毅都尉) 덕주(徳周), 별장(別将) 사항(舎航) 등 24인을 보내어 문서를 갖추고, 아울러 초피(貂皮) 300장을 보냅니다. 토산물이 비록 천하지만, 헌근(献芹)의 정성을 나타내고자 합니다. 피폐(皮幣)가 진귀하지 않아 도리어 입을 가리고 비웃을까 부끄럽습니다. 삶의 이치는 유한하고, 피담(披膽)을 기대할 수 없으나, 다만 때로 소식을 전하고, 영구히 이웃과의 교제를 돈독히 하고자 합니다"라고 하였다. 이에 고제덕 등 8인에게 모두 정6위상을 주고, 당색(当色)의 의복을 내렸다. 그리고 5위 이상 및 고제덕 등에게 연회를 베풀고, 대사를 하였으며, 아악료(雅楽寮)의 음악을 연주하였다. 연회를 마치고 녹을 내렸는데 각각 차등이 있었다.

⑨의 국서에는 발해 건국에 대한 정보가 기록되어 있다. 발해는 당과 대립하는 가운데 일본에사신 파견을 개시한다. "그 곳에서 제번을 거느리고, 고구려의 고토를 회복하며, 부여의 풍속을 가진다"라고 서술하듯이, 자신의 입장에 대한 역사 정보를 포함해서 주장하고 있다.[16]

그런데 발해의 건국에 관해서는 『유취국사』에도 수록되어있다.

16 石井正敏,「神亀 4년, 渤海の日本通交開始とその事情」,『東アジア世界と古代の日本』, 山川出版社, 2003.

⑩ 『유취국사』 권 193 발해 연력(延曆) 15년(796) 4월 무자조

渤海國遣使獻方物 其王啓曰「袁緖已具別啓 伏惟 天皇陛下 動止萬福 寢膳勝常 嵩璘視息苟延 奄及祥制 官僚感義 奪志抑情 起續洪基 祇統先烈 朝維依舊 封域如初 顧自思惟實荷顧眷 而滄溟括地 波浪漫天 奉膳無由 徒增傾仰 謹差匡諫大夫工部郎中呂定琳等 濟海起居 兼修舊好 其少土物 具在別狀 荒迷不次」又告喪啓曰「上天降禍 祖大行大王 以大興五十七年三月四日薨背 善隣之義 必問吉凶 限以送滄溟 所以緩告 嵩璘無狀招禍 不自滅亡 不孝罪咎酷罰罹苦 謹狀另奉啓 荒迷不次 孤孫大嵩璘頓首」又傳奉在唐學問僧永忠等所附書 渤海國者高麗之故地也 天命開別天皇七年 高麗王高氏 爲唐所滅也 後以天之眞宗豐祖父天皇二年 大祚榮始建渤海國 和銅六年 受唐册立其國 延袤二千里 無州縣館驛 處々有村里 皆靺鞨部落 其百姓者 靺鞨多 土人少 皆以土人爲村長 大村曰都督 次曰刺史 其下百姓皆曰首領 土地極寒 不宜水田 俗頗知書 自高氏以來 朝貢不絶

『일본후기』의 일문으로 보이는 본조에 대해서, 옛날에는 영충(永忠)이 발해 건국의 사실을 알려왔던 것이라고 파악하였지만, 이시이 마사토시(石井正敏)에 의해서 에이추(永忠)과는 관계가 없는 기사라는 것이 분명하다고 여겨지고 있다.[17] 여기에 따라서 생각하면, 건국 기사는 ⑨처럼 발해

17 石井正敏, 「日唐交通と渤海」, 『東アジア世界と古代の日本』, 山川出版社, 2003. 또한 아카바메 마사요시(赤羽目匡由)는 영충(永忠)이 가져왔던 정보가 포함되어있었다고 하였다(赤羽目匡由, 「八世紀における渤海の高句麗継承意識をめぐ

를 통해서 획득한 정보의 축적으로부터 완성되었을 가능성도 있다.

또한 763년에는 안사의 난에 대한 속보가 발해사 왕신복(王新福)을 통해서 전달되었다. 이 시기 정보에 대해서 필자는, 발해가 신라 정토 계획을 계속 진행하도록 하기 위해서 의도적으로 거짓 정보를 흘렸다고 추측하였다.[18] 여기에 대해서 후루하타 도루(古畑徹)는 그 정보는 발해가 입수했던 것을 그대로 일본에 알렸던 것이라고 하면서 나의 의견을 비판하고 있다.[19] 확실히 발해에 의한 해당 시기의 정보 장악력은 비교적 정확하며, 의도적으로 틀린 정보를 전달했다고 하는 나의 의견은 수정해야 할 부분도 있다고 생각한다. 다만 틀린 정보를 발해가 그대로 일본에 전달했던 부분도 있다는 것도 사실이며, 결과적으로 틀린 정보를 얻어서 여기에 기반하여 신라 정토 계획을 계속하고 있다는 점에는 변함이 없다. 외국 사절이 가져오는 정보는 어디까지나 그 나라의 입장에서 이야기되는 것이어서, 그 점을 자각했는지, 자각하지 않았는지를 불문하고, 강력한 편견이 개입하고 있다고 말할 수 있다.

또한 율령에서도 해외 정보의 수집을 의도했던 규정이 있다.

⑪ 공식령(公式令) 89 원방수속조(遠方殊俗條)

무릇 먼 곳에서 특별히 속인들이 와서 입조하는 자가 있으면, 소재 관사는 그들의 용모와 의복을 그림으로 그리고, 이름과 신분 및 풍

って」, 『渤海王國の政治と社会』, 吉川弘文館, 2011).

18 河内春人, 앞의 논문.

19 古畑徹, 「渤海王大欽茂の'國王'進爵と第六次渤海使」, 『集刊東洋学』 100, 2008.

속을 갖추어서 주문하라.

동조에 대응하는 당령을 싣는다.[20]

⑫ 당복원공식령(唐復原公式令)

여러 번객이 이르면 고료(鴻臚)에서 그들의 국토, 산천, 풍토를 심문하고, 그림을 만들어 그것을 주상한다. 특별히 속인으로 입조하는 자는 그 용모와 의복을 묻고 그림 그리도록 하라.

⑪과 ⑫를 비교하면, 당령에서는 조문의 주어가 번객(蕃客)이었던 것을, 일본령에서는 이것을 삭제하고 수속(殊俗)으로 고치는 등의 수정을 하였다. 그렇지만 새롭게 오는 이국인으로부터 정보를 청취한다고 하는 기본적인 입장은 그대로 계승하고 있다고 할 수 있을 것이다. 이 령의 조문은 ② 견다예사(遣多襪使) 혹은 7세기 말의 남도멱국사(南島覓國使)[21]처럼 대보율령의 제정에 선행해서 실천되고 있는데, 차이점도 살펴볼 수 있다. 이것은 멱국사 사례에서 가장 단적으로 드러나고 있다. 즉, 원방수속조는 일본으로의 내조를 전제로 하고 있지만, 7세기의 남도(南島)에 대한 대처는 우선 일본의 쪽에서 초빙하고 있는 것을 확인할 수 있다. 왜국은 남도와 에미시와 접촉하는 등 7세기에는 영역의 확대와 확정을 목표로 하고 있는

20 仁井田陞 著·池田温 編集代表,『唐令拾遺補』, 東京大学出版会, 1997에 의한다.

21 멱국사(覓國使)에 대해서는 山里純一,「南島覓國使の派遣と南島人の来朝」,『古代日本と南島の交流』,吉川弘文館, 1999를 참조.

데, ②는 그 과정에서의 조치였다. 그런데 반대로 8세기가 되면 그 이상의 적극적인 해외 전개는 사라지게 된다.

3) 일본인에 의한 비공적인 전달「B-a」

8세기에는 일본으로부터의 비공적인 도해는 전혀 보이지 않는다. 율령국가는 허가하지 않은 도항은 율팔학(律八虐)에 "謀叛 謂謀背圀従偽 謂 有人謀背本朝 将投蕃国(後略)"이라고 나와 있듯이 모반으로 취급하고 있었으며, 공적인 일이 아니고는 해외로 가는 것은 곤란하였다.

4) 이국인에 의한 비공적인 전달「B-b」

B-a에서 일본이 그러하였듯이, 8세기는 다른 나라도 크게 제한되어 있었다. 그러나 어떠한 사정으로 비공적으로 일본에 도래했던 민중이 산견된다. 여기에서 해외 정보가 전해지는 사례를 확인할 수 있다.

⑬ 『속일본기』 천평보자 8년(764) 7월 갑인조

신라사 대나마(大奈麻) 김재백(金才伯) 등 91인이 대재(大宰) 하카타진(博多津)에 도착했다. 우소변(右少弁) 종5위하 기노 아손 우시카이(紀朝臣牛養), 수도대위(授刀大尉) 외종5위하 아와타노 아손 미치마로(粟田朝臣道麻呂) 등을 보내 그 이유를 물었다. 김재백 등이 말하기를, "당국(唐國)의 칙사 한조채(韓朝彩)가 발해로부터 와서 이르기를 '일본국 승려 계융(戒融)을 본향으로 돌려보낸 바가 있다. 만약 평안하게 고향으로 돌아갔다면 마땅히 답신이 있어야 할 것이다. 그러나 금일에 이르기까지 아무런 소식이 없으니, 마땅히 사신을 차출해서 그 소식을 천자에게 보고하고자 한다'라고 했습니다. 그리하여 집사성의 첩을 가지고 대재부에 왔습니다. 조채는 신라의 왕도를 출발해 신라의 서진(西津)에 있습니다. 본국 사은사(謝恩使) 소판(蘇判) 김용(金容)은 대재부의 보첩(報牒)을 받아서 조채에게 전해주기 위해 경(京)에 머무르면서 출발하지 않고 있습니다"라고 했다. 묻기를 "요즘 신라에서 귀화한 백성이 말하기를 '본국은 병사를 내어서 지키고 있습니다. 이는 일본국이 와서 죄를 물을까 두려워하기 때문입니다'라고 했다. 그 일의 허실은 어떠한가"라고 했다. 대답하기를 "당국이 소란해 해적이 실로 많습니다. 그래서 갑병을 징발해서 변경을 지키게 했습니다. 곧 이는 국가가 해야 하는 일이고, 그 일은 거짓이 아닙니다"라고 했다. 그 되돌아가는 날이 되어 대재부가 신라 집사성에 보첩해 말하기를 "살펴보니 건정관(乾政官)이 내린 부(符)에 '대재부의 해(解)에서 이르기를, 신라국이 첩을 보내어, 한내상시(韓內常侍)의 청에 의해서 승려 계융이 이르렀는지를 알고자 한다고 했습니다. 대재부가 문서를 갖추어 보고 올립니다'라고 했다. (계융은) 지난 해 10월 발해에서 성조(聖朝)로 되돌아왔다. 대재부는 잘 알고 곧 대답해서 알리라"고 했다.

위 사료에서는 신라에서 투화(投化)해 온 백성이 본국의 소문을 이야기하고 있으며, 그 소문에 대해서 대재부가 신라사에게 질문하고 있다.[22] 투화의 실태는 신라 사회의 불안정에 따른 유민이었다고 추측되는데, 이 유민들로부터 사정을 청취하는 것이 정보를 입수하는 하나의 루트로서 기능하고 있었다는 것이 판명된다.

⑭ 『속일본기』 천평(天平) 18년(746) 시년조

발해인 및 철리총(鐵利惣) 1천1백여 명이 감화해서 내조하였다. 그들을 데와국(出羽国)에 안치하고 의복과 양식을 준 후 돌아가게 하였다.

발해·철리말갈(鉄利靺鞨)이 감화해서 내조했다는 조항이다. 최종적으로는 귀국하도록 하였지만, 일시적으로 데와(出羽)에 안치해서 정보 수집에 노력하였다는 것은 충분히 있을 수 있는 일이다.

이러한 사례에서는 왕화(王化)를 사모해서 자발적으로 찾아왔던 것처럼 기록되어 있는데, 그 밖에도 표류민 등이 산발적으로 나타난다. 이러한 사람들에 대해서 송환을 위한 외교 루트가 있었다는 점이 지적되고 있다.[23] 귀국시키는 과정에서 도래하게 된 사정을 질문하였는데, 여기에 부수해서 해외 정보의 청취도 이루어졌을 가능성이 높다.

---

22 본조에 대해서는 丸山裕美子, 「唐国勅使韓朝彩についての覚書」, 『続日本紀研究』 290, 1994; 濱田耕策, 「留唐学僧戒融の日本帰国をめぐる渤海と新羅」, 『日本古代の伝承と東アジア』, 吉川弘文館, 1995를 참조.

23 山内晋次, 「朝鮮半島漂流民の送還をめぐって」(전게 주(11) 책에 수록, 초출 1990).

3. 소결

이상, 7·8세기의 해외 정보에 대해서 전망해 보았다. 이것을 정리한 것이 〈표 2〉이다.

7세기는 『일본서기』를 중심으로 확인해야 한다. 이것을 정보의 유통이라고 하는 시점에서 정리하면, B에 속하는 전쟁 포로 혹은 망명자는 백제 멸망·백촌강 등 특수한 사정에 의한 것이다. 일단 이것을 특수하다고 하면, 7세기 단계에서의 정보 유통은 공적인 수준에 의한 바가 크다고 할 수 있을 것이다.

이러한 상황에서 도현(道顯)과 같은 승려의 동향은 주목할 가치가 있다. 도현의 경우, 가마타리와 밀접한 관계가 있었다는 점을 감안하면, 정치와 관계를 가지면서도 공적인 외교와는 다른 논리에서 이동하고, 해외 정보를 가져왔던 존재라고 말할 수 있다. 이것은 승려의 월경성(越境性)에 기초한 정보 전달로 환언할 수 있을 것이다. 에니치(惠日)와 같은 유학승도 왜 정권에 의한 공적 파견인 유학에 비중을 둔다면 공적인 외교라는 측면이 있지만, 여기서 그치지 않고 도현과 마찬가지의 성격을 가졌던 존재라고 생각할 수도 있다. 애초에 견수사의 파견에서 그 이름이 남아있는 경우는, 유학생보다도 유학승 쪽이 압도적으로 많다. 세속의 권력과는 분명히 구별되는 불교라는 틀에 기초해서 행동하는 승려는, 공적인 외교와 더불어서 7세기의 정보 유통에 큰 역할을 담당하였다. 권력이 정보 수집에 있어서 불교의 틀·네트워크에 편승했다고 간주할 수도 있다. 지배 권력과 종교의 이중성 속에서 승려를 매개로 하여 7세기의 해외 정보가 유통되는 경우가 많았다고 할 수 있다.

이어서 8세기 해외 정보의 유통에 대해서 정리하면, 공적인 외교를 통해서 정보를 입수했다는 것을 간파할 수 있다. 7세기에서는, 예를 들어 고구려 정벌을 고구려가 연락해오는 등 당사국으로부터의 연락이 중심이었다. 그런데 8세기가 되면 제3국으로부터의 정보 제공이라는 현상이 눈에 띄게 된다. 물론 7세기에도 그러한 것이 행해지고 있었음을 충분히 상정해야 하지만, 사료상에 드러나지 않는 점으로 미루어 볼 때, 그러한 정보는 7세기에는 부차적인 것으로 자리매김되었을 가능성이 있다. 또한 견외사절로부터의 보고는 7세기에는 구두에 의한 보고였지만, 8세기가 되면 견당사의 재당 일기처럼 문서에 의한 복명이 행해지게 되는 경향을 발견할 수 있다. 이것은 문서주의에 의한 지배를 목표로 했던 율령국가의 성립이 큰 영향을 미치고 있다고 말할 수 있을 것이다.

한편 7세기에 산견되었던, 개인이 가져오는 정보의 유통은 큰 폭으로 감소하고 있다. 이것은 율령국가라는 법치국가의 성립으로 법제상 개인의 왕래가 대폭 제한되었기 때문이었다. 그뿐만 아니라 동아시아 레벨에서 거시적으로 파악하여도 통일신라 혹은 발해 건국 등 8세기는 새로운 국제질서로 재편되고 있었다. 일본과 신라, 그리고 신라와 발해의 관계가 악화하는 등 국가들은 서로 대립하였지만, 전쟁이라는 인적 이동을 야기하는 데까지는 이르지 않았다. 따라서 개인 레벨에서의 왕래는 7세기와 비교해서 제약이 있었다는 것이 반영되어 있다는 것도 염두에 두어야 할 것이다.

한편, 민간으로부터의 정보 수집이 기록상에 나타나게 된다. 이것은 7세기에도 이루어졌을 것이라고 추측할 수 있는데, 구체적으로는 명료하지 않은 부분이 많다. 민중이 공동체를 초월한 레벨로 이동하는 것은 곤란하다는 지적에 비추어볼 때,[24] 민간 레벨에서 해외 정보가 전달되는 것은 어렵다고 간주하는 편이 좋다. 8세기에는 유래민(流來民)의 송환 제도가 구축되는 등 풍문의 체크가 시스템화 되었기 때문에, 이것을 외교 안건으로 처리할 수 있게 되었던 것이 큰 요인이었다.

이처럼 7세기부터 8세기까지 해외 정보의 전달은 외교에 의한 유통을 중심으로 하고 있다. 이점에 대해서는 이미 도노 하루유키(東野治之)가 언급하고 있으며,[25] 이것을 재확인하는 결과가 되었다. 또한 8세기가 되면 정보 수집 시스템이 구두에서 문서화 되었듯이 복잡해지지만, 기본적 구조에서 큰 변화는 보이지 않는다고 할 수 있다. 한편 7세기에는 공적·비공적의 두 측면에서 승려가 해외 정보의 유통에 큰 역할을 담당하고 있는데, 8세기에는 오히려 억제되는 경향이 있다는 점을 파악할 수 있다.

24 中村太一, 「日本古代国家形成期の都鄙間交通」, 『歴史学研究』 820, 2006.

25 東野治之, 前掲 주(3) 논문.

Ⅲ. 9세기의 해외 정보

앞 절에서는 7·8세기 해외 정보의 양상에 대해서 살펴보았고, 외교가 큰 비중을 차지하고 있다는 것을 확인하였다. 그런데 9세기에서의 해외 정보는 새로운 양상을 보이기 시작한다. 본 절에서는 9세기의 상황에 대해 생각해 본다.[26]

1. 일본인에 의한 공적인 전달(「A-a」)

우선 견당사를 보면, 연력 견당사의 복명에 재당 일기가 게재되어있다.[27] 이 점은 8세기의 흐름을 잇는 것이라고 할 수 있다. 그런데 가장 마지

---

26 9세기의 정보를 주제로 한 연구로 Charlotte von Belgien, 「九世紀日本の情報輸入體制」, 『アジア遊學』 26, 2001이 있다. 이 연구에서는 역학(曆學)·의서(醫書)·한적(漢籍)을 '정보'로서 취급하고 있으며, 이것은 중요한 관점이다. 다만 해외 정보와는 위상을 달리하므로, 여기에 대해서는 다른 기회에 검토하고자 한다.

27 山内晋次, 앞의 논문.

막에 파견되었던 승화(承和)의 견당사가 복명한 이후에 기록한 재당 일기는 국사에 게재되어 있지 않다. 즉 승화 견당사의 재당 일기가 작성되었는지 어떤지에 대해서는 보류가 필요하다. 만약 재당 일기가 작성되지 않았다고 한다면, 해외 정보에 대한 희구성은 물론이고, 당에 간다는 것 자체의 동기 부여가 꽤 저하되고 있다고 간주해도 좋을 것이다.

또한 당 이외의 국가에 대해서도 변화가 나타난다. 최대의 변화는 신라와의 외교 단절이다. 9세기에도 804년(연력 23)과 836년(승화 3)에 표착한 견당사를 구원해달라는 요청을 하기 위한 왕래를 확인할 수 있지만, 이 왕래를 통해서 해외 정보를 입수했던 흔적은 엿볼 수 없다. 발해와의 관계에 대해서도 주의가 필요하다. 견발해사의 파견은 811년(홍인 2)의 임동인(林東人)을 마지막으로 단절되고, 9세기의 일본-발해 관계는 주로 발해로부터의 사절 파견에 의하게 된다.

앞서 살펴봤듯이 당·신라·발해와의 외교에서 일본에서의 사절 파견은 9세기에 급속하게 감소한다. 사절을 파견하지 않게 된다는 것은, 본고의 과제에서 보자면, 주체적으로 해외 정보를 얻고자 하는 의사가 없어지고 있음을 나타내는 것으로도 보인다. 그러나 그러한 현상의 배경으로 외교 사절 이외에 당에 체재하는 사람들의 존재로서 승려에 주목할 필요가 있다. 당에 갔던 승려에는, 견당사와 함께 향했던 유학승(학문승)과 외교 사절을 통하지 않고 당에 갔던 재당승이 있다. 이 승려들을 모두 여기에서는 입당승이라고 칭하며 편의상 후술한다.

2. 이국인에 의한 공적 전달(「A-b」)

외국 사절로부터의 연락에 대해 살펴보면, 역시 외교 관계가 반영되어 있다. 9세기에 당 사신의 내조는 없으며, 신라사도 일본-신라 관계의 단절로 인해 없어진다. 유일하게 외교 관계를 계속하는 상대가 발해이다. 그러나 발해와의 관계는 비교적 양호한 추이를 나타냈지만, 경제적 관계로 축이 옮겨가게 되면서 외교 관계에서 양국의 사이에 인식 차이가 생겨나고 있다.

⑮ 『유취국사』 권 194 발해 천장(天長) 3년(826) 3월 무신삭 조

右大臣從二位兼行皇太子傅臣藤原朝臣緒嗣言「依去天長元年正月廿四日上表 渤海入朝 定以一紀 而今寄言靈仙 巧敗契期 仍可還却狀以去年十二月七日言上 而或人論曰 今有兩君絶世之讓 已越尭舜 私而不告 大仁芳聲 縁何通於海外 臣案 日本書紀云 譽田天皇崩 時太子菟道稚郎子 讓位于大鷦鷯尊 固辭曰 豈違先帝之命 輙從弟王之言兄弟相讓 不敢當之 太子興宮於菟道而居 皇居空之 既經三歳 太子曰我久生煩天下哉 遂於菟道宮自薨 大鷦鷯尊悲慟越禮 即天皇位 都難波高津宮 委曲在書紀 不能以具盡 于時讓國之美 無赴海外 此則先哲智慮 深慮國家 然則先王之舊典 萬代之不朽者也 又傳聞 禮記云 夫禮者 所以定親疎 決嫌疑 別同異 明是非也 禮不辭費 禮不踰節 而渤海客徒 既違詔旨 濫以入朝 偏容拙信 恐損舊典 實是商旅 不足隣客以彼商旅 爲客損國 未見治體 加以 比日雜務行事 贈皇后改葬一 御

齋會二 掘加勢山溝并飛鳥堰溝三 七道畿内巡察使四 可召渤海客徒五 經營重疊 騷動不遑 又頃年旱疫相仍 人物共盡 一度賑給 正税缺少 況復時臨農要 弊多逢送 人疲差役 税損供給 夫君無想信 安存天下 民憂未息 天災難滅 非一人天下 是萬人天下 縱今損民焉 德有慙後賢 伏請 停止客徒入京 即自着國還却 且示朝威 且除民苦 唯依期入朝 須用古例 臣緒嗣雖久臥疾牀 心神既迷 而恩主之至 半死無忘 愚臣中誠 不獲不陳 謹重奉表以聞」不許

사료⑮ 후지와라노 오쓰구(藤原緖嗣)의 상주는 그와 같은 인식 차를 단적으로 나타내고 있다. 즉, "말을 영선에게 보내서"라고 하였듯이 발해는 영선의 정보를 통지해서, 일본과 영선의 매개 역할을 함으로써 일본에의 입조를 달성하려고 한다. 발해는 정보 유통의 매개 역할이 되는 것을 사절 파견의 근거로 하고 있는 것이다. 오쓰구는 그것은 표면적인 주장에 불과하며, 발해의 진정한 목적은 상업에 있다고 지탄하였던 것이다. 이 문제의 전제에 있는 것이 "발해의 입조는 정하기를 일기(一紀)로 한다"라고 하였듯이 이른바 연기제(年期制)였다.[28] 6년 내지는 12년으로 연한을 정함으로써 내항을 제한하는 이러한 정책은, 정보를 빈번하게 입수하는 것에는 적합하지 않다. 연기제를 도입하려고 하였던 9세기에는, 일본은 이미 외교로부터 정보를 얻으려고 하는 자세를 결여하고 있다고 해야 할 것이다.

---

28 森公章, 「日渤関係における年期制の成立とその意義」, 『遣唐使と古代日本の対外政策』, 吉川弘文館, 2008; 浜田久美子, 「年期制の成立とその影響」, 『日本古代の外交儀礼と渤海』, 同成社, 2011.

한편으로 발해는 정보의 중개자적 역할을 강화해 간다. 이것을 잘 보여주는 것이 영선의 죽음을 둘러싼 교환이다.

⑯ 『속일본후기(續日本後紀)』 승화 9년(842) 3월 신축 조

存問兼領渤海客使式部大丞正六位上小野朝臣恒柯·少内記從六位上豐階公安人等上奏 勘問客徒等文并渤海王所上啓案并中台省牒案等文 其啓狀曰 (中略) 又別狀曰「彝震祖父王在日 差高承祖 入覲之時 天皇注送在唐住五台山僧靈仙黃金百兩 寄附承祖 承祖領將 到國之日 具陳天皇附金之旨 祖父王欽承叡意 轉附朝唐賀正之使 令尋靈仙所在將送其金 待使復佇付金否 而隔海程途 過期不返 後年朝唐使人却廻之日 方知前年使等從海却歸 到塗里浦 疾風暴起 皆悉陷沒 亦悉往五台覓靈仙 送金之時 靈仙遷化 不得付與 其金同陷沒 以此其後文矩入覲 啓中縷陳事由 冀達天皇 文矩不遂覲禮 將啓却歸 今再述失金事由 故遣賀福延輸申誠志 伏望體悉

일본이 영선에게 보낼 사금(砂金)을 발해사 고승조(高承祖)에게 맡겼고, 이후에 발해는 당에 보내는 하정사(賀正使)에게 딸려서 영선에게 사금을 전달하려고 한다. 또한 그 과정에서 영선의 죽음을 알고, 그 정보를 일본에 전하고 있다. 이처럼 발해는 도해승과 일본이 연락을 취할 때, 매개 역할을 담당하고 있다.

이외에도 발해는 당의 번진(藩鎭)과의 관계를 매개하는 중개 역할도 하고 있다.

⑰ 『유취삼대격』 천장 5년(828) 정월 2일 관부(官符)

一応充客徒供給事

大使副使日各二束伍把 判官録事日各二束

史生訳語医師天文生日各一束伍把 首領已下日各一束三把

右得但馬国解偁 渤海使政堂左允王文矩等 一百人 去年十二月廿九日到着 仍遣国博士正八位下林朝臣遠雄勘事由 并問違期之過 文矩等申云 為言大唐淄青節度使康志曀(睦)交通之事 入覲天庭 違期之程 逃罪無由 (···)

여기에서 분명한 것은 절도사와의 접촉이다. 안사의 난 이후, 절도사가 지방 세력으로서 당조에 대항하게 된다.[29] 이러한 상황에서 산동의 번진인 강지목(康志睦)이 발해를 통해서 일본에 교통을 요구해 오고 있다.[30] 당의 지방 세력이 중앙의 제어를 벗어나 독자적인 네트워크를 구축하려고 하는 가운데, 발해가 그 중간에서 정보를 매개하는 역할을 담당하고 있었던 것이다.

---

29 栗原益男, 「安史の乱と藩鎮体制の展開」, 『岩波講座世界歴史 6 古代6』, 岩波書店, 1971.

30 榎本淳一, 「渤海が伝えた「大唐淄青節度使康志曀交通之事」について」, 『唐王朝と古代の日本』, 吉川弘文館, 2008). 또한 石井正敏 전게 주(17) 논문에서는 이동첩(李同捷)의 난을 알림으로써 일본에 입조를 달성하려고 하였다고 서술하고 있는데, 이 해석에 의해서도 「A-b」 라는 분류는 변하지 않는다.

3. 일본인에 의한 비공적인 전달(「B-a」)

앞서 서술하였듯이 입당승 중에는, 외교 사절과의 동행과는 별도로 당에 갔던 재당승이 있다. 여기에 대해서는 C에서 후술한다.

4. 이국인에 의한 비공적인 전달(「B-b」)

A에서 보았듯이 국가 간의 정식 외교 레벨에서의 해외 정보 수집은 파탄에 이르고 있었지만, 종래의 교섭 상대였던 황제·국왕과는 다른 레벨에서 일본과 접촉하여 정보를 가져오게 된다.

⑱ 『속일본후기』 승화 9년(842) 정월 을사 조

新羅人李少貞等·人到筑紫大津 大宰府遣使問來由 頭首少貞申云「張寶高死 其副將李昌珍等欲叛亂 武珍州列賀閻丈興兵討平 今已無虞 但恐賊徒漏網 忽到貴邦 擾亂黎庶 若有舟船到彼不執文符者 並請切命所在推勘収捉 又去年廻易使李忠·揚円等所齎貨物 乃是部下官吏及故張寶高子弟所遺 請速發遣 仍齎閻丈上筑前國牒状參來者」

장보고의 난이 이것을 엿볼 수 있는 좋은 예이다. 이전에 장보고가 사적으로 사자를 파견해서 일본과 교역 관계를 맺으려고 하였으며, 장보고가 내란을 일으키고 진압되었다는 사실이 지방의 관사에 의해서 통지되

고 있다.[31]

장보고의 접촉에 대해서 일본은 "위인신무경외지교(爲人臣無境外之交)"[32]라고 하면서 거절하고 있다. 신라에서는 왕권 이외의 세력이 교통의 주체가 되는 성장을 보여주는 것에 비해서, 일본에서는 종래의 국가 외교에 구애되고 있는 모습이 간취된다.

또한 ⑰에서 보이듯이, 발해를 통해서 일본과 접촉하려고 하였던 치청(淄靑)의 절도사 강지목도 일본의 입장에서는 정보를 입수하는 좋은 기회가 될 수 있었다. 그러나 일본은 여기에 대해서 적극적인 태도를 취하지 않는다. 이처럼 9세기에는 동아시아 제국(諸國)에서 국제적인 교통을 국가로 일원화하는 것이 곤란해지고 있었는데, 그것은 정보의 발신이라는 측면에서도 확인할 수 있다.

한편 9세기는 상인의 내항 빈도가 증가하는 시기이기도 하였다. 10~11세기 일본에서는 상인을 조공으로 취급함으로써 대외 관계를 관리·통제하였는데,[33] 그것은 대외 교류의 상대가 국가에서 해상으로 질적 변화했던 것을 종래의 틀에 억지로 집어넣으려고 하는 것이었다. 9세기는 그 전 단

---

31 장보고 및 그와 일본과의 관계에 대해서는 蒲生京子, 「新羅末期の張保皐の抬頭と反乱」, 『朝鮮史研究会論文集』 16(1979); 石上英一, 「古代国家と対外関係」, 『講座日本歴史』 2, 1984; 李炳魯, 「九世紀初期における'環シナ海貿易圏'考察」, 『神戸大学史学年報』 8, 1993; 山﨑雅稔, 「九世紀日本の対外交易」, 『アジア遊学』 26, 2001; 濱田耕策, 「王権と海上勢力」, 『新羅国史の研究』, 吉川弘文館, 2002; 渡邊誠, 「文室宮田麻呂の謀反」, 『平安時代貿易管理制度史の研究』, 思文閣出版, 2012을 참조.

32 『속일본후기』 승화 7년(840) 12월 을사조.

33 山内晋次, 「中国海商と王朝国家」, 『日本の対外関係 2 律令国家と東アジア』, 吉川弘文館, 2011.

계로서 상인을 흘러온 것으로 취급하고 있으며, 그 가운데 정보가 입수되는 경우도 있었다.

⑲ 『일본기략(日本紀略)』 홍인(弘仁) 10년(819) 6월 임술조

大唐越州人周光輪·言升則等 乘新羅人船來 問唐國消息 光朝等對曰「己等遠州鄙人 不知京邑之事 但去元和十一年 円州節度使李師道反 所擁兵馬五十萬 極爲精鋭 天子發諸道兵討 未克 天下騷擾」

신라인의 배에 탑승해서 왔던 당인으로부터 당의 소식을 청취하고, 이사도(李師道)의 난에 관한 정보를 얻고 있다. 상인이 도래하면서 수도도 지방도 당물을 앞다투어 요구했던 것은 잘 알려져 있는데,[34] 이뿐만 아니라 해외 정보의 입수도 적극적으로 꾀하여졌다. 상인 측도 교역을 원활하게 진행하기 위해서 거기에 응하였다고 생각된다. 상인의 체제 기간이 몇 년에 이르는 경우도 있었던 것을 생각하면,[35] 도착했을 때 공적인 사정을 청취하는 것 이외에도, 사적인 거래를 하는 가운데 다양한 정보가 교환되었다는 것도 상상하기 어렵지 않다.

---

34 『유취삼대격』 권19 연희(延喜) 3년(903) 8월 1일 관부.

35 渡邊誠, 「年紀制と中国海商」, 『平安時代貿易管理制度史の研究』, 思文閣出版, 2012.

5. 입당승(C)

A-a, B-a에서 다루었듯이 9세기의 해외 정보 입수에서 중요한 것은 당에 체재하고 있는 승려로부터의 연락이다. 9세기 중반까지는 견당사에 부수해서 유학승이 파견되는데, 견당사가 파견되지 않게 되었던 후에도 바다를 건너 당에 계속 가고 있었으며, 이들을 '재당승(在唐僧)' 등으로 불렀다. 이러한 승려의 동향은 견당 유학승이라면 공적, 그렇지 않은 재당승은 비공적이라고 하는 틀로는 묶을 수 없는 측면을 가진다. 그래서 유학승·재당승을 입당승이라는 개념으로 총괄해서 논하기로 한다.

9세기의 입당승은 당에 체재하는 동안에도 일본과 연락을 하고 있다. 이것을 정리한 것이 〈표 1〉이다. 8세기의 유학생·유학승에서는 볼 수 없는 행동을 하고 있는데, 이것이 입당승의 큰 특색이라고 할 수 있다. 그리고 이들은 당에 체재하면서 매개자를 통하여 일본에 해외 정보를 알리는 것이다.

〈표 1〉 입당승과 일본의 연락

<table>
<tr><th></th><th></th><th>입당</th><th>지위</th><th>동행자</th><th colspan="2">체제 중 연락</th><th>휴대 물품</th><th>매개자</th><th>귀국</th></tr>
<tr><td rowspan="3">①</td><td rowspan="3">영충</td><td rowspan="3">776</td><td rowspan="3">재당학문승
재당승
재당유학승</td><td rowspan="3"></td><td>연력
15·4</td><td>영충
→일본</td><td>책</td><td rowspan="2">여정림
(발해)</td><td rowspan="2">806
이전</td></tr>
<tr><td>연력
15·5</td><td>태정관
→영충</td><td>책·사금
300냥</td></tr>
<tr><td>연력
17·5</td><td>일본
→영충</td><td>책</td><td>內藏賀茂
麻呂</td><td></td></tr>
<tr><td rowspan="2">②</td><td rowspan="2">영선</td><td rowspan="2">804</td><td rowspan="2">당유학승
재당학문승</td><td rowspan="2"></td><td>천장
2·12</td><td>영선
→일본</td><td>표·물</td><td rowspan="2">고승조
(발해)</td><td rowspan="2">재당
사거</td></tr>
<tr><td>천장
2</td><td>천황
→영선</td><td>황금 100
냥</td></tr>
</table>

		입당	지위	동행자	체제 중 연락		휴대 물품	매개자	귀국
③	円載	838	입당유학 천태종승 유학승	仁好	승화 10·12	원재 →일본	경전	인호· 順昌	877 귀로 익사
					승화 11·7	일본 →원재	황금 200 냥	인호	
					승화 14·7	원재 →일본	表狀	인호· 惠蕚	
					승화 15·6	태정관 →원재	황금 100 냥		
					齊衡 2·7	원재 →일본	표		
④	中瓘	?	재당승		元慶 5·10	중관 →일본	申狀		불명
					寬平 6·3	중관 →일본	錄記	王訥	
					寬平 6·7	태정관 →中瓘	牒· 사금 150 냥		
					延喜 9·2	일본 →中瓘	첩· 사금 100 냥		

⑳ 『속일본후기』 승화 15년(848) 6월 임진조

是日 太政官牒 送在唐天台宗留學問僧円載 其辭曰 奉勅 省円載表款 容服變更 心事艱阻 然自強不息 乞留數年 凡人心也 皆戀鄉土 非敦求法 誰樂遠偏 事須遂其實歸 不厭年深 又風潮萬里 齎獻遠臻 物豈在奇 唯嘉乃情 宜因于遠成等還次 令知此意 裁賜金物以充旅資者 准勅 聽更住數年 兼賜黃金一百小兩 宜領之

유학승 원재(圓載)가 일본 조정에 보냈던 서장에 뒤이어서 나왔던 태정관첩인데, 여기에서 인용하고 있는 원재의 표관(表款)에 "容服ハ變更シ、

心事ハ艱阻タリ"라고 나온다. 이것이 회창의 폐불을 가리키고 있다는 것은 이미 사에키 아리키요(佐伯有清) 가 지적하였다.[36] 서장의 내용 자체는 체재의 연장 및 체재 비용의 추가 신청인데, 이러한 사정을 설명하기 위해서 해외 정보가 서술되고 있는 것이다.

나아가 적극적으로 해외 정보를 발신하고 있는 자가 재당승 중관(中瓘)이다.

㉑ 『삼대실록(三代實錄)』 원경 5년(881) 10월 13일 무자조

是日 頒下所司曰 无品高岳親王 志深眞諦 早出塵區 求法之情 不遠異境 去貞觀四年 自辭當邦 問道西唐 乘査一去 飛錫无歸 今得在唐僧中瓘申狀稱 親王先過震旦 欲度流沙 風聞 到羅越國 逆旅遷化者 雖薨背之日不記 而審問之來可知焉 親王者 平城太上天皇之第三子也 母贈從三位伊勢朝臣繼子 正四位下勳四等老人之女也 云々

중관은 申狀에서, 천축으로 가려고 하였던 고악친왕(高岳親王)이 나월국(羅越國, 말레이 반도)에서 사거한 사실을 일본에 알리고 있다.[37]

이외에도 중관은 일본으로 연락을 취하고 있다.

---

36 佐伯有清, 『悲運の遣唐僧』, 吉川弘文館, 1999.

37 佐伯有清, 『高丘親王入唐記』, 吉川弘文館, 2002.

㉒『관가문초(菅家文草)』

請令諸公卿議定遣唐使進止状

右臣某 謹案在唐僧中瓘 去年三月附商客王訥等所到之録記 大唐凋弊 載之具矣 更告不朝之問 終停入唐之人 中瓘雖区々之旅僧 為聖朝尽其誠 代馬越鳥 豈非習性 臣等伏検旧記 度々使等 或有渡海不堪命者 或有遭賊遂亡身者 唯未見至唐有難阻飢寒之悲 如中瓘所申報 未然之事 推而可知 臣等伏願 以中瓘録記之状 遍下公卿博士 詳被定其可否 国之大事 不獨爲身 且陳欵誠 伏請処分 謹言

「녹기(錄記)」에 기록된 당의 쇠약을 근거로 해서 스가와라 미치자네(菅原道真)가 견당사 정지를 주청했던 사실은 유명하다.[38]

이처럼 일본에서 당으로 갔던 입당승이 적극적으로 일본에 연락을 취하는 것에 의하여, 해외 정보가 전달되는 현상이 9세기에 생겨나고 있다. 당에 있다는 점에서는 유학생도 마찬가지의 역할이 기대되는데, 모리 기미유키(森公章)가 지적하듯이 9세기는 유학생의 중요성이 계속 저하되는 시기이다.[39] 이에 비해서 불교계의 중국에 대한 지향성은 강해져서, 헤이안 시대에 들어서면 구법승·순례승을 배출한다. 유학승과 견당사가 파견되지 않게 된 이후에 스스로 당에 갔던 재당승은 종교적 네트워크 속에서

38 견당사의 정지에 관한 가장 최근의 연구로는 石井正敏, 「寛平六年の遣唐使計画について」, 『情報の歴史学』, 中央大学出版部, 2011이 있다. 이 논문에 견당사 정지에 관한 선행연구가 상세하게 정리되어 있다.

39 森公章, 「遣唐使と唐文化の移入」, 『遣唐使と古代日本の対外政策』, 吉川弘文館, 2008.

활동하기 때문에 행동 범위가 넓고 정보를 얻기 쉬웠다. 이점과 맞물려서 재당승은 해외 정보를 전달한다는 점에서 중시되었다고 생각한다.

〈표 2〉 정보전달의 주체

	공적		비공적	
	왜국(倭國)/일본인	이국인	왜국/일본인	이국인
7세기	견외 사절 유학생·유학승	외국사절 질(質)	전쟁포로	도래승 전쟁포로 망명자
8세기	견외 사절 유학생·유학승	외국사절	없음	유래민중
9세기	견외사절 유학승	외국사절	재당승	지방세력 해상

이상 본 절에서는 9세기의 해외 정보에 대해서 살펴봤다. 7·8세기도 함께 정리해서 〈표 2〉로 나타냈다. 표를 보면, 해외 정보의 전달은 7·8세기에 비해서는 크게 변모했다고 할 수 있다. 국가적인 교환이 계속되는 발해와는 9세기에도 항상적으로 외교가 이루어지지만, 대외 관계의 악화와 사회적 혼란을 주요 원인으로 신라 및 당과의 외교는 완전히 사라지게 된다. 발해에 대해서도 발해사의 도래를 연기제로 제한한다. 이러한 연기제는 신속한 정보 입수를 방해하는 것이다. 국가 간 외교에서의 교환, 혹은 견외 사절이 입수한다는 수단이 급속하게 쇠퇴하였던 것으로서, 정보 수집의 레벨이 후퇴하고 있다고 할 수 있다. 그 배경에 있는 것은, 중앙 권력에 대항하는 지방 세력의 성장, 혹은 권력에 의한 규제를 피하면서 활동하는 상인이 활발해지면서 초래되었던 동아시아 교류의 질적 변화이다. 일본은 이러한 접근을 거절하고, 종래의 시스템으로 대처하려고 하였다. 하지만

정보 수집의 기능이 불완전하다는 것이 분명하였으므로, 다른 입수 수단을 모색해야만 하게 되었다.

그래서 새로운 정보 입수 방법으로서 나타난 것이 상인과 승려이다. 9세기가 되면 외국 상인이 일본으로 도래하게 된다.[40] 9세기 중엽에는 신라 상선이 이동 수단으로서 활발해지고, 당 상인도 신라선으로 이동하는 사례를 확인할 수 있다. 그중에서 ⑱의 주광한(周光翰)·언승칙(言升則)과 같은 사례가 나타난다. 다만 상인이 가져오는 해외 정보에는 한계가 있다. 내항이 불규칙하고, 또한 주광한이 "경읍(京邑)의 일을 알지 못 한다"라고 서술하였듯이, 구하려는 정보를 얻을 수 있다고 단정할 수는 없다. 또한 상인에게는 지역성이 있어서,[41] 상인이 가지고 있는 정보는 한정적일 수밖에는 없다고 할 수 있다. 결과적으로 상인이 가져오는 정보는 풍문에 가까운 것이었다.

한편 해외 정보의 전달에서 비중을 높여가는 것이 입당승이다. 입당승은 조정의 허가를 받아 일본에서 출발하여 정기적으로 조정으로 연락해 온다. 조정 측에서도 태정관첩을 발하는 등의 대응이 가능하였다. 이것은 결국 견당사 정지에 대한 판단을 좌우하는 정보 등, 정책에 영향을 미치는 레벨에까지 이른 것이다.

---

40 榎本涉, 「新羅海商と唐海商」, 『前近代の日本列島と朝鮮半島』, 山川出版社, 2007.

41 田中史生, 「江南の新羅人交易者と日本」, 『国際交易と古代日本』, 吉川弘文館, 2012은 강남을 영역으로 하는 상인의 지역적 활동을 묘사하고 있다.

Ⅳ. 입당승의 정보 전달

Ⅱ절과 Ⅲ절에서는 7~9세기 해외 정보의 발신자, 그리고 수신자인 왜/일본의 관계를 검토하였다. 여기에서 간파할 수 있는 것은, 7세기에 승려는 해외 정보 전달에서 큰 역할을 담당하였다는 것, 그리고 8세기에는 율령국가가 대외 관계를 독점하면서 승려의 활동은 유학승 외에는 거의 보이지 않게 되지만, 9세기가 되면 국가의 일원적 대외 관계가 쇠퇴했던 결과, 승려의 활동이 다시 활발해지는 경향이 보인다는 것이다. 국제 관계의 이문화간 교류에 있어서, 그 프레임인 정치적 관계와는 기준을 달리하는 종교적 존재인 승려가 통시대적으로 활약한다는 것은 쉽게 이해된다. 그렇다면 입당승은 구체적으로 당에서 어떤 행동을 취하였고, 어떻게 해외 정보를 일본으로 발신할 수 있었을까에 대해서 고찰하고자 한다.

입당승 가운데, 처음부터 유학승과 환학승(還學僧)은 견당사의 일원으로서 국가적 요청에 기초한 공적인 입장을 가지고 있으며, 견당사의 조직 구성으로 편입되었다.

㉓『연희대장식(延喜大蔵式)』

入諸蕃使

入唐大使 絁六十疋・綿一百五十屯・布一百五十端 副使 絁卌疋・綿一百屯・布一百端 判官 各絁十疋・綿六十屯・布卌端 錄事 各絁六疋・綿卌屯・布廿端 知乗船事・訳語・請益生・主神・医師・陰陽師・画師 各絁五疋・綿卌屯・布十六端 史生・射手・船師・音声長・新羅奄美等訳語・卜部・留学生・学問僧・傔従 各絁四疋・綿廿屯・布十三端 雑使 音声生・玉生・鍛生・鋳生・細工生・船匠・柂師 各絁三疋・綿十五屯・布八端 傔人・挾杪 各絁二疋・綿十二屯・布四端 留学生・学問僧 各絁卌疋・綿一百屯・布八十端 還学僧 絁廿疋・綿六十屯・布卌端 已上布各三分之一給上総布 水手長 絁一疋・綿四屯・布二端 水手 各綿四屯・布二端 柂師・挾杪・水手長及水手 各給帷頭巾・巾子・腰帯・貲布黄衫 著綿帛襖子・袴及汗衫・褌・貲布半臂。其渤海・新羅水手等 時当熱序者 停綿襖子袴 宜給細布袴 並使収掌 臨入京給 其別賜 大使 彩帛一百十七疋・貲布廿端 副使 彩帛七十八疋・貲布十端 判官 各彩帛十五疋・貲布六端 錄事 各彩帛十疋・貲布四端 知乗船事・訳語 各彩帛五疋・貲布二端 学問僧・還学僧 各彩帛十疋

이 규정이 8세기로 소급한다는 것은 이미 도노 하루유키가 논하고 있다.[42] 여기서 주목하고 싶은 것은 학술의 습득을 목적으로 파견되었던 사

42 東野治之, 「『延喜式』にみえる遣外使節の構成」, 『遣唐使と正倉院』, 岩波書店, 1992.

람들에게 주어진 물건이다.

정사(正使)로서의 청익생에게는 명주 5필·면 30둔·포 16단, 유학생·학문승에게는 명주 4필·면 20둔·포 13단이 주어졌다. 그뿐만 아니라, 잡사(雜使)인 유학생·학문승에게는 명주 40필·면 100둔·포 80단, 환학승에게는 명주 20필·면 60둔·포 40단이 주어졌다. 나아가 별사(別賜)로서 학문승·환학승에게 채금(彩錦) 10필이 주어지고 있다. 격(格)으로서는 청익생, 유학생·학문승, 환학승이 된다. 그런데 別賜에 주목하면, 이 때의 특별 급부는 유학생·청익생이 아니라 학문승·환학승에게만 주어지고 있다는 것이다. 이들 승려에게는 청익생·유학생과는 다른, 당에서 달성해야 하는 역할이 기대되고 있다고 할 수 있다.

그렇다면 이들 승려의 목적은 무엇이었을까. 그 중 하나는 중국 불교의 새로운 동향을 섭취하고, 교의상의 문제를 질문하는 것이다. 그 성과로서 『당결집(唐決集)』이 저술된다. 다른 하나는 새로운 경전류의 입수이다. 그 성과는 『장래목록(將來目錄)』으로서 국가에 제출된다. 7세기에 현저하였듯이, 당으로 향하는 승려는 국가에 속하면서도, 불교계의 요청을 달성해야 하는 이중성을 가진 존재였다. 이것은 당에 체재하는 중에 유학생과 다른 독자적인 행동을 하는 데 따른 것이었다.

당에 체재하고 있는 입당승의 동향을 살펴보도록 하자. 입당승은 단독으로 행동하지 않았던 것을 우선 확인하고 싶다.

㉔ 전교대사입당첩(傳教大師入唐牒)

日本国

求法僧最澄 訳語僧義真 行者丹福成 担夫四人

経論并天台文書㰍像及随身衣物等

牒最澄等令欲却往明州及随身経論等

恐在道不練行由伏乞公験処分謹牒

1차 사료가 남아있는 사례 중에서 장기 체제를 하지 않은 사이초(最澄)의 사례를 예로 들어보자. 여기에 의하면 최징 본인 외에, 제자 기신(義真), 행자 다지히노 후쿠나리(丹福成)와 (丹福成)과 단부(担夫) 등 4명이 기록되어있다. 이 중에서 단부는 현지에서 고용한 자라고 해도, 승려 본인 + 제자(여기서는 역어승) + 행자가 입당승을 중심으로 하는 하나의 집단을 이루고 있었다고 볼 수 있다. 입당승은 결코 한 명이 아니었고 작은 그룹으로 행동하고 있었던 것이다. 이것은 『승최징장래목록(僧最澄将来目録)』[43]에 최징·진의·단복성이 서명하였던 것에서, 귀국까지 일관되어 있었다는 것을 알 수 있다. 이 사례가 예외가 아니었다는 것을 다른 사례를 통해서 확인해 둔다.

㉕ 『입당구법순례행기』 개성(開成) 3년(838) 8월 4일 조

四日 早朝有報牒 大使贈土物於李相公 彼相公不受還却之 又始今日

43 『平安遺文』 8, 4311호 문서.

充生料 每物不備 斎後従揚府将覆問書来 彼状偁「還学僧円仁·沙弥惟正·惟暁·水手丁雄満 右請往台州国清寺尋師 便住台州 為復従台州却来赴上都去 留学僧円載·沙弥仁好·伴始満 右請往台州国清寺尋師 便住台州 為復従台州却来赴上都去」者 (후략)

㉕에서 환학승 엔닌(円仁)은 제자 유정(惟正)·유효(惟暁)와 겸인(傔人) 반시만(伴始満) 등과 함께 하였다. 이처럼 유학·환학승에게는 제자 혹은 시중드는 사람이 항상 곁에 있었던 것이다. 불교(구법)에 관한 서무를 제자가 보좌하고, 일상생활에서의 잡일에는 겸인이 종사함으로써 입당승의 활동을 서포트하였을 것이다.

그런데 이러한 입당승 그룹에서 제자는 반드시 당에 건너갈 때의 승려에 한정되지 않았다는 것을 첨언해 둔다.

㉖ 『입당구법순례행기』 개성 3년(838) 10월 13일 조

十三日 午時 請益傔従惟暁·留学傔従仁好 同時剃髪

엔닌을 수행했던 유효(惟暁), 그리고 원재를 따랐던 인호(仁好)는 당에서 출가하고 있다.

그리고 〈표 1〉을 보면 입당승을 시중들었던 제자가 해외 정보를 실제로 전달하는 역할로서 활동하고 있다는 것이 분명해진다. 9세기 입당승의 특징으로서, 당에서 장기 체재하는 도중에 일본으로 중간 연락을 하고 있다는 것은 앞서 서술하였다. 그런데 8세기의 유학생 등이 일단 당에 건너간

이후에는 스스로 연락을 취하는 경우가 없다는 것을 상기하면, 거기에서 차이점을 찾을 수 있다. 당에 있으면서 일본으로 연락을 취하기 위한 역할로서 제자가 부상한다.

㉗『속일본후기』 승화 11년(844) 7월 계미조

又勅曰 在唐天台請益僧円仁·留學僧円載等 久遊絶域 應乏旅資 宜附円載傔從僧仁好還次 賜各黄金二百小兩者 所司准勅 分付如前云々

여기서 원재의 경우에는, 제자 인호(仁好)가 일본과 당을 왕래하고 있다(〈표 1〉을 참조). ⑳의 경우 그 용건은 직접적으로는 당에서의 체재 비용이 궁박하다는 것을 말하는 등의 지원 요청이었다. 그러한 사정과 맞물려서, 표에서도 알 수 있듯이 일본 측의 답신에는 사금의 사여가 동반되고 있다.

입당승이 궁박했던 이유는, 구법을 위한 그들의 활동 범위가 넓었고, 경전을 다수 서사하고 매입하는 것을 지향하고 있었기 때문이다. 경비가 많이 들기 때문에 체재 중에 경제적 지원을 요구할 필요가 생기게 되었던 것이다. 이러한 관점에서 ㉒『연희식』 대장성식을 보면, "별사(別賜)"도 이해하기 쉬워진다. 당조의 경제적 원조하에서 체재·활동하는 유학생에 비하면 입당승은 경제적으로 핍박받기 쉬웠으므로, 일본 조정으로부터의 원조인「별사」로 이어지는 것이다.

입당승이 정기적으로 연락하는 가운데, 승려 측에 의한 해외 정보의 통지는 국가로부터 체재 비용 등의 경제적 원조 혹은 체재 기간의 연장과 같은 편의를 이끌어 내기 위한 편법적인 측면을 가지고 있었을 것이다.

⑳에서 원재는 해외 정보인 회창의 폐불을 전달하여, 자기의 궁핍과 그럼에도 꺾이지 않는 의지를 어필함으로써 자기의 요구를 관철시키고 있는 것이다.

그런데 입당승 그룹은 8세기에는 견당사를 매개로해서 당으로 갔다. 그러나 9세기에 들어와서 당에 대한 지향성은 높아지는 한편, 견당사의 파견 빈도는 점차 감소해 간다. 이 딜레마 속으로 파고 들어간 것이 발해사와 해상이었다. 9세기 전반에는 발해가 입당승의 매개 역할로서 연락을 취하였다. 여기에는 8세기 후반부터 시작된 발해의 중계적 교통을 잇는 측면도 가지고 있었을 것이다.[44] 그리고 일본으로의 내항을 정당화해서 일본과 교역을 하려고 하는 발해의 목적이 있었다. 다만 연기제를 철저히 하는 일본의 대응에 의해서 그러한 활동도 곧 저조해졌다. 이에 비해서 9세기 후반 이후에는 해상을 매개로 하여 활동하게 된다. 이것은 외교에 의한 국가적 중개가 유효하였던 9세기 전반부터 해상의 활동이 본격화하는 9세기 중반까지의 상황을 현저하게 반영하고 있다고 할 수 있다.

입당승 특히 유학승은 유학을 국가로부터 허락받고 있다. 이 때문에 당에서의 행동도 국가의 의향에 규제받아야 하는 측면을 가진다. 이것은 체재의 비용을 국가에 요구하거나 체재 허가를 수시로 신청할 필요성을 만들어서, 필연적으로 은밀히 연락하게 하였다고 할 수 있다. 반대로 국가 측에서 보면, 국가가 끊임없이 견외 사절을 파견하고 있는 상황에서는 비교적 정기적인 연락을 쉽게 취할 수 있지만, 파견의 빈도가 저하되면, 다

44 石井正敏, 앞의 논문; 東野治之,「日唐間における渤海の中継貿易」,『遣唐使と正倉院』, 岩波書店, 1992.

른 방법을 취하지 않을 수 없게 된다. 이에 따라서 견당사에 포함되어 왕래하는 것을 전제로 하는 유학생은 8세기에 비해서 9세기에는 활동이 저조하게 된다. 그런데 유학승, 환학승은 불교적 요청이 있기도 하였고, 이동의 수단이 반드시 견당사에 구애되지 않았다. 발해 혹은 해상이 이동·연락의 매개를 완수함으로써 사절 파견에 의존하지 않고 연락의 교환이 가능하게 된다. 그리고 견당사가 해외 정보를 가져오지 않게 되면서, 독자적으로 당에 건너가 활동하는 재당승의 정보가 더욱 중요해지고, 9세기 말에는 정책에 영향을 끼치기까지 하였던 것이다.

V. 맺음말

해외 정보의 발신자와 수신자의 관계를 공적·비공적, 그리고 귀속의 차이라는 시각에 따라 분류해서 7~9세기 해외 정보의 수용 양상을 살폈다. 정리하면, 7·8세기의 해외 정보는 외교의 비중이 높았으며, 특히 8세기에 현저하였다. 9세기는 외교 관계가 저조해지면서 다른 방법을 사용해서 정보를 입수하는 방법이 요구되었다. 이에 입당승이 발신자 역할을 담당하게 된 것을 지적하였다.

입당승의 활동 배경에 있는 것이 바다를 건널 때 매개적 역할의 존재인데, 8세기 말~9세기 전반에는 발해와의 외교가, 9세기 중반 이후에는 해상이 개입하고 있다. 이것은 동아시아의 교류가 질적으로 계속 변화하고 있다는 것을 반영한다. 그리고 입당승이 견당사에 의존하지 않고 정보를 전달하게 되면, 결과적으로 견당사의 필요성이 저하된다. 나아가 더 깊이 파고 들어가면, 해외 정보라는 측면에서는 입당승이 견당사의 정지를 초래하였던 것이다.

견당사가 파견되지 않게 된 이후에도 입당승의 활동은 계속된다. 재당승으로서 당에서 일본으로 정보를 지속적으로 보냈던 중관의 사례에서 가장 명료하게 나타나고 있다. 이 사례는 조정과의 관계를 유지하면서 불교적 동기에 기반해서 당으로 간다고 하는 공적·비공적인 단순한 틀로는 계산할 수 없는 존재가 된 것을 보여준다. 10세기 이후에 송으로 건너가는 승려가 이러한 계보에 직결되는 존재이며, 조연(奝然)·적조(寂照)·성심(成尋) 등이 활동을 전개해 간다. 송에 건너가는 승려의 공적인 성격이 지적되고 있는데, 하나의 연원으로서 이해하고자 한다.[45]

이 글에서는 입당승에 착목하면서 해외 정보에 대해서 논하였는데, 아직 남아있는 과제가 많다. 예를 들어 견당사의 정보 전달은 더욱 연구되어야 할 것이다. 사카우에 야스토시(坂上康俊)가 지적하였듯이 미처 전달되지 않았던 정보라는 분석 시각도 있다.[46] 정보의 취득 방법으로서 간첩(間諜)도 하나의 테마일 것이다.[47] 여기에 대해서는 후일을 기약하고자 한다.

(번역: 정기웅)

이 글은 河内春人, 「入唐僧と海外情報」, 『専修大学東アジア世界史研究センター年報』3, 2007을 바탕으로 가필 수정한 것이다.

---

45 石上英一, 「日本古代10世紀の外交」, 『東アジア世界における日本古代史講座』 7, 學生社, 1982.

46 坂上康俊, 「大宝律令制定前後における日中間の情報伝播」 『日中文化交流史叢書2 法律制度』, 大修館書店, 1997.

47 石井正敏, 「『日本書紀』金春秋来日記事について」 『情報の歴史学』, 中央大学出版部, 2011.

참고문헌

| 사료

『일본서기』

『수서(隋書)』

『일본후기(日本後紀)』

『입당구법순례행기(入唐求法巡礼行記)』

『類聚三代格』

『平安遺文』

| 연구서

Charlotte von Belgien 著·拙訳,『モノが語る日本対外交易史 七~一六世紀』, 藤原書店, 2011.

石井正敏,『東アジア世界と古代の日本』, 山川出版社, 2003.

野治之,「遣唐使と海外情報」『遣唐使船』, 朝日新聞社, 1999.

松原弘宣,『日本古代の交通と情報伝達』, 汲古書院, 2009.

山内晋次,「国際情報と律令国家」『日本の対外関係 2 律令国家と東アジア』, 吉川弘文館, 2011.

河内春人,「唐からみたエミシ」「『新唐書』日本傳の成立」『東アジア交流史のなかの遣唐使』, 汲古書院, 2013.

坂本太郎,「日本書紀と伊吉連博徳」『日本古代史の基礎的研究 上 文献編』, 東京大学出版会, 1964.
北村文治, 「伊吉連博徳書考」『大化改新の基礎的研究』, 吉川弘文館, 1990.
赤羽目匡由, 「八世紀における渤海の高句麗継承意識をめぐって」『渤海王國の政治と社会』, 吉川弘文館, 2011.
仁井田陞 著·池田温 編集代表, 『唐令拾遺補』, 東京大学出版会, 1997.
佐伯有清, 『悲運の遣唐僧』, 吉川弘文館, 1999.
佐伯有清, 『高丘親王入唐記』, 吉川弘文館, 2002.

| 연구논문

古畑徹, 「渤海王大欽茂の「國王」 進爵と第六次渤海使」, 『集刊東洋学』 100, 2008.
山里純一, 「南島覓國使の派遣と南島人の来朝」『古代日本と南島の交流』, 吉川弘文館, 1999.
丸山裕美子, 「唐国勅使韓朝彩についての覚書」, 『続日本紀研究』 290, 1994.
濱田耕策, 「留唐学僧戒融の日本帰国をめぐる渤海と新羅」『日本古代の伝承と東アジア』, 吉川弘文館, 1995.
中村太一, 「日本古代国家形成期の都鄙間交通」, 『歴史学研究』 820, 2006.
Charlotte von Belgien, 「九世紀日本の情報輸入體制」『アジア遊學』 26, 2001.
森公章, 「日渤関係における年期制の成立とその意義」『遣唐使と古代日本の対外政策』, 吉川弘文館, 2008.
浜田久美子, 「年期制の成立とその影響」『日本古代の外交儀礼と渤海』, 同成社, 2011.
栗原益男, 「安史の乱と藩鎮体制の展開」『岩波講座世界歴史 6 古代6』, 岩波書店, 1971.

榎本淳一,「渤海が伝えた「大唐淄青節度使康志曀交通之事」について」『唐王朝と古代の日本』吉川弘文館, 2008.

蒲生京子,「新羅末期の張保皐の抬頭と反乱」『朝鮮史研究会論文集』16, 1979.

石上英一,「古代国家と対外関係」『講座日本歴史』2, 1984.

李炳魯,「九世紀初期における「環シナ海貿易圏」考察」,『神戸大学史学年報』8, 1993.

山﨑雅稔,「九世紀日本の対外交易」,『アジア遊学』26, 2001.

濱田耕策,「王権と海上勢力」『新羅国史の研究』, 吉川弘文館, 2002.

渡邊誠,「文室宮田麻呂の謀反」『平安時代貿易管理制度史の研究』, 思文閣出版, 2012.

石井正敏,「寛平六年の遣唐使計画について」『情報の歴史学』, 中央大学出版部, 2011.

榎本渉,「新羅海商と唐海商」『前近代の日本列島と朝鮮半島』, 山川出版社, 2007.

田中史生,「江南の新羅人交易者と日本」『国際交易と古代日本』, 吉川弘文館, 2012.

東野治之,「『延喜式』にみえる遣外使節の構成」『遣唐使と正倉院』, 岩波書店, 1992.

石上英一,「日本古代10世紀の外交」『東アジア世界における日本古代史講座7』, 學生社, 1982.

坂上康俊,「大宝律令制定前後における日中間の情報伝播」『日中文化交流史叢書2 法律制度』, 大修館書店, 1997.

4

입당승의 이동을 뒷받침한 사람들
: 재당 신라인 사회와 해상 교역자의 변화

- 가와노 야스히로

Ⅰ. 머리말

Ⅱ. 재당신라인 사회와 엔닌

Ⅲ. 재당 신라인과 동아시아의 교류

Ⅳ. 당대의 교역과 교역이산공동체

Ⅴ. 견당사 이후의 교류와 당 상인의 성장

Ⅵ. 맺음말

Ⅰ. 머리말

전근대 일본 열도의 사람들은 항상 중국 대륙·한반도로부터 선진 지식과 기술, 사상, 문화를 도입하고, 다채로운 문물을 구하기 위해서 바다를 건넜다. 특히 동아시아의 중심인 당에는 7세기부터 9세기까지 견당사를 파견하여, 국가적으로 섭취해왔다. 승려도 예외가 아니어서, 장기·단기를 불문하고, 많은 유학승이 견당사선에 탑승하여 당에 건너가, 최신의 교의를 배우고, 대량의 경전을 당에서부터 가져왔다. 그리고 때로는 당승(바라문승이나 임읍승 등도 포함한다)을 초청함으로써, 일본 열도에 불교 문화를 정착, 개화시켰다. 9세기 중반에 견당사의 파견이 중지되었지만, 민간 상선에 의해서 끊임없이 교역이 계속되어, '당물'이라고 총칭되는 도래의 문물과 한적(漢籍) 등이 다수 건너왔다.[01] 그리고 입당·입송하는 승려도 이 상선에 탑승하여 대륙으로 건너가, 최신의 불교를 배워서 일본에 전하였다. 헤이안 시대 중기부터는 최신의 불교를 배우는 '구법(求法)'뿐

01 河添房江·皆川雅樹, 『唐物と東アジア—舶載品をめぐる文化交流史—』, 勉誠出版 2011.

만 아니라, 성지를 돌아다니는 '순례(巡禮)'도 지향하게 되면서,[02] 10세기 이후에도 바다를 건너는 승려는 끊이지 않았다. 이들 승려는 불교적인 교류뿐만 아니라, 대외적인 창구 혹은 불교를 매개로 하는 다층적인 관계에 의해서 외교 루트의 일단을 구성하고 있었다는 점도 지적된다.[03] 그리고 정치적인 국제 관계를 고려하는데 있어서도, 승려의 이동을 고려하는 것은 중요하다.

이러한 승려의 이동에 필수적인 것이 바다를 건너기 위한 배다. 7세기 후반부터 9세기에 걸쳐서 입당했던 일본승을 정리한 것이 뒤에 게재한 표이다("제3부에 수록된 〈고대 일본의 입당승·입송승 일람〉 가운데 고대 입당승 일람 참조"). 이 일람표에는 왕래하는 배에 대해서도 판명되는 것은 기록하였는데, 9세기 중반에 어떤 변화가 일어나고 있다는 것을 파악할 수 있다. 바로 승선하는 배의 종류가 바뀐다는 것이다. 예를 들어, 헤이안 시대에 일본과 당을 왕복한 엔닌의 승선을 살펴보면, 갈 때는 승화(承和) 5년(839)의 견당사선에 탑승하고 있다. 그리고 돌아오는 시기는 승화 14년(847)인데, 신라인 김진(金珍)의 배에 탑승하여 귀국하고 있다. 그리고 엔닌 이후의 입당승은 모두 상선에 타서 바다를 건너는데, 그 배도 신라인 상인에서 당인 상인의 배로 변화하고 있다

본고에서는, 입당승의 이동에 있어서 견당사라는 국가적인 선박 파견

02 石井正敏, 「入宋巡礼僧」, 『石井正敏著作集 2 遣唐使から巡礼僧へ』, 勉誠出版 2018.

03 石井正敏, 「十世紀の国際変動と日宋貿易」, 『石井正敏著作集 3 高麗·宋元と日本』, 勉誠出版, 2017; 中林隆之, 「東アジア「政治－宗教」世界の形成と日本古代国家」, 『歴史学研究』 885, 2001.

이 아니라, 이후에 대외 교류의 담당자가 된 상선에 주목하여, 당대의 외양 선박 항행을 담당했던 재당신라인을 문제 삼는다. 그리고 그 존재 형태를 분석함과 동시에, 9세기 중반에 변화하게 된 배경을 살펴보려고 한다.

Ⅱ. 재당 신라인 사회와 엔닌

1. 입당승 엔닌의 구법·순례

7~9세기 일본과 당의 국가 교류를 담당하였던 견당사로서 사실상 가장 마지막이었던 승화 6년(840)의 견당사 일행 중에는 이후에 제3대 천태좌주가 되는 엔닌(794-794)이 있었다. 엔닌은 당에서의 구법·순례를 목적으로 하였으며, 의심스러운 교의를 해결하기 위해서, 그리고 스승인 사이초(最澄)가 방문했던 곳을 순례하기 위해서 천태산으로 가기를 간절하게 바라고 있었다. 당에 상륙해서 양주에 체재하는 동안 몇 번이고 천태산행을 신청하였지만, 엔닌은 단기 체제만 허락받은 청익승이었기 때문에, 천태산행을 허락받지 못한 채로 장안에서 돌아왔던 견당사 일행과 함께 귀국해야만 하였다.

그렇지만 당에서의 구법·순례를 단념할 수 없었던 엔닌은 견당대사 후지와라노 쓰네쓰구(藤原常嗣)에게 부탁하여 배에서 내릴 것을 결의하였다. 동해산(東海山), 대주산(大珠山), 유산(乳山)에서, 그리고 배가 기항할 때마다 상륙을 시도하지만 여의치 않았고, 간신히 산동 반도의 동쪽 끝에 있는 적산(赤山)에서 하선하였다. 여기서 견당사 일행과 헤어진 엔닌은 당에서의 구법·순례를 실현할 수 있었다.

엔닌과 종자 일행은 '회창의 폐불'로 인해서 강제적으로 귀국할 때까지 약 십 년 동안, 오대산과 장안 등을 방문하여, 최신의 불교를 배우게 된다. 이 10년 동안의 당에서의 기록이 『입당구법순례행기』(이하, 『순례행기』라고 한다)로서 구법·순례의 상세한 기록이 남아있다. 여기에는 엔닌의 여행에 협력했던 다수의 사람들과 조직의 이름이 나오는데, 특히 당에 체재하는 신라인의 이름이 많다. 그들은 국가의 틀을 넘어 이동하여, 동아시아의 교류를 담당해 왔던 사람들이었다. 본 장에서는 엔닌과 직접적인 관계를 가졌던 재당신라인 사회에 대해서 살펴보려고 한다.

2. 엔닌과 신라인 커뮤니티와의 접촉

엔닌과 신라인 커뮤니티의 접촉은, 엔닌 일행이 견당사에서 이탈하여 은밀하게 당에서의 구법·순례를 지향했던 때부터 시작된다. 양주(현재의 강소성 양주시)를 출발한 견당사 일행은 운하로 초주(현재의 강소성 회안시)로 이동하였다. 초주에서 회하로 진입하여, 연수현(漣水縣, 현재의 강소성 연수현)을 거쳐서 황해로 나왔다. 연안을 북상하여, 해주(현재의 강소성 연운항시) 관내의 동해산(연운항시 후운태산) 부근에 도착하였을 때, 엔닌은 견당사 일행과 헤어질 결의를 하고, 배에서 내렸다. 결과적으로는 잘 되지는 않았지만, 이 곳에서의 일련의 움직임을 『순례행기』 기사를 바탕으로 개관하고자 한다.

개성(開成) 4년(839) 3월 29일, 엔닌을 태운 견당사선은 회화를 나와서, 연안을 따라 대해(大海)를 북상하여, 해주 동해현 동해산 부근에 정박하였다. 4월 1일, 견당대사 등은 상륙해서 신제(神祭)를 지내고, 대해를 어떻게 건널지 협의를 거듭하였다. 4월 2일, 밀주(현재의 산동성 제성현)의 대주산에서 바다를 건넌다는 안에 대해서 신라로 향하게 될 것을 두려워한 일원으로부터 반대 의견이 나왔다. 4월 3일, 의견이 모아지지 않아서 동해산에서 바다를 건너는 배, 그리고 밀주를 경유하여 바다를 건너는 배로 나뉘게 되었다. 4월 4일, 엔닌 등은 밀주에서 하선하여 당에 머무르기를 희망하였기 때문에, 밀주를 경유하는 배로 바꿔 타게 되었다. 4월 5일, 동해현에서부터 바다를 건너기 좋은 바람이 불고 있었기 때문에, 모든 배가 여기서부터 대해로 나가게 되었다. 이에 엔닌 일행은 재빨리 배에서 내려, 9척의 견당사선을 배웅하였다. 식수를 구하기 위해 골짜기로 들어가자, 석탄을 실은 배를 운항하는 신라인과 만났고, 숙성촌(宿城村)으로 안내를 받았다. 숙성촌에서는 촌로들에게 자신들을 신라승이라고 사칭하였지만, 일본인이라는 것이 드러나게 되었고, 나아가 해주도(海州都) 유혁사(遊奕使)의 지배를 받는 역인(役人) 장량(張亮) 등에게 발견된다. 체포되는 것을 두려워한 엔닌은 자신은 견당사선에서 낙오되었다고 하면서, 자신들을 배까지 보내줄 것을 요청하였다. 4월 6일, 현의 역인은 견당사선이 실제로 출항했는가를 확인하고, 엔닌 등을 배까지 데려다 줄 준비를 갖추었다. 4월 7일, 엔닌 등은 장량 등의 역인과 함께 숙성촌에서 동해현을 목표로 출발하였는데, 도중에 심정사(心淨寺)에서 해주의 압위(押衛)인 장실(張實)과 회견하였다.

계속 이동하여 저녁 때 동해현의 현위(縣衛)에 도착하였다. 4월 8일, 현령들과 회식한 후, 배에 탑승하여 건너편 언덕에 있는 해주의 해룡왕묘(海龍王廟)로 향하였고, 그곳에서 체재 중이었던 견당사 일행과 재회·합류한다. 그 후, 해주부로 가서 주의 자사 안조(顏措)와 회견하였다. 그리고 엔닌 등은 해룡왕묘에 잠시 머무르게 되었다. 4월 13일, 엔닌 등을 태운 견당사선이 동해현의 앞에서 출항하였고, 얼마 지나지 않아 대해로 나아갔다.

여기까지가 해주에서 일어난 일이며 그 후에는 연안을 따라서 북상하여, 산동반도의 서남부에서 동남부로 이동하였다. 5월 초순에는 유산(乳山, 현재의 산동성 위해시) 부근에 도착하였고, 6월 7일에는 적산포(현재의 산동성 영성시)에서 잠시 머물렀다. 다음 날, 신라의 해상 장보고가 건립한 적산법화원에서 체재하게 되어, 법화원의 승려들에게 당에 머무르는 것에 대해 상담하였다. 일찍부터 당을 돌아다녔던 재당신라인 승려이자 법화원의 원주(院主)인 법청(法清) 등으로부터, 천태산과 쌍벽을 이루는 성지인 오대산에 대한 정보를 들은 엔닌은 재차 당에 잔류할 것을 결의하였다. 7월 23일, 엔닌은 견당사 일행과 헤어졌고, 당에서의 잔류를 실현하게 되었다. 이상이 견당사와 헤어진 후, 독자적으로 오대산과 장안으로 구법·순례의 여행을 시작하였던 경위이다.

3. 숙성촌(宿城村)의 신라인 커뮤니티

엔닌은 해주 부근의 모습을 다음과 같이 서술하고 있다. 『순례행기』 개

성 4년 3월 29일 조에는

> 廿九日平明 九箇船懸帆発行 卯後従淮口出 至海口 指北直行 送客軍将縁浪很高 不得相随 水手稲益駕便船向海州去 望見東南両方 大海玄遠 始自西北 山島相連 即是海州管内東極矣 申時 到海州管内東海県東海山東辺 入澳停住 従澳近東 有胡洪島 南風切吹 揺動無喩 其東海山純是高石重岩 臨海嶮峻 松樹麗美 甚可愛憐 自此山頭 有陸路到東海県 百里之程

라고 하여서, 9척의 견당사선은 진하구(淮河口)를 나와서, 대해로 진입하여 북상하고 있었다. 그리고 해주의 동쪽 끝에는 산과 섬이 줄지어 있으며, 동해산(東海山)의 동쪽 먼 바다에 도착하여 정박했다고 한다. 엔닌은 이곳의 동쪽에는 호홍도(胡洪島)가 있다고 기록하고 있는데, 이곳은 현재의 고공도(高公島)에 비정된다.[04] 그리고 엔닌 등은 견당사 일행과 헤어진 후, 당 체제를 목표로 이동을 개시하는데, 다른 장소에서 신라인 뱃사람과 만나서 숙성촌으로 안내를 받았다. 여기에 대해서는 『순례행기』 개성 4년 4월 5일 조에 다음과 같은 기록이 있다.

> 五日 (中略) 請益僧 惟正 惟暁 水手丁雄満四人下船 留住岸上 節下賜金廿大両 諸人臨別 莫不惆悵 比至辰時 九箇船上帆進発 任風指東北直行

---

04 河野保博, 「円仁の上陸地点をめぐって-江蘇省連雲港市の現地調査から-」, 『平成二一年度國學院大學特別研究助成金研究 『入唐求法巡礼行記』 校訂と現地調査に基づく古代日本·東アジア交流史研究報告書』, 2010.

登岸望見白帆綿連 行在海裏 僧等四人 留住山岸 為斎時 尋水入深澗 不久之間 有聞多人声 驚怪 望見有一船到泊船処 拾有餘人 下碇停住 従船処来問僧等在此之由 僧等答云 僧等本是新羅人 先住楚州 為往密州 有相議之由 暫駕朝使船随相来 朝貢使船今日過海 所以下船留此云云 船人等云 吳等従密州来 船裏載炭向楚州去 本是新羅人 人数十有餘 和尚等今在此深山 絶無人家 亦当今無船往密州 夜頭宿住否 為復尋村里行 如久在此 不知風雨 隠居何処 僧等在此絶澗忽逢斯等 不知所為 所齎随身物乃至食物 惣与船人 不留一物 更恐下謂有金物 同心殺害上 便道向村里去 船人等語云 従此南行 踰一重山 廿餘里方到村里 今交一人送去 便将一人 相従進行 石岩嶮峻 下渓登嶺 未知人心好悪 疑慮無極 渉浦過泥 申時到宿城村新羅人宅 暫憩息

엔닌은 만났던 뱃사람에게 자신들은 신라인이고 밀주로 향하고 있다고 말하자, 석탄을 운반하는 뱃사람도 밀주에서 초주로 향하는 신라인이라고 대답하였다. 그리고 이 근처에는 쉴만한 장소가 없었기 때문에, 가까운 마을로 안내를 받은 엔닌 등은 안내하는 자들과 함께 산을 넘고 물가와 개펄을 건너서 숙성촌의 신라인택으로 들어가게 되었다. 그 후, 숙성촌의 촌로에게 일본인이라는 것을 밝히는데, 마침 마을을 순회하고 있던 해주사현(海州四縣) 도유혁사(都遊奕使) 휘하의 자순군(子巡軍)에게 발각되었다. 엔닌은 밀입국의 죄를 피하기 위해서, 멀어진 견당사 일행과 합류하고 싶다는 바람을 나타냈다. 그 후의 움직임은 앞서 서술한 대로인데, 이 숙성촌은 현재도 같은 지명이 현지에 남아있어서, 그 지역이 당시 그대로라는 것을 알 수 있다. 그리고 엔닌이 최초로 상륙했던 지점은 숙성촌에서 거리와 방향을 계산했을 때 현재의 유하부터 황와(黃窩) 사이라고 상정할 수 있다.[05]

숙성(宿城)은 청대의 지리서인 『독사방여기요(讀史方輿紀要)』에도 기재되어있듯이[06] 주위를 산이 둘러싸고 있지만, 동쪽에 황해와 면하고 있어서 포구가 넓다. 그리고 비바람이 강해서 운행할 수 없을 때에는, 이 곳에서 폭풍우가 가라앉기를 기다릴 수 있었다. 견당사 일행은 유산(乳山)이나 적산(赤山) 부근에서도 악천후를 만나, 이동할 수가 없었다. 앞서 보았듯이 4월 중순에 해주를 출발한 견당사선은 5월 초순에 유산 부근, 6월 초에 적산포에 이르렀는데, 악천후 때문에 이동할 수 없어서, 엔닌도 괴로움을 토로하고 있다.[07]

당시의 항해 기술로는 바람과 조수의 영향으로 조금씩만 전진하여, 포구마다 정박해서 바람을 기다릴 필요가 있었다. 해주부터 문등현(文登縣)의 황해 연안 사이에는 신라인 집락이 많았다. 이것은 아마도 신라인이 항해를 지원하기 위한 목적으로, 연안부 곳곳에 배를 대기시킬 수 있는 장소를 확보하고, 커뮤니티를 형성하고 있었을 것으로 여겨진다. 해주 지역의 동쪽 끝에 있는 숙성포(宿城浦)는 순풍을 기다리는 장소로서도 최적이었다고 말할 수 있다.[08]

---

05 河野保博, 앞의 논문.

06 『독사방여기요(讀史方輿紀要)』 권22, 남직(南直) 4.

07 『입당구법순례행기』 개성 4년 6월 5일조.

08 宿城村의 일부 墓群가 唐代의 新羅系라는 지적이 있으며, 在唐新羅人의 집락이라는 설이 유력시되고 있다(張学峰, 「圆仁『入唐记』所见晚唐新罗移民在江苏地域

4. 신라 역어(譯語)와 재당 신라인 네트워크

견당사 일행의 기항지가 신라인 집락이고, 배도 신라선이라는 것에서 알 수 있듯이, 이 때의 견당사선은 신라인의 항해 네트워크를 이용해서 이동하고 있었다.[09] 그 때문에, 『순례행기』 4년 3월 17일 조에는

> 十七日 運随身物 載第二船 與長判官同船 其九隻船 分配官人 各令船頭押領 押領本国水手之外 更雇新羅人諳海路者六十余人 每船或七或六或五人

라고 하여, 일본인 수수(水手) 이외에 신라인으로서 해로를 잘 알고 있는 자를 60명 정도 고용하여, 각 배에 나누어 타도록 하고 있다.

엔닌이 당 체재에 대해 상담하였던 자도 견당사선에 동승하고 있었던 신라역어 유신언(劉愼言)과 김정남 등이었다. 역어란 통역을 뜻하는 단어이며, 견당사선에는 중국어 통역 외에도, 신라와 아마미(奄美) 등의 역어도 승선하고 있었다.[10] 중국어 역어는 당연히 필요하였고, 다른 나라의 역어도 그 나라로 기항할 가능성이 있으므로 준비된 것이다. 그런데 신라역어가 필요한 이유는 앞서 서술하였듯이 황해 연안에는 신라인 집락이 많아

的活动」, 『淮阴师范学院学报「学社会科学版」』 2011; 張学峰, 「江苏连云港 "土墩石室" 遗存性质刍议 - - 特别是其与新罗移民的关系」, 『东南文化』, 2011).

09 在唐新羅人의 구체적인 활동에 대해서는 山崎雅稔, 「唐における新羅人居留地と交易」, 『國學院大學紀要』 53, 2015에서 상세하게 고찰하고 있다.

10 榎本淳一, 「遣唐使と通訳」, 『唐王朝と古代日本』, 吉川弘文館, 2008.

서, 항해에 그들과의 교섭이 필요했기 때문이었을 것이다.[11] 엔닌도 견당사선에 승선하여 연안부를 항행하고 있었을 때, 신라인이 작은 배를 타고 찾아와서 신라의 최신 정보를 전해주었던 사실을 기록하고 있다.[12] 나아가 그들은 통역뿐만이 아니라, 뱃길을 안내하는 임무를 맡거나, 파손된 견당사선을 대신할 새로운 배를 준비하기 위해 초주로 향하는 등, 통역의 임무 이상을 하고 있었다.[13] 다만, 이러한 코디네이터로서의 기능은 9세기 이전에 견당사선의 역어 출신층이 도래인이나 유학 경험자 등 지식인이었을 때는 없었고, 9세기 이후 출신층이 동아시아를 빈번하게 왕래하고 있었던 상인층으로 이행하면서부터라고 지적되고 있다.[14]

눈을 서쪽으로 돌리면, 서쪽 지방과의 교류를 담당했던 소그드인도 여러 종류의 언어에 정통하였다. 안록산 등은 여섯 종류의 언어를 할 수 있었고, 젊은 시절에는 교역의 중개자 역할을 하였다고 알려져 있다.[15] 이처럼 국제적인 교역에는 통역이 필수였으며, 그들은 언어뿐만 아니라 상업 활동의 중개도 담당하고 있었다고 생각된다.

엔닌이 숙성촌에서 자신을 신라승이라고 속였던 것은, 당에서의 신라인 네트워크를 이용하여, 당에서 구법·순례 여행을 떠나려고 생각했기 때문이지는 않을까. 엔닌은 이때, 견당사 일행과 헤어져서, 공공의 신분 보증

11 田中俊明, 「アジア海域の新羅人-九世紀を中心に-」, 『東アジア海洋域圏の史的研究』, 京都女子大学, 2003.

12 『입당구법순례행기』 개성 4년 4월 20일조.

13 『입당구법순례행기』 개성 3년 12월 18일 조 등.

14 馬一虹, 「古代東アジアのなかの「通事」と「訳語」」, 『アジア遊学』 3, 1999.

15 『구당서(旧唐書)』 권200·열전 제150상.

이 없는 상태였다. 『순례행기』에는 다종다양한 신라인이 등장하는데, 당에서 활동하는 자뿐만 아니라, 당과 신라를 왕래하는 자도 있어서, 이들은 연안부를 자유롭게 통행하고 있었다. 엔닌은 그러한 신라인의 모습을 보고, 자신도 그들의 네트워크를 이용해서 당에 체제하려고 생각했던 것은 아니었을까. 당연하지만 신라인에게는 통하지 않아서, 일본인이라는 것이 드러났다. 그 때문에, 적산법화원에 들어갔던 엔닌은 일본승으로서 당 체재를 신청하고, 재당 신라인의 협력을 얻어서 당 체제를 달성하고 있다.

Ⅲ. 재당 신라인과 동아시아의 교류

1. 재당 신라인의 네트워크

엔닌의 당 체제를 지원했던 재당신라인 네트워크가 일본·당·신라의 교역·교류를 지원해 왔던 것은, 지금까지의 많은 선행 연구에서 지적하고 있다. 엔닌은 직접 방문했던 양주(揚州), 초주(楚州), 연수(漣水), 해주(海州), 그리고 산동 반도의 각지와 장안에서 재당신라인과 교류를 하고 있었다. 앞서 서술하였듯이, 산동부터 강소(江蘇)에 걸쳐있는 연안 지역에는 신라인의 집락이 흩어져 있어서, 교역의 거점 및 결절점(結節点) 역할을 하고 있었다.

재당신라인 거류지 중에서, 특히 거점이 되는 지역이 산동의 등주와 강소의 초주이다. 등주는 산동반도의 동쪽 끝에 있어서, 당 연안과 한반도를 잇는 항로의 결절점임과 동시에 일본으로 출발하는 장소이기도 하였다. 나아가 당의 국가적인 교역인 호시(互市)도 등주에 설치되었고, 사절을 위한 관도 두어져서, 신라와 발해와의 교역을 담당하는 일대 거점이 되었다.[16] 또한 초주는 회하와 운하에 위치한 조운의 요충지로서, 중원과 연안을 잇는 결절점이었다. 나아가 양주, 광주를 경유해서 남쪽 지방으로 확장해 갈 수 있는 창구이기도 하였다.[17]

등주 문등현에는 구당신라소(勾當新羅所)가 설치되어, 산동 반도로 확장하고 있던 신라인 호를 관리하고 있었다고 여겨진다. 또한 초주와 연수현에는 신라방(新羅坊)이 설치되어 있어서, 신라인 가운데 선발된 총관(惣管)이 방내를 관리하고 있었다. 이 신라방은 광주 등에서 활약한 무슬림 상인이 거주하였던 번방(蕃坊)[18]과 유사한 것으로서, 어느 정도의 자치가 인정되고 있었다고 여겨진다.[19]

2. '교역이산공동체'라는 시각

이들 신라인 거류지는 각각 독립되어있지만, 개별적으로 활동하였던 것은 아니다. 항상 본국인 신라, 혹은 다른 신라인 거류지와 연락을 하면서 교역과 교류를 담당하고 있었다. 이와 같은 '신라인으로서의 커다

---

16 馬一虹, 「東アジア異文化間交流における山東の位置付け」, 『古代日本の異文化交流』, 勉誠出版, 2008.

17 港市에서의 중계교역을 거쳐서 신라의 이름은 'Sila'로서 南海交易者에게 널리 알려졌고, 9세기에는 중동 지역까지 전해지고 있다(小野勝年, 「円仁と新羅人」, 『入唐求法巡礼行記の研究』 제4권, 鈴木学 術財団, 1964).

18 家島彦一 訳注, 『中国とインドの諸情報 2 第二の書』, 平凡社, 2007.

19 堀敏一, 「在唐新羅人の活動と日唐交通」, 『東アジアの中の古代日本』, 研文出版, 1998.

란 하나의 통합'을 에구사 노리토모(江草宣友)는 '교역이산공동체(trade diaspora)'라고 명명하고 있다.[20]

교역이산공동체란, 미국의 역사학자 필립 커틴(Philip De Armind Curtin)이 제창했던 개념으로서, '자신들의 국가 혹은 영토로부터 분리되어, 다른 여러 민족 사이에 흩어져 있지만, 자신들의 민족문화를 유지하고 있는 민족 혹은 그러한 민족의 일부'라고 규정된 Diaspora의 개념을 토대로 하고 있다. 즉, 교역이산공동체란 '각각의 도시에서 뿌리박고 살고 있는 이방인의 공동체가 상호 의존해서 하나의 공동체를 형성하고 있는 상태'이며, 실체로서의 공동체 집합을 가리키는 것이 아니라, 전체적인 통합을 가리키는 개념이다.[21]

도시 사회가 성립하면, 그 도시 내에는 이문화권에서 찾아온 상인의 거류 구역이 만들어져서, 출신지와의 교역과 중개에 종사하였다. 나아가 상인은 정주자(定住者)와 이동을 전문으로 하는 자로 분화하여, 서서히 많은 도시에 교역 거류 구역을 구축하였으며, 그것들을 잇는 교역 공동체의 네트워크가 형성되어 간다.[22]

호메로스가 '국경을 가로지르는 자'[23]라고 형용하였듯이, 상인은 이익을 얻기 위해서 공동체라는 울타리를 넘어서 찾아오는 특별한 존재였다.

---

20 江草宣友, 「円仁の求法·巡礼と新羅人」, 『史叢』 92, 2015.

21 フィリップ·カーティン著, 山影進 / 田村愛理 / 中堂幸政 訳, 『異文化間交易の世界史』, NTT出版, 2002(原著:PHILIP D.CURTIN "Cross-Cultural Trade in World History" Cambridge University Press, 1984).

22 田村愛理, 『世界史のなかのマイノリティ』, 山川出版社, 1997.

23 ホメロス / 松平千秋 訳, 『オデュッセイア』, 岩波書店, 1994.

퇴니에스(Ferdinand Tönnies)가 '상인은 공동체와 대치하는 존재'[24]라고 지적하였듯이 공동체는 상인을 두려워하지만, 한편으로 교역을 위해서 상호의 안전을 노력하는 특별한 제도를 만들어 왔다. 커틴은 이러한 교역 이산상인과 공동체의 관계에 대해서 두 가지의 방법을 예로 들고 있다. 첫 번째는 이문화권에서 찾아오는 상인이 형성하는 거류지를 '받아들이는 사회'로부터 격리하는 방법이다. 두 번째는 거류지의 독자성을 보장하면서 '받아들이는 사회'로 통합하는 방법이다.[25] 당대의 재당신라인 사회도 교역이산공동체의 하나라고 파악한다면, 당대 사회는 후자의 유형에 속할 것이다.[26]

후자의 '받아들이는 사회'로 통합하는 방법은 광범위하고 다이나믹한 교역 활동을 전개할 수 있지만, 받아들이는 사회와 동화되어 이문화간의 중개자라는 역할이 소실될 위험성을 동시에 내포하고 있었다. 이 때문에 거류지 사회는 상행위의 방법이나 혼인, 종교 등을 통해서 동화되는 것을 막아서 자신의 정체성을 유지하려고 한다. 이러한 정신적 유대의 일례를

---

24 フェルディナント·テンニエス / 杉之原寿一 訳,『ゲマインシャフトとゲゼルシャフト』, 岩波書店, 1957.

25 중세 유럽과 중동 지역의 유대인 공동체는 대조적인 존재이다. 중세 유럽에서 상업은 경시되었고, 상인은 하층 신분이었다. 또한 상업에 종사하는 유대인은 거주 지역과 복장이 제한되었고, 착취의 대상이 되었다. 이와는 반대로 상인을 사내다운 직업으로 간주한 중동 이슬람 사회에서는 '유대인'이어서 압박받은 것이 아니었다. 상업에 종사하는 유대인은 상층 계급에 속하였으며, 엘리트 관료가 되는 경우도 있었다고 지적되고 있다(田村愛理, 앞의 책).

26 그들의 '교역이산공동체'는 일본에도 존재하였는데, 일본 열도의 창구였던 대재부에 「新羅坊」이 있어서 교역에 종사하고 있었다고 여겨지고 있다. 鄭淳一은 '新羅人ディアスポラ' 라고 호칭하고 있다(鄭淳一,『九世紀の来航新羅人と日本列島』, 勉誠出版, 2015).

적산법화원에서 이루어진 법회에서 볼 수 있다. 엔닌은 적산법화원에서의 법회를 상세하게 기록하고 있는데, 이 기록에 의하면 장보고가 건립했다고 알려진 적산법화원에서는 신라어로 신라식의 법회가 이루어지고 있었다.[27] 적산법화원이 산동 신라인의 종교적 집결의 장이었고,[28] 자신의 정체성을 재확인하는 장이었다고 지적되고 있듯이,[29] 신라인으로서의 독자성을 유지하기 위한 공간이었다고 말할 수 있을 것이다.

이처럼 자신의 습속, 종교 등을 유지하면서, 어느 정도 자유를 가지고 활동할 수 있는 당의 사회를 '다원적 공동사회'[30]라고 자리매김하는 것도 가능하지 않을까. '교역이산공동체'로서 교역에 종사하는 신라인(서방의 소그드인이나 남방의 무슬림 등도)은 자신의 문화를 유지하면서도, 다원적인 문화를 허용하는 당대 사회에 받아들여져, 느슨하게 동화의 길을 찾고, 그 모습을 변화하고 있었다.[31]

---

27 『입당구법순례행기』 개성 4년 11월 22일조.

28 金文経, 「円仁と在唐新羅人」, 『円仁とその時代』, 高志書院, 2009.

29 山崎雅稔, 「唐代登州赤山法花院の八月十五日節」, 『史海』 57, 2010.

30 田村愛理, 앞의 책.

31 남방 교역에 종사한 무슬림 상인의 경우에는 황소의 난이 발발하자 습격을 받고 다수가 살해되었기 때문에, 잠시 말레이 반도로 이동해야 하였다.

Ⅳ. 당대의 교역과 교역이산공동체

당대의 대외교역은 주로 조공무역과 호시 교역이 원칙이며, 국가의 관리하에서 허용되었다.[32] 그러나 개원(開元) 연간에 시박사를 설치하고, 서역 상호(商胡)에 대해서 세금을 거두었다는 것을 단서로 사무역이 발전하고 있었다는 것이 이미 분명해지고 있다.[33] 당대 교역의 특징은 서방의 소그드인, 남방의 무슬림 상인, 동방의 신라인 등의 외국인 상인이 주체라는 점을 들 수 있을 것이다. 이것은 『책부원귀』에 수록된 경조부주문(京兆府奏文)에 "영식(令式)에 따라서 중국인은 사사로이 외국인과 교통·매매·혼취(婚娶)·왕래하면 안된다"[34]라고 하였듯이, 당인과 외국인의 교류가 엄격하게 제한되었던 것에서 기인한다. 또한 당인은 본관지주의(本貫地主義)로 인해서 자유로이 이동하는 것이 불가능하였다. 자국의 백성은 움직이게 하고 싶지 않지만, 바깥의 문물과 정보는 얻고 싶은 중국의 역대 왕

32 石見清裕, 「唐代外国貿易·在留外国人をめぐる諸問題」, 『唐の北方問題と国際秩序』, 汲古書院, 1998.

33 榎本淳一, 「唐代の朝貢と貿易」, 『唐王朝と古代日本』, 吉川弘文館, 2008.

34 『책부원귀(册府元亀)』 권999 外臣部, 互市, 개성 원년 6월.

조는 주변 지역의 상인을 포섭하여, 그들에게 교역을 맡겨왔다고 말할 수 있다.

북조 시대부터 수에 이르는 각 왕조는, 중앙아시아에서 유통을 담당하고 있었던 소그드인 집단의 우두머리를 '살보(薩寶)'라는 관직에 임명함으로써 장악해갔다. 나아가 당대가 되면 자치적 집단을 주현의 백성으로 편입시켜서, 그 판도를 확대시켜 갔다.[35] 그러나 행객(行客)이나 흥호(興胡)와 같이 자유롭게 상업활동을 하는 소그드인도 다수 존재하고 있었다는 점이 지적된다. 그리고 그들은 무법자로 존재하는 것이 아니었고, 그들이 소속된 집단이나 거류 구역은 당조의 관리를 받고 있었다.[36]

소그드 상인은 율령제가 느슨해지면서 '산관(散官)'을 구매하여, 그 지위를 이용해서 교역 활동을 확대하였다고 알려져 있다. 그런데 이것은 재당신라인 상인이 '동십장(同十將)'이라는 직함을 가지고 교역 활동에 종사하고 있다는 것과도 통한다.[37] 9세기의 당인 상인인 서공직(徐公直)도 '아전동십장(衙前同十將)'[38]이라는 직함을 가지고 소주 진해군(鎭海軍) 절도사의 밑에서 무역 활동에 종사하고 있었다는 점을 생각하면,[39] 대외 교역에

35 森部豊, 『ソグド人の東方活動と東ユーラシア世界の歴史的展開』, 関西大学出版部, 2010; 森安孝夫,『ソグドからウイグルへシルクロード東部の民族と文化の交流』, 汲古書院, 2011; 栄新江 著, 高田時雄監訳, 西村陽子訳, 『敦煌の民族と東西交流』, 東方書店, 2012.

36 荒川正晴, 『ユーラシアの交通·交易と唐帝国』, 名古屋大学出版会, 2010.

37 예를 들어 엔닌과 전부터 알던 在唐新羅人 장영(張詠)은 '勅平盧軍節度使將軍同十将兼登州諸軍事押衙'라는 직함을 얻어서 활동하고 있었다(『입당구법순례행기』 회창(會昌) 5년 8월 27일조).

38 『天台宗延暦寺座主円珍伝』 大中 9년 2월 29일조.

39 石井正敏, 「九世紀の日本·唐·新羅三國間貿易について」, 『石井正敏著作集 1 古

관계하는 외국인 상인('교역이산공동체')도 당조 내지는 번진(藩鎭)의 관리 하에서 교역에 종사하고 있었다고 할 수 있을 것이다.

代の日本列島と東アジア』, 勉誠出版, 2017.

V. 견당사 이후의 교류와 당 상인의 성장

일본의 국가적인 교류는 엔닌이 승선하였던 승화의 견당사에서 정지하지만, '사람·물건·정보'의 이동은 멈추기는커녕, 더욱 성행해져 갔다. 입당·입송승의 이동, 당물의 입수 등은 국가에 의한 사절 파견이 아니라 신라 상인이나 당 상인과 같은 교역자의 네트워크에 의거해서 이루어지게 된다.[40]

당대 전반기에는 대외 교역에 종사하는 당인 상인의 모습은 거의 보이지 않지만, 후반기가 되면 급격하게 증가하고 있다. 여기에는 당국의 유통경제의 발전, 율령제의 이완에 의한 사무역의 확대 등 다양한 요인이 있는데, 그중에서 '교역이산공동체'의 동화 작용에 의해서 외국인 상인이 당 사회로 통합이 진전되고, 당인 상인의 성장이 촉진되었다는 점도 있을 것이다.[41] 예를 들어, 그때까지 소그드인이 중앙아시아의 교역을 독점하고

---

40 田中史生, 「江南の新羅人交易者と日本」, 『前近代の日本列島と朝鮮半島』, 山川出版社, 2007.

41 당대 중기에 계속 발생했던 외국인 상인의 지위 저하도 당인 상인의 성장을 촉진하였다고 생각된다. 신라인 상인은 신라 본국에서의 정쟁과 장보고의 죽음 등에 의해서 거점을 산동에서 강남으로 옮기고 있다. 또한 무슬림 상인은 9세기

있었는데, 고종 시기부터 장안의 당인 상인과 제휴해서 교역을 하게 되었고, 동시에 서방 지역으로 당인 상인의 진출도 이루어졌다.[42]

9세기가 되면, 재당신라인과 당인 상인의 협업을 볼 수 있고, 당선에 신라 상인이 동선하는 등 서서히 동화해 가는 것이 지적된다. 그리고 일당 간의 교역뿐 아니라 남도(南島) 교역에도 당인 상인이 출현하는데, 그들의 교역 해역은 송원 시대의 '동중국해 해역'과 일치한다고 한다.[43] 또한 당대 후반부터 송대에 걸쳐서 급성장한 당인 상인은 조선 기술과 항해 기술을 습득하여, 외양으로 진출할 수 있게 되었으며, 당 상인 스스로가 동남아시아, 서아시아에서 활발하게 교역 활동을 하게 된다. 송대에는 중국인 상인이 동남아시아의 자바섬에서도 유황을 구하였다. 따라서 동아시아를 넘어서는 큰 틀에서 중국인 상인의 움직임을 생각할 필요가 있을 것이다.[44]

후반에 발생한 황소의 난에서 광주의 蕃坊이 불에 타 일시 퇴거한다. 계속되는 동란으로 외양 교역을 담당하는 외국인 상인이 부재하게 되면서 당인 상인이 활동하는 장이 확대된 측면도 있다.

42 荒川正晴, 앞의 책.

43 榎本渉, 「新羅海商と唐海商」, 『前近代の日本列島と朝鮮半島』, 山川出版社, 2007.

44 山内晋次, 『日宋貿易と「硫黄の道」』, 山川出版社, 2009.

VI. 맺음말

당은 중국 왕조의 주변에서 교역에 종사하는 집단을 받아들이고, 그 영역을 확대하였다. 그리고 주변 지역의 상인은 '교역이산공동체'로서 자국, 혹은 주변과의 교역에 종사하고 있었다. 율령의 규정상, 사무역은 이루어지지 않았지만, 중심과 주변의 경계에 사는 사람들을 받아들여서 교역을 함으로써 물건과 정보의 이동이 활발해지고, 당대의 융성을 이끌어 냈다. 그리고 서서히 중국 사회와 친숙해지고 동화되어 갔던 '교역이산공동체'는 중국인 상인의 성장을 촉진하였다. 당 멸망 이후, 동중국해를 더욱 활발하게 왕래하는 승려와 해상의 존재가 지적되는데,[45] 당 상인은 이렇게 항해 기술을 향상시켜서 외해로의 진출을 가능하게 하였던 것이다.

본고에서는 입당승의 도해를 지원하였던 해상 교역의 배에 대해서, 그 변화의 배경을 서술하는데 그쳤지만, 재당신라인으로 대표되는 '교역이산공동체'는 동아시아에서 교류의 담당자로서 매우 중요한 위치를 점하였다. 그뿐만 아니라 중국 사회와 '교역이산공동체'의 다원적 공존 사회의

---

45 榎本渉, 『僧侶と海商たちの東シナ海』, 講談社, 2010.

실천례로서도 귀중한 지식을 제공해준다고 할 수 있을 것이다. 이후에는 그 존재 방식에 대해서 보다 상세하게 검토하는 것이 과제이다.

(번역: 정기웅)

이 글은 河野保博, 「古代東アジアの海洋交易とその担い手」(『第二回東アジア海洋人文シンポジウム』高麗大学校, 2018 및 河野保博, 「円仁の入唐と在唐新羅人の活動-交易離散共同体という視角から-」, 『入唐僧の求法巡礼と唐代交通』, 大樟樹出版社, 2019을 바탕으로 재구성한 뒤 가필 수정한 것이다.

참고문헌

| 사료

『読史方與紀要』

『入唐求法巡礼行記』

『旧唐書』

『天台宗延暦寺座主円珍伝』

『冊府元亀』

| 연구서

河添房江·皆川雅樹,『唐物と東アジア一舶載品をめぐる文化交流史一』, 勉誠出版, 2011.

フィリップ·カーティン著, 山影進·田村愛理·中堂幸政 訳,『異文化間交易の世界史』, NTT出版, 2002.

田村愛理,『世界史のなかのマイノリティ』, 山川出版社, 1997.

ホメロス·松下千秋訳,『オデュッセイア』, 岩波書店, 1994.

フェルディナント·テンニエス, 杉之原寿一 訳,『ゲマインシャフトとゲゼルシャフト』, 岩波書店, 1957.

鄭淳一,『九世紀の来航新羅人と日本列島』, 勉誠出版, 2015.

森部豊,『ソグド人の東方活動と東ユーラシア世界の歴史的展開』, 関西大学出版部, 2010.

森安孝夫, 『ソグドからウイグルへシルクロード東部の民族と文化の交流』, 汲古書院, 2011.

栄新江著, 高田時雄監訳, 西村陽子訳, 『敦煌の民族と東西交流』, 東方書店, 2012.

荒川正晴, 『ユーラシアの交通·交易と唐帝国』, 名古屋大学出版会, 2010.

山内晋次, 『日宋貿易と「硫黄の道」』, 山川出版社, 2009.

家島彦一訳注, 『中国とインドの諸情報 2 第二の書』, 平凡社, 2007.

石井正敏, 『石井正敏著作集 2 遣唐使から巡礼僧へ』, 勉誠出版, 2018.

石井正敏, 『石井正敏著作集 3 高麗·宋元と日本』, 勉誠出版 2017.

河野保博, 『平成二一年度國學院大學特別研究助成金研究『入唐求法巡礼行記』校訂と現地調査に基づく古代日本·東アジア交流史研究報告書』, 2010.

榎本淳一, 『唐王朝と古代日本』, 吉川弘文館, 2008.

馬一虹, 『古代日本の異文化交流』, 勉誠出版, 2008.

小野勝年, 『入唐求法巡礼行記の研究』 4, 鈴木学術財団, 1964.

| 연구논문

中林隆之, 「東アジア「政治ー宗教」世界の形成と日本古代国家」, 『歴史学研究』 885, 2011.

張学峰, 「圓仁『入唐记』所见晚唐新罗移民在江苏地域的活动」, 『淮阴师范学院学报「学社会科学版」』, 2011.

山崎雅稔, 「唐における新羅人居留地と交易」, 『國學院大學紀要』 53, 2015.

田中俊明,「アジア海域の新羅人-九世紀を中心に-」,『東アジア海洋域圏の史的研究』, 京都女子大学, 2003.
馬一虹,「古代東アジアのなかの「通事」と「訳語」」,『アジア遊学』 3, 1999.

堀敏一,「在唐新羅人の活動と日唐交通」,『東アジアの中の古代日本』, 研文出版, 1998.
江草宣友,「円仁の求法·巡礼と新羅人」,『史叢』 92, 2015.
金文経,「円仁と在唐新羅人」,『円仁とその時代』, 高志書院, 2009.
山崎雅稔,「唐代登州赤山法花院の八月十五日節」,『史海』 57, 2010.
石見清裕,「唐代外国貿易·在留外国人をめぐる諸問題」,『唐の北方問題と国際秩序』, 汲古書院, 1998.
榎本淳一,「唐代の朝貢と貿易」,『唐王朝と古代日本』, 吉川弘文館, 2008.
石井正敏,「九世紀の日本·唐·新羅三國間貿易について」,『石井正敏著作集 1 古代の日本列島と東アジア』, 勉誠出版, 2017.
田中史生,「江南の新羅人交易者と日本」,『前近代の日本列島と朝鮮半島』, 山川出版社, 2007.
榎本渉,「新羅海商と唐海商」,『前近代の日本列島と朝鮮半島』, 山川出版社, 2007.

5

발해승 정소의 여행: 『입당구법순례행기』의 「곡일본국내공봉대덕영선화상시병서」를 소재로

- 후루하타 도루

Ⅰ. 머리말

필자는 일찍이 『고대 환동해 교류사2 발해와 일본』(동북아역사재단, 2010)[01]에서 승려(이하 前稿라고 쓴다) 항목을 담당하였고, 그 중에서 일본승 영선(靈仙)과 발해승 정소의 교류에 대해 한 절을 작성하였다. 다만 이때는, 그들의 교류를 기록한 엔닌의 『입당구법순례행기』 권3·개성(開成) 5(840)년 7월 3일 조에 실린 「곡일본국내공봉대덕영선화상시병서(哭日本國內供奉大德靈仙和尚詩并序)」의 전문 번역을 게재할 수가 없어서, 요약문을 게재하는 데 그쳤기 때문에, 전 번역문을 공표하려고 생각하고 있었다. 그 후, 어느 공개강좌를 담당하게 되어서,[02] 본 사료를 다시 읽었는데, 전고(前稿)의 '발해승 정소의 여행 추정도'에 오류가 있다는 것을 깨닫고, 여기에 대해서도 수정을 하려고 생각하게 되었다.

---

01 본서의 일본어판은 나행주 監譯·橋本繁 譯으로 明石書店에서 2015년에 간행되었다.

02 이 강연은 2015년 8월 22일 長野県 立長野 고등학교의 金鵄会館에서 개최되었던 夏期 공개강좌 (続·古典を読む-歴史と文学-)「いま明かされる古代35&戦国」(주최자 : 일본 학술 진흥회 과학 연구비 보조금(기반연구(S)) 日本目録学の基盤確立と古典学研究支援ツールの拡充」研究プロジェクト、協力:一般社団法人長野教育文化振興会) 第3回「貞素の旅-唐·渤海·日本を往復した渤海僧-」이다.

2020년 3월 초 개최 예정이었던 국제 심포지엄의 보고자로서 인사드리게 된 것을 좋은 기회로 해서, 앞서 언급한 두 가지 숙원을 달성하려고 생각하였다. 그러나 신형 코로나 바이러스 감염증의 영향으로 심포지엄은 중지되었고, 보고 자체도 불가능하게 되고 말았다. 매우 유감이라고 생각하고 있었던 바로 그때, 본서 집필에 대한 이야기를 듣고, 재빨리 일을 맡게 되었던 것이다.

이런 의미에서 본고는, 약 10년 전에 논하였던 내용의 수정 원고이지만, 단순히 앞서 언급한 두 가지 점을 수정했던 것만은 아니다. 이 기간 추가로 밝혀진 사항이 몇 가지가 있어서, 이것을 포함하여 정소(貞素)의 여행에 대한 전체상을 보다 정확하게 복원하는 것이 본고의 목적이다. 전고와 중복되는 부분이 다소 있지만, 독자 여러분이 전고와는 별개의 논고로 읽어준다면 다행일 것이다.

Ⅱ.『입당구법순례행기』와 엔닌, 그리고 「곡일본국내공봉대덕영선화상시병서」

우선, 여기에서 문제가 되는 「곡일본국내공봉대덕영선화상시병서」(이하 「곡영선화상시병서」)의 원문을 제시해야 하지만, 그에 앞서서 원문을 게재하고 있는 『입당구법순례행기』(이하 『행기』라고 적는다)와 저자인 엔닌에 대해서 소개하고, 어떤 상황에서 「곡영선화상시병서」가 『행기』에 등장하는가를 보여주려고 한다.

『행기』는 일본 히에이잔(比叡山) 엔랴쿠지의 승려인 엔닌이 승화(承和)조 견당사의 청익승(단기로 유학하는 승려) 신분으로 당에 건너간 후 귀국할 때까지의 일을 기록한 견문 일기이다. 『행기』에 기재된 기간은 하카타진(博多津)에서 견당사선에 승선한 838(승화 5)년 6월 13일부터,[03] 귀국한 후 대재부에 체재하던 847(승화 14)년 12월 14일까지 9년 7개월 동안이다.

---

03 본고의 연차 기재는 사료 조문의 날짜 및 인용 이외에는 서력을 기반으로 하였다. 그리고 연호를 ()로 기록하였으며, 月日은 당시 당·일본의 曆에 따랐다. 또한 연호는 특히 일본·당에서 벼슬을 하지 않는 한 등장 장면에 나오는 국가의 연호를 사용하였다.

『행기』는 여행 중에 글로 엮어서 썼던 것이 아니라, 귀국 후 얼마 되지 않아서 엔닌이 당에 있었을 때의 기록을 한데 모은 것으로 여겨진다. 다만, 성립 시기는 명확하지 않고, 책 이름 자체도 엔닌이 지었던 것인지 확실하지 않다.[04] 현존하는 가장 오래된 고사본은 가마쿠라 시대에 서사된 간치인(觀智院) 본으로서, 이것을 저본으로 제본을 교정하고, 상세한 주석을 달았던 것이 오노 가쓰토시(小野勝年) 『입당구법순례행기의 연구』(이하 오노의 저서라고 쓴다) 전 4권이다.[05] 또한 라이샤워(E.O. Reischauer)가 영어로 번역하고 상세한 역주를 덧붙인 이후부터 『행기』는 구미에서도 잘 알려지게 되었다.[06] 『행기』는 당대의 불교사와 정치·사회·경제사, 그리고 일당(日唐) 교류사에서 귀중한 사료임과 동시에, 한국사에 있어서도 귀중한 동시대 사료이다. 특히 장보고와 그가 거느린 재당신라인에 대한 기술이 중요하다. 발해인도 여러 번 등장하는데 그 중 한 명이 여기에서 문제 삼는 정소(貞素)이다.

저자 엔닌은 794(연력 13)년에 시모노국(下野國, 지금의 도치기현)에서 태어났다. 808(대동 3)년 히에이잔으로 들어가, 사이초(最澄)에게 사사하였던 천태종의 승려이다. 입당해서 천태학과 밀교를 배우고 귀국하여 제3세 천태좌주에 임명되었다. 그리고 천태 밀교(台密)를 발전시켜서 엔랴쿠지 홍

---

04 平澤加奈子, 「『入唐求法巡禮行記』の傳來」, 『円仁とその時代』, 高志書院, 2009.

05 鈴木學術財団, 1964~68. 복각본(復刻本)은 法藏館, 1989. 또한 본 논고에서 인용하는 『入唐求法巡礼行記』의 원문은 본서를 텍스트로 하였다. 다만 구두점은 필자의 책임으로 일부 수정하였다.

06 Edwin. O. Reischauer. *Ennin's Diary: The Record of a Pilgrimage to China in Search of the Law*. Ronald Press Company, 1955.

륭의 기초를 다졌다고 여겨진다. 864(정관 6)년에 사망하였고, 866(정관 8) 자각대사(慈覺大師)라는 시호를 추증받았다.[07]

그런데 엔닌은 838년에 당에 건너갔지만, 목적지였던 천태산 국청사(國淸寺)로 가는 것을 허가받지 못하여서, 그대로 귀국해야만 하게 되었다. 하지만 그는 재당신라인들의 힘을 빌려서 등주(登州) 문등현(文登縣)의 적산포(赤山浦)에서 하선하여, 법화원(法華院)으로 밀입국하는데 성공한다. 여기서 엔닌은 목적을 오대산 순례로 변경하고, 840년 2월 19일에 적산을 출발한다. 2월 25일에는 등주성을 나와서, 3월 22일에 청주에 들어간다. 4월 1일에 공험(公驗, 여행 허가증)을 입수하여 오대산으로 향했다. 4월 28일, 정점보통원(停点普通院)[08]에 도착해서 겨우 오대산의 院中에 들어갈 수 있었다. 그런데 그 서정(西亭)의 벽에 "일본국 출신의 내봉공(內供奉) 번경대덕(翻經大德) 영선(靈仙)이 원화(元和) 15(820)년 9월 15일에 이 절에 도착하였다" 라고 적혀있는 것을 보고, 이것을 기록한다. 이것이 『행기』에 영선이 등장하는 최초이다.

그 후, 오대산에서 체재했던 엔닌은 5월 17일에 대화엄사의 보살당원(菩薩堂院)을 순례하고 있을 때, 아주 높은 언덕 위에 지어진 정자에서 한 노승을 만나 "옛날 일본국의 영선 삼장이 이 정자에서 1만 명의 보살을 보았다" 라는 이야기를 듣는다. 오대산 순례를 마친 엔닌은 이번에는 장안

---

07 엔닌의 전기로는 佐伯有清, 『円仁』, 吉川弘文館, 1989가 대표적이다.

08 보통원이란, 오대산 순례를 위한 무료 숙박·휴게 시설이다. 승려와 속인을 불문하고 이용 가능하며 이용자에게 식사도 제공했다. 高瀨奈津子, 「中唐期における五台山普通院の研究- その成立と仏教教団との関係 -」, 『札幌大学総合論叢』 36, 2013을 참조.

으로 향하였다. 7월 1일에 출발하여 견고보살원(堅固菩薩院)에 숙박하였는데, 원승(院僧)으로부터 "일본국의 영선 삼장은 옛날 여기에서 3년 동안 머물렀다. 그 후, 칠불교계원에서 사망하였다. 삼장은 자신의 손 가죽을 길이 4촌, 폭 3촌으로 벗겨내고 거기에 불상을 그려 넣었다. 그리고 금동탑을 만들어서 불상을 안치하였다. 지금은 본 절의 금각 밑에 있고, 오랫동안 공양하고 있다" 라는 이야기를 들었다. 다음 날에 금각을 열어서 실제로 그것을 보았다. 그리고 7월 3일 칠불교계원에 도착한 엔닌은, 영선의 죽음을 애도하는 발해승 정소의 「곡영선화상시병서(哭靈仙和尚詩并序)」가 적힌 나무판자가 절의 벽에 걸려있는 것을 보았다. 또한 정소가 영경사(靈鏡寺)의 욕실원(浴室院)에서 독살되었다고 하는 놀라운 이야기를 들었다.

이후 『행기』에는 영선도 정소도 등장하지 않는다. 덧붙여서 엔닌이 장안의 춘명문(春明門) 밖에 있는 진국사(鎭國寺)에 이르렀던 것은 8월 20일의 일로서, 오대산에서 장안까지 50일 정도 소요되고 있다.

이상 살펴본 바에 입각하여, 『행기』 개성 5년 7월 3일 조에 기록된 '곡영선화상시병서'의 전문을 이하에 기록한다. 또한 교감은 대체로 오노(小野)의 책을 따랐는데, 일부 다른 부분이 있어서, 다른 부분만 동그라미 숫자로 번호를 붙여서 교감에 열거하였다.

起余者謂之應公矣 公僕而習之 隨師至扶桑 小而大之 介立見乎緇林 余亦身期絳物 負笈來宗霸業 元和八年 窮秋之景 逆旅相逢 一言道合 論之以心 素至於周恤 小子非其可乎 居諸未幾 早向鴒原 鶺鴒之至 足痛乃心 此仙大師是我應公之師父也 妙理先契 示于元元 長慶二年 入室五臺 每

以身猒青瘀之器 不將心聽白猿之啼 長慶五年 日本大王遠賜百金 達至長安 小子轉領金書 送到鐵懃 仙大師領金訖 將一萬粒舍利·新經兩部·造敕五通等 囑附小子 請到日本答謝國恩 小子便許 一諾之言 豈憚萬里重波 得遂鍾無外緣 期乎遠大 臨迴之日 又附百金 以大①和二年四月七日 却到靈境寺 求訪仙大師 亡來日久 泣我之血 崩我之痛 便泛四重溟渤 視死若歸 連五同行李 如食之頃者 則應公之原交所致焉 吾信始而復終 願靈凡兮表悉 空留澗水 嗚咽千秋之聲 仍以雲松 惆悵萬里之行 四月蓂落加一 首途望京之日②

不那塵心淚自涓 情因法眼奄幽泉 明朝儻問滄波客 的說遺鞋白足還

大③和二年四月十四日書

교감 ① 오노의 저서는 초본(抄本)이 원래 '대(大)'라고 하였던 것을, '이의개태(以意改太)'의 '태(太)'라고 하였는데, 이 때의 연호는 '대화(大和)'가 맞다. 초본대로 '대(大)'라고 한다.

② 초본에는 '이 (耳)'라고 나오는데, 오노의 저서는 '안일자지오여(案日字之誤歟)'라고 하면서, 그대로 두었다. 그러나 분명히 '이(耳)'로는 의미가 통하지 않고, 의미로 볼 때 '일(日)'로 고쳐야 하므로, 오노 저서의 견해를 오기(誤記)라고 단정하고 '일(日)'로 고친다.

③ ①과 동일.

Ⅲ. 정소·영선·응공의 관계

앞 절에서 다루었던 「곡영선화상시병서」는 매우 난해하여서 연구자 사이에서도 해석이 일치하지 않는다. 특히 문제가 되는 것이 여기에 등장하는 3명의 인물, 즉 작자인 정소와 영선, 그리고 문장의 모두에 등장하는 응공의 관계이다. 다만 이것을 논의하기 전에 영선에 대해서 약간의 설명을 덧붙이고자 한다.

영선(靈仙)은 靈船·靈宣으로도 쓰였던 헤이안 전기 법상종의 승려이다. 태어난 해는 불상이지만, 오우미국(近江國)에서 태어났다고 전해진다. 고후쿠지(興福寺)에서 수학한 후, 804년에 입당하여 장안에서 수업을 받았다. 810년에는 당 헌종(憲宗)의 명으로 이루어진 '대승본생심지관경(大乘本生心地觀經)'의 번역 작업에 종사하였던 것을, 일본 이시야마데라(石山寺)에서 소장하고 있는 고사본의 오쿠가키(奧書)에 남아있는 역장열위(譯場列位)에 의해서 알 수 있다. 이 역장열위에 의하면, 번역을 담당한 8명의 승려 중 필두가 반야(般若)고, 그 다음이 바로 영선이다. 반야는 당대(唐代) 최후의 역경승이라고 여겨지는 인도승이다. 경전을 번역하는 방법을 살펴보면, 우선 반야가 산스크리트어로 불교 경전을 읽고 해설·강의하면, 그것을 통역사가 중국어로 번역하고, 필수(筆受)가 문자로 필기하는 방식이었다. 따라서 영선은 사실상 이 경전의 번역자 필두였던 것이다.[09]

그 후에는 『행기』의 기술대로, 820(원화 15)년에 오대산으로 이동하였고, 825(장경 5)년에 발해승 정소로부터 일본의 천황이 하사한 황금을 받았다. 그리고 답례로서 불사리·경전을 일본에 보내고 싶다고 정소에게 부탁하였다. 정소는 일본에 간 이후 828(대화 2)년에 오대산으로 돌아왔고, 사망하였다. 『행기』는 앞서 언급했듯이 영경사 욕실원에서 독살되었다는 설을 싣고 있다.

그런데 이 3명의 관계에서 우선 명확한 것은, 응공이 영선의 제자였다는 것이다. 서문에 "차선대사시아응공지사부야(此仙大師是我應公之師父也)"라고 되어 있는 것이 그 증거이다.

이어서 응공과 정소의 관계인데, 여기에는 두 가지 설이 있다. 첫 번째, 두 사람은 사제 관계로서, 정소는 응공의 제자였다는 설이 통설이다. 다른 한 가지 설은 친구·라이벌 관계로서 서로 절차탁마하는 관계였다고 하는 이시이 마사토시(石井正敏)의 설이다.[10]

이 두 가지 이해는 서문 모두의 '기여자(起余者)'의 해석에 있어서 서로 다르다. 통설에서는, 이 어구의 출전이 『논어(論語)』 팔일편(八佾編)의 '기

---

09 영선에 대한 연구 논문은 많다. 대표적으로 高楠順次郎, 「霊仙三蔵行歴考」, 『仏教学雑誌』 제3권 제9호, 1922. 이후 『大日本仏教全書』 제72권, 鈴木学術財団, 1972에 수록이 있다. 般若의 경전 번역에 대해서는 鎌田茂雄, 『中国仏教史 제6권 隋唐の仏教(下)』, 東京大学出版会, 1999의 제3장 제3절 「唐代の譯經」을 참조.

10 石井正敏, 「渤海の日唐間における中継的役割について」, 『東方学』 51, 1976. 이후 「日唐交通と渤海」로 제목을 바꿔서 『日本渤海関係史の研究』, 吉川弘文館, 2001에 수록됨.

여자상야(起予者商也)'이며, 여(予)=공자가 자신을 계발해 주는 것은 제자인 상(商)=자하이라는 의미이므로, '기여자'란 사제 관계를 의미하는 어구라고 여기고 있다.[11] 확실히 공자와 자하는 사제 관계이다. 그런데 『논어』에서는 '여(予)'가 스승 공자인 것에 대해서, 서문에서는 '여(余)'가 정소여서, 사제 관계가 역전한다. 출전에 입각하면, 통설은 여기에 문제점이 있다. 이시이는 이 점을 지적하고, 『논어』에서는 사제 관계를 이끌어 낼 수 없다고 하였다. 그리고 이시이는 '응공', '공' 등의 호칭에 주목하여, 응공과 정소는 '서로 절차탁마하는 관계'[12]라고 해석한다. 이시이가 '공'에 주목했던 것은 당연한 것으로, 스승이라면 '사(師)'라고 써야 하며, '공'은 연장자에 대해서는 사용하지 않는 경칭이라고 생각된다. 따라서, 필자는 이시이의 이해가 타당한 것이라고 여겨진다.

계속해서 정소와 영선의 관계인데, 정소를 영선의 제자라고 기록한 저작이 자주 눈에 띈다.[13] 그러나 서문에는 짧은 시간 동안에 4번 바다를 건너고, 5번이나 긴 여행을 했던 이유를

"즉, 응공과 옛날부터의 친분 때문이다"라고 기록하고 있어서, 사제 관계에 있었다고는 생각할 수 없다. 필자는 응공을 이시이 설에 따라서 친구라고 해석하기 때문에, 영선은 친구의 스승이라고 이해한다. "즉, 응공과 옛날부터의 친분 때문이다(則應公之原交所致焉)"라는 구절은, 그와 같은 관

11 小野·高楠은 이 견해를 따르고 있다.

12 주10 石井의 論文(주 10 石井의 著書) 536쪽의 주28.

13 예를 들어 鎌田茂雄, 『中国仏教史 第5巻 隋唐の仏教(上)』, 東京大学出版会, 1994의 제4장 제1절 '渤海の仏教'에서는 "영선의 제자인 정소가 썼던 시"(244쪽)라고 기록하고 있다.

계에서야말로 잘 어울린다.

세 명의 관계는 이상과 같이 생각할 수 있는데, 한 가지 더 짚고 넘어가야 할 문제가 있다. 그것은 바로 응공의 출신지 문제이다. 통상적으로 응공은 발해승으로 이해되고, 이시이도 서문의 '아응공(我應公)'이라는 표현으로부터 '아마도 발해승이라고 생각된다'라는 견해를 보이고 있다.[14] 확실히 '아(我)'는 자신의 측에 속하는 것에 사용하는 표현이지만, 이것이 '아국(我國)'을 의미한다고는 보기에는 근거가 부족하다. '我' 뒤에 '友' 등의 글자가 누락되었을 가능성도 부정할 수 없다. 처음에 응공을 발해승이라고 생각하였던 이유는, 응공의 성장 내력을 기록한 "公僕而習之 隨師至扶桑 小而大之 介立見乎緇林"라는 한 구절 때문이었다. 그러나 이 해석에는 문제가 있다.

발해승으로 보는 이유는, '지부상(至浮桑)'이라는 단어가 일본에 찾아온다고 하는 의미로 해석된다는 점에 있다. '浮桑'은 일본의 별칭이기 때문이다. 그러나 어디서부터 찾아 왔는지는 적혀있지 않다. 이 점에 대해서, 발해승인 정소가 자신의 편이기 때문에 생략했다고 하는 것이 종래의 이해이다. 그러나 이렇게 이해하면, 응공이 당에 건너갔던 사정은 어디에도 적혀있지 않게 된다. 이 뒤에 정소가 당에 건너간 사정에 대한 기술이 있는 것과의 대비 관계에서 보면, 분명히 부자연스럽다. 또한 종래의 이해로는, 일본으로 도항할 때의 '스승을 따라'에서 '스승'은 발해승이지만, 뒷 문장에서 응공의 '사부(師父)'는 영선이 된다. 응공은 '스승'을 도중에 변경

14 주10 石井의 論文의 521쪽 참조.

하였던 것이 되지만, 이 사이의 사정은 기록되지 않았기 때문에, 문장상으로는 '스승'과 '사부'는 동일 인물로 파악하는 것이 보통이다. 이것을 영선이 일본승이라는 사실에 맞추기 위해, 문장에는 없는 사실관계를 억지로 해석하는 것이 종래의 이해인 것이다. 그러나 이와 같은 무리한 해석을 할 필요가 있을까?

이 구절의 문장 구조는, '공(公)'이 주어고, '僕而習之 隨師至扶桑'와 '小而大之 介立見乎緇林'가 대구를 이루고 있다. 그러나 앞의 두 구절이 4자·5자인 것에 비해서, 뒤의 두 구절은 4자·6자로서, 대구인데도 글자 수가 일치하지 않는다. 서문 전체는 사륙체를 기본으로 하고 있으므로, 5자인 '隨師至扶桑'에서 1자가 결락된 것이 분명하다. '介立見乎緇林'과 비교하면, 결락된 글자는 '至'와 '扶桑' 사이의 조자(助字)라고 생각된다. 여기에 들어가는 조자로서는 '於'를 우선 생각할 수 있는데, 영어의 from에 해당하는 '自'도 유력하고, 또한 '於'에도 from이라는 의미가 있다. 만약 '隨師至扶桑'가 본래의 구절이라고 한다면, '師(=영선)을 따라서 일본에서 당에 이르렀다'라는 의미가 된다. 그리고 앞서 언급했던 두 가지 문제점-응공이 당에 건너간 사정이 없다는 점, '스승'과 '사부'의 관계-가 해결되고, 의미가 통하는 문장이 된다. 이 이해가 옳다면, 응공은 발해승이 아니라 일본승이 맞게 된다.

실제로 이렇게 해석하면, 난해하였던 「곡영선화상시병서」가 매우 이해하기 쉽게 된다. 그렇다면 전문을 번역해보자.

Ⅳ. 「곡영선화상시병서」 번역

이하의 번역에서는, 의미가 통하도록 하는 것을 중시했기 때문에, 일부에서 어순이 반대로 되어 있는 경우가 있다. 또한 어구의 해석은 대개 오노의 저서를 따르는데, 만약 다른 경우에는 어석(語釋)을 덧붙이도록 하였다. 그리고 본 논문의 각주와는 별도로, 소괄호 숫자로 번호를 매겨서, 번역문의 뒤쪽에 정리해서 기록했다. 또한 "此仙大師是我應公之師父也"의 앞까지가 전치문(前置文)으로서, 여기서부터를 서문의 본문으로 이해하여 단락 구분을 하였다.

나를 계발해 준 이가 응공이다. 응공은 스승의 종자가 되어 불도(佛道)를 배우고, 스승을 따라 일본에서 당으로 갔다. 젊은 시절부터 큰 인물로 여겨졌고, 불도(佛徒) 사이에서 우수한 존재였다. 나도 또한 승려가 되기 위해서, 불구(佛具)를 짊어지고 고향 발해국을 떠나, 당으로 와서 불교를 배웠다. 원화 8(813)년의 늦은 가을 즈음, 여행 숙소에서 응공과 만나 한마디 말로 의기투합하여, 마음을 터놓고 서로 의논하였다. 물론 위대한 성과를 얻을 수 있었던 까닭은, 나에게 그 정도의 역량이 있었기 때문이 아니라, 응공의 덕택이었다. 얼마 지나지 않아서 친했던 우리는 헤어지게 되었는데, 헤어진 이후의 일의 전말은 당신(응공)의 마음에 아픔을 주는 것이 되어 버렸다.

영선 대사는 나의 친한 벗인 응공의 스승이다. 불법의 묘의(妙義)를 앞서서 터득하여, 사람들에게 보여주었던 인물이다. 장경(長慶) 2(822)년 오대산에 들어가 법을 계승하고, 항상 몸소 육체를 가볍게 여기는 것을 보였으며, 세속의 일에 대해 마음이 동요한 적도 없었다. 장경 5(825)년 일본의 대왕(淳和天皇)이 멀리 일본에서 영선에게 하사한 금 백냥이 장안에 도착하였다. 나는 금과 서장(書狀)을 영선에게 주기 위해서 당시 영선이 거주하던 철근난약(鐵懃蘭若)에 이르렀다. 영선 대사는 금 수령을 마치자, 1만립의 불사리, 새롭게 번역한 경전 2부, 고칙(誥勅, 임명서) 5통 등을 나에게 맡기면서, 일본에 가서 나라의 은혜에 감사의 뜻을 전해주기를 바란다고 의뢰하였고, 나는 바로 승낙하였다. 일단 승낙했기 때문에, 어찌 일만 리의 파도를 꺼릴 수 있겠는가. 마침내 모든 불연(佛緣)에 의지해서, 원대한 목적을 달성할 수 있었다. 일본에서 돌아올 때, 다시 금 백냥을 일본의 천황(淳和天皇)으로부터 부탁받았다. 대화 2(828)년 4월 7일, 돌아와 영경사(靈鏡寺)에 도착하여, 영선 대사를 찾아 방문하였는데, 대사는 이미 돌아가신 지 꽤 시간이 흘러 있었다. 나는 실망하고 비탄한 나머지, 피가 나올 정도로 울었으며, 견딜 수 없을 정도의 고통을 맛보았다. 의로움을 위해 죽음도 두려워하지 않고 4번에 걸쳐서 대해를 건넜고, 5번이나 여행을 하였던 것은 다름이 아니라 응공과의 예부터 이어진 교의(交誼) 때문이었다. 나는 시작이 있으면 끝이 있다는 사실은 영선과 범속 모두에게 나타난다는 것을 알고 있지만, 오대산 계곡의 물소리가 허무하게 울려 퍼지며 영선의 죽음을 애도하는 듯하고, 오대산의 높은 소나무도 저승길을 비탄하고 있다고 여기고 만다. 4월 17일 수도로 향하는 여행길에 오르는 날 읊다.

미혹한 마음은 어떻게 해도 풀 길이 없어, 눈물이 저절로 흐른다

법안으로 사람의 정은 평온을 유지하고, 죽음의 세계도 막아 준다

훗날, 만약 대해를 건너온 손님(영선)은 어떻게 되었는가라고 묻는 자가 있다면,

단호하게 말할 것이다, 달마는 짚신을 남기고 맨발로 돌아갔다고(달마가 독살되었다는 설이 있는 점에 근거한 것).

대화 2년 4월 14일 쓴다

【뜻풀이】

1. 항물(降物)

『좌전(左傳)』 소공(昭公) 17년 조의 "日過分而未(夏)至 三辰有災 於是乎百官降物"을 출전으로 한다. 오노의 저서는 "화려함을 벗어나서 실제를 취하는 것이다"라고 하였고, 또한 "치림(緇林)의 검은색에 대해 넌지시 흰색을 대조시킨 용어"이지는 않을지라고도 하였다.[15] 그러나 그것만으로는 의미가 명확하지 않다. 한편, 백화문(白化文) 등은 이 출전의 의미를 화려한 관복을 입지 않고 소박한 옷을 입는다는 의미라고 이해하는 한편, 여기

15 小野勝年, 『入唐求法巡礼行記の研究』 제3권, 133~134쪽.

에서는 일반인이 화려한 옷을 입지 않고, 승려의 문양이 없는 검은 의복을 입는다고 하였다. 그리고 자신이 세속으로부터 승려로 변화하는 것을 의미하고 있다고 풀이하고 있다.[16] 백화문 등의 해석에 따른다.

2. 일본대왕(日本大王)

오노의 저서는 발해사가 일본대왕으로부터 금 백냥을 수취하여, 그것을 당에 조공할 때 장안으로 가져가 정소에게 건네서, 영선에게 주도록 하였다고 여기고 있다. 그리고 일본대왕으로부터 금 백냥을 수취한 발해사를, 일본·홍인(弘仁) 12(821)년 11월 일본에 온 발해사, 혹은 홍인 14(823)년 11월 일본에 온 발해사라고 본다. 또한 이 일본대왕은 차아천황(嵯峨天皇)이 틀림없다고 하였다.[17] 그러나 차아천황은 홍인 14년 4월 16일 순화천황(淳化天皇)에게 양위하였으므로, 홍인 14년 11월 일본에 온 발해사의 경우에는 차아천황이 아니다. 이 시기 발해의 당에 대한 사신 파견은 824(장경 4)년 2월[18]과 825년 3월[19]에 있는데, 정소는 825년에 영선에게 금

16 白化文 외, 『入唐求法巡礼行記校注』, 花山文藝出版社, 2007, 304쪽.

17 주15 小野의 저서, 135~136쪽. 또한 小野는 弘仁 12年을 822년, 弘仁 14年을 824년으로 잘못 기록했다고 고증하고 있다.

18 『구당서(旧唐書)』 권17 상·경종(敬宗) 본기(本紀)·장경(長慶) 4년 2월 임오(2일)조, 『책부원귀(册府元龜)』 권972·외신부(外臣部) 조공(朝貢)5·장경 4년 2월조. 小野는 이 사절을 長慶 5년=寶曆 원년의 사절이라고 잘못 파악하고 있으며, 이러한 인식 하에서 고증하고 있다. 또한 이 해의 개원(改元)은 원단(元旦)에 이루어지고 있으므로, 장경 5년은 존재하지 않는다. 정소가 당과 일본을 왕복하고 있는 동안에 보력(寶曆) 연간은 끝나서, 정소에게는 보력의 기억이 전혀 없으므로, 이 같은 실수를 했다고 보는 것이 타당할 것이다.

19 『책부원귀』 권972·외신부 조공 5·경종 보력 원년 3월조.

과 편지를 주기 때문에, 824년 2월은 시기가 맞지 않고, 후자인 825년 3월이라고 봐야 할 것이다. 그리고 이 대당 견사와 접촉하는 발해사로서는 홍인 14(823)년 11월에 일본으로 가서, 824년 5월 이후에 귀국한 발해사가 타당하다.[20] 이렇게 생각한다면, 일본대왕은 순화천황이 된다. 앞선 졸고에서는 차아천황이라고 보았는데, 여기서 정정한다.

3. 연오동행이(連五同行李)

오노의 저서는 "연오(連五)라면 연오(連伍)와 음이 통하고, 조를 짠다는 뜻이라고 해석되는데, 오(五)와 오(伍)는 글자의 형태가 유사하다. 따라서 이 때는 연속한다는 의미가 되며, 계속해서 여행을 했다는 것으로 풀이할 수 있다"[21]고 하였다. 이러한 이해는 이 구절이 '泛四重溟渤'와 대응 관계에 있는 것을 깨닫지 못하고 있어서 타당하지 않다. 五는 그대로 행이(行李, 여행용 짐 케이스)를 함께 했던 횟수, 즉 여행을 한 횟수라고 간주해야 한다.

4. 명락가일(蓂落加一)

'명협(蓂落)'은 전설의 상서로운 풀인 명협이 월초부터 협(莢, 꼬투리)

---

20 『유취국사(類聚國史)』 권194·수속부(殊俗部) 발해(渤海) 하(下)·천장(天長) 원년 5월 무진(20일) 조의 발해사 귀국에 즈음한 조서가 본 발해사에 대한 최후의 기사이다. 또한 이 발해사는 加賀에 내착하고 있으며, 귀국도 加賀에서부터 였을 거라고 생각된다. 5월에 헤이안쿄에서 나와 加賀에서 출항한 발해사에게 맡겼던 사금이, 상경용천부에서 발해의 대당 견사에게 건네졌다. 그리고 다음 해 3월에는 장안에 도착하는 것이 가능하다는 것은, 다음 절의 고증에서 분명해진다.

21 주15 小野의 저서, 138쪽.

을 1일마다 하나씩 늘리고, 협이 15개에 이르게 되면, 16일부터 1협 씩 줄여 간다고 전해지는 것에서 유래하는, 16일을 의미하는 말이다. 여기에 1일을 추가했으므로 17일이 되는데, 후문(後文)에 이 '시병서(詩幷序)'를 기록했던 날을 '4월 24일'로 기록하기 때문에, 날짜가 맞지 않는다. 오노(小野)는 "정소가 잘못 생각해서 이 말을 사용했을지도 모른다"고 기록한다.[22] 즉 '명락가일'의 의미를 잘못 기억하고 있었기 때문에, 14일 즈음이라고 생각하고 표현했던 것은 아닐까하고 추측하고 있다. 그러나 중국어에 어느 정도 정통한 자가 이러한 잘못을 했다고는 생각하기 어렵다. 굳이 말하자면 베끼는 과정에서 가장 마지막의 날짜를 잘못 베껴, 본래 17일이었던 것이 14일로 되고 말았다고 이해하는 편이 타당하다고 생각된다.

22 주15 小野의 저서, 138쪽.

V. 정소의 여정 시뮬레이션

이미 영선의 해설에서도 다루었는데, 정소가 영선의 의뢰를 받고 바다를 건너 일본으로 가서, 영소에게 의뢰받았던 것을 조정에 전달하였다. 정소는 순화 천황으로부터 영선 앞으로 보낼 금 100냥을 받아서, 그것을 영선에게 주기 위해서 오대산으로 돌아왔는데 이러한 사정을 '곡영선화상시병서'에서 파악할 수 있다. 여기에 대응하는 사료가 『유취국사』 권194·수속부발해하(殊俗部渤海下)·천장(天長) 3(826)년 5월 15일 조의 순인(淳仁) 천황이 발해 국왕에게 보내는 국서이다. 국서에는 천장 2년 12월에 오키국(隱岐國)에 도착했던 발해사가, 영선의 표물(表物)을 전송(傳送)해 왔던 것과 그 일행 중에 정소가 있었다는 것이 명기되어있다.[23] 그렇다면 정소는 오대산에서 발해로 갔다가, 발해에서 일본으로, 그리고 반대 경로로 오대산으로 돌아갔다는 것이 된다.

---

23 "天皇敬問渤海國王 使承祖等 轉送在唐學問僧靈仙表物來 省啓悉之 載深嘉慰 王信確金石 操貞松筠 襃國名於西秦 伍臺之嶺非邈 敦隣好於南夏 万里之航自通 煙波雖遼 義誠密邇 有斐君子 秉心塞淵 感激之懷 不可導說 土宜見贈 深領遠情 答信輕毛 別附撿到 其釋貞素 操行所缺者 承祖周悉 風景正熱 王無恙也 略此寄懷 不復煩云".

이렇게 이해하면, "便泛四重溟渤 視死若歸 連伍同行李 如食之頃者"의 의미가 명확해진다. "泛四重溟渤"란 4번 바다를 건넜다는 의미인데, 여기서 4번이란 당과 발해, 발해와 일본 사이를 왕복으로 2번씩 도해했다는 것을 가리킨다고 생각된다. 앞 절의 어석(語釋) (3)에서 검토했던 "연오동행이(連伍同行李)"는 5번 여행했다는 의미인데, 이것은 위에서 언급한 4번에, 영선에게 일본에서 보낸 금과 서장을 건내주기 위해서 장안으로부터 오대산으로 여행했던 1번을 추가한 것으로 생각해도 좋을 것이다.

그렇다면 이 5번의 여행은 어떠한 여정이었을까. 일정상으로는 불분명한 부분이 많아서, 가정으로 이야기를 진행해야 하므로 일종의 시뮬레이션일 수밖에는 없지만, 그렇더라도 있을 수 있는 범위와 있을 수 없는 범위를 특정할 수는 있다. 그리고 이러한 과정을 통하여 분명해지는 것도 적잖게 존재하므로 이하에서 시도해보고자 한다.

최초의 여행은 장안에서 오대산으로의 여행이다. 이 여행의 여정을 정소가 장안을 출발한 날부터 확인하고자 한다. 앞 절 (2)에서 검토하였듯이 일본대왕(순화천황)에게 받은 금과 편지는 824(천장 원)년 5월 말 즈음에 헤이안쿄를 출발하여 귀국길에 오른 발해사에 의해서 발해의 수도 상경용천부로 운반되었다. 여기에서 대당 견사에게 건네져서 825년 3월에 장안에 도착하였을 것으로 여겨진다. 아마 이 시점에서 즉시 정소에게 건네졌고, 빠르면 3월 중, 늦어도 4월 중에 장안을 출발하였다고 생각하면 좋을 것이라고 여겨진다.

장안에서 오대산으로는, 엔닌이 840(개성 5)년에 오대산에서 장안으로 향했던 루트를 반대로 갔을 것으로 여겨진다. 엔닌은 천천히 하산하였고,

여러 날 체재하면서 50일 정도가 소요되었는데, 정소의 경우에는 서둘렀다고 봐도 좋으므로, 등산이기는 하였지만 50일이 소요되지는 않았을 것으로 생각해야 한다. 엔닌은 대개 하루에 30리(당대의 1리는 약 560미터) 정도를 걷고 있는데, 당령에 의하면 육로행은 보행의 경우 하루에 50리라고 나와 있다.[24] 이 비율을 적용하여 장안에서 오대산으로 가는 데 걸렸던 시간을 계산하면, 30일이라는 계산이 나온다. 산을 오르기 때문에 며칠 더 걸린다고 하면, 35일로 간주해도 큰 잘못은 아닐 것이다. 따라서 정소는 825년 4·5월에는 오대산에 도착해서 영선을 만났을 것으로 생각된다.

오대산에서 영선에게 표물(상표와 진물)을 받은 이후, 발해를 경유하여 일본으로 향하는 제2의 여행이 시작된다. 당에서 발해로 가는 해로의 기점은 등주(登州)이므로 정소는 엔닌이 오대산에 이르렀던 루트를 반대로 향했을 것으로 여겨진다. 엔닌은 등주에서 2개월이 걸려서 오대산에 이르는데, 도중에 청주(青州)에서 10일 정도 체재하고 있으므로, 실제로 걸린 시간은 55일 정도이다. 이 동안에도 대개 하루에 30리 정도 걷고 있으므로, 이 비율을 적용하면 33일이 된다. 그렇다면 5·6월에는 등주에 도착하여, 배가 있다면 즉시 바다를 건넜을 것이다. 덧붙이면 장안과 등주의 거리는, 『원화군현도지(元和郡縣圖志)』 권 11·하남도(河南道) 7·등주에 '서남지상도삼천리(西南至上都三千里)' 라고 나오므로, 당령의 육행(陸行) 규정을 적용한다면 60일이 걸리게 된다. 정확히 3월에 장안에 이르렀던 발해 사절이, 장안에 한 달 정도 체재하고 귀국길에 올랐다면, 같은 시기에 등주

---

24 仁井田陞 著, 『唐令拾遺』, 東方文化学院東京研究所, 1933에 수록된 公式令 제44조에는 "諸行程馬日七十里 步及驢五十里 車卅里"라고 나온다.

로 돌아왔을 것이다. 따라서 정소는 귀국하는 발해 사절과 함께 바다를 건넜을 가능성이 높다.[25]

등주에서 발해로의 해로는, 『신당서(新唐書)』 권 43 下·지리지(地理志) 7 하에 실린 가탐(賈耽)의 『고금군현도사이술(古今郡県道四夷述)』(이른바 가칭 『도리기(道里記)』)에서 확인할 수 있다.[26] 여기에 의하면 등주에서부터 발해 해협을 건너 요동 반도의 선단에 이른다. 이곳에서 반도의 동쪽 언덕으로 나아가 압록강 하구에 이르면, 여기서부터는 거슬러 올라간다. 하구에서 30리 떨어진 장소에 박작구(泊汋口)가 있으며, 여기서부터가 발해의 영역이다. 여기에서 더 거슬러 올라가, 신주(神州)부터는 육로 루트로 가며, 최

25 정소가 장안에서 오대산, 오대산에서 등주로 했던 여행, 나아가 발해로의 귀국에는 공험(公驗)이 필요하였을 것이다. 장안에서 오대산은 목적이 명료하므로 신청 후 금방 허가가 나온다고 보고, 그 시간을 거의 계산하지 않았다. 하지만 오대산에서 등주 및 발해로의 귀국은, 어디에서 허가 신청을 하는가 등의 문제를 포함해서 수속하는 데 걸린 시간을 상정할 필요가 있다. 다만 후술하듯이 등주에 도착해서 즉시 바다를 건너지 않으면 일본으로 가는 발해사와 시간이 맞지 않지 않는다고 생각되므로, 즉시 바다를 건넜을 것이다. 그렇게 생각했을 때, 정소는 최초부터 발해사의 배에 편승해서 귀국할 예정으로, 장안에서 오대산을 경유하여 등주로 가는 여행 허가와 귀국 허가의 신청을 하여 공험을 취득하였을 가능성이 있다고 생각된다. 유학승이 국가의 사절과 함께 귀국한다면, 공험은 발급받기 쉬웠을 것이고, 또한 영선도 그렇게 할 예정이라고 알고 있었을 것이므로 정소에게 표물의 전달을 의뢰하였던 것이다. 여기에서는 가능성을 지적하는데 그치고, 후일 많이 축적된 공험에 대해서 연구를 정리·확인하는 한편 이 문제에 대해서 논하려고 한다.

26 登州東北海行 過大謝島 龜歆島 末島 烏湖島三百里 北渡烏湖海 至馬石山東之都里鎮二百里 東傍海壖 過青泥浦 桃花浦 杏花浦 石人汪 橐駝灣 烏骨江八百里 乃南傍海壖 過烏牧島 貝江口 椒島 得新羅西北之長口鎮 (…) 自鴨淥江口舟行百餘里 乃小舫泝流東北三十里至泊汋口 得渤海之境 又泝流五百里 至丸都縣城 故高麗王都 又東北泝流二百里 至神州 又陸行四百里 至顯州 天寶中王所都 又正北如東六百里 至渤海王城.

종적으로는 발해의 왕성인 상경용천부에 이른다.

등주에서 발해의 영역까지 걸리는 시간을 산출하는 것은 어렵다. 다만 참고가 되는 사례로서 『속일본기』 권13·천평(天平) 11(739) 년 11월 3日 조에 게재된, 제2회 발해사와 함께 귀국한 헤구리노 히로나리(平群廣成)의 귀조 보고가 있다. 여기에는 "十年三月 從登州入海 五月到渤海界 適遇其王大欽茂差使 欲聘我朝 卽時同發" (번역 : 천평 10년 3월, 등주에서 바다로 들어가, 5월에 발해 영역으로 들어갔는데, 때마침 왕 대흠무가 사신을 파견해서, 일본에 예를 갖추어 조문을 하려고 하여 즉각 함께 출발했다) 라고 해서, 등주를 떠나 약 2개월 만에 발해의 영역에 이르렀다고 기록되어 있다. 2개월이 걸렸다고 되어있기는 하지만, 여기에는 1개월부터 3개월까지 폭이 있다. 그렇게 생각해서 이 자료의 2개월을 적용하면, 발해의 영역에 들어왔던 시기는 빠르면 7월, 늦으면 이 해는 윤 7월이 있으므로 8월일 가능성도 있게 된다.

계속해서 제3의 여행을 생각해 보고 싶은데, 여기에 대해서는 오히려 일본 측의 기록에서부터 역산해서 고려하는 편이 좋다. 조정에 발해사의 도착 소식이 전해지는 것은 825(천장 2)년 12월 3일이다.[27] 실제 오키(隱岐)에 도착한 시기를 언제로 상정할 지에 대해서는, 참고가 되는 사례로서 876(정관 18)년 이즈모(出雲)에 도착한 발해사의 사례가 있다. 이 발해사가 12월 26일 이즈모의 언덕에 도착했다는 보고가 다음 해 1월 16일에 헤이안쿄에 도달하여서, 약 20일이 소요되고 있는 것이다.[28] 오키는 이즈모의

---

27 『유취국사』 권194·수속부 발해 하·천장 2년 12월 신축(3일)조.

28 『일본삼대실록(日本三代實錄)』 권30·양성기(陽成紀) 1·정관(貞觀) 19년 정월 16일 무자조라고 나온다.

북쪽에 위치한 여러 섬이므로, 헤이안쿄까지는 이보다 며칠 더 걸린다. 여기서는 만약 3일 정도 더 걸린다고 상정하면, 오키에 내착(來着)한 시기는 11월 10일 전후가 된다.

또한 오키에 도착한 발해사의 항로는 남경남해부에서 동해를 횡단하는 항로라고 생각된다.[29] 이 항로는 겨울의 북서계절풍을 이용하는 항로이다. 순풍으로 바다를 건너는 경우, 그다지 시간이 많이 걸리지 않는다는 것은 『행기』에서의 동중국해 도해 사례로부터 확실하다. 이 사례를 적용하면, 길어도 10일이 걸린다고 본다면 문제가 없을 것이다.[30] 그렇다면 정소가 동행했던 발해사는 11월 1일 즈음 출항했다고 상정할 수 있다.

정소가 발해 영역으로 들어갔던 것이 7월이라면, 영역 도달이 8월이라도 2개월이 된다. 정소가 박작구(泊汋口)에서 바로 남경남해부로 갔던 것이라면, 이 정도의 시간으로도 우선 문제는 없다. 다만 825년에 도착했던 발해사가 귀국할 때에 나왔던 조서에 의하면, 영선의 표물을 발해사가 가져왔던 경위는 "성계실지(省啓悉之)"(번역:왕계(王啓)를 읽고 자세하게 알았다)라고 되어 있으므로,[31] 정소가 일단 상경용천부까지 갔던지, 아니면 정

---

29 古畑徹, 「渤海 日本間航路の諸問題 渤海から日本への航路を中心に 」, 『古代文化』 46~8, 1994.

30 『행기』 권1에 의하면 엔닌이 탔던 견당사선은 五島列島의 宇久島를 6월 23일에 출항해서, 6월 28일에는 장강 하구 부근에 이르러 배가 좌초되었다고 한다. 이 견당사선은 동중국해를 불과 6일 만에 건넜으며, 순풍이 분다면 동해도 이 정도 속도로 건넜을 것이리고 추정된다.

31 『유취국사』 권194·수속부 발해 하·천장 3(826)년 5월 신사(15일)조. 전문은 주 23 참조. 또한 발해의 왕계에 대해서는 浜田久美子, 「渤海の外交文書-王啓を中心に」 『渤海の古城と国際交流』, 勉誠出版, 2021을 참조.

소의 정보가 상경용천부에 있는 발해왕에게 이르러 그 정보를 기초로 왕계가 쓰여졌던지, 어느 쪽으로 생각해도 좋을 것이다. 정보만으로도 이 시간이면 충분하다고 생각되는데, 실제로 정소가 상경용천부까지 갔을 가능성도 생각해야 한다. 그래서 이 가능성을 검토한다.

앞서 서술한 이른바 가침의 『도리기(道里記)』에 의하면, 발해 영역의 입구인 박작구(泊汋口)에서 배로 700리 거슬러 올라가면 신주가 있고, 여기서부터 상경용천부까지는 약 1000리 정도이다.[32] 당령에는 짐을 실은 배가 거슬러 올라가는 경우, 황하는 하루에 30리, 장강은 40리, 그 밖의 하천은 35리라고 나온다.[33] 그 밖의 하천 규정을 적용하면, 박작구에서 신주까지는 20일이다. 여기서부터 상경용천부까지는 앞서 서술했던 육행(陸行) 50리를 적용하면, 20일이 된다. 따라서 발해 영역 내에 도달했을 때부터 상경용천부까지는 40일이 걸린다고 보인다.

이후 상경용천부에서 남경남해부까지 얼마나 걸릴 것인가에 대해서는 생각할만한 단서가 없다. 거리상으로는 거의 같으므로 여기에서는 같은 시간이 걸린다고 가정한다. 상경용천부에 10일 정도 체재하는 일정으로 생각하면, 발해 영역 도달부터 상경용천부를 경유하여 남경남해부까지 가는 일수로서는 90일이 상정된다. 이 경우 7월 초순에 발해 영역 내에 도달한다면, 상경용천부 도착이 윤 7월 중순, 남경남해부 도착이 8월 하순이

---

32 주 26참조.

33 『당령습유(唐令拾遺)』에 수록된 공식령 제44조에는 "其水程 重船遡流 河日卅里 江卌里 餘水卅五里 空船 河卌里 江五十里 餘水六十里"라고 나온다. 거의 짐을 싣지 않고 있는 배로 압록강을 거슬러 올라갔다고 가정하면, 박작구(泊汋口)에서 신주까지는 12일이 걸리게 된다.

되므로 문제는 없다. 그러나 발해 영역에 8월 중순에 도달하는 것은 무리이다. 다만 여기서 검토하고 있는 과제는, 상경용천부를 경유해서 남경남해부에 이르는 것이 가능할 것인가 이고, 그 대답은 가능이다.

또한 정소가 영선의 표물을 전달한 것이 왕계에 기재되어 있기는 하지만, 표물을 이유로 발해사가 계획되었던 것은 아니다. 809(대동 4)년부터 827(천장 4)년까지 발해사는 대부분 2·3년에 1번씩 일본으로 오고 있다.[34] 이 때문에 826(천장 3)년에는 발해사를 상려(商旅)라고 간주해서 입경에 반대하는, 후지와라노 오쓰구(藤原緒嗣)의 유명한 상표문이 나왔던 것이다. 따라서 원래부터 일본행을 준비해왔던 발해사 일행에 정소가 추가되었다고 생각된다.

「곡영선화상시병서」에 의하면, 정소는 일본에서 돌아올 때 순인 천황에게 금 백냥을 부탁받았다고 한다. 그렇다면 정소는 발해사의 일원으로서 상경했던 것이다. 따라서 그가 일본에 도착한 이후의 일정은, 『유취국사』 권 194·수속부발해하에 보이는 825(천장 2)년에 내착한 발해사의 일정과 동일하다고 생각된다. 일정을 일람으로 나타내면 이하와 같이 된다.

천장 2年 12月 3日 발해사가 오키에 도착했다는 정보가 조정에 도달한다.

12月 7日 영객사(領客使)를 임명하지만, 이즈모국의 스케[介]라고 하고, 영객사라고 칭하지 않는다.

---

34 발해사는 809년에 일본에 온 이후, 29년 동안 총 9회(810년, 814년, 818년, 819년, 821년, 823년, 825년, 827년)에 걸쳐서 일본에 오고 있다.

천장 3年 3月 1日 후지와라노 오쓰구(藤原緒嗣)의 상주(발해사를 「상려」라고 지탄하고, 정해진 기한을 어긴 입조를 이유로 입경에 반대). 허가하지 않음.

5月 8日 발해사 입경. 홍려관(鴻臚館)에 안치.

5月 12日 발해사에 서위.

5月 14日 발해사를 가가국(加賀國)에서 귀국시킨다.[35]

5月 15日 발해사가 귀국할 때 순인 천황의 조서(국서)가 발해진다.[36]

여기서부터 제4의 여행이 시작된다. 그런데 오키에 도착했던 발해사가 가가(加賀)에서 귀국하는 것이 특징이다. 아마도 내착할 때의 발해사 배가 파손되어, 배의 수리 등의 관계로 가가로 회항하였다고 생각하는 편이 타당할 것이다. 에치젠(越前)·카가에서의 귀로는 능등(能登) 반도의 서해안

---

35 앞선 논문에서는 이 사료를 간과하고, 來着地인 隱岐에서부터 그대로 반대 루트로 귀국했을 것이라고 간주해서 '발해승·정소의 여행 추정도'를 작성하였다. 여기서 정정하고 본 논문에서는 올바른 그림을 게재한다.

36 이 국서에는 "其釋貞素 操行所缺者 承祖周悉"라는 구절이 있다. 小野勝年은 특별히 영선의 표물을 가져왔던 정소에 대해서 '操行所缺者' 라고 한다면 의미가 통하기 어렵다고 보고, 부정을 뜻하는 문자의 탈락을 상정하여, 본래는 정소의 節操를 칭하는 단어였을 것이라고 하였다(주 15의 오노 저서, 136쪽). 여기에 대해서 廣瀨憲雄은, 정소의 節操를 칭하는 것이라면 "朕以嘉之"과 같은 문언이 있어도 좋다고 하였다. 그리고 모든 사본의 조사에서도 해당 부분에 탈자의 흔적은 발견되지 않았고, "정소가 일본 체제 중에 타당함을 결여하였던 어떤 행동을 했던 것"이라는 해석을 제시한다(鈴木靖民·金子修一·石見清裕·浜田久美子 編, 『訳註 日本古代の外交文書』, 八木書店, 2014, 197~198쪽). 廣瀨의 견해가 타당하다고 생각된다.

을 북상하여, 와지마충(輪島沖)의 헤구라지마(舳倉島)로 건너간다. 여기서부터 남풍 혹은 남동 계절풍을 이용해서 바다를 건넜을 것으로 추정된다.[37] 이 사절 일행은 구력(舊曆) 5월 중순에 가가로 향하고 있으므로, 구력 6·7월에는 헤구라지마에 도착했다고 생각된다. 그것은 정확히 남·남동의 계절풍이 부는 시기와 합치하기 때문에, 여기서부터 동해를 횡단했다고 보아도 문제가 없을 것이다. 이렇게 해서 단숨에 발해에 이르렀다면, 빠르면 826년 7월, 늦어도 8월에는 정소가 발해로 돌아왔을 것이라고 여겨진다.

이후 제5의 여행을 하는데, 이 여행의 여정을 생각할 단서가 되는 사료가 『유취국사』 권 194·수속부발해하·승화 9(842)년 3월 6일 조에 보이는 발해왕 대이진(大彝震)의 별장(別狀)이다.[38] 여기에는 순인 천황이 영선에게 보내는 사금(賜金)이 발해의 '조당하정지사(朝唐賀正之使)'에 의해서 당으로 운반되었다고 기록되어 있다. 따라서 실제로 사금을 운반했던 정소는 당으로 향하는 조공하정사(朝貢賀正使)에 동행했던 것이라고 판단된다.

발해사의 귀국은 늦어도 826년 8월 즈음이므로, 그 후에 최초로 당에 갔던 발해의 대당 견사는 827(대화 원)년 4월의 조공사이며,[39] 그 다음은

---

37 古畑徹, 「渤海·日本間の航路について」, 『古代交通研究』 4, 1995.

38 三月辛丑 存問兼領渤海客使式部大丞正六位上小野朝臣恒柯·(略)等上奏「(略)又別狀曰『彝震祖父王在日 差高承祖入覲之時 天皇須送在唐住五臺山僧靈仙 黃金百兩 寄附承祖 々々領將 到國之日 具陳天皇附金之旨 祖父王欽承睿意 轉附朝唐賀正之使 令尋靈仙所在 將送其金 待使復 佇付金否 而隔海程遠 過期不返 後年朝唐使人却廻之日 方知前年使等從海却歸 到塗里浦 疾風暴起 皆悉陷没 亦悉往五臺 覓靈仙 送金之時 靈仙遷化 不得付與 其金同陷没 以此其後文矩入覲啓中縷陳事由 冀達天皇 文矩不遂覲礼 將啓却歸 今再述失金事由 故遣賀福延輸申誠志 伏望體悉』(後略)」

39 『책부원귀』 권972·외신부 조공 5·대화(大和) 원년 4월조; 같은 책 권976·외신

828(대화 2)년 12월의 조공사이다.[40] 「곡영선화상시병서」는 828(대화 2)년 4월에 쓰여졌으므로, 정소가 동행했던 발해의 조공하정사는 827년 4월의 사절에만 해당된다. 이 사절은 시기적으로 보면 하정사(賀正使)라고는 간주할 수 없는데, 제반 사정으로 하정사의 장안 도착이 늦어지는 경우도 있으므로, 이 점은 문제 삼을 필요는 없을 것이다. 조금 전의 시뮬레이션에서는 등주부터 발해 상경용천부, 그리고 남경남해부까지 이르는 루트에 걸리는 시간을 5개월 전후로 계산하였다. 826년 7·8월에 발해의 동해안에 도착했다고 한다면, 반대의 코스를 더듬어서 동일하게 5개월 전후로 등주에 이르는 것은 충분히 가능하다. 따라서 정소는 827년 정월까지는 등주에 도착할 수 있었던 것이 된다.

견당사의 사례에서 보면, 외국의 사절이 입국하면, 입국했던 곳에서 심사를 받고, 외국의 사절이라고 확인되면 조정에 연락을 취한다. 그리고 조정의 허가를 받아서 비로소 장안으로 출발한다. 등주에는 발해관이 있었으므로 최초의 입국 심사는 품이 많이 들지 않았을 것이다. 그래서 사신이 도착하면 즉시 조정으로 연락이 가서, 즉시 입경 허가가 내려졌다고 봐도 좋다. 등주와 장안 사이의 정보 전달에 어느 정도의 시간이 걸렸을지에 대한 힌트로써, 대사면의 사서(赦書) 말미에 "赦書日行五百里"라는 전달 속도가 기록되어 있다. 이 속도는 강남에서 실제로 가능한 속도였다고 알려

부 포이(褒異) 3·대화 원년 계사(2일)조.

40 『책부원귀』 권972·외신부 조공 5·대화 2년 12월조; 같은 책 권976·외신부 포이 3·대화 2년 12월 기묘(28일)조.

져 있다.[41] 사서가 아니기 때문에, 약간 늦어져서 하루에 300리를 간다고 가정해도, 20일이면 왕복할 수 있다. 827년 4월의 발해 조공사가 같은 해 정월 초 등주에 도착하고, 정월 중에 장안에서 상경 허가가 내려진다면, 4월까지 장안에 도착하는 것은 불가능하지 않다. 그렇다면 정소가 827년 4월의 발해 조공사에 동행했다고 봐도 문제는 없을 것이다.

다만 「곡영선화상시병서」에 의하면, 정소가 오대산에 도착한 시기는 '대화 2년 4월 7일'이다. 그렇다면 이 발해 사절이 장안에 도착하고 1년 후가 되어버려, 서둘러 일본에 이르렀던 정소의 모습과 동떨어져서 잘 이해가 되지 않는다. 여기서 주의해야 할 것이 '二'와 '元'은 비교적 잘못 베끼기 쉬운 글자라는 점이고, 앞서 서술했듯이 「곡영선화상시병서」에는 실제로 잘못 베꼈다고 보이는 부분이 존재한다. 따라서 「곡영선화상시병서」의 '대화 2년'은 '대화 원년'의 오사(誤寫)일 가능성을 부정할 수 없다. 약간은 대담한 주장이지만, 엔닌이 베껴 쓰는 과정, 혹은 『입당구법순례행기』를 베껴 쓰는 과정에서 오류가 발생했다고 생각하는 편이 가장 타당할 것이다. 그렇다면 위 기록에서 잘 이해되지 않는 부분은 해소된다.

다만 등주의 발해관에서 발해의 대당 조공 사절 일행과 헤어져서 오대산으로 향했다고 본다면, 약간의 문제가 남는다. 앞서서 등주에서 오대산은 33일이 걸린다고 상정하였는데, 그렇다면 정월까지 등주에 도착한 정소가 4월 7일에 오대산에 도착하는 것이 되므로, 시간이 너무 걸리게 된다. 여기에 대해서 정소는 재입국을 위해서 지방관에게 재차 오대산행 허

41 中村裕一, 「敕書日行五百里」, 『隋唐王言の研究』, 汲古書院, 2003.

가를 받고 공험을 입수할 필요가 있었으므로, 이것을 위해 등주 혹은 청주에 체재하는 일수가 소요되었다고 한다면, 의문은 해소된다. 따라서 본 시뮬레이션에서, 정소는 827년 4월 발해의 조공 사절과 함께 등주에 도착했고, 사절과 헤어진 후 공험을 입수할 수 있었으므로 4월 7일에 오대산의 영선에게 도착했다고 간주해 둔다.

본 절에서 이상의 고찰을 정리해서 정소의 여정을 재현하면 다음과 같다.

제1의 여행 825년 3·4월 즈음 장안을 출발하여, 엔닌이 장안에 갔던 길을 반대로 가서, 4·5월에 오대산에 이른다.

제2의 여행 825년 4·5월에 오대산을 출발하여, 엔닌이 오대산에 이르렀던 것을 반대로 따라서, 5·6월 즈음에 등주에 이른다. 등주에서는 해로로 섬을 따라 발해 해협을 건너서 都里鎭에 다다르고, 해안을 따라서 서쪽으로 가서 압록강 하구로 향한다. 이것이 첫 번째 도해이다. 나아가 압록강 하구에서 거슬러 올라가, 7~8월 경 발해의 영역으로 들어가, 神州로부터 陸行하여 왕도 상경용천부에 이른다.

제3의 여행 상경용천부를 출발해서 남경남해부로 향하고, 825년 11월 초에 항구를 떠나 동해를 횡단해서 11월 10일 전후로 隱岐島에 도착(제2회 도해). 隱岐를 출발해 826년 5월에 입경.

제4의 여행 826년 5월에 발해사와 함께 장안을 출발하여 加賀로 향한다. 6·7월 경에 加賀에서 출항하여 能登 반도의 헤구라지마(舳倉島)로부터 동해의 중앙을 횡단(제3회도해). 늦어도 8월에는 발해에 도착하고, 상경용천부에 귀착.

제5의 여행 발해의 당에 대한 조공사 일행과 동행해서 상경용천부를 출발. 제1회 도해의 반대 코스로 827년 정월까지 당의 등주에 도착(제4회 도해). 등주에서 조공사 일행과 헤어져, 엔닌과 같은 루트를 따라서 4월 7일에 오대산에 이른다.

이후 정소는, 4월 17일에 오대산을 출발하여 장안으로 향하는데, 실제로 어떻게 되었는가에 대한 기록은 없다. 다만 그가 소지하고 있었던 순화천황에게 받은 사금에 대해서는, 앞서 소개한 『유취국사』 권 194·수속부 발해하·승화 9(842)년 3월 6일 조에 보이는 발해왕 대이진의 별장에 기술이 있다. 여기에 의하면, 사금을 운반한 발해의 조당사가 귀로인 요동 반도의 도리포(塗里浦, 都里鎭과 같다)에서 폭풍우를 만나서 배가 침몰하여, 사금도 그때 함께 수몰되었다고 한다.[42] 이 별장에는 일부 허위 내용이 포함되어 있다고 알려져 있어서,[43] 이 발해 측의 설명을 어디까지 신용하면 좋을지는 분명하지 않다.

---

42 주 38 참조.

43 주 10 이시이 논문, 527·530~531쪽.

발해승·정소의 여행 추정도

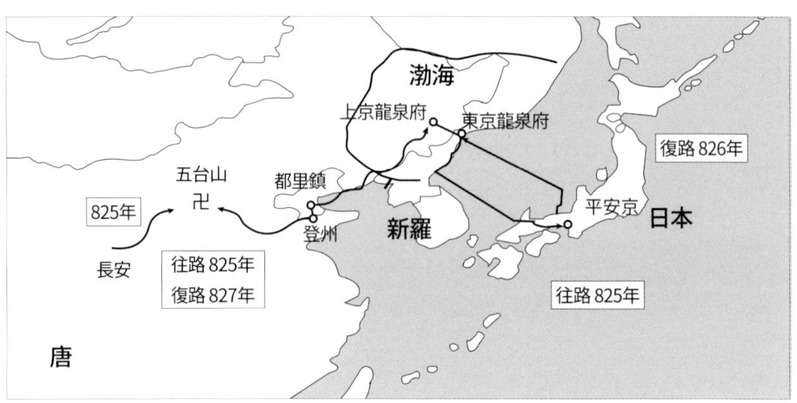

Ⅵ. 맺음말

본고에서는 이전 논문에서 서술했던 「곡영선화상시병서」에 대한 새로운 해석(응공을 일본 승려라고 해석한 것, '편범사중명발(便泛四重溟渤)'와 '연오동행이(連五同行李)'를 4번 도해·5번 여행하고 도해했다고 해석한 것, '대화 2년'은 '대화 원년'을 잘못 베낀 것이라고 해석한 것 등)의 근거를 번역까지 제시하면서 상세하게 논하였다. 이를 통해 그 동안 해석이 어려웠던 「곡영선화상시병서」의 내용이 꽤 분명해졌다고 생각하는데, 그럼에도 아직 애매한 부분은 남아있다. 보다 정밀하고 분명한 해석을 제시할 수 있도록, 앞으로도 추가 검토를 해가고자 한다.

또한 정소의 여정을 시뮬레이션해서, 1년이면 오대산에서 발해를 경유하여 일본으로 갈 수 있고, 2년이면 오대산-발해-일본 루트를 왕복하는 것이 가능했다는 것을 근거를 제시해서 분명하게 할 수 있었다. 지금까지 구체적으로 일본-발해-당의 행정(行程)을 시뮬레이션 했던 사례는 없었다고 생각한다. 정소 이외에도 당-발해-일본 사이의 여정을 상세히 밝힌

연구 과제가 있으므로,[44] 이후에는 여기서 사용한 시뮬레이션 방법을 더욱 정밀화하는 한편, 그러한 문제에도 접근해가고자 한다.

(번역: 정기웅)

이 글은 이 책을 위해 새롭게 작성한 것이지만, 일부는 후루하타 도루, 「승려-발해승 인정, 정소, 일본승 레이센」, 『고대 환동해 교류사 2부 발해와 일본』, 동북아역사재단, 2010을 바탕으로 수정한 내용을 활용하였다.

44 대표적인 것으로, 제2회 발해사와 동행해서 일본에 귀국했던 平群廣成의 사례가 있다. 여기에 대해서는 石井正敏, 「第二次渤海遣日使に関する諸問題」(旗田巍先生古稀記念会 編 『朝鮮歴史論集』 上巻, 龍溪書舎, 1979. 이후 '第二次渤海遣日本使に関する諸問題'라고 제목을 바꿔서 주10 이시이의 저서에 수록), 동 「平群廣成らの登州出航の年次をめぐって」(주10 이시이의 저서), 浜田耕策, 「留学僧戒融の日本帰国をめぐる渤海と新羅」, 『日本古代の伝承と東アジア』, 吉川弘文館, 1995, 주29 古畑의 논문 등을 참조.

참고문헌

| 사료

『入唐求法巡礼行記』

『旧唐書』

『冊府元亀』

『類聚国史』

『日本三代實錄』

| 연구서

佐伯有清, 『円仁』, 吉川弘文館, 1989.

鎌田茂雄, 『中国仏教史 제6권 隋唐の仏教(下)』, 東京大学出版会, 1999.

鎌田茂雄, 『中国仏教史 第5巻 隋唐の仏教(上)』, 東京大学出版会, 1994.

仁井田陞 著, 『唐令拾遺』, 東方文化学院東京研究所, 1933.

鈴木靖民·金子修一·石見清裕·浜田久美子 編, 『訳註 日本古代の外交文書』, 八木書店, 2014,

| 연구논문

高瀬奈津子, 「中唐期における五台山普通院の研究- その成立と仏教教団との関係 -」, 『札幌大学総合論叢』 36, 2013.

高楠順次郎, 「霊仙三蔵行歴考」, 『仏教学雑誌』 3~9, 1922.

石井正敏,「渤海の日唐間における中継的役割について」,『東方学』51, 1976.
古畑徹,「渤海·日本間航路の諸問題－渤海から日本への航路を中心に－」,『古代文化』46~8, 1994.
古畑徹,「渤海·日本間の航路について」,『古代交通研究』4, 1995.
浜田耕策,「留学僧戒融の日本帰国をめぐる渤海と新羅」,『日本古代の伝承と東アジア』, 吉川弘文館, 1995.
中村裕一,「赦書日行五百里」,『隋唐王言の研究』, 汲古書院, 2003.
石井正敏,「第二次渤海遣日使に関する諸問題」,『朝鮮歴史論集』上巻, 龍溪書舎, 1979.

6

입송승 조넨 사제와 우전왕사모상

: 여러 의미의 청래를 둘러싸고

- 데시마 다카히로

Ⅰ. 머리말

Ⅱ. 귀국 전 조넨에 의한 우전왕사모상 청래의 의도

Ⅲ. 귀국 후의 조넨 사제와 석가상 청래 의미의 변화

Ⅳ. 고시라카와인에 의한 석가상 청래 사적의 재해석

Ⅴ. 맺음말

Ⅰ. 머리말

일본은 9세기 전반을 마지막으로 중국에 보내던 조공사 파견을 중지하였다. 그리고 10세기 초 당나라와 신라나 발해 등이 소멸되며 종래의 외교관계가 단절되자, 10세기 내내 대외적 고립주의를 고수하였다.[01] 국가 간 외교를 회피하던 이 대외 정세는 송나라, 고려, 요나라가 성립되어 나름 정립된 관계가 구축된 11세기에도 계속되었다고 할 수 있다. 다만 이 시기에도 중국 상인과 상선을 매개로 한 일본과 중국과의 회로가 존재했는데,[02] 이 회로를 통해 일본에서도 승려가 중국으로 건너가서 중국의 정보와 문물을 일본에 전하였다. 이들은 당과 일본의 관계 속에서 '진호국가(鎮護国家)' 불교를 일본에 도입한 승려들에 비해 중국 성지 순례를 목표로

---

01 石上英一, 「日本古代一〇世紀の外交」, 井上光貞他編, 『東アジアの変貌と日本律令国家 東アジア世界における日本古代史講座 7』, 学生社, 1982. 97~145쪽.

02 그곳에서 유통되던 외래 문물이 섭관(摂関) 시기의 일본문화, 혹은 '국풍문화(国風文化)'에 끼친 영향의 질에 관한 논의가 행해져 왔는데, 사토 마사토시(佐藤全敏)의 연구사 정리부를 참조하면 '국풍문화'를 둘러싼 이해는 현재 더더욱 복잡하다(佐藤全敏, 「国風とは何か」, 鈴木靖民他編, 『日本古代交流史入門』, 勉誠出版, 2017, 284쪽).

삼은 사적인 존재로 이해되어 왔다.[03] 그러나 이 '입송순례승(入宋巡礼僧)'을 매개로 한 일본과 송나라 간의 교류에도 일본의 대외 교섭에 관련된 공적인 측면이 들어 있기에, 그와 관련된 분석을 행한다면 헤이안(平安) 시대와 그 이후 일본의 대외 자세와 일본사회 특질의 한 단면을 명확히 할 힌트를 찾아낼 수 있지 않을까 생각한다.[04]

본고는 송나라에 처음으로 건너간 승려 조넨(奝然, 936-1016, 983년 입송)에 초점을 맞추고, 그가 청래(請来)했던 교토(京都) 세이료지(清凉寺) 현존 석가여래상을 소재로 하여 위에서 언급한 문제와 관심에 입각한 구체적인 고찰을 하고자 한다. 특히 세이료지 석가상의 청래와 수용, 사회 정착과 같은 측면에 관해 '청래자(請来者)들이 어떤 의도를 갖고 그것들을 실천했고, 일본 사회는 어떻게 그것을 받아들였을까'하는 점에 관해서 다소 논의할 만한 부분이 남아있다고 생각한다. 필자는 지금까지 조넨의 청래 문물과 관련하여, 칙판(勅版) 대장경의 국내수용에 중점을 두고 몇몇 견해를 밝혀왔는데(후술), 이와 밀접히 연관된 세이료지 석가상을 주된 대상으로 삼아 고찰을 행한 적이 아직 없기에, 여러 선행연구를 좇으며 의견을 개진하고자 한다.

03 石井正敏, 「入宋巡礼僧」, 『遣唐使から巡礼僧へ 石井正敏著作集2』, 勉誠出版, 2018, 253~278쪽.

04 手島崇裕, 『平安時代の対外関係と仏教』, 校倉書房, 2014, 13~53쪽.

Ⅱ. 귀국 전 조넨에 의한 우전왕사모상 청래의 의도

서두에 언급한 세이료지 석가상은 우전왕사모상(優塡王思慕像)이라 불리는 양식의 '상(像)'이다. 널리 알려진 바와 같이, 석가 재세(在世) 시에 인도 코삼비(憍賞弥)국의 왕이었던 우전왕이 전단(栴檀) 나무에 석가의 모습을 재현하여 처음으로 불상을 만들었다.[05] 선행연구들이 상세히 다루긴 했지만, 석가 재세시의 모습과 똑같이 닮은 그 불상, 혹은 그것을 모델로 삼아 모각(模刻)한 '상'이 중국에 전래되었다고 하는 설이 다소 존재하고 실제로도 중국 내에는 우전왕사모상이라 불리던 '상'이 몇 개인가 존재했던 것 같다. 그 중에서도 조넨이 갖고 돌아온 것은 원래 양주(揚州) 개원사(開元寺)나 강남(江南) 지방을 전전하다가 송나라 수도 개봉(開封)에서 태종(재위 976-997)에 의해 수집된, 우전왕사모상을 다시 한 번 모각한 '상'이

05 오쿠 다케오(奥健夫) 책 중에 『増一阿含経』, 『造像功徳経』와 같은 각 경전이 전하는 조상(造像) 경위의 이동(異動)이 상세히 고찰되어 있다. 이를 참조하기 바란다(奥健夫, 『清凉寺釈迦如来像 日本の美術513』, 至文堂, 2009, 29~30쪽).

었다.[06] 후술하겠지만 개봉의 '상'은 4세기경 쿠 마리아나(鳩摩羅炎)·쿠 마라지바(鳩摩羅什) 부자가 인도에서 실물을 중국에 갖고 왔다고도 전해지고, 중국 역사에서도 굴지의 숭불왕(崇仏王)으로 알려진 양무제(梁武帝, 재위 502-549)가 인도 코살라국의 슈라바스티(舎衛城)에 사자를 보내 모상(模像)을 청래했다고도 전해진다. 일본 내에서는 조넨이 개봉에 있던 '상'을 직접 일본에 청래했다고 하는 말까지 나오며[07] 중세 이후 삼국(인도 → 중국 → 일본)을 거쳐 전래된 생신불(生身仏)로 취급받으며 신앙의 대상이 되었다.

1954년 조사에서, '상' 제작 당시 오장(五臟)의 모양이나 불아(仏牙), 회화류, 문서 등의 문물류가 태내(胎内)에 들어 있던 것이 밝혀졌다.[08] 이 태내 문서 가운데 『조연입송구법순례행병서상조립기(奝然入宋求法巡礼行並瑞像造立記)』(이하, 『조립기(造立記)』)는 조넨 일행이 귀국하기 직전에 출항지였던 태주(台州)에서 '양(様)', 즉 그림(図像)을 설계도 삼아 석가상을 모각했음을 전하고 있다. 『조립기』가 발견되기 전에는 『청량사연기(清凉寺縁起)』(16세기 초)나 그 토대가 되는 사료 등(후술)의 기술을 바탕으로, 북송의 수도 개봉에서 실물 '상'을 눈앞에 두고 모각했다고 추정되었다. '상'을 만든 경위가 역사적 사실과는 전혀 다른 형태로 전해졌던 것인데, 결국 이

06 세이료지 석가상과 그 모델이 된 중국의 우전왕사모상에 관한 기본적인 연구는 다수 있으나, 본고에서는 奥, 앞의 책, 17~59쪽; 稲本泰生, 「隋唐期東アジアの'優塡王像'受容に関する覚書」, 『東方学報』 88(2013), 111~149쪽; 塚本麿充, 『北宋絵画史の成立』, 中央公論美術出版, 2016, 167~190쪽 등을 참고하여 간략히 기술한다.

07 빠른 것은 1179년경에 작성된 설화집 『宝物集』에 보인다. 본문에서 다소 언급한다.

08 태내 납입품에 관해서는 奥, 앞의 책, 42~49쪽 참조.

'상'은 청래를 둘러싼 역사적 사실이 재해석되었거나 감추어져서 일본 사회에 정착한 셈이 된다. 이하, 이런 점에 주목하며 이 석가상에 대한 의미의 부여와 재해석에 이르기까지 바로 청래자 본인이 크게 관여했던 것은 아닌지에 관해 고찰하고자 한다.

일본에 청래했던 불교 관련 문물 가운데 석가상과 더불어 칙판 대장경 등과 같은 판본 불서, 사리탑(舎利塔), 이 삼종은 987년 2월 11일, 그들이 입경(入京)했을 때에 퍼레이드가 행해지고 헤이안쿄(平安京) 전체에 공개되었다.[09] 적어도 이 시점에서는 삼종의 문물이 어떤 공통된 의미를 지녔음을 알 수 있다. 이들은 선행연구에서 지적한 바와 같이 송나라 초기에 집중되었던 황제의 불교 관련사업과 관계가 있는 문물이었다.[10] 송나라 태조와 태종은 중국 통일을 이루는 과정에서 촉나라에 사상 최초의 대장경의 판본 작성을 명하였고, 후에 완성된 판본을 개봉에 진상시켰다. 또 십국의 왕권이 권력의 심벌로 삼았던 성유물(聖遺物)을 개봉에 수집했는데, 그 속에는 남당국(南唐国)의 수도 금릉(金陵)에 안치되었던 우전왕사모상(조넨 청래상의 모델)과, 인도의 숭불왕이었던 아쇼카왕이 석가의 진신사리(真身舎利)를 담아 만든, 당시 오월국(呉越国)의 수도에 있던 불사리탑(仏舎利塔)도 있었다. 송나라 초기의 황제는 십국의 각 왕권이 소지하고 귀의하던 성유물을 황제의 소유물로 자리매김시킴으로써 중국 통일의 정통성을

---

09 『小右記』 987(寛和 3)년 2월 11일 기사(東京大学史料編纂所編, 『大日本古記録 小右記1』, 岩波書店, 1959, 119쪽).

10 上川通夫, 「末法思想と中世の「日本国」」, 『日本中世仏教と東アジア世界』, 塙書房, 2012, pp.69~74쪽; 塚本, 앞의 책, 139~257쪽.

부여하며 자신의 권위를 드러내고자 했다.

기존의 권력자들이 성유물을 보전하고 간직하며 귀의, 공양하여 스스로를 숭불왕으로 장엄(荘厳)함으로써 지배의 정당성을 구하고자 했던 것에 비해, 송나라 초기의 황제가 이들 성유물에게 부여했던 의미는 다른 차원의 것이었다. 쓰카모토 마로미쓰(塚本麿充)씨에 의하면 이들 불교 관련 성유물은 다음과 같은 '황제의 문물'로서 이해할 수 있다. 중국 전통문화를 배경으로 만들어진 서(書)·화(画)·묵적(墨蹟) 등의 문물은 황제의 컬렉션으로 황제 가까이에 수집·보관되어 신하에게 공개되고 반포됨으로써 새로운 가치를 창출해 냈다. 송나라와 타국의 관계에서는, 이들의 복제를 포함한 문물의 하사, 사자에 대한 배관(拝観)과 모조의 허가 등을 통해 그 가치를 주변국에도 유입시킴으로써 '쌍방이 송나라 황제가 주최하는 문화 공간을 공유함을 확증'하는 역할을 담당했다고 할 수 있다. 송나라 초기의 황제는 수도로 회수한 불교의 문물과 성유물에 대해서도 이들 문물과 동일한 의미를 부여했던 것이다.[11] 조넨이 일본에 청래했던 것은 바로 이 같은 의미를 지닌 황제의 문물인 판본불서, 석가상, 사리탑의 복제품이었던 것이다.

다음으로 확인하고자 하는 것은 청래한 산중의 문물이 지닌, 일본에도 유입되었을 이 같은 가치에 관해 과연 조넨이 어느 정도 의식하고 있었을까 하는 점이다. 그 단서로 칙판 대장경을 들 수 있다. 이전에 논한 것처럼 송나라는 하사품인 칙판 불서를 일본에 유입시켜서 송나라 황제의 권위

11 塚本, 앞의 책, 139~257쪽, 451~494쪽.

를 나타내려 했다. 조넨이나 일본도 그것을 이해하였기에, 제자였던 가인(嘉因)을 다시금 파견해서 988년에 송나라 황제에게 제출시킨 표문(表文)에는 하사불서(下賜仏書)에 대한 수령과 감사의 뜻이 쓰여 있었다. 다만 석가상이나 사리탑의 이름까지 구체적으로 거론하며 사례 인사를 하지는 않았다.[12] 그럼에도 불구하고 조넨이 하사품이었던 칙판 대장경과는 달리 명확하게 하사품이라 할 수 없는 다른 두 개를 결부시킨 의도에 관해 조금 더 생각해 볼 필요가 있다. 사리탑에 관해서는 관련 사료가 거의 없기도 하니, 석가상으로 범위를 좁혀 논하고자 한다.

『조립기』에는, 태주에서 석가상의 모각(7월21일~8월18일)이 한창이던 때에 "조넨은 8월 1일 대장경을 전독(転読)할 것을 결심했다. 황제의 건명절(乾明節)〔필자주:태종의 생일, 10월 7일〕을 기해서, 황제의 장수를 빌며 황제의 후은(厚恩)에 부응했다. 양초를 밝히고 향을 피운 후에 경전이 담긴 상자를 열고 경전을 펼쳤다.(奝然又於今月一日発心転読大蔵経 以皇帝乾明節 上扶聖寿 仍答鴻恩. 然燭焚香 開函展巻)"[13]고 기록되어 있다. 매달 1일과 황제의 생일은 '축성(祝聖)', 즉 황제의 장수 만세를 기원하는 행사가 열리는 날이었다. 이때 석가상과 칙판 대장경은 분명 밀접하게 결부되어 있었을 것이다.

이들이 결부된 이유로 우선 종래에 지적되지 않았던 점을 들어 보면, 이 석가상이 대장경을 사용한 불사의 본존으로 그 의미를 부여받았던 것이 아니었을까 생각된다. 애당초 불전은 석가 자신의 말에 발단한 것으로,

---

12 이상의 경위에 관해서는 手島, 앞의 책, 148~160쪽 참조.

13 東京大學史料編纂所編, 『大日本史料』 2~10, 1989, 43쪽.

석가상 특히 생신석가상에 해당하는 우전왕사모상이 그 본존에 상응함은 분명했다. 참고할 만한 예로 남송기의 사례이긴 하지만, 복주(福州) 동선사판(東禅寺版) 대장경을 경내의 '전륜장(転輪蔵)'(서가(書架)를 회전시킨 대장경을 유사하게 전독하는 건물)내에 시입(施入)할 때에 '단향서상(檀香瑞像)'(우전왕사모상)도 같이 만들어 넣었던 일을 들 수 있다.[14] 또 고려에서 『동인지문』 46권8 김부식 「전대장경도장소(轉大藏經道場疏)」에 "본사석가모니불을 맨 위로 하고(本師釋迦文佛爲首)", 궁중회경전(宮中会慶殿)에 존상(尊像)을 공양하고 고승을 맞이하여 고려 대장경을 전독시킨 일도 들 수 있다.[15] 조넨도 이들처럼 대장경과 석가상을 결부시켰을 가능성이 있다.

칙판 대장경을 하사받은 것을 중시한다면, 그것을 사용하여 불사를 행하는 것은 수령자에게는 의무와도 같은 사항이었을 것이다. 이는 이전에 지적했던 것처럼, 같은 시기에 칙판 대장경을 하사받은 고려왕이 그것을 '개독(開読)'시킨 후에 사은사(謝恩使)를 송나라에 보냈던 사례로 미루어 짐작할 수 있다.[16] 이 같은 사례를 고려한다면 조넨이 태주에서 조상을 두고 취한 일련의 행동들은 실천을 통하여 송나라 불교계에서 행해지는 불사를 수득(修得)하려고 했던 과정임과 동시에, 하사품인 대장경이 귀국 후

---

14 「東禅寺版大蔵経刊記(写真)」, 京都国立博物館編, 『国宝鳥獣戯画と高山寺』, 朝日新聞社, 2014, 109쪽.

15 金富軾, 「轉大藏經道場疏」, 崔瀣, 『東人之文』 四六巻之八(고려대학교 도서관(만송364A4)). http://db.history.go.kr/id/muds_008_0020_0030(검색일, 2020.09.18.). 또한 鄭知常, 「轉大藏經道場疏 又」, 崔瀣, 『東人之文』 四六巻之八에도 유사한 기술이 있음을 덧붙여 둔다. http://db.history.go.kr/id/muds_008_0020_0040(검색일, 2020.09.18.).

16 手島, 앞의 책, 154~155쪽.

에 국내에서 수납될 경우에 상정되는 공양행사의 예행연습이라고 볼 수 있다. 물론 조넨이 국내 위정자들의 반발을 상정하고 일본에서는 전독 행사가 행해질 수 없을 거라 예측해서, 귀국 전에 단 한 번의 퍼포먼스로 대장경을 사용하여 불사를 행했을 가능성도 있다. 이처럼 두 가지 해석이 가능하긴 하지만, 조넨이 이 같은 대장경 관련 불사의 일단에 석가상을 위치시키고 일본에 청래한 사실에는 큰 변함이 없다.

가미카와 미치오(上川通夫)씨는 황제의 허가를 받았을 것이기에, 조넨이 "석가상 제작 사업을 황제가 내린 은사로 의미를 부여했다"[17]고 추정했다. 호리 유타카(堀裕)씨는 조넨과 원융(円融) 천황과의 관계를 부각시키며, 석가상 태내에 납입된 『조립기』와 「조연계념인교명장(奝然繫念人交名帳)」(조넨이 입송할 당시, 그의 순례에 찬동하며 인연을 맺은, 천황 이하 귀족사회 후원자들의 이름을 기입하였다)에 송나라 황제와 일본 국왕(원융 천황), 조넨을 후원한 각국 사람들 순서로 이름이 기입된 것을 보면, "송나라를 강하게 의식하고, 양 측을 결부시켜 일본과 송나라의 결연자(結縁者)를 보충하는 관계에 있다"[18]고 말했다. 필자도 이 두 사료에 주목해서 조상이나 대장경 전독과 같은 행위들이 송나라와 일본 쌍방의 왕권에 대한 기원을 겸한 성격을 지니고 있음을 지적한 바 있다.[19] 이들을 토대로 추가로 기술하

17 上川通夫, 「奝然入宋の歴史的意義」, 『日本中世仏教形成史論』, 校倉書房, 2007, 224쪽.

18 堀裕, 「天皇と日宋の仏教文化」, GBS実行委員会編, 『日宋交流期の東大寺 奝然上人一千年大遠忌にちなんで』, 法蔵館, 2017, 87쪽.

19 手島崇裕, 「平安王権と中国仏教」, 田中史生編, 『古代日本と興亡の東アジア 古代文学と隣接諸学 1』, 竹林舎, 2018, 224쪽.

자면, 애당초 송나라 황제가 석가상을 회수한 것은 이 석가상이 숭불왕으로 유명했던 양무제 이후에 숭불왕권의 표상이었기 때문이다.[20] 조넨도 후원자의 필두에 해당하는 일본 천황이 우전왕사모상을 소유하고 공양하는 것이 이상적이라고 생각했을 것이다. 그래서 일본 측 후원자들의 이름도 문서에 기입해서 석가상에 납입하였고 결과적으로 일본과 송나라 양국의 왕권의 기원을 담은 불상이 탄생하게 되었을 것이다.

또 석가상 제작 사업에 송나라의 유도가 있었다면 『조립기』의 내용과 황제를 의식한 대장경의 전독, 석가상을 행사의 본존으로 다루었던 것 등에 대해서 『조립기』나 태내 납입품에 이름이 남아 있는 송나라의 승려와, 태주까지 조넨을 이끌었던 관리들이 조언을 해주었으리라 짐작할 수 있다. 그러나 그렇다고 해서 조넨에게 주체적인 의지가 없었던 것은 아니다. 조넨은 도리어 송나라의 관계자들의 유도 아래 자신이 일본에 가져가는 불교 문물과 그것을 이용한 불교 의례가 불가피하게 송나라 황제에 대한 기원과 관계됨을 이해했고, 청래 후에 일본 국내의 반응에 관해서도 깊이 생각했을 것이라 본다. 즉 조넨은 귀국 전에 충분히 황제 측의 교린의 의도를 이해해서 받아들였고, 우전왕사모상도 마찬가지로 송나라 황제에 대한 기원과 관계된 문물이었음을 이해한 후에 앞으로의 왕권들 사이의 우호관계 촉진을 염두에 두고 불상을 조립하여 일본에 가져왔을 것이다.

『조립기』에 쓰여 있는 것처럼 조넨은 송(宋)이라고 하는 새 왕조에 처음으로 들어가 세 번이나 황제를 알현하였을 뿐만 아니라, 성적(聖跡) 순

---

20 塚本, 앞의 책, 169~179쪽.

례에 관한 편의를 제공 받고, 자의(紫衣)나 대사(大師) 호칭을 하사받는 등 거의 조공에 준하는 후의를 받으며 귀국 길에 올랐다. 그러나 이 시기의 조넨은 대륙의 성지순례를 지원하고 입송을 허가해준 일본의 천황과 귀족층이, 황제와 인연이 있는 불교 문물에 대해 어떤 판단을 내릴지 미래에 대한 확실한 예상이 불가능했을 것이다. 일본 조정에 거절당할 가능성, 혹은 일본 조정이 황제의 뜻을 받아들여 사자를 보낼 가능성에 대해 조넨은 동시에 상정했을 것이라고 봐야 할 것이다. 때문에 송나라와 향후에 좋은 관계를 맺을 선택지로서 송나라 황제 직하에 수집된 우전왕사모상의 복제에 착수하여, 황제뿐 아니라 일본의 후원자들의 염원을 담아 태주에서 조상했을 것이다.

Ⅲ. 귀국 후의 조넨 사제와 석가상 청래 의미의 변화

1. 조넨 청래상의 국내 수용의 전기(転機)

귀국을 한 조넨은 입경 퍼레이드에 앞서 섭정이었던 후지와라노 가네이에(藤原兼家)에게 간다.[21] 가네이에는 「조연계념인교명장」에 이름이 올라 있었는데, 당시 정권의 중추에 있던 가네이에에게 송나라에서 있었던 일을 보고하고 논의를 거친 후에 퍼레이드가 벌어졌을 것이다. 그리고 석가상은 퍼레이드의 종착지인 교(京)의 북측 외곽에 있는 렌다이지(蓮台寺)에 안치되었다. 이때부터 조넨의 제자인 가인이 재차 입송하여 대장경을 하사해 준 것에 대한 사은을 황제에게 전하고, 한 해가 더 지난 991년까지도 석가상에 대한 공양은 계속하여 관(조정)이 부담하였다.[22] 이를 보면 칙판 대장경뿐만 아니라 석가상과 같은 불교 문물이 가진 의미까지도 일본

21 『小右記』, 967(寛和 3)년, 정월 21일자 기사(앞의 책, 116쪽).

22 手島, 앞의 논문, 223쪽 참조.

정권에 전달되었고 충분히 이해되었다고 봐야 할 것이다. 즉 석가상은 황제에 대한 기원과 일본 왕권에 대한 기원이 합쳐져 조상되었고, 장래에 송나라와 일본의 항상적이고 계속적인 외교 관계 구축을 향한 첫걸음으로서 청래되었다고 하는 점이 일본에도 충분히 인지되었다고 생각된다.

아래에서는 석가상의 국내 수용의 양상을 확인해 보고자 한다. 여기에서는 먼저 칙판 대장경이 갖고 있던 의미가 일본에서 어떻게 바뀌어 갔는지에 입각한 논의가 필요하다. 대장경에 관해서는 이전에 논한 바가 있기에 간단히 정리·확인만 하고자 한다.[23] 황제가 내린 하사품이었기에 일본은 그 수납을 송나라에 보고해야 했지만, 전술한 바와 같이 조넨 개인의 표문으로만 사은을 표하고 공적인 사자는 보내지 않았다. 일본 조정은 송나라의 외교관계 촉진에 대한 의지를 확인했지만, 이에 응하지 않는 대외자세를 취했던 것이다. 이에 대장경은 가인의 왕래가 종료된 후에는 석가상과 함께 교토 서쪽 외곽에 있는 세이카지(栖霞寺, 후에 세이료지로 발전)로 옮겨져 조넨 사제의 관리 하에 놓이게 되지만, 오랫동안 주목을 받지 못했다. 변화가 일어난 것은 1018년으로, "세이카지의 일체경(一切経)〔필자주: 대장경〕을 옮겼다. 이는 고(故) 조넨 법교(法橋)가 중국에서 청래한 것이다. 그 제자가 헌상해 왔다. 니조(二条)의 저택 서쪽 복도에 안치되었다.(西霞寺一切経奉渡、是故法橋奝然従唐持渡経也、而遣弟献也、安置二条西廊)"[24]라는 기록이 등장한다. 조넨과 함께 입송했던 조산(盛算)은 그 스승이 죽은 후

---

23 이 단락과 다음 단락의 기술은 手島, 앞의 책, 148~178쪽에 따른다.

24 『御堂関白記』 1018(寛仁2)년 정월 15일자 기사(東京大学史料編纂所編, 『大日本古記録 御堂関白記下』, 岩波書店, 1954, 137쪽).

에 당시 권력자였던 후지와라노 미치나가(藤原道長)에게 대장경을 헌상한다. 최초에 송나라 황제가 하사했던 대상이었던 천황이나 국가가 아닌, 섭관가(摂関家)라고 하는 한 권문이 비장(秘蔵)하게 됨으로써 섭관가의 위신재라는 독자적 의미를 지니게 된 것이다.

가인이 재입국 했을 때에는 문수보살상(文殊菩薩像)이 청래되었다. 아라키 가즈코(荒木計子)씨의 상세한 고증에 의하면, 이후의 사료에서는 이 불상이 송나라 황제가 새긴 것이라고 전해져서 처음에는 궁중의 신곤인(真言院)에 보관되었지만, 결국 섭관가의 소유가 되어 대장경과 동일하게 비장된다.[25] 이들 사례를 살펴보면, 황제의 영향 아래 있던 불교 문물이 공식적으로 천황의 이름으로 수용되고 공양되어 보지되는 일을 조정이 기피하였기에, 섭관가가 대신 그것을 받아들이는 기능을 수행했던 셈이 된다. 송나라가 일본에 보낸 외교관계 추진의 메시지는 최종적으로 거절되었고, 송나라의 황제와 관계된 청래 문물은 국내만의 논리에 따라 재해석이 행해졌다고 볼 수 있을 것이다.

이상을 토대로 석가상에 관해 정리해 보고자 한다. '상'은 조넨에 의해 대장경과 분리되기 어렵게 결부되어 일본에 청래되었다. 그 후, (1) 991년경 조정에 의한 공양이 중단되며 대장경과 함께 세이카지에 하사되었다. 그리고 (2) 1018년, 대장경만 섭관가에 보관되어짐으로써 결국 둘은 떨어지게 된다. 조넨 사제가 이 두 변화를 거치는 과정에서 대장경의 의의를 재해석한 만큼 석가상에도 다른 의미를 두지는 않았을까? 이는 아래에서

25 荒木計子, 「奝然将来の五台山文殊の行方」, 『学苑』 492, 1995, 25~50쪽.

다루고자 한다.

2. 『우전왕소조전단석가서상력기(優塡王所造栴檀釈迦瑞像歴記)』와 그 추기(追記)

이곳에서는 양주 개원사 승려 집명(十明)이 찬술한 『우전왕소조전단석가서상력기』(932년 성립, 이하 『역기』)에 주목하고자 한다.[26] 조산이 작성한 오쿠가키(奥書)에 따르면, 이 책은 그가 개봉에서 필사하여 일본에 갖고 온 것이다. 이 『역기』는 선행연구들이 언급한 바와 같이,[27] "중국의 우전왕 사모상은 양나라의 숭불왕으로 알려진 무제가 천축에 사자를 파견하여, 이 상의 모각상을 청래한 것"이라는 계통의 설에 대해, "우전왕이 새긴 본래의 사모상이 쿠 마라지바 부자에 의해 인도에서 중국에 청래되었다"고 하는 설을 주장한다. 전자는 무제 이후 오대십국 시기의 남당국까지의 숭불왕들이 이 '상'을 자신들의 권위의 상징으로 삼았을 때에 그 근거가 된다. 송나라 태종도 이 설로 정통성을 찾고, '상'을 수도로 회수함으로써 강남의 왕권을 지배하에 둔 것을 상징적으로 표방했다. 앞서 확인한 바와 같이 조넨 사제도 이런 문맥 아래 놓인 사모상을 모각해서 귀국했는데, 한편으로 『역기』를 필사하며 조넨 사제는 개봉에 있던 사모상이 실은 인도에

---

26 이하, 平林盛得, 「優填王所造栴檀釈迦瑞像歴記」, 『書陵部紀要』 25, 1974, 74~88쪽에 번각된 書陵部本을 이용하였다.

27 塚本, 앞의 책, 175쪽.

서 제작된 오리지널 우전왕사모상일 가능성도 명확히 인식하고 있었다. 그들은 '상'이 중국까지 전래된 과정에 관해 일본에 설명할 때에 전·후자 두 개의 선택지를 모두 갖고 있던 셈이 된다.

『역기』에는 조산이 작성한 오쿠가키 뒤편에 추기된 문장이 부수(附隨)되어 있는데, 이것 또한 조산이 집필했다고 여겨진다.[28] 이를 '성산기(盛算記)'라고 부를 텐데, '성산기' 또한 『조립기』와 마찬가지로 조넨 사제가 중국에 체재했을 때의 여정과 조상의 경위를 간결하게 기술하고 있다. 여정의 일시 등이 정확하고 조넨을 '선사(先師)'라고 표기하는 부분 등을 보면 조넨 사후에, 조산이 자신이 필사한 『역기』에 보충설명의 의미를 담아 작성했다고 보는 것이 가장 타당할 것이다.[29]

그런데 『조립기』와 '성산기'는 석가상과 관련된 기술 일부에 눈에 띄는 차이를 보인다. 『조립기』를 보면 조상은 귀국 직전에 태주에서 행해진 것이 명확한데, '성산기'는 태주에서 모각한 이야기를 다루지 않는다. 반대로 『조립기』에는 개봉에서 우전왕사모상을 실제로 배관한 일에 대한 기술이 없는데, '성산기'에서는 (A)조넨 일행이 '상'을 실제로 볼 수가 있었고 (B) 마치 그것을 눈앞에 두고 모각을 행한 듯이 기술하고 있다. 조넨 사제

28 平林, 앞의 논문, 75쪽.

29 물론 후세에 필사할 때에 '先師'표기가 더해졌거나, 문장 각 부분이 생략되었을 가능성도 있다. 또한 '盛算記'자체가 중국 체재 때의 기록을 참고로 조산에게 가탁(仮託)되어 훗날 쓰였을 가능성도 부정할 수는 없다. 가령 그렇다 하더라도, 현존하는 '성산기'의 내용이 후술할 『宝物集』이나 고시라카와인의 표백 등으로 계승되는 것처럼 12세기 후반에 이미 유포되었다고 생각되며, '盛算記'가 석가상에 새로이 의미를 부여하는 역할을 한 것은 본고가 논하려는 방향성과 크게 다르지 않다고 본다.

와 '상'과의 관련성, '상'의 제작 과정에 관해 '성산기'에서는 '상'의 성격을 재해석하고 사실을 달리 썼음을 확인할 수 있다. 『조립기』는 일본 왕권이 우전왕사모상이라고 하는 황제의 컬렉션을 대장경과 함께 수용함으로써 일본과 송나라의 새로운 관계가 한 발자국 나아갈 것을 기대한 문서라고 한다면, '성산기'는 대장경이 귀국 후에 그 의의가 변용된 것처럼 석가상이 청래 초기에 갖고 있던 의의를 입송승 스스로가 없애 버리고 '상'의 다른 측면을 강조하려고 한 끝에 탄생한 문서라고 볼 수 있을 것이다.

'성산기'를 쓴 목적을 단적으로 설명하면 다음과 같다. 『역기』 말미에 '성산기'를 붙임으로써, 오리지널 우전왕상이 인도에서 중국으로 건너 온 설을 받아들이고 시야를 일본으로도 넓혀 자신들이 청래했던 '상'이 복제이긴 하지만, 생신(生身)의 석가와 동등한 우전왕사모상에 직결되는 '상'임을 강조하려 했다. 때문에 (A), (B)의 요소가 필요하게 되었을 것이다. (B)에 관련하여 "불상 조각사인 조에이(張栄)를 초청한 후에 석가상이 안치된 사원에 가서 상을 예배하고 보여준 다음에 모양을 본떠 제작하게 했다.(招雇雕仏博士張栄 参彼院 奉礼見移造)"[30]는 문장은 "굳이 실물을 앞에 두고 조각시켰다는 오해를 불러일으킬 법한 간략한 표현으로 말했다"[31]고 해석할 수도 있어 '성산기'의 원형을 완전히 남겨둔 것인지 어떤지 확신할 수 없다. 먼저 사실(史実)일 가능성이 보다 높은[32] (A)에 대해 검토를 진행

---

30 平林, 앞의 논문, 86쪽.

31 奥, 앞의 책, 20쪽.

32 井上一稔, 「清涼寺釈迦如来像と奝然」, 中野玄三他編, 『方法としての仏教文化史 ヒト・モノ・イメージの歴史学』, 勉誠出版, 2010, 85~90쪽.

하고자 한다.

3. 조넨의 청래상에 숨겨진 측면과 요구된 역할

조넨은 귀국 초부터 "아타고산(愛宕山)을 오대산(五臺山) 다이세이료지(大清凉寺)라고 이름 붙이고 가람(伽藍)을 건립하여 백전단(白栴檀)의 석가상을 놓을(以愛太子山号五臺山大清凉寺 建立一伽藍 置白栴檀釈迦像)"구상을 했던 것 같다.[33] 물론 그 때부터 (A)와 같은 체험을 주위에 말했을 가능성이 있다. 그러나 조넨 자신이 실제로 (A)에 대해 언급한 사료를 확인할 수 있는 것은 시기가 조금 지난 후의 일이다. 우선 조넨 본인이 말한 것이 확실한 사료에 주목해 보자.

『전법관정잡요초(伝法灌頂雜要鈔)』권3의 우라가키(裏書)에 인용된 1019년 3월 15일 다이조칸부(太政官符)[34]는 조산을 세이료지 아사리(阿闍梨)에 임명한 문서인데, 여기에 999년의 조넨의 주상(奏状)이 인용된다. 조넨은 위에서 언급한 세이료지라고 하는 새로운 절에 대한 구상 가운데 하나였던 아사리 다섯 명 중에서 아직도 한 명밖에 용인되지 않았다고 호소하며 제자 조산을 아사리직에 임명해 달라고 청원한다.

---

33 『小右記 逸文』(東京大学史料編纂所編, 『大日本古記録 小右記11』, 岩波書店, 1986, 26쪽).

34 이하 본문의 인용과 언급은 東京大学史料編纂所編, 『大日本史料』 2~14, 1990, 170~171쪽에 의한다.

999년의 주상에는 세이료지를 동시대 송나라 불교를 재현할 수 있는 공간으로서 성립시키고자 했던 조넨의 의도가 같이 존재한다. 이는 이미 지적된 바와 같이 조넨이 귀국 직후부터 송나라의 불교를 도입하려는 구상, 즉 삼학종(三学宗, 선종)의 입종(立宗)이나 신계단(新戒壇)을 건립하려는 구상[35]의 연장선상에 놓여 있다. 입종이나 계단의 건립은 일본 내 불교의 반대로 줄줄이 무산되지만, 이후 999년의 주상에서도 신 사원으로 "입송하여 법을 배우는 승려의 장려(将励後代入唐学法之輩)"를 구상했음을 확인할 수 있다. 지금까지 깊이 논의되지 않았지만 이 같은 구상은 이후 중세에 발흥하는 선율불교(禅律仏教) 사원과 유사점이 있음을 간과해선 안 된다. 조넨이 목표로 삼은 세이료지의 구상 그 자체에 대한 검토는 본고의 검토 범위를 벗어나기에 다음을 기약하겠지만, '상'에 대한 조정의 공양이 멈춘 이 시기에도 조넨 사제는 계속하여 후속 입송승에 대한 사전 준비 기관을 겸해 송나라 불교와 공통된 환경을 지닌 사원을 정비하며 향후 일본과 송나라의 불교 교류에 대응할 기획을 세우고 있었다. 이 와중에 자신의 수중으로 돌아온 석가상에 대한 의미 부여가 계획되었다.[36]

---

35 横内裕人, 「自己認識としての顕密体制と「東アジア」」, 『日本中世の仏教と東アジア』, 塙書房, 415~416쪽; 西谷功, 『南宋·鎌倉仏教文化史論』, 勉誠出版, 2018, 22~24쪽.

36 니시타니 이사오(西谷功) 씨는, 조넨이 송나라에서 수계(受戒)한 제자를 계사(戒師)로 삼아, 송나라의 최신 규칙에 의한 수계의례를 시작하려고 했을 가능성이 있다고 하고, 석가상과 사리탑이 수계의례 등의 본존으로 삼기 위해 제작되어, 청래되었을 가능성도 지적한다(위 책, 23쪽). 이는 중요한 견해라고 생각한다. 앞 장에서 지적한 대장경 행사의 본존으로서의 역할을 포함하여, 청래 초기부터 석가상에는 송나라의 불교의례의 재현에 있어, 다양한 역할이 기대되었고, 이는 후세에도 일정 부분 수용되었을 것이다. 이점은 필자도 전혀 부정하지 않는다.

조넨은 조산에 대해 세이료지 아사리에 어울리는 인물임을 거론한다. 송나라 궁중에서 석가상을 실제로 본 사실을 기술할 때에, 오대산에서 "문수보살의 기서(奇瑞)"를 본 것을 비롯하여 천태산(天台山)과 낙양(洛陽), 용문(竜門) 등 불교의 성적을 두루 방문한 것과 함께 다루며 어필하고 있는 점이 눈에 띈다. 석가상은 중국 내의 성지와 성유물의 하나로서 오대산을 필두로 한 성적과 필적하는 존재로 다루어진다. 그리고 조넨은 종래 중국에 건너간 일본의 승려들이 오대산과 천태산 중 한 곳밖에 가지 못했던 것에 비해, 제자인 조산은 두 곳을 모두 가 보았으며 인도의 승려에게 실담학(悉曇学)을 배웠을 뿐만 아니라, 동시대 중국 밀교의 대법(大法)을 습득하여 관정(灌頂)을 받았다고 주장한다. 말하자면 조넨은 제자인 조산에 대해 당시대 중국에 집적된 인도와 중국 불교의 정수를 모두 체험하고 체득한 존재로 묘사했던 것이다. 특히 『법화경(華厳経)』 계통 경전에 보이는, 인도 동북에 있고 실제로 문수가 살며 설법을 하고 있는, 세이료산(清凉山)과 동일시되었던 오대산에 관해서는 9세기 중반 이후 중국에 간 도해승(渡海僧)을 후원한 천황 이하 귀족들이 결연(結縁)을 청한 아시아 굴지의 성지로 인식되어졌다.[37] 조산은 그 오대산에 갔을 뿐 아니라, 그곳에서 문수보살의 기서까지 목격할 수 있었다.[38] 999년의 주상이 작성된 시점에서 조넨 사제는 (A)=우전왕사모상을 직접 배관한 것도 마찬가지로 그것에 비견할 만한 경험의 하나로 평가한 것처럼 보인다. 조산이 겸비한

37 手島, 앞의 논문, 217~220쪽.

38 『造立記』에도 상세히 기술되어 있다. 귀국 후에 새로이 날조된 것이 아니다.

송나라 불교계에서의 체험이야말로 세이료지 구상에 필요하다 여겨졌고, 중국에서 우전왕사모상과 연을 맺었던 것 역시 중요한 일부를 차지한다고 여겨졌다.

조넨이 청래한 문물을 둘러싸고 황제와 나눈 교섭이 일단락되고, 조정에 의한 공양이 중단된 (1) 시기 이후에, 석가상이 지닌 송나라 황제와의 관계는 차츰 소홀히 되었다. 이에 따라 원융 천황을 필두로 한 후원자들의 기원을 담아 만들어진 점과 같이, 이 '상'이 일본 천황이 귀의할 만한 왕권의 소유물이라는 측면도 점차 옅어졌을 것이다. 세이료지에 옮겨졌던 석가상에서 귀국 초기에 부여된 의미가 점차 줄어들고 개봉에 있던 '상'이 실은 양무제가 청래한 모각상이 아닌, 우전왕이 만들게 한 오리지널 사모상이라고 하는 『역기』설이 필요하게 되자 (A), 즉 그 영상(霊像)을 실제로 배관한, 운 좋게 그들에게만 허락된 체험이 비로소 의미를 가지기 시작했을 것이다.

또 조산이 겨우 아사리에 임명되기 한 해 전에 일본과 송나라 양국의 왕권 사이에 주고받았던 칙판(勅版) 대장경을 세이카지에서 빼내 섭관가에 헌납했던 점(전술 (2))은 청래 초기에 대장경과 세트로 간주되었던 석가상에서 왕권과 관련된 측면을 제거해 가는 데에 큰 계기가 되었을 것이다. 스승의 죽음(1016년)으로 한 단락을 매듭짓고 세이카지(후의 세이료지)가 목표로 삼던 방향성을 쇄신하려고 했던 것으로 보인다.

『좌경기(左経記)』 1031년 9월 18일자 기사[39]에 의하면, 송나라 상인에게

---

39 增補史料大成刊行会編, 『左経記 增補史料大成6』, 臨川書店, 1965, 299쪽.

위탁하여 문수상, 오대산의 돌과 같은 것들 외에도 자무우수(資無憂樹), 보리수엽(菩提樹葉), 사라수엽(沙羅樹葉)이라고 하는 석가의 탄생과 성도, 열반에 관계된 식물[40]을 수입했다. 애당초 조넨은 귀국 후에 아타고산을 오대산에 준하는 장소로 만들려고 했다. 조산은 결국 새로이 건립되지 않았던 세이료지를 세이카지 안에 세우고 문수상과 오대산의 돌을 사용해서 이른바 소오대산(小五臺山)[41]으로서 장엄하려고 했을 것이다. 한편 조넨은 입송 전에는 천축의 석가 유적 순례에 뜻을 두고 있었고, 천축과 오대산에 대한 사모를 더해 이야기를 한다.[42] 이를 토대로 짐작해 보면, 제자인 조산은 우전왕사모상마저 불법이 시원(始原)한 땅인 인도를 상징하는 영상으로 재정의하고자 했던 것 같다. 애당초 '상'의 태내 납입품에는 오대산 신앙의 양상을 엿볼 수 있다는 지적도 있기에, 오대산 신앙과 석가 신앙은 조상에 즈음하여 이미 결합되어 있던 것처럼 보인다.[43] 이상을 고려한다면, 조넨 청래상부터 송과 일본의 양 왕권 간의 관계가 단계적으로 약해지며 세이카지(세이료지)가 대륙의 성지를 본뜬 영장화(靈場化)를 이루어가는 와중이었기 때문에, 조넨청래상과 진(真)의 우전왕사모상, 나아가서는 석가 그 자체와 밀접한 거리가 요구된다. 달리 말하면 『약기』설을 받

40 奥, 앞의 책, 61~62쪽 참조.

41 중국 국내외에 생겨난, 이른바 小五臺山 신앙에 관해서는, 山本謙治, 「五台山における聖地信仰の形成-仏教聖地形成の一例として-」, 『人文科学』 11, 1991, 82~83쪽 참조.

42 「奝然上人入唐時為母修善願文」, 大曾根章介他編, 『本朝文粋 新日本古典文学大系27』, 岩波書店, 1992, 361쪽.

43 井上, 앞의 논문, 104~108쪽.

은 (B)의 측면, 즉 조넨청래상은 정진정명(正真正銘)의 우전왕상을 실제로 눈앞에서 모조시킨 '상'이라고 하는 언설(言說)을 요구하게 되었을 것이라 생각한다.

본래 세이료지 석가상이 서있던 대좌(台座) 상면에 '당태주(唐台州)'라고 음각이 되어 있는데,[44] 태주에서 '상'이 모각되었다고 하는 정보는 조넨이나 조산의 활동 시기 이후에도 사람들 사이에서 어느 정도 계속 유통되었던 것 같다. 그럼에도 불구하고, 적어도 인세이기(院政期)(4장 참조)에는 『조립기』에 나온 것처럼 태주에서 석가상을 조상했다는 이야기는 사람들 사이에서는 행해지지 않았던 듯, 1954년에 조사할 때까지 '성산기'에 기록된 것처럼 개봉에서 조상(造像)되었다는 이야기가 널리 알려져 있었다. '성산기'의 이야기는 입송승이 귀국한 후에 수십 년에 걸쳐 그 '상'을 어떻게 사회에 자리매김 시킬까 하는 고뇌의 결과였다. 그들은 죽음이 다가올 때까지 자신들의 체험을 기반으로 자신이 청래한 '상'의 의미부여를 위한 모색을 거듭했고, 마침내 후세에 수용될 만한 '상'이 설 자리를 찾아냈다. 현재 우리가 볼 수 있는 '성산기'가 본래의 형태 그대로 전해지는지는 여기서 다루지 않겠지만, 그 내용이 그에 의해 방향이 결정된 것은 분명할 것이다.

44 일본에서 새겨진 것으로 추측된다(奥, 앞의 책, 42쪽).

IV. 고시라카와인에 의한 석가상 청래 사적의 재해석

마지막으로 검토할 것은 그들이 자신들의 체험을 토대로 의미를 부여한 석가상의, 그 이후에 관한 것이다. 즉 그들이 세상을 떠난 이후의, 이차적 전개에 관해 검토하고자 한다. 여기에서는 앞의 장에서 검토한『역기』+'성산기'언설을 토대로 조넨이 모상과 오리지널 '상'을 바꿔치고, 일본에 진짜 우전왕사모상을 청래했다고 한『보물집(宝物集)』(1179년경에 작성된 설화집)의 일화가 퍼지기 시작한 시기, 한 차례 잊힐 뻔했던 석가상의 일면이 다시금 주목 받은 사실에 주목하며 향후에 중근세의 석가상 그 이후에 대해 검토할 수 있는 단서를 찾고자 한다.

잔존하는 사료들로는 석가상이 인세이기까지 국내에서 어떤 신앙의 대상이었는지 상세히는 알기 어렵다. 그러나 이 가운데 12세기 후반에 정치적 실권을 쥐었던 고시라카와인(後白河院)이 세이료지를 직접 방문해서 석가상을 공양하고 모각까지 행하는 등 눈에 띄는 관심을 보였던 점을 간과해서는 안 된다. 이하 인(院)의 내심(內心)을 전하는 소재로서 그가 주최한 세이료지 관련 불사에서 작성된 표백문(불사 주최자의 의뢰를 받아, 법사의 취지를 서술한 문장)을 구체적으로 검토하고자 한다. 관련 표백문은 고시라카와의 근신(近臣) 중 대표격인 신제이(信西)의 자식, 조켄(澄憲)과 그 아들 세이카쿠(聖覚)가 담당한 것으로, 이미 고지마 야스코(小島裕子)에 의한 상세한 분석이 있다.[45] 그 해석에 수긍하지만, 본고의 관점에 따라 약간의 사견을 더하고자 한다.

우선 표백 중에 아직 분석의 여지가 남아 있는 '팔강결원(八講結願)'(『전법륜초(転法輪鈔)』 표백이(表白二))[46] 표백문에 시선을 돌려 보자. 이 1191년 8월의 세이료지 미핫코(御八講) 마지막 날의 표백은 조넨이 '상'을 청래하고 렌다이지에 안치한 다음에 일조(一条) 천황이 관사에게 명하여 공양을 행하였는데(즉 전술한 991년 무렵까지의 공양), 청래 당시부터 17대 천황이 모두 세이료지(세이카지)에 가지 않고 예배도 하지 않았다고 한다. 이에 비해 고시라카와인이 200년이 흘러 처음으로 석가상을 직접 방문했음이 적혀있다. 물론 고시라카와 자신은 천황을 그만두고 인(院)이라는 입장으로 방문을 했지만, 예배에 가지 않았던 종래의 천황들의 태도를 일본의 큰 수치라고 비판하였다. 여기에서 주목해야 하는 기술은 "일본은 대승기연(大乘機縁)이 순숙(純熟)한 나라로 일승(一乘)의 교법(教法)이 유포될 땅이다. 왜냐하면 조정이 사신을 보내, 이 '상'을 한나라 조정(중국)에 청구하지 않아도 조넨 상인(上人)이 예기치 않게 자연히 청래할 수 있었기 때문이다

---

45 小島裕子, 「嵯峨清凉寺供養と後白河院の晩年-『転法輪鈔』より、東アジアを見据えた「王」の意識」, 『金沢文庫研究』 340, 2018, 5~24쪽.

46 인용은 永井義憲他 編, 『安居院唱導集上 貴重古典籍叢刊6』, 角川書店, 1972, 233~235쪽.

(我朝大乗機縁純熟国一条教法流布之地也、何者朝発使不請此像於漢朝、上人適請来)"와 같은 취지의 문장이다. 그리고 불교국 일본에 스스로 건너온 "仏像思食〔필자주:불상의 생각〕"을 역대 천황이 몰랐던 것을 수치라고 비판하였다.

이 기술은 표백 전반부의 "양무제가 전단서상(栴檀瑞像)의 영이(霊異)를 듣고 사자를 보내 천축에 청구하며 이를 맞이하자, 사위성(舎衛国)의 왕은 그 뜻에 깊이 감화하여 모각상을 중국에 보냈다(帝遥伝聞檀像霊異遣使迎請西天、舎衛国王感其深志模像送東漢)"와 같은 기술과 대비될 것이다. 원래 그 표백문에서는 앞 장에서 살펴본 『역기』+'성산기'와 같은, 일본에서 점점 강해져 가던, 쿠 마라지바에 의한 우전왕상의 중국 청래설 자체를 채용하지 않았다. 굳이 무제에 의한 청래설 쪽에 서서 '상'이 가진, 왕권의 문물에 해당하는 측면을 강조하였다. 그리고 무제에 의해 인도에서 중국으로 건너온 '상'의 국가 간 이동은 사자의 파견을 매개로 상대국의 왕에게 보내는 물품청구와 그에 대한 허가를 거친다는 점에서, 국가 혹은 왕권 간의 외교의 일부로 간주되는 것이다. 이에 비해 일본은 사자의 파견과 같은 왕권 간의 교섭 과정을 거치지 않은 채, 모상이라고 하는 형식을 띠긴 하지만 불상이 스스로의 의지로 건너온 것이라 말한다. 이처럼 이 표백이, 세이료지상은 일본과 송나라 왕권의 교섭 속에서 가져온 것이 아니라 일본이 불교가 성(盛)한 나라이기에 당연히 청래된 것이라고 주장하는 점을 간과해서는 안 된다.

반약 중국에 사자를 보내 '상'을 청구해서 이를 얻게 된다면, 이를 통해 현실의 국제관계 속에서 새로이 '중국의 조공국 일본'이라고 하는 쌍방의 상하관계, 힘의 관계가 가시화될 수 있다. 조넨이 귀국했을 시에 청래 문물을 둘러싸고 문제가 된 것은 이 같은 일본과 송나라의 외교문제에 관련된 측면이었다. 조넨은 입송하기 전부터 상청래를 하는 공사였던 것은 아니지만, 2장에서 밝힌 바와 같이 입송 후에 스스로 '상'의 전달자로서의 역할을 자각하고 귀국하였다. 송이라고 하는 새 왕조와 일본이 처음으로 마주한 시기에 황제의 하사품에 준하는 의미를 지녔던 석가상에 대해 이후의 송나라와 일본 사이에, 당나라와 일본 간의 조공관계와 같은, 항상적인 외교관계가 만들어지지 않은 점이 반영되어 국내에서도 왕권의 문물로 공식적으로 취급되어지는 것을 꺼려했다.

고시라카와는 '상'을 청래하고 약 200년이 흐른 후에 조넨의 귀국을 둘러싼 일본과 송나라의 교섭의 결과를 충분히 파악하고 조넨에 의한 불상수입의 의미를 새로이 재해석하려 했다. 고시라카와에게 있어 세이료지상이란 일본과 송나라, 양 왕권 사이에서 주고받았던 것이 결코 아니었다. 우전왕사모상은 인도에서 중국까지는 국가와 왕권 간의 외교 교섭의 결과로 옮겨졌지만, 일본에는 '상', 즉 석가 자신의 의지로 전래되게 되었다. 외교의 결과로 갖고 온 송나라 황제의 선물이 아니니, 일본의 왕이 공양해도 전혀 문제가 되질 않는다. 고시라카와인은 이를 염두에 두고 세이료지상을 처음으로 방문하고 예배했다. 그리고 표백에는 "석가가 일찍이 우전왕사모상의 머리를 쓰다듬으며 불멸 이후의 중생구제를 위탁한 것처럼, 이번에는 이 불상이 고시라카와 법황(法皇)의 머리를 쓰다듬고 일본의 중생구제를 위탁하게 되었다(尺尊昔撫此像頂付属滅後衆生給 此仏今摩法皇頂付属我朝衆生給)"고 기술되어 있다.

표백에서는 이처럼 조넨 사제가 귀국하고 오랜 기간 동안 억누르고 있던 세이료지 석가상의 일면에 눈을 돌려 왕권이 숭배할 만한 성유물로 새로이 자리매김 시키고, 중국 황제와 관계된 측면은 주도면밀하게 배제시켰다. 그리고 이같은 과정 속에서 표백은 세이료지 석가상을 일본 국내에 존재하는 불교 관련 문물 가운데, 고시라카와인이 통치하는 데에 있어 정통성을 보증하는, 가장 어울리는 존재로 간주하게 된 것이다.

이처럼 세이료지 석가상을 왕권의 문물로 새로이 의미를 부여한 것은 동시대의 『보물집』에 보이는 『역기』+'성산기' 계통의 언설의 발전형, 즉 세이료지 석가상을 우전왕사모상 그 자체로 보는 또 하나의 언설의 발전과 어떤 교섭 관계에 있던 것일까? 또 중근세에서 이 '상'의 신앙에 어떤 영향을 끼쳤던 것일까? 이 부분에 대한 논의는 향후의 과제로 남겨두고자 한다.

V. 맺음말

지금까지 검토한 바와 같이 조넨이 조상(造像)하고 청래한 우전왕사모상에는 중일 교류의 형태에 관한 복수의 선택지가 뒤따르고 있었는데, 그것의 국내 수용을 둘러싸고 장래자(将来者)인 조넨 사제가 자신들의 손으로 이 '상'의 의미 부여와 재해석에 관여하였다. '상'이 지니고 있던 일본과 송나라의 왕권 간의 관계 촉진에 관련된 측면은 모습을 감추고, '상'의 생신(生身) 석가와의 가까움만 강조되었다. 이 같은 방향성은 현실의 대외 교류라는 면에 있어서, 예를 들면 조넨 사제의 바로 뒤에 입송했던 자쿠쇼(寂照)를 마지막으로 천황이 도해승에게 오대산에 대한 결연을 위탁하지 않게 된 추세[47]와 아마도 밀접한 관계를 맺고 있을 것이다. 또한 차대(次代)를 향해 인도-중국-일본이라는 관념적인 세계관(삼국 세계관)이 비대화되는 과정을 전형적으로 나타낸다고 말할 수 있을 것이다. 그렇지만 마지막으로 잊어서는 안 되는 것은 청래상이 지닌 의미가 감추어지거나 다시금 부각되어질 때, 거기에 관여된 사람들은 나름대로 실제 외교 교류와 연관

---

47 堀, 앞의 논문, 90쪽.

성을 맺고 있었기에 현실의 외교정세를 구체적으로 염두에 두고 있지 않았을까 하는 점이다. 이는 조넨 사제와 같은 입송 경험자뿐만 아니라, 말미에 검토한 고시라카와인의 '상'에 대한 접근에 있어서도 동일할 것이다. 이미 고지마 야스코(小島裕子) 씨가 "북송 시대의 사적을, 남송과의 대외정세를 꿰뚫어 보고 새로이 해식"[48]한 결과라고 선망적으로 이야기했는데, 이는 수긍할 만한 견해라고 생각한다. 필자도 고시라카와가 입송승을 통하여 남송의 불교계와 교섭을 행한 것은 그가 세이료지상을 왕권의 문물로서 자리매김하려고 하는 데에 있어 중요한 전제 조건이 되었다고 생각한다. 이 점에 관한 구체적인 검토는 본고의 성과와 선행연구를 비교, 검토한 후에 다시 한 번 논하고자 한다. 그리고 그것을 실마리 삼아 각 시기별 일본의 대외교류의 실제를 염두에 두고 중근세에서 세이료지상과 조넨의 입송 사적, 그 자체를 둘러싼 이야기의 전개에 관해서도 고찰을 계속하고자 한다.

이 글은 데시마 타카히로, 「입송승 조넨(奝然) 사제와 우전왕사모상(優塡王思慕像): 여러 의미의 청래(請来)를 둘러싸고」, 『일본역사연구』53, 일본사학회, 2020을 바탕으로 가필 수정한 것이다.

48 小島, 앞의 논문, 20쪽.

참고문헌

| 사료

「優填王所造栴檀釈迦瑞像歴記」:平林盛得, 「優填王所造栴檀釈迦瑞像歴記」, 『書陵部紀要』 25, 1974.

『左経記』:増補史料大成刊行会編, 『左経記 増補史料大成6』, 臨川書店, 1965.

『小右記』:東京大学史料編纂所編, 『大日本古記録 小右記1』, 岩波書店, 1959.

『小右記 逸文』:東京大学史料編纂所編, 『大日本古記録 小右記11』, 岩波書店, 1986.

「奝然上人入唐時為母修善願文」:大曾根章介他編, 『本朝文粋 新日本古典文学大系27』, 岩波書店, 1992.

『奝然入宋求法巡礼行並瑞像造立記』:東京大学史料編纂所編, 『大日本史料』 2~10, 1989.

『伝法灌頂雑要鈔』:東京大学史料編纂所編, 『大日本史料』 2~14, 1990.

『転法輪鈔』:永井義憲他編, 『安居院唱導集上 貴重古典籍叢刊6』, 角川書店, 1972.

「東禅寺版大蔵経刊記」:京都国立博物館編, 『国宝鳥獣戯画と高山寺』, 朝日新聞社, 2014.

『御堂関白記』:東京大学史料編纂所編, 『大日本古記録 御堂関白記下』, 岩波書店, 1954.

金富軾「轉大藏經道場疏」崔瀣『東人之文』四六卷之八 (고려대학교 도서관(만

송364A4)) http://db.history.go.kr/id/muds_008_0020_0030(검색일, 2020.09.18.)
鄭知常「轉大藏經道場疏 又」崔瀣『東人之文』四六巻之八 (고려대학교 도서관(만송364A4)) http://db.history.go.kr/id/muds_008_0020_0040(검색일, 2020.09.18.)

| 연구서

奥健夫,『清凉寺釈迦如来像 日本の美術513』, 至文堂, 2019.
塚本麿充,『北宋絵画史の成立』, 中央公論美術出版, 2016.
手島崇裕,『平安時代の対外関係と仏教』, 校倉書房, 2014.
西谷功,『南宋·鎌倉仏教文化史論』, 勉誠出版, 2018.

| 연구논문

荒木計子,「奝然将来の五台山文殊の行方」,『学苑』492, 1995.
石井正敏,「入宋巡礼僧」,『遣唐使から巡礼僧へ石井正敏著作集2』, 勉誠出版, 2018.
石上英一,「日本古代一〇世紀の外交」,『東アジアの変貌と日本律令国家 東アジア世界における日本古代史講座７』, 学生社, 1982.
井上一稔,「清凉寺釈迦如来像と奝然」,『方法としての仏教文化史 ヒト·モノ·イメージの歴史学』, 勉誠出版, 2010.
稲本泰生,「隋唐期東アジアの「優塡王像」受容に関する覚書」,『東方学報』88, 2013.

上川通夫,「奝然入宋の歴史的意義」,『日本中世仏教形成史論』, 校倉書房, 2007.

上川通夫,「末法思想と中世の「日本国」」,『日本中世仏教と東アジア世界』, 塙書房, 2012.

小島裕子,「嵯峨清凉寺供養と後白河院の晩年-『転法輪鈔』より、東アジアを見据えた「王」の意識」,『金沢文庫研究』340, 2018.

佐藤全敏,「国風とは何か」,『日本古代交流史入門』, 勉誠出版, 2017.

手島崇裕,「平安王権と中国仏教」,『古代日本と興亡の東アジア 古代文学と隣接諸学１』, 竹林舎, 2018.

平林盛得,「優填王所造栴檀釈迦瑞像歴記」,『書陵部紀要』25, 1974.

堀裕,「天皇と日宋の仏教文化」,『日宋交流期の東大寺 奝然上人一千年大遠忌にちなんで』, 法蔵館, 2017.

山本謙治,「五台山における聖地信仰の形成-仏教聖地形成の一例として-」,『人文科学』11, 1991.

横内裕人,「自己認識としての顕密体制と「東アジア」」,『日本中世の仏教と東アジア』, 塙書房, 2008.

7

한일 역사교과서는 입당승·입송승을 어떻게 서술하고 있는가 : '견당사 정지-국풍문화 발달' 문맥과의 관련성에 주목하여

- 정순일

Ⅰ. 머리말

고대 일본의 입당승(入唐僧)·입송승(入宋僧)은 일찍부터 역사학계의 주요 관심 대상이었고 관련 연구의 축적 또한 적지 않다. 도래인, 견수사, 견당사 등 중국과 한반도를 비롯한 이국 선진 문물의 유입을 추동한 주체 문제는 일본사 연구에서 매우 큰 비중을 차지하며, 고대국가 형성 및 발전과 관련한 논의에서 빠뜨릴 수 없는 주제이기 때문이다. 마찬가지 논리로 시기상 '견당사 이후'에 해당하는 입당승·입송승의 역할과 활약상을 밝히는 작업은 고대국가의 실태를 설명함에 있어서는 물론, 고대에서 중세로의 전환기를 내용으로 하는 국제 교류사와 국내 정치사의 연결고리서의 의의도 지니고 있기 때문에 여러 연구자에게 주요한 분석 대상으로 자리매김되어 온 것이다.

그러나, 이 같은 연구사적인 의의에도 불구하고 한국 학계에서는 거의 존재감 없는 '도해승(渡海僧)'으로 치부되었던 것도 부정하기 힘든 사실이다. 아마도 헤이안 시대 연구가 활성화되지 못하였다거나, 관련 기초자료의 정보(혹은 그의 공유)가 충분하지 못하였던 상황과도 일정 정도 관련이 있는 것으로 보인다. 실제로 대표적인 논자들의 선행연구를 살펴보면, 한국 학계에서 입당승에 대한 관심이란 곧 '서학승(西學僧)'이라고도 불리던 '신라 구법승' 집단을 다룬다는 것을 의미하였다.[01] 나아가, 몇몇 연구가 웅변해주듯, 한국 학계에서 말하는 '일본 구법승'이란 곧 엔닌(円仁)을 지칭하는 것이다.[02] 엔닌이 주목을 끌게 된 것은 장보고와의 깊은 인연 때문으로 여겨지는데, 그러다 보니 자연스레 '일본 구법승' 연구도 장보고 및 재당 신라인의 교역 활동에만 집중되어왔던 경향이 강하다.[03]

입송승과 관련해서는 최근 꾸준히 발표되고 있는 데시마 다카히로(手島崇裕)의 연구가 주목된다.[04] 일본의 입송승에 대한 심층적 이해를 돕는

---

01 김상현, 「7·8세기 海東求法僧들의 중국에서의 活動과 意義 -東亞細亞佛教의 形成과 發展에 寄與한 海東高僧을 中心으로-」, 『불교연구』 23, 2005; 정병조, 「求法僧 硏究의 意義와 課題」, 『불교연구』 23, 2005; 김병곤, 「新羅 下代 求法僧들의 行蹟과 實狀 - 新羅 中古期 및 中代 求法僧과의 比較 考察」, 『불교연구』 24, 2006; 정병삼, 「신라 구법승의 구법과 전도 - 圓測과 義相, 無相과 道義를 중심으로」, 『불교연구』 27, 2007; 권덕영, 「신라 '西化' 구법승과 그 사회」, 『정신문화연구』 30~2, 2007; 정병준, 「당(唐),신라(新羅) 교류사(交流史)에 서 본 신라 구법승」, 『중국사연구』 75, 2011 등.

02 이유진, 「唐代 求法僧의 숙박시설 -円仁의 『入唐求法巡禮行記』를 중심으로-」, 『숭실사학』 22, 2009 등.

03 장보고 관련 연구는 그 수를 헤아리기 어려울 정도로 축적이 방대하다. 대표적인 연구 및 관련 기초자료에 대해서는 한국해양재단 편, 『7~10世紀 韓中日交易硏究文獻目錄·資料集(개정판)』, 한국해양재단, 2012; 김문경 편역, 『7~10世紀 韓·中·日 交易關係 資料 譯註』, 해상왕장보고기념사업회, 2001 등을 참고하기 바란다.

04 手島崇裕, 「入宋僧寂照の中国国内での位置取りをめぐって」, 『일어일문학연구』 86, 2013; 手島崇裕, 「入宋僧奝然の世界観について」, 『일어일문학연구』 88, 2013; 手島崇裕, 「在宋期の寂照をめぐる説話について」, 『일어일문학연구』 90, 2014; 데시마 다카히로, 「「奝然上人入唐時為母修善願文」에 대한 소고」, 『일어일문학연구』 96, 2016; 데시마 다카히로, 「교과서에 나타난 입북송승(入北宋僧)·헤이안(平安)시대 대외관계 기술에 관한 특징과 전개 고찰 -국정 일본사 교과서를 중심으로-」, 『일어일문학연구』 98, 2016; 데시마 다카히로, 「근대에서의 입

매우 중요한 성과들이다. 다만 그렇다고 해서 그것이 곧바로 한국 학계에서 입송승 연구의 저변이 확대된 것으로 해석되기에는 어려움이 있는 것도 사실이다. 더군다나 관련 연구의 상당수가 일본인 연구자에 의해, 일본어로 발신되어온 측면이 있기에 관련 연구 및 후속 연구로의 파급이 진전되기 어려웠던 것이 아닌가 추측된다.[05] 앞으로는 분석 대상의 면에서, 또 연구자의 숫자 면에서 다양화, 다변화가 기대되는 이유이다.

한편, 일본 학계의 입당승·입송승 연구에서 확인되는 특징은 헤이안 시대의 국제관계를 중국(당·송)과 일본이라는 양대 축을 기준으로 해명하고 있다는 점이다. 즉 중일 관계사, 교류사의 틀에서 제한적으로 바라봐왔다는 의미이다. 다른 시대, 다른 주제의 일본 대외관계사 연구에서 보이고 있는 '중국 중심·한반도 도외시'의 상황이 도항승 연구에서도 여전히 나타나는 것이다.[06]

이상에서 검토한 선행연구가 안고 있는 문제점을 해소하기 위해서는

송승(入宋僧) 관련 언설(言說) 연구 -일본 국정교과서 내 기술 등장을 실마리로 하여-」, 『사총』 99, 2020; 데시마 다카히로, 「입송승 조넨(奝然) 사제와 우전왕사모상(優塡王思慕像) -여러 의미의 청래(請来)를 둘러싸고-」, 『일본역사연구』 53, 2020 등.

05 데시마 연구의 처음 몇 편도 그렇지만, 그 이외에도 遠藤隆俊, 「義天と成尋 -十一世紀東アジアの国際環境と入宋僧-」, 『동국사학』 44, 2008 등과 같이 일본인 연구자의 논고가 일본어 원문 그대로 게재되는 방식이 택해졌다.

06 2010년 이후 간행된 책을 중심으로 살펴보면 榎本渉, 『僧侶と海商たちの東シナ海』, 講談社選書メチエ, 2010; 手島崇裕, 『平安時代の対外関係と仏教』, 校倉書房, 2014; 田中史生 編, 『入唐僧恵蕚と東アジア』, 勉誠出版, 2014; 佐藤長門 編, 『遣唐使と入唐僧の研究』, 高志書院, 2015; 大塚紀弘, 『日宋貿易と仏教文化』, 吉川弘文館, 2017 등의 연구를 꼽을 수 있다. 이들은 대체로 중국-일본 양자 관계를 중심 주제로 삼고 있음이 확인된다.

방법과 내용의 양면에서 비판 및 재검토가 이루어져야 한다. 첫째, 장보고 연구의 연장선에 도항승 연구를 자리매김하는 방법을 지양해야 할 것이다. 엔닌 한 사람뿐 아니라 같은 시기에 중국으로 들어가 구법·순례를 행한 기타 일본 승려에 대한 주목이 요구된다. 장보고와 엔닌을 동시에 상대화할 때만이 새로운 연구 시각이 도출될 수 있을 것으로 전망되기 때문이다. 둘째로는, 도해승과 관련한 기초자료에 대한 정밀한 검토를 시도해야 한다. 앞서 지적했듯이 한국 학계에서는 오로지 『입당구법순례행기』만을 관심의 대상으로 삼아왔다. 그러나 고대 일본 승려가 남긴(혹은 그들이 등장하는) 기록물은 그 이외에도 다수 존재한다. 일본 학계의 연구성과를 참조하면서도 적절한 거리두기를 통해 다양한 입당승·입송승 텍스트에 대해 참신한 시각을 제시해야 하는 것이다.[07] 셋째는, 일본 대외관계사 연구의 고전적 설명 틀에 대한 반성과 성찰이 요구된다는 것이다. 일본의 입당승·입송승 연구는 단순히 중국과 일본 양국 관계만을 다루는 게 아니다. 신라, 발해, 고려 등 한반도 요소와도 무관하지 않다. 동아시아 해역 세계에서 다방향으로 복합적, 동시다발적으로 이루어지는 교류의 전체상에 유의하면서 도해승 연구에 임해야 하는 이유도 바로 거기에 있다.

07 입당승 관련으로는 『입당오가전(入唐五家傳)』과 같은 기록을 예로 들 수 있다. 일본 국문학연구자료관에서 제공하는 '신 일본 고전적 종합 데이터베이스(新日本古典籍総合データベース)'에서는 해당 기록을 이미지 파일로 제공해주고 있어 참고된다. (https://kotenseki.nijl.ac.jp/biblio/100044815/) 데이터베이스의 활용 방법에 대해서는 정순일, 「일본 고전적(古典籍) 소장기관의 자료 디지털화 현황과 시사점」, 『한문학논집』 49, 근역한문학회, 2018 참고. 한편, 입송승 관련으로는 『참천태오대산기(参天台五臺山記)』 등이 주목되는데 국내 연구에서도 일부 다루어진 바 있다.(김종섭, 「『참천태오대산기』로 본 송대 여행 인프라와 문화체험」, 『사림』 30, 2008 등)

이상과 같은 문제의식에 유의하며 이 글이 우선적으로 주목하고자 하는 소재는 한일 양국의 역사교과서에 보이는 입당승·입송승 관련 서술이다. 역사교과서가 다년간 학계에서 축적된 연구성과를 담고 있는 동시에, 최근의 연구 경향을 집약적으로 보여주는 텍스트라는 점을 고려한다면, 양국의 현행 역사교과서 분석은 한국 및 일본 학계의 연구 도달점을 살펴볼 수 있는 매우 유용한 방법론일 수 있다고 여겨지기 때문이다.[08]

또한, 주로 고등학교 교과서를 살펴볼 예정이다. 중학교 교과서보다 서술이 구체적이고 상세한 고등학교 교과서를 주된 검토 대상으로 삼아, 집필자(학계)의 인식을 보다 효과적으로 파악해보고자 한다.[09] 한국의 경우

---

08 물론 한국의 경우, 학계의 연구성과가 교실 및 교과서에 반영되기까지 일정한 시차가 존재한다는 평가가 있다. 나아가 이미 통설로 자리 잡은 논의조차 반영되지 않는 경향이 있다고 지적되기도 한다.(임기환, 「한국 고대사의 연구성과와 역사교과서 서술의 방향」, 『역사교육연구』 16, 2012; 송호정, 「학교에서의 한국고대사 교육 현황과 교과서 서술의 올바른 방향」, 『한국고대사연구』 84, 2016 등) 그러나 그렇게 일률적으로 말하기 힘든 측면도 있다. 검정제 하의 교과서는 출판사, 집필자의 역량이나 전문성에 따라 서술의 구체성과 정확도가 결정되기도 하지만 일반적으로는 가장 널리 인정되는 학설을 위주로 서술되는 경향이 짙으며, 최근에는 교과서 개편 때마다 새롭게 확인된 자료의 소개가 활발히 이루어지고 있다. 한편, 일본의 경우는 교과서 집필→검정→채택→사용개시가 4년 주기로 이루어진다. (https://www.mext.go.jp/a_menu/shotou/kyoukasho/main3_a2.htm 문부과학성 홈페이지 "교육〉소학교, 중학교, 고등학교〉교과서〉교과서 제도〉교과서가 사용되기까지"를 참조. 검색일: 2022년 10월 30일) 교과서가 새롭게 발행될 때마다 크지는 않지만 작지만 중요한 변화들이 확인되는데, 이는 학계의 최신 동향을 반영한 결과인 경우가 대부분이다.

09 물론 양국의 중학교 역사교과서를 비교 분석하는 것도 가능하다. 특히 일본의 중학교 역사교과서에 상당하는 「사회(역사적 분야)」 교과서는 자국사와 세계사를 연계하여 서술하고 있으며 입당승·입송승에 대한 내용도 어느 정도 포함하고 있어 간과해서는 안 될 텍스트이다. 한국의 경우는 중학교 「역사1」에서 세계사 학습요소를 담고 있으며 고대 일본의 역사에 대한 서술도 포함하고 있다. 그러나, 후술하겠지만 한국의 중학교 교과서는 고등학교 세계사 교과서 서술과

일본사 관련 서술을 담고 있는 고등학교 『동아시아사』, 『세계사』를, 일본의 경우 전근대사를 포괄하고 있는 『일본사B』 교과서를 위주로 고찰한다. 이 글에서 조금 더 중점을 두려고 하는 부분은 입당승·입송승 관련 서술을 '견당사 정지' 및 '국풍문화 발달'이라는 문맥과 연관지어 분석해보는 것이다. 이로써 도해승 서술이 일본 학계가 오랜 기간 동안 유시·존속해 온 통사/개설서 서술의 통념 속에서 어떻게 자리매김되어 왔는지, 나아가 도식화된 설명 방식이 입당승·입송승 서술의 분량, 내용, 형식에 어떻게 영향을 미쳤는지를 확인할 수 있으리라 기대한다.

같은 수준으로 개괄적 설명에 그치고 있고, 입당승·입송승을 구체적으로 언급하는 일이 없다. 일본의 중학교 교과서에 대해서는 논지 전개상 필요한 경우 설명을 덧붙이기로 한다.

Ⅱ. 입당승·입송승의 개괄적 이해

본격적으로 양국 교과서를 분석하고 고찰하기에 앞서 먼저 일본 고대의 입당승·입송승에 대해 개괄적으로 이해해두고자 한다.[10]

이 글에서 말하는 입당승이란, 당 왕조로 건너간 일본 승려를 가리킨다. 크게는 견당사 시기에 국가의 공식 사절과 동행하는 형태로 도항한 승려와, '견당사 이후' 중국으로 건너간 승려로 나눌 수 있다. 헤이안 시대의 견당사는 연력(延曆) 연간(804년)과 승화(承和) 연간(838년) 두 차례에 걸쳐 파견된다. 이 가운데 연력 연간의 견당사에 포함되어 입당한 승려로는 청익승(請益僧) 사이초(最澄)와 유학승(留學僧) 구카이(空海), 료센(靈仙), 엔기(円基) 등을 꼽을 수 있으며, 그 이외에도 사이초의 역어승(譯語僧) 기신(義真)과 같은 종승(從僧), 종자(從者)도 각 승려에 동반하였을 것

10 9~11세기 입당승·입송승의 통사적 이해는 榎本渉, 「入唐僧·入宋僧の時代」, 『日本古代交流史入門』, 勉誠出版, 2017, pp.207~220 참조. 또한, 입당승·입송승의 도항 사례에 대해서는 原美和子, 「日中·日朝僧侶往来年表(838~1126)」, 『8~17世紀の東アジア地域における人·物·情報の交流-海域と港市の形成, 民族·地域間の相互認識を中心に-上, 平成12年度~平成15年度科学研究費補助金「基盤研究A(1)」研究成果報告書』, 2004 참조.

이다. 이 가운데 사이초는 천태종을, 구카이는 진언종을 일으킨 것으로 잘 알려져 있다.[11]

또한, 승화 연간의 견당사 파견 때는 엔교(円行), 엔닌(円仁), 가이묘(戒明) 등이 청익승으로서, 엔사이(円載), 조교(常曉) 등이 유학승으로서 입당하였다. 이들 다섯 명 가운데 귀국 후 행보가 불명확한 법상종(法相宗)의 가이묘는 눈에 띄는 성과를 남기지 못한 것으로 보인다. 삼론종(三論宗)의 조교는 정작 삼론종 승려로서는 업적이 확인되지 않으나 태원수법(太元帥法)이라고 하는 밀교 수법의 청래에는 크게 기여하였다.[12] 그리고 엔닌과 엔사이는 천태종을, 엔교는 진언종을 배우기 위해 당으로 들어갔다.

이후의 적지 않은 입당승이 대부분 천태종과 진언 밀교를 구하고자 도해하였다는 점을 상기할 때 연력 연간의 견당사로 시작되는 9세기 당과 일본의 불교 교류는 천태·진언 양 종파를 중심으로 전개되었다고 해도 과언이 아니다. 아울러 천태산, 오대산이라는 불교 성지가 일본 승려들의 순례 대상으로서 주목을 모으기 시작한 것도 연력 연간인 9세기 초부터라는 사실을 확인해둔다.[13]

---

11 森公章, 『遣唐使と古代日本の対外関係』, 吉川弘文館, 2008 등.

12 태원수법과 승려 조교(常曉)에 대해서는 정순일, 「신라해적과 國家鎭護의 神·佛」, 『역사학보』 226, 역사학회, 2015, pp.268~274.

13 榎本渉, 「入唐僧·入宋僧の時代」, p.208. 아울러, 호리 유타카(堀裕)는 9세기 입당승들이 방문한 여러 성지 가운데 오대산이 각별한 의미를 지니고 있었음을 논하면서, 특히 해외 성지에서 불사를 행하지 않았던 천황까지 스스로 오대산 순례에 관여하게 되었음을 새로 밝히고 있다. 견당사 시대와는 크게 다른, 새로운 당-일 관계가 성립하였는 지적이기에 주목된다.(堀裕, 「平安新仏教と東アジア」, 『岩波講座 日本歴史4』, 岩波書店, 2015)

승화 연간의 견당사 일원으로 입당한 엔닌과 엔사이와 관련하여 흥미로운 점은 그들의 귀국편 선박이 지니는 성격이다. 견당사 일행으로 입당한 유학승(중국에 장기 체재하며 구법·순례한 승려)은 기본적으로 차회에 중국으로 도착하는 선편에 올라 귀국하게 되어 있지만, 두 사람은 종래의 방식을 취하지 않았다. 물론 승화 연간의 견당사가 결과적으로 '최후의 견당사'였기 때문에 다음을 기약할 수 없었던 면도 작용했겠지만, 그 무렵 새로운 도항 수단으로서 국제 상인(학계에서는 '海商'이라는 표현을 사용하기도 함)의 교역선이 등장한 것은 일본 승려들에게 있어 대단히 매력적인 선택지였던 것이다. 결국 엔닌은 847년 신라 상인의 선박으로 귀국하였고, 엔사이는 877년 단계에 당 상인 이연효의 배로 귀국을 시도하다가 해난 사고로 인해 익사하였다. 해역을 넘나드는 국제 상인(해상)의 출현으로 당과 일본 간의 승려 왕래는 20년에 1회꼴로 파견되었던 공식 사절(견당사)의 파견 여부와 관계없이 수시로 가능해진 것이다.[14]

'견당사 이후' 입당승 가운데 최초는 에가쿠(惠蕚)였던 것으로 보인다. 앞서 언급한 승화 연간의 견당사는 중국으로 향할 때 타고 간 3척의 선박 가운데 2척을 손실하게 된다. 그래서 그 2척에 승선하였던 사람들은 839년 초주(楚州)에서 고용한 신라선(新羅船)에 편승하여 귀국하게 된다. 이 신라선은 이듬해인 840년에 당으로 돌아간 것으로 생각되는데, 에가쿠는 바로 이 배를 통해 입당하였던 것으로 추정되는 것이다.[15]

---

14 榎本渉,『僧侶と海商たちの東シナ海』, 講談社学術文庫, 2020, pp.47~67.

15 田中史生,「入唐僧恵蕚に関する基礎的考察」,『入唐僧恵蕚と東アジア 附 恵蕚関連史料集』, 勉誠出版, 2014.

그 이외에도 842년에 입당한 에운(惠運), 843년 이전에 입당한 엔슈(円修), 853년 입당한 엔친(円珍), 862년 입당한 신뇨(真如)와 슈에이(宗叡), 881년 이전 어느 시점에 입당한 것으로 보이는 주칸(中瓘) 등이 '견당사 이후' 입당한 일본 승려의 대표적인 사례로 꼽힌다. 이 가운데 에운, 엔친, 슈에이는 밀교 문헌 청래자를 대표하는 '입당8가(入唐八家)'에 포함되기도 한다.

입당승은 9세기 말부터 감소하며, 20~30년에 한 차례 빈도로 확인되는데 이는 일본의 조정이 승려의 입당 칙허를 내주지 않게 된 사실과 무관하지 않다. 같은 무렵, 당 상인의 배로 입당하여 당물(唐物)을 구입하는 '입당교역사(入唐交易使)'의 파견 역시 사라지고 있는 것으로 봐서 조정이 일본인의 해외 도항을 엄격하게 규제하고 있었음을 알 수 있다. 911년에 상인의 내항 빈도를 제한하는 연기제(年紀制)가 시작되었으며, 그와 같은 '제한 지향'이 해외에서 내항하는 국제 상인에게도 영향을 미쳤던 것처럼 보인다.[16]

뒤이은 5대 10국 시기에도 중국으로 도해한 승려는 적지 않게 존재한다. 927년에 도항한 간켄(寛建)은 물론 그 일행이었던 간후(寛輔 또는 寛補), 조에(超会), 조카쿠(澄覚) 등이 확인되며, 953년에 도항한 니치엔(日延)도 그 행적이 어느 정도 파악되는 도해승이다.[17]

---

16 渡邊誠, 『平安時代貿易管理制度史の研究』(思文閣出版, 2012年)의 제2장, 제7장, 제8장; 榎本渉, 「入唐僧·入宋僧の時代」, p.212.

17 河上麻由子, 「五代諸王朝の対外交渉と僧侶」, 『東アジアの礼·儀式と支配構造』, 吉川弘文館, 2016.

입송승이란, 별도의 설명이 없는 한 북송(北宋, 960~1127년) 시기의 중국을 순례한 일본 승려를 가리킨다. 그렇기 때문에 엄밀히 말하면 입북송승(入北宋僧)이라 불러도 좋을지 모른다.[18] 사료상 처음으로 확인되는 입송승은 도다이지 승려 조넨(奝然)이다. 그는 983년 송으로 건너갔다. 1003년 입송한 자쿠쇼(寂照), 1049년 입송한 게이세이(慶盛)는 물론, 조넨과 자쿠쇼의 입송과 관계가 있는 종승(從僧) 가인(嘉因, 988년 입송), 넨구(念救, 1015년 입송)도 주요 인물이라 할 수 있다. 유명한 조진(成尋)은 1072년에 입송한 승려로 잘 알려져 있다.[19]

고대 일본의 도항승을 시기별·성격별로 나누어보자면, (1)전기 구법승(求法僧)의 시대, (2)후기 구법승의 시대, (3)순례승(巡禮僧)의 시대로 설명할 수 있을 것이다. (1)은 앞서 다룬 견당사 시대의 입당승을 말하며, (2)는 '견당사 이후'의 입당승을 가리킨다. (3)은 입송승에 대한 다른 표현이다. 그런데 이와 같은 단계 구분의 전제에는 (1)~(2)의 '구법'에서 (3)의 '순례'로 전환하였다는 인식이 있다. 고대 일본불교의 시대를 가르는 전환이다. 견수사나 견당사와 함께 도항한 학문승은, 국가의 목적을 위임받아 '구법'하였다. 이 단계의 불교는 동아시아 정치 세계에서 적출된 열도의

18 실제로 데시마 다카히로는 '입북송승'이라는 용어를 사용하고 있다.(데시마 다카히로, 「교과서에 나타난 입북송승(入北宋僧)·헤이안(平安)시대 대외관계 기술에 관한 특징과 전개 고찰 -국정 일본사 교과서를 중심으로-」, 『일어일문학연구』 98, 2016 등)

19 조넨, 자쿠쇼, 조진 등 입송승에 대한 기본 이해에는 手島崇裕, 『平安時代の対外関係と仏教』, 校倉書房, 2014 참고. 뒤에서 소개하는 데시마의 한국어 논문도 아울러 참조 바란다. 또한, 조진에 대해서는 森公章, 『成尋と参天台五臺山記の研究』, 吉川弘文館, 2012; 水口幹記, 『渡航僧成尋、雨を祈る』, 勉誠出版, 2013 등 상세한 개별 연구서가 있어 도움이 된다.

고대국가가 세계를 인식함과 동시에 자기 스스로를 그러한 세계와 연결시키기 위한 사상 상의 매개이기도 했다. 고대국가의 권력 핵심부는 중국불교의 이식을 시도하고, 나아가 그 모방 및 재현을 과제로 하는 적극성도 지니고 있었다. '구법'이란, 도항승들에게 부여된 국가 과제였던 것이다.

반면, 국서(외교문서)를 휴대한 사절단의 일원으로서가 아니라, 승려만 도항하는 '순례'는 중국불교의 모방 및 재현이라는 과제로부터 상대적으로 자유로웠다. 그렇다고는 해도, 조정으로부터 도항 허가를 받는 것이 원칙이었고, 상륙 후에는 상대국의 행정 감독하에서 행동해야 했다. 그 점에서 순례승에게는 본인을 둘러싼 정치적 의도가 늘 따라다닌다고 할 수 있다.[20]

최근에는 입당승이 일본의 역사 속에서 공적·준공적인 존재로 평가되고 고대국가 건설에 중요한 역할을 하면서 당의 최신 불교를 이입시켰다는 이유로 '구법승'으로서 다루어지고, 입송승은 국가를 위해 혹은 새로운 학문 및 사상을 일본에 도입하기 위해 바다를 건넌 게 아니라 사적인 속죄의식 때문에 중국의 성지를 돌아본 '순례승'으로 자리매김되는 것 자체에 대한 비판이 이루어지기도 했다. '구법승/ 순례승'과 같은 구분 내지는 '입당구법승→입송순례승' 도식 자체가 근대 학문이 성립된 시기부터 현재까지 지속하고 있는 점에 대해 진지하게 검토될 필요가 있다는 주장이다.[21]

---

20 구법승에서 순례승으로의 전환에 대해서는 上川通夫, 「入唐求法僧と入宋巡礼僧」, 『日本の対外関係3 通交·通商圏の拡大』, 吉川弘文館, 2010 참조.

21 데시마 다카히로, 「근대에서의 입송승(入宋僧) 관련 언설(言說) 연구 -일본 국

통설이 구축해온 선입견을 재고해보자는 의미에서는 (1)~(2)의 '구법'에서 (3)'순례'로의 전환 못지않게, (1)의 '전기 구법승의 시대'에서 (2)의 '후기 구법승의 시대'로의 전환도 경시되어서는 안 된다. 전자가 공식 사절에 동반하는 형태였다면, 후자는 9세기 이후 동아시아 해역에 본격적으로 등장한 국제 상인의 선박을 이용하여 도항하였다는 차이점을 가진다. 무엇보다도 주목되는 부분은 '후기 구법승의 시대'가 9세기 단계에 시작된다는 사실이다. 이는 필자가 최근 수년간에 걸쳐 일관되게 검토해온 획기로서의 '긴 9세기(the long 9th century)' 논의와 궤를 함께 한다. 이전과는 다른 새로운 현상이 나타나기 시작하고, 또 10세기 이후 역사 전개의 원형을 이루는 사상(事象)이 바로 이 시기부터 보이는 것이다. 그 중핵은 사람들의 활발한 국제 이동(특히 해상 왕래)이다.[22] 물론 사람이 국경을 넘는 행위 자체는 그보다 훨씬 이전부터 확인되며, 전혀 새로운 일이라 말하기 힘든 측면도 있다. 다만 왕권 이외의 세력·집단·개인이 주변 제국을 매우 빈번하게 왕래한 사례는 이전에 드물었던 새로운 국면임에 틀림없고, 이것이야말로 '긴 9세기'를 이전 시기와 구별시켜주는 요소인 것이다.[23] 이 같은 이동 형태는 9세기부터 14세기 후반 원·명 교체 직후까지 5세기 이상 지속된다.[24] 그런 의미에서 '(2)후기 구법승의 시대'와 '(3)순례승의 시

정교과서 내 기술 등장을 실마리로 하여-」, 『사총』 99, 2020, pp.164~166.

22 그런 의미에서 '(2)후기 구법승의 시대'와 '(3)순례승의 시대'는 단절(변화)한다기보다 연속(지속)한다고 보는 것도 가능하다.

23 정순일, 「고대 동아시아 해역 세계의 교류」, 『동아시아사 입문』, 동북아역사재단, 2020, pp.223~226.

24 榎本渉, 「入唐僧·入宋僧の時代」, p.219.

대'는 단절(변화)한다기보다 연속(지속)한다고 보는 것도 가능하다.

사실 9세기는 열도 사회 내부의 변화라는 측면에서도 큰 의의를 지닌다. 사사키 게이스케(佐々木恵介)는 최근 연구에서 '9세기'를 어떻게 파악하는가가 일본사의 전개를 이해함에 있어 매우 중요하다고 지적한 바 있다. 고대의 최종단계, 즉 율령국가 지배가 쇠퇴하고, 지역사회에서 중세를 향한 태동이 시작되는 시기라는 것이다.[25] 해당 시기가 가지는 고대적 성격을 조금 더 부각시키느냐, 중세적 성격에 좀 더 의미를 부여하느냐에 따라 고대-중세 이행기에 대한 이해가 크게 달라지기 때문에 새롭게 조명을 받는 게 아닌가 생각된다.

이처럼 안팎으로 변화를 경험하고 있던 '9세기'에 들어 사람들의 해상 왕래가 활발해지자 그에 수반하여 등장하는 것이 (2)후기 구법승들인 것이다. 그런 의미에서 이와 같은 입당승의 출현은 사람들의 활발한 국제 이동이 전제된 문화현상이라 말 할 수 있을 것이다.

이 글에서 중요시하는 또 한 가지는 입당승·입송승이 가지고 있는 '동아시아'적 성격이다. 기본적으로 입당승·입송승이라 함은 일본열도에서 중국으로 건너간 승려를 가리키지만 '열도사회에서 외부세계로'라는 일방향성에 국한된 사람의 이동만을 다루는 것은 아니다. 거꾸로 도항승의 성격을 분명히 하기 위해 '외부세계에서 열도사회로' 이동하는 사람·물품·정보·사상 등도 분석 대상으로 삼는다. 이때 사람·물품·정보·사상의 이동 경로 및 발착 지점을 선으로 연결해나가다 보면 하나의 지역 세계가

25 佐々木恵介,「九世紀はどう捉えられてきたか-プロローグ-」,『平安京の時代』, 吉川弘文館, 2014.

그려지게 되는데 그것이 이른바 '동아시아'의 범위와 일치하게 된다.[26] 오히려 경우에 따라서는 '동아시아' 범위를 훨씬 능가하는 광역의 문화현상을 만나게 되기도 한다. 따라서 입당승·입송승에 주목한다는 것은 닫힌 체제로서의 일본고대사가 아니라 열린 체제로서의 동아시아사를 지향한다는 관점 및 자세와 연결된다고 할 수 있다.

---

26 히라노 겐이치로는 1988년과 2004년 두 시점의 「アジア太平洋地域の民間航空の航空図」를 활용하여 '동아시아 지역/세계/문화권/공동체'의 형성을 설명하였는데, 본문에 서술한 "사람·물품·정보·사상의 이동경로 및 발착지점을 선으로 연결"한다는 구상은 거기에서 참고하였다.(平野健一郎, 「東アジアにおける人の移動」, 『東アジア共同体の構築3 国際移動と社会変容』, 岩波書店, 2007.)

Ⅲ. 『동아시아사』, 『세계사』 교과서 서술상의 특징

여기서는 한국의 고등학교 『동아시아사』, 『세계사』 교과서 서술을 검토한다. 앞서 살펴본 입당승·입송승에 관한 통설적 이해를 바탕으로 한국의 역사교과서는 해당 주제를 다룸에 있어 특히 어느 부분을 강조하고 있으며, 또 어느 요소를 생략하고 있는지를 파악해보고자 한다.

먼저, 『동아시아사』 교과서 서술을 검토해보자. 현행 2015 개정 교육과정에 따라 집필·간행된 고등학교 『동아시아사』 교과서는 아래의 목록에 보이는 4종에 이른다.[27] 여기서는 이들 교과서를 분석 대상으로 하여 고대 일본의 입당승·입송승이 어떻게 기술되고 있으며, 역사교육에서 어떻게 다루어지고 있는지를 검토한다. 이하에서는 논의의 편의를 위해 각각의 교과서를 「금성 동아시아사」, 「미래엔 동아시아사」, 「비상 동아시아사」, 「천재 동아시아사」와 같이 약칭하기로 한다.

---

27 2015 개정 교육과정의 특징 및 역사 교과목에서의 일본사 관련 학습요소에 대해서는 정순일, 「『동아시아사』 교과서 고대사 서술의 현재와 향후방향성 -'동아시아 세계의 성립' 단원을 중심으로-」, 『한일관계사연구』 53, 2016; 정순일, 「일본사 관련 학습요소 체계화를 위한 방안 모색」, 『역사교육』 152, 2019 참조.

① 최현삼 외, 『동아시아사』, 금성출판사, 2021년.

② 김태웅 외, 『동아시아사』, 미래엔, 2021년.

③ 이병인 외, 『동아시아사』, 비상교육, 2021년.

④ 안영우 외, 『동아시아사』, 천재교육, 2021년.

우선 입당승 관련 서술에 대해서이다. 『동아시아사』 교과서에서는 구체적으로 어떠한 승려의, 어떠한 활동을 다루고 있을까. 교과서에서 직접적으로 기술하고 있는 입당승의 명칭으로는 '엔닌'[28], '사이초', '구카이'[29]가 확인된다.

「금성 동아시아사」에서는 『입당구법순례행기』의 일부를 발췌·번역한 '「자료2」 엔닌이 최압아에게 보낸 편지'를 싣고 있다. 엔닌의 활동에 대한 설명으로 "견당사의 경험을 바탕으로 『입당구법순례행기』를 저술하였다. 이 책에는 당시의 국제 정세와 장보고의 해상 활동 등이 담겨 있다"고 해 놓고, 뒤이어 "장보고는 완도에 청해진을 세워 당과 일본을 잇는 무역과 해상 질서를 주도하였고 「자료2」처럼 일본인 승려 엔닌의 당 유학 생활과 귀국을 도왔습니다."라고 추가 기술하고 있다.[30]

「미래엔 동아시아사」에서는 '「주제 탐구」 동아시아를 넘나든 승려들' 코너를 설정하여 동아시아의 승려들은 종교인일 뿐만 아니라 당시의 지

28 「금성 동아시아사」, p.67; 「미래엔 동아시아사」, p.74; 「비상 동아시아사」, pp.74~75; 「천재 동아시아사」, p.74.

29 사이초와 구카이를 다룬 것은 「미래엔 동아시아사」, p.74가 유일하다.

30 「금성 동아시아사」, p.67.

식인이자 기술자였음을 서두에 밝히면서 승려의 올마이티적 속성을 강조해두고, 이들이 동아시아 각지를 넘나들며 최신 지식과 기술을 전파하는 데 큰 역할을 했다고 서술한다. 이어서 "헤이안 시대 견당사를 따라 당에 들어간 사이초와 구카이는 각각 천태종과 밀교를 배워 일본 불교에 큰 영향을 끼쳤다. 사이초의 제자인 엔닌도 당에 들어가 새로운 불교를 배웠다. 엔닌이 쓴 『입당구법순례행기』에는 신라인 장보고의 활약상이 자세하게 기록되어 있다. 특히 엔닌은 장보고의 도움으로 적산 법화원에 머무르다 일본으로 귀국할 수 있었다."라고 비교적 상세히 적고 있다.[31]

「비상 동아시아사」에서는 '불교를 통한 동아시아의 인적·물적 교류와 문화 발전'이라는 소단원 아래 "일본의 엔닌은 당에 유학하고 돌아온 여정을 상세히 담아 『입당구법순례행기』를 저술하였다."[32]라고 간략히 기술한 다음, 쪽을 바꾸어서 '동아시아 마주보기'라는 코너를 설정하여 '엔닌의 구법 활동과 장보고와의 교류'에 대해 상술하고 있다. 구체적으로는 "일본의 승려 엔닌은 세 번 출항한 끝에 성공하여 당에 들어갔으며, 일본으로 돌아와서는 불교 교리에 관한 여러 책을 저술하였다. 당에서의 경험을 엮은 『입당구법순례행기』에는 당시 당의 풍습과 관습, 문화 등이 상세하게 기록되어 있고, 신라 장보고의 도움을 받아 성지 순례를 마칠 수 있었다는 기록도 있다. 엔닌은 장보고가 당에 머무는 신라인을 위해 세운 적산 법화원에 머물렀는데, 이때의 고마움을 『입당구법순례행기』에 남긴 것

31 「미래엔 동아시아사」, p.74.

32 「비상 동아시아사」, p.74.

이다."라는 기술이 보인다.[33]

끝으로 「천재 동아시아사」에서는 '인적·지적 교류의 증대' 소단원 아래 "승려는 국적을 따지지 않는 국제인"이었음을 강조하면서 일본의 입당승과 관련해서는 "일본의 엔닌 등은 불교를 배우기 위해 당에 유학하였다." 라고 서술하고 있다. 같은 쪽 아랫부분에는 "「이야기 동아시아사」 법화원을 세운 장보고와 그곳에 머문 엔닌"이라는 코너를 설정하여 적산 법화원, 엔닌, 장보고의 이미지를 싣고 있다.[34]

또한, 구체적인 승려 명칭은 들고 있지 않더라도 견당사에 '사신'뿐만 아니라 '유학생'과 '승려(유학승)'를 포함하고 있다는 점을 특별히 지적한 대목도 확인된다.[35]

이상의 내용을 종합하면, 일본의 입당승과 관련하여 『동아시아사』 교과서에서는 엔닌, 사이초, 구카이 등을 제한적으로 다루고 있으며, 특히 『입당구법순례행기』를 저술한 것 등 일본 승려 엔닌의 활약에 대해서는 4종 모두가 빠뜨리지 않고 기술하였음을 확인할 수 있다. 다만 그때 장보고가 세운 적산법화원과의 관련성이라든가,[36] 재당 신라인의 조력을 받았다는 점이 강조되고 있다.[37] 이는 신라 승려 혜초(704~787)가 당으로 건너가 광저우에서 남인도 출신의 승려 금강지로부터 밀교를 배웠다는 식의 진

33 「비상 동아시아사」, p.75.
34 「천재 동아시아사」, p.74.
35 「금성 동아시아사」, p.66; 「미래엔 동아시아사」, p.46.
36 「금성 동아시아사」, p.66.
37 「금성 동아시아사」, p.67; 「미래엔 동아시아사」, p.47.

취적 기상을 드러내는 방식[38]과 너무도 대조적이다. 또, 당 승려 감진이 일본에 계율을 전하였다는 사실을 4종 모두 서술하고 있는데,[39] 중국인이 일본인들에게 계율 등 신불교의 핵심 요소를 '전파'하였다는 사실이 강조되면서 일본의 불교 수용이 수동적이고 피동적인 양상으로 묘사되고 있다. 은연중에 주체적이고 못한 일본(인), 나아가 남들이 가져다주는, 또는 외부인들이 심어주는 불교라는 이미지가 각인될 수 있을 것으로 보인다.

즉, 『동아시아사』 교과서 전반에 걸쳐서 일본 승려 엔닌은 신라 장보고의 도움을 받고, 일본의 불교는 당 승려 감진에 의해 발전한 반면, 신라 승려 혜초는 스스로 뱃길로 떠나면 구법 순례 여행길에 올랐음이 강조되고 있는 것이다. 이를 통해 '수동적·피동적인 일본(인)'과 '주체적·진취적인 신라(인)'의 도식이 구축되고 있음을 엿볼 수 있는 게 아닌가 생각된다.

다음으로 일본의 입송승에 대해서는 어떻게 서술하고 있을까. 결론적으로 말하면 『동아시아사』 교과서에서 고대 일본의 입송승 명칭을 구체적으로 기술한 사례는 확인되지 않는다. 그러나, "무역을 통한 교류는 송 상인을 통해 이루어졌습니다. 송 상인들은 규슈 북부로 진출하여 교역하였고, 일본 승려들은 이들을 따라 송으로 건너가 교류하였습니다."[40]라든지 "일본은 불교 승려를 통해 송과 교류하였고", "송과 활발하게 해상 교역을 하였으며, 많은 수의 승려가 송에 건너가 불교를 공부하고 돌아왔다."[41]라

---

38 「비상 동아시아사」, p.75; 「천재 동아시아사」, p.75.

39 「금성 동아시아사」, p.44; 「미래엔 동아시아사」, p.74; 「비상 동아시아사」, p.75; 「천재 동아시아사, pp.74~75.

40 「금성 동아시아사」, p.73.

41 「미래엔 동아시아사」, p.55.

든지, 또는 "9세기 후반에 견당사 파견을 중지한 일본은 10세기 이후 주변국과 국교를 맺지 않았다. 그러나 상인과 승려를 통한 송과의 경제적·문화적 관계는 유지"[42]하였다는 점을 지적하는 방식으로 입송승의 존재 및 활동을 연상시키는 서술을 하고 있다.[43]

입송승에 관한 간접 서술에서 주목할 만한 특징 가운데 하나는 입송승의 존재가 헤이안 시대 이후 일본의 공식적인 외교 관계 단절 내지는 축소라는 문맥에서 등장하고 있다는 사실이다. "외교적인 면에서 일본은 점차 고립적으로 변해갔습니다. 834년 이후 견당사는 파견하지 않았고, 9세기 말에 견당사가 폐지되면서 공식적인 외교 관계가 단절"되었다거나, "9세기 후반 견당사 파견을 중지한 일본은 10세기 이후 주변국과 국교를 맺지 않았다."는 점이 지적된 직후 송으로 건너간 일본 승려가 나온다거나,[44] "일본은 10세기 이후 주변국과 공식적인 외교 관계를 축소해 나갔다."는 서술 뒤에 "민간 교류" 내지는 "해상 교역"의 활발함이 강조되고 그 가운데서 일본 승려의 입송 순례 내용이 기술되는 것이다.[45] 이는 고대 일본의 입송승 관련 서술이 견당사 파견 정지라는 맥락을 강하게 의식한 채 이루어졌다고 평가할 수 있는 대목이기에 주목된다.[46]

흥미로운 것은 이와 같은 한국의 『동아시아사』 교과서 서술 구조가 일

42 「비상 동아시아사」, p.57.

43 다만, 「천재 동아시아사」에서는 입송승에 대해 간접 서술조차 하지 않고 있었다.

44 「금성 동아시아사」, p.73; 「비상 동아시아사」, p.57.

45 「미래엔 동아시아사」, p.55.

46 이에 대해서는 본론 마지막 장에서 상세히 다루도록 한다.

본의 중학교 역사교과서의 그것과 매우 흡사하다는 사실이다. 가장 높은 채택율을 보이고 있는 도쿄서적(東京書籍), 『新編 新しい社会 歴史』[47]의 「6. 헤이안쿄와 동아시아의 변화」 단원에서 먼저 사이초와 구카이의 이미지 및 생몰 연대를 날개글의 형식으로 소개한다.(48쪽이 왼쪽 날개글) 이어서, 본문에서는 「사이초와 구카이」 항목을 설정하여 그들이 견당사와 함께 당으로 건너가 새로운 가르침을 배웠고 각각 천태종과 진엄종을 일본에 전하였음을 서술하고 있다. 이어지는 「동아시아의 변화와 견당사의 정지」 항목에서는 "894년에 견당사에 임명된 스가와라노 미치자네는 당의 쇠퇴와 왕복의 위험을 이유로 파견의 정지를 호소하여 인정받았고, 이 이후 견당사는 파견되지 않았"음을 기술한다. 주목되는 것은 같은 항목에 기술되어 있는 바로 다음의 설명이다. "당은 10세기 초에 멸망하여 소국으로 나누어진 후, 송(북송)이 중국을 통일하였습니다. 한반도에서는 10세기 초에 고려가 일어나 마침내 신라를 멸명시켰습니다. 일본은, 송이나 고려와는 정식 국교를 맺지 않았지만, 양국의 상인과 교역을 행하였습니다."(49쪽)라고 하여 '견당사 이후'의 일본이 주변 나라와 공식적인 외교는 맺지 않았지만 '상인'을 통한 교역은 지속하고 있었음을 특기하고 있는 것이다. 그리고, 이번에는 단원을 바꾸어 「7 섭관정치와 문화의 국풍화」에서 「국풍문화」를 이렇게 설명한다. "귀족들은 당풍의 문화를 바탕으로 하면서도

47 坂上康俊ほか, 『新編 新しい社会 歴史』, 東京書籍, 2016은 중학교 사회(역사적 분야) 교과서 가운데 가장 높은 채택율을 기록하고 있다. 2015년 검정통과본의 경우 51%, 2020·2021년 검정통과본은 52.5%가 채택된 것으로 확인된다.(구연수·박현숙, 「일본 학습지도요령 개정과 현행 중학교 역사교과서의 독도 관련 서술 분석」, 『역사교육연구』 43, 2022, p.174의 〈표 5〉 참조).

일본의 풍토와 생활, 일본인의 감정에 맞는 문화를 만들어나갔습니다. 이를 국풍문화라고 하며, 섭관정치 무렵에 가장 번영하였습니다."라고 말이다.(50-51쪽) 그리고, 입송승에 대한 서술은 아예 확인되지 않는다.

즉, 일본의 중학교 역사교과서에서는 「견당사 시대에 입당한 사이초, 구카이의 사적→ 견당사 정지→ 주변 제국과의 정식 국교 단절」을 시계열적으로 서술하면서도 「송과 고려와는 상인을 통한 교류가 지속」되었다는 최신 연구성과를 동시에 반영하고 있음을 알 수 있다. 그러나, 한편으로는 일본사의 통념적 이해에 위배되지 않도록 후지와라 섭관정치 시기인 10~11세기에 꽃핀 「국풍문화(문화의 국풍화)」 관련 내용를 삽입해야 했기에 아예 단원을 변경하는 방식을 취하여 해당 서술을 이어나간 것이 아닌가 여겨진다.

〈표 1〉『동아시아사』 교과서 속의 입당승·입송승 서술 특징

	견당사	입당승	입송승	국풍문화
금성출판사	○ (견당사 폐지)	○ (엔닌)	○ (송 상인을 따라 송으로 건너가 교류한 일본 승려들)	○
미래엔	○ (견당사 파견 중지)	○ (사이초, 구카이, 엔닌)	○ (일본은 불교 승려를 통해 송과 교류)	○
비상교육	○ (견당사 파견 중지)	○ (엔닌)	○ (상인과 승려를 통한 송과의 경제적·문화적 관계는 유지)	×
천재교육	○ (견당사 파견 중지)	○ (엔닌)	×	×

그렇다면, 고등학교 『세계사』 교과서에서는 일본의 입당승과 입송승을 어떻게 서술하고 있을까. 『세계사』도 『동아시아사』와 마찬가지로 4종에 달한다. 분석 대상 텍스트는 아래의 목록과 같다. 약칭은 앞에서와 마찬가지로 「금성 세계사」, 「미래엔 세계사」, 「비상 세계사」, 「천재 세계사」와 같이 하기로 한다.

① 김형종 외, 『세계사』, 금성출판사, 2018년.

② 최준채 외, 『세계사』, 미래엔, 2018년.

③ 이병인 외, 『세계사』, 비상교육, 2018년.

④ 김덕수 외, 『세계사』, 천재교육, 2018년.

「세계사」 교과목은 시간적으로는 고대에서 현대까지, 공간적으로는 동서양을 망라하는 내용으로 구성되어 있기 때문에 동아시아 지역의 일부에 지나지 않은 일본의 역사와 문화를 상세히 서술하거나 다루기는 현실적으로 어렵다. 그 영향 때문인지 입당승·입송승 관련 서술은 4종 어느 교과서에서도 찾아지지 않는다.

그런데 흥미로운 것은 그러한 「세계사」 교과목임에도 불구하고 「동아시아사」 교과목에서는 필수로 하고 있지 않은 일본고대사 관련 주요 학습요소로서 '견당사'와 '국풍문화'를 4종 모두에서 다루고 있으며,[48] 이 양자를 '9세기 말 견당사 폐지'가 '국풍 문화의 탄생(발달)'로 이어졌다는 인과

48 정순일, 「일본사 관련 학습요소 체계화를 위한 방안 모색」, 『역사교육』 152, 2019, pp.154~157의 〈표 3〉, 〈표 4〉 참조.

관계로 설명하고 있다는 특징을 보이고 있다는 사실이다.[49]

또, 견당사 폐지 이후 일본이 중국과 정식 국교를 맺지 않았다는 점은 지적하면서도, 한편으로 민간 무역이 활발히 이루어졌다는 점, 송의 동전이 일본으로 대량 유입되어 화폐 경제 발달을 촉진하였다는 점 등에 대해서는 기술하고 있다.[50] 그런가 하면, 미래엔의 경우, '송 대 수공업과 해상 무역의 발달'을 논하면서도 송-일본 간 교류 양상은 전혀 언급이 없으며,(미래엔, 48쪽) 일부 교과서는 '송 대의 대외 교역'을 보여주는 지도를 게재하여 일본과 교류한 사실과 교역 물품을 표시하고 있다.[51]

이상의 검토 내용으로부터는 『세계사』 교과서가 일본의 입당승·입송승을 충분히 다루지 못하는 이유에 대해서, 단순히 지면상의 한계로만 설명할 게 아니라 교과목의 필수 학습 요소인 '견당사' 및 '국풍문화'와 연결해서 고찰할 때만이 합리적인 이해로 이어질 수 있음을 엿볼 수 있다.

앞서 고등학교 『동아시아사』 교과서의 입당승·입송승 서술이 일본의 중학교 역사교과서와 유사한 서술 구조라는 점을 지적한 바 있는데, 『세계사』의 경우는 한국의 중학교 『역사1』에서 다루는 서술과 흡사하다는 점이 흥미롭다.[52] 구체적인 서술 사례 몇 가지를 제시하면 아래와 같다.

---

49 「금성 세계사」, p.46; 「미래엔 세계사」, p.43; 「비상 세계사」, p.47; 「천재 세계사」, p.46.

50 「금성 세계사」, p.56.

51 「미래엔 세계사」, p.48; 「비상 세계사」, p.55.

52 현행 교육과정에 따른 중학교 「역사」 교과서는 세계사 중심으로 구성된 『역사1』과 한국사 중심으로 구성된 『역사2』로 나누어져 있으며, 일본사 관련 서술은 『역사1』에서 다루어지고 있다. 다음의 7종이 검정을 통과하여 사용되고 있다. 김덕수 외, 『역사1』, 천재교육, 2020; 김태웅 외, 『역사1』, 미래엔, 2020; 김형종 외, 『역

○ 9세기 말에 견당사 파견이 중단되면서 중국과 외교 관계가 단절되었다. 이러한 가운데 대륙의 문화를 일본인의 기호와 감각에 맞게 소화하려는 국풍 문화가 귀족층을 중심으로 발달하였다.(미래엔, 71쪽)[53]

○ 한편, 이 시기에는 일본 고유의 문화가 발달하였다. 한자를 변형한 가나 문자가 만들어졌고, 주택과 관복 등에도 일본 고유의 특색이 나타났다.(비상, 65쪽)

○ 중국, 한반도와의 교류도 줄어들면서 일본 고유의 문화인 국풍 문화가 발달하였다. 한자를 간략하게 만든 가나 문자가 사용되었으며, 주택이나 관복 등에서도 일본 고유의 특색이 나타났다.(지학사, 58쪽)[54]

○ 9세기 말 당이 쇠퇴하여 견당사 파견이 중지되면서 일본의 독자적 문화인 국풍 문화가 발달하였다. 일본 고유 문자인 '가나'가 사용되었고, 주택이나 의복에도 일본만의 독특함이 반영되었다.(천재, 60쪽)[55]

○ 또한 당에 사신을 보내지 않게 되면서 독자적인 일본 문화가 발달하였다. 한자를 변형하여 만든 가나 문자도 이때 만들어졌다.(금성, 63쪽)

사1』, 금성출판사, 2020; 노대환 외, 『역사1』, 동아출판, 2020; 이병인 외, 『역사1』, 비상교육, 2020; 박근칠 외, 『역사1』, 지학사, 2020; 이익주 외, 『역사1』, 리베르스쿨, 2021.

53 김태웅 외, 『역사1』, 미래엔, 2020, p.71에서는 「이야기 샘」 '국풍 문화' 코너를 따로 설정하여 건축, 문학, 가나에 대한 상세 설명 부기하고 있다.

54 박근칠 외, 『역사1』, 지학사, 2020, p.61에서는 「주제로 보는 역사」 '당대 동아시아 구법승의 활동' 코너를 따로 설정하여 엔닌과 입당구법순례행기를 소개하고 있다.

55 김덕수 외, 『역사1』, 천재교육, 2020, p.61에서는 「꼼꼼 자료」 '자료1: 견당사의 활동' 코너에서 엔닌과 입당구법순례행기를 소개하고 있다.

즉, 입당승·입송승 관련 서술은 현행 중학교 『역사1』 교과서 전종(7종)에서는 확인되지 않으며, 일본의 견당사 파견이 중단/중지되었다는 사실과 그 이후 '일본 고유의 문화', 또는 '독자적인 문화'로서 국풍문화가 발달하게 되었다는 사실을 특기하고 있다. 지학사, 천재교육 등 일부 교과서에 제한되는 경향이긴 하지만 입당승 엔닌과 그가 저술한 『입당구법순례행기』에 대한 정보를 소개하는 방식도 엿볼 수 있다. 다만, 고등학교 『세계사』 교과서에서 직간접적으로 언급되었던 송과의 민간 교역에 대해서는 서술하지 않고 있다.

〈표 2〉 『세계사』 교과서 속의 입당승·입송승 서술 특징

	견당사	입당승	입송승	국풍문화
금성출판사	○ (견당사 폐지)	×	× (단, 일송 간의 민간 무역을 언급)	○
미래엔	○ (견당사 폐지)	×	×	○
비상교육	○ (견당사 파견 중지)	×	× (단, 송의 동전 유입을 언급)	○
천재교육	○ (견당사 파견 중지)	×	×	○

Ⅳ.『일본사B』교과서의 서술 분석

이 장에서는 일본의 고등학교 역사교과서 서술을 분석한다. 분석 대상 텍스트는『일본사B』이며 현행 8종 교과서의 목록은 아래와 같다.[56] 논지 전개의 편의상 각각을 ①「도쿄서적 신선 일본사B」, ②「짓쿄출판 고교 일본사B」, ③「짓쿄출판 일본사B」, ④「시미즈서원 고등학교 일본사B」, ⑤「야마카와 고교 일본사B」, ⑥「야마카와 신일본사B」, ⑦「야마카와 상설 일본사」, ⑧「메이세이샤 최신 일본사」로 약칭하도록 한다.

---

56 새로운 학습지도요령 고시로 인해 일본의 고교 역사교과서는 기존의「일본사A」,「일본사B」,「세계사A」,「세계사B」에서「역사총합」,「일본사탐구」,「세계사탐구」로 재편된다. 새로운 교과목은 2022년, 2023년부터 차례로 도입된다. 2022년에는 고1 교과과정에서「역사총합」이 도입되고, 이듬해 2023년 4월부터는「일본사탐구」,「세계사탐구」가 고2 역사 수업에서 사용된다.「일본사B」는 2022년도까지만 사용되지만 사실상 상당 부분이 신설「일본사탐구」교과목으로 계승될 예정이다. 역사 교육과정 변경의 상세한 내용은 平成30年(2018년) 고시 고등학교 학습지도요령 해설을 참조하기 바란다.(『高等学校学習指導要領(平成30年告示)解説 歴史地理 編』, 文部科学省, 2018年7月) 또한, 현행 고등학교 학습지도요령의 핵심 내용, 교과·과목 구성 및 단위 수, 역사 교과를 포함한 '지리역사과'의 변화 내용의 상세에 대해서는 水原克敏ほか,『新訂 学習指導要領は国民形成の設計書: その能力観と人間像の歴史的変遷』, 東北大学出版会, 2018, pp.286~297 참조.

① 小風秀雅ほか,『新選日本史B』, 東京書籍, 2018年.

② 君島和彦ほか,『高校日本史B 新訂版』, 実教出版, 2018年.

③ 脇田修ほか,『日本史B 新訂版』, 実教出版, 2018年.

④ 荒野泰典ほか,『高等学校日本史B 新訂版』, 清水書院, 2018年.

⑤ 笹山晴夫ほか,『高校日本史B 改訂版』, 山川出版社, 2018年.

⑥ 大津透ほか,『新日本史 改訂版』, 山川出版社, 2018年.

⑦ 笹山晴夫ほか,『詳説日本史 改訂版』, 山川出版社, 2017年.

⑧ 渡部昇一ほか,『最新日本史』, 明成社, 2013年.

먼저 입당승이 어떻게 서술되고 있는지를 살펴보자.[57] 입당승 관련해서는 이른바 '전기 구법승'에 해당하는 사이초, 구카이가 모든 교과서에 등장하고 있으며 본문 내용의 중심을 이루고 있다. 입당승의 재당 시기 및 귀국 후 활동에 대해서는 "사이초는 견당사를 따라 당에 유학하고, 귀국 후, 법화경의 가르침에 바탕한 천태종을 열었으며, 히에이잔(比叡山)에 엔랴쿠지(延曆寺)를 세웠다. 구카이도 같은 때 당으로 건너가, 특히 밀교를 배웠다. 밀교란, 석가의 가르침을 경전으로 배우고자 하는 현교에 대해 비밀의 주법(주문)으로 부처의 진리를 깨닫고자 하는 가르침이었다./ 귀족들도 이 가르침에 의해 현세 이익을 얻을 수 있다고 여기며 활발하게 가지기도(加持祈禱)를 행하면서 신앙하였다. 구카이는 귀국 후 진언종을 열고, 교

57 일본의 역사교과서 원문은 일본어로 기술되어 있다. 이 논문에서는 논지 전개의 편의 및 독자의 이해를 위해 해당 내용을 한국어로 번역하여 활용한다. 이하에서 인용하는 교과서 서술에 대해서도 마찬가지이다.

토의 교왕호국사(教王護国寺, 東寺)를 밀교의 도량으로 삼았으며, 또 고야산에 곤고부지(金剛峰寺)를 세웠다."라고 하여 천태종 및 진언 밀교의 수학 사실과 귀국 후의 종파 개창을 특기하고 있다. 나아가 천태종을 연 사이초, 진언종을 개창한 구카이의 그림은 물론, 밀교 수법에 사용되는 밀교 법구의 진열 사진을 게재하고 있다.[58] 그에 더하여, "천태종 쪽에서도 엔닌(794~864), 엔친(814~891)에 의해 밀교가 수용되었다."고 서술하면서 사이초의 제자 그룹 약간 명에 대해 언급하고 있다.[59]

「야마카와 고교 일본사B」 이외에 사이초, 구카이, 엔닌, 엔친 4명을 모두 서술하고 있는 교과서는 「시미즈서원 고등학교 일본사B」, 「야마카와 신일본사B」, 「야마카와 상설 일본사」, 「메이세이샤 최신 일본사」 4종으로,[60] "사이초와 구카이는 일본 고래의 신들에 대한 신앙을 흡수하면서 중국에서 배운 불교를 일본에 뿌리내리게 하였으며 일본적인 불교의 기초를 구축"하였음을 강조하는 대목[61]을 보면 한국의 역사교과서에서 묘사되었던 것과는 전혀 다르게 일본 불교의 독자성, 고유성 그리고 불교 수용 과정에서의 주체성이 명확하게 나타나고 있음을 확인할 수 있다.

분량 면에서나 내용 면에서나 입당승 관련 서술을 가장 상세히 하고 있는 것은 「야마카와 상설 일본사」 및 「메이세이샤 최신 일본사」라고 할 수 있다. 전자는 사이초, 구카이의 활동 및 업적이 구체적으로 기술되었다는

58 「야마카와 고교 일본사B」, pp.53~56.

59 「야마카와 고교 일본사B」, p.56.

60 「시미즈서원 고등학교 일본사B」, p.38; 「야마카와 신일본사B」, p.62; 「야마카와 상설 일본사」, pp.64~65; 「메이세이샤 최신 일본사」, p.52.

61 「도쿄서적 신선 일본사B」, p.42.

점에서, 후자는 '밀교의 유행'을 동밀(東密)과 태밀(台密)로 나누어 서술하고, 엔닌 및 엔친의 업적에 대해서도 주석을 달고 있으며, 엔닌이 남긴 『입당구법순례행기』는 물론 엔친의 『행력기(行歷記)』와 그 초본에 해당하는 『행력초(行歷抄)』에 대한 소개를 추가하고 있다는 점[62]에서 특징적이다.

한편, 「야마카와 상설 일본사」에서 나라 시대의 '국가 불교의 전개'를 다루면서 입당하여 삼론종을 전하고 다이안지(大安寺) 건립 등의 사업에 기여한 도지(道慈)를 소개하고 있으며,[63] 「짓쿄출판 일본사B」, 「야마카와 신일본사B」, 「메이세이샤 최신 일본사」에서 8세기 초 양로(養老) 연간의 견당사와 함께 입당한 겐보(玄昉)를 다루고 있다는 사실[64]은 다른 교과서의 입당승 채록 범위와 구별되고 있어 주목된다.

일본의 역사교과서라 하더라도 입송승에 대한 서술이 구체적이거나 상세한 것이 아니라는 점에서는 한국의 교과서 상황과 유사하다. 입송 승려의 명칭을 구체적으로 들고 있는 것은 8종 교과서 가운데 3종에 불과하며, 3종 교과서에서도 조넨, 조진 단 2명만을 다루고 있을 뿐이다.

「짓쿄출판 일본사B」에서는 견당사 정지 및 일본 상선의 도항 금지를 서술한 다음 "그러나, 일본과 동아시아와의 교류가 끊어진 것은 아니다. 9세기 이래 당, 신라의 사상선(私商船)은 종종 다자이후로 와서 무역을 행하였다. 마침내 송의 사상선이 동남아시아까지 널리 활동하게 되자 일본

---

62 「야마카와 상설 일본사」, pp.64~65; 「메이세이샤 최신 일본사」, p.52.

63 「야마카와 상설 일본사」, p.56.

64 「짓쿄출판 일본사B」, p.49; 「야마카와 신일본사B」, p.49; 「메이세이샤 최신 일본사」, p.41.

에도 활발하게 내항하였고, 그 무역품은 가라모노(唐物)로서 소중히 여겨졌다. 또 조넨(938~1016), 조진(1011~1081)과 같이 순례를 위해 송으로 건너간 승려도 있었다."와 같이 외교적 단절 이후 상선의 왕래가 활발해지고 그에 편승하여 입송승의 도해가 이루어졌다는 식으로 쓰고 있다.[65] 「야마카와 상설 일본사」에서는 "일본인의 도항은 율(律)에 의해 금지되어 있었으나 천태산과 오대산으로의 순례를 목적으로 하는 승려에게는 허락되는 일이 있었기 때문에, 10세기 말 조넨(938~1016), 11세기 중엽의 조진(1011~1081) 등과 같이 송 상인의 배를 이용하여 대륙에 건너가 송의 문물을 일본으로 가져오는 승려도 있었다."라고 하며 입송승에 대한 서술을 중국 방문의 목적(천태산, 오대산 순례), 방문의 시기(각각 10세기 말, 11세기 중엽), 방문의 수단(송 상인의 배) 등으로 나누어 비교적 상세히 하고 있다.[66] 끝으로 「야마카와 신일본사B」에서는 "오월국, 송과의 통교 가운데 중국의 천태산이 일본의 천태종과 교류를 재개하여 정토교를 전하였고, 983년에 도송(渡宋)하여 송의 태종을 알현한 도다이지(東大寺) 승려 조넨(938~1016)은 중국의 성지 오대산을 순례하고 일본에 송판 대장경과 석가여래상(현재는 교토의 세이료지[清凉寺]에 안치됨)을 가지고 돌아오는 등, 불교계에서도 교류는 컸다."라고 서술하여 입송승 조넨의 중국에서의 활동 및 귀국 후 업적, 영향을 설명하고 있다.[67]

---

65 「짓쿄출판 일본사B」, p.68.

66 「야마카와 상설 일본사」, pp.71~72.

67 「야마카와 신일본사B」, p.73.

〈표 3〉『日本史 B』 교과서 속의 입당승·입송승 서술 특징

	견당사	입당승	입송승	국풍문화
도쿄서적 신선 일본사 B	○ (견당사 파견 계획 정지)	○ (사이초, 구카이)	×	○ ('후지와라 문화'병기)
짓쿄출판 고교 일본사 B (신정판)	○ (견당사 정지)	○ (사이초, 구카이)	○ (상인의 알선으로 당, 송에 유학하는 승려)	○ (가나의 발명과 연동시켜 문화의 국풍화 설명)
짓쿄출판 일본사B (신정판)	○ (견당사 정지)	○ (겐보[玄昉], 사이초[전교대사], 구카이[홍법대사])	○ (조넨, 조진)	○ (가나 문자의 역할 강조)
시미즈서원 고등학교 일본사B (신정판)	○ (견당사 정지 /중지/중단)	○ (사이초[전교대사], 구카이[홍법대사], 엔닌, 엔친)	×	○ ('후지와라 문화'병기)
야마카와 고교 일본사 B (개정판)	○ (견당사 파견 중지)	○ (사이초, 구카이, 엔닌, 엔친)	× (단, 송 상인의 내항과 일송무역 활발을 언급)	○ (가나의발달을가지고 문화의 국풍화를 설명)
야마카와 신일본사B (개정판)	○ (견당사 중지)	○ (겐보[玄昉], 사이초, 구카이, 엔닌, 엔친)	○ (조넨)	○ (중국 문화의 영향을 크게 받은 문화라는 인식)
야마카와 상설 일본사 (개정판)	○ (견당사 파견 중지)	○ (도지[道慈], 사이초, 구카이, 엔닌, 엔친)	○ (조넨, 조진)	○ (국제관계 서술과 모순)
메이세이샤 최신 일본사	○ (견당사 중지)	○ (겐보[玄昉], 사이초, 구카이. 단, 동밀/태밀 그리고 엔닌, 엔친에 대한 주석 상세)	○ (송의 상선으로 승려가 구법을 위해 입송)	○ (이웃 나라와의 정식 외교 관계 끊어진 결과로 서술)

『일본사B』 교과서의 입당승·입송승 서술에서 나타나는 독특한 요소를 몇 가지 지적할 수 있는데 그 하나는 이른바 '후기 구법승(입당승)'이나 '순례승(입송승)' 관련 서술이 거의 없거나 미미하게 다루어진다는 사

실이다. '견당사 이후'에 중국으로 건너간 이들 승려에 대한 의도적 미채택(未採擇)에는 나름의 이유가 있을 것으로 추정되며, 그것은 아마도 견당사 파견 정지라는 역사적 맥락과 연관되어 있을 것으로 보이기에 이 문제에 대해서는 뒤에서 다시 한번 검토하기로 한다. 또 하나의 특징으로는 입당승·입송승 관련 서술이 교과서 단원 상에서 '헤이안 시대의 내외관계' 혹은 '국풍문화 발달(융성)' 코너에서 이루어지고 있다는 사실이다. 즉, 견당사 정지로 대표되는 공식 외교 관계의 단절이 국풍문화의 발달로 이어졌다는 도식 속에서, '그럼에도 불구하고' 일본과 송과의 민간 교류는 이어졌고 상인들의 선박에 편승하는 형태로 입송승의 도항이 이루어졌다는 식으로 다소 돌출적이면서도 모순적인 서술을 하고 있다. 이 점에 대해서도 장을 바꾸어 조금 더 면밀히 검토해보고자 한다.

Ⅴ. '견당사 정지 - 국풍문화 발달'이라는 도식과의 관계

일본 고대의 입당승·입송승 서술은 교과서상에서 '헤이안 시대의 대외관계' 또는 '국풍문화 발달(융성)' 단원에서 주로 다루어지고 있음은 앞서 지적한 대로이다. 우선, '헤이안 시대의 대외관계' 단원에서 반드시 언급되는 것은 바로 '견당사 파견 정지' 관련 내용이다. 9세기에 견당사가 정지되는 등 외교 관계가 단절 내지는 축소되었으나 그럼에도 불구하고 입당승·입송승과 같은 승려 집단이 국제 상인의 선박을 이용해 해역을 왕래하였고 문화 교류를 이끌었다는 논지 전개이다. 다음으로, '국풍문화 발달(융성)' 단원은 '견당사 파견 정지→중국 등 외국 영향의 축소→일본 고유의 문화 발전'이라는 논지로 구성된다. 그런데 사실상 '견당사 이후'에도 입당승·입송승이라는 교류의 주체가 여전히 존재하였기에 '외국과의 교류 단절/축소'를 전제로 하는 '국풍문화의 발달' 관련 서술이 매끄럽게 이어지지 않고 있어 문제시된다. 즉, 고대 일본의 입당승·입송승 서술이란 결국 '견당사 정지' 및 '국풍문화 발달'이라는 문맥과 떼려야 뗄 수 없는 관계에 있고, 오히려 매우 밀접하게 연동되고 있는 것이라 말하지 않을 수 없다. 따라서 이 장에서는 한일 양국 교과서의 '견당사 정지' 및 '국풍문화 발달' 관련 설명 방식에 유의해가며 입당승·입송승 서술이 가지는 특징을 분석해보고자 한다.

양국 교과서에서는 '견당사 정지'를 어떻게 쓰고 있을까. 견당사 파견이 끊어진 사실에 대해 한국의 역사교과서 가운데 일부는 '견당사 폐지'[68] 라고 표기하는 데 대해, 일본의 역사교과서 전 종류 및 한국의 역사교과서 대부분은 '견당사 파견 정지/중지/중단'[69]라고 표현하고 있음이 확인된다. 견당사 '폐지'가 적절한 표현이냐 아니면 '정지'가 적합한 표현이냐에 대한 검토가 요구된다 할 수 있다.

종래에는 일본 학계에서도 관평(寬平) 6년(894)의 견당사 '폐지'라고 표현하는 것이 일반적이었다. 관련 사료로는 『일본기략(日本紀略)』 寬平6年(894) 9月 30日條가 제시되곤 했는데, 해당 기사 즉 9월 30일 기사 바로 뒤에 "그날, 견당사를 정지하였다(其日, 停遣唐使)"라는 문장이 이어지는 형태를 하고 있어, 적지 않은 논자들은 견당사 정지가 당연히 894년 9월 30일이라는 특정한 시점에 이루어진 것이라 이해해왔다. 그러나, 이시이 마사토시(石井正敏)의 새로운 연구에 의해 그러한 이해는 재검토를 요하게 되었다. 이시이는 『일본기략』에 보이는 '其日' 및 그와 글자 형태가 비슷한 '某日'이 기재된 70여 건의 용례가 분석하였고, 그 결과 '其日'도 '某日'

68 「금성 동아시아사」, p.54, p.73; 「금성 세계사」, p.46, p.56; 「미래엔 세계사」, p.43. 〈표 1〉과 〈표 2〉의 특징 정리를 참고하기 바란다.

69 〈표 1〉, 〈표 2〉, 〈표 3〉의 특징 정리를 참고하기 바란다.

의 의미라는 것을 논증하기에 이르렀다.[70] 따라서, 해당 사료의 '其日'은 '9월 30일'을 그 자체를 가리킨다고 보기 어렵게 되었고, 견당사 정지도 해당 특정 날짜에 일어난 일로 간주할 수 없게 되었다. 게다가 '894년 9월 30일' 이후에도 스가와라노 미치자네(菅原道真)는 897년까지, 기노 하세오(紀長谷雄)는 901년까지 각각 '견당 대사', '견당 부사'라는 직책명으로 기록상에 등장하고 있어 일본의 조정이 894년의 특정 시점에 견당사를 '폐지' 했다고 볼 수 없게 된 것이다. 그래서 최근에는 견당사를 파견하는 계획이 세워졌고 '견당 대사'와 '부사' 또한 임명되었으나 어떠한 사정[71]으로 인해 파견 계획이 정지되었고, 견당사 파견을 둘러싼 논의가 완전히 종결되기 전인 907년에 당이 멸망해버리는 사태를 맞아 더 이상 '당'으로 파견되는 사절(견당사)이 필요 없게 된 것이라 이해되고 있다.[72]

이상의 학계의 논의 및 연구 도달점을 존중한다면, 견당사 '폐지'보다 '정지/중지/중단'이라는 용어를 사용하는 것이 합당하다고 할 수 있지 않을까 한다.

'국풍문화'는 최근 일본 학계를 가장 뜨겁게 달구고 있는 주제 가운데 하나이다. 관련 심포지엄의 연이은 개최는 물론,[73] 이를 주제로 하는 책과

---

70 石井正敏, 「寛平六年の遣唐使計画について」, 『情報の歴史学』, 中央大学出版部, 2011.

71 일반적으로는 『관가문초(菅家文草)』卷9, 寛平6年(894) 9月 14日条에 보이는 스가와라노 미치자네의 견당사 파견에 관한 건의 요청이 중요한 원인이었다고 이해된다.

72 皆川雅樹, 「遣唐使派遣と「国風文化」 - 歴史的思考力の育成とアクティブラーニング型を意識した授業実践 - 」, 『歴史地理教育』 833, 2015, pp.20~21.

73 예를 들어 2017년 12월 23일 교토대학에서 개최된 일본사연구회 예회 '「国風文

논문의 간행이 이어지는 추세이다.[74] 최근 논의의 주된 내용은 「'쇄국'과 같은 문화 환경에서 꽃피운 가나 문학의 융성」처럼 '국풍문화'를 바라보는 뿌리 깊은 통념에 대한 성찰이라 할 수 있다.

또 한 가지 주목되는 것은 '국풍(문화)'라는 용어의 연원에 대한 논의이다. 역사학 분야에서는 1930년대에 '국풍문화'라는 용어가 본격적으로 등장하였다는 이해가 있지만, 최근 연구에 의하면 '국풍'이라는 말 자체는 1900년대 일본 문학사의 언설까지 거슬러 올라갈 수 있으며, 나아가 그 언설은 근대 국민국가가 요청한 것이라는 사실이 지적되고 있다.[75]

가와조에 후사에(河添房江)의 연구에 따르면 藤岡作太郎, 『日本文学史

化」を考える', 2018년 10월 7일 고쿠가쿠인대학에서 개최된 국서의 회 '「国風文化」期の東アジアを考える' 등을 들 수 있다. 또한, 도쿄여자대학 사토 마사토시(佐藤全敏) 교수가 이끄는 공동연구 '平安時代の「国風」的文化現象についての発展的学際研究'의 연구 발표회 등을 통해 '국풍문화'에 대한 새로운 논의가 활발하게 진행되고 있다.

74 최근 간행된 것을 중심으로 소개하면 다음과 같다. 河添房江·保立道久·服藤早苗·木村茂光, 「【座談会】『源氏物語』の可能性 (河添房江 著『源氏物語と東アジア世界』を手がかりに)」, 『歴史評論』 702, 2008; 皆川雅樹, 「遣唐使派遣と「国風文化」 - 歴史的思考力の育成とアクティブラーニング型を意識した授業実践 - 」, 『歴史地理教育』 833, 2015; 佐藤全敏, 「国風とは何か」, 『日本古代交流史入門』, 勉誠出版, 2017; 吉川真司ほか 編, 『シリーズ古代史をひらく 国風文化　貴族社会のなかの「唐」と「和」 - 』, 岩波書店, 2019; 河添房江, 「「国風文化」という幻想 - 最近の教科書の記述から - 」, 『歴史評論』 841, 2020; 皆川雅樹, 「国風文化」, 『古代日本対外交流史事典』, 八木書店, 2021; 榎本淳一, 「吉川真司 編, 『シリーズ古代史をひらく 国風文化 - 貴族社会のなかの「唐」と「和」 - 』を読んで」, 『歴史学研究』 1025, 2022 등. 나아가 에노모토 준이치(榎本淳一)의 2022년 서평 주석1)에는 2015년 이후 간행된 '국풍문화' 관련 연구성과가 망라되어 있어 연구 흐름 파악에 큰 도움이 된다.

75 河添房江, 「「国風文化」という幻想 - 最近の教科書の記述から - 」, 『歴史評論』 841, 2020, p.30.

教科書』(開成館, 1901年)의 '第2章 平安朝2 三代集の撰進'에 이미 '국풍(国風)'이라는 용어가 보인다고 한다. 후지오카 사쿠타로(藤岡作太郎)는 일본 문학사를 국민정신의 역사로 규정하고 견당사의 정지와 연결지어 다이고 조정 때의 미술이 '국풍'으로 순화하였고, 와카가 한시를 압도하였음을 강조하였다는 것이다. 엄밀히 말하면 '국풍문화'라는 문자열을 갖추고 있지 않지만, '국풍' 표현이 사용되어, 미술, 문학, 역사를 포섭하는 일본풍의 문화라는 이해의 틀이 성립하였다고 봐도 좋다는 견해이다. 가와조에가 주목한 이 후지오카는 1900년 9월 도쿄제국대학 문과대학 조교수가 되는데, 『日本文学史教科書』는 후지오카가 부임하여 처음으로 저술한 교과서이며, 당시의 중학교, 사범학교, 고등여자학교에서 사용되었다는 사실을 보더라도 그 영향력은 대단했을 것으로 보인다. 여기에서의 '국풍'은 그 지방의 풍속, 관심 내지는 지방색이라는 뜻이 아니라 '일본화'를 의미하였다는 점은 후지오카가 나중에 저술한 『国文学史講話』(東京開成館, 1908年)에서 '국풍'이란 말을 '일본화'로 치환하고 있다는 점에서 확인할 수 있다. 즉, 중국 문물의 영향을 탈피한 '국풍(일본화)'의 미술, 문학의 자립이라는 언설은 1900년대 러일전쟁(1904~5년) 등을 경험한 일본 근대 국민국가가 요청한 것이며, 그것이 이후의 '국풍문화' 용어와 개념 성립에도 영향을 주었다는 설명이다.[76]

후지오카의 언설과 짝하여 주목되는 것은 1900년 파리만국박람회를 위해 편집된 *Histoire de l'art du Japon*의 일본어판 『稿本日本帝国美術略史』

76 河添房江, 같은 논문, pp.30~31.

(1901년)의 '후지와라 씨 섭관시대' 부분 서술이다. 즉 "서기 후 870~80년 무렵부터 후자와라 씨가 오로지 조정 권력을 장악하여 그 일족의 영화를 마음껏 누리기에 이르렀으며, 또 견당사를 폐지하고 외국과의 교통을 두절시켰기 때문에 이에 완전히 문화는 자국 국풍의 경향에 의해 일종의 발달을 이룩하였다. 따라서 미술도 크게 일본 고유의 풍상(風尚)을 띠고…"[77] 라고 나오는 것이다.[78] 파리만국박람회라는 공간을 통해 '일본 고유'의 고귀함과 우아한 아름다움을 간직하면서 또 동양미술을 대표하는 일본 미술이 '국풍의 경향'을 가지는 '문화'로서 강조되고 있었던 것이다.[79]

일본 문화의 '고유성'과 '우위성'을 나타내는 말로서 '국풍'이 사용되었다고 한다면, 19세기 말~20세기 초에 걸친 시기, 청일전쟁, 러일전쟁을 거치면서 일본이 제국주의화에 박차를 가하던 단계에 '국풍' 언설이 두드러지게 등장하였음을 미루어 짐작할 수 있는 것이다.

이상, '견당사 정지' 및 '국풍문화 발달'이라는 용어의 연원과 표현의 적합성 문제를 검토하였는데 이에 대한 이해를 바탕으로 다시 역사교과서 서술로 돌아가 이 양자가 입당승·입송승 서술에 어떠한 영향을 미치고 있는지를 고찰해보자.

한국의 『동아시아사』 교과서에서는 "9세기에 견당사가 폐지된 이후 일

---

77 해당 부분의 원문은 다음과 같다. "西紀後八百七八十年の頃より藤原氏専ら朝権を握り, 其の一族栄華を擅にするに至り, 又遣唐使を廃し外国との交通を杜絶せしが為め, こゝに全く文化は自国々風の傾向によりて, 一種の発達をなせり. 随ひて美術も大いに日本固有の風尚を帯び(下略)"

78 皆川雅樹, 「遣唐使派遣と「国風文化」 - 歴史的思考力の育成とアクティブラーニング型を意識した授業実践 - 」, 『歴史地理教育』 833, 2015, pp.24~25.

79 皆川雅樹, 「国風文化」, 『古代日本対外交流史事典』, 八木書店, 2021, pp.380~382.

본인의 생활과 풍토에 어울리는 문화가 나타났는데, 이를 국풍 문화라고 합니다."[80]라든지 "일본은 점차 주변 나라와 교류를 줄여 8세기 말 견신라사를 폐지하고 이어 9세기 말에는 견당사의 파견을 중지하였다. 헤이안 시대 중기 이후 정치적으로는 율령 체제가 흔들리기 시작하고, 문화적으로는 궁정 귀족을 중심으로 일본 고유의 국풍 문화가 발달하였다."[81]라고 기술한다. 나아가 「날개글」 형태로 "중국 문화를 추종하는 이른바 '당풍'과 달리 일본 고유 색채가 강한 문화 풍조를 가리킨다. 가나 문학, 주거 문화, 종교 등에서 두드러졌다"[82]라고 하여 '국풍문화'의 의미를 상술하는 경우도 있다. 여기에서는 '견당사 정지'의 결과로서 '국풍문화의 발달'이 강조되고 있으며 국풍문화는 중국 문화, 즉 '당풍' 문화에 대비되는 것으로 이해되고 있다. 다시 말하면, '견당사 정지→문화에서 중국적 색채 감소→일본 고유의 색채가 강한 국풍문화 발달'이라는 도식화가 이루어지고 있는 셈이다.

한편, 「비상 동아시아사」와 「천재 동아시아사」는 견당사 파견 정지에 대해서는 서술하고 있지만 국풍문화의 출현, 발달에 대해서는 전혀 언급하고 있지 않음을 확인할 수 있다.

앞에서 제시한 〈표 1〉의 특징 정리를 참고해보면 「금성 동아시아사」와 「미래엔 동아시아사」는 견당사, 입당승, 입송승, 국풍문화 등 4요소를 모두 서술에 포함하고 있어서 역사 서술의 풍부함이나 소재의 다양성 면에

80 「금성 동아시아사」, p.54.

81 「미래엔 동아시아사」, p.45.

82 「미래엔 동아시아사」, p.45의 날개 부분 서술.

서 일견 긍정적으로 비추어질 수도 있으나, 논리적으로는 동일한 교과서 내의 각 서술이 서로 충돌할 뿐 아니라 상호 모순 관계에 있다고 평가하는 것도 가능하다.

예를 들어 「금성 동아시아사」의 경우, 견당사 정지 및 국풍문화 출현은 「주제04 인구 이동과 정치·사회 변동- (3)동아시아 세계의 확립- 동아시아 세계의 확립과 변화」(54쪽)에서 다룬다. 그리고 입당승에 대해서는 「주제05 동아시아문화권의 형성과 발전- (4)동아시아문화권의 확립과 발전- 동아시아문화권의 확립」(67쪽)에서 언급하며, 입송승에 대해서는 「주제06 동아시아 세계의 변화와 국제 관계의 다원화- (2)북방 민족의 성장과 국제 관계의 다원화- 거란, 탕구트의 성장과 다원적 국제 관계」(73쪽)에서 서술한다. 즉 견당사, 입당승, 입송승, 국풍문화를 서로 다른 중단원-소단원에 배치하였기에 빠뜨림 없이 서술할 수 있었던 것이지, 동일한 중단원-소단원 내에서 각자를 시계열적으로 인과 관계에 맞추어 서술하였다면 애당초 논리적으로 불가능한 시도였다고 판단된다.

'견당사 정지 → 문화에서 중국적 색채 감소 → 일본 고유의 색채가 강한 국풍문화 발달'이라는 통설적 논지 전개를 고수하자면 '견당사 이후' 해외 문화의 이입에 크게 기여한 입당승·입송승의 역할과 활약상은 서술하기 어렵기 마련이다. 반대로, 학계의 연구 도달점을 충분히 수용하여 입당승·입송승에 의한 활발한 해역 교류 양상을 있는 그대로 서술한다면 '견당사 이후' 열도 사회의 문화에서 외국적 색채가 감소했다거나 일본 고유의 문화가 발달했다고 설명하기 어려울 것이다. 그런 면에서는 오히려 '국풍문화 발달'에 대한 서술을 빠뜨리긴 했지만 '견당사 정지 → 공식 외교 관계는 축소 → 하지만, 상인과 승려를 통한 교역/교류의 지속 → 입당승·입송승도 그와 같은 환경에서 교류 담당자의 역할 수행'이라는 논지 전개를 갖춘 「비상 동아시아사」가 상호 모순 없이 가장 논리에 부합하도록 서술한 것이라 평가해야 하는 게 아닐까 생각된다.

같은 시각으로 한국의 고등학교 『세계사』 교과서 4종을 재조명하게 되면 어떠한 평가가 가능할까. 『세계사』 교과서에서는 입당승·입송승 서술이 전혀 확인되지 않기 때문에 일견 서술이 풍부하지 않다거나, 내용이 입체적이지 않다는 비판을 제기할 수 있을지 모른다. 그러나 그럼에도 불구하고 오히려 '견당사', '국풍문화'만을 기술했기 때문에 설령 해당 설명이 역사적 실태를 잘 반영하는 게 아니라 할지라도 '견당사 정지 → 중국적 색채 감소 → 국풍문화 발달'이라는 최소한의 논리적 일관성은 유지하고 있는 것이라 볼 수도 있다는 의미이다.

이렇게 생각하게 되면 일본의 역사교과서임에도 불구하고, 또 학계에는 상인 및 승려에 관한 해역사 연구 성과가 방대하게 축적되었음에도 불구하고, 고대 일본의 입당승·입송승 관련 서술이 그다지 풍부하다거나 충분하다고 느껴지지 않았던 『일본사B』의 서술 상황을 이해하지 못할 것도 없다. 심지어 『일본사B』의 입당승·입송승 관련 서술에서 감지되는 집필자의 고심과 주저함이 일정 정도 전해져오기도 한다. '견당사 정지 → 문화에서 중국적 색채 감소 → 일본 고유의 색채가 강한 국풍문화 발달'이라는 통설적 도식에 지장을 주지 않으면서 입당승·입송승에 관한 최신 연구 성과의 반영을 고려한 결과가 현행 『일본사B』 교과서의 서술 실태가 아닐까 여겨지는 것이다.

일부 교과서가 '국풍문화'에 대해서는 「국풍문화를 낳은 동아시아의 변동」이라는 코너를 따로 설정하여 단순히 "견당사의 중단에 의해 동아시아 세계와 단절한 결과로서가 아니라, 오히려 동아시아 세계 전체의 동향과 관련지어 생각할 필요"가 있음을 힘주어 서술하고, 나아가 "10세기 이후의 동아시아에서는 종래의 중국 문화의 모방에서 벗어나, 각 민족의 개성에 맞는 문화로 다시 만들어가고자 하는 움직임이 나타났다"고 하며, 일본뿐 아니라 거란, 서하(탕구트), 여진 등에서도 독자의 문자가 고안되었다는 사실을 지적하면서 이 무렵 나타난 「문화의 국풍화」가 지니는 세계사적 보편성을 은연중에 드러내는 방식을 취하고 있는 것[83]도 논리적 정합성을 유지하기 위한 절충이었으리라 생각된다.[84]

다만, 데시마는 최근 연구에서 입송승 조넨을 근대기 국정 교과서에 싣지 않은 배경 내지 이유와 관련하여, "국정 교과서의 대외관계 기술은 국풍문화 성립의 도식을 방해하지 않았다."[85]고 지적하며 다른 데서 이유를 찾아야 한다고 말한다. 심지어 조넨은 '국체'의 과시, 국체 선전, 국위선양에 힘쓴 인물로 전전(戰前)부터 평가되고 있던 인물[86]이라는 점을 확인한

83 「시미즈서원 고등학교 일본사B」, p.35 및 p.42.

84 이와 같은 궁리가 적극적으로 이루어진 것은 교과서 집필진의 구성과 그들의 전문성이 강하게 작용하였기 때문으로 보인다. 「시미즈서원 고등학교 일본사B」의 대표 집필자로 아라노 야스노리(荒野泰典), 무라이 쇼스케(村井章介), 가토 토모야스(加藤友康) 등이 포진되어 있는데, 아라노와 무라이는 일본 대외관계사의 권위자이고 가토는 헤이안 시대사 전문가로 높게 평가 받는 연구자이다.

85 데시마 다카히로, 「근대에서의 입송승(入宋僧) 관련 언설(言說) 연구 -일본 국정교과서 내 기술 등장을 실마리로 하여-」(『사총』 99, 2020년), p.176.

86 데시마 다카히로, 같은 논문, p.171의 주석18 참조.

뒤, "근대 국가의 공식 견해와 다른 계보나 정보를 이야기하는 조넨이었기 때문에 교과서에 게재하는 것을 기피하였을 가능성이 있다."[87]고 했다. 또 "근대 일본에서 조넨이 중국 황제에게 신하로서 알현하는 듯이 행동한 것 자체가 문제시되었고, 국가 사절이 아닌 개인 자격으로 일본의 내정을 멋대로 중국에 전하는 것은 온당하지 않았다는 평가를 받았을 가능성"[88]에 대해 이야기하였다. 과연 데시마의 지적처럼 근대기 국정교과서의 그와 같은 방침이 현행 역사교과서 서술에까지 영향을 미치고 있는 것인지도 모른다.

중요한 것은 역사교과서에 특정한 요소와 항목이 추가되거나, 생략되는 요인이 완전히 일률적일 수 없다는 사실이다. 다양한 사회문화적·역사적 맥락, 그리고 시대 상황을 고려한 교육학적·정치적 판단 등이 영향을 끼쳤다고 보는 편이 자연스러울 것이다.

87 데시마 다카히로, 같은 논문, p.172.

88 데시마 다카히로, 같은 논문, pp.171~172.

VI. 맺음말

이 글에서는 역사교과서가 다년간 학계에서 축적된 연구성과를 담고 있는 동시에, 최근의 연구 경향을 집약적으로 보여주는 텍스트라는 점을 고려하여, 한일 양국의 고등학교 역사교과서를 분석 대상으로 하여 고대 일본의 입당승·입송승이 어떻게 서술되고 있는지 살펴보았다.

한국의 『세계사』 교과서는 제한된 지면 내에 동서고금의 역사를 모두 담아야 한다는 현실적 한계도 있어서인지 일본의 입당승·입송승까지를 포괄하지는 못하고 있었다. 대신 견당사와 국풍문화는 현행 2015 개정 교육과정에서 「세계사」 교과목의 필수 학습요소로 지정되어 있기 때문에 4종 교과서 모두에서 서술하고 있었다. '견당사 정지→ 국풍문화 발달'이라는 통설적 도식이 엿보였다.

『동아시아사』 교과서는 입당승 엔닌을 4종 교과서 모두가 다루고 있었으며, 1종에 한해서 사이초, 구카이를 서술하고 있었다. 입송승의 경우, 구체적인 승려 명칭은 제시하지 않았지만 송 상인의 선박에 편승하여 동아시아 해역을 왕래한 일본 승려들의 존재와 불교 교류상의 역할에 대해 서술하고 있었다. 여기서는 이른바 '전기 구법승'만이 구체적으로 등장하며,

'견당사 이후'의 승려라 할 수 있는 '후기 구법승' 및 '순례승'은 상세히 다루지 않는다는 특징이 확인되었다.

이같은 특징은 일본의 고교 『일본사B』 교과서에서도 유사한 형태로 나타났다. 한국의 『동아시아사』 교과서에서 다루고 있는 것보다는 넓은 범위의 다양한 승려를 등장시키고 있긴 했으나, 일본의 자국사 역사교과서라는 점을 감안한다면 그다지 충분한 서술이라고 말하기는 어려운 형편이었다.

아마도 '견당사 정지→중국적 색채 감소→일본 고유의 국풍문화 발달'이라는 고전적 설명 틀은 고수한 채 최근의 해역사 연구 성과를 반영하려고 하다보니, '견당사 이후'에도 여전히 해역을 왕래하면서 중국을 비롯한 이국 문화 요소를 일본 열도로 활발히 이입시킨 이른바 '후기 구법승', '순례승'을 깊이 있게 다룰 수 없었던 것이 아닐까 생각된다. 이는 한 교과서 내에서 논리적 모순이 발생하지 않도록 하기 위한 일종의 절충적 서술 시도였을 가능성도 배제할 수 없다. 결국 '견당사 이후' 시기를 서술함에 있어 입당승·입송승의 실태를 강조할 것인지, 아니면 '견당사 정지→ 국풍문화 발달'이라고 하는 통념적 도식을 유지할 것인지의 갈림길에서 나름의 정합성을 구해나가는 과정이었던 것으로 보인다.

분명한 것은 새로운 자료의 발굴이나 학문적 성과와는 무관하게 기존의 통설적 설명 방식을 고수하고자 하는 한일 양국 학계 및 역사교육계의 태도가 엿보인다는 사실이다. 새로운 연구성과가 도출될 때마다 더 많이, 더욱 풍성하게 교과서 서술을 늘려나가는 것보다는 새롭게 확인 된 역사적 사실과 종래의 통념적, 통설적 이해가 부합하는지 혹은 어긋나는지를 면밀히 따져서 내용적으로나 논리적으로나 폭넓게 수긍할 수 있는 역사(교과서) 서술의 방법론을 고안해내는 지혜가 요구되는 시점이다.

이 글은 정순일, 「한일 역사교과서는 입당승·입송승을 어떻게 서술하고 있는가 - '견당사 정지-국풍문화 발달' 문맥과의 관련성에 주목하여-」, 『일본역사연구』59, 일본사학회, 2022를 바탕으로 가필 수정한 것이다.

참고문헌

| 교과서 및 학습지도요령 해설

김덕수 외, 『세계사』, 천재교육, 2018.

김태웅 외,『동아시아사』, 미래엔, 2021.

김형종 외, 『세계사』, 금성출판사, 2018.

안영우 외, 『동아시아사』, 천재교육, 2021.

이병인 외, 『세계사』, 비상교육, 2018.

이병인 외, 『동아시아사』, 비상교육, 2021.

최준채 외, 『세계사』, 미래엔, 2018.

최현삼 외, 『동아시아사』, 금성출판사, 2021.

荒野泰典ほか, 『高等学校日本史B 新訂版』, 清水書院, 2018.

大津透ほか, 『新日本史 改訂版』, 山川出版社, 2018.

君島和彦ほか, 『高校日本史B 新訂版』, 実教出版, 2018.

小風秀雅ほか, 『新選日本史B』, 東京書籍, 2018.

笹山晴夫ほか, 『詳説日本史 改訂版』, 山川出版社, 2017.

笹山晴夫ほか, 『高校日本史B 改訂版』, 山川出版社, 2018.

脇田修ほか, 『日本史B 新訂版』, 実教出版, 2018.

渡部昇一ほか, 『最新日本史』, 明成社, 2013.

『高等学校学習指導要領(平成30年告示)解説 歴史地理編』 文部科学省, 2018.07.

| 연구서

김문경 편역, 『7~10世紀 韓·中·日 交易關係 資料 譯註』, 해상왕장보고기념사업회, 2001.

동북아역사재단 편, 『동아시아사 입문』, 동북아역사재단, 2020.

한국해양재단 편, 『7~10世紀 韓中日交易 研究文獻目錄·資料集(개정판)』,한국해양재단, 2012.

荒野泰典ほか 編. 『日本の対外関係3 通交·通商圏の拡大』, 吉川弘文館, 2010.

榎本渉, 『僧侶と海商たちの東シナ海』, 講談社学術文庫, 2020.

大津透ほか 編, 『岩波講座 日本歴史4』, 岩波書店, 2015.

大塚紀弘, 『日宋貿易と仏教文化』, 吉川弘文館, 2017.

古瀬奈津子 編, 『東アジアの礼·儀式と支配構造』, 吉川弘文館, 2016.

佐々木恵介, 『平安京の時代』, 吉川弘文館, 2014.

佐藤長門 編, 『遣唐使と入唐僧の研究』, 高志書院, 2015.

鈴木康民 監修, 『古代日本対外交流史事典』, 八木書店, 2021.

鈴木康民ほか 編, 『日本古代交流史入門』, 勉誠出版, 2017.

田中史生 編, 『入唐僧恵蕚と東アジア 附 恵蕚関連史料集』, 勉誠出版, 2014.

中央大学人文科学研究所 編, 『情報の歴史学』, 中央大学出版部, 2011.

手島崇裕, 『平安時代の対外関係と仏教』, 校倉書房, 2014.

平野健一郎ほか 編, 『東アジア共同体の構築3 国際移動と社会変容』, 岩波書店, 2007.

水口幹記, 『渡航僧成尋、雨を祈る』, 勉誠出版, 2013.

水原克敏ほか, 『新訂 学習指導要領は国民形成の設計書: その能力観と人間像

の歷史的変遷』, 東北大学出版会, 2018.

森公章, 『遣唐使と古代日本の対外関係』, 吉川弘文館, 2008.

森公章, 『成尋と参天台五臺山記の研究』, 吉川弘文館, 2012.

吉川真司ほか 編, 『シリーズ古代史をひらく 国風文化 – 貴族社会のなかの「唐」と「和」– 』, 岩波書店, 2019.

渡邊誠, 『平安時代貿易管理制度史の研究』, 思文閣出版, 2012.

| 연구논문

권덕영, 「신라 '西化'구법승과 그 사회」, 『정신문화연구』 30~2, 2007.

김병곤, 「新羅 下代 求法僧들의 行蹟과 實狀 – 新羅 中古期 및 中代 求法僧과의 比較 考察」, 『불교연구』 24, 2006년.

김상현, 「7·8세기 海東求法僧들의 중국에서의 活動과 意義 –東亞細亞佛教의 形成과 發展에 寄與한 海東高僧을 中心으로–」, 『불교연구』 23, 2005.

김종섭, 「『참천태오대산기』로 본 송대 여행 인프라와 문화체험」, 『사림』 30, 2008.

데시마 다카히로, 「「奝然上人入唐時為母修善願文」에 대한 소고」, 『일어일문학연구』 96, 2016.

데시마 다카히로, 「교과서에 나타난 입북송승(入北宋僧)·헤이안(平安)시대 대외관계 기술에 관한 특징과 전개 고찰 –국정 일본사 교과서를 중심으로–」, 『일어일문학연구』 98, 2016.

데시마 다카히로, 「근대에서의 입송승(入宋僧) 관련 언설(言說) 연구 –일본

국정교과서 내 기술 등장을 실마리로 하여-」, 『사총』 99, 2020.
데시마 다카히로, 「입송승 조넨(奝然) 사제와 우전왕사모상(優塡王思慕像) -여러 의미의 청래(請来)를 둘러싸고-」, 『일본역사연구』 53, 2020.
이유진, 「唐代 求法僧의 숙박시설 -円仁의 『入唐求法巡禮行記』를 중심으로-」, 『숭실사학』 22, 2009.
정병삼, 「신라 구법승의 구법과 전도 - 圓測과 義相, 無相과 道義를 중심으로」, 『불교연구』 27, 2007.
정병조, 「求法僧 研究의 意義와 課題」, 『불교연구』 23, 2005.
정병준, 「당(唐), 신라(新羅) 교류사(交流史)에 서 본 신라구법승」, 『중국사연구』 75, 2011.
정순일, 「신라해적과 國家鎭護의 神·佛」, 『역사학보』 226, 2015.
정순일, 「『동아시아사』 교과서 고대사 서술의 현재와 향후방향성 -'동아시아 세계의 성립'단원을 중심으로-」, 『한일관계사연구』 53, 2016.
정순일, 「일본 고전적(古典籍) 소장기관의 자료 디지털화 현황과 시사점」, 『한문학논집』 49, 근역한문학회, 2018.
정순일, 「일본사 관련 학습요소 체계화를 위한 방안 모색」, 『역사교육』 152, 2019,
榎本淳一, 「吉川真司 編. 『シリーズ古代史をひらく 国風文化 - 貴族社会のなかの「唐」と「和」—』を読んで」, 『歴史学研究』 1025, 2022.
遠藤隆俊,「義天と成尋 - 十一世紀東アジアの国際環境と入宋僧—」,『동국사학』44, 2008.
河添房江·保立道久·服藤早苗·木村茂光, 「【座談会】『源氏物語』の可能性(河

添房江 著『源氏物語と東アジア世界』を手がかりに)」,『歴史評論』702, 2008.

河添房江,「「国風文化」という幻想―最近の教科書の記述から―」,『歴史評論』841, 2020.

手島崇裕,「入宋僧寂照の中国国内での位置取りをめぐって」,『일어일문학연구』86, 2013.

手島崇裕,「入宋僧奝然の世界観について」,『일어일문학연구』88, 2013.

手島崇裕,「在宋期の寂照をめぐる説話について」,『일어일문학연구』90, 2014.

原美和子,「日中·日朝僧侶往来年表(838-1126)」,『8~17世紀の東アジア地域における人·物·情報の交流－海域と港市の形成, 民族·地域間の相互認識を中心に－上, 平成12年度~平成15年度科学研究費補助金「基盤研究A(1)」研究成果報告書』, 2004.

皆川雅樹,「遣唐使派遣と「国風文化」－歴史的思考力の育成とアクティブラーニング型を意識した授業実践－」,『歴史地理教育』833, 2015.

8

전근대 동아시아에서의 한역 대장경 전파와 그 전개

: 베트남의 전기 레 왕조, 리 왕조의 대장경 장래 사업을 중심으로

- 팜 레 후이

Ⅰ. 머리말

전근대 동아시아 세계는 한자, 유교, 율령, 한역불경이라고 하는 고대 중국에서 기원한 여러 문화를 공유하는 문화권이다. 니시지마 사다오(西嶋定生)에 의해 동아시아 세계론이 제창된 이래 많은 연구자들이 찬동하면서 다방면의 연구가 전개되었다. 그러나 종래 연구동향을 살펴보면 주로 검토된 것은 동아시아 세계의 동쪽 지역(중국 동북 지방, 한반도, 일본)이며, 그에 비해 중국 남부나 베트남과 같은 남변(南邊)지역은 충분한 주목을 받지 못하였다는 문제가 지적되었다.[01] 특히 지리적으로 동아시아 남단에 위치해 있으며, 근현대 국제정치에서 동남아시아의 일원으로 인정받은 베트남은 이제까지 동아시아 세계론 관련 역사연구에서 임의대로 대상이 되기도, 빠지기도 하는 경우가 많았다.

최근 위와 같은 반성에 입각하여 베트남을 포함한 남변지역을 시야에 넣으면서 동아시아 세계의 역사를 재구축하고자 하는 연구가 늘어났다. 본고에서는 중국에서 편찬된 한역대장경(이하 '대장경')이 어떻게 베트남

01 李成市, 「古代東アジア世界論再考―地域文化圏の形成を中心に」, 『歴史評論』 696, 2008.

에 도입·수용되었는가에 관한 문제를 재검토하여 동아시아 세계에서 한역불경의 전개에 대한 이해를 심화시키는 것에 미력이나마 일조하고자 한다.

베트남은 해로와 육로 모두 불교의 발상지인 '천축(天竺)'을 통과하기 때문에 역사상 불교의 동서 교류의 중요한 허브 역할을 수행해왔다. 이로 인해 10세기 이전부터 베트남에서는 불교 경전의 한역 사업이 활발하게 이루어졌는데, 한역경전을 집대성한 대장경이 베트남에 전래된 것은 10세기에 이르러서 부터이다. 10세기 이후 송은 발달된 목판 기술을 활용하여 대장경을 대량으로 간행함과 동시에 그 간본을 고려, 여진, 서하, 일본 등 주변 여러 나라에 배포하여 동아시아에서 중심적인 존재감을 과시하였다. 당시 송으로부터 '교지(交趾)', '교주(交州)', '안남(安南)'이라고 불리면서, 실질적으로는 중국으로부터 독립하여 스스로 '대월국(大越國)'으로 칭한 베트남의 여러 왕조들 역시 배포 대상 중 하나였다. 일본과 고려의 대장경의 도입과 그 전개는 지금까지 많은 연구에서 검토되었으나 거의 같은 시기에 대월에 도입된 대장경에 관해서는 아직 해결되지 못한 지점이 많이 남아있다.

첫째로, 10세기에 대장경이 대월에 전래되었다고 보는 견해는 연구자들 사이에서 일치하고 있지만 구체적인 연대를 둘러싸고 아직 여러 가지 설이 존재한다. 자세한 내용은 후술하겠으나, 대월의 정사(正史)에서 대장경 도입에 관한 최초 기사는 『대월사기전서(大越史記全書)』(이하 『전서』)의 1007년 조에서 보이는데, 『송회요(宋會要)』(이하 『회요』)와 같은 중국 사료를 근거로 하여 그보다 4년 앞선 1005년이라고 보는 연구도 있다. 또한 최근 베트남 불교사학계에서는 그보다 조금 더 이른 975년으로 보는 새로운 설도 제시되었다.

둘째로, 종래의 연구는 제1회를 포함하여 각 회의 대장경 도입 연대와 사절(使節)에 관한 견해가 연구자들 사이에서 일치하지 않는다. 그 원인은 지금까지 송 황제에 의한 대장경의 하사와 같은 개별 사건에만 주목하였고, 그 사건이 발생한 배경을 종합적으로 검토하지 않았기 때문이다. 따라서 본고에서는 대장경의 도입과 그 전개를 일련의 사건으로 파악하고 도입 경위와 도입 배경과 더불어 도입 루트를 입체적으로 규명해보고자 한다.

셋째로, 동아시아 세계를 고려하였을 때, 중국에서 발생한 문화 그 자체의 도입은 물론이고, 각 지역에서 그 문화가 침투하고 재생되는 과정, 이른바 '내부화'의 문제도 중요한 과제로 지적되고 있다. 고려대장경판은 '내부화'를 보여주는 대표적 사례로서 전 세계에 알려져 있으나, 베트남에서도 리(李)·쩐(陳) 왕조(10~14세기) 시기를 거치며 대장경의 필사, 목판 주조, 신역 경전의 추가가 이루어졌다는 사실이 최근 베트남 국내에서 밝혀지고 있음에도 해외에 충분히 알려지지 않았다. 따라서 본고에서는 리 왕조 시기 '전륜경장(轉輪經藏)'의 시험 제작과 대장경의 필사를 시작으로 대월국의 대장경 내부화에 대해 소개하고자 한다.

Ⅱ. 대장경의 도입 경위와 그 배경

1. 제1회 대장경 도입

전술한 바와 같이 대장경이 처음으로 도입된 것은 10세기이지만 구체적인 연대에 관해서는 지금까지 (1) 975년, (2) 1005년, (3) 1007년의 여러 설이 존재한다. 본장은 각 학설이 근거로 삼은 사료를 재검토하여 대월 사절이 중국에서 대장경을 입수한 것은 1005년, 대월 본토에 도착한 것은 1006년이라는 흐름을 밝혔다.

우선 『전서』를 보면 대장경에 관한 최초 기사는 전 레(前黎) 왕조의 여용정(黎龍鋌, 별칭 臥朝-역자 주)이 대장경을 구하기 위해 동생 명창(明昶)을 송으로 파견하였다는 1007년(「월」 응천(應天) 13년, 「송」 경덕(景德) 4년)의 기사이다.[02] 이로 인해 해당 사료를 근거로 하여 1007년을 베트남 대장경

---

02 '春, 遣弟明昶, 掌書記黃成雅獻白犀于宋, 乞大藏經文' (『전서』 본기 권1, 정미 응천 14[13]년 송 경덕 4년(1007)조. 최근 연구에서 『전서』와 『대월사략(大越史略)』(이하 『사략』)의 일부 연대 표기가 서로 다르다는 것이 밝혀져, 본고에서 『전서』나 『사략』을 인용할 때, 본래 조목에 [] 내 형태로 교정해야 할 연도를 표기하여, 본문 중에서는 교정된 연도만을 표기하는 것으로 한다. 또한, 『전서』의

사의 기점으로 본 기존 연구들이 많았다.[03]

그런데 이미 1944년부터 가와가미 마사시(川上正史)는 「宋勅版藏經安南傳來考」라는 제목의 논문에서 '賜黎桓印本藏經, 令進奉使齎還本道, 從其請也'라는 『회요』의 기록[04]에 주목하여 이에 근거하여 여용정의 아버지인 여환(黎桓)이 1005년 송으로부터 대장경을 얻었다고 주장하였다.[05] 가와가미 마사시의 견해는 시사하는 바가 많지만 제2차 세계대전 중 일본어로 발표되었기 때문에 베트남은 물론 일본의 연구자들 사이에서도 널리 알려지지 못하였다.

최근 쩐 왕조의 경전목록을 검토함에 있어 불교학자 Le Quoc Viet이 975년이라는 새로운 설을 제시하였다. 975년은 정선황(丁先皇)이 사자 정수(鄭琇)를 송에 파견한 해로, Le Quoc Viet은 『송사(宋史)』에 같은 해 송 진종(真宗)이 교주에 '구경(九經)' 및 대장경에 해당하는 '불씨서(佛氏書)'를 하사하였다는 기사가 있다고 하였다.[06][07]

대월 연호가 종종 어긋나기도 하기 때문에, 본고에서는 송 연호와 서기를 사용하였다.

03 예를 들면, Ha Van Tan, 「Tu mot cot kinh Phat nam 973 phat hien o Hoa Lu (華閭で発見された九七三年の石經幢について)」, 『Nghien cuu Lich su(歴史研究)』 76, 1965과 高津茂, 「李朝建初期の國家と佛教」, 『アジア·アフリカ文化研究所研究年報』 22, 1987를 들 수 있다.

04 『회요』 번이 4, 교지, 경덕 2년 「1005」조.

05 川上正史, 「宋勅版藏經安南傳來考」, 『支那佛教史學』 7, 1944.

06 '遣鄭琇遺金帛, 犀象于宋' (『전서』 본기 권1, 을해 태평 6년 송 개보 8년 「975」 조).

07 Le Quoc Viet, 「"Giao Chau mot neo, loi thong Tay Vuc"-Thien phai Truc Lamtiep can tu goc do kinh luc(「交州一方, 道通天竺」-經録からみた竹林禪宗)」, 『Suối nguồn (源泉)』 1, 2016.

하지만, 『송사』를 확인해보면, Le Quoc Viet이 975년 설의 근거로 삼은 기사는 975년이 아니라 경덕 4년(1005) 7월 을해 조[08]이며, 975년 설은 단순 사료오독이라는 사실이 판명되었다.

다음으로, 가와가미 마사시가 제시한 1005년 설에 관하여 송 진종이 중국의 변경(汴京, 개봉)에서 사절에게 대장경을 하사한 것은 1005년이지만 다음에서 분석한 바와 같이 대장경이 대월 본토에 도착한 것은 그 이듬해(1006년)이다.

우선 『전서』에 따르면 경덕 원년(1004), 여환은 그의 아들 여명제(黎明提)를 섭환주자사(攝驩州刺史)로 송에 파견하였다.[09] 『회요』와 『속자치통감장편(續資治通鑑長編)』(이하 『장편』)에 따르면 여명제 일행은 같은 해 6월 11일(갑자)에 변경에 도착하여[10] 6월 23일에 숭정전(崇政殿)에서 송 진종을 알현하고 교주에 '가은사(加恩使, 책봉사)'의 파견을 요청하였다.[11] 같은 해

08 '乙亥,交州來貢,賜黎龍廷九經及佛氏書' (『송사』 권7, 경덕 4년(1007) 7월 을해 조).

09 '遣行軍王明提稱攝驩州刺史, 聘于宋, 明提至汴, 懇求恩使宣撫遐裔, 宋帝許之, 召入使殿勞問, 賜賞甚厚, 授明提金紫榮祿大夫, 檢校太尉, 驩州刺史' (『전서』 본기 권1, 갑진 응천 11년[11] 송 경덕 원년(1004)조).

10 '六月十一日, 南平王黎桓遣其子攝驩州刺史明提來貢' (『회요』 번이 7, 역대조공, 경덕 원년(1004)조); '甲子 (중략) 交州黎桓遣其子攝驩州刺史明提來, 貢懇求加恩使至本道慰撫遐裔, 許之, 仍以明提爲驩州刺史(明提爲正刺史在十月二十八日, 今并書之, 實錄於十月二十七日又書明提入貢蓋誤)」(『장편』 권56, 경덕 원년(1004) 봄 조). 또한, 『회요』(번이 7)에 '景德元年十月十五日,南平王黎桓遣其子攝驩州刺史明提來貢'이라는 기록이 있는데, 그 '十月'은 '六月'의 오류로 생각된다.

11 '景德元年六月二十三日, 桓遣其子攝驩州刺史明提來貢, 對於崇政殿, 且言, 每降恩旨, 是驛遞至當道。今特遣息男貢獻, 望降使慰撫遐俗' (『회요』 번이 4, 교지, 경덕 원년(1004)조).

28일 정사 명제는 진종으로부터 환주자사(정자사)로 임명되었다[12]고 한다.

사절 일행은 그 후 변경에 재류하며 다음 해 (경덕 2년, 1005년) 정월을 보냈다. 상원절(上元節, 정월 15일)에 여명제는 진종으로부터 전(錢)을 하사받고 점성(占城, 참파), 대식(大食, 페르시아) 사자와 함께 십오야관등(十五夜觀燈) 향연에 초대받았다.[13]

상원절의 향연 이후 송 진종은 같은 해 정월에 사절에게 대장경을 하사한 것이다. 『회요』에 '從其請'이라고 기록된 것처럼 그 하사품은 송 진종 자신이 생각해낸 것이 아니라 어디까지나 사절을 통한 여환의 요청에 대한 응답이었다는 점에 주목할 필요가 있다.

같은 해 2월 7일(을유)에 송 진종은 여환의 또 다른 요청인 가은사의 파견에 응답하여 송의 공부원외랑(工部員外郎) 소엽(邵曄)을 안무국신사(安撫國信使)로 임명하여 여명제를 동반하는 형태로 교주에 파견하였다.[14] 또한 같은 해 3월 2일(갑진)에 송 진종은 대장경을 시작으로 대량의 물품을 가지고 가는 여명제 일행에게 '筆錢十五萬, 米一百五十斛' 및 이동을 위한 통행증인 '관권(館劵)'을 발행하여 귀국의 편의를 도모하였다.[15]

---

12 '二十八日,以明提爲金紫光祿大夫, 檢校太保, 驩州刺史, 上柱國, 京兆縣開國男,食邑三百戶'(『회요』 번이 4, 교지, 경덕 원년(1004)조).

13 '二年上元節, 賜明提錢, 令與占城, 大食使觀燈宴飮, 因遣工部員外郎邵曄充國信使'(『회요』 번이 4, 교지, 경덕 원년(1004)조).

14 '乙酉, 以淮南轉運使工部員外郎邵邵曄爲交州安撫國信使, 從黎桓所乞也'(『장편』 권59, 경덕 2년(1005) 2월 을유 조).

15 '三年三月, 詔廣州別賜交州進表使黎明提筆錢十五萬, 米一百五十斛, 續給館劵'(『회요』 번이 4, 교지, 경덕 3년(1006)조)。'三月甲辰, 詔別賜錢十五萬米百斛仍並給館劵'(『장편』 권62, 경덕 3년(1006) 3월 갑진 조).

이렇게 여명제 일행은 송 진종에게 우대를 받으며 경덕 2년(1005) 정월에 대장경 획득을 비롯한 모든 임무를 무사히 완수하고 귀로에 올랐으나, 실제로 귀국한 것은 그 이듬해(경덕 3년, 1006년)였다.

그 원인은 경덕 2년(1005)3월에 여명제의 부친인 여환이 붕어하자 대월 국내에서 왕위쟁탈을 둘러싼 여러 왕자들의 내란이 발생했기 때문이다. 당초 여환의 셋째 아들 여용월(黎龍鉞)이 즉위했지만 재위 3일 만에 동복형제 여용정(龍廷으로도 표기하나 이하 '龍鋌'으로 통일)에게 살해당하였다. 여용정은 그 후 동성(東城), 중국각왕(中國各王) 및 동모형제 개명왕(開明王)과의 전투를 계속하였다.

교주에서의 내란에 관한 정보가 소엽을 거쳐 송 중앙정부에 보고되자 송 진종은 5월 11일(무오)에 소엽을 광남서로연변안무사(廣南西路緣邊安撫使)로 임명하여 교주의 상황을 살펴 대응책을 모색하도록 하였다.[16]

한편 8개월을 걸려 간신히 여러 반대 세력을 진압한 여용정은 송에게 국내의 상황을 알리고, 같은 해 8월에 조공사의 파견을 허락하도록 요청하였다. 여용정의 '공첩(公牒)'을 받은 소엽은 7월 5일 조정에 주상하여 판단을 물었다. 이에 송 진종은 사자의 입송을 재가함[17]과 동시에 소엽을 통하여 광주(廣州)에서 대기하고 있던 여명제 일행에게 국내 정보를 전하고

---

16 '交州黎桓死, 其仲子龍鉞嗣立, 龍鉞兄龍全刼庫財而遁, 其弟龍廷殺龍鉞, 自立, 龍廷兄明護率扶蘭寨兵攻戰, 國信使邵曄駐嶺表以其事聞。戊午, 就命曄爲廣南西路緣邊安撫使, 聽以便宜, 設方略, 桓子明提先入貢, 還在路, 詔送件使臣倍加安撫'(『장편』 권60, 경덕 2년(1005)조 5월 조).

17 '七月五日, 邵曄上言, 黎龍廷公牒至, 自稱靜海軍節度觀察處置等使, 檢校太尉, 開明王, 請以八月遣弟入貢, 臣以龍廷未受真命, 輒有稱呼, 不敢回報, 帝以窮荒異俗, 不識事體, 但詔曄諭令削去僞官, 方得入貢'(『회요』 번이 4, 교지, 경덕 3년(1006)조).

귀국할 의향이 있는지 여부를 확인하였다. 결과적으로 여명제는 귀국하기로 결정하였던 것이다.[18]

이상의 분석에서 밝힌 바와 같이 1004년에 출발한 사절은 1005년에 변경에서 대장경을 입수하여 이를 1006년 (3월 이후)에 대월로 가져온 것이다. 또한 애초에 대장경의 도입을 기획한 것은 전 레 왕조의 초대 황제 여환(黎大行)이었지만 1006년에 여환은 이미 붕어했기 때문에 대장경을 실제로 받은 것은 전 레 왕조의 3대 황제 여용정이었다.

1004년부터 1006년에 걸친 제1회 대장경 도입 사업은 이제까지 주로 불교사의 관점에서 검토되어 왔지만 어떤 정치적 상황을 배경으로 추진되었는지에 대한 문제는 그다지 주목받지 못하였다. 따라서 본고에서는 동아시아의 관점에 입각하여 이 사업이 단순히 송월(宋越) 양국 관계뿐만 아니라 동아시아 전체의 정치 정세와도 깊게 연관되어 있었음을 밝히고자 한다.

우선 송월 양국 관계 측면에서 살펴보면, 여명제 일행의 입송은 송 진종이 전 레 왕조와의 외교관계를 수복하고자 한 시의적절한 상황에서 실시되었다는 점에 주목할 필요가 있다. 애초에 진종의 전대 송 태종의 치세에는 양국 관계가 극히 악화되었던 상황이었다. 980년 정선황이 국내에서 칭제건원을 하였다는 정보가 송으로 흘러 들어가자 송 태종은 격노하여 이를 견책하는 조서를 내렸다. 이듬해(981)에 제1차 송월전쟁이 발발하였고, 결과적으로 송군은 여환이 지휘하는 전 레 왕조에게 대패하고 말았다. 그 기세를 몰아 여환은 더욱 강경하게 송과의 대등한 관계를 주장하고자

18 '時黎明提尚駐廣州, 詔曄以其國事狀, 及龍延奏報諭明提, 令其自擇去就, 願歸, 則給人船, 館券, 賜錢遣之'(『회요』 번이 4, 교지, 경덕 3년(1006)조).

하였다. 예를 들면, 순화(淳化) 원년(990) 송의 사신 송호(宋鎬)가 교주를 방문하였을 때, 여환은 이전 해 낙마로 인한 다리 부상을 핑계로 송 태종의 조서에 대한 배례를 거부하였다. 또한 '천자군(天子軍)'이라는 문신을 이마에 새긴 교주의 병사를 송 사신에게 아무렇지도 않게 보여주었다.[19] 더욱이 996년, 송 사신 이약졸(李若拙)을 맞이할 때, 이전 해에 교지(대월)가 송의 여홍진(如洪鎭)을 공격한 것을 책망당한 여환은 '그것은 단지 국경 밖의 해적이 저지른 일에 불과하다. 만약 그것이 교지의 정규군이었다면 여홍진에 그치지 않고 번우(番禺, 광동), 민월(閩越, 복건)까지 쳐들어갔을 것'이라 위협하였다.[20] 이러한 험악한 관계 속에서 천조의 체면을 지키기 위하여 송은 교주에 사자를 파견하는 것을 멈추고 모든 연락을 변경의 역인을 통해 실시하도록 하였다. 또한 송은 여환이 조공할 때마다 국내에 무거운 세금을 부과하였다는 이유로 지도(至道) 3년(997)부터 함평(咸平) 6년(1003)까지 6년간 여환의 사절의 입송을 거부하였다.

그런데 함평 6년(1003)에 들어서자 여환에 대한 송의 태도는 크게 바뀌었다. 같은 해 요나라 소태후(蕭太后)와 성종(聖宗)이 친히 대군을 이끌고 국경으로 남하하여 이른바 '경덕의 역'이 발발한 것이 그 배경이었다. 북방

---

19 '自言近与蛮寇接戦, 墜馬傷足, 受詔不拜', '士卒殆三千人, 悉黥其額曰天子軍'(『송사』 권488, 교지전).

20 '宋復遣李若拙齎詔書及玉帯來賜, 既至, 帝郊迎, 慢不爲禮, 以示高異, 謂若拙曰, 刧如洪鎮, 乃外境海賊也, 皇帝知此非交州兵否, 若使交州叛命, 當首撃蕃禺, 次撃閩越, 豈止如洪鎮而已, 言訖頓首謝'(『전서』 본기 권1, 黎大行, 병신 응천 3년(996)조); '七月, 太宗遣主客郎中, 直昭文館李若拙齎詔書, 充國信使, 以美玉帯往賜桓, 若拙既至, 桓出郊迎, 然其詞気尚悖慢, 謂若拙曰, 向者刧如洪鎮乃外境蛮賊也, 皇帝知此非交州兵否, 若使交州果反命, 則當首攻番禺, 次撃閩越, 豈止如洪鎮而已' (『송사』 권488, 교지전).

변경의 긴장감이 고조되는 가운데 송 진종은 남방 변경을 진정시키기 위하여 급하게 여환과의 관계를 개선하여, 같은 해 9월 11일에 6년 만에 여환이 파견한, 황성아(黃成雅)를 정사로 하는 사절의 입송을 '특허'하였다.[21]

'경덕의 역'은 경덕 원년(1004)에 송과 요 사이에 맺어진 맹약, 이른바 '전연의 맹'으로 마무리되었다. 하지만 구보타 가즈오(久保田和男)가 연구에서 지적한 바와 같이, 외압을 모면한 송 진종은 이윽고 '전연의 맹'을 굴욕적인 강화조약으로 여긴 국내의 비판을 받게 되었다. 황제의 체면을 만회하기 위해 송 진종은 '전연의 맹'의 책임자인 구준(寇準)을 좌천시킨 뒤 재상 왕흠약(王欽若)의 계책에 따라 태산봉선(泰山封禪)과 천서강하(天書降下)와 같은 일련의 정치적 연출 준비에 착수하였다.[22] 이러한 정치적 연출을 성공시키기 위해서는 조공사로 파견된 여환이 보낸 사절의 역할은 상당히 중요하였다.

위와 같은 분석을 통하여 동아시아에서 대월의 대장경 도입사업을 보다 입체적으로 이해할 수 있었다. 주지하다시피 990년대부터 송 태종은 일본과 고려에는 기꺼이 대장경을 하사했지만 대월에는 이를 제공하지 않았다. 이는 당시 대월의 딘(丁) 왕조와 그를 이은 전 레 왕조가국내에서 '칭제건원'을 통하여 중국과 대등하다는 의식을 표출하려 했기 때문이다. 그러나 송 진종의 치세에 들어서면서 동아시아 세계의 동북지역에서 송

---

21 '十一日, 南平王黎桓遣使黃成雅來貢, 先是, 桓每加恩, 即以貢奉爲名, 過有賦歛, 帝聞之, 遂罷遣使, 止令疆吏賜綸告, 至是, 懇請降使及入貢, 特許之'(『회요』 번이 7, 역대조공, 함평 6년(1003)조).

22 久保田和男, 『宋代開封の研究』, 汲古書院, 2007.

요관계가 악화되었기 때문에 송은 다급하게 남방의 대월과의 관계를 수복하는 방침으로 전환하고 1005년 대월에 대장경을 제공한 것이다. 자세한 내용은 이후 서술하겠지만 제2회와 제3회 도입사업 역시 시의적절한 상황을 배경으로 순조롭게 진행되었다.

2. 제2회 대장경 도입

제1회 대장경 도입에 이어서 경덕 4년(1007) 여용정은 여명제와 또 다른 형제인 여명창[23]과 황성아를 송에 파견하여 코뿔소를 바치면서 재차 '대장경문(大藏經文)'의 하사를 요청하였다.[24]

『송사』에 따르면, 여명창·황성아 일행은 같은 해 7월 11일(을해)에 변경에서 송 진종을 알현하고 '구경' 및 '불경일장(佛經一藏, 대장경)'의 하사를 요청하여 재가를 받았다.[25] 유교 경전인 '구경'은 바로 다음날(12일, 병

23 여명창은 여명제와 동일 인물이라는 설도 있는데, 『장편』(권73, 대중상부 3년 조)와 『회요』(번이4, 교지, 대중상부 3년 조)에는 '三年二月, 廣南轉運使何亮言, 交州黎至忠苛虐不法, 衆心離叛, 其卒也, 一子才十歲, 弟明提, 明昶用兵爭立, 大校李公蘊率土人逐而殺之'와 같이 송의 광남전운사 하량의 상수로 명제와 명창이 구별되고 있는 점으로 볼 때, 이 둘은 다른 인물로, 1009년에 이공온에게 살해된 것이 판명되었다.

24 '春, 遣弟明昶, 掌書記黃成雅獻白犀于宋, 乞大藏經文'(『전서』 본기 권1, 정미 응천 14[13]년 송 경덕 4년(1007)조).

25 '乙亥, 交州來貢, 賜黎龍廷九經及佛氏書。辛巳, 以龍廷爲靜海軍節度, 交阯郡王, 賜名至忠' (『송사』 권7, 진종, 경덕 4년(1007) 7월 을해 조); '七月十一日, 權安南靜海軍節度觀察留後黎龍廷, 遣其弟峰州刺史明昶, 副使安南支使殿中丞黃成雅等來貢, 龍廷表乞賜九經及佛經一藏, 從之'(『회요』 번이 4, 교지, 경덕 4년(1007)조).

자) 사자의 손에 들어왔지만[26] 대장경은 약 2개월 후인 9월 8일(기사)에 실제로 하사받게 되었다.[27]

여기에서 주목해야 할 것은, '구경' 및 대장경의 신청이 같은 날에 송 진종에게 재가를 받았음에도, 대장경을 '구경'보다 늦게 하사받았다는 점이다. 그 이유는 사료에 명기되어 있지는 않지만 '구경'에 비하여 대량의 권수인 대장경의 경우, 송 진종에게 재가를 받은 이후 인경원(印經院)에서 인쇄가 개시되어 인쇄본이 완성되기까지 시간이 걸렸을 것으로 추측할 수 있다.

같은 해 7월 17일(신사)에 송 진종은 여명창을 정해절도사(靜海節度使)·교지군왕(交趾郡王)으로 책봉하고 그 이름을 여지충(黎至忠)으로 고쳐 정절(旌節)을 하사하고 또한 그 아버지 여환을 남월왕(南越王)에 추봉하였다.[28] 다음날(18일) 여명창과 황성아 두 사람은 각각 '金紫光祿大夫, 檢校司空, 使持節峰州諸軍事, 峰州刺史兼御史大夫, 上柱國, 京兆郡開國男, 食邑三百戶'와 '朝散大夫, 殿中丞, 知安南支使, 騎都尉, 賜紫金魚袋闕從駕'로 승질(昇秩)되었다. 여명창은 형 여용정이 제명(制命)을 수여받았다는 이유

26 '七月丙子, 賜黎龍廷九經, 從其請也' (『회요』 예62, 뇌사, 경덕 4년(1007)조).

27 '九月己巳, 鑄交趾郡王印, 製安南旌節, 付廣南運司賜之, 賜交州黎龍廷佛經一藏, 從其請也' (『회요』 예62, 뇌사, 경덕 4년(1007)조).

28 '十七日, 制授黎龍廷檢校太尉, 靜海軍節度使, 安南都護, 封交趾郡王, 賜推誠順化功臣, 改名至忠。又贈故靜海軍節度使南平王黎桓中書令, 追封南越王, 賜布帛羊酒爲之賻禮, 舊制, 初授交州者, 惟加節鉞, 未賜爵土, 帝以遠俗, 須朝廷恩命方可鎮服, 特命之'(『회요』 번이 4, 교지, 경덕 4년「1007」7월 조); '辛巳(中略)及含光殿大宴, 明昶等與焉, 上以成雅坐遠欲稍升其位著, 訪於宰相王旦, 旦曰, 昔管仲朝周王, 饗以上卿之禮, 管仲固辭, 受下卿之禮, 而還國家, 綏靜遠方, 優待客使, 固無嫌也, 乃升成雅於尚書五品之次' (『장편』 권66, 경덕 4년「1007」조 7월 신사 조).

로 숭정전에서 '고사(告謝, 사은)'할 것을 요청하였다.[29] 같은 달 21일에 고사를 재가 받은 여명창과 황성아는 함광전(含光殿)으로 나아가 송 진종에게 사은하였다.[30]

9월 3일에 두 사람은 함광전에서 개최한 대연에 참례하도록 허가를 받았다. 이 자리에서 대월의 사자가 송 진종에게 굉장한 우대를 받았다는 사실을 엿볼 수 있다. 『회요』에 따르면 부사 황성아는 반품(班品)에서 떨어진 좌석에 앉을 수밖에 없었다.[31] 이를 본 송 진종은 재상 왕단(王旦)에게 이야기를 한 뒤 황성아를 상서(尙書) 5품의 옆에 앉도록 하였다.[32]

같은 달 15일에 황성아 일행은 또다시 경림원(瓊林苑)에서 개최된 중양절(重陽節) 대연에 초대받았다.[33]

전술한 바와 같이 9월 6일에 송 진종은 사자의 손에 대장경을 들려주었는데, 같은 날 '교지군왕인(交趾郡王印)'과 '안남정절(安南旌節)'의 제작을 명하여 인감과 의장이 완성되면 광남운사(廣南運司)을 통해 여용정에게 수

29 '十八日, 以安南進奉使峰州刺史, 黎明禔爲金紫光祿大夫, 檢校司空, 使持節峰州諸軍事, 峰州刺史兼御史大夫, 上柱國, 京兆郡開國男, 食邑三百戶, 副使節度支使黃成雅爲朝散大夫, 殿中丞, 知安南支使, 騎都尉, 賜紫金魚袋, 闕從駕, 明禔以兄降制命, 求赴崇政殿告謝'

30 '四年七月二十一日, 交趾進奉使黎明禔授峰州刺史, 副使黃成雅授殿中丞, 乞告謝, 從之'(『회요』 의제9, 고사, 경덕 4년(1007)조).

31 '九月三日, 大宴, 樞密院定交州進奉使峰州刺史黎明禔, 副使安南掌書記殿中丞黃成雅悉座于本班, 帝以成雅班品稍遠, 俾遷之, 且訪其禮於輔臣, 王旦等曰, 昔子產朝周王, 饗以上卿之禮, 子產固辭, 受下卿之禮而還, 國家惠綏遠方, 升其班序, 亦無嫌也, 乃詔升成雅于尙書省五品之次' (『회요』 예45, 禮四五, 연향, 경덕 4년(1007)조).

32 『회요』(의제3, 조의반서, 경덕 4년)는 해당 에피소드를 9월 4일에 기록하였다.

33 '景德四年九月十五日 (중략) 又宴交州使于瓊林苑'(『회요』 예45, 중양연).

여할 것을 약속하였다.[34]

이처럼 경덕 4년(1007) 9월에 대월사절은 임무를 대부분 완수했는데, 이들이 실제로 대장경을 가지고 귀국한 것은 2년 후인 대중상부(大中祥符) 2년(1009) 봄이었다.[35] 제1회 도입에서도 사자의 귀국이 늦어졌는데, 앞서 언급한 것처럼 그 원인은 대월 국내에서 내란이 발생하였기 때문이다. 그에 비해 제2회 사절의 귀국이 늦어진 원인은 송 측에 있었다는 점에 주목할 필요가 있다.

전술한 바와 같이 송 진종은 '전연의 맹'으로 손상된 황제의 권위를 만화하기 위해 대중상부 원년(1008)부터 2년(1009)에 걸쳐 천서와 같은 상서의 출현과 태산봉선과 같은 연출을 기획하였다. 이를 위해 송 진종은 여명창과 황성아 일행도 1년 더 송에 머무르며 이러한 정치적 연출에 참석하도록 하여 국내외에 진종의 권위를 과시하고자 한 것이다.

실제 상황을 사료에서 되짚어보면 대중상부 원년(1008) 정월 9일(을축)에 '천서'가 승천문(承天門)에 떨어진 것이 보고되자 같은 달 23일(을유)에 송 진종은 여용정에게 '翊戴功臣, 食邑七百戶, 實封三百戶'를 가봉(加封)하였다.[36] 그 후 1년 동안 3월에는 부로(父老), 제로진사(諸路進士), 문무관(文武官), 장교(將校), '만이(蠻夷)'가 황제에게 '봉선'을 요청하였고, 5월에는

---

34 '九月己巳, 賜交阯郡王印及安南旌節' (『송사』 권7, 진종, 경덕 4년(1007)조).

35 '春, 明昶自宋還, 得大藏經文, 及誘得宋女蕭氏以獻, 納爲宮人' (『전서』 본기 권1, 을유 경서 2년 송 대중상부 2년(1009)조).

36 '乙酉, 制加交阯郡王黎至忠功臣食邑'(『송사』 권7, 진종, 대중상부 원년(1008) 정월 을유 조); '大中祥符元年正月, 以天書降, 制加至忠翊戴功臣, 食邑七百戶, 實封三百戶'(『회요』 번이4, 교지, 대중 양부 원년(1008)조).

'예천(醴泉)'이 출현하였으며, 6월에는 '천서'가 또다시 태산 예천 북쪽에 떨어져 진종과 왕흠약이 기획한 각본대로 연출이 차례차례 진행되었다. 사료에는 명기되어있지 않지만 진종에게 '봉선'을 요청한 '만이'에는 대월의 사신도 포함되어 있었을 가능성이 높다.

태산봉선이 같은 해 12월에 무사히 마무리되자 같은 달 6일에 대월사절은 숭덕전에서 개최된 연회에 초대받았다.[37] 그때까지의 협력에 보답하기 위하여 송 진종은 같은 달 여용정에게 '檢校太尉, 同中書門下平章事, 安南都護, 交趾郡王, 充靜海軍節度觀察處置等使'라는 보다 높은 관위를 내리고 식읍을 '일천호(一千戶)'로 높였다.[38]

즉, 제2회 도입사업에서 여명창 일행은 경덕 4년(1007) 9월에 대장경을 입수했지만 송 진종의 정치적 연출에 협력해야만 했기 때문에 그것을 무사히 대월에 가지고 간 것은 대중상부 2년(1009) 봄이었던 것이다.

3. 제3회 대장경 도입

제2회 대장경 도입 이 후 얼마 되지 않아 여용정은 대중상부 2년(1009)

37 '六日, 詔崇德殿宴, 夏州進奉人使於西廊南赴座, 交州進奉人使以次歇空座, 進奉押衙, 軍將次, 交州人使赴座, 契丹舍利從人於東廊南赴座'(『회요』 예45, 연향, 대중상부 원년(1008) 12월).

38 '十二月, 制授至忠依前檢校太尉, 同中書門下平章事, 安南都護, 交趾郡王, 充靜海軍節度觀察處置等使, 加食邑一千戶, 食實封四百戶, 散官, 勳如故'(『회요』 번이4, 교지, 대중상부 원년(1008)조).

붕어하였다. 2일 후 12월 2일(계축) 그의 신하 이공온(李公蘊)은 여용정의 형제이자 제1회와 제2회 대장경 도입에 참여한 사자이기도 했던 여명제와 여명창을 살해하고 리 왕조의 초대 황제(이 태조)로 즉위하였다.[39]

대중상부 3년(1010), 이공온은 '안남정해군권유후(安南靜海軍權留後)'라 스스로를 지칭하고 송의 광남전군사 하량에게 문서('이(移)')를 보내 국내의 상황을 통보하면서 책봉 제명을 받기 위한 조공사의 파견을 허가해줄 것을 요청하였다. 하량은 같은 해 2월에 조정에 아뢰어 지시를 요청하였다.[40] 이공온이 왕위를 찬탈했기 때문에 송의 중앙정부는 이후의 전개에 대해 신중한 태도를 취했고 하량에게 변경의 경비를 강화함과 동시에 교주의 정보를 수집할 것을 명하였다.

약 1개월 후,[41] 이공온의 실질적인 지배권을 확인한 송 진종은 3월 13일(임진)에 이공온의 정당성을 인정하여 '정해군절도(靜海軍節度)' '교지군왕'으로 책봉하고 습의(襲衣), 금은대(金銀帶), 기폐(器幣)를 하사함과 동시에 사자의 입송을 재가하였다.[42]

---

39 '冬十月辛亥, 帝崩于寢殿'; '是月癸丑日, 李公蘊自立爲帝'(『전서』 본기 권1, 기유경서 2년 송 대중상부 2년(1009)조).

40 '癸巳, 交州黎至忠卒, 大校李公蘊自稱留後' (『송사』 권7, 진종, 대중상부 3년(1010) 2월).

41 당해는 윤년으로, 2개월 후가 되었다.

42 '三年二月,廣南轉運使何亮言, 交州黎至忠苛虐不法, 衆心離叛, 其卒也, 一子才十歲, 弟明提, 明昶用兵爭立, 大校李公蘊率土人逐而殺之, 公蘊年始二十六, 至忠最所親任, 嘗令以黎爲姓, 既而自領州事, 稱安南靜海軍權留後, 且移文言見率方物奉貢, 請降制命, 帝曰, 至忠不義而得, 公蘊尤而効之, 益可惡也(中略)三月,制授權靜海軍留後李公蘊特進, 檢校太傅, 安南都護, 靜海軍節度觀察處置等使, 交趾郡王, 食邑三千戶, 食實封一千戶, 兼御史大夫, 上柱國, 特賜推誠順化功臣, 仍賜襲衣, 金銀帶, 器幣' (『회요』 번이4, 교지, 대중상부 3년(1010)조); '三月壬辰, 以權

그러자 이공온은 양임문(梁任文)을 정사로, 여재엄(黎再嚴)을 부사로 송에 파견하였다.[43] 이 사절은 대중상부 3년(1010) 12월경에 변경에 도착하여 송 진종을 알현하면서 대장경 및 『어차팔례법서(御劄八禮法書)』의 하사를 요청하여 재가를 받았다. 대장경의 입수 시점은 정확히 알 수 없으나, 『장편』에 따르면 태종어제어서(太宗御製御書)는 같은 달 17일에 사전의 손에 들어왔다.[44]

송 진종이 이처럼 이공온의 찬탈을 묵인하고, 조공사의 입송을 허락하고, 대장경을 비롯한 모든 요청을 흔쾌히 수락한 배경에는 같은 해 12월에 분음후토(汾陰后土)라고 하는 정치적 연출이 기획이 있다. 송 진종이 직접 제사를 주관할 예정인 해당 의식에는 대월과 같은 외국의 조공사가 참례하고 그 성공을 축하하는 것은 송 진종 정권에게 아주 좋은 상황이었던 것이다.

『회요』에 '任文等從祀汾陰'이라고 기록되어 있는 바와 같이, 결과적으로 송 진종이 바라던대로 대월사절은 대중상부 4년(1011)까지 체재하였고, 정월 6일에 숭덕전에서 대연에 참가한[45] 후 정월 23일(정유)에 진종을 수행하며 변경에서 출발하여 2월에 분음과 관련된 일련의 의식에 참례하

靜海軍留後李公蘊爲靜海軍節度, 封交阯郡王, 賜衣帶器幣' (『송사』 권7, 진종, 대중상부 3년(1010) 3월 임진조). 같은 기록은 『회요』와 『장편』에도 보인다.

43 '遣員外郎梁任文, 黎再嚴如宋結好' (『전서』 본기 권2, 本紀卷二, 경술 순천 원년 송 대중상부 3년(1010)조).

44 '辛未, 以太宗御書百軸, 賜交州李公蘊, 從其請也' (『장편』 권74, 대중상부 3년(1010) 12월 신미조); '十二月, 公蘊遣使節度判官長州刺史梁任文, 副使觀察巡官黎再嚴來貢方物, 賀親祀汾陰后土, 又表乞賜大藏經及御劄八禮法書, 從之, 仍賜太宗御製御書一百卷軸, 及降詔書示諭' (『회요』 번이4, 교지, 대중상부 3년(1010)조).

45 '四年正月六日, 詔甘州, 交州進奉使副, 夏州進奉教練使, 並令赴崇德殿宴' (『회요』 예45, 연향, 대중상부 3년(1010) 정월 6일조).

였다.[46] 모든 의식을 무사히 마치고 4월 1일(갑진)에 만족스럽게 변경에 돌아온 송 진종은 5월 3일(병자)에 포상으로 공온에게 '同平章事, 食邑一千戶, 實封四百戶'를 가봉하고 사자 양임문 일행에게는 새로운 관작을 내렸다.[47] 양임문 일행은 드디어 해방되어 대장경을 가지고 귀국길에 올랐다.

이상으로, 넓은 관점에서 사료를 분석해보면, 제1회, 제2회와 마찬가지로 제3회 대장경 도입사업 역시 시의적절한 정치 환경에서 실시되었음을 알 수 있다. 아울러 대장경의 하사의 재가는 대중상부 3년(1010)이었지만 실제로 대월 본토에 도착한 것은 이듬해(1011) 5월 이후였다는 사실도 해명되었다.

4. 제4회 대장경 도입

대중상부 7년(1014), 이공온은 또다시 사자를 파견하여 송으로부터 대장경을 한 질을 더 획득하였다.

『장편』과 『회요』에 따르면 해당 사절은 8월 16일(기사)에 변경에서 송

46 진종의 활동은 『송사』나 『장편』에 상술되어 있어, 이를 기초로 진종에게 파견된 대월사절의 활동을 알 수 있다.

47 '四年, 祀汾陰后土, 公蘊遣節度判官梁任文, 觀察巡官黎再嚴以方物來貢, 禮成, 加公蘊同平章事, 食邑一千戶, 實封四百戶, 任文等並優進秩' (『송사』 권488, 교지전); '四年正月, 以安南進奉使梁任文爲朝奉大夫, 殿中丞, 充安南靜海軍節度判官, 上騎都尉, 賜紫金魚袋, 副使黎再嚴爲朝散大夫, 大理寺丞, 充安南靜海軍節度推官, 飛騎尉, 賜紫金魚袋, 任文等從祀汾陰, 禮成, 方回本道' (『회요』 번이4, 교지, 대중상부 4년(1011)조); '五月丙子, 加交阯郡王李公蘊同平章事' (『송사』 권8, 진종, 대대중상부 4년(1011) 5월 병자조). 같은 기사는 『장편』에서도 보인다.

진종을 알현하고 대장경과 '개주(介胄, 갑주)'를 요청하여 재가를 받았다.[48] 같은 해 9월에 정사 도석(陶碩)은 순주자사(順州刺史)로, 부사 오회사(吳懷嗣)는 등주자사(澄州刺史)로 임명되었다.[49] 다만 사료상의 한계로 당시 사절의 이름과 귀국 시점은 확인할 수 없다.

5. 제5회 대장경 도입

베트남 측의 사료인 『전서』와 『사략』에 따르면 4년 후 천희(天禧) 2년(1018) 6월에 이공온은 완도청(阮道清, 『사략』에서는 '완청도(阮清道)')과 범학(范鶴)을 송에 파견하였다.[50]

『전서』와 『사략』에 '乞三藏經'이라 기록된 바와 같이 이 사절의 목적은 대장경의 도입으로 여겨졌으나, 『회요』에 따르면 같은 해 5월에 송 진종은

48 '己巳, 交州李公蘊又遣使來貢, 學士院草賜公蘊詔, 有善撫黎氓之語, 上曰公蘊始不利於黎民, 蠻夷不曉或疑朝廷諷, 已可令改易, 賜之' (『장편』 권83, 대중상부 7년「1014」8월 기사 조); '八月十六日, 交趾郡王李公蘊遣知唐州刺史陶碩等來貢' (『회요』 번이7, 역대조공, 대중상부 7년(1014)조); '八月, 公蘊遣使知唐州刺史陶碩, 副使節度副使吳懷嗣以方物入貢 (중략) 且求賜介胄及大藏經, 從之' (『회요』 번이4, 교지, 대중상부 7년(1014)조).

49 '九月, 以陶碩爲金紫光祿大夫, 檢校司徒, 使持節順州諸軍事, 順州刺史, 兼御史大夫, 上柱國,充安南靜海軍節度行軍司馬, 仍封德化縣開國男, 食邑三百戶, 吳懷嗣爲銀青光祿大夫, 檢校司空, 使持節澄州諸軍事, 澄州刺史, 兼御史大夫, 上柱國, 充安南靜海軍節度副使, 仍封京兆縣開國男, 食邑三百戶' (『회요』 번이4, 교지, 대중상부 7년(1014)조).

50 '夏六月, 遣員外郎阮道清, 范鶴如宋, 乞三藏經' (『전서』 본기 권2, 무술 순천 9년 송 천희 2년(1018)조); '使阮清道如宋, 求三藏經, 得之' (『사략』 무오 순천 9년(1018)조).

사절의 요청에 따라 대장경이 아닌 도장경(道藏經)을 하사하였다.[51] 이로 인해, 종래에는 연구자들 사이에서 1018년에 도입된 것이 대장경인가 도장경인가 혹은 둘 다인가에 대한 논의가 있었다.[52]

이에 대하여 본고에서는 천희 3년에 파견된 또 다른 사절의 존재에 주목하여 천희 2년과 3년에 두 차례 사절이 파견되었음을 밝히고자 한다.

구체적으로 『회요』와 『장편』을 보면, 천희 3년(1019)에 이공온은 그의 동생 학(鶴)을 송에 파견하여 코뿔소의 뿔 등의 특산품을 진상하였다. 이공온의 동생 학은 천희 2년의 부사였던 범학과 동일 인물로 추정된다. 같은 해 8월 1일(을유)에 사절은 변경에서 진종을 알현할 수 있었다. 같은 해 12월 송 진종은 이공온을 '檢校太尉, 食邑千戶, 實封四百戶'로 책봉하였다.[53] 천희 3년의 사절의 존재는 다른 사료에서도 재확인할 수 있다. 『회요』에 따르면 소흥(紹興) 26년(1156) 대월사자가 조공하자 송 호부와 병부는 그 선례를 '天禧三年交阯李公蘊' 사절의 사례를 통해 확인하였다고 한다.[54]

---

51 '二年五月, 賜公蘊道藏經, 從其請也' (『회요』 번이4, 교지, 천희 2년(1018)조).

52 프랑스 학자 Emile Gaspardone는 해당 문제에 이미 주목하였다. Emile Gaspardone, Légendes, confucéisme, bouddhisme, traités divers(說話, 儒教, 佛教その他の論文)」, 『Bulletin del'Ecole françaised'Extrême-Orient(極東學院學報)』 34, 1934.

53 '三年八月, 公蘊遣弟鶴來貢犀角, 象齒洎方物'; '十二月, 制加公蘊檢校太尉, 食邑千戶, 實封四百戶' (『회요』 번이4, 교지, 천희 3년(1019)조); '八月一日, 交州李公蘊遣其弟鶴來貢象牙, 犀角, 方物' (『회요』 번이7, 역대조공, 천희 3년(1019)조); '八月乙酉朔, 交州李李公蘊遣其弟鶴來貢方物' (『장편』 권94, 천희 3년(1019) 8월 을유조).

54 '六月三日, 戶兵部言, 將來安南人使到闕, 其國王封爵, 使副加恩, 并回答禮物外, 別有賜予等事, 檢準天禧三年交阯李公蘊貢方物, 加公蘊檢校太尉, 食邑一千戶, 食實封四百戶' (『회요』 번이4, 교지, 蕃夷四, 交趾, 소흥 26년(1156)조).

천희 3년의 사절이 귀국한 것은 이듬해(천희 4년, 1020) 9월이었다. 『전서』에 '九月, 阮道清使回, 得三藏經, 詔僧統費智往廣州迎之'[55]이라고 기록된 바와 같이 삼장경을 얻은 완도청은 광주에 도착했기 때문에 이공온은 이들을 맞이하기 위하여 승통(僧統) 비지(費智)를 파견하였다.

이상의 사료를 통해 볼 때, 천희 2년(1018)과 천희 3년(1019)에 별개의 사절이 파견되었음을 알 수 있다. 두 차례 모두 사자는 완도청과 범학이라는 동일한 인물이었기 때문에 『전서』와 『사략』에서는 이 두 차례의 사절 파견을 혼동했던 것으로 생각된다.

이를 고려하면, 전자(천희 2년, 1018)의 사절이 가지고 온 것은 『도장경』[56]이었다. 야마모토 다쓰로(山本達郎)가 지적한 바와 같이 그 『도장경』은 대중상부 2년 8월부터 편찬이 개시되어 대중상부 5년 혹은 9년에 송 진종에게 바쳐진 4359권이나 되는 '보문통록(寶文統録)'이었다.한편, 후자(천희 3년, 1019)의 사절이 가지고 온 것은 대장경이었다. 따라서 이공온은 이것을 받기 위해 불교의 대표자인 승통 비지를 파견한 것이다.

6. 제6회 대장경 도입

이공온(이 태조)이 1028년 붕어하자 다음으로 이불마(李佛馬, 李德政이라

55 『전서』 본기 권2, 이 태조, 경신 순천 11년 송 천희 4년(1020)조.

56 '天禧三年十一月, 東女真國入貢, 乞賜大藏經' (『불조통기』 권44, 송 진종 조).

고도 함. 이 태종)가 즉위하였다. 한편, 송에서는 송 진종이 1022년에 붕어하고 송 인종(仁宗)이 뒤를 이었다.

『전서』에 따르면 경우(景祐) 원년(1034) 이 태종은 하수(何授)와 두관(杜寬)을 송에 파견하여 순상(馴象) 두 마리를 봉상하였다. 이에 송 인종은 대장경으로 사례하였다고 한다.[57]

『옥해(玉海)』를 보면 이 사절이 변경에서 인종에게 순상을 바친 것은 같은 해 11월 25일(신해)로 되어 있다.[58] 한편, 『송서』에는 '是歲, 南平王李德政獻馴象二, 詔還之'[59]로 기록되어 있어 송 인종은 결과적으로 대월의 순상을 받지 않고, 리 왕조에 돌려보낸 것이다.

이 일련의 사건을 살펴보면, 대장경을 하사받은 것은 경우 원년(1034) 11월이었기 때문에 대월 국내에 실제로 들어온 것은 이듬해(경우 2년, 1035)였을 가능성이 있다.[60]

---

57 '遣員外郎何授, 杜寬以馴象二遣于宋, 宋以大藏經謝之' (『전서』 본기 권2, 갑술 통서 원년 송 경우 원년(1034)조).

58 '景祐元年十一月辛亥, 李德政獻方物及象二' (『옥해』 권154, 개보 교지조공물 조).

59 『송사』 권10, 인종, 경우 원년(1034)조.

60 『장편』에 따르면, 경우 3년(1036) 이덕정은 하원(何遠)과 두관(杜寬)를 송에 파견하였다고 하는데, 경우 원년과 사자가 같은 인물인데도, 다른 사절이라 추정된다. '交趾郡王李德政遣使來貢方物, 以進奉使何遠爲順州刺史, 副使杜寬爲勒州刺史' (『장편』 권118, 경우 3년 정월 신묘 조).

7. 제7회 대장경 도입

1075년부터 1077년에 걸쳐 송월전쟁이 발발하였기 때문에 양국의 사절 왕래는 중지되었다. 전쟁이 끝난 후 리 왕조는 광원주(廣源州), 문주(門州), 소무주(蘇茂州), 광랑현(桄榔縣) 등지를 송에게 빼앗겼지만 송인포로를 대량 포획하였다. 전쟁이 끝난 이듬해(원풍 원년, 1078)부터 리 왕조와 광남전군사 사이에 전후처리를 둘러싼 교섭이 진행되었다. 그러나 교섭은 난항을 겪게 되어 이인종은 같은 해 5월에 조공사를 파견하여 송의 중앙정부와 직접 교섭하고자 하였다.[61]

같은 해, 리 왕조는 도종원(陶宗元)을 송에 파견하였다.[62] 이 사절의 교섭 결과, 같은 해 9월에 리 왕조는 송인포로를 송에 송환하고, 송은 점령한 땅을 리 왕조에게 반환하게 되어 국교정상화를 위한 가장 큰 장애물이 해소되었다.

원풍 4년(1081), 이인종은 대장경을 도입하기 위해 송에 정사 양용율(梁用律)과 부사 완문부(阮文陪)를 필두로 하는 사절단을 파견하였다.[63] 이번 사절 파견에서 대장경과 송의 문물을 대량으로 도입하기 위하여 이인종은 종래 정원인 5~60명을 아득히 뛰어넘는 도합 556명이라는 대규모

61 『장편』 권287, 신종, 원풍 원년(1078) 정월 을묘; '九月二日, 交趾國貢方物' (『회요』 번이7, 역대조공, 원풍 원년(1078)조).

62 '遣陶宗元遺馴象五于宋, 請還廣源, 蘇茂等州及所掠人民' (『전서』 본기 권3, 무오 영무소승 3년 송 원풍 원년(1078)조).

63 '使員外郎梁用律如宋, 請大藏經' (『사략』 신유 영무소승 6년(1081)조); '王還三州人丁於宋, 宋亦以廣源等州還於我, 使員外郎梁用律如宋, 請大藏經' (『사략』 신유 영무소승 6년(1081)조).

의 사절단을 파견하려 하였다. 그러자 같은 해 8월 16일(경오) 광서경략사(廣西經略司)가 상주하여 조정의 판단을 물었는데, 송 신종은 사절단의 인원이 크게 늘어난 것을 간과하지 않고 새로이 561명의 정원 제한을 두었다.[64]

송 신종이 이렇게 대월사절을 우대한 배경에는 원풍 4년(1081) 서하에서 내란이 일어난 틈을 타 송은 서하를 정벌하는, 이른바 '오로벌하(五路伐夏)'의 기획이 있었다. 서하와의 전쟁에 모든 힘을 집중하기 위해 송 신종은 대장경을 이용하여 리 왕조와의 남방 변경을 안정화하고자 한 것이다.

이듬해(원풍 5년, 1082) 6월 22일(임신)에 사자는 변경에서 송 신종을 알현하고 '馴犀角·象齒'를 진상하였다.[65] 8월에 송 신종은 변경에서 이인종을 교지군왕으로 책봉하면서 '석전일대장(釋典一大藏, 대장경)'을 하사하였다.[66]

사료상의 한계로 사절의 귀국시점은 확인할 수 없지만 다른 사례를 참고한다면 아마도 같은 해(1082) 말이나 이듬해(1083) 봄에 대장경이 대월에 도입되었다고 추측할 수 있다.

---

64 '八月十六日, 廣西經略司言, 交阯入貢百五十六人, 比舊制增五十六人, 上批, 宜令據今已到人數赴闕, 今後準此' (『회요』 번이4, 교지, 원풍 4년(1081)조). 동일한 기록은 『장편』(권315)에도 보인다.

65 '壬申(中略)交趾郡王李乾德獻馴犀角象齒各五十' (『장편』 권327, 원풍 5년(1082) 6월 임신조).

66 '八月, 詔賜交阯郡王李乾德釋典一大藏' (『회요』 예62, 뇌사, 원풍 5년(1082)조); '八月, 詔賜交阯郡王李乾德釋典一大藏, 所有示諭詔書, ㅁ寫進納' (『회요』 번이4, 교지, 원풍 5년(1082)조).

8. 제8회 대장경 도입

1098년, 이인종은 대장경을 한 질 더 도입하기 위하여 완문신(阮文信)을 송에 파견하였다.[67] 이듬해(원부 2년, 1099) 5월 26일(무진)에 송 철종(哲宗)은 대월의 요청에 응하여 대장경을 하사하였다.

사료상의 한계로, 제8회 도입사업에서 대장경이 대월 본토에 도착한 시점을 정확히 알 수 없으나 이 사업과 관련된 사료를 정독해보면, 당시 송 황제가 신청을 재가한 이후 대장경이 어떻게 사자의 손에 들어가게 되었는지를 보여주는 흥미로운 기록을 찾을 수 있다. 구체적으로 『장편』에 '乾德乞釋典一大藏, 詔令印經院印造, 入內內侍省差使臣取賜'이라 기록되어 있는 바와 같이 송 철종은 '인경원'에 조서를 내려 '인조(印造)'를 명하고, '입내내시성(入內內侍省)'은 '사신'을 보좌하도록 하였다고 한다.[68]

인경원이란 대장경 판본 보관과 인쇄를 담당하는 기관으로 태평흥국(太平興國) 8년(983) 변경 태평흥국사에서 경전의 변역을 담당하는 전법원(傳法院) 서쪽에 설립되었다.[69] 두성광(杜成輝)은 그의 인경원 관련 연구에서 중국 국가도서관 소장 『雜阿含經, 聖法印經綴卷』에 '大宋開寶七年甲戌歲奉敕雕造'과 '入內內侍省內侍黃門勾當印經院劉惟德'라는 인경원의 제기(題記)가 확인되는 바와 같이 개보(開寶) 연간 환관 기관인 '입내내시성'

---

67 '遣員外郎阮文信如宋, 乞三藏經' (『사략』 무인 회풍 7년(1098)조).

68 『장편』 권510, 원부 2년(1099) 5월 무진조. 『회풍』에도 같은 기사가 보인다.

69 '是年, 詔改譯經院爲傳法院, 又置印經院' (『회요』 도석2, 전법원, 태평흥국 8년(983)조); '詔譯經院, 賜名傳法, 於西偏建印經院' (『불조통기』 권43, 송 태조 조).

이 그 관원인 내시황문(內侍黃門) 유유덕(劉惟德)을 파견하여 경전 인쇄를 전문적으로 관리하도록 하였음을 지적하고 있다.[70] 또한 일본의 입송승인 조진(成尋)이 펴낸 『참천태오대산기(參天台五臺山記)』(이하 『참기』)에 두성광의 지적을 뒷받침하는 사료도 확인할 수 있다. 구체적으로 『참기』 권6에 대중상부 8년의 대송신역성교서(大宋新譯聖教序)가 인용되었고, '入內內有(侍)省內侍殿頭勾當印經院編修所監譯經臣李知和'라는 기사가 확인되는 바와 같이 대중상부 연간에도 입내내시성은 그 관원인 내시전두(內侍殿頭, 시전두내시라고도 함) 이지화(李知和)를 파견하여 인경원을 관리하도록 한 사실을 확인할 수 있다.

그런데 『회요』에 '神宗熙寧四年三月, 廢印經院'[71]이라는 기사가 있기 때문에 종래 연구에서는 희녕(熙寧) 4년(1071)에 인경원이 폐지되었다고 보았다. 만약 이 기록이 사실이라면 1099년의 대장경 도입 사업에서 '인경원'이 또다시 등장한 것은 왜일까.

여기에서 『참기』 권7을 다시 확인해보면, '현성사(顯聖寺) 인경원'이 여러 번 언급되었다는 사실에 주목할 필요가 있다. 즉, 희녕 4년(1071)에 폐지된 인경원은 태평흥국사의 인경원이며, 같은 해 8월에 판본이 현성사로 이관되었고 그 보관과 인쇄를 담당한 것은 현성사의 인경원이었음이 판명되었다. 또한 『참기』 권7 연구(延久) 6년 3월 24일조에 '日提轄管勾印經院事智悟大師'라는 표현이 보이는데, 지오대사(智悟大師)는 동권 연구 6

70 杜成輝, 「宋代印經院考」, 『中國史硏究』 97, 2015.

71 『회요』 도석2, 전법원, 희녕 4년(1071)조.

년 3월 24일조에 '顯聖寺院主智悟大師'로서 등장하였기 때문에, 1070년대에는 현성사 인경원은 입내내시성의 관리로부터 독립하여 현성사 주지가 직접 관리하고 있었음을 알 수 있다.

아울러, 다음 『참기』 권7 연구 6년 3월 23일조 기사에 주목해보고자 한다.

賜顯聖寺新經聖旨到來, 如右,
傳法院ㅁ 據日本國延暦寺阿闍梨大雲寺主傳燈大法師位賜紫成尋狀, 伏睹聖朝新譯經五百餘卷未傳日本, 昨雍熙元年, 日本僧奝然來朝, 蒙大東皇帝賜號法濟大師, 三年還歸, 賜大藏經一藏及新譯經二百八十六卷, 見任日本法成寺藏內, 成尋今來欲乞賜上件新譯經, 所魚流通, 祝延聖壽, 況成尋曾去顯聖寺, 楝點收贖, 官中不許外國收贖, 是致有此陳黷, 伏乞據狀敷奏, 本院遂具進呈, 奉聖旨, 今顯聖寺印新經賜與成尋, 本院支錢,
右請顯聖寺印經院, 依聖旨指揮, 仍先供報令使錢數,
熙寧六年三月
入內內侍省東頭供奉官勾當　御藥院傳法院李押

위 기록에 따르면 조진은 이보다 이전에 현성사를 직접 방문하여 대장경 신역경(新譯經)의 인쇄본을 구입하려 했지만 외국(인)이 신역경을 포함한 대장경을 구입하는 것이 금지되어 있었기 때문에 성공하지 못하였다. 조진은 그 후 전법원을 통해 송 신종에게 주상하여 성지(聖旨)로 구입에 대한 재가를 받았다. 당시 입내내시성은 동두공봉관(東頭供奉官) 이(李) 씨를 전법원에 파견하여 전법원을 '구당(勾當)'하도록 했기 때문에 이 씨는 전법원의 문서를 인경원에 송부하여 송 신종의 성지를 전달하고 인쇄에 관한 작업을 지시하였다고 한다.

조진의 사례를 참고하면, 1099년 대장경은 거의 비슷한 흐름을 거쳐 대월사절에게 제공되었다고 볼 수 있다. 즉, 원부 2년(1099) 5월 26일(무진) 송 철종은 대장경 요청을 재가한 후 전법원을 통해 (현성사) 인경원에 조서를 내려 대장경의 인쇄를 명한 것이다. 인쇄가 완료되자 입내내시성(전법원)은 이를 사신(사절)에게 알려 현성사에서 간행본을 가지고 가도록 하였다.

이와 같이, 10세기부터 11세기에 걸쳐 베트남(대월)의 전 레 왕조와 리 왕조는 도합 8회의 사절을 송에 파견하여 대장경 8질과 도대장경 1질을 도입하였다. 본고에서는 대장경의 도입사업이 사절의 출발, 중국에서 송 황제에 의한 대장경 요청의 재가, 사자의 대장경 입수, 대월 본토로의 도입과 같은 다양한 사건을 거쳐 이루어졌음을 지적하고, 또 사료를 분석하여 그 시간 축을 밝혔다. 그 검토 결과를 〈표 1〉로 정리하였다.

〈표 1〉 베트남의 대장경 도입 연표

횟수	사신	출발일	송 황제 하사일	대장경 입수일	귀국일	대장경의 종류
제1회	여명제(黎明提)	1004년(경덕[景德] 원년)	1005년(경덕 원년) 정월		1006년(경덕3년) 7월 이후	개보장(開寶藏)의 '함평 수정본(咸平修訂本)'
제2회	여명창(黎明昶, 정사) 황성아(黃成雅, 부사)	1007년(경덕 4년)	1007년(경덕 4년) 7월 11일	1007년(경덕 4년) 9월 6일	1009년(대중상부[大中祥符] 2년) 봄	개보장의 '함평 수정본' 새롭게 추가된 경적(新入藏 經籍)

횟수	사신	출발일	송 황제 하사일	대장경 입수일	귀국일	대장경의 종류
제3회	양임문(梁任文, 정사) 여재엄(黎再嚴, 부사)	1010년(대중상부 3년) 3월 이후	1010년(대중상부 3년) 12월		1011년(대중상부 4년) 5월 이후	개보장의 '함평 수정본' 새롭게 추가된 경적
제4회	도석(陶碩, 정사) 오회사(吳懷嗣, 부사)		1014년(대중상부 7년) 8월 16일			개보장의 '함평 수정본' 새롭게 추가된 경적
제5회	완도청(阮道清, 정사) 범학(范鶴, 부사)		1019년(천희[天禧] 3년) 8월 1일(추정)		1020년(천희 4년) 9월	개보장의 '천희 수정본' 새롭게 추가된 경적
제6회	하수(何授, 정사) 두관(杜寬, 부사)	1034년(경우[景祐] 원년)	1034년(경우 원년) 12월 25일(추정)		1035년(경우 2년)(추정)	개보장의 '천희 수정본' 새롭게 추가된 경적
제7회	양용률(梁用律, 정사) 완문배(阮文陪, 부사)	1080년(원풍[元豐] 4년)	1082년(원풍 5년) 6월 22일(추정)	1082년(원풍 5년) 8월(추정)	1082년(원풍 5년) 혹은 1083년(원풍 6년)	개보장의 '희녕(熙寧) 수정본' 새롭게 추가된 경적
제8회	완문신(阮文信, 정사)	1098년(원부[元符] 원년)	1099년(원부 2년) 5월 22일		1099년(원부 2년)(추정)	개보장의 '희녕(熙寧) 수정본' 새롭게 추가된 경적

아울러, 대장경 도입의 공통 경로는, 북송 대에는 대월부터 변경까지 이동하기 위해 옹주(邕州, 지금의 난닝)를 경유하는 육로와 흠주(欽州)·염주(廉州)를 경유하는 수로 두 가지가 있었는데[72] 외교사절의 활동을 분석한 결과, 대장경은 광주로부터 염주·흠주를 경유하는 수로를 통해 도입되었

72 廖幼華, 「唐宋時期廉欽交沿海交通與砦鎮」, 『中國歷史地理研究』 4, 南方開發與中外交通, 西安地圖出版社; 2008, 「唐宋时期邕州入交三道」, 『中國歷史地理論叢』, 2007.

음이 판명되었다.

우선 대장경이 광주를 경유하여 도입되었다는 사실은 제1회, 제5회, 제7회 도입사업과 관련된 사료를 통해 확인할 수 있다. 제1회 사업에서 여명제 일행은 내란으로 인하여 광주에서 대기해야 했음은 앞서 언급한 바 있다. 또한 제5회 사업에서 삼장경을 획득한 완도청 일행을 맞이하기 위해 이공온은 승통 비지를 '광주'에 파견하였다.

다음으로 제7회 사업 관련 『회요』 기록을 보면, 원풍 4년(1081) 이건덕(이인종)은 사절을 파견하기 위해서, '昨遣使人陶宗元等朝貢, 爲廣州禁制, 窒塞綱連'이라고 기록된 바와 같이 도종원이 정사로 간 이전(1078년) 사절이 광주에서 저지당하였기 때문에 양용률이 정사로 간 제7회 사절이 선례에 따라 수로로 조공할 수 있도록 송 신종에게 요청하였다. 이에 송 신종은 '詔廣州悉準舊例, 毋得邀阻'이라고 기록된 바와 같이 전례에 따라 '광주'에서 대월사절을 저지하지 말 것을 명하였다고 한다.[73] 더욱이 같은 해 7월 25일에 흠주·염주를 감독하는 '광서남로전운사(廣南西路轉運司)'가 광주를 감독하는 '광남동로전운사(廣南東路轉運司)'에게 양용률 일행의 입송을 전달하자 '광남서로전운사'는 송 조정에 이를 보고하여 육로인 형호로(荊湖路)를 이용하도록 할 것을 제안하였다. 이와 같이 광남서로전운사는 사절이 광주를 경유하는 수로를 이용하는 것을 저지하고자 했으나 송 신

73 '四年六月二十七日, 交阯郡王李乾德上表言, 昨遣使人陶宗元等朝貢, 爲廣州禁制, 窒塞綱連, 不同向時, 今遣禮賓副使梁用律, 著作郎阮文陪等水路入貢, 乞降朝旨, 依舊進奉, 詔廣州悉準舊例, 毋得邀阻, 差入內使臣一員押伴, 仍先降詔諭之'(『회요』 번이7, 역대조공, 원풍 4년(1081)조).

종은 조서를 내려 광남서로전운사의 제안을 기각하고 '須依舊行水道, 毋得擲改'이라고 기록된 바와 같이 종래와 같이 수로를 이용할 수 있도록 할 것을 지시하였다.[74]

이와 같이 제3회, 제5회, 제7회 사업 관련 사료를 검토한 결과 대장경은 변경으로부터 광주, 염주, 흠주를 경유하여 대월 국내로 들어왔다는 사실을 확인할 수 있었다.

74 '七月二十五日, 廣南東路轉運司言, 西路關報交人入貢, 乞令自荊湖路, 詔, 交人如欲水路赴闕, 令廣西經略司指揮, 須依舊行水道, 毋得擲改' (『회요』 번이7, 역대조공, 원풍 4년(1081)조).

Ⅲ. 도입된 대장경의 구성과 그 전개

다음으로 11세기까지 어떤 대장경이 대월에 도입되었는지에 대해 살펴보고자 한다.

우선 제1회 대장경에 관하여 가와카미 마사시와 Le Quoc Viet은 그것이 '개보칙판장경(開寶勅版藏經, 개보장)'이라고 하였으나, 주지하다시피 개보장은 다양한 판본이 존재하기 때문에 더욱 상세하게 검토할 여지가 있다.

개보장은 송 태조 치세인 개보 4년(970), 혹은 5년(971)에 『개원록(開元錄)』의 경전 목록을 기반으로 조조(雕造)가 개시되어 태평흥국 8년(983)에 13만 장의 구성으로 완성을 맞이하였다. 이후 함평 2년(999), 초조판(初雕版)의 교정과 태평흥국 7년(982)부터 함평 2년(999)까지 새로이 한역된 '신역경(新譯經)'과 『개원록』에 수록되지 않은 경전[75]을 추조('입장(入藏)')하는 사업이 진행되어 이른바 개보장의 '함평수정본'이 완성된 것이다.

Le Quoc Viet은 전술한 바와 같이 제1회 도입을 975년이라고 보았기 때

75 李富華, 「『開寶藏』硏究」, 『普門學報』 13, 2003.

문에 개보장의 초조판이 대월에 도입되었다고 주장하였다. 그러나 본고에서 지적한 바와 같이 975년 설은 충분한 사료적 근거가 없기 때문에 개보장의 초조판이 베트남에 도입되었다는 Le Quoc Viet의 주장은 성립하지 않는다.

제1장에서 논한 바와 같이 제1회와 제2회 사업에서 전래된 대장경은 각각 1005년과 1007년에 송 진종에 의해 하사된 것으로, 송 진종이 당시 이미 구본(舊本)이 된 초조판을 내놓지 않는 이상 두 대정경 모두 '함평신정본(咸平新訂本)'이었을 가능성이 매우 높다. 이 점에서 대월에 전래된 최초의 두 대장경은 조넨(奝然)과 한언공(韓彦恭)이 각각 일본과 고려에 가져온 최초의 대장경과는 다른 것이었다.

조넨은 태평흥국 8년(983) 8월에 입송하여 변경을 거쳐 오태산을 순례하고 관화(寛和) 2년(986)에 대장경을 일본으로 가져온 일본 승려이다. 조넨은 송에서의 행적을 기록한 『입송구법순례행병서상조립기(入宋求法巡禮行並瑞像造立記)』(이하 『행기』)에 옹희(雍熙) 2년(985) 3월 2일에 변경을 떠날 때 송 태종에게 '大藏經四百八十一函五千四十八卷'과 '新翻譯經四十一卷'을 하사받았다고 기록하였다.[76] 한편, 『고려사(高麗史)』에 따르면 순화(淳化) 2년(991)에 입송한 고려 사절 한언공도 송 태종으로부터 '藏經四百八十一函, 凡二千五百卷'을 하사받았다고 한다.[77]

---

76 '至乙酉年三月二日告辞金殿, 面對龍顔, 蒙宣, 賜師號及大藏經四百八十一函五千四十八卷, 新翻譯經四十一卷, 御製廻文偈頌, 絹帛例物等' (『행기』) 본고에서 『행기』의 인용은 山口修, 「奝然『入宋求法巡禮行並瑞像造立記』考」, 『佛教大學佛教學会紀要』 1, 1993에 따름.

77 '帝賜藏經四百八十一函, 凡二千五百卷' (『고려사』 권93, 한언공전)

연도를 보면, 조넨과 한언공이 일본과 고려로 가져온 대장경은 개보장의 초조본으로 인쇄된 481상자 구성의 대장경이다. 나카무라 기쿠노신(中村菊之進)이 지적한 바와 같이 보대(保大) 3년(945) 항안(恒安)이 편집한 『대당보대을사세속정원석교록(大唐保大乙巳歲続貞元釈教録)』에도 '開元釈教録(중략)共五千四十八卷計四百八十一秩, 盛行於世'라는 기록이 확인되어 초조판 481상자라는 구성은 10세기 당시에 유행한 『개원록』에 맞춘 것이다.

이에 대해 나카무라 기쿠노신과 이부화(李富華)가 『개원록』 연구에서 밝힌 바와 같이 '함평수정본'이라고 하면, 『개원록』에 수록된 경전이 481상자가 아닌 천자문의 '天'부터 '英'까지 번호를 매긴 480상자가 수납되게 되며, 새롭게 추가된 신역경(30상자)과 『개원록』에 수록되지 않은 경전(27상자)이 '杜'부터 '奄'까지 번호를 매긴 도합 50상자가 수록되게 된다. 제1회와 제2회 사업으로 도입된 '함평수정본' 두 질은 앞서 언급한 바와 같이 구성된 도합 537상자의 대장경이었다고 볼 수 있다.

또한 사료에 명기되어 있지는 않으나 이 두 질의 대장경은 당초 전 레 왕조의 수도인 화여경(華閭京, 지금의 Ninh Binh성)에서 보관하였을 것이다. 쩐(陳) 왕조 시기 성립된 승전(僧傳) 『선원집영(禪苑集英)』 마하선사전(摩訶禪師傳)을 보면 '命留大內萬歲寺'라고 기록되어 있어 대장경은 화여경의 궁궐에 있는 '만세사(萬世寺)'에 안치되었을 가능성을 상정해볼 수 있다.

다음으로 제3회 대장경에 관하여 전장에서 분석한 바와 같이 이 대장경은 대중상부 3년(1010) 12월에 하사받아 대중상부 4년(1011) 5월 이후 대월 본토에 도착하였기 때문에 제1회 및 제2회와 마찬가지로 '함평수정본'이었다고 볼 수 있다.

그 보관 장소에 관하여 『전서』에 따르면 제3회 대장경이 도입된 지 3개월 후 같은 해(1011) 8월에 이공온은 새로운 수도 승용경(昇龍京, 지금의 하노이)의 우경에 '만세사'를 건립하여 그곳에 '진복장(鎭福藏)'을 보관하였다고 한다.[78] 전술한 바와 같이 원래 화여경의 궁궐에 '만세사'가 있었기 때문에 1011년에 건립된 승용경 '만세사'는 천도할 때 화여경에서 이전한 국사(國寺)였을 가능성이 높다. 이 '만세사'의 중요성은 다음 기사에서 엿볼 수 있다. 『전서』에 따르면 1014년 우가승통(右街僧統) 심문원(沈文苑)은 이공온에게 만세사에 승도를 수계(受戒)할 '계장(戒場)'을 설립해줄 것을 상주하여 재가를 받았다고 한다.[79] 제3회 사업에서 도입된 개보장의 '함평수정본'은 이 '만세사'의 '진복장'에 안치되었을 것이라 추측할 수 있다.

〈그림 1〉 만년사(萬年寺)

'진복장'이 설치된 승용경의 만세사는 19세기에 만들어진 『서호지(西湖志)』의 기록이 정확하다면 현재 하노이의 서호(西湖) 근처에 있는 만년사

78 '是歲, 城內左起大清宮, 右起萬歲寺, 構鎭福藏'(『전경』 본기 권2, 신해 순천 2년 송 대중상부 4년(1011)조).

79 '五月, 右街僧統沈文苑奏請立戒場於萬歲寺賜僧徒受戒, 可其奏' (『전서』 본기 권2, 갑인 순천 5년 송 대중상부 7년(1014)조).

(Chua Van Nien)에 있었을 것이다.

제4회 사업에 도입된 대장경도 대중상부 7년(1014) 8월에 하사를 재가 받았기 때문에 '함평수정본'이었다. 다만 나카무라 기쿠노신은 연구에서 대중상부 연간, 대장경에 계속해서 경적(經籍)이 '입장(入藏, 추가)'되었음을 지적하였다. 구체적으로 조안인 등이 편찬한 『대중상부법보록(大中祥符法寶録)』과 『승사략(僧史略)』이 대중상부 4년(1011), 현종이 편찬하고 도기(道気)가 편집한 『어주금강반야경소선연(御注金剛般若經疏宣演)』과 『조요영(趙遙詠)』이 대중상부 5년(1012), 『전주어제성교서(箋注御製聖教序)』가 대중상부 6년(1013), 도원(道原)이 편찬하고 양억(楊億) 등이 수정한 『경덕전등록(景德傳燈録)』[80]이 대중상부 7년(1015)에 입장되었다. 이로 인해, 제4회 사업 때 전해진 대장경에는 적어도 『대중상부법보록』, 『승사략』, 『어주금강반야경소선연』, 『조요영』, 『전주어제성교서』, 『경덕전등록』의 경전이 포함되었을 것이라 생각된다.

다음으로 제5회 사업 때 도입된 대장경은 천희(天禧) 3년(1019) 8월 이후에 하사받았기 때문에 천희 초년에 교정된 이른바 '천희수정본'인 것이라 볼 수 있다. 종래의 경전이 교정되는 한편, 새롭게 추가된 경전도 있었다. 『회요』에는 대월사절에게 대장경을 하사하기 6개월 전인 천희 3년(1019) 2월에 역경승(譯經僧) 법호(法護) 등의 요청에 따라 송 진종이 직접 주석을 단 『"어주42장(御注四十二章)(경)"』 및 법호가 새롭게 번역한 『유교

80 『경덕전등록』은 쩐 왕조시기에 편찬된 『선원집영』에서 인용되었지만, 여기에서 『경덕전등록』이 제4회 도입 사업에서 대월에 전해졌다는 사실이 밝혀졌다.

경(遺敎經)』이 대장경에 추가('입장')되었다는 사실이 기록되어 있다.[81] 또한 나카무라 기쿠노신이 연구에서 지적한 바와 같이 천희 2년까지 이외에도 송 태종 어제 『묘각집(妙覺集)』이 대중상부 8년(1015), 『백록경서(百緣經序)』가 천희 2년(1019) '입경'되었다. 이로 인해 완도청과 범학 일행이 제5회 사업에서 도입한 대장경에는 이전의 대장경과 비교하여 적어도 『어주 42장(경)』, 『유교경』, 『묘각집』이 새로이 들어갔을 가능성이 상당히 높다. 또한 시대적 상황을 고려하면, 이 제5회 사업 때 대월에 도입된 '천희수정본'은 천희 3년(1020)에 동여진에, 건흥 원년(1022)년 고려와 거란에도 전해진 대장경과 같은 것이라고 생각된다.

제4회 사업까지 대장경은 당초 일반서가에 보관되었는데, 대장경은 상자수와 권수가 방대하기 때문에 그것을 활용하기 위해서는 특별한 조치가 필요하였다. 여기에서 주목해야 할 점은 이공온은 대장경을 도입할 때 송으로부터 대장경을 수납하기 위한 회전식 서가의 제작기술도 도입하였다는 사실이다. 『전서』에 따르면 1018년 이공온은 '팔각경장(八角經藏)'을 만들도록 하였다.[82] 종래의 연구에서는 이 '팔각경장'을 경전을 수납하기 위한 팔각형의 건물이었을 것으로 여겨졌으나, 최근 연구에서 밝혀진 바와 같이 '팔각경장'은 송 대 편찬된 건축서 『영조법식(營造法式)』에서 나타나듯이 대장경의 경함(經函)을 수납하기 위한 회전식서가, 이른바 '전륜경

---

81 '三年二月, 譯經三藏法護等請降御注四十二章, 遺敎經, 傳寫入藏, 從之' (『회요』 도석2, 전법원, 천희 3년(1019)조).

82 '遣員外郞阮寬泰, 阮守彊等如宋, 起八角經藏' (『전서』 본기 권2, 이 태조, 신유 순천 12년 송 천희 5년(1021)조).

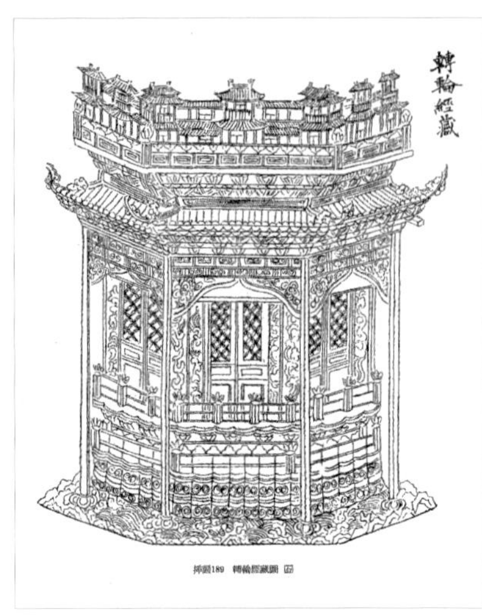

〈그림 2〉『조영법식(營造法式)』에 보이는 「전륜경장(轉輪經藏)」

장'이었다. 이 기술은 양(梁)대 전대사(傅大士, 부흡(傅翕), 선혜대사(善慧大士))가 발명하여 당대를 지나 송 대에 이르러 제작 기술이 정비되었고, 중국 각지의 사원에서 일종의 유행처럼 만들어졌다.[83] 이처럼 '팔각경장'이 시범 제작된 1018년 이후 대장경과 도장경은 팔각형의 '전륜경장'에 수납하게 되었다.

리 왕조는 중국으로부터 대장경을 도입하는 것에 그치지 않고 국내에서 이를 필사하여 부본을 만들었다. 『전서』에 따르면 (대월 연호) 순천(順天) 4년(1023) 이공온(이 태조)은 대장경을 필사하여 '대흥장'에 보관하도록 조서를 내렸다.[84] 이때 필사된 것은 1021년 제5회 사업 때 전래된 최신판 대장경('천희수정본')이었을 것으로 추정된다. '천희수정본'은 순천 18년(1027) 9월 시점에 이미 한 번 필사되었지만 이 부본을 보관한 장소는 알려져 있지 않다.[85]

『전서』(본기 권2, 병자 통서(通瑞) 3년 송 경우 3년(1036)조)에 '詔寫大藏

---

83 兪莉娜·小岩正樹, 「日中輪藏の型式分類について――遺構と建築技術書を中心に」, 『日本建築学会計画系論文集』 82·740, 2017.

84 '秋九月, 詔寫三藏經, 留于大興藏' (『전서』 본기 권2, 계해 순천 14년 송 천성 원년(1023) 9월조).

85 '秋八月, 詔寫三藏經' (『전서』 본기 권2, 정묘 순천 18년 송 천성 5년(1027)조).

經留于重興藏'이라고 기록된 바와 같이 1036년 이 태조는 다시금 대장경 필사를 지시하여 중흥장에 보관하도록 조서를 내렸다. 해당 기사에서 언급된 대장경은 2년 전(1034) 제6회 사업 때 도입된 대장경이었을 것으로 추정된다. 선행 연구에서 지적된 바와 같이, 경우 원년(1034) 8월에 대장경을 도입한 사자(정사 하수와 부사 두관)를 파견함과 동시에 이 태조는 '선유산(僊遊山) 중광사(重光寺)'에 행차하고 중흥장을 기공하도록 하였다. 이를 통해 볼 때, 리 왕조의 중흥장이라는 것은 선유산의 중광사였으며, 보관된 것은 1036년에 작성된 제6회 대장경의 부본임을 알 수 있다.[86]

제6회 대장경 도입과 거의 같은 시기에 서하도 송으로부터 대장경을 획득하였다. 구체적으로 경우 원년 12월 17일(계유)에 서하의 조원호(趙元昊, 서하 경종)는 말 50필을 진상하고 그 답례로 송 인종에게 대장경을 하사받았다.[87] 이를 통해 볼 때, 1035년에 대월에 전래된 대장경은 같은 해 서하에 전래된 대장경과 같은 종류였을 것이다.

제7회 사업 때 도입된 대장경은 원풍 5년(1082) 6월에 하사받아 같은 해 연말이나 이듬해 봄에 대월에 도착하였다는 것을 밝혔는데, 연대로 미루어 보면, 이는 송 신종이 희녕 4년(1071)부터 교정을 명한 이른바 '희녕 수정본'이다. 이는 원풍 6년(1083) 고려에 전래된 고려대장경 초조본의 기반이 된 대장경과 같은 종류였을 것으로 생각된다.

---

86 '秋八月, 帝幸僊遊山重光寺, 詔起重興藏' (『전서』 본기 권2, 갑술 통서 원년 송 경우 원년(1034)조).

87 '趙元昊獻馬五十匹, 以求佛經一藏, 詔特賜之' (『장편』 권115, 경우 원년(1035) 12월 17일 조). 경우 원년은 서기 1034년부터 시작되는데, 그 12월 17일은 이미 서기 1035년이 되었다. 같은 기사는 『송사』에도 보인다.

Ⅳ. 맺음말

10세기부터 11세기에 대월국의 전 레 왕조와 리 왕조는 8회에 걸쳐 사절을 송에 파견하여 대장경을 도입하였다. 이렇게 베트남뿐만 아니라 동아시아 세계에서 한역불교의 전개상 중요한 사건들은 종래 일부 연구에서 언급되었는데 본고에서는 외교사절의 활동을 검토하여 최초로 각 사업의 구체적인 도입 경위를 밝힐 수 있었다.

대월과 대송은 육로로 연결되어 있었기 때문에 대장경이 육로로 전래되었을 것으로 여겨졌으나, 본고에서는 대월의 경우 광주·염주·흠주와 같은 항구를 경유하여, 일본과 마찬가지로 배를 통해 옮겨졌음을 지적하였다.

대월국의 리 왕조는 13세기 전반까지 존속하였지만, 대장경은 여와조, 이태조, 이태종의 치세인 1000년대부터 1030년대까지, 또한 이인종의 치세인 1080년대부터 1090년대에 걸쳐 집중적으로 도입되었다. 이러한 시간적 특징은 종래 대월이라고 하는 일국사만으로는 설명이 불가능하였다. 하지만 동아시아 세계라고 하는 넓은 관점에서 보면, 북방 변경의 요로부터 압력을 받은 송 진종과 송 인종이 대월과의 악화된 관계를 급격히 전환시키고 대월에 대장경을 배부하여 남방 변경의 안정화를 꾀했던 것이었다. 특히 송 진종은 굴욕적인 '전연의 맹'을 요와 체결한 이후 국내에서 황제의 권위를 회복시키기 위해 대장경을 활용하여 대월의 조공사를 자신의 정치적 연출에 끌어들였다. 그런데, 1040년대부터 1070년대까지 국경문제로 송월관계가또 다시 악화되어 결과적으로 전쟁까지 일어났기 때문에 해당 기간에는 대장경이 대월로 전해질 수 없었다. 전쟁이 끝난 후 송 신종과 철종은 다시금 대장경을 양국 국교정상화를 위해 이용하였다. 특히 제7회 사업에서 보이듯이, 송 신종은 북방의 서하 정벌을 기획하고 있었기 때문에 남방의 리 왕조와의 관계 안정화를 위해 적극적으로 대장경을 이용하였다. 11세기에 들어서자 북송이 혼란의 시기에 접어들어 공적인 대장경 교정과 역경사업이 쇠퇴하였기 때문에 리 왕조는 송으로부터 최신판 대장경을 도입할 수 없게 되었다.

리 왕조는 대장경 도입만으로 만족하지 않고 대장경을 효과적으로 활용하기 위해 대장경을 수납하는 회전식·팔각형 '전륜경장'의 제조기술을 중국으로부터 도입하고, 필사를 통해 부본을 만들어 대장경의 전파를 도모하였다. 다만 Le Quoc Viet이 지적한 바와 같이 리 왕조 시기에는 대장경의 부본 제작은 아직 판각(板刻)이 아니라 어디까지나 수작업으로 진행되었다. 『선원집영』 보감선사전(寶鑑禪師傳)에 12세기 후반의 인물인 보감선사가 보복사(寶福寺)의 경장을 홀로 필사하였다는 기록은 이를 보여주는 구체적인 사례이다. 같은 책 신학선사전(信學禪師傳)을 보면, '姓蘇氏, 世業雕經'이라는 기록에서 보듯이 12세기 후반의 인물인 신학선사는 조경(雕經)을 직업으로 삼은 집안 출신이었다. 이와 같이 대월에서 경전 판본 조조 기술은 12세기 후반에 들어서야 드디어 정착하기 시작하였다는 것이다.

대월에서 대장경의 조조를 하기 시작한 것은 13세기 전반에 성립한 쩐 왕조 시기부터이다. 이러한 대월 대장경의 '내부화'는 고려판 대장경으로 대표되는 한반도의 '내부화'와 발걸음을 맞춘 것이었는데, 지면의 제한으로 인해 이에 대한 검토는 다음 기회에 소개하려 한다.

(번역: 한상아)

이 글은 ファム·レ·フイ, 「前近代東アジアにおける漢譯大藏經の傳播とその展開: ベトナムの前黎·李兩王朝の大藏經将來事業を中心にして」, 『東アジア仏教研究』20, 2022를 바탕으로 가필 수정한 것이다.

참고문헌

| 사료

『高麗史』

『開元錄』

『大唐保大乙巳歳続貞元釈教録』

『大越史記全書』

『大越史略』

『西湖志』

『禪苑集英』

『續資治通鑑長編』

『宋會要』

『宋史』

『入宋求法巡禮行並瑞像造立記』

『參天台五臺山記』

| 연구서

久保田和男,『宋代開封の研究』, 汲古書院, 2007.

| 연구논문

李成市,「古代東アジア世界論再考—地域文化圏の形成を中心に」,『歴史評論』

696, 2008.

杜成輝,「宋代印經院考」,『中國史研究』97, 2015.

李富華,「『開寶藏』研究」,『普門學報』13, 2003.

廖幼華,「唐宋時期廉欽交沿海交通與砦鎮」,『中國歷史地理研究』4, 南方開發與中外交通, 西安地圖出版社; 2008.

廖幼華,「唐宋时期邕州入交三道」,『中國歷史地理論叢』, 2007.

兪莉娜·小岩正樹,「日中輪藏の型式分類について一一遺構と建築技術書を中心に」,『日本建築学会計画系論文集』82·740, 2017.

川上正史,「宋勅版藏經安南傳來考」,『支那佛教史學』7, 1944.

高津茂,「李朝建初期の國家と佛教」,『アジア·アフリカ文化研究所研究年報』22, 1987.

山口修,「奝然『入宋求法巡禮行並瑞像造立記』考」,『佛教大學佛教學会紀要』1, 1993.

Emile Gaspardone, Légendes, confucéisme, bouddhisme, traités divers(説話, 儒教, 佛教その他の論文)」,『Bulletin del'Ecole françaised'Extrême-Orient(極東學院學報)』34, 1934.

Ha Van Tan,「Tu mot cot kinh Phat nam 973 phat hien o Hoa Lu (華閭で発見された九七三年の石經幢について)」,『Nghien cuu Lich su(歷史研究)』76, 1965.

Le Quoc Viet,「"Giao Chau mot neo, loi thong Tay Vuc" - Thien phai Truc Lamtiep can tu goc do kinh luc(「交州一方, 道通天竺」一經録からみた竹林禪宗」),『Suối nguồn (源泉)』1, 2016.

제 2부

동아시아 해역을 둘러싼 교류

1

중국 절강성 태주의 지명으로 보는 고려·신라

- 에노모토 와타루

I. 머리말

II. 임해현의 고려·신라 지명

III. 황암 신라방에 대한 검토

IV. 중국 도시에서의 외래 상인 거류 구역

V. 맺음말

Ⅰ. 머리말

9세기 해상이 동중국해를 잇는 시대가 도래한다. 그 최초의 주역은 재당 신라인을 중심으로 하는 신라해상들이었다. 그들은 당과 일본의 교통·유통 요지에 거류지를 형성하고 해상을 왕래하였다.

그들의 활동에 대해서는 이미 많은 연구가 있다. 그들 연구가 기본 사료로서 의거해온 것은 838년부터 847년까지 당에 체류한 천태 일본승려 엔닌의 여행기 『입당구법순례행기(入唐求法巡禮行記)』이다. 이는 다른 것으로 대체하기 힘든 귀중한 사료이긴 하지만 『순례행기』에 기록된 엔닌의 활동 범위는 북쪽으로 오대산, 서쪽으로 장안, 남쪽으로는 소주까지이며, 당연하게도 절강 이남의 상황은 기록되어 있지 않다. 그렇지만 절강 땅에는 고려·신라와 관련된 고지명이 존재하며, 그 가운데에는 신라인에 유래하는 전승을 가진 것도 있다. 이러한 정보는 『순례행기』 이외에 관련 사료가 부족한 재당 신라인에 관한 검토 소재가 될 수 있는 것이다.

이들 지명은 이미 중국의 임사민(林士民)에 의해 개괄적으로 소개되었으며,[01]

---

01 林士民, 「唐, 吳越時期浙東与朝鮮半島通商貿易和文化交流之研究」, 『海交史研究』, 1993.

일본에서는 필자(榎本涉 2007a 제1부 제1장)와 다나카 후미오(田中史生)[02]가 절강 지역 신라인의 활동을 전하는 것으로 언급한 바 있으나 그들은 사례 소개 정도에 그치는 간략한 것이었다. 그래서 필자는 2017년 발표한 글에서 다시금 고지도의 구체적인 위치 비정 및 그 성격의 검토를 행한 바 있다.[03]

그러나 그 글을 발표한 후 임사민(林士民)의 논문을 참조한 중국 정급(丁伋)의 논문이 있다는 것을 알았다.[04] 또 한국에서도, 김문경이 임사민의 연구를 바탕으로 절강의 고지명을 언급한 바 있으며(김문경 1996), 나아가 근년에는 박현규가 상세히 검토하여 이들 선행 연구의 미비점을 바로 잡고 있다.[05] 그럼에도 2017년에 발표한 글에서는 선행 연구로서 임사민의 설밖에 다루지 못하였다. 따라서, 이 글의 Ⅰ장, Ⅱ장에서는 앞서 발표한 글의 형태를 유지하면서 자설(自說)을 재론함과 동시에 필요한 경우에는 이들 선행 연구에 대한 의견도 덧붙이고자 한다. 나아가 Ⅲ장에서는 황암신라방(黃巖新羅坊)의 성격에 대해 검토하려고 한다. 이와 같은 시도는 한국의 선행 연구에도 존재하지 않기 때문에 이 글이 일정 정도 의미를 가질 수 있을 것이라 생각되기 때문이다.

---

02 田中史生,『国際交易と古代日本』, 吉川弘文館, 2012, 제2부 제2장.

03 榎本涉,「中国南方の新羅人-浙江省台州の地名を手がかりに-」,『日本的時空観の形成』, 思文閣出版, 2017.

04 丁伋,「台州海外交通史事鈎沈」,『台州地区志』志餘輯要』, 浙江人民出版社, 1996.

05 박현규,「台州地区 羅麗유적과 지명에 관한 고찰」,『新羅文化』31, 2008; 박현규,「浙東연해안에서 新羅人의 수로교통-수로 유적과 지명을 중심으로-」,『新羅文化』35, 2010.

또한 이 글에서는 현존하는 태주 최고(最古)의 지지(地誌)인 남송 가정 16년(1223) 서(序) 『가정적성지(嘉定赤城志)』 40권을 기본 사료로 하여 명대 태주의 지지인 홍치 10년(1497) 서(序) 『홍치적성신지(弘治赤城新志)』 23권, 및 태주 황암현의 지지인 만력 7년(1579) 서(序) 『만력황암현지(萬曆黃巖縣志)』 7권과 강희 38년(1699) 서(序) 『강희황암현지(康熙黃巖縣志)』 8권, 그리고 광서 3년(1877) 간(刊) 『광서황암현지(光緖黃巖縣志)』 40권을 참

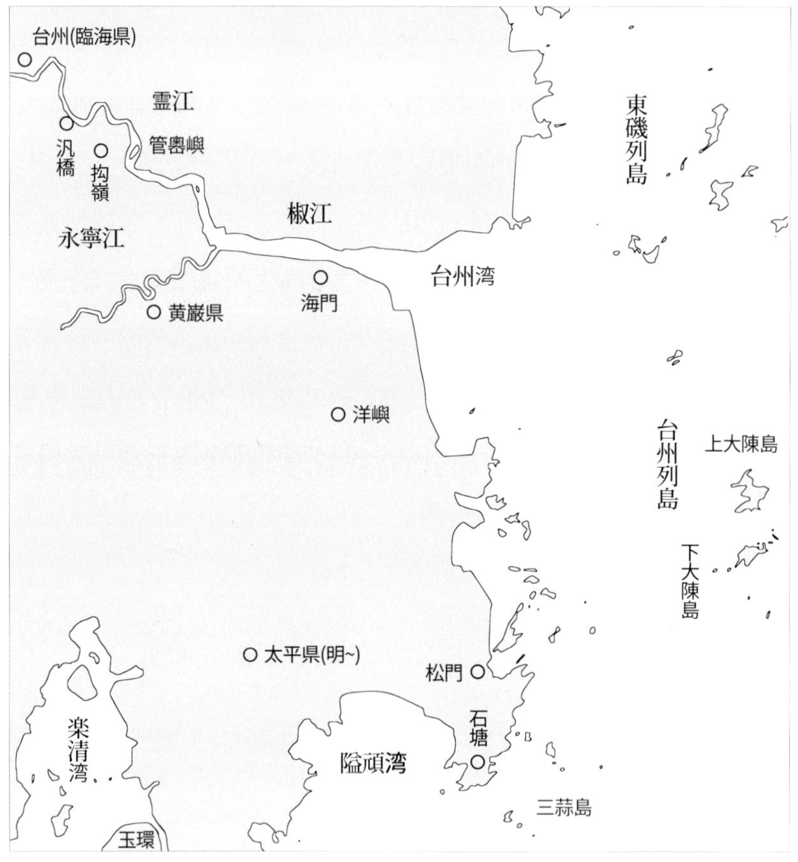

<그림 1> 태주 임해현·황암현 지도

고 사료로 활용한다. 이들은 빈번하게 언급되기 때문에 각각 『가정지(가정지)』, 『홍치지(弘治志)』, 『만력현지(萬曆縣志)』, 『강희현지(康熙縣志)』, 『광서현지(光緒縣志)』라고 약칭하기로 한다.

본론에 들어가기에 앞서 태주(台州)의 지리에 대해 확인해두고자 한다(그림 1). 태주는 당대 강남도(江南道), 송대 양절로(兩浙路), 원대 강절행성(江浙行省)에 속하였으며 현재는 절강성 태주시로 되어 있다. 태주성과 성벽을 공유하는 부곽현(附郭縣)으로서 임해현(臨海縣)이 있으며 이로부터 강을 따라 서쪽으로 향하면 선거현(仙居縣), 북쪽으로 향하면 천태현(天台縣)이다. 또 연해 쪽의 지역에 대해서는 북쪽으로 영해현(寧海縣), 남쪽으로 황암현(黃巖縣)이 있다. 게다가 명대인 1469년에 이르러서는 황암현의 도서부가 온주부(溫州府) 악청현(樂淸縣)의 일부와 합병하여 태주부 태평현이 되었다. 이 가운데서 본고가 주로 다루는 것은 임해현과 황암현이다. 태주 중앙부에는 대하초강(大河椒江)이 서에서 동으로 흘러 태주만으로 들어가고 있다. 이 강을 하구로부터 거슬러 올라가면 도중에 서북쪽으로 향하는 본류 영강(靈江)과, 서남쪽으로 흐르는 영녕강(永寧江)으로 나누어지게 된다. 전자를 거슬러 가면 임해현성(臨海縣城, 태주성(台州城)), 후자를 거슬러 오르면 황암성(黃巖城)에 이른다.[06]

06 또한 현대의 중국 태주시 정부는 임해가 아니라, 초강(椒江) 하구의 초강구(구 임해현 지역의 海門衛 주변)에 두어졌다. 전근대의 태주성과 현대의 태주시 정부 소재지는 장소가 다르므로, 주의가 필요하다. 또한 이전의 황암현 지역은, 연해부가 노교구(路橋區), 내륙부가 황암구로서, 초강부와 함께 태주시 직할을 이루고 있다.

Ⅱ. 임해현의 고려·신라 지명

1. 고려두산(高麗頭山)의 위치

『嘉定志(가정지)』 권(卷)19, 산수문(山水門)에는 고려두산이라는 섬에 대해서 다음과 같은 기록이 있다.

高麗頭山 在府城東南二百八十里 自此山下分路 入高麗国 其峯突立 宛如人首 故名

여기에 의하면, 고려두산은 태주치(台州治, 임해현치(臨海縣治))의 동남쪽 280리에 있고, 사람의 머리처럼 돌출한 봉우리가 있어서 '두산(頭山)'이라고 불렸다.

중국의 지지(地誌)에서는 일반적으로 지방관아로부터의 방각(方角)·거리로 위치를 표시한다. 동남쪽 280리가 실측치와 일치한다고 할 수 없지만, 『가정지』 권19에서는 초강(椒江) 하구의 해문산(海門山)이 임해현(臨海縣)의 동남쪽 126리라고 되어 있으므로, 동남쪽 280리인 고려두산은 육지에서 수십 km 떨어진 해상의 섬이라고 생각된다(중국에서는 섬도 '산'이라고 부른다). 또한 앞의 기사에서처럼, 고려두산의 근해(近海)에서는 항로가 나뉘어져서, 고려로 갈 수가 있었다. 태주에서 고려로 향하는 배는, 초강(椒江)에서 태주만(台州灣)으로 나와 바다를 동진하여, 랜드마크인 이 섬의 가까이에서 진로를 북쪽으로 변경했다. 섬 이름에 '고려'를 붙인 것은 이 때문이다.

고려로의 항로와 관계된 섬으로서, 황암현(黃巖縣)의 동진산(東鎭山)도 있다. 『가정지』 권20에 실린 기사에 이하와 같은 것이 있다.

> 東鎮山 在県東二百四十里 臨海記云「洋山東百里 有東鎮大山 去岸二百七十里 生昆布·海藻·甲香·礬等物 又有金漆木 用塗器物 与黄金不殊 永昌元年(689) 州司馬孟詵以聞」中有四墺 極嶮峻 山上望海中突出一石 舟之往高麗者 必視以為準焉

여기에 의하면, 동진산은 황암현의 동쪽 240리에 위치하고 있다. 황암현은 동쪽 60리에서 해문(海門)에 도달하여 바다로 들어간다고 되어 있으므로(『가정지』 권1, 지리문(地理門)), 동진산은 역시 바다에 있는 섬이다. 또한 섬에서는 바다로 돌출한 하나의 돌이 보이는데, 고려로 가는 배는 반드시 이것을 표지로 하였다고 한다.

정급·임사민은 동진산에서 보이는 '해중돌출일석(海中突出一石)'을 고려두산이라고 생각했다.[07] 이 경우 두 섬은 가까이에 있는 별도의 섬이 되

07 林士民, 앞의 논문; 丁伋, 앞의 논문.

는데, '해중돌출일석'이라는 표현에서는 하나의 섬이라기보다도 섬의 근해에 돌출해 있는 바위의 종류라고 봐야할 것이다. 선행 연구에서는 참조하지 않았는데, 명대의 『만력현지(萬曆縣志)』에서는 동진산의 속칭을 고려두산이라고 기록하고 있어서,[08] 적어도 명대에는 두 섬이 같은 것이라고 생각되었다. 그 경우 '해중돌출일석'을 고려두산이라고 할 필요는 없다. 송인(宋人)은 태주에서 고려로 향할 때, 고려두산의 근해에 돌출한 바위를 지표로 하여 항해하였다고 생각할 수 있다.[09]

다만 고려두산=동진산 설을 채택할 경우, 『가정지』에서 동일한 섬이 고려두산(임해현)·동진산(황암현)으로 두 번 내세워지게 된다. 정급 등이 두 섬을 별도의 섬이라고 생각했던 것은 이러한 이유에서 일지도 모른다. 다만 그들이 주장했듯이 두 섬이 곧 인접해 있었다고 한다면, 그것이 두 현으로 분할되는 것도 부자연스럽다. 송대의 초강 남쪽 언덕은 연강부(沿江部)가 임해현, 그 남쪽이 황암현이어서, 하구 동남 방면의 섬은 관할이 섞이기 쉬었을 것이라고 생각된다.[10] 그 때문에 하나의 섬이 항로의 문제 등으로 임

---

08 『만력현지(萬曆縣志)』 권1, 여지지(輿地志), 山川, 동진산(東鎭山)의 기사는, 『가정지』 권20, 산수문의 동진산 기사와 같은 문장을 인용하는 한편, 마지막에 '속호고려두산(俗呼高麗頭山)'이라고 덧붙이고 있다.

09 또한 옛 논문에서는 동진산 근해의 '海中突出一石'을 고려두산의 봉우리와 동일시하고 있는데, 이것은 오류이므로 수정한다.

10 후술하듯이 선행 연구는 고려두산을 상하대진도(上下大陳島)라고 보고, 필자도 여기에 동의하는데, 명대에 황암현의 일부가 태평현(太平縣) 소속으로 되었기 때문에(『가정태평현지(嘉靖太平縣志)』 권1, 『민국태주부지(民國台州府志)』 권42), 그때까지는 황암현 소속이었을 것이고, 임해현성은 아니었을 것으로 보인다. 또한 현재의 소속은 온령시(温嶺市, 태평현에서 개칭)가 아니라 태주시 초강구(구 임해현 지역)이다.

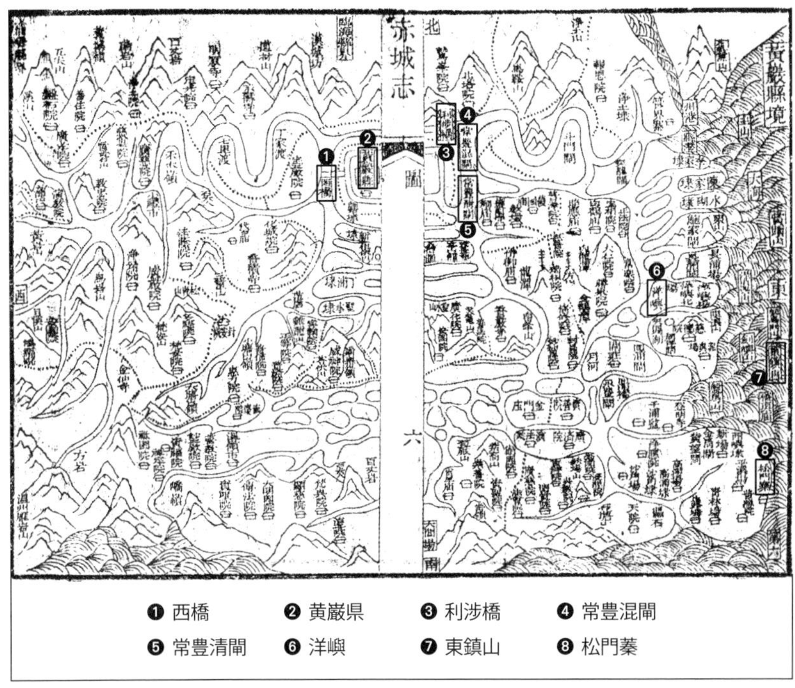

<그림 2> 『가정지(嘉定志)』 황암현경도(黄巌県境図)(1223년)

해·황암 두 현에 다른 이름으로 등록되었을 것이라고 생각해 두고자 한다.

현대의 지도에는 고려두산의 이름도 동진산의 이름도 없다. 이것들은 현대의 어느 섬에 해당하는 것일까? 『가정지』의 동진산 기사를 인용한 『임해기(臨海記)』[11]에 의하면, 양산(洋山)의 동쪽 100리에 동진대산(東鎮大

11 『임해기(臨海記)』는 분실되었지만, 송초에 성립한 『태평어람(太平御覽)』의 부록 '태평어람경사도서강목(太平御覽經史圖書綱目)'에 撰者의 이름을 싣지 않고 거론하고 있으며, 『태평어람(太平御覽)』 권47에도 몇 군데에서 인용되고 있다(洪煥椿 編著, 『浙江方志考』, 浙江人民出版社, 1984, 257쪽).

山)이 있으며, 물가에서 270리 떨어져 있다고 한다. 양산은 현재의 양서(洋嶼)에 있는 양서산(洋嶼山)일 것이다. 양서는 태주로(台州路) 교공항(橋空港)의 근처에 있고, 예전에는 해안의 습지대였다. 『가정지』의 '황암현경(黃巖縣境)' 그림에는, 양서 동쪽에 몇 개의 섬이 그려져 있는데, 그중에서 동진산(東鎭山)은 초강 하구의 동남쪽, 송문(松門)의 북쪽에 위치하고 있다(그림 2). 또한 물가에서 270리라는 수치는 정확한 것이 아니라고 하더라도, 연해(沿海)의 섬이라고는 생각하기 어렵고, 육지에서 꽤 떨어진 근해에 있었을 것이다.

이상 『가정지』의 정보에 기초해서 현대의 지도를 검색하면, 동진산의 비정 후보지로서 태주 열도의 상대진도(上大陳島)·하대진도(下大陳島)를 발견할 수 있다(그림 1 참조).[12] 15세기에 성립한 『정화항해도(鄭和航海圖)』(『무비지(武備志)』 권240 소수)에 해문(海門)의 동쪽, 가정(嘉靖) 41년(1562) 서(序)의 정약승(鄭若曾) 『주해도편(籌海圖編)』 권1의 지도에서는 송문(松門)의 동쪽에 그려진 '대진산(大陳山)'일 것이다. 『정화항해도』 『주해도편』에는 동진산도 고려두산도 묘사되지 않았는데, 대진산이 이들과 동일한 섬이라면 정합적으로 이해할 수 있다. 이 대진산은, 북쪽의 상대진도와 남쪽의 하대진도를 아우르는 총칭이라고 생각되고, 『가정태평현지(嘉靖太平縣志)』 권1 등 명대의 지지(地誌)에도 한 항목으로 구성되어있다. 『가정지』

12 『민국태주부지(民國台州府志)』 권42, 산수로, 태평현산은 동진산을 石塘山(松門의 남쪽)의 동남쪽에 떠 있는 삼선산(三蒜山)의 바깥이라고 하는데(그림 1), 이것은 『민국태주부지(民國台州府志)』의 편자가 『가정지(가정지)』 『가경태평현지(嘉慶太平縣志)』 등 선행 지지(地誌)의 기술을 기초로 고증했던 것이며, 所傳에 기초한 것이 아니다. 민국기에 소재가 불명하였기 때문에, 고증을 필요로 하였다고 봐야 할 것이다. 적어도 삼선산의 바깥이라고 하는 설은 『가정지』의 지도와 모순되므로 인정할 수 없다.

의 동진산·고려두산도 마찬가지로 두 섬을 합해서 불렀을 것이다. 두 섬은 현대에도 항해의 지표로 이용되며, 일본 해상보안청의 자료에서는 상해에서 단산군도(丹山群島) 동쪽을 경유하여 온주(溫州)로 향할 때의 '항로표식·목표'의 하나라고 나와 있다. 특히 상대진도의 주봉인 풍문령(風門嶺)은 매우 가까운 해상에서도 눈으로 확인할 수 있다고 한다.[13]

고려두산을 대진도(大陣島)라고 하는 설은 이미 정급·임사민도 주창하고 있는데, 박현규는 나아가 상대진도 남동쪽에 돌출한 갑(岬)의 끝에 있는 '고리두(高梨頭)'라는 장소의 바위산을, 동진산 가까이의 '해중돌출일석(海中突出一石)'으로 비정하고 있다. 그리고 고리두를 고려두산의 유칭(遺稱)으로 생각해서, 고려두산을 상대진도로 돌리는 흥미 깊은 설을 제시하고 있다.[14] 고리두의 위치는 상하대진도(上下大陳島)의 사이를 통과하여 동쪽으로 나올 때의 통과 지점이고, 현재 이 기암군은 경승지라고 여겨지고 있다. 이 해역을 통과하는 배가 지표로 하는데 적절한 장소이며, 여기가 고려로의 항해 표식으로서 '高梨(고려) 頭'라고 불렸다고 하는 추정도, 확실히 있을 수 있는 일이라고 여겨진다.[15]

송대의 태주 동쪽 해상에 떠 있는 섬을 고려로의 항해 표식으로 삼았다고 하는 전제에는, 고려 방면으로 향하는 태주 해상의 무역 활동이 추측된

13 해상보안청 수로부(水路部) 편 『中國沿岸水路誌』 해상보안청, 1981.

14 박현규, 앞의 논문, 2008.

15 다만 『가정지』에 의하면 고려두산의 '두'는 사람의 머리 형태를 한 봉우리에서 유래하는데, 고리두의 '두'는 중국에서 일반적으로 보이는 지명의 접미사이다(상대진도에도 烏沙頭·釘鈎頭 등이 있다). 고려두산과 고리두에 대해서, '두'자의 일치는 과대평가 할 수 없다.

다. 또한 태주에서 북상해서 영파·단산(丹山)에 도착하면, 일본으로 향하는 항로에도 접속할 수 있으므로,[16] 고려두산은 고려만이 아니라 일본으로 향할 때의 표식이기도 하였다. 고려에서는 1031년에 '송태주상객진유지(宋台州商客陣惟志)', 1038년에 '태주객진유적(台州客陣維績)', 1049년에 '송태주객서찬(宋台州客徐贊)'의 내항을 확인할 수 있고,[17] 같은 시기 일본에도 정인덕(鄭仁德)이나 주문예(周文裔)·주량사(周良史) 부자 등, 태주 해상의 내항이 이어지고 있다.[18] 고려두산의 지명은 그들의 항해 지식의 일단을 전하고 있다고 할 수 있다.

2. 임해현(臨海縣)의 신라서(新羅嶼)

고려두산은 고려 시대의 한중교류와 관계있는 것인데, 임해(臨海)에는 '신라'를 가리키는 지명으로 신라산(新羅山)·신라서(新羅嶼)도 확인된다.[19] 모두 『가정지』 권19, 산수문(山水門)에 저록된 이외에도, 가정 14년(1221) 序의 왕상지(王象之) 『여지기승(輿地紀勝)』 권12, 태주, 경물하(景物下)에도

16 藤善眞澄, 『参天台伍臺山記の研究』, 関西大学出版部, 2006, 제2장 제3·4절.

17 『고려사(高麗史)』 권5, 顯宗世家, 현종 22년 6월 을미조, 권6, 靖宗世家, 정종 4년 8월 무자조, 권7, 문종세가, 문종 3년 8월 기사조.

18 亀井明徳, 「日宋貿易関係の展開」, 『岩波講座日本通史』 6, 岩波書店, 1995.

19 또한 정급 이래로, 임해현성의 통원방이 신라상인 거류 구역이라고 여겨지는 경우가 많은데, 신라인과의 관계를 전하는 사료가 있는 것이 아니므로, 본고는 따르지 않는다.

거의 같은 문장이 있다. 우선 신라서에 대해서는 『가정지』에 이하와 같은 문장이 있다.

新羅嶼 在県東南三十里 昔有新羅賈人 艤舟於此 故名

신라서는 임해현의 동남쪽 30리에 있고, 송대 이전에 신라 가인(賈人)이 여기에서 배를 의장(艤裝)하였기 때문에 이 이름이 붙여졌다고 하는, 신라 상선 정박의 전승이 존재한다고 알려져 있다. 현치(縣治) 동남이라는 방각(方角)과 배의 정박지인 것을 생각하면, 영강(靈江)의 가운데에 있었을 것이다. 영강과 영녕강(永寧江)의 분류 지점에 만들어진 관계채(管界寨)가 임해현의 동남쪽 70리라고 여겨지므로,[20] 이보다는 임해현 근처라고 봐도 좋다.

정급(丁伋)·임사민(林士民)은 신라서를 임해시(臨海市) 범교진(汎橋鎮)의 선착장에 있는 신상암(哂鯗岩)이라고 부르는 작은 산으로 추측하고(林 1993·丁 1996), 박현규도 이것을 지지하는데[21], 주지(州志)의 한정된 지면(誌面)에 이러한 작은 것을 굳이 저록하였을까 하는 의문도 있다. 오히려 내가 후보지로 거론하고 싶은 곳은 관오서(管嶴嶼, 현재는 모래톱)이다(그림 1 참조). 전장이 1.7km에 달하며, 영강에 떠 있는 가장 큰 섬이다. 민국기의 『절강전성여도병수륙도리기(浙江全省輿圖並水陸道里記)』의 「임해현오리방도(臨海縣五里方圖)」에 의하면,[22] 관오서는 동쪽에 관오산, 서북쪽에 홍화산

20 『가정지』 권18, 군방문(軍防門), 諸県縣寨兵, 臨海

21 박현규, 앞의 논문, 2010.

22 『중국방지총서(中國方志叢書)』 華中47소수의 1915년판에 의거하는데, 선명하

(弘化山), 서쪽에 불령(㘵嶺)을 끼고 있는데, 불령은 『가정지』 권19에 불령이라고 저록되었고, 현의 남쪽 30리에 있다고 되어 있다. 현실의 방각(方角)은 동남쪽인데, 어쨌든 『가정지』에는 이 부근이 임해현치(臨海縣治)로부터 30리 거리에 있다고 인식되고 있었다. 그렇다면 동남쪽 30리라고 되어 있는 신라서가 불령의 동쪽에 떠 있는 관오서일 가능성이 높지 않을까. 그 위치는 해상에서 배로 태주성(台州城)으로 향하는 도중에 해당하며, 일찍이 신라 해상이 영강을 왕래하고 있었다는 사실을 알 수 있다.

장강 연안부 이남에서의 신라 해상의 활동은, 이미 김문경(金文經)이 지적하고 있다.[23] 예를 들어 최근 알려진 산동 등주(登州) 모평현(牟平縣)의 『무염원비(無染院碑)』(901년 제작)에는 "又鷄林金清押衙 家別榑桑 身来青社 貨游鄞水 心向金田"라고 되어 있다. 즉 계림(신라) 사람 김청(金淸)이 부상(榑桑, 동방=신라)에서 청사(青社, 산동)로 이주해서 은수(鄞水, 명주)에서 장사를 하였다는 것이 기록되어있다(劉永智 1994). 김청은 등주에 본거지를 두면서, 절강의 명주까지 상권을 확장하고 있었다. 858년에 일본승 에가쿠(慧萼)가 오대산에서 가지고 왔다고 전해지는 명주 보타산의 관음상도, 신라 해상과 관련이 있다고 생각된다.[24]

김문경이 제시하지 않은 사례에서는, 당말 소종(昭宗) 경(888-904) 유순(劉恂)이 집필한 『영표록이(嶺表錄異)』에 '신라객'이 산동에서 복건으로 향

지 않은 문자가 많아서, 西安地圖出版發行 『清代地圖編纂編』 所錄의 1894년 판도 참조했다.

23 김문경, 「9~11세기 신라사람들과 강남」, 『장보고와 청해진』, 혜안, 1996.

24 박현규, 「중국 불교 성지 普陀山과 新羅礁」, 『中国学論叢』10, 2000.

하는 배에 타고 있었다는 것이 보여서, 복건에서의 신라 해상의 활동을 알 수 있다.[25] 게다가 그 배가 류규국(流虬國, 琉球=대만을 가리키는가?)에 표착했을 때 '신라객'은 그 말을 '반역(半譯)'했다고 한다. '신라객'은 대만 방면의 정보도 가지고 있었던 것 같다.[26] 태주는 명주의 남쪽, 복건의 북쪽에 위치하므로 여기에 신라인의 활동 흔적이 있었던 것도 자연스레 이해할 수 있다. 나아가 오임신(吳任臣) 『십국춘추(十國春秋)』 권81, 오월(吳越), 충의왕세가(忠懿王世家), 건륭(建隆) 2년(961) 12월 조에는 오월국의 왕이 고려 박주(舶主) 왕대세(王大世)의 보물을 사려고 하였던 기사가 보여서,[27] 5대 10국 시기에 신라 해상의 후예가 오월국의 왕도인 항주(杭州)에서 활동하고 있었던 것을 추정하는 것도 불가능하지 않다. 이들 절강 이남에서 활동한 신라 해상의 활동 흔적을 전하는 것 중의 하나가 이 신라서라고 생각할 수 있다.

신라서(新羅嶼)의 위치는 바다에서 하천으로 태주를 목표로 할 때의 기항지이고, 해로로 복건으로 향할 때의 경유지가 아니라는 것을 마지막으로 다시 확인해 두고 싶다. 여기에서는 신라 해상이 회하(淮河)·장강·대운하나 해안 지역에 한하지 않고, 보다 광범위하게 활동을 전개하고 있었던 모습을 엿볼 수 있다.

---

25 榎本渉, 「新羅海商と唐海商」, 『前近代の日本列島と朝鮮半島』, 山川出版社, 2007b.

26 "陵州刺史周遇 不茹葷血 嘗語(劉)恂云 頃年自青社之海帰閩 遭悪風飄五日夜 不知行幾千里也 凡歴六国 第一 狗国 同船有新羅客 云是狗国逡巡…又経流虬国 其国人么麼 一概皆服麻布而有礼 競将食物 求易釘鉄 新羅客 亦半訳其語"

27 "高麗舶主王大世 選沈水千斤 畳為旖旎山象衡岳七十二峯 王許以黄金五百両 竟不售" 『十國春秋』는 청대에 편찬되었다. 연월이 없지만 거의 같은 문장이 五代 송초의 도곡(陶穀, 903~970)의 『清異錄』 권하, 의니산(旖旎山) 條에도 보인다.

3. 신라산(新羅山)과 시풍계(始豊溪)

임해현(臨海縣)의 신라산에 대해서는 『가정지』에 이하와 같이 있다.

新羅山 在県西三十里 与八畳嶺相望 鳥道巑岏 多野果 土人利之

신라산은 임해현치의 서쪽 30리에 있고, 팔첩령(八畳嶺)이라는 산이 바라다 보이는 곳에 위치하고 있다는 것을 알 수 있다. 『가정지』의 주경도(州境圖)에는, 신라산은 임해현치의 북쪽에 있고, 동쪽에 인접해서 망해첨(望海尖), 북서쪽에 팔첩(八畳), 남서쪽에 후령(後嶺)이 묘사되어 있다(그림 3). 『가정지』 권19에 의하면 망해첨은 임해현의 동북쪽 4리, 팔첩령은 서쪽 23리, 후령은 북쪽 4리에 있었다. 서쪽 23리에 있는 팔첩령은 서쪽 30리에 있는 신라산보다도 현치(縣治)에 가까운데, 주경도에서는 팔첩령의 쪽이 더 멀게 그려져 있다. 정급·임사민은 이 모순 때문에 신라산의 위치를 '서쪽 3리'의 오류 가능성을 생각해서 이것을 후령(後山)에 대응시켰다. 김문경도 여기에 따르고 있다.[28] 확실히 『가정지』의 거리 기술에 오류 가능성이 있는데, 신라산과 후령이 『가정지』에서 별도로 항목이 있고, 주경도에도 별도의 산으로 그려진 이상, 두 산을 동일시하는 것은 부자연한 느낌을 지울 수 없다. 박현규도 주변 산의 위치 관계에서 생각하여, 신라산을 후

28 임사민, 앞의 논문; 정급, 앞의 논문; 김문경, 앞의 논문.

<그림 3> 『가정지(嘉定志)』 주경도(州境図)(1223년)

령으로 돌리는 설을 부정하고 있다.[29]

『가정지』가 신라산에서 팔첩령이 바라다 보인다고 기록한 이상, 두 산이 가까이에 있었다는 것은 분명하고, 주경도가 두 산을 대치시켜서 묘사하는 것도 그것을 반영하고 있다.[30] 신라산의 위치를 생각할 때, 우선 실마리가 될만한 것은 팔첩령이다. 「임해현오리방도」를 보면 임해현치의 바로 북쪽에 후령, 그 동북쪽에 망해첨, 주성(州城)의 서북서에 팔첩산(팔첩령)을 확인할 수 있다(그림 4). 현치에서 영강으로 조금만 서쪽으로 나아가면, 북쪽에 시풍계(始豊溪)가 갈라져 흐르는데, 팔첩령은 이 시풍계의 동쪽 언덕에 우뚝 솟아있는 산이다. 산의 남서쪽 산기슭에는 팔첩촌이라는 집락도 그려져 있는데, 팔첩촌은 현재에도 여기에 남아있다.

시풍계는 송대에 임해·천태 두 현을 잇는 운하의 역할을 담당했다.[31] 시풍계 연안에는 공문서 전달과 관계있는 체포(遞鋪)로서 팔첩포(八疊鋪)·소석포(小石鋪)·백보포(百步鋪)·화도포(花桃鋪)가 두어졌는데,[32] 이것은 시풍계가 임해-천태 사이을 잇는 주요 교통로였기 때문이었다.[33] 팔첩령이

---

29 박현규, 앞의 논문, 2008.

30 또한 '州境'圖에서는 시풍계 연안의 체포(遞鋪) 설치 지역으로서, 남쪽부터 차례로 소석도(小石渡)·백보(百步)·팔첩(八疊) 등의 지명이 기록되어 있는데, 실제로는 후술하듯이, 팔첩·소석·백보의 순으로 되어 있다. 팔첩령의 위치를 신라산과의 관계에 기초하여 묘사하면서, 지도에 왜곡이 생겼기 때문이었을 것이다.

31 『가정지』 권1, 서현(叙縣), 天台에 "東南由始豊溪 四十七里入臨海"라고 되어 있다.

32 『가정지』 권18, 군방문(軍防門) 제현포병(諸縣鋪兵). 이들 포(鋪)는 모두 그림 3에도 그려져 있다. 체포(遞鋪)에 대해서는 青山定雄, 『唐宋時代の交通と地誌地図の研究』, 吉川弘文館, 1963, 제5장을 참조.

33 입송 일본승 성심(成尋)이 1072년, 천태현에서 임해현으로 향할 때 숙박했던 박보(泊步)는, 백보라고 생각된다(藤善眞澄 訳注, 『参天台伍臺山記』上, 関西大

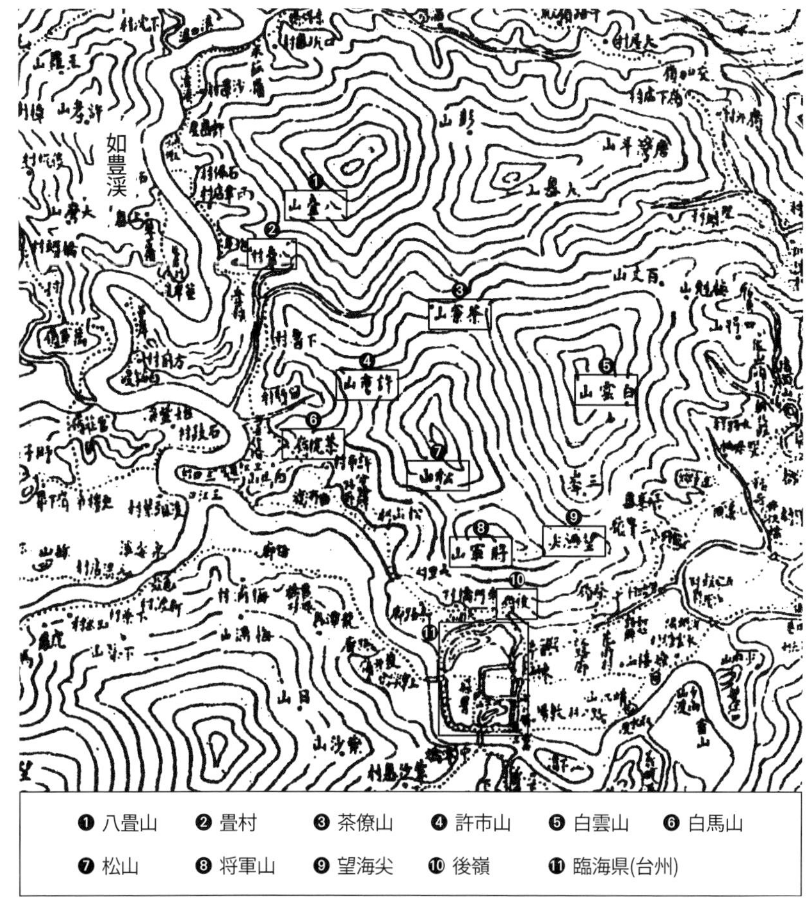

<그림 4> 민국판 『절강전성여도병수륙도리기(浙江全省輿図並水陸道里記)』 임해현 오리방도(臨海県五里方図)(1915년)

방위상으로는 임해의 북쪽 혹은 서북쪽에 위치하고 있으면서 『가정지』가 서쪽이라고 하는 것은, 임해현보다 서쪽으로 향하기 때문에 시풍계 근처

学出版部, 2007, 137쪽). 역시 시풍계 연안으로 남하했던 것이다.

를 북상한다고 하는, 교통로의 문제가 있었던 것이다. 그 근처에 있었던 신라산이 주경도에 현치의 북쪽에 그려져 있으므로, 『가정지』에서 결국 서쪽이라고 표기된 것도, 마찬가지로 시풍계 근처를 경유해서 가는 장소였기 때문이라고 생각된다.

『가정지』가 팔첩령을 현의 서쪽 23리라고 하는 것도, 현치에서 곧장 계측했을 때의 직선거리가 아니라(전근대에 그러한 계측은 불가능하다), 영강·시풍계를 경유한 행정을 반영했던 것이라고 보인다. 영강·시풍계의 분류 지점에 해당하는 백마산(백암산)은 『가정지』에서 현의 서쪽 12리라고 되어 있어서, 팔첩령은 여기서부터 북쪽으로 11리에 있게 된다.[34] 신라산이 현의 서쪽 30리라고 되어 있는 것은, 팔첩령에서 7리 정도 멀리 떨어진 장소에 있었기 때문이라고 생각된다. 그 방각(方角)은 주경도를 보는 한 팔첩령의 남동쪽이고, 현치에서 본 경우 현치 북서쪽의 팔첩령보다도 정북쪽에 가깝게 된다고 생각된다.

「임해현오리방도」에서 팔첩촌은 서쪽으로 시풍계가 흐르는 한편, 남쪽에도 작은 하천이 흐르고 있다. 이 하천은 백마산의 북쪽에서 시풍계로부터 북동쪽으로 갈라져 흐르고, 팔첩령과 그 남쪽의 허시산(許市山) 사이의 골짜기를 동쪽으로 흐르고 있다. 이 하천은 현재는 팔첩계라고 불리는데,

---

34 「임해현오리방도」에는 청말의 육로가 점선으로 되어 있는데, 임해현에서 천태현으로 향하는 길은 영강 연안을 서쪽으로 향하여 백마산 부근에서 시풍계의 분류(후술하는 부강)를 따라서 북상한다. 팔첩촌에 이르러서는 시풍계 연안으로 북상한다는 것이다. 시풍계의 분류 지점 부근은 서쪽으로 굽어있기 때문에, 부강을 따라서 나아가는 쪽이 효율적이었다고 생각된다. 아마도 이 길은, 송대에도 크게는 변하지 않았을 것이다.

<사진 1> 팔첩촌(八疊村)에서 본 석생두(石生頭) (2018년, 필자 촬영)

'주경도'에서는 '부강(浮江)'으로 그려지고 있다. 주목해야 할 것은 신라산의 근처까지 흐르는 것처럼 묘사되어 있어서(후령으로 향하고 있는 것처럼도 보이는데, 후령 근처에 시풍계의 지류는 흐르고 있지 않다), 신라산은 부강의 유로(流路) 근처에 있을 것이라고 생각된다. 부강이 흐르는 골짜기를 사이에 두고 팔첩령과 대치하는 산은, 「임해현오리방도」에서는 허시산으로 부르고 있다. 1919년에 측량한 오만분의 일 지도에서는 석생두(石生頭)라고 말하고,[35] 현대 지도에서는 석암두(石巖頭)라고 말한다. 이것이 신라산일 것이다.

박현규도 팔첩령과 망해첨 사이에 신라산을 그린 '주경도'의 표현으로

35 『中国大陸五萬分の一地圖集成』II, 科學書院, 臨海縣城地圖(태주 57호).

부터, 신라산이 석생두(石生頭)나 대강두(大崗頭, 그림4의 백운산)일 가능성을 상정하는데, 그 경우는 신라산이 임해현치의 북쪽에 있어서, 『가정지』가 신라산을 임해현의 서쪽 30리로 하는 것과 정합성을 얻을 수 없다. 그리고 서쪽 30리라는 정보에 따라서 지금의 괄창진(括蒼鎭, 영강·시풍계의 분류 지점에서 7km이상 서쪽에 소재)의 근처로 비정하는 안도 제시하였는데, 어느 쪽이 옳은가는 확실하지 않다.[36] 그러나 괄창진은 백마산(영강·시풍계 분류 지점의 북동쪽)의 서남서쪽에 있으므로 '주경도'에서 신라산이 백마산의 북동쪽에 그려진 것을 설명할 수 없다. 앞서 서술했듯이 서쪽 30리라는 정보는 임해현치에서 이동할 때의 교통로를 반영했던 것이어서, 현대의 지도에 기초한 방각·직선 거리와 일치하지 않는 것은 그 때문이라고 생각된다. 신라산을 석생두로 비정해도 문제없다.

석생두가 신라산이라고 불렸던 사정은 확실하지 않은데, 신라서와 마찬가지로 신라인과 관련된 어떤 전승이 있었을 가능성을 생각해도 좋다. 그것은 임해-천태 사이를 오고 가는 신라 상인과 관계된 것이었을지도 모른다. 다만 천태현성(天台縣城)의 북쪽에 불교 성지 천태산이 있는 것을 생각하면, 천태산에 참학(參學)한 신라승[37]이 천태현과 임해현을 왕래했을 때 들렀던 것에 유래하는 명칭일 가능성도 있다. 신라산을 신라 상인과 쉽게 관련짓는 것에는 신중하고 싶다.

---

36 박현규, 앞의 논문, 2008.

37 유명한 예로는, 947년에 천태산에서 참학했던 고려승 義通의 예가 있다(章輝玉 1996). 또한 『가정지』 권28, 寺觀門, 寺院, 천태에 의하면, 천태산 국청사의 앞에는 新羅園이 있었고, 당대에 신라승 悟空이 터를 만들었다고 한다.

Ⅲ. 황암 신라방에 대한 검토

1. 황암 신라방에 대한 기사

앞 절에서는 임해현의 섬이나 산을 보았는데, 본 절에서는 황암현의 신라방을 검토하고자 한다. 신라서의 기사에서 확인했듯이, 태주의 중앙을 가로지르는 영강에서는 신라 해상의 활동이 보인다. 그리고 영강에서 남쪽으로 갈라져 흐르는 영녕강의 연안에 있는 황암현의 치소(治所) 일각에는 신라방이 존재하고, 신라인의 거류가 보인다.

신라방은 다른 도시에도, 신라인 거류지의 한 유형으로서 사료에 보인다. 9세기 신라인의 거류지로 현재 알려져 있는 곳은, 주로 연안의 항만이나 도시의 일각이다. 예를 들어 산동 반도의 등주 적산포의 신라인 집락은 나당 교통상의 기항지에 위치해서, 전자의 대표적인 예라고 할 수 있다. 한편 후자에 해당하는 것이 신라방이다. 특히 楚州 신라방은 당 각지의 신라인 동향이나 무역선의 왕래를 파악하였으며,[38] 신라 해상과 밀접한 연휴

38 『입당구법순례행기』 會昌 5년 7월 5일 조·회창 6년 정월 9일 조·大中 원년 6월 5일 조.

가 있었다는 것을 엿볼 수 있다. 신라 해상은 상품의 유통·매각을 위해 도시 근교에 거점을 필요로 하였고, 신라방은 그들의 경제적 거점의 기능을 가졌다고 예측할 수 있다.

신라방의 구체적인 소재지로서는 엔닌 『입당구법순례행기』의 840년대 기사에 보이는 초주와 사주(泗州)의 연수현(漣水縣)이 꼽힌다.[39] 이들은 현재 중화인민공화국의 강소성 북부에 위치한다. 절강성 남부의 황암(黃巖)은 이보다도 훨씬 남쪽에 위치하며, 또한 후술하듯이 시기는 10세기까지 내려간다. 황암의 신라방의 존재는 신라방의 공간·시간적인 확장을 나타내는 것으로서 주목된다. 10세기 이후 동중국해의 무역 중심지가 절강인 것을 생각하면, 10세기의 절강에 신라방이 존재했다는 사실은 중요하다.

초주·연수의 신라방에 관해서는 위치를 알기 위한 단서는 거의 남아있지 않지만, 황암 신라방은 후술하듯이 그 위치를 구체적으로 알 수 있다. 황암 신라방에서 활동한 신라인의 실태는 확실하지 않기 때문에 종래는 그 존재를 지적하는 이상의 것은 이루어지지 않았다. 그러나 황암 신라방이 도시 내에서 어떠한 성격을 가진 장소에 있었는가를 분명하게 할 수 있다면, 우리는 지금까지 알 수 없었던 신라방의 한 측면을 알 수 있을 가능성이 있다. 그래서 본 장에서는 재차 황암 신라방의 위치를 확인하고, 다음 장에서는 그것이 도시 내에서 어떠한 장소에 있었는가를 검토하려고 한다.

황암현 신라방에 대해서는 『가정지』 권2, 지리문(地理門), 방시(坊市), 황암에 이하와 같이 있다(『여지기승(輿地紀勝)』 권12, 태주, 고적(古迹)에도 거

---

39 회창 5년 6월 28일 조·7월 3일 조·9일 조·회창 7년 6월 5일 조·18일 조.

의 같은 문장이 있다).

新羅坊 在県東一里 旧志云「五代時 以新羅国人居此 故名」

본 기사의 '구지(舊志)' 인용 부분에 대해서는, '以'가 '신라국인거차(新羅國人居此)'에 관계된 것으로 본다면 '5대의 시대에 신라국인이 여기에 살았으므로 신라방이라고 이름 붙였다'라는 의미가 된다. 한편으로 '以'가 '신라국인'에 관계된 것으로 본다면, '5대의 시대에 신라국인을 여기에 살게하였으므로 신라방이라고 이름 붙였다'라는 의미가 된다.

사료의 읽기로서는 모두 가능한데 『가정지』의 방(坊)의 기사는 종종 '以~ 故名'이라는 형식으로 쓰여져, '以'와 '故名'의 사이가 명명(命名)의 사정이 된다. 예를 들어 통선방(通仙坊)은 "以面直委羽山 故名"(委羽山에 면하고 있으므로, 통선방이라고 이름 붙였다)라고 기록되어 있다. 그렇다면 신라방 기사의 해석으로서는, '以'와 '新羅國人居此'가 관계있는 전자를 채용해야 할 것이다. 그 경우 '오대시(五代時, 태주를 포함한 절강의 경우, 오월국 지배하의 907~978년)'는 '故名'과 관계된 것이 된다. 만약 '五代時'가 '新羅國人居此'과 관계있는 것이라면, '以五代時新羅國人居此'가 된다. 실제 곽종(郭琮)이라는 인물이 북송의 지도(至道) 연간(995-997)에 거주했던 효행방(孝行坊)은, 『가정지』 권2에 "以至道中郭琮居此 故名"이라고 기록되어 있다. 이상으로부터, 신라방의 명명은 五代의 시대였다고 생각된다. 신라인이 살고 있었던 시기는 사료상에 명기되어 있지 않은데, 명명의 즈음까지는 살고 있었을 것으로 생각해도 좋을 것이다.

그러나 한편으로 『가정지』는 청진방(淸鎭坊)·흠현방(欽賢坊)·인풍방(仁風坊)·신라방 등 4방에 대해서 "右四坊 熙寧九年 令范世文建"이라고 주기해서, 신라방을 포함한 4방이 북송 희녕(熙寧) 9년(1076)에 지현 범세문(范世文)에 의해서 지어졌다는 것을 전한다.[40] 오대(五代)에 명명된 방이 북송 시기에 세워졌다는 것은 무슨 의미일까?

당대 신라방의 '방'은 호리 도시카즈(堀敏一)가 옳게 지적하였듯이, "당대(唐代) 도시의 내부 구획을 의미하는 단어"이다.[41] 방은 장벽으로 구획지어진 방형(方形)의 구획으로, 동서남북의 문을 갖추고 있었다.[42] 『순례행기』의 기사에는 신라방의 장(長)으로서 총관이 보이는데, 이것은 방에 두어져 방문(坊門)의 열쇠 보관과 간비(姦非)의 감찰을 행하였던 방정(坊正)에 해당할 것이다. 당말의 지방 도시에 설치된 신라방이 당대의 전형적인 방과 같은 형태를 취했을까는 일고의 여지가 있는데, 도시 내의 일각에 있었다는 것은 인정해도 좋다.

그런데 방장(坊牆)·방문(坊門)과 함께 대가(大街)로의 출입이 제한된 방의 상태는 송대에 들어와서 붕괴했다. 이에 따라 방은 본래의 의미에서 멀어져, 길거리의 호칭으로 이용되게 되었다.[43] 이 점을 논했던 가토 시게시(加藤繁)는 소주의 사례로부터, 송대 지지(地誌)에 보이는 방이란 길거리를 가로질러 세워진 방표(坊表, 패방(牌坊))를 의미한다고 지적하고, 황암

40 범세문은 1076~80년에 지황암현으로 근무했다(『가정지』 권11, 질관문, 현령). 大井을 파서 坊巷을 열어, 邑人의 신뢰를 얻었다고 한다(『만력현지』 권4, 직관지, 양리).

41 堀敏一, 『東アジアのなかの古代日本』, 研文出版, 1998, 274쪽.

42 我部靜雄, 『中国及び古代日本における郷村形態の変遷』, 吉川弘文館, 1963, 제5장.

43 宮崎市定, 「漢代の里制と唐代の坊制」, 『宮崎市定全集』 7, 岩波書店, 1992.

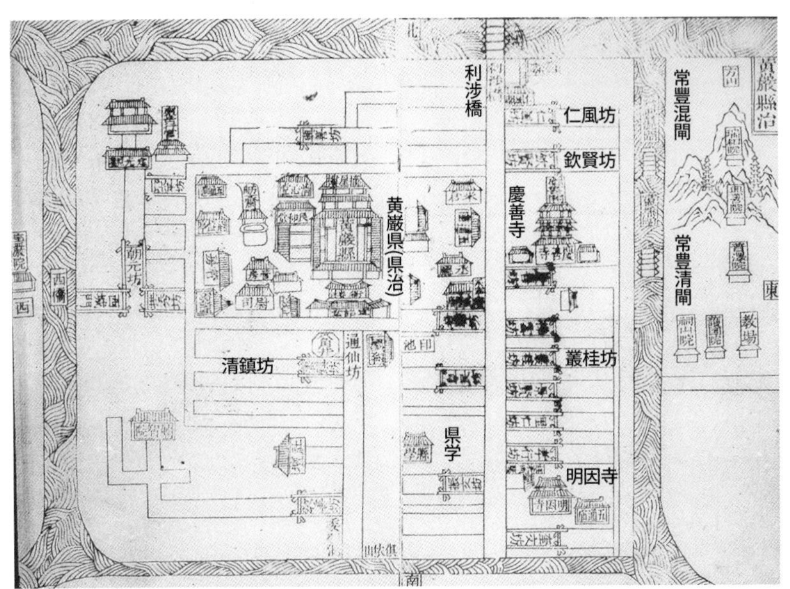

<그림 5> 『가정지(嘉定志)』 황암현치도(黄巌県治図) (1223년),

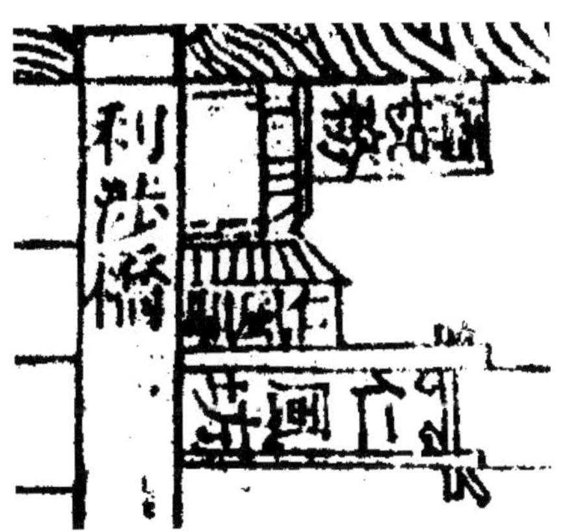

<그림 6> 『가정지(嘉定志)』 황암현치도(黄巌県治図) (인풍방(仁風坊) 주변 확대)

(黃巖) 범세문(范世文)의 건방(建坊) 기사도 방표를 세웠던 것을 의미한다

고 해석한다.[44] 즉 신라방이라는 길거리의 입구에 '신라방'이라고 쓰여진 패방(牌坊)을 세웠던 것이다. 『가정지』 부재(附載) 황암현치도(黃巖縣治圖)에 (이하 '가정성도(嘉定城圖)'라고 약칭), 청진방·흠현방·인풍방을 포함한 19개의 방명(坊名)이 길거리 입구의 패방 가운데 기록되어 있는 것에서도, 가토의 해석은 타당하다고 생각한다.(그림 5·6)

그렇다면 이전 오대의 신라방은 당대처럼 방장(坊牆)으로 구획된 구획이었을까? 그렇지 않으면 송대처럼 길거리의 호칭이었을까? 전자라고 한다면 신라방의 형태가 성립 당시와 그 후로 변화했던 것이 되는데, 오대는 방제(坊制)가 변질하는 과도기에 해당하여 판단하기 어렵다.[45] 무엇보다도 후술하듯이, 황암에는 명대까지 성벽조차 없었다. 만약 오대의 신라방이 구획을 의미했다고 하더라도, 적어도 방장(坊牆)은 존재하지 않았다고 보는 것이 자연스러울 것이다. 길거리였을 가능성도 충분히 있다고 생각된다.

---

44 加藤繁, 「宋代に於ける都市の発達に就いて」, 『支那経済史考証』 上, 東洋文庫, 1952, 318쪽.

45 가토 시게루(加藤繁)는 송초까지 坊制는 이어졌고, 북송 시기에 쇠퇴했다고 생각하였는데, 우메하라 카오루(梅原郁)는 당말 오대의 혼란을 거쳐서, 송초에는 이미 당대의 방제는 변질하였다는 것을 상정한다(梅原郁, 「宋代の開封と都市制度」, 『鷹陵史学』 3·4, 1977, 57~59쪽). 히노 가이사부로(日野開三郎)는 당말 오대의 성읍 파괴와 상업의 발전에 의해서, 坊市制는 소멸했다고 한다(日野 1983:319~320).

2. 황암 신라방 기사의 전거

『가정지』에 나오는 신라방 기사의 전거인 '구지'란 언제쯤 성립한 것일까? 우선 '오대시(五代時)'의 문언에서 보면, 송대의 지지(地誌)인 것은 확실하다. 『가정지』 권11, 질관문(秩官門), 현령(縣令)에서는 순화(淳化) 원년(990)의 지임해현(知臨海縣) 장의(張誼)의 이름 뒤에 '견구지(見舊志)'라고 주기를 싣고 있으므로, 이 '견지(見志)'는 990년 이후의 성립이라고 생각된다.[46] 정급·임사민은 이것을 대중상부(大中祥符) 연간(1008-1016)의 『상부황암도경(祥符黃巖圖經)』이라고 생각해서 '오대시'로부터 그다지 시간이 경과하지 않았을 때의 정보라고 하였는데,[47] 그 판단의 근거는 제시하지 않는다. 『가정지』에는 황암현의 기사에 '상부도경(祥符圖經)'을 인용한 예가 있어서[48] '상부도경'이라는 책이 참조되었던 것은 확실하다. 이것은 1010년에 진종(眞宗)의 명으로 편찬된 전국 규모의지지(地誌)인 『상부주현도경(祥符州縣圖經)』 1566권에 상당하는 것이라고 생각된다.[49] 정급·임사민이 『상부황암도경』이라고 부르는 것은 그 중 황암현(黃巖縣)의 부분이다.

---

46 顧宏義, 『宋朝方志考』, 上海古籍出版社, 2010, 177쪽.

47 임사민, 앞의 논문; 정급, 앞의 논문.

48 卷2, 地理門, 鄕里, 黃巖, 靖化鄕.

49 諸路圖經·諸道圖經이라고도 부른다. 소실. 1007년 송의 진종은 제도의 州府軍監에게 조서를 내려 지방도경을 작성해서 헌상하게 하였는데, 體裁가 정돈되지 않아서, 1010년에 다시 體例를 정리해서 重修시켰다. 그리고 사본 342본을 작성시켜서 지방에 나누어 주었다(青山定雄 1963:464~468, 479~480).

그런데 『가정지』가 『상부주현도경』을 인용하는 경우에는 '도경(圖經)' 이라고 기록하고 있어서, '구지'가 이것과 동일한 것으로 봐도 좋을지 의문점도 있다. 예를 들어 『가정지』 권39,기유문(紀遺門)의 한성(漢城, 황암현에서 북쪽 10리)의 기사에서는, '구지' '구군지(舊郡志)' '도경(圖經)'이 참조되고 있다. 『가정지』에 선행하는 지지(地誌)로서 '도경'(『상부주현도경(祥符州縣圖經)』) 이외에 태주나 황암현의 '지(志)'가 있었던 것 같다. 또한 『가정지』 권8, 질관문(秩官門), 역대군수(歷代郡守), 용삭(龍朔) 2년(662) 조에서는 '임해(臨海)·황암이구지(黃巖二舊志)'가 참조되고 있어서, 황암현 이외에 임해현의 '구지'도 있었다는 것도 알 수 있다. 신라방 기사도, 출전인 '구지'도 이들 '도경'과는 별도의 지지라고 생각된다.

『가정지』에 선행하는 지지로는 어떤 것이 있었을까? 『가정지』에 첨부된 제석(齊碩)의 발문을 보면 "지금 천하의 군현에는 모두 기록이 있는데, 태주만은 기록이 없었다"라고 기록되어서, 태주에는 『가정지』 이전에 지지가 없었던 것처럼 보인다. 『가정지』의 편자인 진기경(陳耆卿)의 자서(自序)에도 같은 것이 기술되어 있다. 다만 이 이전에도, 미완성이지만 지지는 편찬되고 있었다. 진기경이 자서에 기록한 그 연혁에 의하면, 일찍이 우무(尤袤)·당중우(唐仲友)·이겸(李兼)의 편찬 사업이 있었지만 완수하지 못하였고, 진기경도 황순(黃罃)으로부터 편찬을 부탁받았지만 완성하지 못하였다. 그러나 10년 후 진기경은 신임 지주(知州) 제석의 명을 받아서, 『가정지』를 완성했다고 한다.[50] 우무(尤袤)·당중우(唐仲友)·이겸(李兼)·황

---

50 図牒之伝尚矣 今地險万里 県不登万戸 亦必有成書焉 矧以台為名邦 且称輔郡 綿涉千歳 迭更数百守 而闕亡 以詔難之歟 抑因陋襲簡 不暇問歟 盍昔有守四人 嘗廑

순(黃㽦)·제석(齊碩)은 각각 1180~82년, 1175~77년, 1207~08년, 1210~12년, 1221~23년에 태주의 지현으로 근무하고 있어서,[51] 주지(州志) 편찬은 1170년부터 반세기 가까이 역대 지주(知州)의 주도하에 단속적으로 이루어졌던 것 같다.

이상의 경위를 보면 『가정지』에 선행하는 태주의 '지(志)'에 대해서, 적어도 『가정지』에 인용될 수 있는 것은 당중우·우무·이겸의 시대에 편찬되어 미완으로 끝났던 지지 외에는 없을 것이다. 현지(縣志)에 대해서도 당대 이전에 성립되었다고 생각되는 『임해기(臨海記)』 『임해도경(臨海圖經)』 등은 차치하고, 송대에 대해서는 12세기 말경의 『영해토풍지(寧海土風志)』 5권, 1224년의 『가정황암지(嘉定黃巖志)』 16권과 같이(모두 일서(佚書)) 주지(州志) 편찬의 움직임보다 조금 늦게 각 현에서 확인된다.[52] 주지 편찬 사업

其力於斯矣 如尤公袤·唐公仲友·李公兼 類鞅掌不克就 最後黃公㽦 辱以命余 偕陳維等纂輯焉 会黃去 匆匆僅就未備也 束其稿十年矣 更久 則非惟不備 而并与僅就者失之 今青社斉公碩始至 欲迄就未暇 逾年報政 遂復以命余 於是 郡傅士姜君容 総権之 邑大夫蔡君範以下 分訂之 又再嘱陳維及林表民等 採益之 既具

51 『가정지』 권9, 秩官門, 本朝郡守.

52 『영해토풍지(寧海土風志)』는 『가정지』 권1, 地理門, 서군(叙郡)에 인용되어 있다. 『홍치지(弘治志)』 권21, 典籍에 호융(胡融)이 편찬했다고 나온다. 1191년에 『도형국보(圖形菊譜)』 2권을 편찬했던 인물(『백국집보(百菊集譜)』 권5). 『가태천태도경(嘉泰天台圖經)』은 남송·우무 『수초당서목(遂初堂書目)』에 저록되었고, 『태주경적지(台州經籍誌)』 권13 序에 수록되었다. 『가정지』는 권1, 지리문, 서군에 '天台縣經'으로 인용되고 있다. 『가정황엄지(嘉定黃巖志)』는 남송·진진손(陳振孫) 『직제서록해제(直齊書錄解題)』 권8에 저록되어 있다. 편찬자인 채범(蔡範)은 1222년에 지황암현이 되었는데(『만력현지』 권4, 직관지, 良吏), 『가정지』 自序(주 31 전게)에 의하면, 『가정지』 편찬에 협력한 인물이기도 하다. 『가정황엄지(嘉定黃巖志)』는 『가정지』와 병행해서 편찬되었던 것으로 봐도 틀리지 않다.

과 연동해서, 지지 정보가 현 레벨에서도 집적되었다는 것이 전제로서 있는 것이다. 신라방 기사의 출전은 결국 분명하지 않은데, 1170년대 이후에 태주나 황암현에서 정리된 정보일 가능성이 높다고 생각해 두고 싶다.

3. 황암 신라방의 위치

『가정지』에는 황암 신라방에 대해서 황암현치의 동쪽 1리에 있었다는 것이 명기되어 있다. 또한 황암 신라방은 초주(楚州)·연수(漣水)와는 다르게 후세까지 지명이 기억되었다. 예를 들어 남송의 하긍보(夏肯甫)가 황암에 지었던 효산정(曉山亭)에 대해서, 『광서현지(光緒縣志)』 권33, 고적지(古蹟志)는 신라방이 있었을 것이라고 주기한다. 이 설의 근거는 확실하지 않지만, 청말에도 신라방이라는 방명(坊名)이 의식되고 있었다는 것을 알 수 있다. 이와 같이 구체적인 위치를 엿볼 수 있는 정보가 있다는 것은 신라인 거류 구역의 실상을 아는 데 있어서 중요하다.

현재 황암에는 신라방이라는 지명은 남아있지 않은데, 그 적지(跡地)는 후세의 사료에 명기되어 있다. 이미 박현규가 지적하고 있듯이 『만력현지(萬曆縣志)』 권1, 여지지(輿地志), 방시(坊市), 신라방의 주기에, 『가정지』와 동일한 글을 인용한 후에 '금호백수항(今呼栢樹巷)'이라고 추가로 기록하고 있어서,[53] 명말의 백수항이 송대의 신라방으로 여겨지고 있었다는 것

53 박현규, 앞의 논문, 2010.

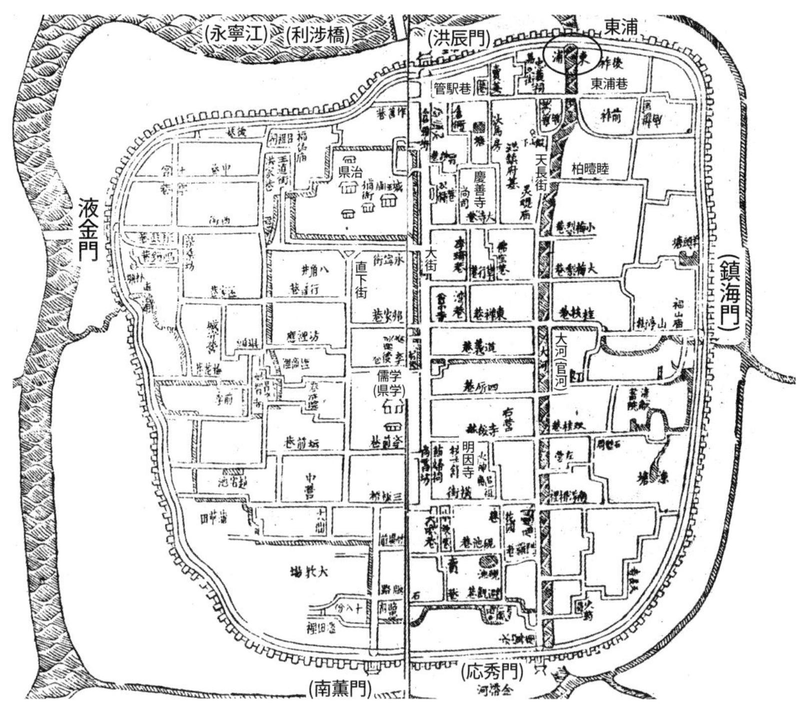

<그림 7> 『광서현지(光緖県志)』 신정현성방항도(新定県城坊巷図)(1877년)

을 알 수 있다. 『만력현지』에는 다른 방(坊)들에도 여러 항명(巷名)이 첨가되어 있다. 송대 이후 도시의 지명 표기로서, 방명과 함께 민간에서는 가(街)·항(巷) 등의 별칭도 이용되었는데,[54] 백수항도 그중 하나이다. 백수항은 『광서현지』 부수(附收) '신정현성방항도(新定縣城坊巷圖)'(이하 '광서성도'라고 약칭)에 백수항이라고 기록되어 있다(그림 7). 황암현 성내 동부를 남북으로 흐르는 냇가에서 동쪽으로 이어지는 길거리이고 황암현치의 동쪽

54 加藤繁, 앞의 논문, 319쪽.

<사진 2> 현재의 백수항(柏樹巷) (2014년, 필자 촬영)

방향, 현성(縣城)의 동북부에 해당한다. 현재의 태주 황암구(黃巖區)에도 같은 장소에 백수항이 있다는 것은 2014년의 현지 조사에서 확인할 수 있었다.

다만 『만력현지』의 신라방=백수항설의 타당성은, 다른 사료와 함께 검증할 필요도 있다. 우선 신라방이 현치(縣治)의 동쪽 1리에 해당한다는 기술과의 정합성이 문제된다. 중국 지방지의 거리 표기의 기점은 일반적으로 현치이고, 1리란 길거리 입구까지의 거리이다. 1리는 송대의 척(尺)으로 약 553m인데 1921년에 측량한 5만분의 1 지도로 측정하면, 현치에서 백수항 입구(서쪽 끝)까지의 직선거리는 지도상으로 약 1.1cm, 즉 약

550m=1리가 된다.[55] 이러한 수치는 때때로 실제 수치와 일치하지 않아서 거의 구애될 일이 없는데, 어떻든 실제 수치와 동떨어진 수치가 아니라는 점은 지적해두고 싶다.

한 가지 더 신라방의 위치를 고찰하는 데 있어서 중요한 것이 다리이다. 박현규도 지적한 대로 『가정지』 권3, 지리문(地理門), 교량(橋梁), 황암(黃巖)에는 "新羅坊橋 在県東北一里 即清水牐橋"라고 나온다. 여기에서 현치의 동북쪽 1리에 신라방교라는 다리가 있었다는 것을 알 수 있다. 신라방교는 신라방에 가설된 다리일 것이다. 현치부터의 거리는 신라방과 동일한 1리이므로, 신라방 입구의 앞에 가설되었을 것으로 보인다. 방각(方角)은 '현동북(縣東北)'으로 신라방의 '현동(縣東)'과는 다른데, 신라방이 백수항이라면 현치(縣治)의 정동쪽보다도 북쪽에 있으므로 '동북'이라는 표현도 불가능하지는 않다.

신라방교의 기사는 청수삽교(清水牐橋)라는 다른 명칭도 전한다. '삽'은 갑(閘, 수문)을 의미하므로 청수삽이라는 수문의 위에 다리가 가설되었던 것 같다. 이것과 세트로 보아야 하는 것이 동포교(東浦橋)로 『가정지』에서는 신라방교의 다음 항목이고, "東浦橋 在県東北一里二十步 即混水牐橋"라고 기록되어 있다. 신라방교보다도 현치에서 20보 멀리 위치하고 있다고 여겨진다. 혼수삽교(混水牐橋)라는 다른 명칭도 보이는데, 분명히 청수

55 『中國大陸五萬分の一地圖集成』Ⅱ, 黃巖縣城地圖(台州 59호). 현대의 지도를 이용하는 것은 근대의 도로 확장 문제이기도 하므로 축척의 문제는 있지만, 민국 시기의 5만분의 1지도에 의거했다. 참고로 현재의 황암구 정부(구 縣治 터)에서 백수항 서쪽 끝의 거리를 구글 어스로 측정하면, 약 500m이다.

삽교(清水牐橋)와 비교되는 이름이다. 청수삽(清水牐)·혼수삽(混水牐)과 관련된 사료로서 『가정지』 권24, 산수문, 水, 황암에 이하와 같은 기록이 있다.

官河 在県東南一里 自南浮橋南流至嶠嶺一百三十里 陸程九十里 広一百五十歩 又別為九河 各二十里 支為九百三十六涇 以丈計者七十五万分為二百餘埭 其名不可殫紀 綿亘靈山·馴雉·飛鳧·繁昌·太平·仁風·三童·永寧八郷 漑田七十一万有奇 旧建閘一十有一 以時啓閉 其隷仁風者曰常豊清混斗門

여기에 의하면 현치의 동남쪽 1리를 흐르는 관하(官河)라는 냇가가 있는데, 지류까지 포함하면 그 유역은 광대한 범위를 점하고 있었다.[56] 그 냇가에는 "상풍청혼두문(常豊清混斗門)"이 있으며, 인풍향(仁風鄕)[57]에 속하였다. '두문(斗門)'은 삽(插)과 동일하며 갑(閘)을 의미한다. 『만력현지』 권1, 여지지(輿地志), 수리(水利)에 보이는 "상풍청혼이갑(常豊清混二閘)"도, '상풍청혼두문(常豊清混斗門)'과 동일한 것이다. 이하에 전문을 게재한다.

---

56 관하(官河)의 치수 공사에 대해서는, 데라지 준(寺地遵)의 정리가 있다(寺(寺地遵,「宋末期台州黄巖県事情素描」,『唐·宋間における支配層の構成と変動に関する基礎的研究』, 平成三·四年度科学研究費補助金研究成果報告書, 1993, 10~11쪽).

57 『가정지』 권2, 지리문(地理門), 향리(鄕里), 황암(黄巖)에 의하면, 인풍향은 현의 동쪽 200보에 있으며, 광택리(光澤里)·안녕리(安寧里)를 관할로 한다. 현치의 동쪽을 중심으로 도시 구역 및 근교를 관할했던 것이다. 안녕리는 현치와 관하의 사이에 있는 경선사의 옛 안녕사(安寧寺)와 관련이 있을까?(『가정지』 권28, 사관문(寺觀門), 사원(寺院), 황암(黄巖), 선원(禪院).

在県東隅 宋元祐中 羅提刑適建 元大徳中 韓知州国宝修 舟楫往来 随潮大小 以司啓閉 必先啓清閘 出河内船於混閘中 即閉清閘 而啓混閘 放之于江 又納江中船于清閘外 即閉混閘 而復啓清閘 以放之于河 所以防潮水之進 清水之洩也 嘉靖壬子 築城跨河 而東設陡門于河口 僅容水之往来 舟楫不通 二閘雖存 無所用矣

여기에 의하면 '상풍청혼이갑(常豊清混二閘)'은 원우(元祐) 연간(1086~94)에 양절노제점형옥사(兩浙路提点刑獄司) 나적(羅適)에 의해서 설치되어, 대덕 연간(1297~1307)에 태주로총관(台州路總管) 한국보(韓國寶)가 수리했다. 여기서는 청갑(清閘)·혼갑(混閘)이라는 수문의 사용법이 기술되어 있어서, '상풍청혼이갑(常豊清混二閘)'은 상풍(常豊)이라는 호칭을 가졌던 청갑·혼갑이라는 수문이었던 것이 된다. '하(河, 官河)'와 '강(江, 永寧江)'의 합류 지점 가까이에서는, 청갑·혼갑의 개폐에 의해 수위를 조절하고 배가 출입하고 있었다. 구체적으로는 청갑을 열어서 관하(官河)의 배를 혼갑으로 들여보내고, 청갑을 닫고 혼갑을 열어서 그 배를 영녕강으로 내보낸다고 한다. 이것은 탁한 영녕강의 물을 도시로 들여보내지 않고 생활 용수를 확보하기 위한 궁리이기도 하였다. 갑(閘)의 이용 방법을 구체적으로 기록한 흥미 깊은 기사이다. 그리고 그 기사로부터는 혼갑이 영녕강과의 합류 지점 가까이에 있고, 청갑은 그것보다도 상류에 있었다는 것도 알 수 있다.

『가정지』 소재의 "황암현경도(黃巖縣境圖)"를 보면, 현치의 동쪽에 흐르는 냇가의 북측에 "상풍혼갑(常豊混閘)", 남측에 "상풍구갑(常豊□閘)"이라고 쓰여져 있다(그림 2). 또한 「가정성도(嘉定城圖)」에는 경선사(慶善寺)의

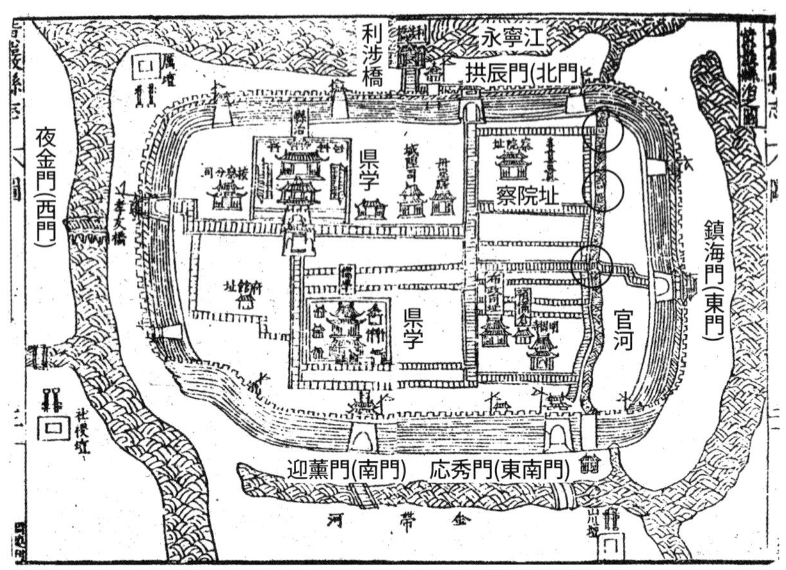

<그림 8> 『만력현지(万曆県志)』 황암현치지도(黃巖県治之図)(1579년)

동쪽에 다리라고 생각되는 것이 두 개 그려져 있고(그림 5),[58] 북측은 "상풍혼갑(常豊混閘)"이라고 주기된다. 남측은 글자가 세로로 압축되어 읽기가 힘든데, 밑의 두 글자는 '청갑'이라고 읽을 수 있고, 위의 두 글자의 글자 모양도 「황암현경도」를 참조하면, '상풍(常豊)' 글자가 깨진 것으로 봐도 좋을 것이다. 즉 남측은 '상풍청갑(常豊淸閘)'일 것이다.[59] 그리고 두 갑이 두어진 하천이 관하, 혼갑(混閘)의 위에 가설되었던 것이 동포교(東浦

58 북쪽의 이섭교(利涉橋)와 같은 형상으로 그려져 있어서, 다리를 표현하고 있다고 생각된다.

59 『광서현지(光緒縣志)』에도 「가정이전현치방항도(嘉靖以前縣治坊巷圖)」로서 이 지도가 복각되었는데, 거기에는 명확히 '상풍혼갑(常豊混閘)' '상풍청갑(常豊淸閘)'이라고 되어 있다.

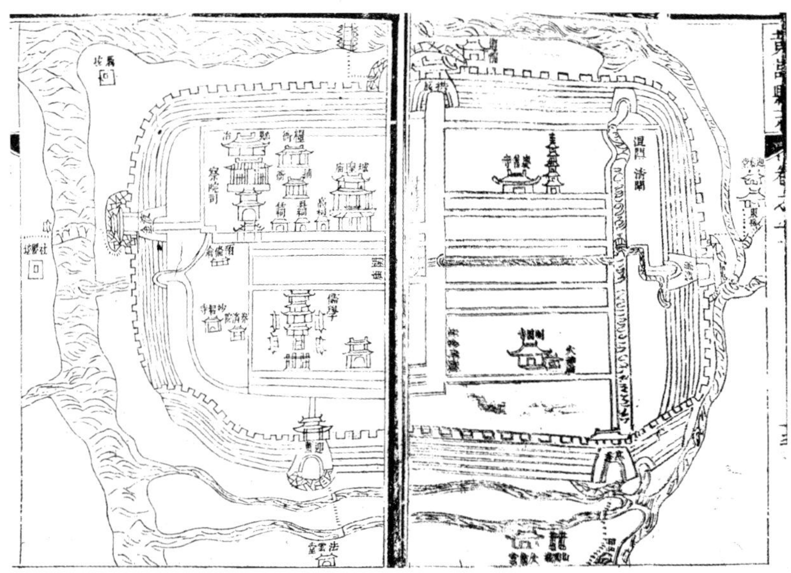

<그림 9> 『강희현지(康煕県志)』 황암현치도(黄巌県治図)(1699년)

橋), 청갑(淸閘)의 위에 가설되었던 것이 신라방교이다.

이것을 근거로 『만력현지』 소재의 「황암현치지도(黃巖縣治之圖)」를 보면(이하 「만력성도(萬曆城圖)」라고 약칭), 관하에는 3개의 다리가 묘사되어있다(그림 8, 동그라미 표시 참조). 가장 남쪽의 다리는 진해문(鎮海門, 동문)에서 서쪽으로 뻗어있는 거리의 연장상에 가설되었던 계지교(桂枝橋)라고 생각되고,[60] 나머지 두 개는 동포교(混閘)·신라방교(淸閘)가 된다. 『강희현

60 「만력성도(萬曆城圖)」에서는 찰원지(옛 경선사)와 명인사(明因寺)의 사이에, 동서로 뻗어 있는 6본의 거리가 그려져 있는데, 「가정성도」, 「강희성도」, 「광서성도」에서도 동일한 장소에 6본의 거리가 보여서, 기본적인 거리는 송-청 사이에 변화하지 않았다. 「만력성도」, 「강희성도」에서는 그 중 북쪽에서 3본째의 거리에 진해문(鎮海門, 동문)을 향하는 다리가 가설되는데, 「가정성도」에 의하면

지(康熙縣志)』 권1, 여도(輿圖)에 수록된 황암현성의 그림(이하 「강희성도(康熙城圖)」라고 약칭)에도 다리는 그려져 있지 않지만, 「만력성도」의 북쪽에 두 개의 다리와 같은 장소에 '청갑' '혼갑'의 주기가 있다(그림 9).

두 다리는 「만력성도」에서는 '찰원지(察院址)'라고 적힌 건물이 있는 구획의 동쪽에 위치하고 있다. 『만력현지』 권2, 여지지(輿地志), 공서(公署)에 의하면 찰원(察院)은 1540년에 경선사를 없애고 그 땅에 세워졌는데, 1552년에 왜구에 의해서 소실되었다. '찰원지'라고 되어 있는 것은 왜구의 피해를 근거로 한 것인데, 원래는 고찰 경선사의 땅이고 불탑도 묘사되어 있다.[61] 동포교는 찰원지의 북쪽 길거리로부터 관하를 건너는 지점에 가설되었고, 거기서부터 조금 남쪽에 신라방교가 가설되었다. 그것은 찰원지의 남쪽 길거리(慶善坊)보다도 북쪽이다.

동포교의 위치는 경선사의 북쪽 길거리로부터 관하를 건너는 지점이라고 확정할 수 있다. 「가정성도」에서는 경선사의 북쪽에 인풍방·흠현방이 그려져 있는데, 「만력성도」, 「강희성도」에서는 하나의 거리만 그려져 있으므로, 명대에는 황폐해졌다고 보인다. 「광서성도」에서도 경선사의 북쪽에서 관하에 이르는 거리는 하나만 그려져 있는데, 그 명칭은 관역항(管驛巷)이다(그림 7). 『만력현지』 권1, 여지지, 방시(坊市)는 인풍방의 속칭을 관역항(館驛

이 거리는 총계방(叢桂坊)이다. 『가정지』 권2, 지리문, 방시, 황암은, 총계방의 옛 이름을 계지방(桂枝坊)이라고 하는데, 여기에 가설되었다고 생각되는 계지교의 기사가, 동 권3, 지리문, 교량, 황암에 보인다. 또한 계지방은 좌필(左玶) 형제가 과거에 등제했기 때문에 개명했다고 하는데, 『가정지』 권3, 지리문, 교량, 황암에 좌필은 계지교의 앞에서 살고 있었다고 기록되어 있다.

61 또한 경선사는 청초 순치 연간(1644~61)에 재건되었고(『강희현지』 권8, 寺觀), 「강희성도」에도 경선사와 그 탑이 그려져 있다(그림 9).

巷)이라고 하였는데, 이것이 관역항(管驛巷)에 해당할 것이다.[62] 「만력성도」에서 경선사의 북쪽에 그려져 있는 거리는 인풍방=관역항으로 봐도 좋다.

『가정지』 卷3, 지리문, 관역(館驛)에 의하면 송대의 황암현에는 인풍역(仁風驛)이 있었다. 「가정성도」에는 인풍방의 서쪽 끝에 인풍역으로 생각되는 건물이 그려져 있다(그림 6). 인풍역은 명초에 단애역(丹崖驛)으로 개칭되는데, 1552년의 왜구가 불태워서 현치 가까이로 이전할 때까지 같은 장소에 있었던 것 같다.[63] 관역항(管驛巷)·관역항(館驛巷)이라는 명칭은 역(驛)에서 유래한다고 봐도 좋고, 명대까지 역이 계속 두어졌던 중요한 거리였다고 생각된다.

「광서성도」를 보면 관역항의 동쪽에는 대하(大河, 官河)에 다리가 가설되어 있다. 이것이 동포교=혼갑이다. 관역항은 황암에 현존하고, 그 위치를 확인할 수 있다. 관하는 현재 암거(暗渠)로 되어있는데, 「광서성도」와 대비하면 현재 그 유로(流路)는 천장로(天長路)라고 부르고 있다는 것을 확인할 수 있다. 「광서성도」에서는 관하의 서쪽에 천장가(天長街)가 남북으로 이어져 있는데, 민국기 이후에 관하가 매몰되었을 때 이 천장가(天長街)가 동쪽으로 확장되었다고 생각된다. 동포교의 위치는 현재의 관역항·천장로의 교차점이 된다.

62 管·舘(館)의 음은 『절운(切韻)』 『광운(廣韻)』에서는 일치하지 않은데(管=上声24·古滿切 / 館=去声29·古玩切), 元·웅충(熊忠) 『고금운회거요(古今韻會擧要)』 권13이나 명대에 칙선한 『홍무정운(洪武正韻)』 권8은 두 글자를 고완절(古緩切)로 분류하고, 현대 중국음에서도 guǎn으로 통음한다. 또한 『한어대사전』에 의하면, 管은 館과 통한다고 한다.

63 『萬曆縣志』 권2, 輿地志, 公署.

동포교 옛 소재지의 동쪽에는, 현재 이동포(里東浦)라는 거리가 뻗어 있어서 천장로를 사이에 두고 관역항에 접속하고 있다. 이곳은 「광서성도」에서는 동포항(東浦巷)이라고 칭하고 있다. 모두 동포교와 관련된 지명임에 틀림없다. 「광서성도」는 북쪽의 성벽과 관하의 교점에 동포(東浦)라고 기록하였으며(그림 7), 영녕강으로 흘러 들어가는 관하 하구 부분을 동포라고 불렀던 것이 알려져 있다. 황암현치의 동쪽에 있었던 것에 기인한 호칭일 것이다. 원인(元人) 반사기(潘士驥)의 『황암팔경(黃巖八景)』에 "동포모범(東浦暮帆)"이 보이므로,[64] 동포라는 지명은 원대까지 거슬로 올라가는 것을 확인할 수 있다.

신라방교=청갑은 동포교 이남 또는 경선사 이북의 도하(渡河) 지점이다. 여기에 해당하는 것은 「광서성도」를 보는 한 백수항의 서쪽밖에는 없다. 그렇다면 신라방교의 동쪽에 있었던 신라방은 백수항이 된다. 이상으로부터 신라방을 백수항으로 보는 『만력현지』의 설은 타당하다고 인정할 수 있다. 또한 『광서현지』 권7, 여지지, 교량, 신라방교에는 "咸豊辛酉 寇燬 同治丙寅 重修"라고 되어 있어서, 신라방교는 1861년에 태평천국에 의해서 불태워진 이후 1866년에 재건되었다고 알려져 있다. 이 다리는 『광서현지』가 편찬된 1877년의 시점에는 존속하였으며, 이후에 관하가 암거화했을 때 철거되었다고 생각된다.[65]

---

64 『元詩選』 癸集, 癸之戊上.

65 또한 박현규는 신라방교가 가설되었던 관하를, 현재의 동관하(東官河)라고 생각하고 있다(박현규, 앞의 논문, 2010). 동관하는 옛 동성의 벽을 따라 둘러싸였던 濠에 해당하며, 그 경우 신라방교는 신라방의 동쪽에 있었던 것이 된다. 그런데 「광서성도」를 보면 분명하듯이, 동성벽의 호와 전근대의 관하는 별개의 것이다.

청갑·혼갑의 간격은 현재의 지도로 계산하면 약 140m이다. 송대부터 명대에는 여기에 배를 들여보내 수위를 조절하고, 영녕강과의 사이에서 배를 출입시키고 있었다. 원대 절강의 내하선(內河船)은 큰 것은 10장(약 30.7m), 작은 것은 1장(약 3.07m)이므로,[66] 대형선이라도 4척, 소형선이라면 십 수척을 들여보내는 것이 가능한 설계였다.

---

66 원각(袁桷) 『청속거사집(清容居士集)』 권8, 월선행(越船行) (斯波義信 1968:66). 또한 일본승 성심은 1072년, 운하로 월주에서 항주로 향할 때에 10장 길이의 '大船'에 승선하고 있었으므로(성심 『참천태오대산기』 희녕(熙寧) 5년 8월 19일 조), 역시 절강의 대형선은 10장 정도될 것이다.

Ⅳ. 중국 도시에서의 외래 상인 거류 구역

1. 황암 신라방의 입지 조건

앞 절에서 분명히 하였던 신라방에 위치에 대해서 어떠한 평가를 할 수 있을까? 신라방은 동포 즉 관하 하구 부분에서 조금 거슬러 올라간 곳에 있었다. 관하가 수리(水理)의 면에서 중시되었던 것과 동시에 많은 배가 오고가는 수로의 역할도 하였던 것은, 앞 절에서 예로 들었던 "상풍청혼이갑(常豊淸混二閘)"의 기사로부터 알 수 있다. 그런데 동 기사에 의하면 1552년에 관하를 끼고 성벽을 세운 결과, 관하에서의 배 운송은 끊어졌다고 한다.

지금까지 언급한 대로 황암은 1552년에 왜구의 습격을 받아서 단애역(丹崖驛)과 찰원(察院)이 파괴되었고, 황암현치나 포정분사(布政分司)·태주부 공관 등도 피해를 받았던 것을 확인할 수 있다.[67] 이것이 같은 해에 성벽을 설치한 계기가 되었다고 생각된다. 반대로 말하자면 황암인은 왜

67 『萬曆縣志』 권2, 輿地志, 公署.

구 습격이라는 위기적 체험을 겪을 때까지, 성벽을 쌓으려고 하지 않았었다.[68] 그 정도로 관하의 유통 기능을 중시하고 있었던 것이다.

송대 황암의 도시 구조는 현치에서 남쪽을 향하는 통선방(直下街)과 이섭교(利涉橋)에서 도시 구역의 북한(北限)~남한(南限)에 뻗어 있는 대가(大街, 현재의 노동로(勞働路))를 축으로 하고 있다. 그런데 「가정성도」를 보면, 통선방(通仙坊)·대가(大街) 사이에 있는 중부 지역에는 신라방·수녕방(壽寧坊)을 제외한 19방 가운데 암첨방(巖瞻坊)·부민방(阜民坊)·진문방(振文坊) 등 3개의 방이 보일 뿐이어서 의외로 적다. 암첨방은 현치의 앞을 동서로 통하는 역소(役所) 거리, 진문방은 현학(縣學)의 앞을 동서로 통하는 공립학교 거리로서 정치적인 성격이 강하다. 이외에도 현치의 북쪽에는 흥선방(興善坊, 현치 북쪽 90보)이 있고 수녕방(壽寧坊)도 흥선방의 남쪽(현치 북쪽 70보)에 있었던 것 같은데(현치와 흥선방의 사이에 그려진 거리일까?), 여기에 통선방을 추가해도 6방에 지나지 않는다.

통선방의 서쪽 부분에 있는 방으로는 통선방에서 서쪽으로 뻗어있는 청진방(清鎭坊)·교선방(教善坊), 서문(西門)을 향해 있는 홍수방(洪秀坊), 서문의 북쪽에 있는 정관광(定光觀)으로의 참도(參道)에 해당하는 태평방(太平坊)·조원방(朝元坊) 등 5방이 있다. 「가정성도」를 보는 한, 중서부는 대개 방의 분포가 드문드문하고 방이 설치되어 있지 않은 거리가 눈에 띈

68 황암에 성벽이 없었다는 것은 「가정성도」에도 표현되어 있다(그림 5). 성벽이 없는 縣城은 송대 강남에서는 널리 보였다(伊原弘, 『中国人の都市と空間』, 原書房, 1993, 제4장). 장안성 등 일부의 도시를 기준으로 해서 중국 도시 일반을 성곽 도시라고 규정하는 설은, 반드시 정확하지 않다.

다. 게다가 「만력성도」, 「강희성도」에서는 북부·서부의 거리에 교선방·홍수방이 생략되어 있어서, 시대가 흘러감에 따라서 쇠퇴하는 경향이 있었던 것 같다.

여기에 대해서 대가와 관하 사이에 낀 동부 지역에서는, 「가정성도」가 그려진 9개의 거리 모두에 방이 세워진 이상 이들 방은 「만력성도」, 「강희성도」에도 동일하게 그려져 있다. 현재 황암구(黃巖區) 정부(구 황암현치)의 앞을 동서로 가로지르는 현전가(縣前街, 송대의 홍수방·암첨방·경선방에 상당)를 기준으로 하면, 환성서로(環城西路, 구 서성벽(西城壁))과 노동로(구 대가)의 사이에 있는 중서부가 약 700m, 노동로와 천장로(구 관하)의 사이에 있는 동부가 약 300m이다. 후자의 면적은 전체의 30% 정도에 지나지 않고 게다가 정치적인 중심에서 떨어진 지구였는데, 여기에 황암의 약 절반의 방(21개 중 9개)이 설치되었던 것이 된다.

방은 중요성이 높은 거리를 선택하여 세워졌다고 생각되므로, 방의 밀도가 다른 것은 지구의 번영도의 차이를 반영하고 있다고 예상할 수 있다. 동부의 활황은 황암 경제의 동맥인 관하에 면하고 있었던 것에 많이 의존하고 있었을 것이다. 『만력현지』 권1, 여지지, 방시로부터는, 명대 황암현성내에 설치되었던 시(市)로서 현치전(縣治前)의 대정두시(大井頭市) 이외에 관하의 남쪽 출구에 해당하는 응수문(應秀門, 동남문)의 천장시(天長市)가 잘 알려져 있어서(천장가 호칭의 유래), 관하의 경제적 중요성을 엿볼 수 있다.[69] 대강 말하자면, 중부가 현치·현학을 중심으로 한 정치적 공간이었

69 또한 『강희현지』 권3, 坊市에 의하면 天長市는 청대에는 쇠퇴하였다. 유통 거점으로서의 관하의 중요성이 축성에 의해서 상실되었다는 것을 반영하고 있다.

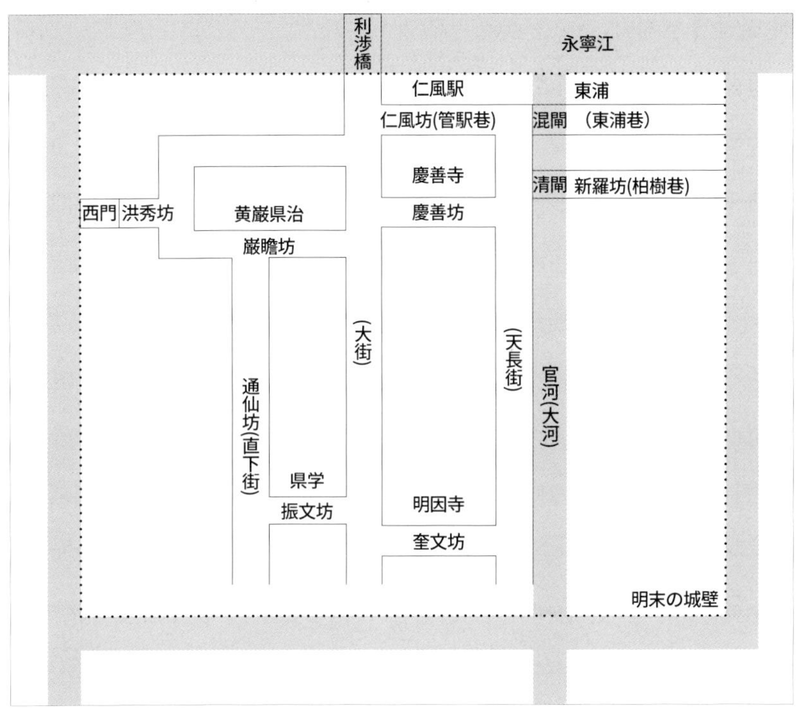

<그림 10> 송대 황암현 개념도

던 것에 비해서 동부는 관하 연안의 상업 공간이었다.

1067년 황암에서 최초로 세워졌던 사방(四坊) 중에서 청진방을 제외한 3방이 관하로부터 뻗어있는 거리였다는 것은, 이 경제적 편차가 북송 중기까지 거슬러 올라간다는 것을 추측하게 한다. 황암 도시 구역에 남아있는 사원을 봐도, 당 이전으로 거슬러 올라가는 전승을 가진 경선사(동진 348년 건립)와 명인사(남양천감(南梁天監) 연간 502~519년 건립)가 모두 관

하 연안에 입지하는 것은 결코 우연이 아니다.[70]

동부와 중서부의 경계에 해당하는 것이 도시의 중심가인 대가이다. 그 북쪽 끝은 이섭교(利涉橋)의 가교 지점으로 이어져 있었다. 이섭교는 1211년에 준공되었고 길이가 일천척에 이르는 큰 다리이다. 「가정성도」에 그려진 대로, 가교 지점은 황암에서 유일한 출입구였다. 도시 구역에서 밖으로 나오는 경우, 종래는 여기서부터 배로 영녕강을 횡단할 필요가 있고 그것은 "奔渡争舟 傾覆蹴踏之患"라고 하였듯이 난파의 위험이 높았는데, 이섭교가 놓이면서 위험에서 벗어났다고 한다.[71]

「가정성도」에는 그 약간 남쪽에 주세무(酒稅務)[72]와 인풍역이 그려져 있다. 대가 북단 부근이 도시 구역의 입구로서 물류·교통의 관리의 장이었던 것을 엿볼 수 있다. 주세무·인풍역이 언제부터 이 장소에 있었는가는 확실하지 않은데, 전자는 1151년에 여기에 재건되었고 후자도 1167년에 영녕역으로 개칭되었던 시점에서는 여기에 있었을 것이라고 생각된다.[73]

---

70 일본승 엔친(円珍)은 853년 입당할 때, 복주·온주·교령(嶠嶺, 이후의 太平縣治)를 거쳐서, 11월 19일에 황암의 안녕사(경선사의 옛 명칭)에 이르러 숙박하고, 寺僧은 그날 이것을 현에 보고하고 있다(小野勝年, 『入唐求法行歴の研究』上, 法藏館, 1982). 9세기 황암에서, 경선사가 중요한 위치에 있었다는 것을 알 수 있다.

71 葉適, 『水心先生文集』 권10, 利涉橋記.

72 『가정지』 권7, 公廨門, 場務, 黄巖.

73 『가정지』 권3, 지리문, 관역(館驛)에, "仁風駅 在県北三里 旧名永寧 乾道三年 令周蒙更今名"이라고 나온다. 인풍방에 있었기 때문에 인풍역으로 개칭하였을 것이다. 다만 『가정지』의 기사에서는 인풍역의 위치가 현의 북쪽 3리라고 되어 있다. 이것은 영녕강에 가설된 이섭교(현의 북쪽 1리)보다도 멀어서, 영녕강 이북에 역(驛)이 두어졌다는 것이 된다. 혹은 이 위치는, 영녕역이라고 불렸던 시대의 정보가 혼입했던 것일지도 모른다.

여기에 1211년 이섭교가 가설되었던 것은 이러한 도시 구조를 전제로 하였던 것이었다.

황암은 대가 북단에서 약간 남쪽을 향하면 암청방이고 서쪽으로 돌면 현치로 들어가며, 북단에서 바로 동쪽으로 돌아서 인풍방으로 나아가면 동포(東浦)의 혼갑(混閘)에 이른다. 정치적 중심인 현치에서 북쪽, 경제적 요지인 동포에서 서쪽 지점이 도시의 출입구가 되는 구조였다.(그림 10)

위에서 기록한 도시 구조를 근거로 하면, 신라방은 황암의 정치적 중심지에서 약간 벗어나 있고, 동시에 유통·경제의 요지에 접해서 설립되었던 것이 된다. 다만 「가정성도」에 모두 21방 가운데 19방이 그려져 있는데도 불구하고, 신라방이 그려져 있지 않은 것도 빠뜨릴 수 없다. 당시 관하 동쪽 언덕의 방은 신라방 외에는 없었다. 동쪽 언덕은 총체로서는 서쪽 언덕과 비교해서 도시적 발전이 늦었던 지구였다고 보여서, 도시 구역을 그리는 것에 주안을 두었던 「가정성도」에서는 생략되었을 것이다. 신라방의 위치는 도시 구역 중에서는 교외, 적어도 주변 지역에 있었다고 생각할 수 있다.

이것은 신라 해상이 굳이 중심으로부터 거리를 두려고 하였기 때문이라기보다도, 외래자가 기성의 도시 구역의 중심부로 파고 들어가는 것이 곤란하였기 때문이라고 추측한다. 신라 해상은 이와 같은 미개발 지구의 중심이 아니라, 운하 하구라고 하는 경제적인 가능성을 숨긴 장소를 선택해서 거류 구역을 형성했던 것이다. 그런데 그 땅에는 1076년, 황암 최초의 4방 가운데 하나가 세워졌다. 도시 구역의 주위에 위치했던 신라방은 신라 해상의 활동에 의해서 경제적인 발전을 시작했고, 그 중요성을 더욱 증가했다고 생각된다.

1552년 황암에 성벽이 세워지자, 신라방을 포함한 관하 동쪽 언덕도 도시 구역의 일부로서 편입되었다. 무엇보다도 그 후에 그려진 「만력성도」에도 관하 동쪽 언덕의 길거리나 시설은 묘사되지 않았고, 청초의 「강희성도」에도 동포항이 그려졌을 뿐이었다. 도시 구역의 주변이라는 관하 동쪽 언덕 부분의 자리는 의연하게 불식되지 않았다고 보인다. 그런데 한편으로, 동쪽 언덕 부분이 이미 서쪽 언덕 부분과 경제적으로 일체화해서 불가분의 공간으로 성장하였기 때문에, 성벽의 안으로 편입되게 되었다는 것도 분명하다.

마지막으로 다루고 싶은 것은 황암에 있었던 장태위묘(張太尉廟)라는 묘의 연기(緣起)이다. 『가정지』 권31, 사묘문(祠廟門), 황암에는 이하와 같은 글이 있다.

> 張太尉廟 在県東二里 紹興中建 俗伝 康定中 有商人陳其姓者 従岱岳奉燔以帰 宣和寇犯邑 昼見神金甲 按兵河岸 列幟 皆神号 寇驚遯 邑得全民相帥祠之

여기에 의하면 장태위묘에는 진모(陳某)라는 상인이 강정(康定) 연간(1040~41)에 산동의 태산에서 가져왔던 깃발이 있었다고 한다.[74] 계속해서 선화(宣和)의 도적(1120년 방납의 난에 호응해서 거병했던 여사낭의 반란군)이

---

74 '번(幡)'은, 원문에서는 '번(燔, 말린 고기라는 뜻)'으로 만드는데, 오각(誤刻)일 것이다. 『강희태주부지(康熙台州府志)』 권13, 寺觀, 황암현, 장대위묘에도 '幡'으로 만든다.

황암을 공격했을 때, 신이 나타나 군을 지휘하여 도적을 무찔렀다고 나온다. 태산의 깃발에서 장태위신이 나타났다는 것이다. 이에 따라서 백성은 소흥 연간(1131~62)에 장태위묘를 세워서 제사를 지냈다고 한다. 아마도 그 장소는 진모가 태산의 깃발을 봉납했던 장소의 근처였을 것이다.

『만력현지』 권7, 외지(外志), 총사(叢祠)의 장태위묘 기사도 거의 같은 문장인데, 묘의 장소는 '현동이리신라방(縣東二里新羅坊)'이라고 되어 있다. 신라방 서쪽 끝이 현의 동쪽 1리이므로, 동쪽 2리의 장태위묘는 동쪽 끝의 근처인 것일까? 여기에 출입하는 진모는 신라방에 인연이 있는 인물이라고 생각된다. 그가 태산의 깃발을 가져왔다는 것은, 산동을 왕래해서 상행위를 하고 있었다는 것에 기인한 것이다. 시대가 오대에서 북송으로 넘어가도 신라방이 계속해서 원격지 상인의 거점으로 기능하고 있었던 가능성을 나타내는 것으로서, 흥미 깊은 전승이다. 또한 산동이 신라 해상과 관계가 깊은 토지라는 것을 생각하면, 진모 자신이 신라 해상의 후예일 가능성도 있다. 물론 깃발을 태산에서 가져왔다고 하는 설화를 곧바로 사실로 인정하는 것은 위험하지만, 주목해야 할 일화이다.

2. 광주(廣州)·천주(泉州)의 외래 상인 거류 구역

이상에서 검증했던 것은 황암의 한 가지 사례에 지나지 않지만, 다른 신라인 거류 구역에 대해서도 어느 정도 부연할 가능성은 있을 것이다. 초주·연수(漣水)에서도 신라인이 도시 중심부에 새로운 방을 만드는 것은 곤란하였다고 추측되며, 신라방은 결국 주변부에 건설되었던 것이 아닐까?

사실 신라인으로 국한하지 않는다면, 황암과 마찬가지의 사태는 남해 무역의 거점인 광주에서도 지적할 수 있다. 광주성은 송대부터 명초까지, 주치(州治) 주변을 둘러싸고 있는 자성(子城)의 동서에 동성(東城, 번우현치(番禺縣治))·서성(西城, 남해현치(南海縣治))이 이어지는 형태를 취하였다. 그 중에서 자성은 송이 10국의 남한(南漢)을 971년에 제압했던 때 파괴되었고, 1045년에 재건되었는데 동성은 1069년, 서성은 1071년에 처음으로 축성이 착수되었다.[75]

동성·서성이 건설된 계기는 광원(廣源)에서 반기를 들었던 농지고(儂智高)의 군대가 1052년에 자성의 바깥을 약탈했던 것이었다. 이때는 광주의 번인(蕃人)·한인(漢人)의 집 수만 채가 모두 도적에 유린되었다고 이야기되어서,[76] 광주에는 한인뿐만 아니라 번인도 많이 거류하고 있었다는 것을 알 수 있다. 적의 습격에 대비한 성벽의 건설은 번인도 강하게 희망했던 것 같아서, 서성 건설 중이었던 1072년에는 대식물순국(大食勿巡國, Oman의 Suhar)의 진봉사(進奉使) 신압타라(辛押陀羅)가 귀국할 때 광주성 수조(修造) 비용으로서 은과 동전을 진상하고 싶다고 송 신종(神宗)에게 진언하고 있다.[77]

75 曾昭璇·曾憲珊, 「宋, 明時期広州市歷史地理問題」, 『嶺南文史』-1, 1985.

76 『송회요집고(宋會要輯稿)』 방역(方域) 9127, 희녕(熙寧) 5년 8월 12일 조. '其蕃漢数万家 悉委於賊席卷而去'.

77 『송회요집고(宋會要輯稿)』 번이(蕃夷) 4192, 희녕 5년 6월 21일 조. 신압타라는 남해 무역에 관한 한인 해상이라고 생각되는 유부(劉富)와 함께 주학(州學) 건

잘 알려져 있듯이 당송대의 광주에는 번방(蕃坊)이라고 하는 외래 상인 거류 구역이 존재하였다. 광주의 번인을 관리하는 번장(蕃長)의 존재도 당대부터 확인되고, 번인의 처벌 등도 인정되고 있었다.[78] 그 위치는 옛 서성의 안에 있고, 현재의 광탑로(光塔路)라고 생각된다. 송원대에 여기는 번항(蕃巷, 番巷)이라고도 불렀다.[79] 항으로 바꾸어 말해지는 방은, 황암 신라방과 마찬가지로 도시 내의 길거리라고 보아야 할 것이다.[80] 여기에는 이슬람교·불교·도교와 관련된 종교 시설이 있었으며, 모두 외국 상인이나 조공사와 관련이 있었다.[81] 번방이 광주의 도시 내 구역에서도 외래 상인과

설에 출자했다는 것도 알려져 있다(森田健太郎, 「劉富と辛押陀羅-北宋期広州統治の諸相-」, 『史滴』23, 2001, 34쪽).

78 桑原隲蔵, 『蒲寿庚の事蹟』, 平凡社, 1989, 제2장.

79 曾昭璇, 「広州懐聖寺光塔興建時代考」, 『広州伊斯蘭古蹟研究』, 寧夏人民出版社, 1989.

80 가메이 아키노리(亀井明徳)는 번방(蕃坊)이 방형의 구획이라는 것을 전제로 해서, 그 범위를 검토하고 있다(亀井明徳, 『博多唐房の研究』, 亜州古陶瓷学会, 2015, 23~25쪽). 이것은 번방이 거리를 초월하였던 공간이라는 전제에 기초하고 있는데, 애초에 성벽조차 없었던 당대 광주에서, 방장(坊牆)으로 둘러싸인 공간으로서의 坊이 있었다고 생각하는 것은 어려울 것이다.

81 광탑로(光塔路)라는 호칭의 유래인 Minaret는, 남송·방신유 『남해백영(南海百詠)』에도 번탑(番塔)·회성탑(懷聖塔)이라고 보이고, 매년 5·6월 이인(夷人)이 그 정상에서 풍신(風信)을 기원했다고 한다. 당내 창건했다는 전승도 있었다('始於唐時 曰懷聖塔 輪囷直上 凡六百十五丈 絶無等級 其顚標一金雞 随風南北 每歳五六月 夷人率以五鼓登其絶頂 叫仏号以祈風信 下有礼拝堂'). 번방(蕃坊)에는 그 외에도 외국인과의 관계를 생각하게 하는 것이 많다. 예를 들어 조공사 접대에 이용되었다고 생각되는 내원역(來遠驛)도 남송 시기에는 여기에 있었다(『대덕남해지(大德南海志)』 권10, 兵防, 舊志館驛通鋪). 명초의 '廣州府南海縣之圖'에는 번탑(番塔)의 서쪽에 남해현치와 원묘관(元妙觀)이 보인다(『永楽大典方志輯佚』 5, 圖版 72). 남해현치의 장소에는 1369년까지 숭보사(崇報寺)가 있었다. 숭보사는 처음에는 보광사라고 불렀고, 번박(番舶)을 위해 복을 기원하는 절로서 시박사가 새워졌던 것이다. 대관(大觀) 연간(1107~10)에 가호(賈

특히 밀접하게 관련된 길거리였다는 것을 알 수 있다.

광주의 서성 구역에는 서오(西澳)라고 불리는 팔강(入江)이 있는데, 원래부터 정박하는데 적합하였을 것으로 생각된다. 서오는 11세기 초에 정비되어 남호(南濠)라고 불렸다.[82] 남호로부터 서성 구역은 3맥의 수로로 둘러싸여 있는데, 1맥은 대시가(大市街)와 통하고, 1맥은 번항(番巷, 번방)·신점가(新店街)와 통하였다.[83] 대시가·신점가는 명칭으로 볼 때 상업 구역이었을 것이다. 번방의 가까이에는 마노항(瑪瑙巷)·상아항(象牙巷)·대모항(玳瑁巷) 등 남해 무역의 상품명을 뜻하는 지명이 여기저기에 있고,[84] 또한 정확한 위치는 확실하지 않지만 서성 구역의 모처에는 송초에 '번시(蕃市)'가 있었다.[85] 서성 구역은 상업 구역 성격이 강하고 서성의 건설 이전으로 소급한다. 여기에 번방이 형성되었던 것은, 정치적 중심지로부터 떨

胡)의 사재(捨財)로 중수했을 때, 조정은 시박사의 요구에 따라서 숭보사의 편액을 하사했다(『成化廣州志』 권24). 한편 원묘관은 송대에는 천경관(天慶觀)이라고 불렸는데(『成化廣州志』 권24), 앞서 서술한 농지고의 난에 의해서 잿더미가 되었다. 그런데 『광주중수천경관기(廣州重修天慶觀記)』에 의하면, 治平 연간(1064~67)에 이것을 본 삼불제(三佛齊)의 조정사가 귀국 후에 삼불제의 지주도수령(地主都首領) 지화가라(地華迦囉)에게 보고하였는데, 지화가라는 향도숭기(向道崇起)의 마음을 일으켜, 1067년 이후 사자를 파견해서 수리를 계속하여, 1079년에 준공했다. 후카미 스미오(深見純生)는 지화가라를 삼불제 주련국(注輦國)의 왕이라고 하였고, 주련국을 남인도의 촐라조가 말라카 해협에 두었던 속국이라고 하였다(深見純生, 「三仏斉の再検討-マラッカ海峡古代史研究の視座転換-」, 『東南アジア研究』25~2, 1987; 深見純生, 「〔史料紹介〕広州重修天慶観記」, 『仏教芸術』 287, 2006).

82 曾昭璇·曾憲珊, 앞의 논문.

83 『大德南海志』 권8, 城濠, 渠.

84 曾昭璇, 앞의 논문.

85 森田健太郎, 「劉富と辛押陀羅―北宋期広州統治の諸相―」, 『史滴』23, 2001, 27쪽.

어진 경제·유통의 요지에 황암 신라방이 세워진 것과 마찬가지의 현상이라고 할 수 있다. 그리고 서성의 건설은, 광주의 도시 구역을 설정할 때 번방도 그 일부로서 편입되었다는 것을 의미한다.

광주와 함께 남해 무역의 거점이었던 복건의 천주(泉州)에서도 비슷한 현상을 확인할 수 있다. 천주의 외래 상인 거류 구역은 명확히는 알 수 없지만, 외래 상인과 관계있다고 생각되는 것으로 송대에 창건된 이슬람교의 모스크(淸淨寺)가 있다.[86] 모스크 소재지는 현재의 도문가(涂門街)·중산로(中山路)의 교차점 남동쪽에 해당하는데, 도문가는 당송대의 남쪽 성벽 자리에 있으며, 중산로는 천주성을 남북 방향으로 관통하는 중심거리에 해당한다. 두 거리의 교차점은 진남문(남문)의 터에 해당한다.[87] 즉 모스크는 성벽에 외접해서 남문의 측면에 건설되었으며, 당초 도시 구역에는 포함되지 않았다.

진남문에서 중산로를 따라 남남서쪽으로 향하면, 거리는 두 개로 나뉜다. 남쪽으로 돌면 중산로가 이어지고 원말에 설치된 신진남문(新鎭南門, 덕제문(德濟門))의 터로 향하게 되는데, 서남서쪽으로 돌면 수문항이라고 부르는 작은 길로 들어선다. 이곳은 남송기에 설치된 남훈문(南薰門, 水門)의 터에 해당한다.[88] 홍치 2년(1489) 서 『팔민통지(八閩通志)』 권13, 지리, 성지(城池)에 의하면, 송~명대에는 남훈문의 근처에는 천주 시박사(市舶使)

86 前嶋信次, 「泉州の波斯人と蒲寿庚」, 『東西文化交流の諸相』, 誠文堂新光社, 1971.

87 周焜民主 編, 『泉州古城踏勘』, 厦門大学出版社, 2007, 195~238쪽.

88 周焜民主 編, 위의 책, 140~143쪽.

가 있어서 무역선을 체크하였다. 일대에는 박사고항(舶司庫巷, 시박사 창고 터)라는 지명이나 수문관음당(남훈문의 앞) 등이 현존하며, 시박사 터로 비정되는 수선궁(水仙宮)도 있다. 외래 상인은 여기에서 하선하여 상륙했다고 생각된다.

남훈문에서 진남문까지는 200m 정도이고, 외래 상인은 이 거리를 북상해서 모스크에 예배했을 것이다. 그들의 천주에서의 거점은 이 일대라고 생각된다.[89] 1232년, 천주성 남쪽의 순강(筍江) 연안에 천주의 익성(翼城)이 구축되었고(남훈문·덕제문은 본래 익성의 문), 1352년에 천주성과 익성이 통합되면서 외래 상인 거류 구역 일대는 성내로 편입되었는데, 그때까지는 성 밖이었다. 천주에서도 황암·광주와 마찬가지로 외래 상인의 거점은 도시 구역의 정치적 중심지로부터 떨어진 경제적 요충지에 건설되었고, 이후에 도시 구역으로 편입되었다.

89 남송·조여괄(趙汝适) 『제번지(諸蕃志)』 권상, 志國에 남인도 남비국(南毗國)의 나파지력간(羅巴智力干) 부자가 천주(泉州)의 성남(城南)에 살았고, 대식국 사람 시나위(施那幃, Silafi)가 천주의 남쪽에 집을 지었다고 기록된 것도, 진남문에서 남훈문의 부근에서의 외래 상인 거류를 나타내는 것이다(桑原隲藏, 앞의 책, 88쪽).

V. 맺음말

본고에서는 Ⅱ장에서 태주 임해현의 고려두산·신라서·신라산 등 고려·신라와 관계있는 지명을 확인하고 그 교통상의 위치를 고찰했다. 이들은 동중국해-임해현-천태현을 잇는 바다·하천·육지의 교통 간선상에 위치하고 있어서, 태주인의 대 고려무역이나 신라인의 태주에서의 활동 흔적이라고 생각된다. 한편으로 송대로 소급하는 '왜' '일본'과 관계된 지명은 태주에서는 발견할 수 없다. 이것은 생성기의 동중국해 해역에서 신라 해상의 큰 존재감을 반영하는 것이라고 할 수 있다.

Ⅲ장에서는 황암 신라방에 대해서, 오대 시기에 신라 해상의 거류 구역에 명명했던 것을 분명히 하였고, 신라 해상이 10세기에 절강 이남에서 활동하고 있있던 것을 나타내는 것으로서, 그 중요성을 환기하였다. 그 위치는 관하의 동쪽 언덕이며, 관하 하구 부분에 설치된 상풍청갑·혼갑의 내에 해당하고, 남측의 청갑 위에 가설된 신라방교에서 동쪽으로 이어지는 거리였다.

Ⅳ장에서는 황암 신라방이 정치적 중심지에서 떨어졌고, 또한 유통·경제의 요지에 접하는 위치였다는 것을 보였다. 그 위치는 도시의 주변부에

해당하는데, 이것은 외래 상인이 기성의 도시 중심부로 들어가는 것이 곤란했기 때문이었다고 생각된다. 이것과 동일한 사태로 광주 번방이나 천주의 외래 상인 거류 구역에 대해서도 부연할 수 있다.

그리고 황암·광주·천주의 가장 마지막에는, 외래 상인 거류 구역이 성벽 내로 편입되는 결말을 맞이한다. 그 시기나 사정은 각각 다르지만 외래 상인에 의해서 경제적 발전이 실현되었던 도시 주변부는, 도시 구역이 구획·확장의 기회를 얻었을 때 편입 대상으로 되기 쉬웠다고 보인다. '외지인'의 활동이 도시 구역의 발전을 촉진하는 중요한 계기가 되었다고 말하는 것도 가능하다. 근대에 광주 등에 설정된 조계지(租界地)도 그 점에서는 같은 사례로서 들 수 있을 것이다.

이상 본고에서는 송~청대의 지지를 주요 사료로 해서 태주의 고려·신라인과 관계된 지명을 고찰하였는데, 이외에도 동일한 사례를 발견할 수 있다. 예를 들어 약간 태주의 북쪽에는 명주 상산현의 북쪽 7리에 떠 있으며, 신라국 사람이 배를 멈추었다고 하는 신라 오산(嶴山)이 있고,[90] 남쪽에는 온주 평양현의 성내에 신라방을 발견할 수 있다.[91] 유래는 명확하지는 않지만 복건에도 신라·고려를 가리키는 지명이 존재하는 것이 보고되고 있다.[92] 일견 무미건조한 지지 정보에도 동중국해·남중국해를 둘러싼 교통의 흔적은 의외로 많이 묻혀있다고 생각되어, 금후 발굴을 기대하고 싶다.

(번역: 정기웅)

---

90 박현규, 앞의 논문, 2010..

91 『弘治温州府志』 권6, 坊門, 平陽縣.

92 葉恩典, 「泉州与新羅, 高麗関係文物史迹探源」, 『海交史研究』 -2, 2006; 박현규, 앞의 논문, 2006.

이 글은 榎本渉,「中国南方の新羅人—浙江省台州の地名を手がかりに—」,『日本的時空観の形成』, 思文閣出版, 2017을 바탕으로 가필 수정한 것이다.

참고문헌

| 사료

『가정지』

『弘治志』

『万曆県志』

『康熙県志』

『光緒県志』

『太平御覽』

『鄭和航海圖』

『籌海圖編』

『民國台州府志』

『高麗史』

『中國方志叢書』

『十國春秋』

『淸異錄』

『百菊集譜』

『淸容居士集』

『康熙台州府志』

『宋會要輯稿』

『嘉靖廣東通誌初藁』

『南海百詠』

『諸蕃志』

『寶慶四明志』

『入唐求法巡礼行記』

| 연구서

青山定雄,『唐宋時代の交通と地誌地図の研究』, 吉川弘文館, 1963.

伊原弘,『中国人の都市と空間』, 原書房, 1993.

榎本涉,『東アジア海域と日中交流-九~一四世紀-』, 吉川弘文館, 2007a.

小野勝年,『入唐求法行歴の研究』上, 法蔵館, 1982.

亀井明徳,『博多唐房の研究』, 亜州古陶瓷学会, 2015.

桑原隲藏,『蒲寿庚の事蹟』, 平凡社, 1989.

斯波義信,『宋代商業史研究』, 風間書房, 1968.

曽我部静雄,『中国及び古代日本における郷村形態の変遷』, 吉川弘文館, 1963.

田中史生,『国際交易と古代日本』, 吉川弘文館, 2012.

藤善眞澄,『参天台五臺山記の研究』, 関西大学出版部, 2006.

藤善眞澄 訳注,『参天台五臺山記』上, 関西大学出版部, 2007.

堀敏一,『東アジアのなかの古代日本』, 研文出版, 1998.

權悳永,『재당 신라인사회 연구』, 일조각, 2005.

顧宏義,『宋朝方志考』, 上海古籍出版社, 2010 .

洪煥椿編 著,『浙江方志考』, 浙江人民出版社, 1984.

周焜民主 編,『泉州古城踏勘』, 厦門大学出版社, 2007.

梅原郁,「宋代の開封と都市制度」,『鷹陵史学』3·4, 1977.

榎本渉,「新羅海商と唐海商」,『前近代の日本列島と朝鮮半島』, 山川出版社, 2007b.

榎本渉,「中国南方の新羅人-浙江省台州の地名を手がかりに-」,『日本的時空観の形成』, 思文閣出版, 2017.

加藤繁,「宋代に於ける都市の発達に就いて」,『支那経済史考証』上, 東洋文庫, 1952.

亀井明徳,「日宋貿易関係の展開」,『岩波講座日本通史』6, 岩波書店, 1995.

章輝玉,「東アジア仏教の相互交流一〇·一一世紀の韓·中仏教の交流関係」,『シリーズ·東アジア仏教』5, 東アジア社会と仏教, 春秋社, 1996.

寺地遵,「宋末期台州黄巖県事情素描」,『唐·宋間における支配層の構成と変動に関する基礎的研究』, 平成3·4年度科学研究費補助金研究成果報告書, 1993.

深見純生,「三仏斉の再検討-マラッカ海峡古代史研究の視座転換-」,『東南アジア研究』25~2, 1987.

深見純生,「〔史料紹介〕広州重修天慶観記」,『仏教芸術』287, 2006.

前嶋信次,「泉州の波斯人と蒲寿庚」,『東西文化交流の諸相』, 誠文堂新光社, 1971.

宮崎市定,「漢代の里制と唐代の坊制」,『宮崎市定全集』7, 岩波書店, 1992.

森田健太郎,「劉富と辛押陀羅-北宋期広州統治の諸相-」,『史滴』23, 2001.

金文經,「9~11세기 신라사람들과 강남」,『장보고와 청해진』, 혜안, 1996.

朴現圭, 「중국 불교 성지 普陀山과 新羅礁」, 『中国学論叢』 10, 2000.

朴現圭, 「중국 福建 남부 新羅 명칭 고찰」, 『新羅文化』 28, 2006.

朴現圭, 「台州地区 羅麗유적과 지명에 관한 고찰」, 『新羅文化』 31, 2008.

朴現圭, 「浙東연해안에서 新羅人의 수로교통-수로 유적과 지명을 중심으로-」, 『新羅文化』 35, 2010.

林士民, 「唐, 呉越時期浙東与朝鮮半島通商貿易和文化交流之研究」, 『海交史研究』, 1993.

丁伋, 「台州海外交通史事鈎沈」, 『『台州地区志』志餘輯要』, 浙江人民出版社, 1996.

劉永智, 「山東省文登市昆嵛山无染寺(院)係新羅人金清資助所建造」, 『東北亜研究』, 中州古籍出版社, 1994.

葉恩典, 「泉州与新羅, 高麗関係文物史迹探源」, 『海交史研究』-2, 2006.

曾昭璇, 「広州懐聖寺光塔興建時代考」, 『広州伊斯蘭古蹟研究』, 寧夏人民出版社, 1989.

曾昭璇·曾憲珊, 「宋, 明時期広州市歴史地理問題」, 『嶺南文史』-1, 1985.

2

바다·머리카락·동아시아, 그리고 기도

- 미즈구치 모토키

Ⅰ. 단발과 해양 신앙

Ⅱ. 해양 신앙과 동아시아 - 관음 신앙을 예로 하여

Ⅲ. 주술적 행위와 머리카락

Ⅳ. 머리카락을 자르는 것, 기원하는 것

Ⅴ. 동아시아 속 기도의 전파

Ⅰ. 단발과 해양 신앙

중국 북송 시대의 인물인 서긍(徐兢)이 기록한 견문기에 『선화봉사고려도경(宣和奉使高麗圖經)』(이하 『고려도경』)이라는 것이 있다. 서긍은 선화(宣和) 5년(1123)에 송의 국신사(國信使)의 수행원으로서 고려에 갔고, 귀국 후에 고려에서의 견문과 항해 중의 사건 등을 하나의 책으로 정리해서 휘종 황제에게 찬진(撰進)했다. 본서는 찬진할 때의 책 이름대로 그림과 문장으로 이루어졌는데, 유감스럽게도 현재는 그림은 남아 있지 않다. 그러나 고려의 제도·풍속 등이 상세하게 기록되어 있어서, 당시의 실정을 아는 데 매우 귀중한 사료이다. 그중에서 다음과 같은 문장이 남아 있다.

> 요사이 사신으로 갔을 때, 제2선이 황해에 이르렀을 때 세 개의 노가 부러졌다. 그런데 신(臣)은 우연히 거기에 있어서, 같은 배의 사람과 머리카락을 잘라서 몹시 애달파했는데, 상서로운 빛이 나타났다. 그런데 복주(福州) 연서(演嶼)의 신(神) 또한 다름을 드러냈다.[01]

고려로 향하는 사절단의 제2선이 황해(동중국해)에서 난파되었을 때,

---

01 『고려도경』卷39·海道六·禮成港條.

이 배에 탄 사람들이 '단발(斷髮)'을 해서 위기로부터의 탈출을 기원하였더니, 서광이 나타나 간신히 살아남을 수 있었다고 하는 내용이다. 이 기적을 연출한 복주의 연서(演嶼) 신은, 중국 강남 지역(복주)의 지방 해신(海神)이고[02] 지역에서 널리 신앙되었던 해양신이었다.

또한 같은 시기(고려·의종 4년(1150)) 고려의 사례로서, 항행 중이던 배가 난파되었을 때 윤언이(尹彦頤)라는 인물이 "선두(船頭)에 올라 머리카락을 자르고 향을 피워서, 하늘을 우러러 기도하"는 것에 의해서 바람이 가라앉아, 무사할 수 있었다고 하는 것이 이미 지적되고 있다.[03]

이들 두 사례에서 알 수 있는 것은 우선, 해상에서 난파하게 되었을 때에는, 어떤 존재에 대해서 반드시 기도를 드린다는 것이다. 그러한 행위에 의해서, 무사히 목숨을 지킬 수 있다고 믿어지고 있었다는 것을 알 수 있다. 그리도 둘째, 그 기도 행위의 하나로서 '머리카락을 자른다'(단발(斷髮)·제발(除髮))는 행위가 있었다는 것이다. 세 번째, 상기 두 가지 '기도한다' '머리카락을 자른다'라는 행위가, 송·고려 두 나라 사람들에 의해서 이루어지고 있었다는 것이다. 이것은 늦어도 12세기에는 송·고려에 그치지 않고, 국경선이 애매한 해상에서는, '기도한다'는 것이 공통의 문화로서 인식되고 있었을 가능성을 시사한다고 생각된다.

그래서 이 글에서는, 해양 신앙·단발 의례·동아시아라는 시점에서, 이 문제에 대해 서술하고자 한다.

---

02 山内晋次, 「航海と祈りの諸相-日宋関係史研究の一齣として-」, 『古代文化』 5019, 1998.

03 山内晋次, 앞의 논문.

Ⅱ. 해양 신앙과 동아시아 - 관음 신앙을 예로하여

중국 강남지방에서 중국 유수의 무역항으로 번영한 영파(寧波)에서 가까운 해양에, 보타산이라는 산이 있다. 보타산은 절강성 단산군도(丹山群島) 최대의 섬인 단산도(丹山島)에 있는 산이고, 관음신앙을 중심으로 한 중국 불교 성산(聖山) 가운데 하나로서, 지금도 많은 관광객이 방문하는 명소이다. 지금은 간단히 관음신앙이라고 기록하였는데, 이곳이 관음신앙으로 유명하게 된 데에는, 역사적 배경이 존재한다. 거기에는 어느 일본승이 깊이 관여하고 있었다.

고대 중국과 일본의 교류라고 한다면, 견당사를 떠올리는 사람이 많을 것이다. 그 견당사의 마지막으로, 스기와라노 미치자네(菅原道眞)가 폐지했다고 여겨지는 894년의 견당사를 드는 사람도 있을지 모르지만, 승화(承和) 5년(838)에 파견되었던 것이 실질적인 최후의 견당사이다. 승화의 견당사는, 당의 무종(武宗) 시기에 이루어진 회창의 폐불(불교 탄압)이 상세하게 기재된 도항기 『입당구법순례행기(入唐求法巡禮行記)』의 저자로도 유명한 천태승 엔닌이 수행했던 것으로도 유명한데, 그 후의 양국 간의 왕래는 국가 사이의 정식 교류 선박이 아니라, 중국 선박이나 신라 선박 등 동해(동중국) 해상을 항행하고 있었던 상선이 주력이 되어 간다. 당시의 해상무역은 매우 번성해서, 이후 북송에서 황제의 명에 의해 기우를 성공시킨 조진(成尋)으로 대표되는 다수의 일본승은 상선을 이용해서 바다를 건너게 된다.[04] 보타산이 관음신앙의 중심이 되는 것은, 이러한 정식 왕래가 두절된 이후이다.

847년(일본의 연호는 승화 14년·중국은 대중 원년), 명주(현재의 영파)에서 한 척의 배가 일본을 향해 출발했다. 장우신(張友信)이 소유한 당의 상선이다. 이 배에는 당인뿐만 아니라, 오오미와노 미이(大神巳井)·가스가노 야카나리(春日宅成)와 같은 일본의 관인과 일본승이 승선하고 있었다. 그중에서 혜악(慧蕚)이 이번의 주인공이다.

에가쿠가 당에 갔던 이유는, 다치바나노 가치코(橘嘉知子, 차아천황의 황후이고, 인명천황의 어머니)의 의향을 받아서, 중국에서 일본으로 선승을 초빙하기 위함이었다고 이야기되는데, 장우신의 배에는, 당승 의공(義空)과 도방(道昉)이 동승하고 있었다. 그들이야말로 에가쿠가 초빙한 승려였다고 이야기된다.[05] 당연히 귀국할 때 에가쿠는 빈손이 아니었다. 그가 가지고 왔던 것 중에서도 특히 유명한 것이, 소주에서 서사한 『백씨문집(白氏文集)』이다. 백거이(白居易)가 사거한 시기가 846년이므로, 사망한 다음 해에 이미 일본으로 가지고 돌아온 것이다. 일본에서의 백거이의 인기를 엿볼

04 조진의 기우에 대해서는, 水口幹記, 『渡航僧成尋, 雨を祈る-『僧伝』が語る異文化の交錯-』, 勉誠出版, 2013에서 상세하게 기록했다.

05 田中史生, 『越境の古代史』, ちくま新書, 2009.

수 있다. 그리고 그가 가지고 왔던 것은 문학작품만이 아니다. 그 대표적인 것이, 중국의 성산(聖山) 중 하나인 오대산에서 손에 넣었다고 여겨지는 관음상이었다.

에가쿠는 명주에서 귀국할 때 이 관음상을 배에 싣고, 일본으로 가지고 돌아왔다. 오대산은 당시 일본에서도 불교 성지로 유명하였고, 에가쿠 이후에도 많은 승려가 오대산을 목표로 도항했다. 그런데 에가쿠와 관음상을 실었던 배가 보타산을 통과하려고 하였을 때, 좌초하여 앞으로 나아갈 수가 없게 되어버렸다. 그래서 에가쿠가 관음상에 기도를 하였는데, 관음상 자신이 일본으로 건너갈 의지가 없다는 것을 알게 되었다. 마침내 에가쿠는 관음상을 일본으로 가지고 가는 것을 단념하고, 보타산에 안치하기로 결정하였다. 그러자 배는 앞으로 나아갈 수 있었다고 한다.[06] 이 전승이 사실인지 아닌지는 확실하지 않은데, 현재도 보타산의 관음상은 '불긍거관음(不肯去觀音, 도항을 거부한 관음)'으로서 사랑받고 있다.

이 전승에는 신라 상인이 관여했다고 하는 구전도 있는데,[07] 당시 일본·신라와의 관계를 보여주는 것이기도 하다. 이 전승을 전하는 『고려도경』에는, 관음상이 안치된 이후, 해양을 항행하는 선박은 반드시 이곳에 참배하여 무사를 기원하였고, 그 뜻이 통하지 않은 적이 없었다고 기록되어 있다. 보타산의 관음은, 중국뿐만 아니라 주변을 왕래하는 여러 나라의 수호신으로서 취급되고 있었다는 것을 알 수 있다. 그것은 송의 장방기(張

06 『불조통기(佛祖統紀)』 卷42·慧蕚傳, 『원형석서(元亨釋書)』 卷16·慧蕚傳 등.

07 『고려도경』 권34·梅岑.

邦基)가 기록한 『묵장만록(墨莊漫錄)』에, 동쪽으로는 삼한(三韓)·외국의 여러 산이 바라다보이고, 묘명(杳冥)의 사이에 있어서, 바다의 선박이 여기에 이르면, 반드시 기도를 한다. 절에는 종경(鐘磬)과 동물(銅物)이 있는데, 모두 신라 상인들이 시주한 것으로, 그들 나라의 연호가 많이 새겨져 있다. 또한 외국인이 글을 남긴 것도 있는데, 자못 문채(文彩)가 뛰어난 자들이다.

라고 나와 있다. 신라 상인들의 존숭을 강하게 받고 있는 것 외에도, 외국인(신라 이외의 나라)도 많이 방문하였고, 또한 왕래하는 배는 반드시 기도하였다고 기록되어 있다. 보타산은 동아시아 해역의 여러 나라로부터도 숭배되었던 장소였던 것이다. 그것은 보타산의 관음이 해상 교통의 수호신으로서 믿어지고 있었기 때문이다. 『불조역대통재(佛祖歷代通載)』 卷16에는,

> 송 원풍(元豐) 3년, 왕순봉(王舜封), 삼한(三韓)에 심부름 간다. 여기에 이르러 폭풍우가 갑자기 일어나서, 배가 뒤집힌다. 산을 향하여 기도하는데, 관음이 모습을 나타내고, 배가 잠잠해진다.

라고 되어 있다. 조난의 위기 시에 보타산을 향해서 기도를 드리자, 관음이 모습을 나타내서 무사할 수 있었다는 것을 보여주고 있다. 이 사례 -해상 교통의 수호신으로서의 관음- 는 북송대(元豐 3년·1080년)의 것으로서 이야기되는데, 다음의 사례는 그것을 거슬러 올라갈 수 있다.

> 748년 10월 6일 이른 아침, …… 낮이 되자, 그 산이 사라지니 신기루라는 것을 알았다. 해안을 떠나서 점차 멀어지자, 바람이 급하고 파도가

험준하여, 물이 먹과 같이 검어졌다. 부딪히는 파도가 한번 치솟아서, 높은 산과 같았다. 성난 파도가 다시 이르면, 깊은 골짜기에 들어가는 것과 같았다. 사람들이 모두 놀라서 술에 취하여, 단지 관음을 부르짖을 뿐이었다. 뱃사람이 '배가 지금 가라앉으려고 하는데, 무엇을 아끼고 소유하겠습니까'라고 말하였다. 곧 잔향(棧香) 바구니를 던지려고 하니 공중에서 소리가 들리기를 '던지지 말라, 던지지 말라' 라고 하였다. 곧 멈추었다.

이 문장은 감진(鑑眞)의 일본 도항을 상세하게 기록한 『당대화상동정전(唐大和上東征傳)』의 한 구절이다. 감진 일행이 일본으로 향하는 도중에 난파하였기 때문에, 사람들은 제각기 관음의 이름을 외쳤고, 그것에 의해서 구원을 받았다고 하는 내용이다. 당대(唐代)에 이미 관음이 해상 교통의 수호신으로서 인식되고 있었던 것이다.

그리고 이 사례에는 한 가지 더 주목해야 할 점이 있다. 그것은 조난 중에 뱃사람이 '배가 지금 침몰하려고 하는 때, 어떻게 아깝게 여기겠는가?' 라고 말하며 잔향(棧香)이 담긴 바구니를 바다에 버리려고 하였던 것이다. 이것만으로는 단순히 무거운 짐을 버리려고 하고 있다는 것으로만 생각되는데, 잔향은 향목의 일종으로서 당시 향목은 매우 귀중한 물품이었다. 사실, 일본에서는 정창원이나 법륭사 등에도 납입되고 있었으므로, 뱃사람은 귀중한 것인 줄 알면서 버리려고 하였다고 생각된다.

다만 이 행위에는 더 특별한 의미가 있다고 생각된다. 그것을 시사하고 있는 것은, 『속일본기(續日本紀)』 문무(文武) 4년(700) 3월 기미 조의 도쇼

(道昭) 졸전이다. 도쇼는 가와치국(河內國) 다지히군(丹比郡) 사람으로 속성(俗姓)은 선련(船連)이었다. 당에서는 현장(玄奘) 삼장에게 사사하였고, 현장도 특별히 도쇼를 애지중지하였다. 현장은 도쇼가 귀국할 때 많은 사리와 경론을 도소에게 주었는데, 그중에 하나가 '당자(鐺子)'였다. 이 당자는 삼장이 직접 서장에서 가져온 것으로, 당자에 음식을 삶아서 병자에게 주면 낫지 않는 자가 없다고 하는 매우 신비한 물건이었다. 도쇼가 탔던 배는 대륙을 출발했지만, 해상으로 나오자 7일 밤낮을 표류하면서 조금도 나아가지 못하는 날이 계속되었다. 사람들은 이것을 괴이하게 여기며 '바람도 좋고 날짜상으로는 이미 일본에 도착했어도 이상하지 않다. 이것은 어떤 의미가 있을 것이다'라고 말하며 점을 쳤는데, 용왕이 당자를 갖고 싶어한다는 점괘가 나왔다. 도쇼는, 이것은 삼장이 주었던 것이라고 저항하였지만, 사람들이 지금 당자를 아껴서 주지 않는다면, 배는 물고기의 밥이 되고 말 것이라고 하였기 때문에, 마침내 당자를 바다에 던졌다. 그러자 배는 앞으로 나아갔고, 무사히 일본에 도착할 수 있었다고 한다.

여기에서의 당자는 용왕에 대한 헌상품이며, 당자에 의해서 항해가 무사히 이루어질 수 있었다. 여기에서도 '아깝게 여겨서 주지 않으면'이라고 나와 있어서, 『동정전』의 표현과 유사하다. 따라서 『동정전』에서 잔향이 담긴 바구니를 바다에 던지려고 한 행위는, 해신에 대한 헌상물이었을 가능성이 높다는 것을 알 수 있다. 마찬가지로, 귀중한 물품을 바다에 던짐으로써 항해의 무사를 기원하는 방법은 자주 확인되어서,[08] 뱃사람들에게

---

08 예를 들어, 『속일본기』 천평 12년(740) 11월 戊子條의 후지와라노 히로쓰구(藤原広嗣)가 역령(驛鈴)을 던졌던 예, 그리고 『토좌일기(土佐日記)』 승평 5년

는 잘 알려져 있었던 방법이었을 것이다.

나아가 바다에 던져지는 것은 물품만이 아니다. 때로는 사람조차도 던져지는 경우가 있었다. 『속일본기』 천평보자(天平寶字) 7년(763) 10월 을해조에는 좌병위(左兵衛) 정7위하 위계의 이타후리노 가마쓰카(板振鎌束)라는 인물이 처벌되었다고 나온다. 그 이유는 발해에서 이르렀을 때, 사람을 바다에 던졌기 때문이었다. 가마쓰카는 발해 사절 왕신복(王新福)을 본국에 데려다 주기 위한 배의 선장이었다. 가마쓰카는 발해에 왕신복을 무사히 데려다 준 이후, 발해에 있었던 학생과 그 처자식·유모, 입당 학문승과 우바새(優婆塞) 등을 태우고 일본을 향해 출발했다. 그런데 도중에 풍랑을 만나서 나아가야 할 방향을 놓치고, 조타수와 뱃사람이 파도에 휩쓸리는 사태가 되고 말았다. 가마쓰카는 "이방(異方)의 부녀와 사람들, 그리고 이상한 우바새가 타고 있는 것이, 이 재난의 원인이다"라고 말하며, 학생의 아내와 자식들·유모·우바새 등 4명을 바다에 던져 버렸다. 바람의 위세는 격심하였지만, 표류한 지 10일 만에 오키국(隱岐國)에 도착할 수 있었다. 바람이 기세는 변하지 않았으므로, 이것만으로는 정말로 가마쓰카의 행위가 항행상의 평온을 가져왔는지는 확실하지 않은데, 다음의 사례로부터 생각하면 그의 행위는 해신에 대한 공희(供犧)였다고 상정할 수 있다.

그것은 『일본서기(日本書紀)』 경행(景行) 40년 시세조의 유명한 사례이

---

(935) 2월 5일 조에서 거울을 던졌던 예, 『우치습유물어(宇治拾遺物語)』 권 14 '珠の価 無量事'의 구슬 등을 들 수 있다. 『토좌일기』에서는 '기쁘다고 생각해야 할 것'(住吉의 명신이 기쁘다고 생각하시게 될 것)으로서 거울이 던져졌고, 『우치습유물어』에서는 '하나의 구슬이라고 생각하는 물건'이라고 말해지는 구슬을 던지려고 하였다(실제는 던지지 않음).

다.[09] 그것은, 천황의 명에 따라서 동국 원정을 나섰던 일본무존(日本武尊)이 해상 루트를 이용해서 사가미(相模)부터 가즈사(上總)로 이동할 때였다. 해상으로 나오자 폭풍우가 일어나, 배는 오도가도 못하게 되고 말았다. 그 때, 그를 수행하고 있었던 오토타치바나히메(弟橘媛)가 일본무존에게,

> 지금 바람이 불어 파도가 거칠어서, 왕선(王船)이 가라앉고 있습니다. 이것은 반드시 해신(海神)의 마음일 것입니다. 바라건대 천한 첩이 몸을, 왕의 명령에 따라서 재물로 바다에 들어가고자 합니다.

라고 말하며 바다로 뛰어들었다. 그러자 곧 폭풍우가 그치고, 배는 언덕에 도착할 수 있었다고 한다. 오토타치바나히메는 명확히 '해신'이라고 말하였고, 그녀의 행위가 해신에 대한 공희(供犧)였다는 것은 분명하다.

이처럼 해상에서는 조난을 당했을 때, 때로는 관음에게 기도하고, 때로는 어떤 희생을 치러서 무사를 기원했던 것이다. 게다가 이러한 행위는 여러 나라의 문헌에서 보이기 때문에, 국경을 초월하여 이 지역을 항행하는 동아시아 지역의 사람들에게 공통하는 것이었다고 생각된다.

---

09 『고사기(古事記)』 중권(中卷)에도 같은 이야기가 실려있다.

Ⅲ. 주술적 행위와 머리카락

그러나 제1절에서 소개한 두 가지 사례(『고려도경』·윤언이묘지명)에서는 머리카락을 잘랐지만, 그것을 바닷속으로 던졌는지는 확실하지 않다. 이미 많은 연구자들이 지적하고 있는데, 일본 근세 시기의 기록에도, 해상에서 조난을 당했을 때 머리카락을 잘라서 무사를 기원하는 사례가 다수 보고되고 있다. 이 점을 상세하게 논했던 신조 쓰네조(新城常三)에 의하면, 그 初見은 관영(寬永) 17년(1640)이고, 이후 안영(安永) 연간(1772-1781) 전후까지 안정적으로 등장한다고 한다.[10] 그 사례들의 대부분이 자른 머리카락을 용신 등에게 헌상하고 있는 것이다. 이 점은 매우 중요한데, 그에 앞서서 도대체 어째서 머리카락을 자르는 것이 조난 시의 무사를 기원하는 행위로서 이루어지고 있었던 것일까에 대해서 검토해보려고 한다.

그래서 우선은 이하의 문장을 보도록 하자.

이누베노 아네메(犬部姉女)를 가까운 신하로 삼아서, 관위를 올려 주고

10 新城常三, 「海神への供犠-遭難時に於ける-」, 『中世水運史の研究』, 塙書房, 1994.

성을 고쳐 주었다. 그런데 기대를 어기고, 역심을 품어 스스로 우두머리가 되어 오시사카노 오키미(忍坂女王)·이와타노 오키미(石田女王) 등을 이끌고, 황공하고 두려운 선조의 허물에 의해서 버려진 구리야노 마히토쿠리야메(厨真人厨女)에게 몰래 가서 더럽고 악한 자들과 결탁해서 꾀하기를, 조정을 기울이고 국가를 어지럽혀 히카미노 시오야키(氷上塩焼)의 아들 시케시마로(志計志麿)를 천황의 후계자로 삼고자 꾀하여 황공하고 두려운 천황의 머리카락을 훔쳐서, 더러운 사호(佐保) 강의 해골에 넣어서 대궁(大宮) 안으로 가지고 와서 염매(厭魅)로 삼은 것이 세 번이다.

꽤 엄격한 어조이다. 이것은 『속일본기』 신호경운(神護景雲) 3년(769) 5월 병진조에 게재된 칭덕(稱德) 천황의 조서 중 일부이다. 이 선명(宣命)은 아가타이누카이노 아네메(県犬養姉女, 조서에는 이누베세나죠(犬部姉女)라고 되어있다. 이것은 범죄자에 대한 성명의 수정이다)를 귀양보냈다는 것인데, 그 이유가 상기의 인용 부분이다. 여기에 의하면, 아가타이누카이노 아네메는 관위가 상승하는 등 두터운 대우를 받고 있었음에도 역심(逆心)을 품고, 스스로 주모자가 되어서 오시사카노 오키미(忍坂女王)와 이와타노 오키미(石田女王) 등을 이끌고 후와나이신노(不破内親王, 조서에서는 쿠리야노마히토쿠리야메. 칭덕 천황과는 어머니가 다른 자매 관계)와 은밀히 내통하여, 악인들과 결탁해서 모반을 일으키려고 하였다. 그리고 후와나이신노와 히히카미노 시오야키의 아들인 시케시마로를 황위에 앉히려고 계획하였다. 그때 아가타이누카이노 아네메 등은 칭덕(稱德) 천황의 '대어발(大御髮)'을 훔쳐서, 그것을 더럽혀진 사호 강에(佐保川)에 흘러들었던 해골에 넣어서 내리(內裏)에 가지고 들어와, 거기에서 3번에 걸쳐서 저주를 행하였다는 것이다. 이 조서는 그 후, 노사나여래 등의 불신(佛神)·역대 천황의 어령·천지신을 수호하는 힘에 의해서 발각되었다고 계속된다. 본 장에서 주목하고 싶은 것은, 물론 그 방법이다. 천황을 저주할 때, 천황의 '대어발'을 해골 속에 넣어서 행하였다는 것이다. 이것은 '대어발'이 천황을 대표하는 것으로서 이용되었다고 생각된다.

또한 시대는 내려오지만 『어당관백기(御堂関白記)』 장화(長和) 원년(1012) 4월 10일 조에는

> 유풍(惟風)이 와서 말하기를, 히가시산조(東三條)의 우물에서 염물(厭物)이 나와서, 요시히라(吉平)를 불러서 물었다. 말하기를 이것은 염물이라고 하였다. 또한 염물의 유래를 점치게 하였다.

라고 나온다. 히가시산조인(東三條院)에 있는 정호(井戶)의 바닥에서 나온 염물(저주할 때 이용되는 헌상품과 같은 것)에 대해서, 아베노 요시하라(安倍吉平)를 불러서 점을 치게 하였다. 같은 내용이 기록된 『소우기(小右記)』 동년 4월 11일 조에 의하면, 아베노 요시하라와 함께 가모노 미쓰요시(賀茂光栄)가 '히가시산조인의 우물 밑에 가라앉은 떡 몇 개·사람의 머리카락 등'에 대해서 점을 쳤는데, 그 결과 하라에(解除)를 행하였다는 것을 알았다. 이 저주는 『소우기』에 나와있듯이 중궁(藤原彰子)을 노렸던 것이었다.

과연 여기에서 염물로 이용된 '사람의 머리카락'이 중궁의 머리카락이었는지는, 이 문장만으로는 분명하게 하기 어렵다. 그런데 염물이 설치된

장소가 중궁이 머무르고 있는 동삼조원의 정호(井戶)인 것에서, 중궁의 머리카락을 어떤 방법을 사용해서 입수할 수 있는 내부의 인간이 행하였을(또는 협력했을) 가능성이 있다. 또한 상술한 신호경운 3년의 사례에서 생각하면, 중궁의 머리카락이었다고도 생각할 수 있을 것이다. 어느 쪽이든, 주술 행위를 할 때 머리카락이 중요한 요소가 되어서 기능하고 있었다는 것을 알 수 있다.

머리카락이 주술에 사용되는 사례는 중국에서도 당연히 발견된다. 『본초강목(本草綱目)』 권38·복기(服器)의 2에는,

> 무릇 사람이 도주하는데, 그의 머리카락을 취해서 물레 위에 회전시키면, 곧 정신이 흐트러져 나아갈 장소를 알지 못하게 된다「장기(藏器)」.

라고 나온다. 문장의 마지막에 '장기'라고 나와있는 것에서, 이 문장은 원래 당 개원 연간의 사람인 진장기(陣藏器)가 저술한 『본초습유(本草拾遺)』에 수록되었다는 것을 알 수 있다.

이들 사례에서도 알 수 있듯이, 사람을 저주할 때 머리카락이 중요한 요소로써 이용되고 있었다. 그렇다면 어째서 머리카락이 주술에 이용되고 있는 것일까? 그것은 머리카락이 가지는 성질(특별하다고 생각되는 성질) 때문이라고 생각된다.

북송의 장군방(張君房)이 저술한 『운급칠첨(雲笈七籤)』 권47·비요결법(祕要訣法) 가운데 즐발주(櫛髮呪)라는 항목이 있다. 이 항목은 '무릇 머리카락을 자르려고 하는 경우에는'(머리카락을 빗질하려고 하는 경우에는)으로

시작되는 항목으로, 다양한 방법과 주문이 게재되어 있는데, 그중에서 다음의 한 절이 보인다.

> 무릇 두발 및 손톱을 자르면, 모두 그것을 묻고, 물과 불에 던지지 말고, 확실하게 그와 같이[11] 하라. 첫째로 곧 부모의 유체(遺體)를 공경하고, 둘째로 곧 새가 있는데 ==라고 한다. 밤에 사람의 집에 들어가서, 손톱과 머리카락을 취하여, 곧 혼을 상하게 한다.

두발을 빗질하거나 손톱을 잘랐다면, 모두 땅속에 묻어야 하고, 물이나 불에 던져서는 안된다고 한다. 그 이유 가운데 하나가 부모로부터 받은 몸을 소중하게 여겨야 하기 때문이고, 둘째, ==라는 새가 그 손톱이나 머리카락을 가지고 가버리기 때문이라는 것이다. 그리고 이렇게 되면 '혼을 다친다'고 이야기되어서, 머리카락·손톱=혼이라는 관념이 나타나고 있다.

또한 후한(後漢)의 응소(應劭)가 찬술한 『풍속통의(風俗通義)』 권9·괴신(怪神)에는,

> 여남(汝南) 여양(汝陽)의 서문에 있는 정자에 귀매(鬼魅)가 있어서, 손님이 머무를 때 사망하게 된다. 그 여염(厲厭)의 자가 머리카락을 전부 잃고, 정기를 잃는다.

11 원전에 나오는 '爾'의 읽기가 다소 난해한데, 우선 이렇게 읽는다.

라고 되어 있다. 여기에 의하면, 여남 여양의 서문에 있는 숙옥(宿屋)에 손님이 숙박한다면, 죽어버린다는 것이다. 그 이유는 거기에 사는 귀매(鬼魅, 요괴)가 손님의 머리카락을 잘라버리기 때문이었다.[12] 손님은 머리카락을 잃어버리는 것에 의해서 정기를 잃게 되고, 그 때문에 머리카락이 잘린 사람은, 최악의 경우 죽음에 이른다는 것이었다. 여기에서도 머리카락=정(정혼·혼)이라는 사고가 간취된다.

또한, 위 사례를 포함하여 머리카락에 대한 중국의 사례를 많이 모아서 검토한 오가타 도루(大形徹)에 의하면, '혼'은 두개골 속에 있고, '머리카락'은 그 출구이다. 그 때문에 혼이 발현할 때 노발(怒髮)이나 직발(直髮)이 되어서, 머리카락은 현저한 변화를 보인다고 여겨지며, 반대로 머리카락 자체에도 영력이 있다고 생각되었다고 한다.[13]

이것들로부터, 머리카락은 그 사람의 혼과 깊이 관련되어 있다고 여겨지고 있고, 그렇기 때문에 머리카락을 잃어버리면 '혼을 다치고', '정기를 상실한다'는 것을 알 수 있다. 그리고 '혼'과 직결된다고 생각되는 머리카락을 이용하기 때문에, 저주가 저주로서 기능하게 되는 것이다. 머리카락은 저주하는 상대방 바로 그라고 생각되고 있었던 것이다.[14]

그렇다면 혼이 발현하고, 영력을 가지고 있다고 생각되었던 머리카락을 자르는 행위(단발·전발·제발 등으로 불린다)는 도대체 어떤 행위였던 것일까?

---

12 『수신기(搜神記)』 권16 · 『태평광기(太平廣記)』 권317 '鄭奇'에도 같은 이야기가 실려있다.

13 大形徹, 「被髮考-髮型と霊魂の関連について-」, 『東方宗教』 86, 1995.

14 江紹原, 『髮鬚爪-関於它們的風俗』, 上海文芸出版社, 1987에는 머리카락·수염·손톱이 사람의 대체품이었다는 것이 상세하게 논해지고 있다.

Ⅳ. 머리카락을 자르는 것, 기원하는 것

머리카락을 자르는 행위로서 가장 먼저 떠오르는 것은 '삭발'이 아닐까? 이 사례는 하나하나 셀 수가 없는데, 이하에서 하나의 사례를 들어 보자.

위(魏)의 황초중(黄初中)은 중국인으로는 처음으로 불계(佛戒)에 따라서, 머리카락을 깎고 승려가 되었다.[15]

그런 가운데 승보응진(勝宝応真) 성무(聖武) 태상천황은 뛰어난 대불(大佛)을 만들고, 영구히 법종(法種)을 이으며, 鬚髪을 깎고 가사를 입고, 계를 받아 선을 닦으며, 바름으로써 백성을 다스렸다.[16]

제24대 진흥왕은 즉위할 때, 나이가 15세였다. 태후가 섭정하였다. 태

15 『수서(隋書)』卷35·경적지(經籍志)4·집부(集部)·불경

16 『일본영이기(日本靈異記)』中卷·序

후는 곧 법흥왕의 여자, 입종갈문왕(立宗葛文王)의 비(妃)이다. 사망할 때, 머리카락을 자르며, 법의를 입고 사망했다.[17]

가장 첫 사례가 중국의 사례이고, 두 번째가 일본, 마지막이 신라의 사례이다. 중국의 사례는, 삼국 시대 위(魏)에서 중국인이 처음으로 부처의 계율에 따라 머리카락을 삭발하고 승려가 되었다는 것이 기록되어 있다. 일본의 사례는, 진호 국가의 이념 아래 대불 조립 등의 불교 정책을 차례로 내세웠던 성무 천황이 스스로 수염과 머리카락을 자르고 불문(佛門)에 들어갔던 것을 기록하고 있다. 또한 신라의 사례는, 선대 법흥왕의 불교 공인을 계승하고, 자신도 깊게 불교를 신봉했던 진흥왕에 대한 기술이다. 다만 『삼국사기(三國史記)』 권4에서는, 즉위할 때의 연령을 7세라고 하고 있으므로, 여기에는 어떤 오인이 있는지 모른다. 또한 이 기사에서는, 삭발한 자가 진흥왕인지, 아니면 태비(太妃)인지가 알기 어려운데, 『삼국사기』에 진흥왕이 만년에 '머리카락을 자르고 승의(僧衣)를 입'고, 법운(法雲)이라고 이름 붙였던 것이 기록되어 있는 것에서, 진흥왕의 행위를 보여주고 있다고 이해할 수 있다. 어느 쪽이든, 동아시아 지역 일대에서 머리카락을 자르는 것이 승려가 되는 행위·불문에 들어가는 행위라고 간주되고 있었다는 것은 확인할 수 있다.

그러나 이미 지적되고 있듯이, 모두에 예로 든 『고려도경』 등의 단발은,

---

17 『삼국유사(三國遺事)』 권제1 기이제1(紀異第一) 진흥왕(眞興王)

불교와의 관련을 직접적으로 강하게 발견할 수 있는 것은 아니다.[18] 그 때문에, 재차 다른 의미를 찾으려고 한다.

그래서 우선은 다음의 문장을 보도록 하자.

> 捍□城의 서쪽으로 800리를 가면 우전국(于闐國)에 이른다. …… 그 풍속은 부인은 바지 적삼을 띠로 두르고, 말에 타서 달려가는데, 남자들과 다를 바 없다. 죽은 자는 불로 화장을 해서, 뼈를 수습하여 장사지낸다. 상을 당한 자는 머리카락을 자르고 얼굴을 칼로 베며 슬퍼한다. 머리카락의 길이는 4촌으로 하는 것이 보통이다. 오직 왕의 사망했을 때는 태우지 않고, 시신을 관에 안치하여, 멀리 떨어진 들에 장사지내고, 廟를 세워서 제사하여, 이것으로 그를 생각한다.

이것은 동위(東魏)의 양현지(楊衒之)가 찬술한 『낙양가람기(洛陽伽藍記)』 권5·성북(城北)·응현사(凝玄寺) 조에 실린 문장이다. 우전국(于闐國, 코탄 왕국)은 한(漢)의 서역에 있는 옛 국가로서 현재의 신강 위구르 지구에 있었다. 위의 문장에는 이 지역의 습속이 상세하게 기록되어 있다. 즉 그들에게는 화장한 죽은 자(다만 왕은 화장하지 않는다)를 위해서, 사람들이 머리카락을 자르고 얼굴에 상처를 입혀서, 애도하는 습속이 있다는 것을 알 수 있다. 이러한 습속은, 이외에도 『자치통감(資治通鑑)』 권199·태종(太宗) 정관(貞觀) 23년(694) 5월 임신조에는 당의 고조(古祖)가 사망했을 때,

---

18 山内晋次, 앞의 논문.

사이(四夷)의 사람, 조정에 출사하거나 조공하러 오는 자가 수백 명인데, 상을 당했다고 듣고 모두 통곡하면서 머리카락을 자르고, 얼굴에 상처를 내며, 귀를 잘라서 땅에 피를 흘린다.

라고 나온다. 즉 사이의 사람들이 통곡하면서 머리카락을 자르고 얼굴에 상처를 내며, 나아가 귀를 잘라 피를 흘려서 땅에 쏟고 있는 모습을 확인할 수 있다. 또한 마찬가지로 『신당서(新唐書)』 권260上·토번전상(吐蕃傳上)에는 '부모상을 당했을 때, 단발·대면(黛面)·묵의(墨衣)를 하고, 장례를 지내면 길하게 된다'고 나와 있다. 결국 단발해서 죽은 자를 애도하는 풍속이 있다는 것이 나타나고 있다.

이들 사례에 공통된 것은, 죽은 자를 애도할 때 단발·이면(剺面)·할이(割耳) 등 자신의 신체를 상처입히는 행위[19]를 하고 있다는 것이다. 또한 그것을 행하고 있는 것이, 우전국(于闐國)·사이(四夷)·토번 등 중국의 주변 지역 사람들이라는 것이다. 이러한 점에 주목한 제현(諸賢)에 의하면, 이러한 몸을 상처입히는 행위는, '일부를 가지고 전체를 대신한다고 하는 희생(犧牲)의 경편화(輕便化)'[20]이며, '순사(殉死)에서 유래하고, 그것을 형식화·의례화'[21]했던 것이라고 한다. 그리고 이때 단발이 이루어지는 것은, '두발

19 단발이 신체를 상하게 하는 것이 되는 것은, 『효경(孝經)』 개종명의(開宗明義)장 제1의 '신체발부는 부모에게 받았다. 감히 상하게 하는 것은 효도가 아니다'라는 유명한 말에 머리카락이 포함되어 있다는 것으로부터도 분명하다.

20 江上波夫, 「ユウラシア北方民族の葬礼における=面, 截耳, 剪髪について」, 『ユウラシア北方文化の研究』, 山川出版社, 1951.

21 大林太良, 「哀悼傷身の風俗について」, 『民族学からみた日本』, 河出書房新社, 1970.

은 특히 영혼이 머무르는 머리의 일부분으로서 중요하며, 그것을 자르고 뽑고 혹은 깎아서 죽은 자에게 바치는 것은, 장자(葬者)가 자기를 죽은 자에게 부여하는 것을 강하게 의미한다'[22] 것이라고 한다.

실은, 이러한 풍습이 일본에도 존재하였을 가능성이 있다. 그것은 『일본서기』 대화(大化) 2년 3월 갑신조에 실린 다음의 문장에서 찾을 수 있다.

> 무릇 사람이 죽었을 때. 혹은 스스로 목메서 따르고, 혹은 사람을 목 졸라 순장시키며, …… 혹은 죽은 자를 위해, 머리카락을 자르고 허벅지를 찔러서 애도한다. 이와 같은 옛 풍속, 모두 다 그만두게 하였다.

이 조문은, 대화(大化) 개신이라고 불리는 정치 개혁의 일환으로 이루어진 박장(薄葬)을 지시한 조서의 한 구절인데, 여기에서는 죽은 자를 위해서 자신의 머리카락을 자르고 있는 것이, 순사(殉死)와 함께 옛 습속으로서 단죄되고 있다. 그리고 직접적으로 연속하는 가는 확실하지 않은데, 이러한 습속은 실제로는 에도 시대까지 계속되고 있다. 제1차 조선통신사의 기록인 『경칠송해사록(慶七松海槎録)』에는 당시 일본의 풍속으로서, '곧 이에야스의 넷째 아들 다다요시(下野守忠吉)가 올해 봄 창질(瘡疾)로 사망했다. 그가 죽자 소속의 남녀가 모두 머리카락을 자르며 슬퍼했다. 심하게는 자신의 목숨을 버리는 자도 있었다'(선조 40년(경장 12·1607) 5월 9일 조)고 특필되어있다. 또한 동일한 한반도의 사료에, 은아(銀娥)라는 인물이 자신

22 江上波夫, 앞의 논문.

의 남편이 죽자, "울면서 서러워하고, 머리카락을 자르고 손가락을 끊어서 순장한다"[23]라고 하였듯이, 한반도에서도 머리카락을 자르는 행위가 죽은 자의 애도, 나아가 순장으로서 이루어지고 있었다는 것을 확인할 수 있어서, 널리 동아시아 지역 일대에 이러한 습속이 퍼져있었다고 생각된다.

그리고 단발은 죽은 자에게 애도를 표하는 이외에도, 패자가 항복했던 증거로서 행하는 경우, 무언가를 청하고 바라는 경우, 누군가를 배웅하는 경우에도 이루어졌다. 한편, 피를 흘리는 행위(얼굴이나 귀를 베는 것)가 서약을 하는 데 있어서 중요하고, 단발의 사례는 드물다는 것에 주의해야 한다고 지적되고 있다.[24]

그러나 또한 본 장에서 주목하고 싶은 것은, 무언가를 청하고 바라는 경우이다. 이하의 사례를 보도록 하자.

> 옛날 탕(湯)은 하(夏)를 이기고 천하를 바르게 하였다. 하늘이 크게 가물어서 5년간 수확하지 못하였다. 탕(湯)은 이에 상림(桑林)에서 기도하며 말하기를, "나 한 사람에게 죄가 있고, 많은 사람에게는 죄가 없다. 한 사람이 영민하지 못한 것을 가지고, 상제 귀신이 백성의 목숨을 상하게 하는 것은 없어야 한다"라고 하였다. 이 때문에 그의 머리카락을 자르고, 그의 손을 묶어서 몸을 犧牲으로 하여, 복을 상제에게 기원하였다. 백성들은 이에 매우 기뻐하였다. 비가 곧 크게 내렸다.

---

23 『우계선생집(牛溪先生集)』 卷6·雜著·銀娥傳, 작자인 성혼(成渾, 1535~1598)은 조선 시대의 유학자·문학자·정치가이다.

24 谷憲, 「内陸アジアの傷身行為に関する一試論」, 『史学雑誌』 9316, 1984.

이 문장은 『여씨춘추(呂氏春秋)』 권9·순민편(順民篇)인데, 같은 내용이 『회남자(淮南子)』 권9·주술훈(主術訓)과 『제왕세기(帝王世紀)』에도 보이는 등 매우 유명한 사례이다. 이 기사에서는 은의 탕왕이 하 왕조를 대신하여 천하를 통일했을 때, 큰 가뭄이 발생하여 5년에 걸쳐서 흉작이 계속되자, 탕왕이 자신의 신체를 희생으로 하여, 말하자면 제물로서 백성을 위해서 '상제(上帝)'에게 비를 기원하였던 것이 기록되어 있다. 필자는 예전에 이 사례를 '상신계기우(傷身系祈雨)'로서 문제 삼았던 적이 있다.[25] 물론 이것이 역사적 사실인지는 의심스러운데, 그러나 기우의 한 가지 틀을 제시하고 있다는 것은 틀림없다. 실제로 이후에도 정치 책임자가 자신을 희생으로 해서 사람들을 위해서 기우를 하고있는 사례가 문헌 가운데서 산견된다. 여기에서 주목하고 싶은 것은, '비를 기원하는' 때, 자신의 머리카락을 자르고 손을 결박하고 있다는 것이다. 머리카락을 자르는 것이, 곧 자신을 희생으로 하는 것이 되어서, 기원하는 것과 상통하고 있는 것이다. 또한 이 사례가 중국 주변 지역의 사례가 아니라 중국 전설상의 제왕인 탕의 사적이며, 나아가 이것이 다양한 책으로 전승되어서 많은 사람이 알게 되었다는 것에 주의해야 할 필요가 있을 것이다. 왜냐하면 그것은, 머리카락을 자르면 기원이 통하는 일이 있다고, 중국이나 그 외의 지역 사람들이 인식하고 있었다는 것을 나타내기 때문이다. 예를 들어, 북송 말의 휘종기(『고려도경』과 같은 시기)에는 '머리를 태우고, 팔을 태우고, 찔러서 피를 흘리고, 손가락을 자른다'고 하는 기원으로 연결되는 행위가 일률적으로 금

25 '傷身系祈雨'란 자신의 신체, 혹은 타인의 신체를 상하게 함으로써 기우를 행하는 방법의 총칭으로 필자가 생각해낸 조어이다.

지되고 있다.[26] 여기에서 예로 들었던 '머리를 태우는 것'은 단발은 아니지만, 이 행위는 아마도 혼의 출구인 머리카락을 태우는 것을 염두한 것으로 생각되며, 그것은 단발과 마찬가지의 사고 방식이었을 가능성이 있다고 생각된다. 그리고 이 시기 이러한 행위가 금지되었던 것은, 기원 행위에 종사하는 무당이 민중을 어지럽히는 것을 단속하기 위해서였다.[27]

또한 한반도에서도 단발과 기원(맹세)는 연결되어있다. 『동악선생집(東岳先生集)』[28] 권26 · 잡저초(雜著鈔) · 제효자이공형열녀이씨묘문(祭孝子李公蘅烈女李氏墓文)에는, "남편이 사망하자, 머리카락을 자르고 스스로 맹세하는데, 3년간 한 번도 나가지 않았다. ……"라고 나온다. 즉 남편이 사망했을 때, 미망인이 스스로 머리카락을 잘라서 정절을 맹세하고 있는 모습이 묘사되고 있다. 그리고 이 사례는, 위의 묘문에 "남편이 사망해서 머리카락을 자르는 것은, 또한 하후(夏侯)에 보인다"고 되어 있듯이, 중국 삼국시대 위(魏)의 하후령녀(夏侯令女) 사례를 떠오르게 한다.[29] 하후령녀는, 위를 섬겼던 패국(沛國) 초현(譙縣)의 하후문녕(夏侯文寧)의 딸로서, 조상(曹爽)의 종제인 조문숙(曹文叔)의 아내였다. 남편 문숙이 일찍 세상을 떠났고, 자식도 없었기 때문에, 재혼 이야기가 나왔는데, 이에 대해서 령녀는 '머리카락을 잘라서 신의로 하고' 나아가 칼로 두 귀를 잘라서 정절을 지

26 『송사(宋史)』 卷20 · 휘종본기(徽宗本紀) · 대관(大觀) 4년(1100) 2월 경오삭조.

27 水口幹記, 앞의 논문.

28 『東岳先生集』은 이안눌(李安訥, 1571~1637)이 찬술하였다.

29 이건창(李建昌, 1852-1898)의 『명미당집(明美堂集)』 권12 · 書事 · 書李氏事에도, 하후령녀의 '이에 머리카락을 잘라서 맹세하였다' 등의 예를 들면서, 節婦에 대해서 기록하고 있다.

켰다. 그 후 다시 재혼 이야기가 나오자, 이번에는 칼로 코를 잘라버리고 말았던 인물이다.[30] 단발에 의한 맹세는 중국을 발신원(發信源, 이 경우는 서적을 매개)으로 하여, 한반도까지 확실하게 전파되었던 것이다.

30 『삼국지』 卷9·魏書9·諸夏侯曹傳所引皇甫謐『열녀전』.

Ⅴ. 동아시아 속 기도의 전파

지금까지 본론에서, 해양 신앙·단발·동아시아라는 시점에서 기도에 대해 고찰하였다. 끝으로 이 글의 첫머리에서 다루었던 사례에 대해 논하면서 글을 맺고자 한다

『고려도경』과 윤언이 묘지명에서 보이는 단발 행위를 동반하는 기원은, 기원의 대상이 되는 존재는 다르지만(전자는 복주(福州) 연서(演嶼)의 신, 후자는 하늘), 당시 동아시아의 여러 나라에 유포되었던 머리카락이나 단발 행위(몸을 상하게 하는 행위)에 대한 인식·해양 신앙 등이 저류에 흐르고 있었다는 것이 분명해졌다. 물론 기원의 대상이 되는 존재의 다름은, 각각의 신앙을 생각하는데 있어서 중요하다. 그러나 큰 틀에서 보는 경우 해상에서 어떤 곤란에 빠졌을 때, 단발을 해서 무사를 기원하는 행위는, 기원의 한 형태로서 공통해서 동아시아 일대에서 인식되고 있었다고 생각된다. 그것이 형체로서 발현했던 것이, 모두의 두 사례였다고 할 수 있을 것이다.

이것은 『고려도경』과 윤언이 묘지명이, 자른 머리카락을 바다에 던지

지 않기 때문에 공희(供犧)가 아니라고 하는 견해[31]에 대해서도 한 가지 회답을 보여줄 수 있다. 앞 절까지의 사례 검토에서, '머리카락을 자르는 것' 그 자체가 이미 신불 등에 대한 기청(祈請)이 되고 있다는 것을 보았다. 거기에서 분명한 것은, 바닷속에 던졌는가 아닌가는 부차적인 문제이다. 그것은 '단발'이 순사(殉死)를 대신하여 이루어진 이상, '단발'은 일면에서는 죽음을 의미하는 것이고, 머리카락을 자르는 것만으로 이미 바닷속으로의 '투신'(=죽음·供犧)과 같은 의미였다고 생각되기 때문이었을 것이다. 이후의 사례(明의 『삼국연의(三國志演義)』 제17회)이지만, 조조(曹操)가 자신이 제정한 법령을 스스로 깨뜨린 것에 대해서, 어떠한 죄를 과할까 논의했을 때, 조조가 곧 칼로 자기의 머리카락을 잘라 땅에 던지며 자신의 머리카락을 자르는 것으로 머리를 대신하고 있는 모습이 보인다. 바로 '단발'은 죽음을 의미하고 있는 것이다.

이처럼 동아시아 지역에서는 다양한 기원이 이루어지고 있었다. 이러한 기원의 문화는, 주로 중국을 발신원으로 하여 주변의 여러 지역에 파급되었다. 이러한 문화는 명확한 형체를 가지는 물건이 아니므로, 언제·어떻게·누가와 같은 구체적인 경로·내력을 분명히 하는 것은 어렵다. 그러나 본 장의 하후령녀의 예에서 보았듯이, 전파 경로의 한 가지로서 서적의 유통을 들 수 있다. 기원의 전파에 관해서 서적이 완수한 역할은, 다른 다양한 사상과 마찬가지로 크다. 그리고 한 가지 더, 직접적인 접촉·교류에 의한 것을 생각할 수 있다. 국경선이 없는 해상에서의 왕래는, 나라를 초

31 山内晋次, 앞의 논문.

월한 다양한 민족·사람들과의 교류를 가능하게 한다. 그러한 교류·접촉에 의해 기원하는 문화는 파급하고, 공통의 문화로서 사람들에게 받아들여졌을 것이다. 모두의 두 사례는, 그러한 동아시아 지역에서의 언어를 초월한 교류의 모습을 살짝 엿볼 수 있게 해준다.

(번역: 정기웅)

이 글은 水口幹記, 「海·髮·東アジア、そして祈り」, 『古代東アジアの「祈り」—宗教·習俗·占術』, 森話社, 2014를 바탕으로 가필 수정한 것이다.

참고문헌

| 사료

『三國志』

『隋書』

『日本靈異記』

『三國史記』

『宋史』

『宣和奉使高麗圖經』

『佛祖統紀』

『墨莊漫錄』

『佛祖歷代通載』

『唐大和上東征傳』

『日本書紀』

『續日本紀』

『土佐日記』

『宇治拾遺物語』

『御堂関白記』

『小右記』

『本草綱目』

『本草拾遺』

『雲笈七籤』

『風俗通義』

『搜神記』

『太平廣記』

『洛陽伽藍記』

『資治通鑑』

『牛溪先生集』

『呂氏春秋』

『淮南子』

『帝王世紀』

『(東岳先生集)』

『明美堂集』

| 연구서

水口幹記, 『渡航僧成尋, 雨を祈る-『僧伝』が語る異文化の交錯-』, 勉誠出版, 2013.

田中史生, 『越境の古代史』, ちくま新書, 2009.

江紹原, 『髮鬚爪-関於它們的風俗』, 上海文芸出版社, 1987.

| 연구논문

山内晋次, 「航海と祈りの諸相-日宋関係史研究の一齣として-」, 『古代文化』 5019, 1998.

新城常三,「海神への供犠-遭難時に於ける-」『中世水運史の研究』, 塙書房, 1994.

大形徹,「被髪考-髪型と霊魂の関連について-」,『東方宗教』86, 1995.

江上波夫,「ユウラシア北方民族の葬礼における面, 截耳, 剪髪について」『ユウラシア北方文化の研究』, 山川出版社, 1951.

大林太良,「哀悼傷身の風俗について」『民族学からみた日本』, 河出書房新社, 1970.

谷憲,「内陸アジアの傷身行為に関する一試論」,『史学雑誌』9316, 1984.

3

몽골 습래를 둘러싼 문서, 사절, 선박

- 곤도 쓰요시

Ⅰ. 동아시아에서 본 몽골 습래의 발자취

Ⅱ. 「대몽고국중서성첩」 및 「고려국경상진안동도안찰사첩」에 대하여

Ⅲ. 일본에 외교문서를 가져온 고려사의 격에 대하여

Ⅳ. 원구선 발굴에 대하여

Ⅰ. 동아시아에서 본 몽골 습래의 발자취

2번에 걸쳐 일어난 몽골 제국에 의한 일본 침공(서력 1274년의 문영(文永)의 역(甲戌의 역)과 1281년의 홍안(弘安)의 역(辛巳의 역). 두 전역을 합쳐 일본사에서는 원구(元寇)·몽고 습래·몽골 습래라 부른다. 본고에서는 인용문을 제외하고는 '몽골 습래'로 칭한다.)에 관한 연구는 방대하여, 일본에서는 무로마치 시대 1470년경에 성립했다고 여겨지는 즈케이 슈호(瑞渓周鳳)의 『선린국보기(善隣国宝記)』까지 거슬러올라간다. 가와조에 쇼지(川添昭二)에 따르면, 에도시대 1694년에는 마쓰시타 겐린(松下見林)의 『이칭일본전(異称日本伝)』이 중국과 조선의 조서에 나타난 일본관계 기사를 추출하여, 동아시아 내 일본의 역사적지위를 객관적으로 검토했다고 한다.[01] 메이지 시대의 연구는 침공을 당한 일본측 동향에 대한 연구 뿐이었다고 할 수 있지만, 다이쇼 시대가 오면 가야하라 마사조(栢原昌三)·아오야마 고료(青山公亮)·나카무라 히데타카(中村栄孝)가 일본·고려·원 사이의 교섭관계에 입각하여 몽골 습래를 고찰했다. 이케우치 히로시(池内宏)는 몽골·고려 측에 대한 상세한 고찰을 통해 오늘날 몽골 습래 이해의 틀을 만

01 川添昭二, 『蒙古襲来研究史論』, 雄山閣出版, 1975.

들었다고 여겨져 돌출된 업적으로 평가받고 있다.[02] 모리히라 마사히코(森平雅彦), 전후에는 하타다 다카시(旗田巍)가 이케우치 저서의 내용을 평이한 말로 저술함과 함께, 그를 뛰어넘으려는 논지를 전개했다.[03] 예를 들면, 고려 삼별초의 몽골·고려 조정에 대한 저항을 단순한 반적(叛賊)·해적(海賊)이 아닌 의병으로 재평가했다. 그리고 한반도 남방 일대를 거점으로 한 삼별초의 존재는 몽골의 일본 습래를 지연시켰다고 하였다. 또한, 베트남과 중국(구 남송 지역) 등의 동아시아 여러 민족의 저항에 대해서도 언급하여 더욱 넓은 시야에서 몽골 습래를 포착하고자 하였다. 그 후, 1978년 삼별초가 일본에 구원을 청하는 첩장(牒状)을 보낸 것을 보여주는 문서「高麗牒状不審条々」가 발견되자 이시이 마사토시(石井正敏), 무라이 쇼스케(村井章介)는 문영의 역 전야의 몽골·고려 측 동향을 규명했다.[04]

현재, 몽골 습래에 관하여 일본·원·고려 삼국의 동향을 균형 있게 기술한 개설서는 사에키 고지(佐伯弘次)라고 생각한다.[05] 몽골 습래의 전체상은 그쪽을 참조해주었으면 하며, 본고에서는 사에키의 저서 간행 후에 발견, 발굴된 문서 및 원구선에 관한 근년의 연구동향을 소개하고, 약간의 사견을 제시하고자 한다.

---

02 池内宏,『元寇の新研究』, 東洋文庫, 1931.

03 森平雅彦,『モンゴル覇権下の高麗 帝国秩序と王国の対応』, 名古屋大学出版会, 2013, 10쪽; 旗田巍,『元寇-蒙古襲来の内部事情-』, 中央公論社, 1965.

04 石井正敏,「文永八年の高麗使について-三別抄の日本通交史料の紹介-」,『高麗·宋元と日本(石井正敏著作集 3)』, 勉誠出版, 2017c; 石井正敏,「文永八年の三別抄牒状について」,『高麗·宋元と日本(石井正敏著作集 3)』, 勉誠出版, 2017d; 村井章介,「高麗·三別抄の叛乱と蒙古襲来前夜の日本」,『アジアのなかの中世日本』, 校倉書房, 1988.

05 佐伯弘次,『モンゴル襲来の衝撃』, 中央公論新社, 2003.

Ⅱ. 「대몽고국중서성첩」 및 「고려국경상진안동도안찰사첩」에 대하여

1. 두 문서가 도착하기까지

몽고·고려의 사자가 처음으로 일본에 온 것은 1268년 정월이다. 1266년 쿠빌라이는 병부시랑 흑적(黑的)을 국신사(國信使), 예부시랑 단홍(殷弘)을 국신부사에 임명하여 국서를 일본에 전하도록 명령했다. 그들이 고려에 도착하자, 고려국왕 원종은 송군배(宋君斐)와 김찬(金贊)을 안내역으로 삼아 원 사신 일행을 수행하게 했다. 하지만 거제도까지 갔다가 '바람과 큰 물결이 하늘을 차는' 모습에 도항을 단념하여 되돌아갔는데, 이에 쿠빌라이는 일본에 국서를 전달하고 반드시 답서를 받아오도록 엄명하였다. 다시금 흑적 등은 일본으로 향하였고, 고려는 기거사인 반부(潘阜)에게 이전의 쿠빌라이 국서와 함께 원종의 국서를 지참하고 도항할 것을 명하였다.

이 시기의 쿠빌라이 국서는 지원(至元) 3년(1266) 8월부의 것으로 "上天眷命, 大蒙古國皇帝, 奉書日本國王……以至用兵, 夫孰所好. 王其図之. 不宣"이라는 것이다. 원본은 남아있지 않으며 『원사(元史)』 「일본전」과 『고려사(高麗史)』 권26에 사본이 남아있으나, 가마쿠라를 거쳐 교토에 전달되고 얼마 지나지 않은 시점에 작성된 사본이 남아있다.[06] 여기서는 편찬사료에서 생략해버린 국서의 모두, 말미 표현뿐 아니라, 대두(台頭), 평출(平出), 궐자(闕字)까지 충실하게 베끼고 있어 몽골의 문서형식을 규명하는 데에 중요하다.[07]문서의 주안점은, 일본이 대대로 중국과 통호하였으니 몽골도 일본과 통호하여 친목을 꾀하고 싶다는 것이나, 군사면을 특히 담당하던 가마쿠라 막부는 국서 말미의 "以至用兵, 夫孰所好. 王其図之"에 반발하여 답서를 보내지 않고 무시하였다고 이해되고 있다. 이 표현에 대해서는 '위협, 협박'이라 보는 의견과, 몽골이 다른 국가, 지역에 보낸 것과 비교하면 '지나치게 정중하다고 할 만한 문장'이라는 의견[08]이 몽골어 원문에 의거한 황제 명령문서의 연구 진전에 의해 규명되어, 막부의 과잉반응이라는 견해도 제기되고 있다. 이시이 마사토시는 "위협 문언이라는 정도의 차이가 있을지언정 협박 문언과 다를 것이 없다. 요지는 '조공 사절

06 東大寺宗性筆,「蒙古国牒状」(東大寺尊勝院所蔵『調伏異朝怨敵抄』).

07 개요에 대해서는 佐伯弘次, 앞의 책, 2003, 60~62쪽. 또한 본 문서에 대해서는 이시이는 관련 사료를 이용해 교정 본문을 제시하고 있다(石井正敏, 「至元三年·同十二年の日本国王宛クビライ国書について-『経世大典』日本条の検討」, 『高麗·宋元と日本(石井正敏著作集 3)』, 勉誠出版, 2017b, 215~217쪽).

08 스기야마와 후나다는 모두의 '奉書'라는 말에 대해 남송 황제에게 '致書' 형식의 문서를 보낸 것으로 보아, 일본에 보낸 문서는 경의를 표하고 있는 것이라고 보고, 그 이유로 교전관계의 유무와 쿠빌라이가 칸 자리를 굳건히 한지 얼마 지나지 않은 단계이며, 또한 황제국인 남송과 정세가 불안정한 고려와 대치하고 있었던 상황 속에서 일본과 최초로 교섭을 시도였던 것이므로 경의를 표하는 '奉書'를 채용하였다고 서술한다(杉山正明, 「モンゴル時代のアフロ·ユーラシアと日本」, 近藤一成編, 『日本の時代史 9 モンゴルの襲来』, 吉川弘文館, 2003; 舩田善之, 「日本外交文書からみた大モンゴル国の文書形式の展開」, 『史淵』146, 2009, 5~6쪽).

을 보내 복속의지를 보여라. 그렇지 않으면 군대를 보내겠다'는 의미에 변함은 없으며, … 몽골어가 통하는 몽골 및 주변의 유목사회에서는 일반적이더라도 한자, 한문을 공용어로 삼는 중화세계에서는 기이하게 비치므로, 통용된다는 보장은 없다"고 하여, "그야말로 문화마찰의 전형"이라고 서술한다.[09] 또한 경의를 표하기 위해서라고는 하여도, 황제가 국왕에게 '奉書'라고 표현한 것은 문제이며, 모두에 나오는 '大蒙古國皇帝'는 '예케(위대한) 몽골(몽고) 울루스(집단, 국가)'를 한어로 번역한 것이라고 여겨지나 중화세계 서식으로는 '大蒙古皇帝'가 되어야 하며 '國'자는 이례라고 보고 있다. 따라서 막부 뿐 아니라 교토의 공경들도 정체를 알 수 없는 상대에 대해 공포를 품었을 것이라고 이해하였다.[10]

한편, 고려 원종의 국서는 '日本國王左右'에게 보낸 '계(啓)' 형식인 문서이다. 계는 관인이 황태자 및 상관, 동료에게 보내는 상신문서로 외교문서로서의 용례는 발해국왕이 일본 천황에 대하여 발급한 것이 알려져 있다.[11] 모리히라는 정중함을 나타내는 개인간 통신문이라는 계의 성격을 응용한 것이라고 여겨지며, 일본에 대하여 신하의 예를 피하면서도 자세를 낮추어 우호관계를 맺고자 하는 의도가 있다고 보았다.[12] 일본과 고려 사

---

09 石井正敏, 「武家外交の成立」, 『通史と史料の間で(石井正敏著作集 4)』, 勉誠出版, 2018, 158~159쪽.

10 石井正敏, 앞의 논문, 2018, 162쪽.

11 石井正敏, 「古代東アジアの外交と文書-日本と新羅·渤海の例を中心に」, 『日本渤海関係史の研究』, 吉川弘文館, 2001, 552~553쪽.

12 森平雅彦, 「高麗王とモンゴル官府·官人の往復文書」, 『モンゴル覇権下の高麗 帝国秩序と王国の対応』, 名古屋大学出版会, 2013b, 210~211쪽.

이에는 997년 고려가 '일본국'·'대마도사(対馬島司)'·'대마도'에 문서를 보냈으며, 자세한 내용은 알 수 없으나 헤이안 시대 귀족인 후지와라노 사네스케(藤原実資)의 일기 「소우기(小右記)」 장덕(長徳) 3년(997) 6월 12일조에는 "고려국계첩(高麗國啓牒)"이라 기재되어 있다. 단순히 '고려국첩'으로 쓰는 곳도 있으므로 그 서식에 대해서는 쉽게 판단할 수는 없다. 한편, 현존하는 외교문서를 보면 관청 간에 '첩'식 문서가 왕복하고 있으며,[13] 고려와 몽골 간에도 '계'가 사용되고 있다.[14]

고려 원종의 국서는 '황제가 귀국과 통호하고자 하는 것은 결코 일본의 조공을 기대하는 것이 아니며, 황제가 '무외(無外)의 명(名)'을 천하에 높이고자 생각하기 때문이다. 혹 귀국의 답서를 얻는다면 반드시 (황제는) 두터이 대접할 것이다. 그것이 사실인지 아닌지는 통호한 후, 실제로 알 수 있다. 사절을 파견하여 그를 판단하는 것은 어떻겠습니까'라는 내용이라 정리할 수 있다.[15]

이 때 고려 사신 반부도 편지를 가지고 왔는데, 모리히라는 "고려가 원의 기획을 의도적으로 방해한 사실을 폭로"했을 뿐 아니라, "일본에 관한 용어에는 평출로 쓰고 있는 것에 비해, 원에 관한 용어에는 궐자……로 그치고 있는 것처럼, 원을 일본보다 격하로 표현"하고 있으며, "원 측에 발각되면 스스로도 위험에 처할 수 있을 정도의 '호의'를 일본측에 보여 선처

13 近藤剛, 『日本高麗関係史』, 八木書店, 2019, 35쪽; 47쪽; 84~88쪽.

14 森平雅彦, 앞의 논문, 2013b, 207쪽.

15 佐伯弘次, 앞의 책, 63쪽.

를 구하"고 있다고 하였다.[16]

하지만 일본측은 답장을 보내지 않았고, 몽골·고려 사신은 귀국했다. 이 보고를 받은 쿠빌라이는, 1268년 9월에 다시 몽골 사신 흑적, 단홍 및 고려 사신 신사전(申思佺), 진자후(陳子厚)를 일본에 파견했다. 그들은 다음해 2월에 대마도로 건너갔는데, 대마도민이 저항하자 도지로(塔二郎), 야지로(弥二郎) 2명을 잡아 3월에 고려로 돌아갔다. 이 두 사람은 고려에서 몽골로 호송되어 쿠빌라이와도 알현했다. 그 후 그들을 일본으로 송환하기 위해 몽골 사신 우루대(于婁大)·우정(于琔)등 6명과 고려 사신 김유성, 김유를 일본으로 파견했다. 이 때 일본에 온 사절이 가져온 문서가 최근 발견된 「대몽고국중서성첩(大蒙古國中書省牒)」과 「고려국경상진안동도안찰사첩(高麗國慶尚晋安東道按察使牒)」이다. 이들 문서에 대해서는 지금까지 존재가 확인되지 않고 있었다.[17] 하지만 2004년에 장동익이 교토대학 문학부 도서관에 소장되어 있던 『이국출계(異國出契)』[18] 속에서 이들 첩장을

---

16 森平雅彦, 「元における高麗の機能的位置」, 『モンゴル覇権下の高麗 帝国秩序と王国の対応』, 名古屋大学出版会, 2013c, 464~465쪽.

17 池内宏, 앞의 책, 41~42쪽; 佐伯弘次, 앞의 책, 71~72쪽 등.

18 본 사료는 도쿄 국립공문서관에도 사본이 소장되어 있으며(청구번호 184-0265), 웹사이트 「국립공문서관 디지털 아카이브」에서 열람이 가능하다. URL은 다음과 같다.
https://www.digital.archives.go.jp/DAS/meta/listPhoto?BID=F1000000000000053960&ID=&LANG=default&GID=&NO=&TYPE=JPEG&DL_TYPE=pdf&CN=1
장동익에 따르면 『이국출계』는 1680년 11월 이전의 어느 시점부터 1681년 4월 이후 어느 시점까지에 걸쳐 정리 편찬된 외교관계 문서군이라고 한다(장동익, 2005, 59; 61쪽). 편찬자는 정확히는 알 수 없으나, 1665~1667년 전후에 조일관계에 깊이 관여한 인물일 것이라고 추측하고 있다. 또한 확인된 두 사료는 1930년 필사본이라고 지적하고 있다.

발견했다. 장동익은 같은 해 한국에서 『일본고중세고려자료연구』를 간행하여 사료 번각 및 내용의 개요를 게재했다.[19] 그리고 다음해 「一二六九年「大蒙古国」中書省の牒と日本側の対応」를 발표하여 그 존재가 학계에 널리 알려지게 된 것이다.[20]

2. 「일본국왕완대몽고국중서성첩(日本國王宛大蒙古國中書省牒)」에 대하여

우선, 「일본국왕완대몽고국중서성첩」을 보겠다. 장동익은 몽골의 고문서 원형정보가 남아있다는 점을 들어 매우 주목해야할 사료임을 지적한다(장동익 2005, 63쪽). 많은 편찬사료가 생략하는 문서 모두, 말미의 문언이 남아있을 뿐 아니라, 궐자와 평출 등의 정보도 남아있기 때문이다. 하지만, 필사과정에서 첩의 원형이 그대로 전사된 것이 아닌 점, 발급자의 성명이 빠져 있는 점 등을 서술하며, 앞에서 서술한 지원 3년 쿠빌라이 국서를 참고로 재구성하여 평출과 일자대두를 표기하고 있다. 이에 주의를 환기하고 있는 모리히라는 장동익이 일자대두한 「황제」, 「성천자」, 「천위」는 「이국출계」에서는 평출로 표기되어 있으며, 또 장동익이 평출로 쓴 「귀국」, 「전하」는 「이국출계」에서 2자 궐자로 되어 있는 등, 표기의 차이를 지

19 장동익, 『일본고중세고려자료연구』, 서울대학교출판부, 2004, 202~207쪽.

20 장동익, 「一二六九年「大蒙古国」中書省の牒と日本側の対応」, 『史学雑誌』114~8, 2005.

적한다[21] 본고에서는 국립공문서관 소장본에 준하여 제시한다.

大蒙古國皇帝洪福裏中書省___牒

日本國王殿下

我國家以神武定天下, 威德所及, 無思不①能. 逮

皇帝即位, 以四海為家, 兼愛生靈, 同仁一視, 南抵六詔②五南, 北至于海, 西極崑崙, 数万里之外, 有國有土, 莫不畏威懐徳, 奉幣来朝. 惟爾日本, 國于海隅, 漢唐以来, 亦嘗通中國, 其與高麗寔為密邇.

皇帝嚮者___勅高麗國王, 遣其臣潘阜, 持爾書, 通好___貴國, 稽留数月, 殊不見答.

皇帝以為将命者不達, 尋遣中憲大夫兵部侍郎國信使紇德·中順大夫礼部侍郎國信副使殷弘等, 重持爾書, 直詣___貴國. 不意纔至彼疆対馬島, 堅拒不納, 至兵刃相加, 我信使勢不獲已, 聊用相応, 生致塔二郎·弥二郎二人以帰.

皇帝寛仁好生, 以天下為度, 凡諸國内附者, 義雖君臣, 歓若父子, 初不以遠近小大為間. 至于高麗, 臣属以来, 唯歳致朝聘, 官受方物, 而其國官府土民, ④按堵如故, 及其来朝,

皇帝所以眷遇③樹慰者, 恩至渥也. ___貴國隣接, 想亦周悉. 且兵交使在其間, 寔古今之通義. 彼疆場之吏, 赴敵舟中, 俄害我信使, 較之曲直, 声罪致討, 義所当然. 又慮貴國有所不知, 而典封疆者, 以慎守固禦為常事耳.

21 森平雅彦, 앞의 논문, 2013b, 223~235쪽.

皇帝猶謂此將吏之過, 二人何罪. 今将塔二郎致＿＿貴國, 俾奉牒書以往.

其当詳体

聖天子兼容并包混同無外之意. 忻然効順, 特命重臣, 期以来春, 奉表闕下, 尽畏天事大之礼, 保如高麗國例処之, 必無食言. 若猶負固恃険, 謂莫我何, 杳無来, 則

天威赫怒, 命将出師, 戦舸万艘, 径圧王城, 則将有噬臍無及之悔矣. 利害明甚, 敢布之＿＿殿下. 唯＿＿殿下, 寔重図之. 謹牒.

＿＿右牒

日本國王殿下

至元六年六月＿日＿牒

資政大夫中書左丞

資徳大夫中書右丞

栄禄大夫平章政事

栄禄大夫平章政事

光禄大夫中書右丞相

表	牒奉

日 本 國 王 殿 下　　　　中 書 省＿＿封

裏	至 元 六 年 六 月 日

【문자의 이동(異同)】

① '能'[22]은 '服'으로 고침.

② '五'[23]는 '安'으로 고침.

③ '樹'[24]는 '撫'로 고침.

④ '按'[25]은 '安'으로 고침.

장동익은 본 문서의 표기 방식에서 주목해야 할 것으로 3가지를 들고 있다. 첫째는 문서 모두에 보이는 '大蒙古國皇帝洪福裏'로, 이는 몽골의 각종 서식에서 사용되고 있던 '△△皇帝福蔭裏'의 다른 표현으로 몽골 조정에 있었던 인물만이 사용할 수 있는 문구라고 한다. 둘째로 몽골 사신 '黑的'을 본문서에서는 '紇德'으로 표기하고 있는 점을 든다. 이에 대해서는 '黑的'·'黑赤'·'黑的兒'·'赫德' 등이 아라비아어의 한문식 표기임에 비해, 본문서에서는 불길한 '黑'자를 피한 것으로 보았다. 장동익은 이를 당시 사용되던 인명 표기 방식으로 추측하며 고려의 영향을 받았을 가능성이 있다고 하였다. 셋째로 문서의 수급대상인 일본측에 대한 표기가 '日本國王殿下'·'爾日本'·'貴國' 등으로 다른 것을 들고 있다. 그 구체적인 이유는 명확하지 않다고 하며, 이 문서가 정본(正本)이 아닌 전사본이기 때문

22 植松正, 「モンゴル国国書周辺」, 『史窓』64, 2007, 40쪽.

23 植松正, 위의 논문, 2007, 40쪽.

24 植松正, 위의 논문, 2007, 40쪽.

25 장동익, 앞의 책, 202~203쪽; 장동익, 앞의 논문, 61~62쪽; 植松正, 위의 논문, 2007, 40쪽; 佐伯弘次, 「蒙古襲来以後の日本の対高麗関係」, 『史淵』153, 2016, 6~8쪽.

에 생긴 문제라고 추정했다. 그리고 문서 말미에 보이는 관직명으로부터 구체적인 인물을 비정하고 있다. 즉, 문서가 발급된 1269년 6월경의 중서성 운영 양상을 거의 그대로 반영하고 있다고 보아, 좌승(左丞)은 염희헌(廉希憲), 우승은 백안(伯顔), 평장정사는 홀도찰아(忽都察児)와 사천택(史天沢), 우승상은 안동(安童)이라고 하였다. 논문의 마지막에는 본 첩장의 현대어역을 시도하고 있다.[26]

후나다 요시유키(舩田善之)는 몽골 정권의 문서 시스템 구축 과도기를 보여주는 것이라 보아 본 문서에 주목한다.[27] 장동익과 마찬가지로 문서 모두의 '大蒙古國皇帝洪福裏'를 들어, 이를 몽골 명령문 모두의 정형구라고 보지만, 그 용례는 1339년에 토르크 테무르(脱帖木兒) 형왕(荊王)이 발급한 「토르크테무르 영지(令旨)」뿐이라고 한다. 원의 문서제도는 1270년 전후에 확립되었다고 여겨지나,[28] 문서제도 확립 이후에는 '洪福'이 '福蔭'으로 변하기 때문에, 이 문언은 위반사례라고 하였다. 그리고 그 이유로 쿠빌라이 정권기에 문서행정 시스템이 정비되고 있던 과도기를 반영하고 있기 때문이라고 해석하고 있다.

모리히라는 첩식 문서의 사용에 대하여 원이 등장한 시점까지는 동아시아 제국의 관부, 관인 수준에서 왕복하고 있었던 것에 비해, 원조의 중서성은 관부임에도 불구하고 상대국의 군주에게 보낸다는 큰 변화가 있

---

26 장동익, 위의 논문, 72~73쪽.

27 田善之, 앞의 논문, 8~11쪽.

28 森平雅彦, 앞의 논문, 2013b, 238쪽.

었음을 서술하고 있다.[29]

우에마쓰 다다시(植松正)는 1266~1270년까지의 「몽골·고려·일본 외교 문서간표」를 작성하여, 발급년시·발급자·형식·수급자·사자·수령년시를 정리하고 있다.[30] 그 중에 새롭게 발견된 본 문서를 추가한 후에, 같은 말이 반복적으로 상투어처럼 쓰이고 있다는 것에 주목하여 이를 원대 문서행정 방식의 문제로 생각해야 할 것을 지적했다. 본 문서에 대해서는 몽골이 최초로 일본에 보낸 지원 3년 국서에 나타나는 "畏威懷德"·"以四海為家"·"義雖君臣, 歡若父子"와 "日本与高麗密邇"와 유사한 "高麗寔為密邇"라는 표현이 사용되고 있으며, 도습되고 있다고 서술했다.

그리고 장동익에 의한 국서 말미 재상명 비정에 대해서는 상세하고 설득력이 있다고 하면서도 한편으로는 문자를 교정해야 할 부분이 있다고 하였고, 번역에 대해서도 장동익과 다소 뉘앙스를 달리하는 부분이 있다고 하며, 훈독과 현대어역을 제시하였다.[31]

이시이는 중신을 보내어 조공하는 것의 기한을 다음해 봄으로 지정하는 등, 최초의 국서보다도 구체적이고 과격하며 서면에서 쿠빌라이의 분노가 전해져 오는 듯하다고 서술한다.[32] 이러한 격렬한 문언을 나열하면서 말미에는 '謹牒'으로 맺고 있는데, 첩식에서도 상의하달의 경우 '故牒'으로 맺는 것이 일반적이기 때문에, 여기서도 중화의 문서양식이나 예식에

29 森平雅彦, 앞의 책, 2013, 238쪽.

30 植松正, 앞의 논문, 2007, 31~32쪽; 37~39쪽.

31 植松正, 앞의 논문, 2007, 34쪽; 40~42쪽.

32 石井正敏, 앞의 논문, 2018, 163~164쪽.

는 충분히 통달하지 못한 것을 보여주는 듯하다고 하였다. 사에키도 문서 말미의 위협문에 주목하여 구체적이고 위압적이라고 지적한다[33]

선행연구를 참고하여, 본 첩장의 요지를 나타내면 다음과 같다.

> 황제는 고려국왕에 칙을 내려 반부를 일본에 파견하였으나, 수개월 동안 억류된 끝에 회답이 없었다. 황제는 명령을 전달해야 할 사람이 도달하지 않았다고 생각하여 다시 사절을 파견했다. 하지만 국경에서 대마도인이 예상치 못하게 입국을 거부하며, 사절을 공격했기 때문에, 어쩔 수 없이 탑이랑, 야이랑을 생포하여 데리고 돌아왔다. 이번에 탑이랑 등을 일본에 귀국시켜, 첩서를 받들어 가게 하였으므로, 기쁘게 따르고 특히 중신에게 명하여 다음 봄까지 궁정에 표를 올려 사대의 예를 다하도록 하라. 나를 경시하여 먼 곳까지 오지 않을 것이라고 생각한다면, 천위가 분노하여 무장에게 명하여 군대를 보내, 만 척의 전함으로 즉시 왕성을 제압할 것이다. 그렇게 되면 후회할 뿐이다. 재차 검토하도록 하라.

33 佐伯弘次, 앞의 논문, 2016, 9쪽.

3. 「日本國大宰府守護所宛高麗國慶尚晋安東道按察使牒」에 대하여

다음으로 「高麗國慶尚晋安東道按察使牒状」을 들어보겠다.

①高麗倍使朝散大夫尚書礼部侍郎知②高

麗國慶尚晋安東道按察使牒

日本國③太宰府守護所

高麗國慶尚晋安東道按察使牒

日本國④太宰府____当使契勘____本朝與____

貴國講信修睦, 世已久矣. 頃者北朝皇帝欲⑤通好____貴國, 発使齎書, 道従

于我境, 并告以⑥卿導前去, 方執牢固, 責以多端. 我國勢不獲已, 使々件行

過海. 前北朝使⑦介達於対馬, ⑧乃男子二人偕乃至帝所, 二人者即被還, 今已

於当道管内至訖. 惟今装舸備糧, 差尚州牧将校一名·晋州牧将校一名, 郷

通事二人, 水手二十人護送. 凡其情実, 可於⑨比人聴取知悉. 牒具如前, 事

須謹牒.

____至元六年己巳八月日____________牒

按察使兼監倉使転輸提点刑獄兵馬公事朝散大夫尚書礼部侍郎太子宮門

郎⑩位判

【문자의 이동】

① '高麗…郎知'가 앞에 수록되어 있는 「潘阜書状」의 발신 부분 「**高麗國信使朝散大夫**尚**書**礼**部侍**郎**知**制誥賜紫金魚袋潘阜」(東大寺 소장)의 방

선 부분이 불확실한 형태로 쓰여 있고, 바로 이어서 본 문서가 기록되어 있다.

② '高麗國…日本國太宰府': 장동익, 우에마쓰, 사에키는 '高麗國慶尚晋安東道按察使牒　日本國太(大)宰府守護所'라고 하였다.[34] 아라키 가즈노리(荒木和憲)는 『異國出契』에 있듯이 수신대상이 '日本國大宰府'였을 가능성은 부정할 수 없다고 하였다.[35]

③~④ '太': 우에마쓰는 '大'로 고쳤다.[36]

⑤ '通好___貴國': 장동익, 사에키는 평출,[37] 우에마쓰, 아라키는 잇대서 기술하나(植松正, 2007, 42~43쪽; 荒木和憲, 2008, 4~5쪽), 국립공문서관 본은 2자 궐자로 표기하고 있다. 같은 용어임에도 불구하고 평출이나 궐자 등이 통일되어 있지 않은 사례는 1206년에 발급된 「日本國対馬島宛高麗國金州防禦使牒状」에서도 볼 수 있다.[38]

⑥ '卿': 장동익은 '郷'으로 만들어 '嚮으로 고쳤다[39]. 아라키, 사에키는 '嚮'으로 고쳤다.[40] 우에마쓰는 '郷導'로 하였다.[41]

---

34 장동익, 앞의 책, 206쪽; 장동익, 앞의 논문, 65쪽; 植松正, 앞의 논문, 2007, 42-43쪽; 佐伯弘次, 앞의 논문, 9쪽.

35 荒木和憲, 「文永七年二月日付大宰府守護所牒の復元-日本·高麗外交文書論の一齣-」, 『年報太宰府学』 2, 2008, 4~5쪽.

36 植松正, 앞의 논문, 2007, 42~43쪽.

37 장동익, 앞의 책, 206쪽; 장동익, 앞의 논문, 65쪽; 佐伯弘次, 앞의 논문, 9쪽.

38 近藤剛, 「「日本国対馬島宛高麗国金州防禦使牒状」の古文書学的検討と「廉察使」」, 『日本高麗関係史』, 八木書店, 2019b, 88~89쪽.

39 장동익, 앞의 책, 206쪽; 장동익, 앞의 논문, 65쪽.

40 荒木和憲, 앞의 논문, 4~5쪽; 佐伯弘次, 앞의 논문, 9쪽.

41 植松正, 앞의 논문, 2007, 42~43쪽.

⑦ '介': 장동익, 사에키는 '价'로 만들었다.[42]

⑧ '乃男子二人': 우에마쓰는 "이 부분에 아마도 빠진 말이 있다"고 지적한다.[43]

⑨ '比': 장동익, 우에마쓰, 아라키, 사에키는 '此'로 고쳤다.[44]

⑩ '位判': 장동익은 '位'를 '在'로 만들고(장동익, 2004, 206쪽), '判'자 없이 '印章'으로 작성하다. 장동익, 우에마쓰, 사에키는 '在判'이라 하였다.[45] 아라키는 '位判'로 하였다.[46] 특히 장동익은, 고려 문종 30년(1079)이후의 경상도 책임자 일람을 적은 『慶尚道営主題名記(道先生案)』의 기술로부터, 이 때의 안찰사를 김지경(金之卿)으로 비정하고 있다.[47] 하지만, 고려의 중앙관부 간, 혹은 지방관부 간에 '牒(貼)'을 주고받는 과정에서 관부 내의 신분이나 품계에 따라 발급자 측의 서명에 다양한 양식이 있었음을 상세히 명시하고 있는 『고려사(高麗史)』 권84, 형법지(刑法志) 1, 공식(公式), 「공식상통식(公牒相通式)」에 비추어보면, '位'는 성으로, '姓+判(착명(着名) 또는 초압(草押))'이라는 서명 흔적을 남기고 있을 가능성이 있다.[48] 『異國出契』가 '判'자

42 장동익, 앞의 책, 206쪽; 장동익, 앞의 논문, 65쪽; 佐伯弘次, 앞의 논문, 9쪽.

43 植松正, 앞의 논문, 2007, 42~43쪽.

44 장동익, 앞의 책, 206쪽; 장동익, 앞의 논문, 65쪽; 植松正, 앞의 논문, 2007, 42-43쪽; 荒木和憲, 앞의 논문, 4~5쪽; 佐伯弘次, 앞의 논문, 9쪽.

45 장동익, 위의 논문, 65쪽; 植松正, 위의 논문, 2007, 42~43쪽; 佐伯弘次, 위의 논문, 9쪽.

46 荒木和憲, 앞의 논문, 4~5쪽.

47 장동익, 앞의 논문, 65쪽.

48 近藤剛, 「「大日本国大宰府宛高麗国礼賓省牒状」にみえる高麗の対日本認識」, 『日

를 작은 글자로 남기고 있는 것도, 그 전의 '位'까지는 정확히 베껴 쓴 것을 보여주고 있는 것이 아닐까. 따라서, '位判'을 곧바로 '在判'의 오기로 해석하는 것은 주저할 수밖에 없다.

장동익은 본문서에 대하여 "고려시대의 고문서 자료가 그다지 남아있지 않기 때문에 1080년……11월에 고려 예빈성이 다자이후에 보낸 첩, 1206년……금주방어사가 대마도에 보는 첩, 그리고 1227년……2월 금주도안찰사가 다자이후 총관에게 보낸 첩 등과 함께 고문서학적으로도 주목된다"고 서술하고 있다.[49] 일본에 현존하는 이상의 고려 첩장과 비교하여 고려가 외국에 보낸 첩식의 형태에 준하여, 또 당대 이래의 첩식을 그대로 준용하고 있다고 하였다. 다음으로 발신자인 안찰사의 겸대(兼帯) 직함에 주목하여, 전반의 '兼監倉使転輸提点刑獄兵馬公事'는 1227년에 발급된 전라주도 안찰사와 같으나, 후반의 본직(경직(京職)) '朝散大夫尚書礼部侍郎太子宮門郎' 중 하나인 '예부시랑(礼部侍郎)'은 정4품 관직이다. 고려전기 이래, 안찰사의 품계는 대체로 5, 6품이었는데 그에 비하여 이례적인 일로 여기며, '몽고의 압정 하에서 지방의 중요성이 높아져, 고위 관직을 가진 사람이 안찰사로 파견된 것이라고 추측'하고 있다.

또, 대마도민을 송환할 때에 상주목(尚州牧) 장교 1명과 진주목(晋州牧) 장교 1명을 호송관으로 삼은 점에도 주목한다. 이에 대해서는, 안찰사는

本高麗関係史』, 八木書店, 2019a, 76쪽.

49 장동익, 앞의 논문, 65~66쪽.

직접적으로는 속관을 지니지 않으나, 지방군인 주현군을 통솔할 수 있는 입장이었기 때문에 이러한 조치가 가능했다고 서술하고 있다. 더욱이 본문 중 몽골을 '북조'라고 표기하고 있는 것도, 몽고에 대해 스스로를 신속국으로 인정하지 않으려 하는 고려인의 자세 중 하나라고 보았다. 그리고, 몽골이 연행한 2명의 대마도민을 송환하는 취지를 통고하고, 고려와 우호적인 관계였던 일본에 몽골의 사신단을 안내한 것은 몽골의 강제로 인한 것이며 어쩔 수 없는 일이었다는 사실을 전하고 있다. 몽골에 의한 각종 압력을 경험하고 있던 이 시기의 경상도 안찰사는 몽골의 일본에 대한 통호 요청의 본질이 무엇이었는지를 알고 있었을 것이라 하였다. 한일 양국의 접촉 창구였던 경상도 안찰사로서, 다자이후 슈고에게 그 사실을 암묵적으로 전하려 한 것으로 여겨진다고 서술하고 있다.[50]

다음으로 아라키는 고려 첩장의 반첩안으로 남아있는 「大宰府守護所牒」을 복원하면서 본 문서를 이용하고 있다.[51] 장동익이 발견한 『異國出契』에는 새로 발견된 몽골, 고려 첩장 뿐만 아니라, 지금까지 존재가 확인된 문서도 수록되어 있다. 『異國出契』에는 『本朝文集』에 수록된 본 첩장에 대한 반첩안(스가하라 나가나리(菅原長成) 작성)도 수록되어 있는데, 그 중에 고려 첩장의 인용부분에 해당하는 개소를 적은 방식이 「当使 ---(本/マ) 謹牒」(『本朝文集』, 『異國出契』(内閣本), 「当使□□□謹牒」(『異國出契』(京大本)), 「当使□□□□□謹牒」(太宰府市史)로 나와있으며, 그 의미가 명확하지 않았다.

---

50 장동익, 위의 논문, 69쪽.

51 荒木和憲, 앞의 논문.

그래서 『異國出契』에 수록된 고려 첩장을 보자, 발신, 수신에 이어서 본문 모두가 '当使契勘'으로 시작하여, 본문 말미를 '謹牒'으로 맺고 있었다. 따라서 「本/マ ———」나 「□」로 나와있는 부분은 몇 자 분량이 탈락된 것이 아니라, 고려국경상진안동도안찰사첩의 본문이 인용되어 있었던 것이라고 결론짓고 있다.

이시이는 "몽고황제의 지시를 받아 내키지 않는 역할을 수행하고 있다는 느낌이 전해져 오는 듯"하며, "앞에서 본 최초의 국서와 사자의 편지와 마찬가지로 고려의 배려가 배어나오고 있다"고 서술하고 있다.[52]

사에키는, 안찰사 첩장의 수신인을 '大宰府守護所'라 한 점에 대하여, 본래 관직이라는 의미로 다자이후에 보낸 것이라면, 다자이후만으로도 충분하지만, 가마쿠라 시대가 되면 다자이후는 가마쿠라 막부의 진서봉행 무토(武藤)씨(쇼니(少弐)씨)가 장악하고 있었으며, 무토씨는 '大宰府守護所'에서 문서를 발급하고 있었다. 이 점을 이전에 일본을 방문한 반부 등이 알고 있었기 때문에 大宰府守護所 = 무토씨에 대하여 보낸 것이라고 생각하고 있다.[53]

선행연구를 참고로, 본 첩장의 취지를 나타내면 다음과 같다.

본조(고려)와 귀국(일본)이 신의를 다하여 수호를 맺은 지 오래 지났다. 요즈음, 북조 황제(쿠빌라이)가 귀국과 통호를 요구하고 있으며, 사절을 파견하여 서를 보내어 고려를 경유하여 선도할 것을 강경한 자세로 강요하

52 石井正敏, 앞의 논문, 2018, 163~164쪽.

53 佐伯弘次, 앞의 논문, 9~10쪽.

고 있기 때문에, 고려는 어쩔 수 없이 사자를 수행시켜 바다를 건너게 하였으나, 전에 북조의 사자가 대마도까지 이르러 그곳에서 남자 2명과 함께 황제에게 돌아갔다. 2명은 곧바로 반환되어 지금 이미 해당 도의 관내에 들어왔기 때문에 배를 준비하고 식료를 갖추어 상주목 장교 1명, 진주목 장교 1명, 향통사 22명, 선원 20명을 파견하여 호송하므로, 사정은 그들에게 청취해주기를 바란다.

Ⅲ. 일본에 외교문서를 가져온 고려사의 격에 대하여

필자는 지금까지 몽골 습래 이전의 일본과 고려 간에 이루어져온 교류에 대해 검토해왔다. 그러므로 그 시점을 통해 이 시기에 일본에 온 고려사의 격에 대해 생각해보고자 한다.

본 문서를 가져온 고려사는 김유성(金有成)과 고유(高柔)이다. 고유에 대해서는 중국, 한국의 사료에서 찾을 수 없으며, 가마쿠라 막부 평정소(評定所)의 구성과 인사를 기록한 『관동평정중전(関東評定衆伝)』에서는 다음과 같이 기록하고 있다.

> 『관동평정중전』 문영(文永) 6년(1269) 9월조
>
> 九月, 蒙古·高麗重牒状到来. 牒使金有成·高柔二人也. 還対馬島人荅二郎·彌二郎. 高柔依霊夢, 献所持毛冠於安楽寺, 即叙其由, 呈詩.

즉, 고유가 영험한 꿈을 꾸고 가져온 모관(毛冠)을 안라쿠지(安楽寺)(다

자이후 텐만구)에 헌상하면서 그 연유를 기록한 한시를 바치고 있으나,[54] 구체적인 관직 등에 대해서는 알 수 없다.

대사로 여겨지는 김유성에 대해서는, 이 시기와 더불어 1292년에 쿠빌라이의 명령을 받아 탐라에서 생포한 일본 상인을 호송하는 명목으로 일본을 방문하여 고려 충렬왕의 국서를 가져왔다. 이 국서는 『고려사』에 내용이 기재되어 있을 뿐 아니라 가나자와 문고(金沢文庫)에 문서의 원래 형태를 남긴 사본이 전해져 오고 있다. 김유성은 그대로 일본에 머무르기를 택하고 사망하였다.[55] 『고려사』 김유성전은 다음과 같다.

『고려사』 권106, 김유성전

金有成, 安城県人. 父綉官至尚書左僕射. 有成年十五中第, 調徳原府書記, 遷同文院録事. 元宗朝, 元世祖, 遣秘書監趙良弼宣撫日本, 令我國道達. 有成, 選充書状, 偕良弼往, 諭以順逆·禍福. 日本, 承命, 遣使朝元. 以功累遷監察御史. 忠烈時, 世祖, 復遣僉院洪君祥, 招諭日本. 王, 以有成善於辞命, 陞太僕尹, 為宣諭使. 時書状闕人, 皆以計避. ……後日本僧鉗公, 来言, 「有成, 丁未七月五日, 病卒. 」……

여기서는 쿠빌라이가 비서감 조량필을 선무사로 삼아 일본에 파견할 것이 결정되자, 김유성이 '書状官'으로 선정되어, 조량필과 함께 일본으로 가

54 佐伯弘次, 앞의 책, 70쪽.

55 植松正, 「第二次日本遠征後の元·麗·日関係外交文書について」, 『東方学報』90, 2015, 69~82쪽; 佐伯弘次, 앞의 논문, 21~24쪽.

일본측에 '順逆·禍福'할 것을 타일렀다고 한다. 하지만 이 기술은 이케우치 히로시(池内宏)가 지적하듯이[56] 1269년과 1271년의 원, 고려사절을 혼동한 것으로 보아야 한다. 조량필이 일단 고려로 돌아왔을 때 동반한 일본인은 사절로 위장되어 원의 수도로 향했다. 이러한 유사 상황으로 인해 내용에 혼란이 있었던 것이라 여겨진다. 따라서, 김유성전에 있는 '以功累遷監察御史'는 1269년 견일사로서 임무를 수행한 것에 따른 공적이라고 이해해야 한다.

이 '감찰어사(監察御史)'는 『고려사』 권76, 백관지(百官志), 사헌부조(司憲府条)에 따르면, 종6품에 상당했던 것을 알 수 있다. 김유성의 생년은 알 수 없으나, 15세에 과거에 합격하고 덕원부 서기를 거쳐 동문원록사(同文院録事)를 지냈으며, 원종 조에는 일본에 파견되었다. 동문원록사는 『고려사』 권76, 백관지, 보문각조(宝文閣条)에 따르면 녹사 4명 중 2명이 겸관인 것이 기재되어 있으나 구체적인 품계는 적혀 있지 않다. 고려묘지를 보면, 1211년에 죽은 함수(咸脩)는 "擢為詹事府録事, 遷供駅署丞兼同文院録事"라 나와 있으며,[57] 공역서승(供駅署丞)(종8품)[58]였던 것을 알 수 있다. 또한, 1287년에 사망한 원부(元傅)는 24세에 '중원(충주)목의 사록(司録)'으로, 33세에 동문원녹사에 임명되었다.[59] 목 원사의 품질은 대도호부와 같다는 규정이 고려사 백관지에 있으며, 대도호부의 사록(겸장서기)는 7품 이상이라

56 池内宏, 앞의 책, 99쪽.

57 김용선, 『고려묘지명집성(제4판)』, 한림대학교출판부, 2006, 301쪽.

58 『고려사』권77, 백관지, 공역서

59 김용선, 앞의 책, 399쪽.

고 한다. 따라서, 동문원녹사는 적어도 7품에서 종8품 상당의 인물이 맡는 관직임을 알 수 있다.

그 이전에 고려외교문서(국서 혹은 첩장)을 일본에 가져온 고려측 사절이 판명되어 있는 것을 들어보면 다음과 같다.[60]

〈표〉

번호	서력	외교문서	대사·부사에 상당하는 인물의 관품·인명
①	997年	일본국·대마도·대마도사에게 보낸 '牒(啓牒)'	다자이후의 사람
②	1019年	대마도에 보낸 안동도호부첩	공역령(供駅令)(종7품) 인 정자량(鄭子良)
③	1080年	다자이후에 보낸 예빈성첩	다자이후 상인 왕측정(王則貞)
④	1206年	대마도에 보낸 금주방어사첩	대마도민 明頼
⑤	1227年	다자이후에 보낸 전라도 안찰사첩	승존(承存)(전라도 향리인가?)[11]
⑥	1227年	일본에 보낸 서(書) (형식 등은 불명)	급제(及第) 박인(朴寅)
⑦	1259年	일본에 보낸 서 (형식 등은 불명)	감문위녹사(정8품) 한경윤(韓景胤) 권지직사관(정9품) 홍저(洪貯)
⑧	1263年	일본에 보낸 첩	대관서승(大官署丞)(정8품) 홍관(洪冠) 노사부녹사(정9품) 곽왕부(郭王府)
⑨	1266年	일본국왕에 보내는 대몽고국황제봉서 → 도항하지 않음	추밀원부사(정3품) 송군배(宋君斐) 시어사(侍御史)(종5품) 김찬(金贊)
⑩	1267年	일본국왕에 보낸 대몽고국황제봉서 일본국왕 좌우에 보낸 고려국왕 왕합 계번부서장(潘阜書状)	기거사인(起居舍人)(종5품)) 번부(潘阜)
⑪	1269年	일본국왕에 보낸 대몽고국 중서성첩 일본국 다자이후 수호소에 보낸 경상진안동도 안찰사첩	동운원녹사(정7품~정8품) 김유성(金有成) 고유(高柔)(품관 불명)

60 植松正, 앞의 논문, 2015, 51쪽; 石井正敏, 앞의 논문, 2017b, 248~251쪽; 近藤剛, 앞의 책, 2019, 2~7쪽 등을 참조.

61 近藤剛, 「嘉禄·安貞期(高麗高宗代)の日本·高麗交渉と「進奉定約」」, 『日本高麗関係史』, 八木書店, 2019d, 348쪽.

이를 보면, '風濤의 険'으로 인해 일본에 가지 못한 추밀원부사(정3품) 송군배와 시어사(종5품)인 김찬, 그리고 그들 대신 다음해 일본에 간 기거사인(종5품) 반부의 품계는 정3품~종5품으로, 다른 사례에 비해 높은 것을 알 수 있다. 그 이유로 바로 떠오르는 것은 몽골의 명령을 받았다는 점, 혹은 몽골 사신과 동행했다는 점이므로 체면을 유지하기 위해 고려사절의 격을 올렸다는 것을 생각해볼 수 있을 것이다. 하지만 본고에서 다루는 「대몽고국중서성첩」과 「고려국경상진안동도안찰서첩」을 일본에 가져온 김유성은 정7품~종8품 사이의 품계이며, 고유에 대해서는 고려 측의 기록에서는 아예 나오지 않는다.

다음으로, 그들이 가져온 문서의 종류에 대해 생각해보고자 한다. 종5품 이상 사절이 가져온 외교문서는 쿠빌라이 및 원종이 발신자인 국서이다.[62] 그에 비해 다른 사절이 가져온 외교문서는 중앙·지방이라는 차이는 있으나, 관부·관청명의로 발급하고 있다. 『원고려기사(元高麗紀事)』 지원 9년(1272) 2월 13일조에는 "遣致書於日本國王, 使通好天朝"로 나와 있어 원종이 일본국왕에게 '致書'한 것이 기록되어 있다. 내용에 대해서는 이 이상 알 수는 없으나 고려 국서라고 생각해도 무방할 것이다. 이 국서를 가져온 고려 사절은 어사(감찰어사)인 강지소(康之邵)와 서장관 장택(張鐸)이었다. 서장관은 정사와 동행하여 국서 등을 담당하는 관직[63]이지만, 장택의 본래 관직은 분명하지 않다. 한편, 감찰어사는 어사대(사헌부)의 관인

62 近藤剛, 「「国書」および「外交」との向き合い方」, 『日本高麗関係史』, 八木書店, 2019c

63 武田幸男 編訳, 『高麗史日本伝』(上), 岩波書店, 2005 a , 89쪽.

으로 종6품관인 것이 『고려사』 백관지에 기재되어 있다.

그리고 앞에서 서술한 대로, 1292년에 발급된 일본국왕에게 보낸 충렬왕 봉서는 김유성이 가져왔다. 그는 고려사 김유성전(앞에 제시)에 따르면, 파견 직전에 태복윤(太僕尹)(종3품)[64]으로 승진하여 선유사(宣諭使)로서 도항하고 있다.

고려의 품계는 정1품부터 종9품까지 18품이라는 구분뿐 아니라, 관인으로서의 의미와 기능을 구별하는 3가지 구분이 있다. 옥대를 차고 국왕과 함께 국정을 논의하는 재상의 위치에 있는 2품 이상인 '재구(宰枢), 서대(犀帶)'를 차고 조회에 참가하여 국정에 대해 의견을 표명할 수 있는 6품 이상인 참상(참내)관, 흑대를 차고 있으나 조회에 참가할 수 없는 7품 이하인 참외(참하)관이다.[65] 이 구분에 비추어 보면, 국왕 명의로 발급하는 국서에 대해서는 6품 이상의 참상(참내)관이 가져오며 관청 명의인 외교문서의 경우에는 참외(참하)관이 담당한다고 볼 수 있다.

이후 더 검토할 필요가 있으나, 적어도 대 일본외교에서 파견된 고려사의 격에 대해서는 그들이 가져오는 문서의 종류(격)이 관계 있는 것이 아닌가라는 견해를 이야기해두고 싶다.

---

64 武田幸男 編訳, 『高麗史日本伝』(下), 岩波書店, 2005b, 53쪽.

65 박용운, 『『고려사』백관지역주』, 신서원, 2009, 193쪽.

Ⅳ. 원구선 발굴에 대하여

1. 다카시마 만(鷹島沖)에서 발견된 침몰선에 대하여

본 절에서는 나가사키현 다카시마정에서 최근 발굴된 원구선에 대해 다루고자 한다

1281년, 원과 고려의 연합군 4만명과 900척의 선단으로 이루어진 동로군과, 원과 구 남송군의 연합군 10만명과 3500척으로 이루어진 강남군 총 14만 대군이 일본 정벌을 위해 움직였다. 이른바 홍안의 역(弘安の役)이다. 두 원정군은 같은 해 6월 15일에 이키(壱岐)에서 합류할 예정이었다.

동로군은 5월 3일 합포를 출발해 대마도, 이키를 제압한 후, 6월 6일에 시가(志賀)섬에 도착했다. 석축지(石築地)를 구축한 일본군은 배를 보내 원군을 공격했다. 동로군 중 한 부대는 나가토(長門)에도 공격을 가했으나 쉽게 상륙하지는 못하였고 다시 이키로 후퇴했다. 약속 일시인 6월 15일에도 강남군은 오지 않았고, 오히려 일본 무사들이 이키의 원군을 습격했다.

강남군은 출발 준비에 시간이 걸려 합류 예정일인 6월 15일보다도 한

참 지나서야 경원에서 출항했고, 7월에 고토(五島)로부터 히라도(平戸)에 도착했다. 이 소식을 들은 동로군도 히라도로 이동하였고, 다시 하카타 방면을 공격하기 위해 양군은 다카시마로 이동했다. 그리고 양군이 다카시마에 결집해있던 7월 30일 밤부터 다음날 윤 8월 1일에 걸쳐 격렬한 풍우가 들이닥쳐 원의 대군은 괴멸적인 타격을 입었다. 원군은 10만명 중 6, 7만을 잃고 고려군도 7천명 이상이 귀환하지 못했다고 한다.[66]

이 폭풍우로 인해 다카시마 만에 침몰했다고 여겨지는 원구선이 2011년과 2015년에 발굴된 것이다. 조사의 중심에 관여했던 이케다 요시후미(池田榮史)의 연구를 따르면서 상황을 확인하고자 한다.[67]

홍안의 역 때 원군이 괴멸한 다카시마 만에서는 1980년 이래 수중고고학 조사가 이루어져, 중국, 고려산 도자기와 『몽고습래회사(蒙古襲来絵詞)』에 그려져있는 '데쓰하우(てつはう)'로 보이는 작렬탄, 석구(石球), 활, 갑옷 등의 무기·무구, 청동제 장금구(裝金具), 원선의 닻, 원군의 '관군총파인(管軍総把印)' 등 다양한 유물이 발굴되었다. 2003년도부터는 음파조사장치를 이용하여 다카시마 해저유적 조사를 모색하고 실시하여, 2011년 10월에 '다카시마 1호 침몰선'이 발굴된 것이다.

---

66 이상 佐伯弘次, 2003, 139~144쪽.

67 池田榮史, 『水中考古学手法による元寇沈船の調査と研究』 平成23年度~平成27年度, 科学研究費補助金基盤研究(S)研究成果報告書 第2冊, 2013; 池田榮史, 『海底に眠る元寇沈没船の謎 モンゴル帝国の沈没船は何を語るのか？プログラム·資料集』, 国際印刷, 2016; 池田榮史, 「日本における水中遺跡調査研究の現状 -鷹島海底遺跡における元軍船の調査研究を中心に」, 佐藤信 編, 『水中遺跡の歴史学』, 山川出版社, 2018a; 池田榮史, 『海底に眠る蒙古襲来-水中考古学の挑戦-』, 吉川弘文館, 2018b.

이 배의 특징은 동서방향으로 늘어져 있는 선체 기본부분을 이루는 용골(킬)과 이에 따른 양현 측의 판재(외판)이 용골의 북측과 남측으로 열린 상태로 잔존해 있었다는 점이다. 용골은 폭이 약 50cm인 목재를 사용하여, 약 12m 길이까지 확인 가능하나, 중간 부분에서 부러져 있다. 용골의 서쪽 선단부분에는 마름질을 위한 가공이 보이나, 동쪽 선단부분은 배좀벌레조개에게 잠식당해 원형을 유지하지 못하고 있다. 용골의 양측면에는 회반죽으로 여겨지는 백회색 도료가 도배되어 있다.

용골 북측 외판에서는 용골과 외판에 대해 직각으로 교차하는 목재가 2~3장씩 간격을 두고 배치되어 있는데, 이들은 선체 내부를 구분하는 격벽(칸막이)과 이에 따라 이용된 늑재(부목)으로 여겨진다. 유사한 구조를 가진 중국 복건성 천주시 후저항에서 발견된 배, 한국 전라남도 신안군 해저 유적에서 출토된 배와 비교하면, 복원시 배의 길이는 27m 전후로 상정된다. 또 대량의 벽돌과 중국산 도자기 파편, 벼루 파편, 휴대용 숫돌, 구형 토제품 파편 등이 확인되었다.

이어서 다카시마 2호 침몰선은 2015년 6월에 발견되었다. 인양에 위험이 따르는 상황이기 때문에 흙을 제거하지 않은 부분도 있으나, 현재 확인되지 않은 용골이 있는 것은 명백하다고 한다. 선체 부재는 우현, 좌현을 이루는 외판재와 선내를 구분하는 격벽재가 본래의 선체구조를 유지한 상태로 잔존하고 있다. 격벽은 9곳에서 확인되며, 이로 인해 구분되는 8구획 공간이 명료하게 확인된다. 더욱이 다카시마 2호 침몰선의 아래에 또 다른 침몰선이 존재할 가능성도 고려할 수 있다고 한다.

유물로서는 밸러스트로 이용된 석재를 비롯해, 완형(完形) 천목완(天目

碗), 백자완(白磁碗), 갈유호(褐釉壺), 석재통형제품(錫製筒型製品), 벽돌, 청자평(青磁坪), 백자완(白磁碗), 도기호(陶器壺) 등이 발견되었으나, 다카시마 1호 침몰선과 비교하면 상당히 적다고 한다. 또한 1호 침몰선에 비해 2호 침몰선은 약간 소형으로 추정되고 있다.

홍안의 역 때에는 고려 합포에서 출발한 동로군 선단과 경원에서 출발한 강남군 선단이 있었기 때문에, 다카시마 해저 유적에서 고려의 배와 중국의 배가 둘 다 발견될 가능성이 있다. 특히 고려에서 출격한 배에 대해 『원사』 일본전, 지원 11年(1274) 3月조에 "命鳳州經略使忻都·高麗軍民總管洪茶丘, 以千料舟·拔都魯輕疾舟·汲水小舟各三百, 共九百艘, 載士卒一万五千, 期以七月征日本"이라 하였고, 문영의 역 때에는 '千料舟(대선)'·'拔都魯輕疾舟(소형고속선)'·'汲水小舟(물, 무기 등을 실은 소형선)' 등을 고려에게 만들라고 했음을 알 수 있다. 사에키, 기타오카 마사토시(北岡正敏)는 선행연구를 이용하면서 상기 3종류 선박에 대해서 복원도 등을 제시하고 있다.[68] 이케다는 아마도 홍안의 역 때에도 문영의 역과 마찬가지로 다양한 역할을 지닌 선박이 있었을 것이라고 생각하고 있으나,[69] 다카시마 1호 침몰선에 대해서는 선체구조의 특징과 실린 짐의 내용으로 보아 경원에서 출발한 강남군 선단 중 1척일 가능성이 높은 듯하다. 용골의 존재가 분명한 2호 침몰선도 강남군 선단 중 1척으로 볼 수 있으며, 두 배를

---

68 佐伯弘次, 앞의 책, 89~90쪽; 北岡正敏, 『蒙古襲来の真実-蒙古軍はなぜ壊滅したのか-』, 星雲社, 2017, 45~46쪽.

69 池田榮史, 「日本における水中遺跡調査研究の現状-鷹島海底遺跡における元軍船の調査研究を中心に」, 佐藤信 編, 『水中遺跡の歴史学』, 山川出版社, 2018a, 33쪽.

비교하여 배의 종류 비정 등이 이후 가능해질 것으로 여겨진다.

이상과 같은 고고학 성과에 대해 필자가 평가를 내릴 수는 없으나, 이케다가 서술하듯이 다카시마 해저 유적의 조사가 진전되면 고려선이 발굴될 가능성이 있다. 근년 한반도 서쪽의 진안 해역에서 연이어 고려 시대의 침몰선이 발굴되고 있다.[70] 이케다는 이들 배는 대형 목재를 가로로 늘어놓고 이를 빗장으로 연결하여 선저(船底)를 평탄하게 만들고 있다고 하였다. 중국선에서 보이는 듯한 용골은 설치되어 있지 않으며, 선수, 선미는 평탄한 구조라는 특징이 있다고 지적했다.[71]

2. 문헌·회화 자료에서 본 원구선에 대하여

한편, 문헌·회화 자료에서 이 문제에 접근한 것으로, 이시이의 연구가 있다.[72] 이시이 연구의 주안점은 1019년에 동여진이 고려를 지나 쓰시마, 이키, 하카타를 강습한 이른바 '도이(刀伊)의 입구(入寇)' 때에 일본에서 철수해온 도이를 고려 수군이 일망타진한 병선(과선(戈船))의 구조를 밝혀내는 것에 있다. 구체적으로는 고려수군이 구출한 사람들에게서 청취한 내용을 다자이후가 보고한 내용이 나와있는 『소우기(小右記)』 관인(寬仁) 3년

70 森達也, 「韓国と中国の水中遺跡をめぐって」, 佐藤信 編, 『水中遺跡の歴史学』, 山川出版社, 2018, 43~50쪽.

71 池田榮史, 『海底に眠る蒙古襲来-水中考古学の挑戦-』, 吉川弘文館, 2018b, 180~181쪽.

72 石井正敏, 「『小右記』所載「内蔵石女等申文」にみえる高麗の兵船について」, 『高麗·宋元と日本(石井正敏著作集 3)』, 勉誠出版, 2017a.

(1019) 8월 3일~10일조에 걸친 종이의 뒷면에 있는 같은 해 7월 13일부의 「大宰府解」 및 그 해에 첨부되어 올라온 같은 날짜 「内藏石女等申文」의 기록을 선박사 연구 성과를 이용하면서 분석하고 있다. 이시이가 도출해낸 고려병선에 대한 해석은 "선수에 철각을 장비하고 '이중'으로 만들어져, '위'에 노(櫓), '아래'에 집(檝=노)를 배치한 특이한 병선"이라는 것이다. 그리고 구체적인 모습으로 『몽고습래회사』에 그려진 군선과 조선 시대 군선인 판옥선(전선)이 매우 참고가 된다고 하였다.

『몽고습래회사』 후권·〈그림 16〉에 그려진 몽골군 군선은 고려 병선을 방불케 한다고 한다.[73] 〈그림 16〉은 다카시마에 집결한 몽골군이 폭풍으로 인해 괴멸적인 타격을 받아 혼란에 빠진 상황에서, 다케자키 히데나가(竹崎季長) 등 무사들이 분전하는 모습을 그린 장면인 것이 밝혀져 있다. 묘사된 배를 강남선으로 보는 견해도 있으나, 이시이는 고려에서 만들어진 배도 있으므로 신중해야 한다고 하며, 다음과 같은 특징을 기술한다.

① 갑판이 2층으로 만들어져 있고, 상갑판(上粧甲板)에는 좌현, 우현 함께 성가퀴(女墻)가 설치되어 있었다.
② 상갑판과 하갑판 사이에 좌우현측 및 전후에 網代壁이 세워져 있어 선실이 되어 있다. 이 網代壁은 판옥선의 패판(牌板)에 해당하며, 개폐식 창도 설치되어 있었다.
③ 노를 젓는 사람은 안전한 선실 내에 배치되어 노를 조작하고 있었다.

73 石井正敏, 위의 논문, 2017 a , 171~173쪽.

④ 상갑판(上粧甲板) 선미에는 조타수를 보호하기 위한 작은 방이 설치되어 있었다.

⑤ 오르내림에 사다리(계단)을 이용하고 있었다.

이상의 특징으로 보아, 『蒙古襲来絵詞』에 기록된 원구선을 고려에서 건조된 배로 보는 것도 충분히 가능하다고 지적하였다. 그 전제하에 다음과 같이 논하고 있다.[74]

『몽고습래회사』의 군선은 매우 상세히 묘사되어 있으나……부정확한 곳도 있어 복원에는 상당한 추측을 포함시킬 필요가 있다고 여겨진다. 그 부정확함과 부자연스러움은 당시 일본인이 보기에는 이해할 수 없는 '이중' 구조였던 것에 의한 것이 아닐까 생각한다. ……『몽고습래회사』를 그린 화가도 실제로 배와 배를 조종하는 모습을 보지 못했고, 히데나가 등도 목숨을 건 전투 중에는 선원이 어디서 어떤 식으로 노를 젓고 있었는지 등 배의 구조까지 관찰할 여유는 없었을 것이다. 그 히데나가 등의 부정확한 기억에 기초한 설명에 따라 그림을 그렸을 화가로서는, 수중에 있었던 중국 배의 견본도를 참고로 상상을 섞어 그릴 수밖에 없었던 것이 아닐까.

이후 새롭게 침몰선이 발견된 때에는 이상과 같은 문헌, 회화 자료의 성과도 이용하여 더 설득력 있는 선종(船種)을 비정할 수 있지 않을까 생각한다.

지금까지 일본에서의 몽골 습래 연구에 관하여 최근 밝혀진 문헌, 고고

---

74 石井正敏, 위의 논문, 2017 a , 177~189쪽.

학 성과를 제시하여 소개 및 약간의 고찰을 시도하였다. 고고학에 대해서 필자는 문외한이나, 이 전쟁에 관한 사람, 물건, 정보가 담긴 배 그 자체가 발견된 것은 극히 중요하며, 이러한 기회에 소개하는 것은 의미가 있다고 생각한 따름이다. 그리고 원구선에 관한 문선, 회화 자료를 이용한 연구를 제시하였다.

해당분야에서 이후 고고, 문헌 등의 학제적 연구가 진전할 것을 기대하며 붓을 놓는다.

(번역: 정순일)

이 글은 이 책을 위해 새롭게 작성한 것이다.

참고문헌

| 연구서

김용선, 『고려묘지명집성(제4판)』, 한림대학교출판부, 2006.

박용운, 『『고려사』백관지역주』, 신서원, 2009.

장동익, 『일본고중세고려자료연구』, 서울대학교출판부, 2004.

池内宏, 『元寇の新研究』, 東洋文庫, 1931.

池田榮史, 『水中考古学手法による元寇沈船の調査と研究』 平成23年度~平成27年度, 科学研究費補助金基盤研究(S)研究成果報告書 第2冊, 2013.

池田榮史, 『海底に眠る蒙古襲来-水中考古学の挑戦-』, 吉川弘文館, 2018b.

池田榮史, 『海底に眠る蒙古襲来-水中考古学の挑戦-』, 吉川弘文館, 2016b.

石井正敏, 『高麗·宋元と日本(石井正敏著作集3)』, 勉誠出版, 2017.

川添昭二, 『蒙古襲来研究史論』, 雄山閣出版, 1975.

北岡正敏, 『蒙古襲来の真実-蒙古軍はなぜ壊滅したのか-』, 星雲社, 2017.

近藤剛, 『日本高麗関係史』, 八木書店, 2019.

佐伯弘次, 『モンゴル襲来の衝撃』, 中央公論新社, 2003.

武田幸男 編訳, 『高麗史日本伝』(上), 岩波書店, 2005a.

武田幸男 編訳, 『高麗史日本伝』(下), 岩波書店, 2005b.

森平雅彦, 『モンゴル帝国の覇権と朝鮮半島』, 山川出版社, 2011.

森平雅彦, 『モンゴル覇権下の高麗 帝国秩序と王国の対応』, 名古屋大学出版会, 2013.
旗田巍, 『元寇-蒙古襲来の内部事情-』, 中央公論社, 1965.

| 연구논문

荒木和憲, 「文永七年二月日付大宰府守護所牒の復元-日本·高麗外交文書論の一齣-」, 『年報太宰府学』2, 2008.
池田榮史, 「日本における水中遺跡調査研究の現状-鷹島海底遺跡における元軍船の調査研究を中心に」, 佐藤信 編, 『水中遺跡の歴史学』, 山川出版社, 2018a.
石井正敏, 「古代東アジアの外交と文書-日本と新羅·渤海の例を中心に」, 『日本渤海関係史の研究』, 吉川弘文館, 2001.
石井正敏, 「『小右記』所載「内蔵石女等申文」にみえる高麗の兵船について」, 『高麗·宋元と日本(石井正敏著作集3)』, 勉誠出版, 2017a.
石井正敏, 「至元三年·同十二年の日本国王宛クビライ国書について-『経世大典』日本条の検討」, 『高麗·宋元と日本(石井正敏著作集3)』, 勉誠出版, 2017b.
石井正敏, 「文永八年の高麗使について-三別抄の日本通交史料の紹介-」, 『高麗·宋元と日本(石井正敏著作集3)』, 勉誠出版, 2017c.
石井正敏, 「文永八年の三別抄牒状について」, 『高麗·宋元と日本(石井正敏著作集3)』, 勉誠出版, 2017d.
石井正敏, 「武家外交の成立」, 『通史と史料の間で(石井正敏著作集4)』, 勉誠出版, 2018.
植松正, 「モンゴル国国書周辺」, 『史窓』64, 2007.
植松正, 「第二次日本遠征後の元·麗·日関係外交文書について」, 『東方学報』 90, 2015.
近藤剛, 「「大日本国大宰府宛高麗国礼賓省牒状」にみえる高麗の対日本認識」, 『日本高麗関係史』, 八木書店, 2019a.
近藤剛, 「「日本国対馬島宛高麗国金州防禦使牒状」の古文書学的検討と「廉察使」」, 『日本高麗関係史』, 八木書店, 2019b.
近藤剛, 「「国書」および「外交」との向き合い方」, 『日本高麗関係史』, 八木書店, 2019c.
近藤剛, 「嘉禄·安貞期(高麗高宗代)の日本·高麗交渉と「進奉定約」」, 『日本高麗関係史』, 八木書店, 2019d.
佐伯弘次, 「蒙古襲来以後の日本の対高麗関係」, 『史淵』153, 2016.
杉山正明, 「モンゴル時代のアフロ·ユーラシアと日本」, 近藤一成編, 『日本の時代史 9 モンゴルの襲来』, 吉川弘文館, 2003.
장동익, 「一二六九年「大蒙古国」中書省の牒と日本側の対応」, 『史学雑誌』 114-8, 2005.
舩田善之, 「日本外交文書からみた大モンゴル国の文書形式の展開」, 『史淵』 146, 2009.
村井章介, 「高麗·三別抄の叛乱と蒙古襲来前夜の日本」, 『アジアのなかの中世日本』, 校倉書房, 1988.
森達也, 「韓国と中国の水中遺跡をめぐって」, 佐藤信 編, 『水中遺跡の歴史学』,

山川出版社, 2018.

森平雅彦, 「高麗·元関係史研究の意義と課題」, 『モンゴル覇権下の高麗 帝国秩序と王国の対応』, 名古屋大学出版会, 2013a.

森平雅彦, 「高麗王とモンゴル官府·官人の往復文書」, 『モンゴル覇権下の高麗 帝国秩序と王国の対応』, 名古屋大学出版会, 2013b.

森平雅彦, 「元における高麗の機能的位置」, 『モンゴル覇権下の高麗 帝国秩序と王国の対応』, 名古屋大学出版会, 2013c.

4

남해에서 동해로
: 황충 『해어』의 해양 서사

- 셰종즈

Ⅰ. 머리말

명대 해양세계는 처음에는 해금정책을 수반하였다. 태조(太祖)가 나라를 건립한 초기, 나라의 근간이 아직 안정되지 않았고, 왜구 또한 자주 연해에 출몰하여, 지방의 안전과 정치적 이익을 유지하기 위해 해금을 실시했으며, 민간과 해외 여러 국가들의 사적 무역을 엄금하였다. 주원장(朱元璋, 1328-1398)은 1367년에 태창주(太倉州)에 시박사(市舶司)를 설치하고, 천주(泉州)·명주(明州)·광주 등에 시박사를 증설하였으나, 이후 모두 방치하였다.[01] 명나라 당시 외국과의 접촉은 조공무역을 통해서만 가능하였는데, 외국 사신이 가지고 온 물품으로 무역을 진행할 수 있도록 윤허하였고, 또한 이 기회를 통해 해당 국가의 정황을 파악하였다. 이러한 현상은 계속되다가 성조(成祖) 즉위 후 비로소 변화가 생기기 시작하였다.

성조 초기, 시박사 재개 이외에도 영락 3년(1405)부터 정화(鄭和, 1371-1433)가 통솔하는 선단이 서양으로 원정을 나섰다. 정화의 원정 목적에 대해서 여러 의견이 있는데, '건문제(建文帝) 수색'을 위해서라는 설과, '국위

---

01 『명태조실록明太祖實錄』 권28 下, 오(嗚) 원년 12월 무오조, 18b; 권93, 홍무 7년 9월 신미조, 2a 및 『明太祖實錄』 권22, 영락 원년 8월 정사조, 3a 참조.

선양(國威宣揚)'이라는 의견이 있다. 그러나 실질적인 정화 원정의 중요 사명은 외국과의 교류를 회복하고, 관계를 공고히 하며, 종주국의 지위를 강화하여, 명나라가 안심하고 전력을 다해 몽원(蒙元) 세력에 대항하도록 하는 것이었다.[02] 수행한 관원 역시 항해 과정 중, 보고 들은 것들에 대하여 기록을 남겼는데, 마환(馬歡)의 『영애승람(瀛涯勝覽)』, 비신(費信, 1388-?)의 『성차승람(星槎勝覽)』, 공진(鞏珍)의 『서양번국지(西洋番國志)』 등의 서적이 있다. 비록 국가의 정책이 이후 다시 쇄국으로 흘러갔지만, 이렇게 집필된 책들은 14-15세기 동남아 각국의 풍토와 민심을 이해하고, 당시 명나라 사람들의 해양인식을 수집하여 구성하는 데 도움이 되었다.

명나라 사람들의 해양세계에 대한 인식 창구는 왜구의 소강 상태와 정화원정의 중지 등의 이유로 중단되었고, 관방의 조공선(朝貢船)을 통해서만 무역을 할 수 있었지만, 민간의 사적 무역 상황은 여전히 어느 정도 존재하였다. 해양과 관련된 지식은 사인(士人)의 필요에 의하여 획득·전파된 것이 아니었는데, 이는 과거제도의 발전과 관련이 있었다. 명대 과거의 팔고취사(八股取士)는 한 가지 경전에만 통달하면 됐는데, 이는 벼슬길에 오르는 가장 빠른 방법으로, 이로 인하여 사인이 학업을 게을리하는 현상이 매우 엄중하였다. 명 중기 이후, 사인은 문학을 숭상하고, 심학(心學)을 강구했을 뿐, 보편적으로 당시의 정치 상황에 관심이 없었으나, 양신(楊愼, 1488-1559), 정효(鄭曉, 1499-1566), 하량준(何良俊, 1506-1573) 등의 제창 아래 사인의 관점이 점점 바뀌기 시작한다. 그들은 사학의 실용적 가치를

02 范金民, 「世界航海史的壯舉--鄭和下西洋」, 陳支平·萬明主 編, 『明朝在中國史上的地位』, 天津: 天津古籍出版社, 2011, 106-108쪽.

중시하기 시작했는데, 사인(私人)이 저술한 역사인 '당대인이 쓴 당대사' 풍조를 발흥시켰다.[03] 그들이 불러일으킨 '경세(經世) 가치'의 관념에는 사상·예속·교육 등의 측면을 포함하고 있었고, 공부(功夫)의 실천에 중점을 더 두었기에 행위와 결과의 발생에 영향을 주어, 당시 정치 제도, 사회 문화를 반영한다는 학술적 가치를 지니고 있다.[04]

그러나 전통적인 대륙 국가(陸權) 사상 및 몽골 방어라는 고려 하에, 명대 사가들이 집필한 '경세지학(經世之學)'은 '국방사학(國防史學)'이 대다수였고, 여전히 '구변(九邊)' 방어 구역의 군대 배치와 방어 조치를 중시하였는데, 예로 위환(魏煥)의 『황명구변고(皇明九邊考)』, 정효(鄭曉)의 『구변도지(九邊圖志)』 등 서적이 있다. 해양과 관련된 논저가 있긴 하지만, 여전히 '해양 방어'의 기능만을 중요시했는데, 정약증(鄭若曾)의 『주해도편(籌海圖編)』이 가장 대표적인 책으로, 지리 형세, 풍향과 증수기(增水期), 방비·배치, 공방(攻防)·책략, 그리고 일본 역사 배경 등에 대한 서술이 모두 들어있다. 또한 '해운(海運)'으로부터 방비·경제의 두 가지 측면을 고찰한 경우도 있는데, 최단(崔旦)의 『해운편(海運編)』, 양몽룡(梁夢龍, 1527-1602)의 『해운신고(海運新考)』 등이 있다. 이 외에도, 수많은 훌륭한 편폭들이 있는데, 기록의 경우 가담항설의 야사에만 집중되어 있다.

본문에서 고찰한 서적 『해어(海語)』는 그 이름에서 볼 수 있듯이 본디 해양과 관련된 논저이다. 『사고전서(四庫全書)』 중, 「사부지리류(史部地理

03 錢茂偉, 『明代史學的歷程』, 北京: 社會科學文獻出版社, 2003, 212~214쪽.

04 解揚, 「近三十年有關中國'經世思想'研究述評」, 『新史學』, 19~4, 2008.12, 122~123쪽.

類)」에 속하며,[05] 『도이지략(島夷志略)』, 『동서양고(東西洋考)』, 『서하객유기(徐霞客遊記)』 등의 서적과 동렬에 있는데,[06] 이러한 분류는 타당하며, 『해어』는 잡기(雜記)지만, 격식은 지서(志書)의 집필 방식을 취하고 있다. 이러한 저서들과 『해어』의 가장 큰 차이는 진실과 가공의 것을 겸비한 저작으로, 연해 사람들 위해 삶의 경험을 넓히고 인생의 경험을 서술한 논저라는 점이다.

『해어』의 편폭은 많지는 않지만, 모든 곳이 빼어난데, 그 중 「풍속(風俗)」에서는 시암(暹羅, 현 태국), 말라카(滿剌加, 馬六甲) 양국의 풍토와 민생에 대해 서술하고 있으며, 「물괴(物怪)」에서는 해상의 신괴와 물이에 대해서 기록하였는데, 지금의 기준에서 본다면 비록 터무니없는 것에 속하지만, 고대부터 중국에서 내려온 해양생물에 대한 상상 및 해양세계에 대한 경외를 풍부하게 내포하고 있다. 「물괴」와 「물산(物產)」에서 전문적으로 해양생물에 대해 서술했다면, 「외도(畏道)」는 주로 항해의 해황에 대해 알려주고 있다. 이 세 종류는 모두 실용적 가치를 지니고 있어, 명대 사람들의 해양에 대한 상상 공간과 보충 지식이 풍부할 뿐만 아니라, 이후 사학(史學)의 발전과 해양학의 개척에 영향을 주었다.

이전까지 『해어』에 대한 연구가 많지 않았고, 대부분이 황충의 생애를

05 『사고전서』의 사부(史部) 지리류(地理類)는 宮殿疏·總志, 都會郡縣, 河渠, 邊防, 山川, 古蹟, 雜記, 遊記 및 外紀 등 10가지 항목이 수집의 표준이 된다. 자세한 내용은 永瑢等 編撰, 『四庫全書總目提要』, 上海: 商務印書館, 1933, 卷68, 「史部24·地理類1」, 1454쪽 참조.

06 永瑢等 編撰, 『四庫全書總目提要』, 上海: 商務印書館, 1933, 卷68, 「史部24·地理類4」, 1544쪽.

고찰하며 따라온 것이었으므로,[07] 그가 구축하고자 했던 해양세계에 대해서는 전문적인 연구가 존재하지 않는다. 본문에서는 황충(1474-1553)의 『해어』를 통해서 명대 사람들의 해양 사물에 대한 집필, 묘사한 해양세계 및 해당 서적의 편찬 후 뒤따라온 영향에 대해서 고찰해 보고자 한다. 또한 명대 사람들이 묘사한 해양세계에 대해 한층 더 인지할 수 있기를 희망한다.

---

07 단립생(段立生)이 1984년 발표한 「黃衷及其『海語』」는 『해어』를 전문적으로 연구한 첫 번째 논문이지만, 사료의 구애로 황충 또는 『해어』의 고찰이 비교적 박약한 편이며, 황충의 생몰년에 대한 고증에 오류도 존재한다. 예농수(倪濃水)는 지역과 해양의 남해로 『해어』의 인문 사상을 분석하였다. 자세한 내용은 段立生, 「黃衷及其『海語』」, 『東南亞』, 1984~3, 48~52쪽; 倪濃水, 「『海語』: '南海'書寫中海洋人文思想的立體性建構」, 『南海學刊』 3~4, 2017.12, 52~58쪽 참조.

Ⅱ. 황충의 생애와 『해어』 편찬 이유

『해어』는 목차와 서문, 발문을 포함하고 있지 않고 11쪽만 있지만, 글자 수는 팔천자를 초과하며, 편폭은 크지 않다. 상, 중, 하 세권으로 나눠져 있으며, 「풍속」, 「물산」, 「외도」, 그리고 「물괴」 네 가지로 분류되어 있다. 대만에서는 지금까지 약 네 가지 판본을 볼 수 있는데, 『사고전서』에 수록된 것 이외의 세 가지 판본이 존재하고, 서지 사항은 다음과 같다.

(1) 『보안당비급(寶顔堂祕笈)』본: 진계유(陳繼儒, 1558-1639)가 집록하였다. 국가도서관에 현존하는 판본은 「명만력간순수심씨상백제간본(明萬曆間繡水沈氏尚白齋刊本)」인데, 시기상 가장 이르고, 또 유일한 명대 간행본으로, 진계유가 『해어』를 「彙」集 내에 편입시켰다. 민국(民國) 11년(1922), 상해문명서국(上海文明書局)의 석인본은 해당 판본에 의거하여 간인하였다.

(2) 『학진토원(學津討源)』 본: 청나라 가경(嘉慶) 시기 장해봉(張海鵬, 1755-1816)의 간행본에 의거하여 영인하였으며, 민국 11년 상해함분루(上海涵芬樓)에서 간행한 영인본의 원본이다. 신문풍출판공사

(新文豐出版公司)에서 출판한 『필기소설대관(筆記小說大觀)』, 『총서집성신편(叢書集成新編)』은 모두 해당 판본에 근거하였다.[08]

(3) 『월아당총서(粵雅堂叢書)』 본: 청나라 도광(道光) 25년(1845) 남해오씨월아당교간본(南海伍氏粵雅堂校刊本)으로, 대만학생서국(臺灣學生書局)에서 출판한 『중국사학총서(中國史學叢書)』는 해당 개조본에 의거하여 영인 간행하였다.[09] 오숭요(伍崇曜, 1810-1863)는 황충과 같은 남해 사람으로, 향읍(鄉邑) 선철(先哲)의 논저를 중시하였으며, 『월아당총서』를 편집, 간인하였다. 오숭요가 집록(輯錄)한 또다른 논저인 『영남유서(嶺南遺書)』에도 『해어』가 수록되어 있다.

단립생의 연구에 따르면, 『해어』는 청나라 시기 많은 주목을 받았으며, 수차례 간각(刊刻)되었는데, 위에서 서술한 판본 외에도, 오란수(吳蘭修, 1789-1839) 간행본, 『분흔각총서(紛欣閣叢書)』 등의 판본이 지금까지 전해져 내려오고 있다.[10] 여러 판본을 종합해 보면, 『사고전서』에서 황충이 '상해인'이라고 오식(誤植)한 것, 서문과 발문을 수록하지 않은 점을 제외하고는 다른 판본들의 내용과 대체로 비슷하다.

---

08 黃衷, 『海語』, 『筆記小說大觀』第4編第5册, 臺北: 新文豐出版公司, 1985, 據民國十一年刊本影印); 『海語』, 『叢書集成新編』第91册, 臺北: 新文豐出版公司, 1980). 『海語』의 『筆記小說大觀』版本(즉, 『學津討源』本)은 序와 跋이 첨부되어 있어 내용면에서 비교적 완전하기에, 본문에서 원용한 『海語』의 내용, 쪽수 등은 모두 『筆記小說大觀』版本을 인용하였고, 이 사항에 대해서 다시 언급하지 않음.

09 黃衷, 『海語』, 『中國史學叢書續編』第35册, 臺北:臺灣學生書局, 1975, 據清道光25年 남해伍氏開雕本影印).

10 段立生, 앞의 논문, 49쪽.

『해어』의 저자인 황충은 『명사(明史)』에 입전(立傳)되지는 않았지만, 『국조헌징록(國朝獻徵錄)』의 「병부우시랑황공충전(兵部右侍郎黃公衷傳)」[11]과 곽비(郭棐, 1529-1605)가 저술한 『월대기(粵大記)』의 「황충」으로부터 그의 생애를 이해할 수 있다.[12] 명대 사적에 황충에 대한 글이 많지 않지만, 『명실록』과 뇌례(雷禮, 1505-1581)의 『국조열경기(國朝列卿紀)』에 관직 천전(遷轉)이 기록되어 있다. 본문에서는 이 책들에 의거하여 「황충평생연표」를 제작하였는데, 이는 그의 관료로서의 행적 및 생애의 굴곡을 이해하는 데 도움이 된다.[13] 기타 사서로는 과정훈(過庭訓, ?-1628)의 『본조분성인물고(本朝分省人物考)』, 장훤(張萱, 1558-1641)의 『서원문견록(西園聞見錄)』 및 곽비의 다른 저서인 『만력(萬曆)·광동통지(廣東通志)』가 있고, 이 사서들에 황충의 생애가 전사되어 있는데, 내용의 경우 앞서 말한 두 가지 문장들을 초록한 데다가, 내용이 생략된 부분도 존재한다.

「병부우시랑황공충전」, 「황충」 두 글을 비교해 보면, 내용은 대체로 비슷하지만, 초횡(焦竑, 1540-1620)이 편찬한 『국조헌징록』의 「병부우시랑황

11 焦竑, 『國朝獻徵錄』, 『明代傳記叢刊』, 臺北: 明文書局, 1991, 卷40, 「兵部右侍郎黃公衷傳」, 32~33쪽.

12 郭棐, 黃國聲·鄧貴忠點校, 『粵大記』, 廣州: 廣東人民出版社, 2014, 卷17, 「部院風猷·黃衷」, 485~486쪽.

13 張岱는 雷禮가 典故에 유의하고 "大經濟, 大學問에 능력이 있는" 사람으로 鄭曉와 동렬에 있다고 여겼다. 『四庫全書總目提要』에는 『國朝列卿紀』에 대한 비평이 많이 있고, 따라서 「黃衷宦蹟年表」는 『實錄』을 底本으로 하여 『國朝列卿紀』를 가지고 사료를 점검·증보하였다. 자세한 내용은 張岱, 『石匱書』, 『續修四庫全書』第320册, 上海: 上海古籍出版社, 2002, 據南京圖書館藏稿本影印, 卷207上, 「鄭曉雷禮列傳」, 128쪽; 杜望, 「雷禮『國朝列卿紀』初探」, 『史學史研究』, 2017 제1기, 113-121쪽 참조.

공충전」은 황좌(黃佐, 1490-1566)가 지은이이며, 또한 황좌는 곽비보다 일찍 태어났다. 다른 한편으로, 황좌와 곽비는 선후로 『광동통지』의 편찬에 참여하였다. 가정 시기부터 『광동통지』는 3차례에 걸쳐 수찬(修纂)되었는데, 황좌는 『광동통지』의 수찬을 책임진 두 번째 사람으로, 황좌는 가정 36년(1557)부터 글을 쓰기 시작해서, 가정 40년(1561)에 탈고를 하였다. 곽비는 만력(萬曆) 연간에 수찬한 세 번째 사람으로, 『월대기』는 곽비가 수찬한 『만력·광동통지』의 사전 준비 작업이었다. 기본적으로 앞에서 언급한 이유로 인해 곽비의 『월대기·황충』이 황좌의 「병부우시랑황공충전」을 초록했다고 믿을 수 있다. 황좌의 글은 당연히 황충에 대해 기록한 최초의, 그리고 완전한 전기라고 할 수 있다.[14]

이와 같은 기록들을 통해 다음과 같은 사실들을 알 수 있다. 황충의 자(字)는 자화(子和)로, 별호(別號)는 구주(矩洲), 철교(鐵橋)이고, 스스로를 철교자(鐵橋子), 철교병수(鐵橋病叟)라고 칭했다. 하지만 글 중에 황충의 확실한 생몰년이 보이지 않는다. 황충의 손자인 황희석(黃希錫)이 『해어·발』에서 황충이 약관(弱冠)의 나이에 문학으로 영표(嶺表, 역자주: 영남(嶺南) 지역, 현 광동성 일대)에서 명성을 날렸고, '병진(丙辰)에 급제'하였다고 언급하고 있는데, 병진년은 홍치(弘治) 9년(1496)으로, 『홍치9년등과록(弘治九年登科錄)』에 따르면, 황충이 과거에 급제해 진사가 된 실제 연령은 23세

14 황충에 대한 단립생과 예농수의 생애 고정(考訂)은 모두 『粵大記』에 근거하였다. 하지만 두 학자 모두 『國朝獻徵錄』은 조사하지 않았다. 본문의 고증을 통해 『粵大記·黃衷』이 당연히 황좌의 「兵部右侍郎黃公衷傳」을 인용했음을 알 수 있다.

로, 이로부터 역추적해보면 그의 출생연도는 성화(成化) 10년(1474)이고,[15] 「병부우시랑황공충전」에서 황충이 향년 80세의 나이로 사망했다고 언급하고 있으니, 이로부터 역추적해보면 그의 사망연도가 세종(世宗) 가정 32년(1553)임을 알 수 있다.

명대의 진사등과록(進士登科錄)은 반드시 급제 문인의 적관(籍貫), 연령, 출생월일, 3대, 형제, 처의 성씨 및 향(鄕)·회시(會試) 명차(名次) 등의 개인 관련 자료를 상세하고 확실하게 기재해야 했다. 따라서 가족 구성원에 대하여 고찰해 보면, 『홍치9년등과록』에서 다음과 같은 내용들을 알 수 있다. 황충의 증조부는 황연보(黃緣保)이고, 조부는 황명복(黃銘福)이다. 부친은 황연(黃璉, 1448-1507), 모친은 소(蕭) 씨로 4명의 아이를 낳았는데, 황충은 둘째로, 형으로는 황의(黃扆), 동생으로는 황경(黃褧)과 황포(黃褒)가 있었다. 당시 황충은 이미 결혼을 하여, 정(鄭) 씨 부인이 있었다.[16]

『서원문견록』에 기록된 황연의 생애를 통해 황충이 학자 집안에서 성장했음을 알 수 있다. 부친 황연의 자(字)는 양기(良器)로, 박학다식하고 경학(經學)에 뛰어나며, 덕행으로 고향에서 이름을 날렸는데, 60여세에 사망하였으며, 공부우시랑(工部右侍郎) 겸 좌첨도어사(左僉都御史)에 봉증(封贈)되었다.[17] 그의 문하에는 진사가 된 자들이 많았는데, 황충과 황경(黃褧) 두

15 『國朝獻徵錄』, 『粵大記』 모두 '弱冠登進士第'에 대해 언급하고 있지만, 실제 나이는 마땅히 23세이다. 자세한 내용은 不著編人, 『弘治九年登科錄』, 『明代登科錄彙編』第4冊, 臺北: 臺灣學生書局, 1969, 據明弘治間刊本影印, 1916쪽, "黃衷, ……年二十三, 六月初伍日生".

16 不著編人, 『弘治九年登科錄』, 1916쪽.

17 凌迪知, 『萬姓統譜』, 『景印文淵閣四庫全書』第956冊, 臺北: 臺灣商務印書館, 1983, 卷47, 「黃」, 732쪽.

아들 '모두 科目에 나타난다'.[18] 황경은 정덕(正德) 2년(1507)에 향시(鄕試)에 급제하여 관직에 경험이 있었는데, 『저정집(樗亭集)』 1권을 저술하였고, 이는 『구주시집(矩洲詩集)』 뒤에 첨부되었다.

황충은 『구주문집』, 『구주시집』,[19] 『철교주의(鐵橋奏議)』,[20] 『세재(世載)』, 『해어』 등의 작품을 저술했으나, 『구주문집』, 『구주시집』, 『해어』만이 현재까지 전해지고 있다. 비록 『해어』가 사람들 사이에서 가장 많이 회자되지만, 『구주문집』이 발견 및 간행됨에 따라, 이 책은 황충의 생애와 사적을 알 수 있는 가장 중요한 사료가 되었다. 『구주문집』은 해외에 유일본이 존재하는데, 현재 일본 국회도서관에 남아있다. 명 가정 26년(1547) 서간본(序刊本)으로, 『역외한적진본문고(域外漢籍珍本文庫)』에 집록되어 있어,[21] 황충의 교우 관계와 학술·사상을 이해하는 데 도움이 된다.

『해어』는 황충의 대표작으로 『철교해어(鐵橋海語)』라 불리기도 하는데, 황좌와 곽비 등 명대 전적(典籍)의 글에는 모두 1권으로 기재되어 있으나, 실제로는 3권이며, 4가지로 분류되어 있다. 권상(卷上) 「풍속」에서는 시암과 말라카 2항목으로 나눠져 있고, 권중 「물산」이 가장 많은데, 狁·象 등

18 張萱, 『西園聞見錄』, 『續修四庫全書』第1168冊, 上海: 上海古籍出版社, 1997, 據上海圖書館藏民國二十九年哈佛燕京學社印本影印, 卷6, 「朋友·往行」, 124쪽.

19 [淸] 張廷玉, 『明史』, 北京: 中華書局, 1997, 卷99, 「藝文四·別集類」, 2475쪽. 「黃衷, 『矩齋集』二十卷.」은 응당 '矩洲'의 誤植이다.

20 焦竑, 『國史經籍志』, 『四庫全書存目叢書』史部第277冊, 臺南: 莊嚴文化事業有限公司事業有限公司, 1996, 據江蘇省寶應縣圖書館藏明萬曆三十年陳汝元函三館刻本影印, 卷5, 「集類·表奏」의 기록에 근거함.

21 黃衷, 『矩洲文集』, 『域外漢籍珍本文庫』第5輯集部第20冊, 重慶: 西南師範大學出版社, 2015, 據日本國會圖書館藏明가정二十六年序刊本影印).

총 29항목으로 이루어져 있다. 卷下는 「외도」와 「물괴」의 두 부분으로 나눠져 있고, 「외도」는 5항목이 있는데, 해상에 잠복해 있는 암초나 조수의 흐름을 예측하기 어려운 부분에서 기인하여, 주로 항해 상의 해황에 초점을 맞췄고, 「물괴」는 8항목으로 해상의 신괴, 물이에 대해 전문적으로 수록하였다.

『해어』의 명칭은 족자(族子)인 황연년(黃延年)이 「跋」에서 말한 "바다를 이야기하는 것이다(語海者也)."에서 유래하였다.[22] 즉, 전문적으로 해양에 대해서 탐구하는 서적이라 여긴 것이다. 『해어』를 편찬한 목적은 말년에 벼슬에서 물러나 고향에서 은거한 뒤, 광동 지역의 바다에 외국 선박이 많은 것을 목도하였고, 이에 전심전력하여 산천(山川)·풍토(風土)에 대해서 많이 알아보고, 기록할 뜻을 가졌기 때문이다.[23] 황충이 편찬한 『해어』는 웅대한 뜻을 가지고 있는데, 서언에서 언급한 이유로는 약 두 가지가 있다. 하나는 이웃 나라에 대해 황당무계하여 믿을 만한 것이 없다는 점이다. 홍무(洪武)·영락(永樂) 기간 동안에는 조공국이 많아 확실한 자료들이 있어 고증이 가능했는데, 지금에 이르러 흥망성쇠가 빈번하여, 믿을 만한 기록이 없다는 것이다. 다른 하나는 패관야담이 많다는 것이다. 황충은 은퇴한 뒤 남해에서 기거하였는데, 두문불출하며 "마을 원로와 바다 사람들과 여러 날 친하게 지내어, 바다 나라의 일을 이야기한 것들이 있어 기록하여, 차근차근 쌓아 한 권의 책으로 엮으니, 어찌 자못 회편(匯編)이 아

22 [明] 황충, 『海語』, 「跋」, 3415쪽.

23 永瑢等 編撰, 『四庫全書總目提要』, 上海: 商務印書館, 1933, 卷71, 「史部24·地理類4」, 1544쪽.

니겠는가."라고 하였다.[24] 광동은 연해에 인접하여 왕래하는 선상들이 많아서, 선박들은 황충이 사료와 소재를 수집하는 가장 좋은 기반이 되었다. 황충은 자신이 목도한 것과 구술들을 가지고 책을 만들었는데, 여러 책을 잡초(雜抄)하여 집성하지 않았다. 가정 8년(1529) 황충이 관직에서 물러나고, 가정 15년(1536) 3월에 원고를 탈고하여, 『해어』를 완성하는데 약 7년이라는 시간이 걸렸으며, 다음해에 간행을 하였는데, 이는 가정 20년(1541)의 『구주시집』 보다 이른 것이다.[25]

『해어』의 편폭은 많지 않은데, 명대 많은 야사 중 '해양'에 대해 전문적으로 이야기한 논저로서는 독특한 부분이 존재한다. 일부 내용은 황충이 소개하고 개설한 후, 대체적으로 "철교자가 말하길(鐵橋子曰)"이라는 표현으로 자신의 생각을 드러냈다. 빠른 속도로 『해어』의 저술을 완성할 수 있었던 것에는 당연하게도 천부적으로 총명했기 때문이기도 한데, 3살부터 "효(孝)가 본디 천성(天性)인 것에 어찌 천자(天子)·제후(諸侯)의 구별이 있겠는가"의 함의를 이해한 것과 것과 약관(弱冠)의 나이에 진사(进士)에 합격한 사실 등에서 알 수 있다. 황충은 천성이 보고 듣는 것과 기록하는 것을 좋아하였는데, 부임하여 가는 곳마다 그 천성이 빛을 발했다. 「이 글 마지막에 수록한 '〈별표〉 황충 생애 연표'에서 보면, 23살부터 과거에 합격해 진사가 되었고, 남경호부하남사주사(南京戶部河南司主事)를 맡은 후 57

24 黃衷, 『海語』, 「序」, 3389쪽.

25 황충, 『구주시집』, 『사고전서존목총서』집부 제47책, 臺南: 莊嚴文化事業有限公司事業有限公司, 1997, 據上海圖書館藏明嘉靖刻本影印, 「序」, 2쪽, "嘉靖辛丑(20)年歲季夏之吉識".

세에 병부우시랑(兵部右侍郎)으로 관직에서 물러났다. 그가 관직에 머물렀던 시기는 34년으로, 관직에 있는 동안 빠르게 출세를 하였으며, 내·외관을 모두 능히 감당하여 6부(部) 관원 중 형부(刑部) 외의 모든 관직을 일찍이 역임하며, 매우 풍부한 경험을 쌓았다. 그렇기 때문에 저술이 풍성하여, "경사(京師)와 오흥(吳興)에 머무르며 『오중집(鳴中集)』이, 복건(福建)과 광동에서는 『월중집(粵中集)』이, 운남(雲南)에서는 『남중집(南中集)』이 있었고, 호북(湖北)에서는 『호중집(湖中集)』이 있었다"[26]라고 하였는데, 모두 귀향 후의 생각과 저술을 담고 있다.

황충은 일화를 이야기하는 것을 좋아했는데, 이는 당연히 초기 그의 가정 생활과 관련이 있다. 부친 황연은 학문과 품행으로 유명했고, 유세가가 많이 따라, 집에 손님들이 빼곡하여, 어렸을 때부터 소식을 듣는 데 용이하였고, 항상 보고 들어 익숙해지는 생활 환경 하에서 지식을 얻어 일화에 대해 상당한 관심을 가지고 있었다. 황충의 저술 속에서 『초목자(草木子)』, 『쌍괴세초(雙槐歲鈔)』가 그에게 지대한 영향을 끼쳤음을 알 수 있는데, 글의 서문에까지 영향을 주었다. 『초목자』는 엽자기(葉子奇)의 저작으로, 원말 명초의 인사(人士)인데, 내용의 대다수는 엽자기가 목격하고 들은 내용이다. 『해어』의 소재·내용은 상당수가 『초목자』와 비슷한데, 정덕 11년(1516) 황충이 서적의 서문을 판각할 당시, 해당 책의 내용과 특색에 대해 언급한 적이 있는데, 다음과 같다.

---

26 黃衷, 『矩洲詩集』,, 黃學準「伐檀集序」, 3쪽.

하늘의 땅의 형상을 관찰하는 것은, 귀신이 드러나고 사라지는 까닭, 예악이 갖추어지는 틀, 음양이 순역을 하는 법도, 하늘과 사람이 서로 교차하는 징후, 만물의 연혁, 농사기술의 본말, 어둡고 기괴한 괴물의 자취, 궁벽한 시골의 민가에서 떠도는 말을 수집하고 탐구하는 것이며 사물을 구별하고 그 본질을 변별하며 복잡한 여러 학설의 차이를 종합하고 중국 각지의 풍습을 열거하였다.[27]

황충은 해당 책의 일화 수집이 매우 다양하다고 소개한 점 이외에도, 패관야사 등의 기록이 군주가 사회·문화를 심도 있게 이해하는 데 도움이 될 수 있다고 주장하며, 『초목자』를 추앙하였다.

황충이 높이 평가한 또 다른 저서인 『쌍괴세초』는 『雙槐歲抄』라고도 쓰는데, 황유(黃瑜)의 저작이다. 황유는 향산(香山, 역자주: 현재 광동성에 속함) 사람으로 경태(景泰) 7년(1456) 향시에 급제하였는데, 황좌(黃佐)가 바로 그의 손자이다. 두 황가(黃家)는 아마도 같은 연원을 가지고 있을 것인데, 이름에서 유추해 보자면, 황충과 황좌의 두 가문은 동종(同宗)이고, 황충의 부친인 황연과 황유는 모두 「斜玉旁」에 이름이 존재한다. 또한 지연에서 보자면, 남해와 향산은 근접한 곳으로 두 곳 모두 광주부의 속현이고, '황좌가 황충의 전기를 저술한 것'과 '황충이 황좌의 조부 황유(黃瑜)를 위해 서문을 작성한 것'은 절대 우연이 아니다. 단지 사적 기록이 부족하다는 한계가 있어, 실제로 분명히 밝히기 어려울 뿐이다.

27 葉子奇, 『草木子』, 北京: 中華書局, 1997, 附錄「正德刻本序」, 95쪽.

『쌍괴세초』는 정사, 참위(讖緯), 논리 등의 주제를 잡다하게 서술한 책으로, 조율(晁瑮, 1507-1560)이 『조씨보문당서목(晁氏寶文堂書目)』의 자부(子部) 잡가류(雜家類)에 삽입하였는데, 『명사』에서는 즉 「잡사(雜史)」로 분류된다. 왕세정(王世貞, 1526-1590)은 일부 역사에 대해 확실한 고증이 부족하다고 보면서, "오히려 본질을 잃었다"고 하였다. 은거하여 고향에 거주하던 황충은 해당 책을 본 후 생각을 드러냈는데, 다음과 같다.[28]

이 책을 만들 때, 옛 것(古)에 대해서는, 여러 책을 수집하고 그것을 가려 뽑아 엮었다. 비유하자면 무기고를 활짝 열어 신물이 찬란하게 빛나는데 그 중에서도 가장 예리한 것을 선택하는 것과 같다. 현재(今)의 것에 대해서는 명군(明君)과 양신(良臣)이 있어 만물이 풍성하니 해와 달이 함께 있고 은하수를 걷는 (것과 같아) 그 원리를 드러내었다. 본질(才)에 대해서는, 진실과 옥석을 구분하였고, 잘못이 감춰지고 덕이 가려진 것은 그 공정함을 밝혔다. 공적(業)에 대해 말하자면, 사건에 따라 칭찬과 비판을 하였으나 시세를 살펴 줄이거나 더하고 그 까닭을 기록하였다. 문장(文)에 대해 말하자면, 좋은 문장과 비루한 참요까지 모두 기록하여 빠뜨리지 않았으나 결국에는 격식을 갖추어서 다듬었고 그 원리를 적었다.[29]

28 王世貞, 『弇山堂別集』, 北京: 中華書局, 2006, 卷24, 「史乘考誤五」, 438쪽 참조.

29 黃瑜, 『雙槐歲鈔』, 『明代筆記小說大觀』第1冊, 上海: 上海古籍出版社, 2005, 黃衷 「雙槐歲鈔序」, 95쪽.

황충은 고(古)·금(今)·재(才)·업(業)·문(文) 등 다방면에서 해당 책의 장점에 대해 설명하였는데, 그 평가가 매우 높다. 『쌍괴세초』는 홍무부터 성화까지의 이야기를 기록하였는데, 대다수는 관서에서 기재하지 않은 내용이다. 낭영(郎瑛, 1487-1566)은 이를 "가장 많고 상세하며, 역사를 편수하는 자가 마땅히 취해야 하지 않겠는가"라고 하였다.[30] 이 역시 해당 서적이 상당한 호평을 받은 것이고, 문인과 유사(儒士)들이 앞다투어 보게 되는 중요한 원인이 되었다.

황충은 일생을 충군애민하며, 강직하고 아첨할 줄 모르며, 안민교화(安民教化)를 중시하고, 시문(詩文)으로 당세에 이름을 떨쳤다. 많은 벗이 있었는데, 진기(陳沂, 1469-1538), 고린(顧璘, 1476-1545) 등의 사람들과 개인적으로 교분이 두터웠다. 같은 출신인 광동(粤籍) 사람으로 참된 벗인 잠약수(湛若水, 1466-1560)이 말하길, "어려서는 총명하여 어른스러웠고, 커서는 출중하여 웅숭깊었다. 이조(吏曹)에 있으면서 엄숙하였고, 호주(湖州)를 다스릴 때는 기개가 높았으며, 복건에서 염운사(鹽運使)로 있었을 때는 의연한 결단력이 있었으며, 광서(廣西)에서 참번(參藩)으로 있었을 때는 광채로 선명히 빛났으며, 운남(雲南)에서 우할(右轄)로 있었을 때는 무욕(無慾)하여 많은 것을 소유하지 않았다."고 하였는데,[31] 이를 통해 그의 일생을 묘사할 수 있을 것이다.

---

30 郎瑛, 『七修續稿』, 北京: 中華書局, 1959, 卷2, 「國事類·雙槐歲鈔」, 776쪽.

31 湛若水, 鍾彩鈞·游騰達點校, 『泉翁大全集』, 台北: 中研院文哲所, 2017, 卷62, 「明封承德郎戶部主事黃君良器配太安人蕭氏合葬墓表」, 1526쪽.

Ⅲ. 『해어』의 해양세계

『해어』에서 묘사한 해양세계의 범위는 '남해' 해역이다. 남해는 현재 동남아 지역의 바다로, 서태평양의 일부분으로서 중국 대륙, 타이완, 필리핀, 말레이시아, 베트남, 캄보디아, 태국 등의 국가를 둘러싸고 있다. 남해는 황충에게 있어 좁게는 광주부의 속현인 고향을 가리키고, 넓게는 주강(珠江) 삼각주에서 바다로 나와 현재의 동남아 국가를 에워싸는 해역을 말한다. 따라서, 『해어』에서 그려낸 해양세계는 고향인 남해에서 해양인 남해로 확대되며, 동시에 동해(東海, 역자주: 타이완 해협 이북 일대의 바다)도 논하고 있는데, 신화와 전설에서부터 풍속과 물산, 국제 교류 및 해로 형세 등 다방면에서 다차원적으로 '남해'의 인문 사상을 구축하였다.[32]

'해양생물'에 대하여 기술한 것은 『해어』의 큰 특징 중 하나이다. 황충은 「물산」과 「물괴」 두 종류로 나누어 기술하였고, 중권(中卷)과 하권(下卷)에 나눠서 수록했는데, 주요 목적은 「외도」와 연계되는 것으로, 항해를 위해서 알려준 것이다. 「물산」에서 본다면, 황충은 "만물이 바다보다 더 많

32 倪濃水, 앞의 논문, 52쪽.

은 곳은 없고, 바다보다 더 거대한 곳도 없다"고 여겨서, 특별히 「물산」을 만들어 냈다. 아래에 있는 〈표 1〉 『해어』 물산 분류표를 분석해 보면, 육지 생물과 해양생물은 약 4:6의 비례를 가지고 있다. 또한 해양생물에서 소개한 어류를 세어 보면 7종으로 제일 많으며, 44%를 차지한다. 29종 생물의 기준 결정으로 식용(食用), 상용(商用) 및 약용(藥用) 등의 실용 가치에 중점을 두었다. 중요한 것은 〈표 1〉에서 열거한 동·식물이 결코 오늘날의 종들과는 같지 않거나, 혹은 이미 볼 수 없는 것들이란 점이다. 예로 바다 거미(海蜘蛛, Sea spider)는 대부분이 근해에 서식하지만, 해조나 암석 사이에서 생활한다. 하지만 글 중에서 '바다 거미'는 알록달록한 무늬가 있다고 묘사되어 있고, 거미가 거대하기는 "丈二車輪"과 같고, 설사 호랑이나 표범 등 대형 포유동물이라 할지라도 거미줄에 들러붙으면 떨어지지 않는다고 설명되어 있다.[33] 이러한 기록들로는 현재의 종과는 현저한 차이가 있어서, 시비를 분별하여 바로잡기가 어렵다.

〈표 1〉 『해어』 물산 분류표

구역	분류	물산
육지	동물	狁, 象, 獴, 海鼠, 火鷄(山鳳), 海蜘蛛
	식물	猛火油, 酴醿露, 片腦, 石蜜, 伽南, 香辟珠, 蓬蓬柰
	포유류	海犀, 海驢, 海狗
해양	어류	海鯊, 海馬, 海鰉, 海鰌, 鰻鱺, 印魚, 河豚
	조류	海鷗, 海雞, 海鶴, 海鸚哥, 海燕
	파충류	海龜

33 黃衷, 『海語』, 卷中, 「海蜘蛛」, 3402쪽.

옛날 사람들은 인지 부족으로 해양에 대한 많은 부분을 육지에 대한 전통적인 지식을 바탕으로 바다를 살펴보았는데, 육지에 있는 생물들이 바다에도 당연히 존재할 것이라 굳게 믿었다. 형체와 그림자의 관계와 같이 그들은 자연히 한 세트를 선정의 기준으로 삼았는데, 어류와 새, 새우와 누에, 게와 거미 및 귀별(龜鱉)와 갑충(甲蟲) 등과 같은데, 예를 들어, 어류와 새, 새우와 누에, 게와 거미 및 귀별과 갑충 등은 이러한 육지생물들이 해양세계에서도 생활을 하는 동물이라는 증거가 되었다.[34] 해양 생물에 대한 작명 역시 이와 같아서, 외형이 비슷한 육지 생물을 관찰하여 작명하였는데, 해서(海犀), 해려(海驢), 해구(海狗, 물개, Fur Seal) 등의 동물이 그 증거이다. 황충은 이러한 해양 동물들을 소개하면서 통상적으로 동물들에 대한 기초 정보를 적었는데, 해구로 예를 들어보면, 다음과 같다.

해구는 누런 빛을 띠고 있는데, 형태는 개와 같고, 나이가 들면 고양이와 같다. 항상 떼를 지어 놀고 모래 위에서 바람을 등지고 있으며, 멀리서 항해하는 선박을 보면 곧바로 바다에 뛰어드는데, 고기를 잡는 기술로 포획하는 것은 대개 남성의 신기(腎氣)에 이롭기 때문

〈그림 1〉 膃肭臍

자료 출처: [明] 李中立, 『本草原始』卷9, 「獸部·膃肭臍」, 32b.

34 徐樹丕, 『識小錄』, 『筆記小說大觀』第40編第3冊, 臺北: 新興書局, 1990, 卷1, 「邵子水陸說」, 94쪽.

으로, 의공(醫工)이 여기기에 올눌제(膃肭臍)라고 말하는 것이다. 『본초(本草)』에 따르면 "올눌은 서융(西戎)에서 나는데, 돼지머리에 생선꼬리를 가지고 있으며 발은 두개이다"라고 하였고, 『도경(圖經)』에서는 "누런 털이 구멍 하나에 세 가닥씩 나 있는데, 아마도 다른 종일 것이다"라고 하였다.[35]

황충의 저술 원칙은 먼저 명명의 유래, 서식지(산지)부터 시작하여, 형체, 털 색깔 등의 특징 및 사람에 대한 실용성 등을 소개하고, 가장 마지막에 자신의 의견 및 고증을 제시했는데, 이러한 서술 방식은 해양생물을 효과적이고 체계적으로 소개하는 것이었다. 오늘날의 생물에 대한 표준 소개 방식과 비교해서 본다면, 『해어』의 해구에 대한 설명은 굉장히 간략하여 실제로는 이 동물의 구체적인 외관과 특징을 이해하기 쉽지 않다.

만력 시기, 이중립(李中立)의 저서인 『본초원시(本草原始)』와 비교해 보면, 그는 해구를 "여우와 비슷하나 더 크고, 꼬리가 길며, 피부 위 살에는 누런 털이 있다"라고 묘사하고 있다.[36] 외관상으로는 황충이 기록한 것과 비슷하지만, 완전히 똑같지는 않다. 『본초원시』에서 그린 해구의 삽화(그림1)는 오늘날의 해구와 상이한데, 해구의 신체는 털로 덮여 있고 비늘이 있지 않다. 또한 해구는 포유류에 속하지만, 〈그림 1〉의 물개 꼬리를 보면 실제로는 어류와 좀 더 비슷하며, 이는 명백한 오류이다. 그러나 현대인들

35 南海, 『海語』, 卷中, 「海狗」, 3399쪽.

36 李中立, 『本草原始』, 『續修四庫全書』子部第992冊, 上海: 上海古籍出版社, 1997, 據浙江圖書館藏明萬曆刻本影印, 卷9, 「獸部 • 膃肭臍」, 32b.

도 물개, 바다표범(Seal), 바다사자(Seal Lion)를 자세히 분별할 수 없으니,[37] 명대 사람들은 더 말할 필요도 없을 것이다. 하지만 황충은 물개를 각 종류에 따라 구분하려고 시도했는데, 서적의 연구를 통해 해구가 아마 의술인들이 말하는 "올눌제"[38]가 아닐 것이라는 점을 발견했다. 해구와 올눌수(膃肭獸) 두 동물을 동일시하지 않은 것은 이미 황충이 해양 동물에 대해 기본 지식을 가지고 있었다는 점을 의미한다.

황충의 인식에서 육지는 귀신과 요괴를 만날 수 있는 곳인데, 바다에서도 어떻게 만나지 않을 수 있었을까? 그렇기에 「물괴」를 따로 만들어, 해화상(海和尚), 해신, 귀박(鬼舶), 비두만(飛頭蠻) 등 7종의 신괴에 대해 전문적으로 설명하였다. 이러한 물괴의 종류는 상이한데, 해신과 생물이 있고, 어떤 것은 단지 자연 현상에 대한 것이며, 민간의 전설과 고사에서 온 것들도 있다. 황충의 서술 방법에서 본다면, 이는 전통적인 해양생물 변이에 대한 계승과 발전이며, 인문 사상을 갖추었다.[39]

『해어』의 해양세계관은 『산해경(山海經)』이 묘사한 형상까지 거슬러 올라갈 수 있다. 『산해경』은 대부분이 이치에 맞지 않는 신화와 전설로 되어 있지만, 인류의 해양에 대한 상상이 풍부하고, 책에서 묘사한 수많은 신괴, 요이(妖異)는 대다수가 인간의 형상을 하고 있다. 예로 남해의 신으로

---

37 『海語』 서적에서 언급한 海驢은 아마 오늘날의 海獅(바다사자)일 것이다. 자세한 내용은 黃衷, 『海語』, 卷中, 「物產 • 海驢」, 3398-3399쪽 참조.

38 '膃肭臍', 속칭 海狗腎이라고 부르며, 저명한 媚藥이다. 海狗를 포획하기 어렵기 때문에, 품행이 좋지 않은 상인들이 비슷한 동물들을 남획하였고, 이 틈을 타 크게 이득을 보았다.

39 倪濃水, 앞의 논문, 57쪽.

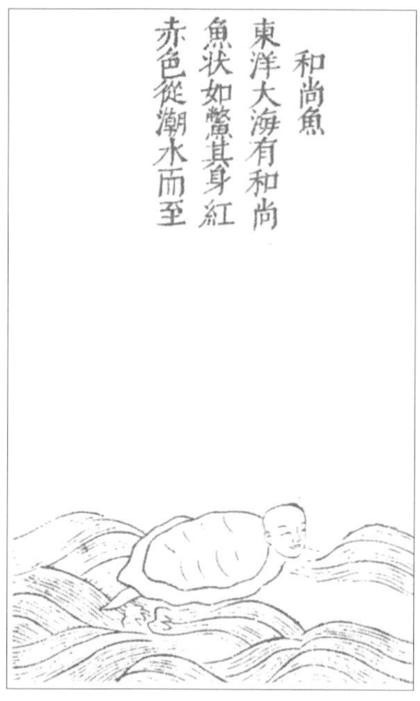

〈그림 2〉 和尚魚

자료 출처: 王圻·王思義編集, 『三才圖會』, 上海: 上海古籍出版社, 1988, 「鳥獸六」, 2267쪽.

소개한 부정호여(不廷胡余)는 인간의 생김새를 하고 있고, 두 개의 푸른 뱀 귀걸이를 차고 있으며, 두 마리의 빨간 뱀을 발로 밟고 있다.[40] '해화상'이라는 생물에 대한 묘사도 이와 같이 '인간 형태'의 외관 묘사를 답습하고 있는데, 송나라 사람 소옹(邵雍, 1011-1077)은 해화상의 외형은 승려와 같아 여기서 이름이 붙여졌으며, 매우 왜소하고, 게다가 배에 올라 사람과 같이 앉을 수 있다고 설명하였다.[41] 하지만 『해어』에서 황충은 조금 더 변화를 줘서 인간과 해양 동물이 결합된, 해화상의 형체를 〈그림 2: 和尚魚〉와 같이 묘사하였는데, '인간의 얼굴에 자라의 몸'을 가진 어류(파충류)로 급변하였고, 심지어 항해에 불리할 수 있다고 하였다. 황충이 이 때 원용한 사료는 홍치(弘治) 시기 어민이 익사를 걱정하여 제사를 통해 재난이 사라지길 원했는데, 다행히 새로 부임한 광동제학첨사(廣東提學僉事) 위빈(韋斌)

40 袁珂校注, 『山海經校注』, 上海: 上海古籍出版社, 1983, 『海經新釋』, 卷10, 「大荒南經山海經第十五·不廷胡余」, 370쪽.

41 葉子奇, 『草木子』, 卷1下, 「觀物篇」, 15쪽.

이 좌진(坐鎭)하니, 비로소 어민들의 평안이 돌아왔다는 이야기를 묘사하고 있다.[42] '해화상'은 기교적으로 신화와 전설을 실제 인물과 결합시킨 것으로, 고사의 진실성을 강화하였고, 거주민들의 해양 생물에 대한 경외 또한 반영하였다.

〈그림 3〉 人魚

자료 출처: [明] 王圻·王思義編集, 『三才圖會』, 「鳥獸六」, 2267쪽.

『해어』의 또 다른 '인어(人魚)' 전고(典故) 역시 『산해경』을 답습한 것이다. 중국 역대 왕조의 각 시대에서 인어(Mermaid)에 대한 전설은 모두 묘사되어 왔으며 형태는 상이한데, 홍매(洪邁, 1123-1202)의 『이견지(夷堅志)』에서는 인류가 사육한 "메기의 형체를 갖추고 있으며, 아울러 사람처럼 열 손가락이 있다"는 인어로 묘사되고 있고, 왕기(王圻, 1530-1615)의 『삼재도회(三才圖會)』에서는 형상이 〈그림 3: 인어〉[43]에서 보여지는 것처럼 그려지고 있는데, 이는 명백하게 우리가 익히 알고 있

42 黃衷,, 『海語』, 卷下, 「海和尚」, 3410쪽. 글에서 묘사한 인물인 위빈의 자(字는) 언질(彥質)이다. 회안(淮安) 산양인(山陽人)이며, 성화 14년(1478)에 진사에 급제하였다. 성화 23년(1487) 3월, 호과급사중(戶科給事中)에서 광동제학첨사로 올랐다. 글 중에서 언급한 '弘治初'는 응당 홍치 원년(1488)의 부임 시기일 것이다.

43 洪邁, 『夷堅支志』, 據涵芬樓藏版影印, 丁卷3, 「人魚劍脊鳥」, 4b.

는, 서방의 전설에서 묘사하는 '사람의 몸체에 물고기의 꼬리'의 형상과 그 차이가 매우 크다. 『해어』에서는 한층 더 의인화하였는데, 구체적으로 인어의 신장이 4척이고, 모발이 있다고 묘사했으며, 게다가 여성이라고 하였다. 이는 이전에 사신으로 고려를 다녀온 사람이 증명한 것으로, 형태는 부녀와 같고 손발을 꿈틀거려 앞으로 가는 것을 발견했다고 한다.[44] 굴대균(屈大均, 1630-1696)은 『광동신어(廣東新語)』에서 더 대담하게 지칭하길, 인어는 암컷과 수컷의 두 종류로 나뉘며, 수컷은 해화상이고 암컷은 해녀(海女)라 칭하는데, 앞에서 서술한 두 종류의 '물고기'를 합치면 동류로 보인다고 하였다.[45] 이는 인어 고사가 명대 널리 유포되었으며, 심지어 해양생물의 대표로써 오랫동안 전승되었음을 증명하기에 부족함이 없다.

대체적으로 『해어』에서 수집한 물괴는 인어, 비두만 등 이전 시대 해양신화를 답습한 것이 있지만,[46] 또한 자신이 속한 시대의 견문을 그려내어, 사람들의 흥미를 유발하여 후대에까지 전사되었다. 황충이 직면한 이와 같은 요이는 비록 "요망한 기운은 덕(德)을 이기지 못한다"라는 인문 사상이 강조된 것이지만, 신귀(神鬼)·참위 등에서 영향을 받는 것은 피할 수 없었으며, 이괴(異怪)의 출현이 악기(惡氣)와 요기(妖氣) 등과 관련 있다고 여겨 도가(道家)·음양가(陰陽家) 사상을 사용하여 해당 현상들을 설명하려 하였다. 또 제사, 주술 등의 방식으로 전화위복을 시도하였고, 최후에는 귀

---

44 黃衷, 『海語』, 卷下, 「海和尙」, 3411쪽.

45 屈大均, 『廣東新語』, 北京: 中華書局, 1997, 卷22, 「鱗語·怪魚」, 550쪽.

46 비두만의 연구에 대해서는 徐應秋, 『玉芝堂談薈』, 『景印文淵閣四庫全書』第883冊, 臺北: 臺灣商務印書館, 1983, 卷12, 「飛頭蠻」, 286쪽 참조.

신의 수많은 술법·원칙으로 귀납되었는데, 어찌 이를 사람들이 억측하거나 넘겨본 것이라 할 수 있겠는가. 이 또한 사실상 명대 사람들의 해양관이 여전히 미지의 것으로 충만하고, 비관적인 경향이 있음을 보여주는 것이다.

Ⅳ. 『해어』의 시대적 가치

가정 8년에서 32년까지는 황충이 관직에서 물러나고 고향인 광동 남해로 돌아온 시기로, 광주의 상업이 왕성하게 발전하는 중요한 때기도 하였다. 이 시기 광주 경제는 번성하여 북경(北京)과 남경(南京)에 버금가는 정도였고, 상인들이 모여드는 무역 도시였다. 광주는 국내 상업, 수공업의 무역 중심이었을 뿐만 아니라, 석기(錫器)와 철기 제조로도 전국적으로 유명해, 명대 사람들은 "소주(蘇州)의 스타일, 광주의 기술" 이라고 하여 이곳의 기술을 높이 평가하였다. 그 중 남해현의 불산진(佛山鎭)은 철광석 제련으로 유명했는데, "불산(佛山)의 풀무가 천하에 퍼진다"라는 명성이 있었다.[47] 동시에 광주에 시박사가 설치되어 있었는데, 대외 무역의 중요한 항구와 중계 운송의 중추로서 명나라와 참파(占城), 시암, 류큐(琉球) 등의 국가들과 호시(互市)하는 지점이었다. 포르투갈인 세력이 향산으로 들어오면서 상인들이 서로 세력을 다투었는데,[48] 광주는 물품과 소식이 교환되

47 屈大均, 『廣東新語』, 卷16, 「器語·錫鐵器」, 458쪽.

48 張廷玉, 『明史』, 卷325, 「外國傳六·佛郎機」, 8433쪽.

는 중심으로 바다 내외의 상인, 장인, 선원 등 직업을 가진 사람들이 황충에게 『해어』 편찬에 사용된 주요 내용들의 원천을 제공하였다. 마침 이 때 『해어』를 탈고하여 출간하였기에, 실로 특수한 시대의 의의와 가치를 지니고 있다고 하겠다.

1. 해양학의 계승과 발전

해양학(Oceanography)은 해양의 각종 현상과 주변 환경을 연구하는 일련의 과학으로, 동시에 물리, 화학, 지질, 생물 등의 학과를 내포하고 있다. 정화의 대항해가 갑자기 멈춘 이후, 명나라의 해양 사업은 중지되었고, 해양학의 각종 지식 역시 폐물이 되었다. 황충은 광주에 거처를 두고 있었기에 대량의 소식과 지식을 신속하게 획득할 수 있었고, 황충의 학식과 경력이 다른 사람들보다 비교적 해박했기에, 의무감을 가지고 보고 들은 것들을 써 내려갔고, 영락 시기 해양 과학 지식을 전승, 백 년의 공백을 채우길 기대했다고 여겨진다.

『해어』는 해양학의 입문서라고 말할 수 있다. 원나라 사람 왕대연(汪大淵, 1311-1350)의 『도이지략(島夷志略)』부터 남해를 다양한 국가·도서(島嶼)의 방식으로 기록하고, 해당 지역의 풍토와 인정, 산천과 물산 등을 거론하였는데, 이러한 저술 방식은 『영애승람』, 『서양번국지』 등의 저서에서 계승되었다. 『해어』는 "다른 사람이 생략한 부분은 자세하게 쓰고, 다른 사람과 같은 부분은 다르게 쓴다"라는 틀에서 벗어나려는 시도를 하였다.

이와 같은 저술 방식은 황충이 편찬한 『해어』의 표현 방식이 되었는데, 자세하게 쓰는 것(專)에 노력하였고 이것저것 갖다 붙이는 것(廣)을 피했다. 그렇기 때문에 국가별로 방향을 잡지 않고, 복건과 광동 상인들과 관계가 비교적 밀접한 시암·말라카 두 곳만을 소개하였고, 특히 해양생물, 해양노선 등을 부분별로 나눠 독립적으로 소개하는 데 중점을 둬, 국가의 물산 사이에 섞이지 않게 하였는데, 이 같은 저술 표현 방식은 독자적으로 한 파를 형성한 것처럼 생각된다.

비록 시암·말라카에 대해 전문적으로 논했지만, 다른 국가들은 물산을 서술하는 방식을 겸하여 설명하였다. 문장 중에서 볼 수 있는데, 예로 '猛火油'와 '片腦'를 통해 빠따니(佛打泥, Pattani; 현 태국 남부의 항구 도시)에서 석유, 용뇌(片腦, Borneol)가 많이 생산되고, 이것들의 종주국은 시암이라는 것을 알 수 있다.[49] 또한 '猛火油'와 '片腦'를 통해, 명대 사람들의 고려에 대한 인상도 이해할 수 있다.[50]

『해어』의 비교적 뛰어난 부분은 남해 지역의 동·식물에 대한 소개이다. 이 책에 기록된 남해의 동물, 시암와 말라카 양국의 물산은 모두 남명(南明, 後明), 청대 사람들에 의해 전사되었다. 해양생물을 보자면, 어류는 주요한 어획으로, 명대 비교적 많은 사람들의 저서에 사용된 소재로써, 양신(楊慎)의 『이어도찬(異魚圖贊)』, 도본준(屠本畯, 1542-1622)의 『민중해착소(閩中海錯疏)』가 저명하다. 그 중, 『이어도찬』은 대략 20개의 어종을 수록하

49 黃衷, 『海語』, 卷中, 「猛火油」, 「片腦」, 3403쪽.

50 黃衷, 『海語』, 卷中, 「猛火油」, 3403쪽; 卷下, 「人魚」, 3411쪽.

고 있는데, 『해어』와 비슷한 것이 하나도 없어, 두 서적은 상호 증보가 가능하다. 이후 호세안(胡世安, 1593-1663)이 『이어도찬』에서 빠진 많은 부분을 감안하여 주해(註解)를 달고 교정을 가하였는데, 『이어도찬보(異魚圖贊補)』라고 명명된 이 책에서 수중 동물 목록에 대한 연구가 한층 더 완전해지게 하였다. 또한 도본준의 『민중해착소』의 경우, 복건에 대한 고찰을 중심으로 해양생물에 대해 전문적으로 서술하였는데, 어류 외에 양서류, 갑각류, 패류 등 종류가 대단히 많다.[51] 그 중에서 제비집(燕窩)에 대한 토의는 『해어』의 바다제비(petrel)에 대한 묘사를 인용하여 보충한 것인데, 이는 명대 해양동물을 전문적으로 논한 가장 중요한 저작이다.[52]

위에서 논한 전문적인 저서 외에도 신무관(愼懋官)의 『화이화목조수진완고(華夷花木鳥獸珍玩考)』는 잡다한 것을 모아 만든 책이다. 비록 '고(考)'라고 말하고 있지만, 고정(考訂)이 확실하지는 않고, 진위가 뒤섞여 사학적 가치가 크게 떨어지지만,[53] 해양의 동물·식물에 대한 당시 사람들의 인식을 보유하고 있다. 해당 서적은 『해어』의 내용을 초록하였는데, 예로 '해구(海鷗, 갈매기)', '해서', '코끼리(象)' 등을 고치지 않고 직접 인용하여 서술

51 洪緯·曹樹基, 「『閩中海錯疏』中的魚類分類體系探析」, 『中國農史』, 2012~4, 28~36, 62쪽.

52 屠本畯, 『閩中海錯疏』, 『叢書集成新編』第44册, 臺北: 新文豐出版公司, 1985, 據清嘉慶張海鵬輯刊本排印影印, 附錄「燕窩出廣南」, 1b~2a.

53 명대 전적에는 신무관(愼懋官)의 생애 및 『華夷花木鳥獸珍玩考』에 대한 것이 많지 않은데, 단지 『四庫全書總目提要』을 통해서만 설명을 할 수 있다. 『總目提要』에서 칭하길, "혹 옛사람이 한 이야기를 베껴오거나 또는 자기의 주장인 것처럼 꾸미고 또는 출전을 적은 것도 있고 또 적지 않은 것도 있어 진실과 거짓이 얽히고 겹겹이 쌓여 두서가 없다."라고 하였다. [清] 永瑢等, 『四庫全書總目提要』, 卷130, 「子部四十·雜家類存目七」, 2715쪽.

하였다. 또한 남해의 특산인 '침향(伽南香)'에 대해서는 방 안을 꽃향기로 가득 채울 수 있었기에 가격이 뛰어올랐고,[54] 동관(東莞)의 화원을 향수(香樹)로 바꿔 심었다고 언급하고 있는데, 이는 당시 광주에서 상품 작물을 재배하던 현상을 반영하고 있다. 따라서 『해어』를 해양학을 계승하고 발전시킨 저작이라고 칭하는 것은 결코 터무니없는 것이 아니다.

2. 해양문화의 창립

『해어』는 또한 해양문학, 해양자원이 포함된 일련의 해양문화(Oceanic Culture) 수립을 시도하였는데, 『해어』에서는 여기에 해신신앙(海神信仰)을 더해 항해 생활의 고난과 불확실성을 부각시켰다. 해신신앙은 해양문화의 중요한 구성으로, 인류가 직면한 변화무쌍한 대해(大海)에서 심적으로 위안을 찾으려고 하는 것이다. 광동 지역에서 바다로 나가 장사를 하는 사람

---

54 기남(奇南)·기남향(奇楠香)·침향(沉香)이라고도 불린다. 가남향(伽南香)에 대해서, 서수비(徐樹丕)의 『識小錄』가 비교적 상세하고 전면적으로 기록했는데, 『海語』와 일부 내용이 같은 것을 보면, 서수비가 『海語』를 상세히 참고했을 가능성이 있다. [明] 徐樹丕, 『識小錄』, 卷3, 「伽南香」, 404~405쪽, "가남향, 다른 이름은 기남인데, 『本草』에는 기재되어 있지 않고, 유일하게 참파(占城)에만 존재한다. 단단함과 연함, 얇고 두꺼움이 다르며, …… 중국에 들어온 것은 糖結(역자주: 고품질의 침향으로, 황갈색을 띠고 단 향이 남)인데, 시험삼아 손톱으로 눌러 꺼내어 모으면, 따라오는 향이 몇몇 방들에 분분(芬芬)하니, 가격이 백은(白銀)의 갑절이었다. 만력 연간에 저 나라에서 400근을 조공한 적이 있는데, 경주(瓊州)에도 토착 가남(伽南)이 있어, 백색의 재질에 흑점이 있는데, 즉 자고향(鷓鴣香)이라고 불리는 것이며, 손에 넣으면 하루 종일 풍기는 향기가 그윽한데, 그 가격은 매근(每斤)에 금 반근(半斤)에 상당한다."

들과 고기를 잡는 어민들은 자연스럽게 해신의 보우를 찾게 되었고, 남해 해신과 천비(天妃) 마조(媽祖)를 가장 숭경하였는데, 제일 큰 영향을 미쳤다. 그 중, 해신 신앙의 지위가 비교적 높았는데, 남해 신묘(神廟)는 광주의 남부에 위치하고, 광리대왕(廣利大王)을 주사(主祀)하는데, 당나라 때부터 중앙과 지방 각급 관원들이 보편적으로 중시하였다.[55] 민간에서는 '수신(水神)' 천비에게 향불을 올리는 것이 가장 흥성했는데, 송대부터 마조 신앙이 보편화되었고, 조야(朝野)의 사람들이 바다에 나갈 때의 수호신이 되면서, 신도수와 신격화된 지위 등의 방면에서 점차 다른 해신들을 압도하기 시작하였다.

황충에게 있어 해신은 결코 요원한 것이 아니었다. 『해어』에서 이미 해신을 바라보는 두 가지 방법을 제시한 바 있다. 하나는 인위적인 행위를 취하는 방법인데, 예로 진(晉) 나라 사람 온교(溫嶠, 288-329)가 언급한 것과 같이, 해서의 우각(牛角)이 연소하면 일시에 각종 신괴가 달아나 숨을 곳이 없어 진실된 해양 '세계'를 볼 수 있다는 것이다. 다른 하나는 운에 따라 우연히 만나는 방법으로, 항해할 때 맑은 하늘에 천둥이 치고 파도가 거세지면 즉각 향을 피우고 절을 하는데, 이때 해신이 현신하여 그를 만난 사람은 길조라는 것이다.[56] 광동의 군읍(郡邑)은 대부분이 해안에 인접해 있고, 해신신앙에 대해 매우 독실하여 조금도 소홀히 하지 않았다. 대체적으로 바다로 나가는 것을 생활의 수단으로 삼으면서, 인류가 바다에 대해

55 傅軼·黃少輝, 「南海海神信仰文化研究 - 以南海神和媽祖為例」, 『海洋開發與管理』, 26~11, 2009.11, 84~85쪽.

56 朱建君, 「從海神信仰看中國古代的海洋觀念」, 『齊魯學刊』, 2007, 47~48쪽.

어떤 인식도 없고 해양을 장악하지 못했을 때 공포는 보편적으로 존재하며 심리에 영향을 줬는데, 단지 해신에게 기원하며 평정을 얻을 뿐이었고, 명대 사람들은 소극적으로 도전에 직면했을 뿐이었는데, 서방의 위험을 무릅쓰고 모험을 하는 해양 성격과는 현저한 차이가 있다. 게다가 천비 마조를 중심으로 하는 해신 신앙은 자애와 관용으로 충만하다. 해신 신앙은 해양문화를 이루는 중요한 요소이다.

3. 경세학의 효시

만력 시기 '익국이민(益國利民)' 학문 관념의 탐구가 이미 사인들의 중시를 받기 시작했는데, 예로 조어변(曹於汴, 1558-1634)이 유생이던 시기 병(兵)·농(農)·전(錢)·부(賦)·변방(邊防)·수리(水利)의 요체를 중시했으며, 풍응경(馮應京, 1555-1606)의 『경세실용편(經世實用編)』에 있는 개념과 생각들의 상당수가 조어변으로부터 나온 것이었다.[57] 게다가 현재 명대의 '경세' 칭호는 통상 풍응경으로부터 시작한다. 명나라 말기 '경세'를 이름으로 하는 서적이 적지 않게 출판되었다. 가장 익히 알려진 것으로는 진자룡(陳子龍, 1608-1647), 서부원(徐孚遠, 1600-1665) 등의 사람들이 명 초기부터 국사와 관련된 주소(奏疏)를 수록하고 편찬한 『명경세문편(明經世文編)』

57 錢謙益著, 錢曾箋注·錢仲聯標校, 『牧齋初學集』, 『錢牧齋全集』, 上海: 上海古籍出版社, 2003, 卷62, 「資德大夫正治上卿都察院左都御史贈太子太保安邑曹公神道碑」, 1475쪽.

이 있고, 장수(張燧)가 숭정(崇禎) 6년(1633)에 출판한 『경세계요(經世挈要)』에서도 고금 경세를 논하는 저서들을 일부 짐작해 볼 수 있다.[58] 이옹(李顒, 1627-1705)이 『경세계요』를 열람한 후, 둔전(屯田)·수리·염정(鹽政)·국부(國計)·선장(選將)·연병(練兵)·차제(車製)·화공(火攻) 등의 방면이 모두 경세학이라고 여겼다.[59] 상술한 조어변, 이옹의 이론을 통해 알 수 있는 것은 대개 국가의 군사방비·민생경제에 유익한 학문들을 실학이라고 부를 수 있고, 이는 모두 경세치용의 학문이라는 점이다.

명대 개인의 역사 저술은 선종(宣宗) 시기부터 맹아가 싹트기 시작하여, 홍치(弘治)·정덕 연간에 기풍이 번성하였다. 유절(劉節, 1476-1555)는 홍치 18년(1504)에 진사에 급제하여 형부시랑(刑部侍郎)으로 관직에서 물러났는데, 황충과 동시대 사람으로 당시의 융성한 상황에 대해 "관각(館閣)과 대성(台省), 존관(尊官)의 학사(學士)는 각각 보고 들은 것을 기록하여 록(錄)·기(記)·담(談)·설(說)으로 저술하니, 자연히 일가(一家)를 이루었다."라고 언급한 적이 있는데,[60] 이를 통해 사인들이 저술하는 풍조가 상당히 유행했음을 명백히 알 수 있다. 황충이 광주에서 기거한 기간 동안, 마침 포르투갈 사람을 만나 일년 내내 거점 건립을 시도하고, 통상의 항구를 열었던 경험이 있다. 광주는 사람들로 북적거리고, 정보가 원활히 통했기에, 황충이 비록 역사가를 지업(志業)하지는 않았지만, 『해어』를 통해 시대에

---

58 張燧의 사학 사항에 대한 연구에 관해서는 錢茂偉, 『明代史學的歷程』, 北京: 社會科學出版社, 2003, 358~379쪽 참조.

59 李顒, 『二曲集』, 『續修四庫全書』第1410册, 上海: 上海古籍出版社, 1995, 據清康熙三十三年高爾公刻後印本影印, 卷7, 「體用全學」, 170쪽.

60 黃瑜, 『雙槐歲鈔』, 劉節「雙槐歲鈔敘」, 93쪽.

역사의 기억을 남기는 것을 시도하였다.

가정 이후 경세 사상의 발전은 사학의 저술이 현실 생활에 응용되는 것을 강조하였는데, 수리·농무(農務)·천문(天文)·지리(地理)·의약(醫藥) 등이 모두 여기에 속하며, 유가(儒家)의 민본(民本)이념에 중점을 두었는데, '실용(實用)'이 사학으로서 경세를 하는 방향이 되었다. 『해어』의 내용은 해양을 방향으로 삼아 욕심을 내지 않고 간단하게, 그렇지만 역사, 지리, 문화, 생물 등 몇 개의 방면에만 초점을 맞춰 저술하였다. 일부 서술은 풍조를 선구했으며, 일부는 선대를 계승하여 발전시키는 작용을 하였다.

상술한 '경세지학'의 기준에서 본다면, 『해어』의 적지 않은 데이터들은 국방·민생에 확실히 도움을 주었다. 그 중, 가장 중요한 것은 동남아 시암, 말라카 등 나라의 풍토, 인정의 묘사이며, 이러한 것들은 모두 관방 정사에 수록되지 않아, 『明史』를 보충할 수 있다. 예로, 종교 방면에서 『해어』는 시암의 숭불(崇佛) 모습에 대해 다음과 같이 기록하였다.

> 그 나라는 승려를 숭상하여, 승려가 되어 부처가 되고, 부처가 되면 왕이 된다. 또 그 귀승(貴僧)을, 또는 승왕(僧王)이라 칭하기도 하는데, 나라에 호령(號令)을 그들이 결정한다. 모든 나라의 사람들이 왕을 알현할 때, 반드시 합장을 하고 꿇어 앉아 왕의 다리를 세번 문지르고 그 머리를 세번 문지르는데 이것을 정례(頂禮)라고 하며 가장 지극한 공경의 예법이다. 모든 왕의 아들은 크기 시작하면서 범자(梵字)와 범례(梵禮)를 익히니, 술수(術數)의 종류와 같아, 모두 귀승을 좇으니, 이러한 연유

로 귀승의 권세가 왕과 맞먹는 것이다.[61]

이러한 내용은 당시 사람들이 기록하지 않은 것으로, 이와 유사한 기록은 『영애승람』에만 존재하며, 시암에서 "나라 사람 중에 승니(僧尼)가 극히 많은데, 그 승니의 복색은 중국의 것과 매우 똑같고, 또한 암관(庵觀)에 거주하며, 수계(受戒)하고 지재(持齋)한다"[62]한다는 내용은 『해어』와 같지 않다.

『해어』에 기재된 말라카의 풍속으로는 '금식저육(禁食豬肉)'하는 음식 금기를 언급했는데, 화인(華人)이 돼지고기를 먹으면 현지인의 혐오를 받게 되었다.[63] 이 같은 내용은 『서양번국지』로 퍼졌을 뿐만 아니라, 말라카의 '수건으로 머리를 감싸는' 복식 문화를 묘사하였고,[64] 이어서 이슬람 문화가 말라카 왕국에 미친 영향이 지대하다는 점도 설명하였기에, 진귀한 사료적 가치를 지니고 있다.

또한 포르투갈인의 동래(東來)에 대해서도 『해어』에 자세하게 기록되어 있다. 정덕 연간, 포르투갈이 말라카를 침공했는데, 『명사·불랑기전(明史·佛郎機傳)』에는 "정덕 연간, 말라카 땅에 거(據)하며, 그 왕을 내쫓았다"고 매우 간단히 언급했지만,[65] 『해어』에는 당시 포르투갈 사람들이 말라카

---

61 黃衷, 『海語』, 卷上, 「暹羅」, 3393쪽.

62 鄧士龍輯, 許大齡·王天有主點校, 『國朝典故』, 北京: 北京大學出版社, 1993, 卷106, 「瀛涯勝覽馬歡·暹羅國」, 2130쪽.

63 黃衷, 『海語』, 卷上, 「滿剌加」, 3395쪽.

64 鞏珍, 向達校注, 『西洋番國志』, 北京: 中華書局, 2006, 15쪽.

65 張廷玉, 『明史』, 卷325, 「外國六·佛郎機」, 8433쪽.

를 침공하는 과정에 대해서 하나도 빠짐없이 상세하게 기술하였는데, 다음과 같다.

정덕 연간, 포르투갈(佛郎機)의 배가가 와서 호시(互市)하고 이권을 다투었는데, 이왕(夷王)이 선주(船主, 哪嗒, 역자주: Nakhoda, 페르시아어 Navkhoda에서 왔으며, Nav는 선(船)을, khoda는 모두의 왕을 뜻함)를 잡아 가두었다. 포르투갈 사람이 돌아가서 주인에게 하소연하며 반드시 보복하겠다고 하였다. 이에 큰 선박 8척을 이끌었는데, 정병(精兵)이 만 명에 다다랐으며, 바람을 타고 돌입해 이르렀다. 때가 이미 한 해를 넘겨, 나라의 방비를 적게 하여, 살육과 약탈의 피해를 크게 입었다. 포르투갈의 이추(夷酋)가 그 나라의 宮에 들어가 점거하고, 말라카 왕은 방죽 안으로 물러나 의지하였는데, 노인과 어린 아이들이 많이 흩어져 없어지고, 포르투갈이 재물을 쫓아 시암에 가서 요구하였는데 시암이 이를 거절하였다. 포르투갈이 무리를 정돈하고 (배를) 가득 채워서 가니, 이에 왕이 돌아와 거처하였다.[66]

『해어』는 이 사건에 대한 자초지종을 더해서 기술했는데, 말라카 술탄 마흐무드 샤(Sultan Mahmud Shah, ? -1530)에 대한 기록이 『명사·말라카전(明史·滿剌加傳)』과는 조금 차이가 있지만, 비교적 상세하고, 또 기타 서적에서는 보지 못한 기록이다. 『명실록』 등의 사적과 비교해 보자면, 명대 중

---

66 黃衷, 『海語』, 卷上, 「滿剌加」, 3396쪽.

기 말라카의 면모 및 명대 조야 사람들의 포르투갈인에 대한 생각을 엿볼 수 있다.[67]

『해어』가 가지고 있는 또 다른 특징인 '경세치용'은 항해 노선의 기록에 있는데, 즉 '침로(針路)'에 관한 것이다. 침로에 대해 기술한 명대 가장 유명한 전문 서적으로 『순풍상송(順風相送)』, 『지남정법(指南正法)』이 있는데, 이 두 서적은 모두 『해어』보다 늦게 출현하였다. 황충은 일찍이 "대저 羅經指南은 항해를 하거나 가만히 있을 때 쓰는 것으로, 배를 움직이는 사명을 위한 것이니, 이해가 털 끝에 달려 있는 것이다."라고 말한 적이 있는

---

67 당시 조정에서는 의견이 분분했는데, 群臣이 이에 대해 上疏하여 의견을 나타냈다. 예로, 『明武宗實錄』, 卷194, 정덕 15년 12월 己丑條, 2b이 있는데, 다음과 같다. "바다 밖의 佛朗機는 전에는 중국과 통교하지 않았으나, 근년에 말라카를 병탄하고, 그 나라의 왕을 쫓아내며, 사신을 보내와 進貢하고, 請封하니, 조를 내려 京師로 오도록 허락하였다. 그들 일부를 회원역에 머무르게 하였더니 마침내 인구를 약탈하고 매매하며 집을 짓고 요새를 세워 오래 거처하려는 계책이었다. 말라카 또한 이전에 上奏하여, 조정에 구원해 줄 것을 요청하였으나, 아직 처분을 내리지 않았다.
이 때 監察御史 丘道隆이 상언하였다. '말라카는 조공을 바치고 책봉을 받은 나라인데, 佛朗機가 병탄하였고, 또 우리 것을 빼앗으려고 봉공을 바치겠다고 요구하였는데, 의리상 결코 들어주어서는 안 됩니다. 청컨대 그들이 바친 것을 물리치셔서 순역을 밝게 보이시고, 그들로 하여금 말라카 영토를 돌려주게 한 뒤에, 그제야 조공을 허가하시고, 혹여 고집세고 영민하지 못하여 공손하지 않으면, 비록 外夷가 병력으로 성가시게 하지 않더라도, 또한 반드시 모든 이민족들에게 檄文을 돌려 그 죄를 선고하고 쳐서 벌하시어, 바라옵건대 大義를 밝히소서.'라고 하였다.
御史 何鰲 또한 말하기를, '말라카는 가장 흉포하고 간사한 자들이며, 兵器가 다른 이민족들에 비해 유독 精銳합니다. 前년에 큰 배를 타고 廣平省 아래로 돌진하였는데, 銃砲의 소리가 城郭에 진동하였습니다. 驛에 머무르는 자들이 禁令을 어기고 通交하고, 京師에 온 자들이 거세고 완악하여 윗자리를 가지고 다툽니다. 지금 들으니 그들이 사사로이 배로 왕래하여 교역하니, 이 기세대로면 반드시 爭鬪와 殺傷에 이를 것이니, 南方의 재앙이 반드시 끝이 없을 것입니다 …….'"

데,[68] 『해어』의 주요 독자층은 해상으로, 황충은 안전한 귀항 노선에 대해 확실히 기록할 필요가 있다고 여겼고, 「외도」를 별도로 나눠 분류했다. 광주에서 출항하여 시암에 가는 노선에 대해 『해어』에서는 "동관(東莞)의 남정문(南亭門)에서 바다로 나가는데, 南으로는 오저(烏豬)·독저(獨豬)·칠주(七洲)에 이른다. 성반(星盤)의 바늘이 곤미(坤未)를 가리키면, 시암의 바깥(外羅)에 도달한다. 바늘이 곤신(坤申)의 45정(程)을 가리키면, 참파(占城)의 구항(舊港)에 도달한다. 대불령산(大佛靈山)을 지나면, 그 위에 봉돈(烽墩)이 있는데, 교지(交趾)에 속한다. 또한 바늘이 미(未)를 가리키면, 崐崘山에 도달한다."라고 기록하였다.[69] 이러한 침로는 이미 해상들이 주지하고 있던 것으로, 따라서 황충은 여러 사람들의 의견을 모아서 정리해 「외도」를 통해 항해하는 사람들에게 알려준 것이다. 崐崘山은 보기에는 물산이 풍요로운 것 같지만, 실제로는 독사와 맹수가 숨어 있어 "백 명이 안되면 감히 가지 못한다"라고 하였다. 황충은 또 지금의 난사군도(西沙群島, Spratly Island)에 위치한 萬里長沙(A Great Wall of Sand)에 대해서도 마치 무사 평온해 보이지만, 실제로는 필시 특별히 주의해야할 지역이라고 언급했는데, 이는 "船舶들이 잘못하여 그 변두리에서 충돌하면, 바로 좌초되어 탈출할 수 없었"기 때문이다.[70] 또한, 황충이 「외도」를 집필한 가장 큰 목적은 "위험을 무릅쓰고 이익에 힘쓰는 자들의 거울"이 되어 주기를 기대했고, 바다에 기대어 살아가는 상인, 선원, 어부들이 모두 평안하게 돌아오

---

68 황충, 『海語』, 「敘」, 3389쪽.

69 황충, 『海語』, 卷上, 「暹羅」, 3393쪽.

70 황충, 『海語』, 卷下, 「崐崘山」, 「萬里長沙」, 3407~3408쪽.

길 희망했기 때문일 것이다.

동남아 문화에 대해 보자면, 이전의 논저가 많지는 않다. 하지만 『해어』 이후, 황성증(黃省曾, 1496-1546)의 『서양조공전록(西洋朝貢典錄)』, 유박(游朴, 1526-1599)의 『제이고(諸夷考)』, 신무상(愼懋賞)의 『사이광기(四夷廣記)』 및 장섭(張燮, 1574-1640)의 『동서양고(東西洋考)』 등의 전문 서적이 출판되었다. 비록 장섭의 저술이 『해어』의 계발 및 영향을 받았다는 말이 있지만,[71] 『동서양고』가 가지고 있는 빈틈없는 내용, 세밀한 분류, 잘 짜인 구성 등의 특징은 모두 『해어』와는 비교하기 어렵고, 내용을 종합적으로 보자면, 오직 「주사고(舟師考)」 만이 비슷하다. 신무상의 『사이광기』를 되돌아보면, 예로 광동에서 말라카까지의 침로 등, 이 책에 저술된 글들은 거의 『해어』와 유사하다. 또한 신무상은 신무관(愼懋官)의 동생이기에, 신무상이 『해어』를 봤을 것이고, 그의 저서에 영향을 줬을 것이라고 합리적으로 추측이 가능하다.[72]

비록 『해어』가 명대 사람들의 해양문화에 대한 중시를 엮어내려 시도

71 진계유는 『海語』를 刊刻한 적이 있고, 張燮과는 좋은 벗인데, 段立生은 張燮이 『海語』을 봤을 것이고, 계발 또한 받았을 것이라 추측하지만, 어느 방면으로 영향을 받았는지는 설명하지 않았다. 자세한 내용은 段立生, 「黃衷及其『海語』」, 51~52쪽 참조.

72 명대에는 愼懋官과 愼懋賞, 두 사람의 전기가 없는데, 논저를 많이 기록한 사람이지만 생애에 대한 약술은 드물다. 하지만 두 사람 모두 浙江 湖州 사람이고, 『尙書』에 "덕이 많은 사람에게 관직을 내리고(德懋懋官), 공이 많은 사람에게 상을 주었다(功懋懋賞)."라는 말이 있는데, 이를 통해 愼懋官과 懋賞이 형제임을 추론할 수 있다. 『四夷廣記』와 『海語』의 비슷한 부분에 대해서는, [明] 愼懋賞, 『四夷廣記』, 『玄覽堂叢書續集』第101冊, 臺北: 國家圖書館, 1985, 據民國三十六年國家圖書館鈔本影印. 「海國廣記·滿剌加國記·廣東至滿剌加針路」, 549~550쪽 참조.

하였지만, 소수의 사람들만이 이를 이어 나갔다. 게다가 전면적으로 해양학을 개척할 방법이 없었기 때문에, 『해어』는 후대 사람들의 주목을 받지 못했는데, 이는 과거제도, 대륙 국가 관념과 실용적 가치 모두와 관련이 있다. 지금까지 『해어』에 대한 평가가 많지 않았지만, 『사고전서총목제요(四庫全書總目提要)』가 비교적 공정한데, 비록 터무니없다고 일컫기도 하지만, 여전히 일정 부분 신뢰할 수 있어, "바다의 황당하고 기묘하고 사실적인 모습을 적었는데, 극히 상세하고 완전하며, 모든 바다에 나갔던 舟師들과 키잡이들을 직접 보았으며, 매 條마다 하부에 論斷하였고, 詞가 高簡의 상태에 도달하였으며, 때때로 勸戒하니, 자못 볼만한 곳이 있다."라고 하였고,[73] 동시에 견문이 그 실상을 벗어나지 않고, 정사의 부족한 부분을 보충할 수 있다고 하였다. 지금까지 『해어』는 해양에 대한 저술로, 대항해시대 서방인이 건립하려 시도한 해양세계와의 연결할 수 있고, 남해 생태, 해로 교통, 동남아 민속 풍토 및 전통 중국 해양문화를 연구하는 중요한 소재가 될 것이다.

73 자세한 내용은 永瑢 等 編撰, 『사고전서총목제요』 권71, 「사부27 · 지리류4」, 1544쪽 참조.

Ⅴ. 맺음말

황충은 『해어』를 저술하는 과정 중, 의식적으로 '고향'인 남해와 '해역'의 남해를 결합하였다. 『해어』는 비록 시암·말라카 두 국가만을 소개했지만, '남해 안'에 위치한 두 국가를 강조하면서 고향과의 연결을 강화하였다. 그러므로 동관(東莞)에서 출항하여 항로 여정 중 거쳐간 지역, 일정이 얼마나 걸리는지를 기술하였다. 황충은 시암의 풍속, 인정의 소개를 중요시하였는데, 주요 원인은 역시 정보가 상인들의 구전으로부터 왔고, 그들이 시암에서 광주로 가지고 올 수 있는 경제 가치에 대해 잘 알고 있었기에, 『해어』에서는 물산(物産)을 중심으로 소개를 하였다. 하지만 상인의 지식 수준이 국한되어 있었기 때문에, 부분적 경험의 행적이 황당무계한 것들로 가득 차게 되었고, 황충이 『산해경』과 유교 사상으로 보충하거나 미화한 것들을 덧붙이면서, 이야기의 진위를 판단하기 어렵게 되었고, 극히 특별한 해양 전문서가 되었다.

황충이 『해어』를 찬술한 목적은 처음에는 단지 광주 지역 상인들의 가담항설을 모아서 정리하는 것이었다. 관리가 되어 장기간 임지를 옮겨 다니면서 손이 가는 대로 저술하는 습관을 들였다. 또한 가정 이후 경세학이

성행하고, 향토 문화에 귀속되면서, 해양을 주제로 서술한 작품이 움트게 되였고, 정화의 대항해에서 묘사한 해양세계를 이어 나가게 되었다. 하지만 당시나 지금이나 『해어』가 만들어 낸 해양세계는 그가 상상했던 것만큼 방대하지 않았다. 『해어』가 저술되었어도 '해양학'이 주류학문이 되는 일은 없었는데, 이는 여전히 북방 변경 방비, 과거제도 籍制 및 安土重遷 등의 현실적 고려를 중시하는 것과 관련이 있다.

그렇다 하더라도 명대 사람이 초록한 『해어』는 남해 바다의 국가, 해양 생물을 주제로 하는 전문서적 저술의 시작이다. 또한 선원과 상인이 축적한 경험이나 전달한 지식을 통해 순조로운 해상 항로를 만들려고 시도했는데, 이는 정확한 항해 노선, 양호한 항해 기술, 이전에 가지고 있던 지식이나 해신의 정신적 위로에 힘입은 것으로, 이처럼 『해어』는 해양에 관해 지도하는 소책자로서, 다양한 해양문화로 충만한, 다른 명대 저작들과는 판이하게 다른 저서이다.

(번역: 김은미)

이 글은 謝忠志, 「承先啟後: 黃衷《海語》的海洋考察」, 『史学彙刊』38, 2019年 12月을 바탕으로 가필 수정한 것이다.

<별 표> 황충 생애 연표

시대	연령	행적	비고
성화 10년 (1474)	1세	출생	
홍치 9년 (1496)	23세	진사(進士) 급제, 남경 호부 하남 사주(南京戶部河南司主)에 제수함	호부 청리사 주사(戶部清吏司主事) 정6품
홍치 12년 (1499)	26세	주사에 제수	
홍치 16년 (1503)	30세	어머니를 여의고 정우(丁憂)함	
정덕 원년 (1506)	33세	남경 호부 산동사(南京户部山東司) 보(補)함	
정덕 2년 (1507)	34세	하남사 원외랑(河南司員外郎)에 오름	1. 호부 청리사 원외랑(戶部清吏司員外郎) 종5품 2. 아버지를 여의고 정우함
정덕 5년 (1510)	37세	남경 병부 무선사(南京兵部武選司)에 보함, 남경 예부 의제사 낭중(南京禮部儀制司郎中)으로 으로 승진하고, 남경 병부 무선사로 고침	1. 병부 무선청리사 원외랑(兵部武選清吏司員外郎) 종5품 2. 예부 의제청리사 낭중(禮部儀制清吏司郎中) 정5품 3. 병부 무선청리사 낭중(兵部武選清吏司郎中) 정5품
정덕 6년 (1511)	38세	남경 이부 고공사(南京吏部考功司)로 삼고, 호주부 지부(湖州府知府)로 승진함	1. 이부 고공청리사 낭중(吏部考功清吏司郎中) 정5품 2. 호주 지부(湖州知府) 정4품
정덕 8년 (1513)	40세	요원적(姚源賊)을 평정하고, 근이신면(僅以身免)함	
정덕 9년 (1514)	41세	복건도 전운염사사 운사(福建都轉運鹽使司運使)로 승진함	도전운염사사 운사(都轉運鹽使司運使) 종3품
정덕 11년 (1516)	43세	광서우참정(廣西右參政)으로 승진함	1.『실록』의 기록에는 광동포정사(廣東布政司)라 되어 있어 금일 보정 2. 우참정 종3품
정덕 16년 (1521)	48세	운남우포정사(雲南右布政使)로 승진함	우포정사 종2품
가정 2년 (1523)	50세	운남좌포정사(雲南左布政使)로 승진함	좌포정사 종2품

시대	연령	행적	비고
가정 3년 (1524)	51세	1. 8월, 도찰원 우부도어사(都察院右副都御史)로 승진해 운남지방을 순무(巡撫)함 2. 12월, 호광(湖廣) 등 지역을 순무하도록 하고, 찬리군무(贊理軍務)를 겸함	도찰원 우부도어사 정2품
가정 5년 (1526)	53세	1. 5월, 휴직하기를 청하나, 윤허하지 않음 2. 9월, 상향(湘鄕)의 대도(大盜)를 토벌함	
가정 6년 (1527)	54세	공부우시랑(工部右侍郎)에 오르고, 좌첨도어사(左僉都御史)를 겸해 사천(四川)을 독목(督木)함	1. 해당 사료는 오직『국조열경기』에만 존재하고,『실록』에는 미기재 2. 공부우시랑 정3품, 좌첨도어사 정4품
가정 7년 (1528)	55세	1. 10월, 독목의 일을 마치고 경사(京師)로 돌아옴 2. 윤10월, 병을 이유로 재차 휴직을 청하나, 윤허하지 않음 3. 12월, 병부우시랑(兵部右侍郎)에 오름	병부우시랑 정3품
가정 8년 (1529)	56세	6월, 병부우시랑을 파하고 치사(致仕)함	
가정 15년 (1536)	63세	『해어』를 완성함	
가정 16년 (1537)	64세	『해어를 출판함	
가정 20년 (1541)	68세	『구주시집』을 완성함	
가정 32년 (1553)	80세	사세(辭世) 함	

자료 출처:『명실록』을 바탕으로『국조열경기』등의 서적을 증보하여 작성함

참고문헌

| 사료

『海語』

『明太祖實錄』

『四庫全書總目提要』

『粤大記』

『國朝獻徵錄』

『弘治九年登科錄』

『石匱書』

『萬姓統譜』

『西園聞見錄』

『明史』

『矩齋集』

『國史經籍志』

『矩洲文集』

『矩洲詩集』

『雙槐歲鈔』

『識小錄』

『本草原始』

『夷堅支志』

『玉芝堂談薈』

『閩中海錯疏』

『牧齋初學集』

『二曲集』

『雙槐歲鈔』

『明武宗實錄』

『四夷廣記』

| 연구서

袁珂 校注,『山海經校注』, 上海古籍出版社, 1983.

鄧士龍 輯, 許大齡·王天有主 點校,『國朝典故』, 北京大學出版社, 1993.

葉子奇,『草木子』, 中華書局, 1997.

屈大均,『廣東新語』, 中華書局, 1997.

錢茂偉,『明代史學的歷程』, 社會科學出版社, 2003.

王世貞,『弇山堂別集』, 中華書局, 2006.

鞏珍, 向達 校注,『西洋番國志』, 中華書局, 2006.

陳支平·萬明主 編,『明朝在中國史上的地位』, 天津古籍出版社, 2011.

湛若水, 鍾彩鈞·游騰達 點校,『泉翁大全集』, 中研院文哲所, 2017.

| 연구논문

段立生,「黃衷及其『海語』」,『東南亞』, 1984.

朱建君,「從海神信仰看中國古代的海洋觀念」,『齊魯學刊』, 2007.

解揚,「近三十年有關中國'經世思想'研究述評」,『新史學』19~4, 2008.
傅軼·黃少輝,「南海海神信仰文化研究 - 以南海神和媽祖為例」,『海洋開發與管理』26~11, 2009.
洪緯·曹樹基,「『閩中海錯疏』中的魚類分類體系探析」,『中國農史』, 2012.
倪濃水,「『海語』: '南海'書寫中海洋人文思想的立體性建構」,『南海學刊』3~4, 2017.
杜望,「雷禮『國朝列卿紀』初探」,『史學史研究』, 2017.

5

무로마치 시대 방일 조선인과 일본사회

- 이가와 겐지

Ⅰ. 머리말

무로마치 시대(조선전기)의 조일관계연구라고 하면 일본 사절, 수직인(受職人) 등 일본 열도에서 한양으로의 통교를 허가 받은 사람들, 왜구, 대마도 소씨(對馬宗氏)와 오우치씨(大內氏) 등 지역세력, 삼포의 왜인들, 국서를 기초한 선승, 교역에 종사한 상인 등이 관심사이며[01] 이들은 주로 일본에서 조선으로 갔거나 거주했던 사람들이다.

한편, 일본에 온 조선인에 대한 연구는 예를 들어, 조선 사절의 복명보고와 같은 개별사례의 틀을 넘어서 진전되지 못하고 있다. 이 배경에는, 조선측 사료인 『조선왕조실록(朝鮮王朝實錄)』이 지속적이고 상세한 정보를 전하여 각종 연구소재를 제공하고 있는 데 비해, 일본측에는 그에 대응하는 것이 없고 단편적인 사료만 현존한다는 대조적인 환경이 조성되어 있음은 의심할 여지가 없다.

본고에서는 이러한 일본 측의 어려운 사료 환경에 감히 도전하여, 방일한 조선인과 그들을 맞이한 일본의 자세에 대해 가능한 한 구체적이고 통

---

01 일본에서의 연구 개요에 대해서는 關周一, 「中世東アジア海域と日朝關係」, 『日朝關係史』, 吉川弘文館, 2017 참조.

시적으로 고찰하고자 한다. 이를 위해 전체를 3장으로 분할하여, 1장에서는 조선사절의 방일을 중심으로, 2장에서는 15세기 중반에 그들의 방일이 두절된 사정과 그 영향에 대해, 3장에서는 그 이후에 전개되었을 것으로 추측되는 교역을 '당선무역'이라 명명하고 그 구체적인 모습을 논하고 있다.

본론으로 이행하기 전에 용어에 대해 정의하고자 한다. 조선에서 일본으로 방문하는 사절을 조선사절(사료상 일본에서는 고려인, 고려통신사, 조선국보빙지선(朝鮮國報聘之船) 등 조선에서는 일본국통신사)이라 하고, 일본에서 조선으로 가는 사절을 일본사절(사료상 일본에서는 고려선, 조선에서는 일본국왕사)이라 하겠다.

Ⅱ. 15세기 전반기 조일의 사절 영접 체제

1. 통교 제한

15세기 전반의 조일 관계는 전기 왜구가 진정되고 있는 가운데 양쪽에서 사절이 왕복하는 비교적 안정적인 환경이었다. 필자는 일찍이 해당 시기 조일명의 수용태세를 비교한 적이 있는데,[02] 여기서는 조선사절 방일 시 일본의 응대에 한정해 보기로 하겠다.

명나라와 조선이 외국사절의 입국 혹은 입경 인원을 제한한 데 비해, 일본이 그러한 제한을 가한 흔적이 없다는 점에서 그 특성을 인정할 수 있다. 방일한 조선 사절 가운데 그 인원이 판명된 것은 1443년 방일한 변효문(卞孝文) 일행뿐이다. 『동사집행일기(東寺執行日記)』 가길(嘉吉) 3년 6월 11일조에 의하면 '20기'로 상락했다고 한다. 『강부기(康富記)』 같은 달 19일 조에는 '50여기'라고도 하는데, 말을 타지 않은 수행원도 고려한다면 100명 정도로 구성된 것으로 여겨지며, 한양을 출발한 시점부터 같은 규

02 「諸國王使をめぐる通交制限」, 『大航海時代の東アジア』, 吉川弘文館, 2007.

모였을 것이다.[03]

입경 인원을 제한하지 않은 것이 일본의 특질이라고 이야기했는데, 그것은 일본에 온 사절단이 교토에 이르기까지 항상 아무런 장애가 없었음을 의미할까.

〈사료 1〉『세종실록(世宗實錄)』 6년 12월 무오(17일)조

安臣等啓曰, '臣等初到赤間関, 圭籌謄書馳報御所, 留待五十五日, 回報不来, … 臣等曰, "若然則事理未当, 不可従命, 須将此意, 更達大内殿, 転達于御所為可," 後十五日, 瓊蔵主回自京云, "御所欲以回礼船拘留赤間関, 只将経与本板, 伝載輸京", 大内殿啓云, "拘隣國使臣, 於義未安, 宜当引接", 御所乃許来京, 遂与圭籌等, 五月二十一日, 到京,'

〈사료 2〉『세종실록』 25년 10월 갑오(13일)조

日本國通信使卞孝文, 回至慶尚道玉浦馳啓, '臣等初到対馬島, 宗貞盛, 受賜物, … 行至赤間関, 大内教弘径到赤崎浦迎候, … 教弘遂以臣等之来, 馳報京都, 乃発船四隻護送, 行至尾路, 代官以無國王教書不護送, 臣等行至兵庫, 使通事尹仁始先往京都報之, 兵庫守護官, 来謂臣等曰, "今報使臣声息于京管領及伊勢, 皆無可否, 但其出納者言, '大内之報, 時未回答, 不宜擅自上来'", …尹仁始回言 "入京見太和守, 太和守言 '何不待報而来乎, 管領已議諸大臣, 欲不接納也', 仁始答云 '淹雨赤間関尾路, 已逾旬月,

03 조선 사절의 구성에 관해서는 『성종실록(成宗實錄)』 8년 정월 정미(8일)조에 '事目'이 있음이 알려져 있으나 이로부터 전체 인원수를 추측하는 것은 불가능하다.

而回報不到, 乃来耳', 太和守遂議管領, 乃招仁始言'管領亦云 "業已来矣, 不可拒之", 乃告于王, 令左武衛依旧例以待'", 臣等入京都,'

이들 방일한 조선사절이 귀국후 그 여정을 보고한 내용이다. 〈사료 1〉은 세종 6년(1424) 박안신(朴安臣), 〈사료 2〉는 세종 25년(1443) 변효문(卞孝文)의 보고이며, 둘 사이에 약 20년이라는 간격이 있다.

〈사료 1〉에서 박안신 일행은 가는 길에, 아카마노세키(赤間關)에서 대기하다 막부와 연락을 취한 결과, '경(經)'과 '본판(本板)'만을 교토로 보내고 '회례선(回禮船)' 즉 박안신 일행은 아카마노세키에 구류하라는 회답을 받았다. 경과 본판은 일본사절 규주(圭籌)가 결사적인 교섭으로 획득한 "金字華厳経八十巻, 梵字密教経板, 蔵経一部, 注華厳経板"[04]이다. 이들의 방일에 앞서 아시카가 요시모치(足利義持)는 대장경이 아니라 그 목판인 대장경판을 획득하기 위해 규주를 파견했는데, 하사받은 것 중 '蔵経一部'는 있었으나 대장경판은 없었다. 박안신에 대한 앞의 조치가 그 보복임은 분명하다. 그렇다고는 해도 박안신은 오우치 모리미(大内盛見)의 주선을 받아 최종적으로는 상락길에 오르게 되지만, 막부가 아카마노세키에서 조선사절의 상경 저지를 의도한 점을 간과할 수는 없다.

〈사료 2〉에서는 야마토노 가미(太和守)가 조선사절 변효문 등에 대해 '접하여 들이지 않기로 하였다'고 말하고 있다. 야마토노 가미는 뒤에서 서술하는 '조선봉행' 이노 사다쓰라(飯尾貞連)인데, 그의 발언만을 보면

04 『세종실록』 6년 정월 무인 삭일(朔日)조.

"어째서 소식을 기다리지 않고 온 것이냐"고 힐문하고 있으며, 아카마노세키에서 막부로부터의 연락을 기다리지 않은 것을 문제시하고 있다. 이 배경에는 막부가 금전적 부담을 꺼린 사정이 있었음을 추측할 수 있는데, 이 점은 다음 장에서 검토하겠다. 그와 동시에 변효문이 효고에 도착했다는 소식을 받고, '간레이(管領)' 하타케야마 모치쿠니(畠山持國)는 "이미 왔으니 이를 거부해서는 안 된다"고 말하였다. 조선 사절을 거부하는 것이 더 이상 현실적인 선택이 아님을 막부수뇌부도 잘 알고 있었을 것이다.

명나라와 조선과는 달리 일본은 외국사절의 입국 또는 입경인원을 제한하지 않았다. 그런데 조선측에 요구한 대장경판을 얻지 못한 경우, 혹은 아카마노세키에서 막부의 회답을 기다리지 않고 교토로 여행을 계속한 경우에 막부는 사절의 구류를 명하거나 혹은 교토에서의 응대를 거부하는 자세를 보였음을 알 수 있다. 한편으로 실제로 응대를 거부하는 것이 현실적이지 않다는 것도 인식하고 있었던 것으로 보이며, 박안신 등에 대해서는 오우치 모리미가 "이웃 나라 사신을 구류하는 것은 의리상 미안한 일이니, 어소에 데려다가 접견해야 한다"고 막부와의 사이를 중재하였고, 변효문 등에 대해서는 오우치 노리히로(大内教弘)가 막부의 회답을 기다리지 않고 호송선 4척을 달아 교토로 향하도록 출발시킨 덕분에 최종적으로는 교토로 들어갈 수 있었다. 오우치씨의 이러한 움직임은 조선의 경상도 관찰사나 명나라의 저장시 선박사에서는 찾아볼 수 없는 일본 태세의 특징이라고 할 수 있다.

2. 영접 체제

이처럼 상황에 따라 막부가 사절에 대해 입경거부 자세를 나타내는 경우가 있었음을 확인하였는데, 그것을 현실적인 것으로 만들기 위해서는 그들을 머무르게 할 관문이 필요했다.

〈사료 3〉『노송당일본행록(老松堂日本行錄)』 110절[05]

日本之法, 他國使来朴加大(博多), 則探提拘留而報告於王, 待其王入送之文, 然後入送, 到赤間関則代官又拘留, 見王入送之文, 然後入送, 到兵庫亦然, 如此三処有把截焉,

『노송당일본행록』은 1420년에 방일한 송희경(宋希璟)이 지은 일본기행 시문집이다. 다른 나라의 사절이 방일했을 때에는 박가대(朴加大(하카타)), 아카마노세키(赤間関), 효고(兵庫) 3곳을 파절(把截, 체크)하는 것이 '日本之法'이라 하고 있다. 하카타(博多)는 외국 사절이 도착했을 때 (규슈) 단다이(探題)가 그들을 구류하고, 국왕에게 보고하여 국왕으로부터 '入送之文'을 기다린 후 아카마노세키로 보낸다고 그 기능을 설명하고 있다. 아카마노세키 및 효고에 대해서는 하카타와 마찬가지이기 때문인지 간략한 설명에 머무르고 있다. 이들 3 지점에 대해 순서대로 보기로 하자.

하카타에 관해서는 이로부터 4년 후 일본에 온 전술한 〈사료 1〉 박안신

05 村井章介校注, 『老松堂日本行録』, 岩波書店, 1987, 212~213쪽.

의 기록에는 비슷한 기능에 대한 언급이 없다. 아마 이 4년 사이에 하카타의 관문 기능을 저하시키는 변화가 일어났을 것이다. 지역사를 들여다보면, 막부의 출선기관인 규슈 단다이 시부카와 요시토시(渋川義俊)가 응영(応永) 30년(1423)에 몰락했음을 발견할 수 있다.[06] 이 사건은 돌발적으로 발생한 것이 아니라 이미 응영 23년(1416) 이전부터, 오우치의 피관 나이토 모리사다(内藤盛貞)가 지쿠젠(筑前) 고쿠아메다이직(國衙目代職)을 얻은 이후, 대관청부를 지렛대 삼아 오우치씨의 지쿠젠 진출이 시작됐다는 점 등의 연장선상에서 일어난 것으로 여겨진다.[07] 하카타는 시부카와, 쇼니(少弐), 오우치 등 여러 세력이 서로 경쟁하는 불안정한 상황으로, 막부의 출선기관으로 기능할 수 있는 상황이 아니게 되어가고 있었다.

아카마노세키는 어떨까. 송희경은 '대관(代官)'이 사절을 구류하고 입송지문을 기다린 후 입송시킨다고 밝힌 바 있다. 박안신과 변효문이 일본을 방문할 때에도 관문으로 기능하고 있었음은 이미 살펴본 바와 같다. 항만도시로는 하카타 정도의 규모는 아니었지만, 현해탄에서 관문 해협을 거쳐서 세토내해에 이르는 입구에 위치하고 있어, 세토내해 항로를 이용해 입경하려고 할 때에는 반드시 통과해야 하는 지점에 있었다. 또한 정치적으로도 오우치씨의 안정적인 지배가 이루어졌기 때문에 하카타보다 관문 기능을 수행하기 쉬웠을 것이다. 그러한 사정으로 인해 하카타의 기능은 아카마노세키에 흡수되었을 것이다. 한편 막부가 아카마노세키에게 관문

---

06 川添昭二, 「九州探題の衰滅過程」, 『九州文化史研究所紀要』 23, 1978, 90쪽.

07 佐伯弘次, 「大内氏の筑前國支配-義弘期から政弘期まで-」, 『九州中世史研究』 1, 1978, 248쪽.

역할을 요구하였음에도, 오우치 모리미, 노리히로가 조선 사절에 대한 공감적 자세로 인해 반드시 막부의 요구에 순종하지는 않았다는 점도 앞서 기술한 바와 같다.

효고에 대해서는 송희경은 "또한 그러하다"고만 기술하여, 하카타, 아카마노세키와 마찬가지였다고 해석할 수 있다. 효고는 박안신의 기록에는 없고 변효문의 기록에만 등장한다. 변효문 등이 입송지문을 기다리지 않고 아카마노세키를 출발한 것은 막부의 뜻에 부합하지 않았기 때문에 변효문은 효고에서 발이 묶이게 되었다. '효고수호관(兵庫守護官)'이 '사신의 소식을 교토의 간레이 및 이세에 보내'는, 즉 교토에 대한 주선 역할을 맡고 있다. 박안신의 기록에 등장하지 않은 이유는 알 수 없지만 효고의 관문 역할은 지속되었다고 볼 수 있다. 변효문 등이 아카마노세키에서 대기하지 않았기 때문에, 효고에서 발이 묶인 것으로 보아 아카마노세키를 보완하는 기능이었다고 보아야 할 것이다.

3. 당선봉행

세 곳의 관문을 통과하여 사절이 교토에 도착하였을 때, 응대를 맡은 것은 봉행인이다. 봉행인이란 무로마치 막부의 관리이며, 변효문의 통사 윤인시(尹仁始)를 견책한 이노 사다쓰라도 그 중 한 명이다. 그를 포함해 이노 야마토노 가미(飯尾大和守)를 자칭하는 일족은, 당선봉행이라고 하는

직책에 있었다.[08]

〈사료 4〉『무로마치막부제봉행차제(室町幕府諸奉行次第)』(이하 『제봉행』) 16정표

鎮西并異国

一, 飯尾大和守貞連法名性通

一, 子息大和守元連法名宗勝性通後承之,

親性通他界享徳四二廿一之時, 雖未加恩賞方, 依龍安寺(ヵ)之執申別奉行所〃被仰付之,

日数過之後, 被召加恩賞方了,

飯尾大[蔵]大夫元行[宗勝跡]

父宗勝延徳四五九他界後, 別奉行等以父之例相続也, 普代不謂儀也云々,

이에 따르면 '鎮西并異國' 봉행 직책을 이노 사다쓰라부터 모토쓰라(元連), 그리고 모토유키(元行)에 이르는 이른바 '이노씨 야마토노 가미류(飯尾氏大和守流)'의 가계[09]가 대대로 이어받았음을 확인할 수 있다. '鎮西并異國'은 '唐船奉行'과 같은 직책을 가리키는 것으로 보인다. 이노 사다쓰라

08 당선봉행에 관해서는 國原美佐子「唐船奉行の成立」,『東京女子大学紀要論集』44-2, 1994; 졸고「室町幕府の外交奉行」,『大航海時代の東アジア』참조.

09 今谷明, 高橋康夫 編,『室町幕府文書集成 奉行人奉書篇』上, 思文閣出版, 1986, 629쪽.

는 변효문의 상경에 난색을 표했던 앞서 서술한 사례 외에도 변효문의 복명보고에서 회례를 명목으로 한 일본사절 파견을 물리친 인물로 등장한다.[10] 사다쓰라는 '회례(回禮)'에 의한 사절파견은 옛 사례가 없어 파견할 수 없다고 응답하였는데, 변효문이 옛 사례를 이야기하자 '여러 대신'과도 이미 논의를 했으나 회례사의 선례는 없고, '청경사(請經使)'가 파견되었을 뿐이므로 청경사를 파견하려 한다고 대답했다고 한다. 봉행인이 조일관계에서 맡은 역할에 대해서는 잔존사료가 적어 이노 모토쓰라, 모토유키에 관해서는 같은 역할을 확인할 수 없다.

그래서 후세의 사료이긴 하지만 『무가명목초(武家名目抄)』를 통해 당선봉행의 업무를 일반적으로 살펴보기로 하겠다.

〈사료 5〉『무가명목초』 제1 직명부(職名部) 16上

안당선봉행(按唐船奉行)은 명나라든 류구(琉球)든, 모든 이국에서 보내온 방물을 검납(檢納)하고, 또 이쪽에서 보낼 서첩물품(書牒品物)의 사무를 관할하여 교역을 담당하는 봉행이다. 명나라는 응영 연중에 로쿠온인(鹿苑院) 님이 통교하여 사절이 단절되는 일이 없다. 항상 5산의 승려를 사자로 삼아 이를 견당사라 속칭한다. 이 또한 이 봉행이 다루어 처리할 일이다. 생각건대 당선봉행, 당봉행 등이라 하여 이 명칭이 같지 않은 것은, 오직 당선 교역 뿐만 아니라 견당사 등 또한 다룰 수 있기 때문이다. 또 류구에 관한 일을 다룰 때에는 류구의 봉행이라고도 하며, 류구

10 『세종실록』 25년 10월 갑오조.

는 도지인(等持院) 님과 호쿄인(宝篋院) 님의 시절에 일찍이 조공하여 사자가 여러 차례 오기에 이르렀다. 이 봉행은 이노씨에 한하여 임명하며 다른 성이 맡은 적은 없다. 다만 항상 당선봉행을 두는 것은 아니며, 임시로 두는 명칭이다. 경장(慶長) 연중에 나가사키 사봉행(糸奉行)을 당선봉행이라고 한 것은 무로마치 시대의 명칭에 유사하게 한 것이다.

이 사료에서조차 조일관계에서 맡은 역할을 밝히는 데에는 이르지 못하고 있다. 당선봉행이 대명, 대류큐 관계를 담당하는 봉행으로 설명되는 한편, 여기에서도 대조선 관계는 언급이 없다. 이노씨 야마토노 가미류에 대해 살펴본 것처럼, 관계 정보가 희박하기 때문일지도 모른다. 당선봉행의 업무는 구체적으로 1, 명·류큐로부터의 증답품 관리, 2, 명·류큐로 보내는 국서·증답품의 사무, 3, 교역 전반의 총괄을 담당하는 봉행이라고 설명하고 있다. 조일 관계에서도 그와 같은 역할을 담당하였으리라 상상할 수밖에 없다. 대명관계에서의 업무과 부봉행의 존재 등 당선봉행에 대해서는 그 밖에도 논할만한 것이 있지만, 본고의 관심인 조일관계의 관점에서는 이상으로 충분할 것이다.

Ⅲ. 조선 사절 방일의 두절

1. 두절된 사정

15세기 전반의 조일관계는 사절이 왕래하던 시대였지만 그것이 두절되는 시기가 온다. 조선사절은 가길(嘉吉) 3년(1443) 이후, 명 사절은 영향(永享) 6년(1434) 이후 100년 이상 교토를 방문하지 않는다. 그 배경 중 조선사절에 대해 고찰해 보자

〈사료 6〉『세종실록』 25년 12월 정미(27일)조(권102, 41丁裏)

臣仍謂光厳曰 '貴國有慶弔之事, 本國欲遣使賀弔, 議已定矣, 然前日貴國待我使, 不如礼, 恐煩貴國', 光厳答曰 '我國主小, 不親政事, 權在大臣, 其待貴國之使, 礼多疎薄, 國王常曰 "我恐対朝鮮之使, 不如父王時也", 何敢以為煩乎.'

'臣'은 예조판서 김종서, '光厳'은 일본 사절이다. 김종서가 광엄에 대해 일본에서 '慶弔之事'가 있으므로 사절을 보내겠다고 이야기하고 있다. '慶

弔之事'는 쇼군 아시카가 요시노리(足利義教)가 살해된 후, 아시카가 요시카쓰(足利義勝)가 8세에 쇼군이 된 것을 뜻할 것이다. 그런데 김종서는 직전 일본에 파견된 사절의 대우가 예전과 같지 않다고 지적한 뒤, '귀국을 번거롭게 할까 두렵다'고 이어 말하고 있다. 아마도 사절 체재 중인 일본측의 대응에 불만이 있었던 것 같다. 사절 파견이 일본측의 번거로움이라면, 장군 교체 시기라도 파견을 보류해야 하지 않겠느냐는 것이 발언의 취지라고 해석할 수 있다. 조선의 예조판서가 사절 파견 여부와 관련해 제시할 정도의 문제란 어떤 것이었을까.

문제의 사절은 변효문 일행으로, 앞서 기술한 대로 이노 사다쓰라의 일련의 대응은 물론 이와는 다른 실상을 일본측 사료 속에서 찾을 수 있다.

〈사료 7〉『강부기』 가길 3년 5월 6일조

肥前入道(飯尾為種)語云, 近日高麗人可来朝也, 先々要脚被懸仰諸大名被出之処, 今時分諸大名諸國役出銭不可叶之間, 高麗人不可被入立京都, 可被追返也, 其間事管領畠山被存之間, 諸大名一揆シテ可被返高麗人也, …所詮上古往昔ハ来朝之貢賦也, 近来者, 為商売所入来也, 然者牒状之文章, 違上古歟, 古今之牒状, 取集見合天, 就文章之咎可被返高麗人歟,

〈사료 8〉『강부기』 가길 3년 6월 19일조

高麗人申云「非如先々商売之料, 奉為普広院殿御弔参洛」之由申候間, 「然

者可被入歟」之由, 諸大名等有評議, 遂以被入云々,[11]

〈사료 7〉의 '肥前入道'는 막부 봉행인 이노 다메타네(飯尾為種)이며, 본고에서는 생략하지만, 당선 부봉행이다. 다메타네는 국역(國役)이 모이지 않는다는 이유를 들어 '高麗人' 즉 변효문 일행을 교토에 들여놓아서는 안 된다는 의견을 말하고 있다. "上古往昔ハ来朝之貢賦也, 近来者, 為商売所入来也"라 하며 이전과는 달리 근년은 '장사를 위해' 방일하고 있다는 인식은 흥미롭다.

논의 경위는 변효문에게도 전해졌다. 사료 8에 따르면 변효문은 '앞서와 같이 장사를 꾀함이 아니다'라고 단언하고, 보광원(普廣院) 님, 즉 아시카가 요시노리의 조문을 위한 교토 방문이라고 회답하였으며, 이에 따라 막부는 입경허가를 내렸다. 변효문의 회답 중에 '앞서와 같이'라는 문구에 유의한다면, 이에 앞선 조선 사절의 방일이 어떠한 상업상의 목적을 수반하고 있으리라 추측할 수 있을 가능성도 있다.

이 시기의 조일 관계를 이야기할 때, 일본 사절의 상업성이 강조되는 반면, 조선에서 방일한 사절이 갖는 상업성은 거의 의식되지 않는다.[12] 그러나 조선사절 역시 상업적 이익을 시야에 넣고 방일했다고 생각할 수 있는 것은 아닐까. 그런데, 교토에 들어가기 전의 교섭에서 그 가능성을 차

11 도쿄대학사료편찬소 소장 사진장(6173-54) 12권 64쪽 및 13권 12쪽을 따름.

12 예를 들면 나카무라 요시타카(中村栄孝)는 『日鮮関係史の研究』 上, 吉川弘文館, 1965, 155쪽에서 조선에서 파견한 사절에 대해 쇼군을 위한 경조(慶弔), 수호(修好)와 일본의 여러 사정을 시찰하였다고 서술한다.

단당하고 만 것이다.

예조판서 김종서가 조선의 회례사절 파견여부에 관해 언급한 것은 단지 이전 사절의 대접이 나빴기 때문만이 아니라, 입경 목적으로서의 상업이 부정되었기 때문이라고 이해할 수 있지 않을까. 〈사료 6〉에서는 광엄이 국주, 즉 아시카가 요시카츠는 어린 나이이기 때문에 친정을 하지 않고, '대신(막각)'이 권력을 쥐고 있기 때문에 조선사절에 대한 예의가 희박해지고 있다고 변명하고 있고, 〈사료 7〉에서는 '여러 다이묘가 단결하여', 〈사료 8〉에서는 '여러 다이묘등의 평의가 있음'이라 나와있는 것을 보아 그것은 어느 정도 실제 정치상황을 반영했을 것이다.

이노 사다쓰라가 입경에 난색을 표한 것에도 한 원인이 있을 수 있겠지만, 이런 상황은 박안신이 방일했을 때에도 발생했다. 김종서가 '귀국을 번거롭게함을 두려워한다'고 말한 번거로움으로는 이상의 사정을 상정할 수 있다.

그렇다면 이 때 부정된 조선사절의 상업성이란 무엇일까. 〈사료 7〉에서 이노 다메타네는 '지금 여러 다이묘의 여러 국역, 출전이 이루어지지 않는다'고 말하고 있다. 〈사료 8〉에서는 변효문 등이 '商売之料'가 아니라고 회답하여 입경허가가 나왔다. 즉, 장사를 꾀함이 아니라는 것은 여러 다이묘 여러 국역의 지출이 불필요해짐을 의미한다고 해석할 수 있다. 조선 사절의 상업적 이익은 국역으로 충당했다는 뜻이다. 일본측의 이러한 응대가 김종서 등 조선 궁궐의 불만을 사 조선 사절 방일 두절의 원인이 된 것이다.[13]

---

13 하시모토 유(橋本雄)는 이 점에 대해 '商売의 料'의 '料'가 목적을 의미한가는 것, 당시 횡행하던 가짜 사절의 존재가 막부 유력자들에게 발각된 점이 고

조선 사절을 맞이하는 부담은 그 경호 과정에서도 발생했을 것이다. 영화(永和) 원년(1375)에 고려 사절 나흥유(羅興儒)가 일본에 왔을 때의 것으로 시기는 다르지만 해당 시기에도 유사한 내용이 계속되었을 것으로 추측해도 무리가 없을 것이다.

〈사료 9〉『동사백합문서(東寺百合文書)』よ函60 16下[14]

高麗使者羅興儒以下, 同進物等被召上由事, 今月六日所被成御教書也, 早任被仰下旨, 用意人夫伝馬, 可被致分郡警固之状如件,

永和元年十一月十九日 右近将監判

宇野備前権守殿

高麗使者羅興儒以下同進物等, 被召上之由事, 去月六日御教書, 并同月十九日施行案如此, 早任被仰下之旨, 用意人夫伝馬雑事以下致警固可被勘造之由也, 仍執達如件,

永和元年十二月九日 備前守在判

赤穂郡寺社本所地頭御家人御中

첫번째 편지의 '右近将監'은 좌근장감(左近将監)의 오기로, 하리마노카미(播磨守) 아카마쓰 요시노리(赤松義則)이다. 그가 우노(宇野) 비젠노카미

려되어 있지 않다고 비판하고 있다(『中世日本の國際関係』, 吉川弘文館, 2005, 248~249쪽). 전자에 관해서는 하시모토씨의 지적이 이 장과 모순되지 않는데다, 후자에 관해서는 가짜 사절 발각 이전에 일본측에서 조선 사절 파견을 사실상 거부하고 있다는 점을 중시하고자 한다.

14 사료편찬소 사진장6, 47~48쪽.

(備前権守)에게 시행장을 보내 그를 바탕으로 우노 비젠노카미가 아코군(赤穗郡) 사사본소(寺社本所)의 지토(地頭) 고케닌(御家人)에게 두번째 편지를 보내고 있다. 이 이전에 막부 간레이 호소카와 요리유키(細川頼之) 명의의 어교서가 나왔을 것이며, 무로마치 막부의 전형적인 지휘계통 속에서 처리되고 있다. 고려 사절 나흥유 등 및 그들이 가져온 '進物等'을 상경시키게 되어 그 경호를 명령받고 있다. '人夫伝馬雑事' 이하의 준비도 언급하고 있다는 점을 함께 생각한다면 진물(進物)의 운송 등도 겸하고 있었던 것으로 여겨지며, 통과 지역에 일정 정도의 부담이 되었을 것을 상상할 수 있다. '出銭'과 함께 이러한 부담도 이노 다메타네 발언의 배경에 있었을지도 모른다.

조선 사절의 내일 두절에 대한 사정을 이상과 같이 고찰했는데, 이것이 일본 측에 어떤 영향을 주었는지 다음 절에서 생각해보고자 한다.

2. 사절 파견 형태의 변화

이 절에서 다루는 내용은 조선사절의 방문 두절이 일본측에 준 영향이지만, 보다 구체적으로는 일본에서 조선으로 사절을 파견할 때의 형태 변화에 있어, 조선으로부터의 사절 응대를 주제로 한 본고의 관심에서 다소 벗어나는 부분을 포함하고 있다. 그렇다고 해도 그 변화가 장기적으로는 조선인 수용체제에도 간접적인 영향을 미칠 것으로 여겨지므로 여기서 다루기로 한다.

변효문 방일로부터 5년 뒤, 1448년 일본 사절 정우(正祐) 등이 3척을 편성해 일본에 왔다.

〈사료 10〉『세종실록』 30년 7월 기축(5일) 조(권 121, 2丁表)

見御所教書, 使臣船一, 与前所疑相合, 其二船, 乃博多興利之人也, 興利人, 不可与使臣同処,

일본사절 선단 3척 중 2척이 '博多興利之人' 즉 하카타 상인이 만든 것이기 때문에 일본 사절로서 대접해서는 안 된다는 논의가 일어났다. 이 점을 좀 더 자세히 살펴보기로 하자.

발단은 의정부와 예조가 피상의(皮尚宜)의 보고를 조선 국왕에게 전달한 데 있다. 피상의가 누구인지는 알 수 없으나 그가 소 사다모리(宗貞盛)로부터 받은 「日本國王教書」에는 사신선 숫자가 1척이라고 적혀 있었다. 그런데 도착한 배는 3척이었기 때문에 2척은 하카타 상인이 파견한 것으로 간주되고 있다. 즉 이 2척은 사절의 배가 아니라 상선(흥리왜선)이라는 이해이다. 이 해석을 부사에게 물어본 선위사(宣慰使) 강맹경(姜孟卿)은 도리어 결례라고 고발당하는 한편, 배가 하카타에서 제작된 것은 사절 측도 인정하고 있었다.

정우 등은 선단이 3배로 늘어난 것은 대장경을 운송하려면 1척으로는 부족하기 때문이라고 호소하였으나 조선 측의 이해를 얻지는 못하였다. 해당 기사의 말미에 조선국왕은 '2척은 (일본)국왕이 아는 바가 아니다'라고 단정하였다. 2척은 사신선으로 인정하기 어렵다는 견해다. 무로마치 막부의 소재지와 동떨어진 하카타 지역에서 제작되었다는 사실이 조선측 견지에서 일본 국왕과의 관계성을 의문시하는 근거가 되고 있다. 정우 등의 반박은 비록 하카타에서 준비된 배라도 일본 국왕의 지시에 따라 만들어진 배는 일본 사절이라는 이름에 적합하다는 인식을 드러낸 것일지도 모른다. 혹은 실제로 상인에 의한 운영이라는 색채가 농후함을 인식하면서도 항변하는 것에 지나지 않은 것일까. 16세기 일본 사절 대부분은 대마도에서 만들어낸 것이 지적되고 있는데,[15] 이러한 동향의 연장선상에 위치지을 수 있지 않을까.

조선 측의 의심을 살 위험이 있는 이런 파견 형태는 일본 측으로서는 오히려 효율적인 스타일이 아니었을까. 하카타에서 배를 만들면 해적들이 활개치는 세토내해를 진물을 싣고 항해할 필요가 없어질 뿐만 아니라, 사신선의 이동거리가 단축되어 운항비를 절약할 수 있기 때문이다. 그러한 방식은 외국 사절의 일본 방문이 잇따르는 상황 하에서는 억제되고 있었다. 상선과 달리 일본의 사정을 자국 정권에 보고할 필연성이 있는 사신선의 방일이었기 때문에, 규슈 세력에게 의존하는 형태의 사절 파견으로 이행하는 것을 억제하는 조건이 된 것이다. 1443년을 경계로 조선 사절의 방일이 없어진 단계에서야 가능해졌다고 여겨진다.

---

15 田中健夫, 「中世日鮮交通における貿易権の推移」, 『中世海外交渉史の研究』, 東京大学出版会, 1993, 182~183쪽; 田中健夫, 田代和生 校訂, 『朝鮮通交大紀』, 名著出版, 1978, 120쪽.

3. 조선 봉행

일본 사절의 일본 방문 두절이 일본의 사절 파견형태 변화로 이어지게 되었는데, 이는 무로마치 막부의 처리 기능에도 영향을 미쳤을 가능성이 있다.

『무가명목초』 당선봉행 항목에는 명나라나 류큐의 사절에 관한 언급은 있으면서도 조선사절의 응대에 대해서는 언급이 없다. 『음량헌일록(蔭凉軒日録)』을 펴보면 앞 절보다 조금 뒤의 시기에 해당하는 실무를 담당한 봉행인의 존재가 떠오른다. 유의해야 할 점은 그 어느 사례에서도 '조선봉행' 혹은 '고려봉행'이라는 직함을 찾을 수 없다는 것이다. 본고에서는 어디까지나 편의상 조일관계의 실무를 담당한 봉행인 혹은 막부의 관리를 총칭하여 '조선봉행'이라 부르기로 한다. 그들은 어떤 존재였을까. 이하의 5개 사례로부터 고찰한다.

첫 번째 사례는 장록(長禄) 원년(1457) 건인사(建仁寺) 중수비용 조달(高麗奉加, 高麗勧進)을 목적으로 파견된 전밀(全密)을 정사로 삼은 일본 사절이다. 이 사절은 귀국 후에 혜광(恵光)이 돈을 착복한 것이 문제가 되었는데, 그 소송 중에 몇 명의 봉행이 등장한다. 『음량헌일록』의 첫 기사는 장록 2년(1458) 3월 12일조이다. 여기서는 아시카가 요시마사(足利義政)가 이노 소슈(다메카즈(為数))를 통해 사케이 신즈이(季瓊真蘂)에게 '建仁寺高麗奉加之事'에 대해 물어보고 있다. 봉가지사(奉加之事)라고 나와 있을 뿐 이 시점에서는 구체적인 기술은 없다. 16일에는 건인사에서 이노 소슈(다메카즈)를 통해 신즈이에게 '高麗勧進之事'에 관한 서한을 보내고 있다. 4월 26

일조에서는 이노 사에몬다유(飯尾左衛門大夫=다메카즈)를 가리켜 '원래대로 본봉행'이라는 표현을 볼 수 있다. '이노 소슈'라고 불리고 있던 인물이, 같은 일기의 같은 시기에 '이노 사에몬노다유'라고도 불리고 있다는 것은 약간 부자연스럽기는 하지만, 둘 다 이노 다메카즈(飯尾爲數)라 비정하고 싶다.[16] 다메카즈는 같은 해 8월 14일, 16일의 각 조에서도 동일 사안을 담당하고 있음을 알 수 있다. 이 무렵에는 혜광의 이름도 보여, 신즈이가 사건의 구체적인 모습을 파악했다는 사실을 알 수 있다.

두 번째 사례는 장록 2년(1458) 도키 모치마스(土岐持益)가 주선하여 미노남궁(美濃南宮)에 대장경을 봉납하기 위해 파견된 노원(盧圓)을 정사로 삼은 일본사절이다.『음량헌일록』장록 2년 8월 24일조에 따르면 사절 파견에 필수적인「高麗之御印書」를 도키 모치마스 쪽에 건넨 사람은 니나가와 지카하루(蜷川親春)이다. 니나가와 가문은 만도코로다이(政所代) 니나가와 가문을 상기시키는데, 뒤에 나오는 사다미(貞相)과 마찬가지로 그와는 별개의 계통이다. 이 사절이 귀국할 때 동행한 송처검(宋処儉)을 정사로 삼은 조선 사절선이 조난당했다. 장록 4년(1460) 3월 10일 조는 소 사다쿠니(宗貞國)로부터 '이세노카미 피관(伊勢守被管)' 니나가와와 사다미에게 상황을 설명하였다고 한다. 이세 씨가 집사를 맡는 만도코로 안에서도, 봉행인

16 今谷明, 高橋康夫 編, 앞의 책, 6쪽에 따르면 이노 다메타네는 사에몬다유, 시모사노카미라는 두 통칭이 있었다는 것을 확인할 수 있다. 그와 동시에『음량헌일록』장록 3년 6월 24일 조에 "建仁寺之事. 命于飯尾左衛門大夫也"라 나와있다는 것을 근거로 이노 유키타네를 건인사 봉행에 비정하고 있다(『室町幕府解体過程の研究』, 岩波書店, 1985, 168쪽; 210쪽, 注239). 특히 '飯尾左衛門大夫'를 다메카즈에 비정할 것인가, 유키타네에 비정할 것인가는 미묘한 점을 포함하고 있다.

과도 다른 계통의 이세 피관이 도키 씨, 소 씨와의 연락을 담당하고 있다.

세 번째 사례는 관정(寬正) 3년(1462) 다무봉(多武峯) 담산(談山) 신사 등 '京畿寺院'에 대장경을 받을 목적으로 파견된 순혜(順惠)를 정사로 삼은 일본 사절이다. 장록 3년(1459) 8월 20일조에 의하면, 그 사절 파견을 위한 「감합」[17]에 대해 이세 사다무네(伊勢貞宗)로부터 전달받은 사항이 있었다. 그 내용은 분명치 않다.

네 번째 사례는 관정 4년(1463)에 천룡사(天龍寺)에 대장경을 받기 위해 파견된 준초(俊超)를 정사로 삼은 일본 사절이다. 다음해 5년(1464)에 뱃사공 다마이(玉井)가 그 짐을 억류했다 하여 소송이 제기되었다. 11월 12일조에 의하면 '寺奉行'을 통해 막부에 호소하였다. 이듬해 6년 2월 7일조에 "天龍寺奉行飯尾兵衛大夫"라고 되어 있음을 감안하면 '寺奉行'은 천룡사 봉행 이노 사다아리(飯尾貞有)였음을 알 수 있다. 같은 달 10일조에도 '飯尾兵衛大夫'라는 이름이 보인다.

마지막 예는 응인(応仁) 2년(1468) 고후쿠지(興福寺) 금당과 야쿠시지(薬師寺)에 대장경을 받기 위해 파견된 융원(融円)을 정사로 삼은 일본 사절이다. 관정 6년(1465) 12월 6일, 이 사절이 지참할 국서 발급이 '飯尾左衛門大夫'를 통해서 확약되었다. 같은 달 17일조에도 '飯左', 즉 이노 유키타네(飯尾之種)의 이름을 볼 수 있다. 다음해인 문정(文正) 원년(1466) 정월 22

17 해당 부분의 원문은 "高麗國自唐峰為求蔵経被遣書, 故勘合之事伊勢等白之, 伺之, 但以春阿伺之, 高麗國通書近来頻繁不為然之由, 院主被白之由竊披露之.", '勘合'은 상아부(象牙符)로도 해석할 수 있으나, 혹은 '高麗國通書 즉 국서와 동일하다고 해석할 여지도 있을 것이다.

일, 2월 16일조에는 '飯尾肥前守'로서 유키타네가 등장하고 있다.

『음량헌일록』에서 나타나는 문명(文明) 연간 이전에 대조선 통교에 관여하고 있는 봉행인의 사례는 이상이다. 여기서도 명백하듯이, 고려봉행 혹은 조선봉행이라고 칭하는 봉행인은 확인할 수 없다. 이노 유키타네는 당선부봉행으로서의 활동도 확인할 수 있는 인물이나 다른 봉행은 당선봉행으로서의 활동을 확인할 수 없다. 이들은 어떤 존재일까.

5가지 사례에 관여했던 인물을 다시 정리하면 다음과 같다. 장록 원년(1457)의 일본 사절 파견 시의 이노 다메카즈는 '本奉行'이라 불리고 있다. 장록 2년(1458)의 일본 사절 파견 시에는 니나가와 지카하루, 사다미이며, 후자는 이세 씨의 피관이라고 이야기되고 있다. 관정 3년(1462) 파견 시에는 이세 사다무네, 관정 4년(1463) 파견 시에는 '天龍寺奉行' 이노 사다아리, 응인 2년(1468)에는 이노 유키타네이다.

이 중 이노 사다아리(飯尾貞有)는 소송 기사에서 '天龍寺奉行'이라 한다. 이 사절이 천룡사 권진(勸進)을 목적으로 한 것과 관계가 유추되는데, 다른 사례들에 대해서도 살펴보자.

이노 다메카즈는 건인사 권진을 목적으로 한 사절파견의 건에서 '本奉行'이라 불리는 한편, 『음량헌일록』 장록 3년(1459) 6월 24일에는 '寺奉行飯尾左衛門大夫'라고 불리고 있다.[18] 후자는 건인사 명정산문.중수에 대한 기사에서의 호칭이므로 '寺奉行'은 건인사 봉행이라고 해석할 수 있다.

고후쿠지, 야쿠시지의 권진 사례에는 이노 유키타네가 등장한다. 『무자

18 이마타는 이노 사에몬노다유를 이노 유키타네로 비정하고 있다.

입명기(戊子入明記)』 등에 따르면 유키타네는 당선 부봉행이기도 하다. 『음량헌일록』 문정 원년(1466) 정월 22일조에는 "남도금당 권진이 조선국에 이르러 타록을 구하다. 따라서 소(疏)의 문장을 명해야 한다는 뜻을, 이노 히젠노카미에게 분부하셨다."고 나와 있어, 아시카가 요시마사가 이노 유키타네를 통해 국서 기초의 인선을 명하고 있다. 이노오 유키타네가 이 일에 관여하고 있는 이유는 『제봉행(諸奉行)』에서 알 수 있다. 같은 사료 12정표 「南都興福寺奉行」에 따르면 유키타네는 문안(文安) 6년(1449)부터 문명(文明) 5년(1473) 5월 20일에 타계할 때까지 고후쿠지 봉행이었음을 확인할 수 있다.

이들 불과 3건의 사례에서 굳이 추측해보면, 대조선통교는 별봉행이라 불리는 무로마치 막부의 틀 안에서 처리된 듯하다. 별봉행이란, 고후쿠지나 상국사 등 특정 사찰의 소송을 이어주는 것 외에 당선봉행이나 과서봉행도 포함하는 이른바 담당봉행이라는 뜻이다. 달리 말하면 천룡사, 건인사, 고후쿠지의 사례에 관한 한, 막부의 통상적인 소송 루트 안에서 처리되었다는 것이 된다.

하지만 그러한 설명으로 그칠 수 없는 사례도 있다. 다무봉 담산 신사 권진을 위한 일본 사절에서의 이세 사다무네는 만도코로 집사이며, 봉행인과는 다른 입장이다. 또, 미노남궁 권진을 목적으로 한 일본사절 니나가와 지카하루, 사다미는 이세노카미의 피관이라 불리고 있다. 그들의 역할에 대해서는 명확하지 않지만, 다무봉 담산 신사나 미노국 슈고 도키 모치마스 등 해당하는 별봉행이 존재하지 않았던 세력이 파견했을 경우에는 이세씨를 중심으로 처리한 것으로 이해하고 싶다. 변효문과의 교섭을 당선봉행 이노 사다쓰라와 부봉행 이노 다메타네가 담당한 것도 이 연장으로 파악할 수 있을 것이다. 조선사절도 통상적인 정무 안에서 무로마치 막부에 소송을 제기하는 주체는 아니기 때문이다.

앞절에서 논의한 파견형태의 변화에 따라 일본사절은 막부의 직접적 관여가 희박한 환경에서도 파견준비를 진행할 수 있게 되었다. 그 결과 대장경 청구 등 대조선 통교의 동기를 가진 특정 세력과의 관계 속에서 파견되는 사례가 두드러지게 되었다. 일본 사절 파견에 관한 소송 처리가 별봉행에 의해 진행되고 있는 것은 이와 관련된 것이 아닐까. 다만, 한 특정 세력 모두에 별봉행이 설정되어 있는 것은 아니므로 그렇지 않은 여러 세력에 대해서는 이세씨가, 특정 세력과 관계없는 안건은 당선봉행이라는 3계통으로 나누어 분업하였던 것으로 여겨진다. 15세기 중반 사절 파견 형태의 변화가 막부의 처리기구에 영향을 준 결과이므로, 이들을 총칭하여 '조선봉행'이라고 부르기로 하겠다.

Ⅳ. 당선무역과 조선

1. 교토에 가지 않은 사절

변효문 방일 이후 다음 조선사절이 교토를 방문하는 사례는 1590년의 황윤길까지 기다려야 한다. 이 동안에는 사실 2건의 사절이 계획되어, 부분적으로는 시동하면서도, 교토에는 도달하지는 않았다. 정사의 이름은 송처검(宋処倹)과 이형원(李亨元)이다.

송처검은 첨지중추원사였는데 세조 5년(1459) 8월 23일에 '일본국통신사'의 정사가 되어 부사 이종실(李従実), 서장관 이근(李覲)을 거느리고 일본으로 향하게 되었다.[19] 그런데 그로부터 4개월 정도 후인 6년 정월 3일에 왕세자의 잔치가 준비되려던 차에 송처검과 동행했던 한을(韓乙)이 소시게모토(宗盛職) 및 모리나오(盛直)의 서계를 들고 궁궐로 찾아왔다. 한을의 보고에 따르면 송처검 등은 3척의 배를 타고 '일본국왕 사신선', '대마도 왜선' 각 2척과 함께 10월 8일 새벽에 출발했으나 정오 무렵 큰 바람을

---

19 『세조실록(世祖實錄)』 5년 8월 임신(23일) 조.

만나 송처검과 이근 등의 배는 실종되고 이종실 등의 배도 전복됐으며 이종실 등은 목판을 얻었으나 실종됐다. 한을만이 널빤지를 덕분에 살아남아 다음날 대마도에 표착하여 소 시게모토 등에 의해 구조되었다.[20] '일본국왕사신'은 전 해에 파견된 노원(盧圓)이다. 그들이 출발한 지점은 명시되지 않았으나 표류 후 소 시게모토가 등장하고 있어 한반도를 떠나 대마도로 향하던 중 조난당한 것으로 보인다. 조난 상황은 일본측 기록에도 보이는데, 훗날 소 교부소유(사다쿠니)가 니나가와 시키부조(式部丞)(사다미)에게 보고하기를 조선 배 2척이 파손된 반면 일본 배는 무사했다는 것이 전해졌다.[21] 조선 측 배의 수에 1척이 차이나는데, 3척으로 구성된 선단 가운데 2척만이 파손됐는지는 확실치 않다.

그로부터 20년 후, 성종 원년(1470) 5월 12일에 이형원(李亨元)을 일본에 파견하는 계획이 보이며, 그 직함은 '일본국왕사신선위사(日本國王使臣宣慰使)'로 정하였다.[22] 선위사는 일본 사절의 '迎送'을 맡은 직책이었으며,[23] 이 때는 심원(心苑)의 내방에 응했을 것이다. 그로부터 9년 후인 성종 10년(1479) 4월 1일에는 일본국 통신사로 이형원이 등장하고, 선정전(宣政殿)에서 부사 이계동(李季仝), 서장관 김소(金訴) 등과 함께 국왕을 알현하여 배웅을 받고[24] 4일에는 출발 인사를 하였다.

---

20 『세조실록』 6년 정월 신사(3일) 조.

21 『음량헌일록』 장록 4년 3월 10일 조.

22 『성종실록(成宗實錄) 』 원년 5월 기축(12일) 조.

23 『大航海時代の東アジア』, 70~71쪽에 약간 기재하고 있다.

24 『성종실록』 10년 4월 정해(1일) 조.

그런데 약 3개월 후인 7월 14일(戊辰) 사절 일행의 압물관(押物官) 나사종(羅嗣宗)은 대마도주가 말하기를 「남로(南路)」가 병란으로 통행이 불가능하여 북로 사용을 검토하고 있다는 점, 이형원의 건강이 좋지 않음을 궁궐에 알려와, 궁중에서 그 대응을 협의하였다. 논의는 도주의 말에 신임을 두고 파견을 중단해야 하는가 여부에 집중됐다. 다음 날에야 이형원 등의 파견을 중단하며 소환한다는 결론을 내리고 나사종에게 그 취지가 전해졌다. 한 달여 뒤인 8월 12일(乙丑) 이형택은 거제도까지 돌아와 체류 중이었으나 사망한 것이 전해졌다. 관계 기사는 그 후에도 계속되겠지만, 본고의 관심사에서는 이상으로 충분할 것이다.

2. 황당선(荒唐船)

변효문 이래 조선 사절의 교토 방문은 단절되었고, 이형원 이래 사절 파견이 두절되었다. 이후 일본에 온 조선인에 대한 기록은 거의 없다. 그것이 한반도에서 일본으로 사람의 발길이 끊어졌음을 의미하는 것일까. 그 가능성도 부정할 수는 없지만, 본고는 황당선과 당선 두가지를 키워드로 삼아, 사절 왕래 두절 후의 인적 흐름을 상상해보고자 한다.

우선 황당선에 대해 개관한다. 황당선이란 16세기 중반 중국에서 일본으로 향하던 중 한반도에 표착한 배에 대한 조선측의 총칭이다.[25] 사료상

---

25 高橋公明, 「16世紀中期の荒唐船と朝鮮の対応」, 田中健夫 編, 『前近代の日本と東アジア』, 吉川弘文館, 1995.

에서는 '唐船'이라 표기하는 것이 일반적이지만, 아래 일련의 배에 한정하여, 또한 후술하는 '唐船'과 구별하는 의미에서 '황당선'이라는 용어를 답습하겠다. 다카하시(高橋)에 따르면 제1파와 제2파가 있어, 제1파는 중종 39년(1544) 4월부터 명종 2년(1547) 8월까지의 11개 사례, 제2파는 명종 7년(1552) 년 6월부터 명종 9년(1554) 6월까지의 8개 사례가 존재한다.

첫 번째 사례에서는 이왕걸(李王乞)이라는 이름의 복건 출신 중국인이 있음을 확인할 수 있다. 그는 중종 39년에 일본으로 은 교역을 떠나던 중 한반도에 표착하였다. 조선 궁궐은 그와 그의 일행을 구속하고 명나라의 대조선창구인 요동으로 송환하였다.[26] 이왕걸 등은 조선영역 내에서의 체류와 교역을 허가받지 않았기 때문에 이루어진 조치이며, 이 점은 다른 황당선에 대해서도 마찬가지였다. 이 사례에서 알 수 있듯이 황당선은 중국에서 일본으로 향하는 도중에 한반도에 표착한, 이른바 우발적인 사정으로 한반도에 도착한 것이므로 조일교류의 한 부분으로 보는 것은 기본적으로 어렵다. 그러나 이 황당선 선원 중에는 조선어를 할 줄 아는 자가 있었다는 정보가 있었다는 점을 감안하면[27] 한반도 상륙이 과연 공식적으로 보고된 대로 우발적인 사건이었는지는 신중하게 판단해야 할 것이다.

이 점에 관한 황당선 관계의 방증은 미확인 상태이나, 다음과 같은 사례는 알려져 있다. 명종 11년(1556) 대마도 사신이 조선인라며 송환한 아이는 왜어 밖에 말하지 못했다. 이 건에 관하여 '연해의 포작간(鮑作干) 등

26 『중종실록(中宗實錄)』, 39년 6월 임진(23일) 조, 7월 경신조.

27 高橋公明, 앞의 책, 100쪽; 『중종실록』 39년 8월 무인·기묘조.

해민 중에는 변장에게 고기잡이를 방해받아 곤란해하며, 왜에 투신하여 숨을 돌리는 자가 있다. 그런 상황에서 성장했다면 이 아이가 왜어 밖에 말할 수 없다 하여도 이상할 것이 없다'는 의견이 있었다.[28] 조선 '변장'과의 관계를 꺼려 오히려 주체적으로 '왜'에 투신하는 조선인이 있었던 것이다. '왜'는 반드시 일본을 의미한다고는 할 수 없는, 해석하기 어려운 말이지만, 조선사회와는 격리된 존재로서 이야기되는 문맥 상, 일본 열도로 간주할 수 있는 것이 아닐까. 한편 이들이 황당선을 타고 일본에 왔는지 여부 또한 분명하지 않다.

이상의 상황으로 보아 16세기에도 한반도에서 일본 열도로의 인적이동이 일정 정도 있었다고 추측해도 큰 잘못은 없을 것이다. 그와 동시에 조선왕조는 엄격한 해금정책을 펼쳤음을 상기한다면, 그 규모를 과대평가하는 데에는 신중해야 한다.

이왕걸 등이 타고 온 황당선의 경우 조선왕조는 이왕걸과 함께 이후 상륙한 집단 38명을 확보하고[29] 이들을 아마도 천추사와 함께 먼저 출발했던 이왕걸과 함께 명나라로 송환했다. 『명세종실록』 가정 23년 12월 을유조에는 조선 국왕이 '柔州民李王乞 等' 39명을 요동도사에게 송환한 사실이 기록되어 있다.

28 村井章介, 「壬辰倭乱の歴史的前提 -日朝関係史における」, 『日本中世の異文化接触』, 東京大学出版会, 2013, 135쪽; 『명종실록』 11년 5월 신미조.

29 『중종실록』 39년 7월 경신조. 다카하시는 앞에 게재한 논문 99페이지에서 이 38명 중 1명이 익사하였다고 해석할 수 있다는 설명을 하고 있지만, 같은 날 조의 할주에 '1명 실족하여 익사하다'라고 기록된 인물은 상륙하지 않고 배에 남아있던 명나라 사람 중 한 명이라고 해석해야 한다.

『명세종실록』 가정 26년(1547) 3월 을묘(2일)조에서는 조선 국왕이 '福建下海通番奸民' 341명을 송환한 데다 이들이 일본에서의 교역을 목적으로 한 점, 구속한 풍숙(馮淑) 등 1000명 이상이 모두 무기를 휴대하고 있었다는 사실을 전하고 있다. 조선에 입국한 직접적 원인은 표착이었으나, 상기 내용으로 보아 일본 무역을 의도한 것이 문제시되어 송환하였음은 분명하다.

조선왕조의 엄격한 국경 관리를 전하는 것은 한문 사료뿐이 아니다. 1563년 일본에 온 예수회 수도사인 루이스 프로이스(Luís Fróis)도 흥미로운 증언을 남기고 있다. 프로이스의 저서인 『일본사(Historia de Japam)』는 이탈리아 예수회 수도사 안토니노 프레스티노의 보고를 인용하고 있다. 프레스티노는 1578년 일본으로 가던 도중 한반도에 표착했다. 선원들이 그곳에 상륙해야 하는지를 논의하고 있었을 때 그중 한 명이 다른 포르투갈 선원들이 그곳에서 살해당했다고 주장했다. 그들은 그것이 사람들의 잔인함 때문이라고 이해하고 있었지만,[30] 당시 동아시아에서의 해금정책 때문에 발생한 사태로 보아야 할 것이다.

이처럼 조일관계의 맥락에서 황당선을 어떻게 자리매김할 것인가는 쉬운 문제가 아니다. 그것은 조선왕조의 엄격한 해금정책으로 인해 이러한 선단에 협력한 조선인이 적었다고 보아야 할지, 외국배와의 접촉이 엄금되었기 때문에 공식기록에 남아있지 않았는지를 쉽게 판단할 수 없다고도 환언할 수 있는 문제이다.

---

30 Luís Fróis, 『*Historia de Japam*』, vol.2, José Wicki ed. , Lisboa: Biblioteca Nacional de Lisboa, 1981, 503, 512쪽.

3. 방일한 '당선'

일본으로 시점을 옮겨 고찰을 계속하고자 한다. 해당 시기 일본에 관해서도 조선인 방일에 관한 정보는 한정적으로만 존재한다. 예를 들면, 다음과 같은 것이다.

〈사료 11〉『속본조통감(続本朝通鑑)』 권184

秋七月, 明商船入周防國, 大内義隆求得華物若干品, 而設茶飯饗船主, 每夜宴楽, 其言語皆倣華人, 頃日山口城繁栄超過京師, 故明國·朝鮮及西域商売等每歳来交易, 献珍器於義隆, 其中有鐘, 其鳴応昼夜十二時, 且協呂律, 与絲竹合調, 又眼鏡二面, 雖老者対之, 則其照物如少壮, 其外書画茶器名品不可勝計也,

『속본조통감』은 후세의 편찬물이기는 하지만, 천분(天文) 22년(1553) 11월자 『대내의륭기(大内義隆記)』에도 거의 비슷한 기술이 있어 어느 정도 실체를 반영한 내용으로 여겨진다. 천분 8년(1539) 7월 스오(周防)에서의 교역에 대하여 서술하기를, '明商船'이 스오에 도착하였고 오우치 요시타카(大内義隆)는 '華物若干品'을 '求得'하고 다반(茶飯)을 차려 선주를 향응하였다고 한다. 본고의 관심에서 중요한 것은 이에 이어지는 부분으로, 오우치 요시타카의 본거지인 야마구치(山口)는 교토를 능가하는 번영을 구가하고 있었으며 명나라, 조선뿐만 아니라 서역에서도 상인들이 매년 교역을 하러 방문했다는 것이다. '西域'과 병기되어 있다는 사실에 비추어

보면, 여기에 조선이라는 말이 등장하는 것에 얼마나 중점을 두어야 할까. 하물며 그 내방이 매년 이루어졌는지 여부는 신중하게 판단해야 하겠지만 '唐船'이라 불리는 배의 방일은 결코 드문 일이 아니다.

일찍이 상세하게 논한 적이 있기 때문에, 본고에서는 상세하게 다루지는 않으나, 1530년대부터 1550년경에 걸쳐, 일본 각지에 당선의 내항이 잇따르고 있다.[31] 유감스럽게도 대부분의 사례에서 교역의 구체적인 모습을 알 수는 없다. 예를 들어 『팔대일기(八代日記)』 천분 14년(1545) 7월 16일조에는 '天草大矢野ニ唐舟着候'라고 기록되어 있을 뿐, 많은 경우 조선인의 관여 여부 등 상세한 내용을 알 수 없다. 필자는 일찍이 해당 시기 당선을 포함한 방일외국선 사례 17건을 수집하여, 교역에 있어서의 신사와 지역 권력의 역할을 논한 적이 있으나,[32] 그 중 가장 상세한 기술에서도 밝힐 수 없었다. 예를 들면, 다음의 기술이 그러하다.

〈사료 12〉『조창시말기(朝倉始末記)』권2

天文廿年七月廿一日越前三國ノ津へ唐船渡ラ, 同ク廿五日ニ湊へ入ル, 唐人其数百廿人, 船頭ハ南山ト号シ, …小谷六郎左衛門ト云者ノ家ヲ宿所トス, 近國遠郷ノ僧俗男女諸共ニ異朝ノ事ヲ聞ントテ, 踵ヲ継テコソリケレハ, 國ノ賑ヒ限リナシ, 去程ニ商賈ノ旅客ニ紅紬ヲ浦ノ嵐ニ飜ヘセハ, 見物ノ貴賎ハ彩縫ヲ澳ノ潮ニ湿セリ, 抑昔ヨリ当津へ唐舟着岸ノ

31 「16世紀の東アジアにおける非公式貿易の具体像」, 『文学研究科紀要(早稲田大学)』 63, 2018, 933쪽. 표 1.

32 위의 논문.

事, 并ニ此繁昌モ稀レナリケルトソ申ケル

천문 20년(1551) 7월 21일에 '당선'이 에치젠 미쿠니노즈(三國ノ津)에 표착했다. 당인 120명으로 선두(船頭)의 이름은 남산이라 하였다. 그들은 오다니 로쿠로자에몬(小谷六郎左衛門)의 집을 숙소로 삼았는데, 가까운 지방 먼 지방에서 많은 사람들이 '이조(異朝)에 대해 듣'고자 방문했음을 전하고 있다. 이 인원수가 얼마나 실태를 반영하는지는 쉽게 단정할 수 없으나, 견명사절선 1척이 150명 정도 정원이었음과 비교하면 큰 어긋남은 없다. 또한 다음과 같은 사례도 있다.

〈사료 13〉『풍살군기(豊薩軍記)』권지(巻之)1 宗麟政務并唐船渡海之事

大明の皇帝よりも消息度々贈り給りける, 其の礼の厚き事國王に均し, 去る天文十年七月廿七日唐船豊後神宮寺にも著津し明人二百八十人来朝す, 明の粛帝の御宇に当れり, 同く十二年八月七日又五艘来る, 同十五年佐伯の浦に著岸す, 其後永禄年中に数回来る, 斯て天正三年乙亥臼杵の浦に著津す, 此時猛虎四疋大象一疋孔雀鸚鵡麝香其外書巻の名筆或は絵讃并に綾羅錦繍伽羅猩々皮の二十間つゝき以下種々の珍宝を相渡す,

이 사례에서는 천정 10년 7월 27일에 분고 진구지우라(神宮寺浦)(현재의 오이타 시)에 표착한 명나라 사람은 280명이라 전하고 있다. 배의 수가 적혀 있지 않으나, 2년 후에 선단 5척이 내항하고 있다는 점과 함께 생각해

보면, 2척 구성이었을지도 모른다.

이들 '당' 선과 조선인 사이의 명확한 관계를 증명할 근거는 확인되지 않는다. 그럼에도 불구하고 조선인의 관여를 추정하는 근거가 두 가지 있다. 첫째, 이들 배의 방일은 조선측 사료에 등장하는 황당선과 거의 같은 시기이며, 명나라에서 일본을 목표로 향하다가 한반도에서 포박된 것이 황당선, 일본에 도달한 것이 당선이었다는 관계를 상정했을 때, 황당선이 조선인의 관여를 상정할 수 있는 이상 당선 역시 생각할 만한 여지가 있다는 점이다. 둘째는 '唐'이라는 말은 특히 16세기 이후에는 명 뿐 아니라 조선을 의미하는 경우가 있다는 것이 이미 지적된 바가 있다는 점[33]이다. 본고에서는 그러한 교역을 당선교역이라 명명하고 조선인이 참가했던 것이라고 추정한다.

33 関周一, 「中世後期における"唐人"をめぐる意識」, 田中健夫 編, 앞의 책, 64~65쪽.

V. 맺음말

본고는 무로마치 시대의 일본을 방문한 조선인들에 대해, 시대의 변천을 더듬어 보려는 시도였다. 15세기 전반은 조선에서 일본으로, 또는 일본에서 조선으로의 사절 왕래가 유지되었던 시기이다. 명나라와 조선이 일본의 사절에게 가했던 인원 제한 같은 것은 일본에는 존재하지 않았다. 그러한 한편, 사절의 태도 등이 막부의 뜻에 적합하지 않을 경우 입경을 거부하는 자세를 보이는 사건이 있었고, 그를 위해 닫아야 할 관문도 존재했다. 그리고 교토에서 그 판단을 내리고 조선사절과의 절충을 담당한 것이 당선봉행이다. 당선봉행은 이름 그대로 일명관계 사무를 담당하는 봉행으로 등장하는 경우가 많은데 조일관계의 사료에도 나타나고 있다.

이 같은 사절의 왕래는 15세기 중반에 두절되고 만다. 그 주된 이유는 무로마치 막부가 조선 사절을 맞이하기 위한 비용 부담을 감당할 수 있는 상황이 아니었기 때문이다. 조선 사절의 방일이 없어져 일본의 국내 사정이 조선에 전달되기 어려워짐에 따라 일본의 조선에 대한 사절 파견 자세에도 변화가 나타난다. 막부가 일본 사절 파견 준비의 일부를 하카타에서 진행하는 사례가 보여 조선측 불신의 원인이 된다. 특정 사원에 대한 대장경 청구가 이 시기 이후로 두드러지는 것도 막부가 직접 관여하지 않은, 사찰과 파견비용 부담 간의 관계를 상상하게 한다. 대조선관계의 사무가 별봉행(別奉行), 즉 사사(寺社)별로 담당자가 정해진 봉행에 의해 처리되는 사례가 드러나는 것도 이상의 관계에서 이해해야 한다. '조선봉행'이란 사료용어가 아니라 본고에서 이들을 총칭하기 위해 사용한 조어이다.

변효문 방일 이후 조선왕조는 일본에 두 차례 사절 파견을 계획하지만 모두 교토에 이르지는 않았다. 16세기가 되면, 한반도에 황당선이라는 배가 나타난다. 이는 명나라에서 일본으로 향하는 배가 한반도에 표착할 경우의 명칭인데, 같은 시기에 일본에서 당선으로 불리는 선단을 다수 볼 수 있어, 두 선단은 같은 종류의 선단일 것으로 추측된다. 이들 선단과 조선인과의 관계가 명확하지는 않지만, 전자에 조선어를 이해하는 사람이 승선했던 것을 알 수 있다는 점을 미루어 보아, 어느 정도 관여가 있었다고 보아야 하지 않을까.

사절왕래가 끊긴 이후의 조일관계에 대해, 일본측 사료는 특히 전무에 가깝다. 그 속에서 방일한 조선인의 모습을 어떻게 생각할 것인가 하는 지난한 과제를 스스로에게 부과하고 말았다. 본고가 정확하게 논할 수 없었던 부분에 대해서는 이후의 신출사료 및 재해석의 등장을 기약하고자 한다.

(번역: 정순일)

이 글은 伊川健二, 「室町幕府の外交奉行」, 『大航海時代の東アジア: 日欧通交の歴史的前提』, 吉川弘文館, 2007을 바탕으로 대폭 수정한 것이다.

참고문헌

ㅣ사료

『세종실록』

『세조실록』

『성종실록』

『중종실록』

『명종실록』

『명세종실록』

『康富記』

『老松堂日本行録』

『東寺百合文書』

『武家名目抄』

『戊子入明記』

『続本朝通鑑』

『室町幕府諸奉行次第』

『蔭凉軒日錄』

『朝倉始末記』

『豊薩軍記』

| 연구논문

伊川健二 ,「16世紀の東アジアにおける非公式貿易の具体像」,『文学研究科紀要(早稲田大学)』63, 2018.

| 연구서

伊川健二 ,『大航海時代の東アジア』, 吉川弘文館, 2007.

今谷明, 高橋康夫編,『室町幕府文書集成奉行人奉書篇』上, 思文閣出版, 1986.

川添昭二,「九州探題の衰滅過程」,『九州文化史研究所紀要』23, 1978.

國原美佐子,「唐船奉行の成立」,『東京女子大学紀要論集』44~2, 1994.

佐伯弘次,「大内氏の筑前國支配-義弘期から政弘期まで-」,『九州中世史研究』1, 1978.

關周一,『日朝関係史』, 吉川弘文館, 2017.

田中健夫, 田代和生 校訂,『朝鮮通交大紀』, 名著出版, 1978.

田中健夫,『中世海外交渉史の研究』, 東京大学出版会, 1993.

田中健夫編,『前近代の日本と東アジア』, 吉川弘文館, 1995.

中村栄孝,『日鮮関係史の研究』上, 吉川弘文館, 1965.

橋本雄,『中世日本の國際関係』, 吉川弘文館, 2005.

村井章介,『日本中世の異文化接触』, 東京大学出版会, 2013.

Luís Fróis,『Historia de Japam』, vol.2, José Wicki ed. , Lisboa: Biblioteca Nacional de Lisboa, 1981.

6

조선통신사와 항해 안전의 기도
: 근세 동아시아 해역 속 항해신앙의 한 모습

- 야마우치 신지

Ⅰ. 머리말

항해자[01]들에게 있어 바다는 생활의 양과 질을 가져오는 생활의 장이었다. 한편 바다는 '판자(선저의 얇은 상판) 한 장 아래는 지옥'이라는 일본의 속담이 단적으로 표현하듯이 항해자들의 생명과 재산을 누차 위험에 빠뜨리는 장이기도 하였다.

항해자들이 바다에서 이러한 위기와 조우할 경우 해적의 습격과 같은 인위적인 위협에는 어떻게든 자력으로 대처할 수는 있었지만, 태풍과 같은 자연의 위협에는 자신들의 힘으로는 어떠한 일도 할 수 없었다. 그래서 항해자들은 자연현상과 인간의 운명까지도 지배한다고 믿는 초자연적 존재인 신이나 부처에게 자신들의 항해의 무사 성공을 빌었다. 그리고, '자신들이 신과 부처의 보호를 받고 있다'고 하는 그들의 마음가짐은 조선·항해기술의 역사적 발달과 함께 발맞추어 항해를 더욱 발전시키는 원동력의 하나로 작용하였던 것이라 볼 수 있다.

---

01 본고에서 '항해자'란, 바다를 생업·생활의 장으로 하는 해상·선원·어민·해적 등 뿐 아니라, 해상이나 선원들이 운항하는 배에 편승하여 바다를 건너는 국가 사절단이나 성직자까지를 포함한 광의의 바다를 건너는 사람들을 가리킨다.

이러한 항해 발전을 통해 해역 세계에서 사람·물자·정보 등의 교류의 일환으로서 항해안전을 기원하는 신앙(이하, '항해신앙'이라 한다)도 원격지간에 전파·혼효되고 있다. 즉, '항해신앙'이라고 하는 연구 테마[02]는 최근 세계적으로 진전하고 있던 '해역사' 연구[03]의 구성 요소 중 하나로서도 중시되지 않을 수 없다는 것이다.

본고에서는 앞서 언급한 연구 의의를 바탕으로 항해신앙 연구의 일환으로서 17~19세기 조선 국왕으로부터 일본 도쿠가와 쇼군에게 파견된 조선통신사들의 항해신앙을 소재로 포착하여 여러 사례들을 통하여 근세 동아시아 해역(일본열도·한반도·중국대륙 사이의 해역) 항해신앙의 구체적인 형태에 주목해보고자 한다. 조선통신사와 관계된 연구는 이미 막대하게 축적되어 있는데,[04] 사절단원들의 항해신앙 문제 관련 연구는 지극히

---

02 일본·중국·한국의 학계에서 역사학을 중심으로 하는 항해신앙 연구동향에 대해서는 藤田明良, 2008a에 잘 정리되어 있다. 또한, 내가 지금까지 발표한 항해신앙에 관한 논문으로는 山内晋次, 1998a·1998b·2000·2003·2007·2008·2009·2011·2013·2014 등이 있다.

03 일본의 연구를 중심으로 연구동향을 정리한 가이드북으로서 桃木至朗·山内晋次·藤田加代子·蓮田隆志 編, 2008(최연식 訳, 『해역아시아사 연구 입문』, 민속원, 2012)가 있다.

04 조선통신사에 관한 참고문헌 및 연구동향에 대해서는 辛基秀·仲尾宏(책임편집), 1993–1996의 각권 말미에 게재된 주요 저작·논문 목록, 『재단법인일한교류기금일한역사공동연구위원회 제1기 (2002-2005) 보고서』 (http://www.jkcf.or.jp/history/report.html), 「제2분과 (중근세)」에 수록된 吉田光男·田代和生·六反田豊·伊藤幸司·橋本雄·米谷均 「조선통신사(중세편)(근세편)」·張舜順 「통신사 연구의 현황과 과제」·趙珖 「통신사에 관한 한국학회의 연구성과와 쟁점사항」, 仲尾宏 ,2007 권말의 문헌 목록, 葛兆光, 2015; 李莉麗, 2019; 横山恭子, 2020 등 참조. 또한, 항해신앙 연구의 기반 테마가 되는 조선통신사의 항로에 대해서는, 森平雅彦, 2018에서 상세한 검토가 이루어지고 있다.

적다고 생각된다. 본고는 이러한 조선통신사연구의 공백을 채우기 위한 기초적인 작업의 하나인 것이다.

Ⅱ. 개양에 임하는 제사

조선통신사들의 사행록을 통람해보면,[05] 역대 통신사들은 부산항에서 출항(사료에서는 '개양(開洋)', '방양(放洋)' 등으로 표기)하기 직전에 항해안전을 기원하는 제사를 지낸다는 기술이 산견되어 있다. 본장에서는 이 '개양'에 임하는 제사에 대해 검토해보고자 한다.

1. 개양제사의 장소

1614년, 경상도 순찰사 권분(權盼)은 해방대책의 일환으로 부산진 전방의 강 초입에 대형선을 계류할 수 있는 정박소를 만들었다. 그리고 이 때

---

05 본고에서는 역대 사행록 텍스트로서 조선고서간행회 편, 1914; 辛基秀·仲尾宏(책임편집), 1993-1996; 김인겸(高島淑郎 역주), 1999; 후쿠단대학문사연구원 편, 2015 등을 참조하였다. 또한, 여러 가지 전거기사의 연차는 원호나 간지를 서기로 환산하는 번잡함을 피하기 위해 기본적으로 서기로 표기한다. 다만, 월·일까지를 포함하여 정확하게 태양력으로 환산하지 않고 사료원문의 원호·간지를 기계적으로 서기 년도로 바꾸었을 뿐이다.

준설된 토사를 이용하여 정박소 옆에 작은 언덕을 쌓았다. 이 작은 언덕은 훗날 권분의 출신지인 경상도 안동의 옛 이름인 '영가군(永嘉郡)'을 본 따 '영가대(臺)'로 이름이 붙여졌고 이 언덕 위에 누각이 세워졌다. 이후 통신사들은 이 정박소를 이용하여 일본으로 향하였다.[06]

이 영가대의 과거 모습은 이성린(1748년 통신사 일원)의 『사로승구도(槎路勝區圖)』, 작자미상의 『동래부사접왜사도(東萊府使接倭使圖)』 등, 근세 조선 회화 몇 점에 묘사되어 있다.[07] 또한, 인터넷에서 '영가대'를 입력하여 검색해보면, 근대 조선의 명소와 유적 등을 촬영한 사진이나 그림엽서 속에서 영가대의 마지막 모습의 기록을 발견할 수 있다.[08]

영가대 건설 이후, 1617~1811년에 일본에 파견된 역대 통신사들의 사행록에는 일본(쓰시마)으로 향하여 부산을 출발하기에 앞서 영가대에서 항해안전을 신께 기원하는 제사를 지냈다는 기록이 있다. 이 제사는 사행록에서는 '해신제(海神祭)', '기풍제(祈風祭)', '해신기풍제(海神祈風祭)'로도 불리고 있다.[09] 덧붙이면, '기풍제'라는 명칭은 중국 송 대 천주(泉州)에서

---

06 영가대에 대해서는 松田甲, 1976; 李進熙, 1984, 239~244; 上田正昭·辛基秀·中尾宏, 2001, 126~127 등 참조. 영가대는 1930년대에 해체되어 그 터는 철도 경부선 옆 성남초등학교 주변에 있다고 한다. 2003년에는 본래 장소와는 다른 장소(자성대 공원)에 영가대를 복원하여 여기에 한일교류사업의 일환으로 해신제 등도 지내고 있다.

07 辛基秀·仲尾宏(책임편집), 1993-1996 중 제6권: 8 및 제7권: 29·35~36, https://www.museum.go.kr/site/jpn/relic/search/view?relicId=612 등 참조.

08 예를 들면, 국제일본문화연구센터 '조선사진회엽서 데이터베이스'의 '5-釜-43-釜山鎮永嘉台' 등.

09 김세렴, 『해사록(海槎錄)』, 1636년 9월 16일조; 저자미상, 『계미동사일기(癸未東槎日記)』, 1643년 3월 15일조; 조형 『부상일기(扶桑日記)』 1655년 5월 26일조; 김지남, 『동사일록(東槎日錄)』, 1682년 6월 3일조; 임수간·이방언 『동사록

남해무역과 관련된 제사나 응우옌 왕조 시기 베트남의 남해 용왕 관련 국가 제사에서도 발견되어,[10] 이들 제사와 조선통신사와의 관련성의 추구도 이후 흥미로운 과제일 것이다.

그런데, 영가대가 건설되기 이전에 일본에 파견된 1607년 통신사(회답겸쇄환사)는 부산만 동해안 감만포(현재 감만동) 해안에서 해신제사를 지내고 개양하고 있다.[11] 1607년 기록에서는 조선에서 일본에 파견된 공식 사절단이 개양에 이르러 행한 공적 해신제사는 1614년 영가대 건설로 인해 시작된 것은 아니라는 점을 알 수 있다. 이러한 제사는 어쩌면 그 이전의 조선에서 국가적 해신제사 전통을 계승한 것이라 생각되는데, 이 부분에 대해서는 다음 절에서 다시금 다루어보고자 한다.

또한, 에도막부가 무너지고 메이지 정부의 시대가 된 1876년에 강화도 조약의 체결과 동반하여 김기수를 대표로 일본에 파견된 '수신사'도 같은 해 4월 27일에 부산에서 해신제를 지내고 승선한다.[12] 이 제사도 마찬가지로 영가대에서 행해졌다고 볼 수 있다. 게다가, 1881년 일본을 방문한 조사시찰단의 일원인 이헌영의 『일사집략(日槎集略)』에도 4월 2일에 '영가대

(東槎錄)·내제 「동사일기(東槎日記)」」, 1711년 6월 21일조; 김현문, 『동사록(東槎錄)』, 1711년 6월 21일조; 홍치중, 『동사록(東槎錄)』, 1719년 6월 6일조; 김흡(군관), 『부상록(扶桑 錄)』, 1719년 6월 6일조; 홍경해, 『수사일록(隨槎日錄)』, 1748년 1월 9일조; 조엄, 『해사일기(海槎日記)』, 1763년 9월 8일조; 성대중, 『일본록(日本錄)』, 1763년 9월 8일조; 유상필, 『동사록(東槎錄)』, 1811년 3월 12일조; 김이교, 『신미통신일록(辛未通信日錄)』 권3 등.

10 천주의 제사에 대해서는 方豪, 1969; 李玉昆, 1983; 吳文良, 2002, 베트남의 제사에 대해서는 高津茂, 1981 등 참조.

11 경섬, 『해사록(海槎錄)』, 1607년 2월 29일조.

12 김기수, 『일동기유(日東記游)』 권1 승선 조.

앞'에서 제사를 지냈다는 기록이 보인다. 이 시기에는 그들은 이미 근대적 화륜선(기선)에 승선하였음에도 영가대 해신제사의 전통은 근대까지도 계속되고 있었던 것이다.

2. 제사 의례의 개요

그렇다면 영가대에서 어떤 제사 의례를 행하였을까? 그 의식에 대해서는 해신제(사풍제)를 지냈다라고만 간단하게 기록한 사행록이 많지만, 신유한의 『해유록(海游錄)』(권1 1719년 6월 6일조) 및 김이교의 『신미통신일록(辛未通信日錄)』(권3 해신제조)에는 상세한 의식 내용이 기록되어 있어 이외 이경직의 『부상록(扶桑錄)』(1617년 7월 5일조), 남용익의 『부상록』(1655년 5월 21일조), 김지남의 『동사일록(東槎日錄)』(1682년 6월 3일조), 김현문의 『동사록(東槎錄)』(1711년 6월 21일조), 김인겸의 『일동장유가(日東壯遊歌)』(제1 1764년 9월 6-8일조), 조엄의 『해사일기(海槎日記)』(권1 일기 1763년 9월 8일조) 등에도 제문의 문언을 포함하여 비교적 상세한 기록이 남아있다. 이들 기록에 기초하여 영가대의 해신제사의 대강을 살펴보면 다음과 같다.

먼저, 제사를 지낼 날을 복정한다. 그리고 제삿날이 정해지면 의식에 참가할 통신사의 주요 멤버는 그 일정에 맞추어 사전에 목욕재계를 행한다. 제사의 장인 영가대의 방에는 부산진 절제사의 지휘 아래 해신의 신위를 모시는 단을 세운다. 제물·의폐(儀幣)는 동래부가 조정한다. 정사·부사·종사관의 삼사 이하 사절단의 중심 멤버가 의식에서 여러 가지 역할을 분담한다. 의식에서 중요한 역할을 수행하는 해신에 대한 축문(제문)의 작성과 의식은 한문을 통한 일본인과의 교류를 담당하는 제술관이 주재하였다.

의식은 심야에 시작하여 『국조오례의(國朝五禮儀)』(성종 대 1474년 제정)의 '제악해독의(祭嶽海瀆儀)' (권1 길례) 규정에 의거하여 이루어졌다. 식장에는 사절단 내 직계에 따라 자리가 배정되어 참가자는 각각 규정에 따른 의복을 몸에 걸치고 의식에 임한다(의식 참가가 허용되지 않는 하급 수행원도 있다). 그리고 해신위에 대한 배례·봉헌을 행한 뒤 의식의 클라이막스로서 항해안전을 기원하는 축문을 받든다. 의식이 끝나면 축문과 제물을 배에 태워 바다에 띄우고 이들을 바다 속으로 던진다(축문을 불태우는 경우도 있다).

3. 제사 대상이 되는 해신

이러한 영가대 해신제사에 관하여 본고가 특히 주목하고자 하는 것은 제사에서 모시는 해신의 이름이다. 그러나 사행록의 대부분은 신을 '해신' 이나 '대해지신(大海之神)' 등으로 기록할 뿐,[13] 구체적인 신의 이름은 알 수 없다. 다만 남용익의 『부상록』 제해신축조에 기록된 '대해지신'에 대한 1655년 5월 27일부 제문 가운데 "伏以有海者四, 最鉅東溟, 東溟有神, 最

13 임수간·이방언, 『동사록·내제 「동사일기」』, 1711년 6월 21일조; 조형, 『부상일기』, 1655년 5월 26일조; 남용익, 『부상록(扶桑録)』, 祭海神祝; 김현문, 『동사록』. 1711년 6월 21일조; 조엄, 『해사일기』, 1763년 9월 8일조 등.

著其靈"이라는 문언이 보이고, 또 김이교 『신미통신일록』 권3 해신제조 1811년 3월 12일 제문에 "惟神在溟, 東方之庇"라는 문언이 보이므로 영가대제사의 대상인 해신은 '동해신(東海神)'이었음을 알 수 있다.[14]

또한 역대 사행록 중 놀랍게도 원문이 한글로 기록되어 있는 김인겸의 『일동장유가』 제1 1763년 9월 8일조에는 해신제의 정경이 '성월은 소삭하고, 서풍이 소슬하니, 동해신 아명씨가 나타나신 것일까?"라 묘사되어 있다.[15] 또한, 조엄 『해사일기』에 수록된 「제해신문」에도 "阿明之宅"이라는 글귀가 보인다. 이 두 기록으로부터 영가대의 해신제사에서는 '동해신'으로 '아명(阿明)'이라 불린 신을 섬기고 있었음을 알 수 있다.

이 동해신 아명이란 중국에서 옛날부터 섬기던 사해신(四海神, 동서남북의 해신) 중 하나로, 도교 경전인 『황정둔갑연신경(黃庭遁甲緣身經)』 등에서 보이는 다소 특수한 계통의 해신이다.[16] 그렇다면 역대 통신사들은 조선 고유의 해신이 아니라 중국에서 유래한 해신을 섬기면서 일본을 향하여 출발한 것이 된다. 중국에서 유래한 이 해신을 섬긴 점에 대해서는, 예를 들면 김세렴의 『해사록』 1636년 9월 16일(오류, 18일)조에 "祭禮一依五禮儀海瀆祭"라는 바와 같이 통신사가 어디까지나 국왕에 의해 파견된 공식

---

14 1596년 도요토미 히데요시에게 파견된 황신의 문집 『추포집(秋浦集)』 권2 제문 조에 수록된, 어쩌면 부산에서 개양할 때 읽어 올려졌을 것으로 추정되는 '서해문(誓海文)'에는 '維万曆二十四년 八월 二十五日庚申, 朝鮮国通信使黄某, 敢告于東海之神'이라는 문언이 있어 에도막부 성립 이전 일본에 파견된 사절단도 마찬가지로, '동해신'을 섬기고 있었음을 알 수 있다.

15 김인겸, 高島淑郎 역주, 1999, 80.

16 山内晋次, 1998a. 이외에도 『上清黄庭養神経』, 『雷法議玄篇』 등의 도교 경전이나 『傷寒総病論』, 『普済方』 등의 의서에도 보인다.

사절단이기 때문에 영가대제사에서도 중국적 예제를 도입·정비하는 고려왕조의 전통을 이어나가 성종 대에 제정된 『국조오례의』 '악해독제사'의 규정이 적용되고 있기 때문으로 이해할 수 있다.[17]

여기에서 한반도 제(諸)왕조의 국가제사에서 섬긴 해신의 상황을 개관해보면 신라의 경우 관련 사료가 거의 남아있지 않아 불명하다.[18] 고려에서는 '남해신(南海神)', '동해신' 제사가 사서에서 보인다.[19] 계속해서 조선왕조에서는 동서남북 사해신 전부를 섬기고 있는데[20] 이들 해신은 모두 중국에서 유래된 해신이다. 그리고 특히 남해신에 대해서는 비교적 많은 상세한 기록이 남아있다. 예를 들면, 정조실록 권41 18년(1794) 9월 신축조에는 제주도의 기근 구제를 위해 한반도 본토로부터 곡물을 항송할 때

---

17 조선 왕조에서 예제 정비에 대해서는 李範稷, 1991; 桑野栄治, 1993 등 참조.

18 金玟淑·中川武·坂本忠親·米澤貴紀, 2006 참조.

19 『고려사(高麗史)』 권63·예지5·언례소사·잡사·현종 15년 5월조; 권58·지리지3·동계·익령현 조 등.

20 『조선왕조실록(朝鮮王朝實錄)』의 태종실록·권6·3년 8월 정묘조; 同·권29·15년 4월 신묘조; 同·권31·16 년 2월 신미조; 세종실록·권49·12년 8월 갑술조; 同·권83·20년 12월 기사조; 同·지리지·전라도·나주목조; 同志·황해도·풍천군조; 同志·강원도·강릉대도호부·양양도호부조; 세조실록·권3·2년 3월 정유조; 同·권6·3년 1월 경진조; 同·권32·10 년 1월 무진조; 同·권38·12년 윤3월 신사조; 성종실록·권33·4년 8월 계유조; 정조실록·권54·24 년 4월 기축조, 同·권41·18년 9월 신축조 및 『신증동국여지승람(新增東國輿地勝覽)』 권43·황해도·풍천도호부조; 권44·강원도·양양도호부조; 권35·전라도·나주목조 등. 다만, 한반도 북방에는 바다가 존재하지 않으므로, 관념 상의 북해신의 이름은 기록에 보이지만, 실제로 거점적 사당을 동반하여 제사를 지낸 것은 동해신·서해신·남해신 뿐이다. 이들 가운데, 동해신묘·남해신묘에 대해서는 池賢柄·朴榮九, 1999 및 李栄文·金承根, 2000 참조. 또한, 『조선왕조실록』의 검색에 대해서는, 국사편찬위원회의 데이터베이스(http://sillok.history.go.kr/main/main.jsp)를 이용하였다.

그 항해안전을 '남해신'의 '축융(祝融)'에 기원하는 제사의 실시를 명령한 기록이 있다.[21]

이와 같이 조선 왕조에서는 국가제사의 일환으로 중국 예제에서 유래한 중국의 사해신의 제사가 행해졌다. 조선통신사가 부산 영가대에서 집행한 해신제사도 이러한 국가예제의 일부인 제사였기 때문에 당연하게도 중국에서 유래한 동해신 아명을 모셨던 것으로 볼 수 있다. 다만, 전술한 바와 같이 동해신 아명은 조선 왕조 이데올로기의 기반이었던 유교적 예제보다는 오히려 도교적인 색채가 짙어 다분히 특수한 계통에 속하는 해신이었음을 알 수 있다.[22] 이러한 당시의 조선 왕조의 국가 체제·이데올로기와 영가대에서 제사를 지낸 해신의 성격과의 모순을 어떻게 해석하면 좋을까, 현시점에서는 나 역시 확실한 결론을 제시할 수 없다. 이 문제에 대해서는 중국 사해신 계보의 역사적 변천[23]의 재검토 등을 포함하여 차후 고찰을 진행해보고자 한다.

---

21 일찍이 한반도 본토 왕래에 이용된 제주도의 화북포(禾北浦)에는 1820년 창사되었다고 전해지는 해신의 사당이 있다고 보아도 좋을 것이다. 또한, 전라남도 영암에는 『조선왕조실록』 지리지·전라도·나주목조나 『신증동국여지승람』 권35·나주목·사묘조 등에 보이는 남해신의 사묘 유적이 발굴되어(李栄文·金承根, 2000), 이곳에 사당이 복원되었다. 과거 제신 상황은 미상이지만, 현재 복원된 사당 안에는 '南海廣利龍王'이라고 적힌 신주가 모셔져 있어, 이는 바로 당 현종이 중국 광주(廣州)의 해신 신묘의 해신에 대해 부여한 봉호이다(『구당서』 권24·지4·예의4). 또한, 이상 2개소 사당에 대해서는 2006년 6월 및 2007년 6월 현지조사에서 현장을 확인하였다.

22 조선왕조기에 도교 신앙에 대해서는, 都珖淳, 1983, pp.71~92; 車柱環, 1990, pp.39~58 등 참조.

23 예를 들면, 古林森廣, 1995; 王榮国, 2003, 29~41·62-77·253~259; 森田健太郎, 2003 등 참조.

Ⅲ. 바다 위에서의 제사

역대 조선통신사들의 사행록에는 일본으로 향하여 부산을 출항한 뒤 쓰시마 섬 바로 앞 바다 위에 있는 지점에서 제사를 지냈다는 기록이 남아 있다. 본장에서는 바다 위에서의 제사에 대해 검토해보고자 한다.

1. 바다 위 제사의 장소

1636년 이후 역대 통신사의 사행록에서는 부산과 쓰시마 섬 사이 바다 위 지점을 '수종(水宗)'이라고 부르고 있다.[24] 사서류에서는 '수종'이라

---

24 김세렴, 『해사록』, 1636년 10월 6일·1637년 2월 25일조; 황호, 『동사록』, 1636년 10월 6일조; 저자미상, 『계미동사일기』, 1643년 4월 27일·10월 29일조; 남용익, 『부상록』, 회사록·1656년 2월 10일조; 김지남, 『동사일기』, 1682년 6월 18일조; 임수간, 『동사일기』, 1711년 7월 15일조; 신유한. 『해유록』 제1·1719년 6월 20일조; 조명채, 『봉사일본시간견록(奉使日本時聞見錄)』, 1748년 2월 16日·윤7월 12일조; 홍경해, 『수사일록』, 1748년 2월 16일조; 조엄, 『해사일기 』, 권1·일기·1763년 10월 6일조; 김이교, 『신미통신일록』 권3·수선조; 유상필, 『동사록』, 일록 1811년 윤3월 12일·7월 2일조 등.

고 하는 말은 '바다'를 의미한다고 해석한다.[25] 하지만 통신사 사행록에 보이는 '수종'은 문맥상 이렇게 해석할 수는 없다. 이 '수종'의 의미에 대해서 예를 들면 1719년에 내일한 제술관 신유한의 『해유록』 제1에서는 부산에서 쓰시마 섬으로 향하는 6월 20일에 "水宗非別有岡嶺, 大洋中波濤東立處, 自爲界限以險得名"이라고 서술하고 있다. 이 기록을 통해 보면 '수종'이라는 것은 부산-쓰시마 섬 사이 바다 위에 고정된 지점을 가리키는 것이 아니라 파도가 거친 위험한 장소로, 자연히 경계처럼 보이는 장소를 가리키는 것으로 생각된다.[26]

이러한 부산-쓰시마 섬 사이에 '수종'이라는 말은 역대 통신사의 사행록에는 전술한 바와 같이 1636년 이후 기록에서밖에 나타나지 않는다. 다만, 『조선왕조실록』을 검색해보면 예를 들어, 선조실록 권92 선조 29년(1596) 11월 기유 조에는 도요토미 히데요시가 파견한 군과의 전투를 둘러싸고 "如大船則不能越入水宗"이라는 신하와 국왕의 논의가 보인다. 여기에서 보이듯이 조선에서 '수종'이라고 하는 관념·용어 자체는 1636년 통신사 이전부터 이미 존재하였음을 알 수 있다.

'수종'이라는 용어에 관하여 통신사의 사행록 이외의 문헌을 더 검색해보면 선조실록 권76 선조 29년(1596) 6월 계해조에 말등포(末等浦) 대양의 '수종' 밖에 불심한 배가 나타났다고 하는 제주도 정의(旌義)현의 보고가 기록되어 있다. 또한 같은 제주도와 관한 기록으로 정조실록 권48 정조 22

25 『대한화사전』 권6, 871; 『한어대사전』 권5, 865 등.

26 조명채 『봉사일본시문견록』, 홍경해 『수사일록』의 1748년 2월 16일조; 조엄 『해사일기』 권1·일기·1763년 10월 6일조 등도 참조.

년 (1798) 1월 경진 조에는 제주도 명월포에 표착한 복건 장주(漳州)부 해등(海澄)현 해상의 배가 정박 26일 만에 출항하여 "直向西南大洋, 瞬息之頃, 已過水宗而去"라 서술되어 있어 여기에서 제주도의 서남 방향에도 '수종'의 존재가 있었음을 알 수 있다.

이들 기록을 통해 보면 부산-쓰시마 섬 사이 이외의 비다에도 '수종'이라는 관념이 존재하였음을 알 수 있는데 이 점에 대해서는 또한 『조선왕조실록』 광해군일기 권147 광해군 11년(1619) 12월 무인 조에 "若於天津乘船, 則出於旅順口, 而路踰水宗云"라는 기록이 보여 북방 요동방면의 해역에도 수종이 관념되어 있었음을 알 수 있다.

또한, 세종실록 권27 세종 20년(1694) 8월 기유 조에는 왜인의 울릉도 침범에 대하여 "水宗「海中水激處, 猶陸之有嶺也」(「」안은 작은 글씨, 이하 동일.) 亦不平, 艱於往來"이라는 문언이 있어 전술한 『해유록』과 마찬가지로 바다가 거친 고비와 같은 곳으로 왕래가 어렵고, 조선 동해 가운데 일본과의 사이에 '수종'이라는 관념이 존재하였다. 이러한 조선 동해의 '수종'에 관한 인식은 18세기 중엽의 지리서인 이중환의 『택리지(擇里志)』 복거총론(卜居總論) 해산조에도[27] "然東海, 處倭與我國之間, 舊有水宗如嶺, 彼此不相通. 近日水勢漸變, 倭船多漂至嶺東. 此可慮也"라는 표현이 보인다. 이 『택리지』에는 '수종'에서 수세는 변화하는 것이라고 볼 수 있는데 조선 동해에서 이러한 변화에 대해서는 이 기록 외에도, 세종실록 권27 20년(1694) 11월 경오 조와 권49 36년(1710) 10월 갑자 조 등에도 보인다.

---

27 해산 조가 아니라 산수(山水) 조이다. (역자 주)

또한, 고종실록 권17 17년(1880) 11월 계유 조 "日本火輪船一隻, 當日卯時, 自水宗出來"라는 부산첨사 임형준의 보고와 김기수 『일동기유』 권1 정박 조(1876년 4월 27일)의 "水宗之險"이라는 문언 및 이헌영 『일사집략』 지(地) 1881년 4월 10일조 "聞是外洋之水宗, 而最稱絶險處也"라는 기술 등으로부터 근대에 이르러서도 부산과 쓰시마 사이에 수종이라는 관념이 존재하였음을 알 수 있다.

2. 제사의례의 개요

이상 여러 사료를 감안할 때 '수종'이라는 관념이 과거 조선에 존재한 어떤 종류의 '바다의 경계'라고 생각할 수 있겠다. 그리고 이 '바다의 경계'관과 관련하여 더욱 주목할 만한 것은 1748년 및 1811년 통신사 사행록에 '수종'을 건널 때 지내는 제사에 대한 비교적 상세한 기록이 남아있다는 것이다.[28]

---

28 다만, 전술한 바와 같이, '수종'의 기술은 1636년 사행 이후, 매회 통신사들의 기록에 보이는데, 여기에서 제사에 대해서는 1748년 및 1811년 통신사가 기록하고 있을 뿐이다. 또한 1748년 바로 이전의 1719년 사행에서 제술관이었던 신유한의 『해유록』은 전술한 바와 같이 영가대제사에 대해서 상세한 기록을 남기고 있는데, 수종제사에 대해서는 기술하고 있지 않다. 또한, 1748년과 1811년 사행 사이에 1763년 통신사에 관해서는 정사 조엄의 『해사일기』 권1·일기·1763년 10월 6일조에서 '午後僅過水宗. 人言水宗尤險. 殆若踰嶺. 而余莫知其必然也'라는 기록이 있는데, 이 때 사행을 함께하였던 성대중의 『일본록』, 원중거의 『승사록(乘槎錄)』, 김인겸의 『일동장유가』 등에서도 왕복로 및 수종제사에 대해 기록하고 있지 않다. 이러한 수종제사에 대한 사행록의 기록상황을 감안하면 적어

먼저, 1748년 종사관 조명채의 『봉사일본문견록(奉使日本時聞見錄)』 2월 16일조에는

> 以爲水宗漸近, 當有賽神之禮. 炊飯設羹, 置之船上淨板. 傴僂磬折, 禮数無節, 見之可笑. 又置一石米於檣下, 掬洒於洋中. 四方黙有誦言. 似是祈祝之辞矣.

이라고 한다. 이 수종 제사에서는 밥이나 국과 같은 공물을 선상에 설치된 청정한 판자 위에 늘어놓고 신에게 기도하고 있다. 아울러 돛대 아래에 놓인 쌀을 바다에 뿌리는 의례도 행하고 있다.

다음으로, 1811년 정사 김이교의 『신미통신일록』 권3 승선 조에는

> 辛未閏三월 十二日, 水宗祭. 當日酉時, 一·二騎卜船, 鱗次踰水宗. 各船船將, 整齊衣冠, 以飯·羹·魚·果精備一卓, 置于船邊. 將生猪一口, 投諸水中. 又以米散水中. 訖再拝而過

혹은

> 辛未閏三월 十二日, 乗船. (中略)申時量, 始達水宗. 各投水宗牌於我国従

도 조선통신사에게 수종제사는 영가대제사와 비교하여 후발(18세기 중엽 경 시작?)의 제사인 것으로, 아직까지는 항상 실시해야 할 제사는 아니었을 가능성도 생각해 볼 수 있다.

船.「四船各具木牌. 一面書년 월 日時無事過水宗, 一面着押. 及過水宗, 即授此牌於從船, 使之歸納釜鎭, 転送萊府, 以爲狀聞之地. 」各船船將, 精備飯·羹·魚·果, 祭于海神. 以白米·猪口, 投諸水中.「四船並同旧例也.」

이라고 되어 있다.

김이교의 기록으로부터 ①'수종'을 통과할 때 지내는 제사를 '수종제'라고 부르고 있다는 것, ②이 제사에서는 선장들이 의복을 갖추어 여러 공물을 바치고 살아있는 돼지나 쌀을 바다에 던졌다는 것,[29] ③이 제사는 '해신'을 모시는 것이었다는 점 등을 알 수 있고, 또한, ④'수종'이라고 하는 위험 지점을 무사히 통과하였음을 국왕에 보고하기 위한 '수종제'라는 제도가 구비되어 있었던 것을 알 수 있다.

이와 같이 수종제사에 관한 여러 기록을 통해 볼 때, 이 제사는 항행하는 위험한 해역을 통과할 때 배의 안전을 해신에게 비는 의식으로, 여러 공물이 선상에서 봉헌되었으며 살아있는 돼지나 쌀을 바다에 던졌다는 것으로 개괄할 수 있을 것이다. 그리고 이러한 제사를 지낸 '수종'이 어떤 종류의 '바다의 경계'로 인식되었음을 감안하면 이 '수종제'라는 것은 바로 '바다의 경계제사'라고 말할 수 있을 것이다.

또한, 이러한 한반도 지역에서 '바다의 경계제사'로 인식되는 사례는

---

29 同書·권2·재선군기「도해량부」조에는 통신사의 각 배가 탑재한 쌀의 양이 용도별로 열거되어 있는데 그 안에는 "十二石四船成造及各項告祭祀水宗散米"라 되어 있어, 수종제사에서 바다에 뿌려지는 쌀을 사전에 준비하고 있었음을 알 수 있다.

이외에도 존재한다. 이는 현재 북한 영역인 황해도 장산곶의 사례이다. 이곳의 바다는 예부터 험한 곳으로 알려져 있으며 '인당수'라고 불렸다. 그리고 이 '인당수'는 근세 조선의 유명한 판소리 대목 중 하나인 '심청가'에도 등장한다.[30]

이야기의 배경은 11세기 말 서해도 황주이다. 이야기의 주인공인 심청이라는 가난한 소녀가 눈이 먼 아버지의 눈을 치료하기 위해 중국 남경으로 향하는 도중에 인당수에서 해신(용왕)제사에 필요한 인신공물을 구하고 있던 상인들에게 스스로 몸을 팔아 300석의 쌀을 아버지에게 남긴다. 그리고 그녀는 상인들의 배에 올라 약속대로 인당수 제사에서 바다에 몸을 던진다. 하지만 그녀를 가엾이 여긴 옥황상제가 용왕에게 명하여 그녀를 구한다는 내용이다.

이 '인당수'에서 해신(용왕)제사 장면에서는 선장이 새 의복을 갖추고 제단에 밥과 돼지와 같은 여러 가지 공물을 봉헌하고 장문의 제문을 읽는다. 그리고 이 의식의 클라이맥스에서 인신공물인 심청이 바다에 몸을 던진다. 그러자 지금까지 거칠게 울부짖던 바다가 잠잠해진다. 물론, '심청가'는 어디까지나 이야기로 이와 같은 해신제사가 실제 제사를 정확하게 반영하고 있다고는 말하기 어렵다. 하지만 이 제사의 묘사는 상당히 구체적으로 여기에 등장하는 제문에는 근세 일본의 조선(造船) 제문과 비슷한 서술형식도 보이고 있다.[31]

---

30 申在孝, 姜漢永·田中明 역주, 1982, 102~116의 일본어판에 의함. 野崎充彦, 1998, 192~193 및 藤田明良, 2008b도 참조.

31 배의 기원 신화나 선체 각부분에 대한 수호신불의 배치 등을 이야기하는 부분

그렇다면 이 '인당수' 해신제사 장면이 근세 조선의 실제 해신제사에 기반하여 이야기가 만들어졌을 가능성이 높다고 할 수는 없을까. 일본 식민지 시기 한반도에서 이러한 풍속을 폭넓게 수집·연구한 이마무라 도모(今村鞆)는 민간 용신제사의 한 예시로서

> 이 황해도 장산곶과 같이 선박이 종종 난파하는 장소를 지나는 배는 돈, 쌀, 술, 혹은 돼지를 희생하여 물속에 던져 북을 울리며 용신에게 바치는 풍습이 있다.

고 기록하고 있어,[32] 이마무라가 남긴 기록을 통해 볼 때, 전술한 바와 같은 가능성은 높을 것이다. 그렇다면 '심청가'에 보이는 '인당수' 해신제사는 전근대 조선에서 실제로 행해진 '조선의 바다'와 '중국의 바다' 사이의 '바다의 경계제사'를 소재로 하고 있다고 볼 수는 없을까.

이처럼 근세 한반도에는 여러 해역에 '수종'이나 '인당수'와 같이 불린 '바다의 경계' 관념을 인식하고 있어 배가 그 장소를 통과할 때에는 항해 안전을 기원하는 해신제사를 지냈다. 조선통신사가 부산에서 쓰시마 섬으로 향하는 바다 위에서 지낸 제사는 바로 이러한 '바다의 경계제사' 중 하나였던 것이다.

은, 예를 들면, 山内晋次, 2000에서 번각한 고치현립도서관소장 토사번 선장 오카가 문서의 '선령제문' 등과 유사하다고 생각된다.

32 今村鞆, 1930, 6.

Ⅳ. 항해신앙의 이중 구조

지금까지 살펴본 바와 같이 본고가 주제로 삼은 조선통신사의 항해안전을 기원하는 두 가지 제사 중 영가대 개양제사에 대해서는 중국의 국가의례에서 유래한 '오례의' 중 하나로서 왕권·국가라고 하는 위로부터 도입되었다고 하는 도식을 생각해볼 수 있다.

이에 대해 수종제사에 대해서는 먼저, 1748년 통신사의 종사관(정사·부사 다음 지위)이자 중앙정부 관료인 조명채는 "禮数無節, 見之可笑"와 같이 이 제사를 냉담한 시선으로 기록하고 있다[33]는 점을 주목해 볼만하다. 또한 1763년 정사인 조엄도 "人言水宗尤險, 殆若踰嶺, 而余莫知其必然也"라고 마치 수종을 민간의 미신적 신앙인 것처럼 서술하고 있다.[34]

중앙관료들의 이러한 발언을 통해 볼 때, 수종제사는 국가의 중핵을 담당하는 고관들이 기반하고 있던 예제나 제사관과는 또 다른 계통에 속한 제사였을 가능성을 생각해 볼 수 있다. 요컨대, 수종에서의 제사는 하급관

33 조명채, 『봉사일본시문견록』, 1748년 2월 16일조.

34 조엄, 『해사일기』, 1763년 10월 6일조.

인이나 사선(使船) 운항에 종사하는 선인들을 중심으로 한, 보다 하층민들의 신앙·제사에서 유래한 것이었다고 말할 수는 없을까.

이러한 통신사 내부에서 왕권·국가·중앙관료 등과 하급관인·선인 등 사이에 신앙·제사 수준의 차이에 대해서는 다음과 같은 1763년 통신사의 사례로부터 유추해볼 수 있지 않을까. 즉, 이 시기 통신사들이 쓰시마 섬에서 이키(壱岐) 섬으로 향하는 도중 상당히 거친 바다 위에서 지방관인들이 인신공물 대신 윗옷을 벗어 바다에 던질[35] 것을 간청하자 조엄은 사람의 생사가 의복 한 벌에 좌우되는 것은 아니라며 결국 마지막까지 그 간청을 들어주지 않았다는 기록이 있다.[36] 한편, 부방군관이었던 지방관 민혜수는 부산에서 쓰시마 섬으로 가는 도중 거친 파도를 만나자 악몽을 꾸었다고 말하며 윗옷을 벗어 바다에 던졌다고 하는 기록이 보인다.[37] 덧붙이면, 이러한 통신사들의 항해신앙의 사회적인 계층성이라는 문제와 관련하여 이경엽은 문학작품의 분석을 통해 유교적 관리·사인(양반)의 해양 인식과 바다가 생활의 장이었던 어민과 같은 사람들의 해양 인식 사이에 차이가 존재한다는 흥미로운 지적을 행하고 있다.[38]

---

35 전근대 일본·조선·중국을 포함하여 세계적으로 널리 보이는 태풍 등으로 항해가 위험에 처할 시 모발이나 귀중품을 바다에 던지는 사례와 관련되는 민간 신앙이라고 추정된다. 山内晋次, 1998a 참조.

36 조엄, 『해사일기』, 1763년 11월 13일조; 김인겸, 『일동장유가』 제2·1763년 11월 13일조.

37 김인겸, 『일동장유가』 제2·1763년 10월 6일조 (김인겸, 高島淑郎 역주, 1999, 125).

38 李京燁, 2004, 42~43. 항해신앙의 사회적 계층에 따른 차이점에 대해서는 藤田明良, 2021도 참조.

위와 같은 조선통신사 내부의 항해신앙의 계층성은 달리 말해 위(중앙·왕권·국가)로부터의 제사와 아래(지방·하층)로부터의 제사가 어느 정도의 타협을 바탕으로 병존하면서 사절단 전체의 신앙·제사 구조를 구축해갔다고 말할 수 있지 않을까. 또한 여기에서 말하는 '타협'이란 다음과 같은 의미이다. 즉, 사행에서 불가결한 배를 다루기 위한 지식도 기술도 없는 사절단 간부(중앙관료층)에게 있어 실제로 이를 다룰 수 있는 선원이나 지방관들의 의견을 어느 정도 용인하지 않을 수 없었을 것이다. 그렇다면 선원이나 지방관들이 실시하기를 주장하는 보다 지방적·하층적 제사에 대해서도 인정하지 않을 수 없었을 것이다. 그리고 그 결과로 전술한 바와 같이 국가 예제에 기초한 제사로서의 영가대제사와 그와는 유래를 달리하는 지방적·하층적 제사로서의 수종제사라고 하는 상층, 하층의 제사가 이중 구조를 이루어 조선통신사들의 항해제사가 이루어졌던 것으로 볼 수 있다.

이러한 조선통신사의 항해신앙·제사의 구조 모델이 수용되었다고 한다면, 사절단의 항해제사는 국가와 지역 사회의, 혹은 사회 상층과 하층의, 혹은 뭍을 생활 기반으로 하는 사람들의 세계와 바다를 기반으로 하는 사람들의 세계가 대항하는 과정에서 성립해갔다고도 말할 수 있지 않을까.[39]

39 명·청대 황제가 신유구왕국의 책봉을 위해 파견한 책봉유구사의 항해신앙에도 유사한 이중구조가 보이는 점에 대해서는, 山内晋次, 2008 참조.

V. 근세 일본의 신앙 사례와의 관계

마지막 본장에서는 지금까지 검토한 영가대 및 수종의 조선통신사들의 해신제사 사례를 동시대 일본의 항해신앙 사례와 비교하여 항해신앙으로 본 조선과 일본의 역사적 연관성을 고찰해보고자 한다.

1. 근세 일본의 중국해신 사례

전술한 바와 같이, 조선통신사가 영가대에서 지낸 항해안전을 기원하는 제사에서는 중국에서 유래한 '동해신'인 '아명'을 모시고 있다. 이 사실과 관련하여 주목할 만한 것은 바로 중국에서 유래한 해신이 일본 근세 선대공(선장)의 세계에서도 등장한다는 점이다.

당시 일본의 조선공정에서는 배의 완성까지 몇 단계의 의식을 거쳐야 한다. 그리고 이러한 여러 의식 가운데 무엇보다도 중요한 것이 배의 완성 단계에서 돛대의 근원인 수재(受材) 부분('쓰쓰(筒)')에 배의 수호신인 '후나다마(船靈)'를 불러들이는 '쓰쓰다테(筒立)'라고 하는 의식이었다. 이

의식은 선대공 중 도편수를 주최자로 하여 신불에 대한 제문(후나다마(船靈) 제문·쓰쓰다테이와이(筒立祝) 제문)을 바쳐 완성된 배의 안전을 기원하였다.

현재 이러한 일본 근세의 쓰쓰다테 의식에서 바친 제문의 실물이 몇 점 남아 있어[40] 이 제문의 한 예(문서의 말미 뿐)를 보면 다음과 같다.[41]

(前略)

呪文曰 波浪不能没三通(遍)七遍

東海神阿明 南海神祝融

西海神巨乗　北海神愚強

獨照齊記之

南河左衛門太夫殿授之也

宣和四壬寅(1122)天二月 吉日

寶永五戊子歳(1708)四月 吉日　境井八郎右衛門

岡四郎右衛門殿

岡四郎右衛門

---

40 山内晋次, 1998a; 出口晶子, 1999 등 참조.

41 山内晋次, 2000. 또한, 이 제문의 화상은 현재, '神霊祭文秘書: 神霊祭文秘書B'로 고치현립도서관 웹사이트에 공개되어 있다.(https://kochilib.iri-project.org/content/?doi=59.9998/0RZ00000BL) 또한, 도쿄대학부속도서관의 웹사이트에도, 유사한 제문의 화상이 공개되어 있다. (https://iiif.dl.itc.u-tokyo.ac.jp/repo/s/kaishi/document/5fd7e038-903e-7583-5a6b-275f187e56fe#?c=0&m=0&s=0&cv=0&xywh=-1%2C-3458%2C22380%2C10857) 이 제문에 대해서는 石井謙治, 1969 참조.

享保九甲辰歲(1724)十一月 朔旦基德

早川市郎左衛門殿

이 제문은 도사(土佐) 번의 어용선대공인 오카(岡) 가에 전래한 것으로 현재 고치(高知)현립도서관에 소장되어 있다. 제문의 형태는 세로 27.5cm, 가로 231.2cm의 두루마리로 짙은 감색의 표지에 '신령제문비서(神霊祭文秘書)'라고 묵서된 금색의 제첨이 부착되어 있다. 여기에는 이 긴 제문의 말미의 부분만을 소개하고 있지만, 조선통신사의 영가대제사와 관련하여 특히 주목할 만한 점은 항해안전을 기원하는 축문으로, 중국에서 유래한 사해신이 등장하고 있어 이 가운데 바로 '동해신'인 '아명'이 포함되어 있다는 점이다. 요컨대, 중국에서 유래한 동해신이 근세 조선과 일본의 해양제사의 장에 공통적으로 등장한다는 것이다. 이 공통점에 관해서는 당연히 중국 기원의 해양제사가 주변 여러 지역에 전파된[42] 것이라는 역사적 동향을 상정해볼 수 있지만, 그 구체적인 상황에 대해서는 현재 연구단계로서는 유감스럽게도 미상이라고 할 수밖에 없다.

42 다만, 이러한 중국에서 주변 지역이라고 하는 제사·신앙의 흐름을 상정할 경우, 근세 조선이나 일본에서 중국과 같은 마조(媽祖, 천후·천비)가 항해신앙의 주류가 되지 않은 것은 왜일까라고 하는 의문이 제기되어 왔다. 중국 및 주변지역에서 마조 신앙의 역사적 전개에 대해서는, 李献璋, 1979; 安東浚, 2000; 藤田明良, 2021 등 참조.

2. 근세 일본에서 '바다의 경계' 인식

다음으로, 조선통신사의 수종제사와 근세 일본의 '바다의 경계' 인식과의 관련성을 포착할 수 있는 여러 사료를 검색하여 보면 『조선왕조실록』과 『동래부계록』 에 보이는 '수지(水旨)'라고 하는 표현이 주목된다.

먼저, 『조선왕조실록』의 선조실록 권82 29년(1596) 11월 병오 조에는 도요토미 히데요시의 조선 침략의 전후 처리를 위해 일본에 파견된 명사절에 관하여 부산과 쓰시마 사이에 '已過水旨'가 있어 역시 어떠한 바다의 경계에 대한 관념이 인지되어 있음을 알 수 있다. 또한 인조실록 권36 16년(1638) 3월 계미 조를 보면, 일본과의 관계에서 중요한 방어선 중 하나로 '水旨「旨卽脊也」'라 되어 있어, '수지'란 부산-쓰시마 섬 사이의 대양 가운데 파도가 거칠어 등뼈와 같이 높은 곳을 가리키는 것이라 생각된다. 그렇다면 이 '수지'란 조선통신사가 통과의례를 행한 '수종'과 거의 똑같은 것이라고 볼 수 있을 것이다.

여기에서 더불어 부산진을 관할하고 있던 동래부에서 중앙 정부로 보낸 보고 문서를 집성한 『동래부계록』 을 보면 일본에서 메이지 정부가 탄생한지 얼마 되지 않은 시기까지 내려온 것이지만, 실례루 '同治十(1871)년 辛未五월 日慶尙道東萊府使鄭顯德將謄與錄'[43]에는 일본인(왜인)이 조선 해협을 넘어 부산과 왕래할 때 그 항정을 조선 측 관리에게 설명하기 위해 '到水旨'라고 하는 표현을 4번 사용하고 있다. 이에 대해 조선 측 관

43 국사편찬위원회 편, 1984, 408~409.

리에 의한 일본배(왜선) 내항 보고에서는 '自水宗'이라는 표현이 3번 등장한다. 이러한 일본 측이 '수지'라고 하는 용어를 사용하여 이에 대해 조선 측이 '수종'이라는 용어를 사용한 사례는 같은 책 제8책에 수록된 다른 문서에서도 발견할 수 있다.

그렇다면, 부산과 쓰시마 섬 사이에 바다에서 인식되고 있던 '바다의 경계'라는 관념을 일본 측에서는 대부분 '수지'라 칭했던 한편, 조선 측에서는 주로 '수종'이라고 칭하였을 가능성도 생각해볼 수 있다. 이러한 경계 호칭의 이유에 대해서는 조선 측이 그렇게 부르는 대로 일본측(초량왜관에 관여한 쓰시마 섬의 사람들?)에게 지정하였을 가능성 등도 생각해볼 수 있는데, 정확한 사정은 지금 상황에서는 불명하다고밖에 할 수 없다. 다만, 근세~근대 초 일본(쓰시마 섬) 측에서도 쓰시마 섬과 부산 사이에 어느 정도의 '바다의 경계' 관념이 인지되고 있었던 것은 사실일 것이다.

그렇다고 해도, 적어도 근세에 부산-쓰시마 섬 간의 '경계'는 물론 현대 국민국가에서 하나의 선으로 획정되는 '국경'이나 '영해'라고 하는 관념과는 당연히 다른 것이다. 다만, 부산-쓰시마 섬 사이와 같이 서로 눈으로 볼 수 있는 정도의 비교적 좁은 해협을 사이에 둔 두 국가가 대치하고 있는 경우에는 아득한 대양과는 달리, 꽤 이른 시기부터 막연하기는 하지만 '바다의 경계'가 인식되고 있었을 가능성은 높지 않았을까.

다시 말해, 근세 통신사 시대부터 훨씬 거슬러 올라가지만 헤이안 시대 중엽 귀족 후지와라노 사네스케(藤原実資)의 일기 『소우기(小右記)』 간닌(寬仁) 3년(1019) 4월 25일조에는 도이(刀伊, 여진)의 북부 규슈(九州) 입구(入寇)의 때, 다자이노소치인 후지와라노 다카이에(藤原隆家)가 내린 추격 명령 중 "但先可到壱岐·対馬等島, 限日本境可襲撃, 不可入新羅境之由, 都督所誡仰也"과 같은 내용이 있다. 이 기록을 통해 볼 때 당시 일본의 관료들 사이에 이키 섬·쓰시마 섬 북쪽에 '일본의 경계(영역)'과 '신라의 경계'가 접하고 있다는 경계인식이 있었음을 알 수 있다. 이러한 기록들이야말로 전술한 바와 같이 좁은 해역에서 이른 시기에 '바다의 경계' 인식의 발생이라고 하는 가설을 뒷받침하는 지극히 흥미로운 사례가 아닐까.

VI. 맺음말

본고에서는 동시대 일본의 사례와도 교차하여 비교하면서, 조선통신사의 항해신앙·제사를 개관하였다. 그리고 그 검토를 통하여 어느 정도의 논점을 찾을 수 있었다고 생각한다.

이는 예를 들면, 근세 동아시아 해역의 항해신앙·제사에서는 중국에서 유래한 요소가 큰 비중을 차지한다는 것이다. 동아시아 여러 지역에서 국가제사 등을 포함한 문화 전통은 중국 왕조의 여러 지역·문물 등을 중요한 기반으로 하고 있는 이상, 이러한 경향은 당연한 것일지도 모른다. 하지만, 그 신앙·제사의 내부 구조를 조금 더 분석해보면 여기에는 주로 중국에서 유래한 국가예제·사전에 기초를 둔 신앙·제사와 더불어 보다 하층적·지역적인 신앙·제사·민간 신앙의 세계도 함께 존재하였음을 알 수 있었다.

이러한 본고의 초보적인 고찰을 통해 살펴보았듯이 지금까지의 역사학 연구에서 거의 연구대상이 되지 않았던 항해신앙의 세계에서는 우리들의 상상 이상으로 풍부한 역사 세계가 펼쳐져 있다고 생각된다. 이러한 항해신앙으로 연결된 역사세계를 보다 구체적으로 해명해나가기 위해서는 먼저 여러 가지 지역·시대의 사례·데이터의 집적을 진행해야 할 것이다.[44] 물론, 이는 한 명의 연구자가 전부 수행할 수 있는 간단한 작업은 아니다. 역사학만이 아닌 문학·민속학·문화인류학·종교학·미술사학과 같은 다양한 학문 분야의 협업을 토대로, 국경을 초월한 연구자 간의 연구가 진행될 필요가 있을 것이다.

아울러, 나는 한국어 논저를 읽을 수 없기 때문에 한국 학계에서 조선통신사의 항해신앙의 연구 상황에 대한 지식은 거의 없다. 이로 인해, 한국의 중요한 연구 성과를 누락하고 있지는 않은가하는 불안을 항상 품고 있다. 이러한 중요한 성과가 있다면 꼭 교시를 부탁드리고 싶다.

(번역: 한상아)

이 글은 이 책을 위해 새롭게 작성한 것이지만, 일부는 山内晋次,「近世東アジア海域における航海信仰の諸相ー朝鮮通信使と册封琉球使の海神祭祀を中心にー」,『待兼山論叢』文化動態論篇42, 2008의 조선통신사에 관한 부분을 대폭 수정 가필하여 활용하였다.

44 藤田明良, 2004·2008a·2021; 山内晋次, 2008; 二階堂善弘, 2012 등은 그 기반을 제공하는 연구 성과일 것이다. 또한, 大林太良, 1992의 일본 해양문화론 등도 참조.

참고문헌

| 일본간행문헌

石井謙治,「御召関船建造作業の行程·祝·人工などについて-「大住吉丸御造替日記」の場合-」,『海事史研究』12, 1969.

今村鞆,『歴史民俗朝鮮漫談(第二版)』, 南山吟社, 1930.

上田正昭·辛基秀·中尾宏, 『朝鮮通信使とその時代』, 明石書店, 2001.

大林太良,「日本の海洋文化とは何か」, 網野善彦他(編),『海と列島文化10 海から見た日本文化』, 小学館, 1992.

金仁謙(高島淑郎訳注),『東洋文庫662: 日東壮遊歌 ハングルでつづる朝鮮通信使の記録』, 平凡社, 1999.

金玟淑·中川武·坂本忠親·米澤貴紀, 「文献から見る新羅の海神祭及び祭場の立地条件について」,『学術講演梗概集(日本建築学会大会)』F-2, 建築歴史·意匠, 2006.

桑野栄治,「李朝初期における国家祭祀-『国朝五礼儀』吉礼の特性-」,『史淵』130, 1993.

車柱環(三浦國雄·野崎充彦訳),『朝鮮の道教』, 人文書院, 1990.

辛基秀·仲尾宏(責任編集),『大系朝鮮通信使 善隣と友好の記録1-8』, 明石書店, 1993-1996.

申在孝(姜漢永·田中明 역주),『東洋文庫409: パンソリ 春香歌·沈晴歌他』, 平凡社, 1982.

高津茂,「阮朝初期国家祭祀の一考察」,『アジア·アフリカ文化研究所研究年報』15, 1981.
朝鮮古書刊行会(編),『朝鮮古書大系続々3-6 海行摠載1-4』, 朝鮮古書刊行会, 1914.
出口晶子,「近世の造船儀礼」,『海事史研究』56, 1999.
都珖淳,「韓国の道教」, 福井康順他(監修),『道教3 道教の伝播』, 平河出版社, 1983.
仲尾宏,『岩波新書新赤版1093: 朝鮮通信使-江戸日本の誠信外交』, 岩波書店, 2007.
二階堂善弘,『アジアの民間信仰と文化交渉』, 関西大学出版部, 2012.
野崎充彦,『あじあブックス002: 朝鮮の物語』, 大修館書店, 1998.
藤田明良,「日本列島所在の古媽祖像データベース -九州·沖縄編-」,「科学研究費補助金研究成果報告書(研究代表者:村井章介)」,『8-17世紀の東アジア地域における人·物·情報の交流-海域と港市の形成、民族·地域間の相互認識を中心に-(上)』, 東京大学大学院人文社会系研究科, 2004.
藤田明良,「日本近世における古媽祖像と船玉神の信仰」黄自進(主編),『近現代日本社会的蛻変』, 中央研究院人文社会科学研究中心·亜太区域研究専題中心, 2006.
藤田明良,「航海神 -媽祖を中心とする東北アジアの神々」, 桃木至朗(編),『海域アジ　ア史研究入門』, 岩波書店, 2008a.
藤田明良,「白翎島と唐船来航·海神御供伝承」,『韓国朝鮮の文化と社会』7, 2008b.

藤田明良,「東アジアの媽祖信仰と日本の船玉神信仰」,『国立歴史民俗博物館研究報告』223, 2021.

古林森廣,「宋代の海神廟に関する一考察」, 同,『中国宋代の社会と経済』, 国書刊行会, 1995.

松田甲,「釜山鎮の永嘉台」, 同,『ユーラシア叢書 23: 日鮮史話(二)』, 原書房, 1976.

桃木至朗·山内晋次·藤田加代子·蓮田隆志(編), 『海域アジア史研究入門』, 岩波書店, 2008.

森田健太郎,「宋朝四海神信仰の実像 -祠廟政策を通して-」,『早稲田大学大学院文学研究科紀要』49-4, 2003.

森平雅彦,「近世朝鮮通信使船の対馬海峡航路」,『史淵』155, 2018.

山内晋次,「航海と祈りの諸相 -日宋関係史研究の一齣として-」,『古代文化』50-9, 1998a.

山内晋次,「航海守護神としての観音信仰」, 大阪大学日本史研究室(編),『古代中世の社会と国家』, 清文堂出版, 1998b.

山内晋次,「高知県立図書館所蔵の造船祭文について」, 海域交流史研究会(編),『財団 法人トヨタ財団·1998 年度研究助成B研究報告書 前近代東アジアにおける海域交流成立条件に関する基礎的研究』, 同会, 2000.

山内晋次,「平安期日本の対外交流と中国海商」,『奈良平安期の日本とアジア』, 吉川弘文館, 2003.

山内晋次,「海域アジア史研究のポテンシャル-硫黄交易と航海信仰を素材として-」,『新しい歴史学のために』265, 2007.

山内晋次,「近世東アジア海域における航海信仰の諸相-朝鮮通信使と冊封琉球使の 海神祭祀を中心に-」,『待兼山論叢』, 文化動態論篇42, 2008.
山内晋次,「前近代東アジア海域世界における航海信仰-海神祭祀・海の境界・観音信仰-」, 吉尾寛(編),『東アジア海域叢書4: 海域世界の環境と文化』, 汲古書院, 2011.
山内晋次,「「海」の神としての観音信仰と日本」, 高津孝(編),『東アジア海域に漕ぎだす3 くらしがつなぐ寧波と日本』, 東京大学出版会, 2013.
山内晋次,「東アジア海域論」, 大津透他(編),『岩波講座日本歴史20: 地域論「テーマ巻1」』, 岩波書店, 2014.
横山恭子,「朝鮮通信使をめぐる研究動向」,『歴史学研究』996, 2020.
李京燁,「古典文学に表れた海洋認識 態度 -漁夫歌・漂海録・漁撈謡を中心に-」,『立教大学日本学研究所年報』3, 2004.
李献璋,『媽祖信仰の研究』, 泰山文物社, 1979.
李進熙,『ロッコウブックス 倭館・倭城を歩く 李朝のなかの日本』, 六興出版, 1984.
李範稷,「朝鮮王朝における王権と五礼」,『朝鮮学報』138, 1991.
李莉麗,「中国における通信使研究」,『歴史の理論と教育』152, 2019.

| 한국간행문헌

국사편찬위원회 편,『각사등록12, 경상도편2, 동래부계록』, 민족문화사, 1984.
이경문·김승근,『영암남해신사지「목포대학교박물관학술집서 제68책」』, 목포대학교박물관, 2000.

지현병·박영구, 『양양 동해신묘』, 강릉대학교박물관, 1999.

| 중국간행문헌

安東浚, 天妃信仰与韓国使行文学」, 四川大学宗教研究所(主編), 『中華道統叢書16 道教神仙信仰研究-四川大学宗教研究所建所廿周年道教文化国際学術研討会論文集 下』, 中華道統出版, 2000.

方豪, 「宋泉州等地之祈風」, 同, 『方豪六十自定稿 下』, 台湾学生書局, 1969.

復旦大学文史研究院(編), 『朝鮮通信使文献選編1-5』, 復旦大学, 2015.

葛兆光, 「日本有関朝鮮通信使文献研究状況的簡介」, 復旦大学文史研究院編, 『朝鮮 通信使文献選編』第5册, 復旦大学出版社, 2015.

李玉昆, 「試論宋元時期的祈風与祭海」, 『海交史研究』5, 1983.

山内晋次, 「観音信仰与海域世界」, 郭万平他(編), 『舟山普陀与東亜海域文化交流』, 浙江大学出版社, 2009.

王榮国, 『海洋神霊-中国海神信仰与社会経済』, 江西高校出版社, 2003.

呉文良, 「泉州九日山摩崖石刻」, 中国航海学会·泉州市人民政府(編), 『泉州港与海上絲綢之路』, 中国社会科学出版社, 2002.

7

근세 조일 통교에서의 문화교섭과 역사인식
: '서복일서' 전설을 중심으로

- 류천

Ⅰ. 머리말

한반도와 일본 열도의 교류의 역사는 길다. 특히 조선은 15세기 이후 일본과 정식 외교관계를 장기간 유지한 유일한 국가 정권이었다고 볼 수 있다. 주지하다시피, 1592년부터 1598년까지, 하시바 히데요시(羽柴秀吉, 도요토미 히데요시)가 조선에 두 차례의 침략전쟁을 일으켜조일 통교도 어쩔 수 없이 잠시 단절되었다. 다만 도쿠가와 이에야스(德川家康)가 히데요시사후 천하를 얻어 에도(현재 도쿄)에 막부를 개창한 후 쓰시마주 소 요시토시(宗義智)는 이에야스의 의사에 따라 무력 협박과 같은 수단을 통하여 조일 국교회복을 적극적으로 추진하였다. 결국 조선 측이 1607년에 에도 막부로 사절을 파견한 것을 시작으로 조일 통교가 재개되었다. 그로부터 1811년까지 조선 측은 수호와 포로 반환, 혹은 도쿠가와 쇼군 습직(襲職)·세자 탄생 축하 등의 이유로 총 12회의 사절단을 일본으로 파견하였다. 최초 3회는 '회답겸쇄환사', 4회부터는 '통신사'로 호칭하고 있다. 이른바 조선통신사를 중심으로 이루어진 근세 조일통교는 동아시아 문화교류사적 만으로 중요한 문제뿐만 아니라, 근세 일본과 조선 양국의 정치·외교·사

상·문화 등 다분야에 걸쳐 널리 주목받고 있는 문제이다.[01]

관련된 충실한 선행연구 중 특히 조선 사절과 일본 측 사이 창화나 필담 등 문화교류에 대한 연구는 본래 한일관계사의 범주에 한정되었으나 최근 그 내용과 문화적 배경에서 중국의 영향에 주목하는 시각이 제기되어 점차 주목을 받고 있다. 조일 간의 문화적 교섭 혹은 경쟁은 동아시아 공통인 중국문화를 테마 혹은 근거로 하고 있다는 사례를 적지 않게 찾아볼 수 있다. 이러한 교섭과 경쟁은 '현장에 없는 중국'을 뒷받침한다는 거자오광(葛兆光)의 주장이 있으며, 근세 조일 통교를 '주변에서 중국을 본다'고 하는 중국사 연구의 과제나 재료로서 이용하는 연구도 행해지고 있다.[02] 더욱이, 근세 일본과 조선과의 상호인식이나 각국의 국가의식·역사인식·'민족' 의식 등을 이해할 때, 관련된 중국문화의 요소 역시 필수적인 내용으로 동아시아의 시야에서 검토할 필요가 있을 것이다.

거자오광은 조일 통교 현장에 없는 '중국'이 시종 쌍방의 교섭에서 정치상으로는 명분·의례·국서, 문화상으로는 의관·학문·예술에 독특한 영향을 미치고 있었음을 지적한다. 그리고 이 영향을 직접적으로 표현하는 것이 바로 조선 사절과 일본의 유학자·선승(禪僧)·무사들이 나누던 중국 관련 화제라는 것이다. 이원식은 사절을 초대하여 창화나 필담을 나눌 때 진으로부터 도망친 서복(徐福)과 백제에서 일본으로 온 왕인(王仁) 등은

01 이원식, 『朝鮮通信使の研究』, 思文閣出版, 1997을 참조.

02 葛兆光, 「文化間の試合:朝鮮訪日通信使史料の意義」, 『中華文史論叢』114, 2014; 復旦大学文史研究院編, 『周辺から中國を見る』, 中華書局, 2009을 참조.

언제나 조일 쌍방의 교류에서 자주 등장하던 화제였음을 지적하고 있다.[03] 조일교류사와 깊은 관련이 있는 왕인은 그렇다고 하더라도, 중국 역사서에 기록된 전설의 인물인 서복이 제기된 것이야말로 근세 조일 통교에서 중국 문화의 영향을 보여주는 명백한 근거일 것이다.

더욱이, 창화나 필담에서 서복이 제기된 것은 그가 바다를 건너 일본에 왔다는 중일교류사적 내용뿐만 아니라 실제로는 주로 전설에서 파생된 전설이었는데, 이는 유명한 한시 『일본도가(日本刀歌)』의 한 구절인 " 徐福行時書未焚, 逸書百篇今尙存(서복이 일본에 왔을 때 "서(書)"는 아직 진시황제에 의해 소실되기 이전이었기 때문에 현재, 백 편의 '일서(逸書)'가 아직 존재하고 있다)"에서 만들어진 것이었다. 김정우는 동아시아에서 『일본도가』의 영향을 고찰하면서 조선 사절이 일본 측에 제기한 '고경일서(古經逸書)' 의문과 시문에 대한 조일 양국의 반응 등에 대해 다루고 있다.[04] 또한, 거자오광은 신묘년(1711, 정덕(正德) 1년) 조선통신사와 유학자이자 막부 신료인 아라이 하쿠세키(新井白石)와의 필담에서 '일서'를 둘러싼 토론을 제기한 바도 있다.[05] 그런데, '서복일서'를 둘러싼 조선과 일본과의 토론 및 쌍방 토론과 관계된 역사와 문화 인식 등은 관견의 선행연구에서 다루어진 내용과 범위에 한정되지 않고 더욱 전면적인 검토를 행할 여지가 남아 있다.

---

03 이원식, 앞의 책, 115~116쪽.

04 김정우, 「東アジア文化圈における『日本刀歌』」, 『学術月刊』, 2014.

05 葛兆光, 앞의 논문.

Ⅱ. 근세 방일 조선 신사의 '서복일서' 추구와 토론

근세 방일 조선 신사의 기록에 따르면, 서복전설은 조일 쌍방의 공통 화제로서 시문 창화 시 종종 제기 혹은 인용된 것으로, 조선 측은 12회의 사절파견 중 적어도 5회는 일본 측에 '서복일서'가 일본에 보존되어 있는지 여부에 대해 추구하고 있었음을 알 수 있다. 여기에서 문제가 되는 것은 역대 방일조선 신사의 기록은 참고자료로서 후임 사절들이 열람할 수 있었기 때문에 이러한 '서복일서'에 대한 추구가 단순한 호기심이나 문화교류로 파악하기 힘들며 일종의 특별한 주목의 일환으로 이해할 필요가 있다.

〈표 1〉 서복일서에 관한 조선사절의 추구와 일본 측의 대응

연도	조선질문자	일본답변자	문답 개요	출전
1607 제1회	부사 경섬	三好元佶 景轍玄蘇	問: 서복전경의 배서 청구, 서복사당 소재 答: 과두문 전경이 구마노(熊野) 서복사당에 있었다	『慶七松海槎錄』
1624 제3회	부사 강홍중	規伯玄方	問: 서복사당 소재, 육경전서의 일본보존 答: 기슈 구마노산, 들어본 바 없다	『姜弘重東槎錄』

연도	조선질문자	일본답변자	문답 개요	출전
1711 제8회	정사 조태억 부사 임수간 종사 이방언	新井白石	問: 일서설의 진위, 현존 여부, 구마노서복사당 보존설 진위, 공개 가능성 答: 이즈모다이샤(出雲大社) 보존, 비전으로 불공개, 구마노설 사실 아님, 공개 불가	『任守幹東槎日記』 附「江關筆談」
1719 제9회	제술관 신유한	雨森芳洲	問: 기슈 서복사당 보존설의 진위 答: 사실 아님, 사실이었다면 반드시 공개되었을 것	『申維翰海遊錄』
1811 제12회	서기 원중거	龜井南冥	問: 서복이 고문육경을 가져왔었는가 答: 본국에 이런 일은 없었다	『青莊館全書』 『和國志』

607년 제1회 조선 회답겸쇄환사의 교류 당시 '일서' 문제가 이미 제기되었다. 조선사절들이 에도에 도착하여 쇼군 도쿠가와 히데타다(秀忠)를 알현하여 국서 교환 등을 행한 4일 뒤 6월 10일에, '일서' 문제가 다루어지고 있다. 이에 대하여 부사 경섬이 쓴 『해사록(海槎錄)』의 동일 기록에는 다음과 같이 기재되어 있다.

晴. 留江戶. 送書於學校處. 問徐市入來時. 必賫全經而來. 願一見之. 且徐市廟在何地方耶. 學校所答糢糊. 語不分明. 更問於玄蘇. 玄蘇答曰 '全經在於徐市廟. 皆蝌蚪書也. 退計三百年間. 徐廟爲兵火所燒. 基在紀伊州熊野山云.'[06]

경섬은 서복이 공자의 전경을 일본에 가지고 왔음을 이미 알고 있었으

06 조선고서간행회 편, 『해행총재(海行摠載)』 2, 고선고서간행회, 1914, 48~49쪽. ([DCI]ITKC_GO_1381A_0020_010_0100_2004_002_XML).

며 전경의 배견(拜見)을 일본 측에 요청하고 서복사당의 소재에 대해 물었다. 이에 대하여 아시카가(足利) 학교의 제9대 상주 산요 겐키쓰(三要元佶, 1548~1612)는 모호한 답변으로만 대응하였는데, 에도 막부 측의 외교 사무를 담당하는 임제종 승려 게이테쓰 겐소(景轍玄蘇, 1537-1611)는 이른바 전경이 일찍이 기슈(紀州) 구마노에 있는 서복서당에 보존되어 있었지만 그 내용이 전부 '과두문(蝌蚪文)'으로 쓰여 있던 데다가 역대 '병화'로 인해 소실되었다고 답하였다. 겐소는 '과두문'을 이유로 '전경'의 복제와 상전 등이 곤란하였으며 원본도 전란으로 소실되었음을 암시, 지적한 뒤 '서복 일서'라고 하는 전설의 진위에 대한 비판을 교묘하게 피하고 있다.

조선 측은 이러한 답변에 만족하지 못하였다. 1624년 제3차 회답겸쇄환차가 방일하였을 때, 부사 강홍중은 다시금 일본 측에게 일서문제를 제기하였다. 강홍중이 기록한 『동사록(東槎錄)』 동년 10월 28일조에는 다음과 같이 기재되어 있다.

午. 玄方來見敍話. 仍問徐福祠在何處. 答曰 '在南海道紀伊州熊野山下. 居人至今崇奉. 不絶香火. 其子孫亦在其地. 皆稱秦氏云.' 熊野山一名金峯山云. 又問徐福之來. 在秦火之前. 故六經全書在於日本云. 然耶. 答曰 '日本素無文獻. 未之聞也. 其時設或有. 日本好戰. 翻覆甚數. 兵火之慘. 甚於秦火. 豈能保有至今耶.'[07]

---

07 조선고서간행회 편, 위의 책, 『해행총재(海行摠載)』 2, 1914, 256쪽 ([DCI]ITKC_GO_1384A_0010_040_0270_2004_003_XML).

강홍중의 질문에 대해 쓰시마 번의 조선 교섭을 담당한 주요 인물, 겐소 문하의 임제종 승려 기하쿠 겐보(規伯玄方, 1588~1661)는 구마노 서복사당설과 진씨 시조설 등은 인정하면서 '고문육경'이 일본에 전해졌다는 설은 명확하게 부정하였다. 겐보는 또한 일본 '병화'의 극심함이 진조보다 더하였다고 호소하면서 설령 전래되었다고 하더라도 현세까지 보존되어 있을 가능성은 낮다고 답하였다. 이 역시 근거가 불명한 애매하게 부정적인 견해였지만 적어도 조선 측은 일본 측으로부터 일서에 관한 확실한 입장을 들은 것이었다.

그 후, 서복전설은 시문 창화나 유력(遊歷)의 현장에서 항상 제기되었는데[08] 일서의 추구는 1711년 제8차 조선통신사의 사행 이전까지 장기간 기록상에서 사라져 있다. 1711년의 조선 사절 방일은 바로 제6대 쇼군 도쿠가와 이에노부(家宣)의 치세였다. 쇼군가로부터 두터운 신뢰를 입고 막부의 내정 외교에 깊이 관여하고 있던 유학자 아라이 하쿠세키(1657~1725)는 동년 11월 6일에 에도에서 조선사절단의 구성원들과 필담을 나누었다. 필담의 다양한 내용 가운데, '서복일서'가 다시금 제기되었다. 부사 임수간이 기록한 『동사일기(東槎日記)』 중 「강관필담(江關筆談)」의 동일 조에는 일서를 둘러싼 토론의 상세한 내용이 다음과 같이 기재되어 있다.

---

08 예를 들면, 1655년 제6회 조선통신사 종사관 남용익이 쓴 『부상록(扶桑録)』 동년 9월 5일조에 '熊野在南四十里. 卽紀伊州之地. 而徐福到此山居焉. 山下有墓. 子孫皆姓秦氏'라는 기록이 있다. 조선고서간행회 편, 1914, 위의 책, 320쪽([DCI]ITKC_GO_1393A_0050_060_0050_2004_005_XML).

南崗〈從事號〉. 問曰 '貴邦先秦書籍獨全之說. 曾於六一'繡刀歌'. 見之矣. 至今猶或有一二流傳者耶.' 白石曰 '本邦出雲州. 有大神廟. 俗謂之大社. 社中有竹簡漆書者數百莊. 卽古文尙書.' 靑坪〈副使號〉. 曰 '其書想必以蝌蚪書之. 能有鮮 之者. 而亦有謄傳之本耶.' 白石曰 '本邦之俗. 以祕爲要. 況神廟之藏. 俗間不得傳寫.' 可恨. 平泉曰 '或傳熊野山徐福廟. 有蝌蚪書古文. 厄于火而不傳云. 此言信否.' 白石曰 '此乃俗人誣說.' 靑坪曰 '有書不傳. 與無書同. 若有此古書. 則當與天下共之. 深藏神廟. 意甚無謂. 何不建白于朝. 謄傳一本耶.' 白石曰 '殿下亦知其俗. 雖然不悖其情. 乃是仁厚之德.' 平泉曰 '葵中郎之祕論謝本. 不是美事. 崇神鬼神. 又近於楚越之俗. 有書不見. 與無有何異.' 白石曰 '故不佞謂之俗.' 如何如何. 又曰 '尾張州熱田宮. 諸公所經歷也. 此宮中亦有竹簡漆書二三策. 蓋蝌蚪文字.' 南崗曰 '歸時可能得見否.' 白石曰 '旣爲祕文. 何得見之.'[09]

조선 사절들과 하쿠세키는 필담 중 일서의 유무나 보존지, 공개 가능의 여부 등의 문제를 둘러싸고 격렬한 교섭을 행하였다. 종사관 이방언을 시작으로 과두문과 구마노장서설 등을 제기하는 것으로 미루어보아, 조선 측은 일찍이 경섬과 강홍중의 기록을 숙지한 상태에서 질문을 반복하고 있음을 엿볼 수 있다. 요컨대, 이들은 반드시 지식적, 문화적 측면에서 일서문제의 '진실'을 찾으려 하는 것이 아니라, 구태여 일본의 유학자이자 막부 신료인 아라이 하쿠세키를 통하여 조일 교통 상에서 일서의 존재를

09 민족문화추진회 편, 『해행총재 속편 중인판』 9, 민족문화추진회, 1985, 76쪽 ([DCI]ITKC_GO_1402A_0020_010_0020_2004_009_XML).

철저하게 부정하도록 하려는 것이라 말할 수 있다. 그렇지만 하쿠세키의 답변은 시종 예상을 빗나갔다. 하쿠세키는 먼저 고문 『상서(尙書)』의 전래를 인정한 뒤, '죽간칠서(竹簡漆書)'의 원본이 이즈모다이샤(出雲大社)에 은밀히 보존되어 있음을 언급하고, 조선 측이 제시한 '구마노장서설'까지도 단호하게 부정하였다. 또한, 하쿠세키는 이즈모다이샤에 『상서』 이외, 오와리(尾張) 아쓰다(熱田) 신궁에도 과두문 죽간칠서가 있음을 사절들에게 말하는 한편, 어떤 것도 보여줄 수 없음을 단언하였다. 하쿠세키의 견해는 『일본도가』의 "令嚴不許傳中國, 擧世無人識古文"이라는 의미와 상통하는 것이었으므로, 결국 사절 측은 분분히 "한스러울 따름"이라고 말할 수밖에 없었다.

물론, 조선 측은 하쿠세키의 답변을 그대로 수용하기만 한 것은 아니었다. 1719년, 제9차 조선통신사가 방일하였을 때 제술관 신유한은 쓰시마 번의 조선 관계를 담당하는 유학자인 아메노모리 호슈(雨森芳洲, 1668~1755)와의 필담에서 다시 서복과 일서 문제를 제기하였다. 신유한이 기록한 『해유록(海遊錄)』 중 「견문잡록(見聞雜錄)」에는 다음과 같이 기재되어 있다.

問 '紀伊州. 有徐市塚 徐福祠. 福等之入海. 在秦皇燔書之前. 故世傳日本. 有古文眞本云云. 至今數千年. 其書之不出於天下何也.' 東曰 '此說悠悠. 歐陽子亦有所言. 然皆不近理. 大聖賢經傳. 自是天地間至寶. 神鬼之所不能祕. 故古文『尙書』. 或出於魯壁. 或見於大杭頭. 日本雖遠在海中. 自有不得不出之理. 日本人心好夸耀. 若有先聖遺籍. 獨藏於此. 而可作千萬世

奇貨. 則雖別立邦禁. 當不能遏其轉賣. 況初非設禁者乎.'[10]

명확하게 일서의 존재를 부정하면서 일본인의 탐욕과 과시욕을 근거로 삼는 호슈의 견해는 앞서 언급한 기하쿠 겐보의 입장과 비슷하다. 물론, 이는 반드시 호슈 본인의 진의는 아닐지도 모른다. 당시 일본(도쿠가와 막부)의 외교 지위를 강화하려고 한 아라이 하쿠세키는 이미 실각하였다. 쓰시마 번으로서는 번 재정의 주요한 재원인 조선 무역과 조선 교역의 점거를 유지하는 것은 가장 중요한 문제였을 것이다. 이를 위해 호슈의 답변은 겉으로는 객관적이라고 할 수 있겠지만 실제로는 조선 측의 의사를 촌탁하여 만들어 내었을 가능성도 부정할 수 없다.

한편, 신유한은 같은 기록 후반에 서복전설의 진위까지도 검토하였는데, 이 가운데 "福之子孫至今爲倭皇, 五百童男女各爲氏族, 始有倭國"고 하는 '서복천황시조'설을 "無稽之談"이라 비판하고, 서복이 일본에 도래한 것이 사실이라 하더라도 '5백 명의 소년소녀 일본인 시조'설은 신용하지 않는 입장을 보였다. 이 역시 호슈와의 교류에 의해 이끌어낸 공통의 인식일 것이다. 정덕 대의 경쟁적인 분위기와 비교하면 이 때의 교류는 상당히 우호적인 편이었다.

조선 사절이 일서문제를 제기한 마지막 기록은 1764년 제11회 조선통신사가 10대 쇼군 도쿠가와 이에하루(家治)의 취임을 축하하기 위해 방일하였을 때이다. 조선 후기 문인 이덕무가 편찬한 『청장관전서(靑莊館全書)』

10 조선고서간행회 편, 『해행총재』 1, 조선고서간행회, 1914, 318~319쪽 ([DCI]ITKC_GO_1379A_0030_040_0010_2004_001_XML).

권64 『청령국지(蜻蛉國志)』 중 사절단의 서기 원중거의 기록에 따르면, 원중거는 후쿠오카 번의 유학자 가메이 난메이(龜井南冥) 등과 필담을 나누었을 때 다음의 내용을 교류하였다고 한다.

朝鮮書記元重擧. 問倭儒龜井魯等. 以古文六經. 徐市齎來否. 答曰 '僕亦見歐陽公「日本刀歌」. 然本國無此事. 且國俗好誇矜. 與貴國通使久矣. 假使國有禁. 必無不洩之理. 且國中. 今日尙不能眞知六經之貴. 如其知貴. 當與天下萬國共之. 如不知貴. 何必祕之禁之也.'[11]

가메이 난메이 등은 일서설이 『일본도가』로 인해 만들어진 것임을 지적한 뒤, 아메노모리 호슈와 같이 일서의 존재를 부정하였다. 그런데, 함께 필담에 참여한 조슈(長州) 번의 유학자 다키 가쿠다이(滝鶴台, 이름은 長愷)는 『赤馬關賓館贈龍淵(용연(龍淵)은 사절단 서기 성대중)』이라는 한시에서, "國風難和王仁詠, 秦火獨余徐福篇. 更有東毛古經在, 憑君欲使異方傳"[12]이라고 언급하여, 서복일서의 존재를 인정하였다. 일본 측의 문인들은 반드시 일치된 견해를 보이지는 않았음을 알 수 있다.

이상, 서복이 일서를 일본에 가져왔는지, 고문전경이 일본에 보존되어 있는지 여부 등과 관련된 토론은 근세 조일교통에 걸쳐 계속되어 왔음을

---

11 이덕무, 『청장관전서』, 민족문화추진회, 1978, 166쪽 ([DCI]ITKC_MO_0577A_0640_010_0070_2006_A259_XML); 또한, 앞선 김정우의 논문에 의하면, 원중거가 쓴 『화국지(和國志)』 중에도 같은 내용이 기대되어 있다고 하는데, 유감스럽게도 아직 원중거의 저서를 읽지는 못하였다.

12 滝長愷, 『鶴台先生遺稿』, 早稲田大学図書館蔵, ヘ16-00650号.

알 수 있다. 조선 측은 답변 유무와 관계없이 몇 번이고 질문을 반복하였으며, 일본 측은 시대나 정치정세에 따라 답변을 다르게 내놓았다. 이러한 추구와 토론에서 일서와 일서가 대표하는 동아시아의 문화적 정통성을 둘러싼 조일 간의 경쟁 관계를 엿볼 수 있다. 이러한 경쟁은 단순히 문화적 경쟁뿐만 아니라 정치적 지위나 상호관계상의 경쟁이기도 하였다. 그리고 이러한 문답과 토론의 전제나 기초는 사실상 조일 쌍방의 상호인식과 자기인식에 기반하고 있으며, 서복전설 특히 『일본도가』에 등장하는 일서전래설의 문화적·역사적 이해와 본질에 해당하는 '현장에 없는' 중국의 영향도 있다고 볼 수 있다.

Ⅲ. 『일본도가』와 '서복일서'에 대한 근세 조일 양국의 인식

앞서 통신사 사료를 통해 볼 때 질문을 반복한 조선 측 사절들도 답변한 일본 측 유학자·승려·막부 신료들도 어디까지나 동아시아 세계에 널리 알려진 『일본도가』라는 유명한 한시를 전제와 시발점으로 '서복일서'를 검토하기 시작하였음을 알 수 있다.[13] 먼저, 이 한시의 전문을 인용한다.

昆夷道遠不復通, 世傳切玉誰能窮. 寶刀近出日本國, 越賈得之滄海東.
魚皮裝貼香木鞘, 黃白間雜鍮與銅. 百金傳入好事手, 佩服可以禳妖凶.
傳聞其國居大島, 土壤沃饒風俗好. 其先徐福詐秦民, 採藥淹留丱童老.
百工五種與之居, 至今器玩皆精巧. 前朝貢獻屢往來, 士人往往工詞藻.
徐福行時書未焚, 逸書百篇今尚存. 令嚴不許傳中國, 舉世無人識古文.

13 중국에서 『일본도가』를 제목으로 하는 한시는 2수가 있는데, 본고와 관련된 것은 『歐陽文忠公集』 중 『居士外周集』 및 『司馬文正公傳家集』 등의 문집에 수록된 한시이다. 시의 저자는 일반적으로 북송의 구양수라고 추정되는데, 사마광이 저자라는 의견도 있다. 김정우, 앞의 논문, 2014 참조.

先王大典藏夷貊, 蒼波浩蕩無通津. 令人感激坐流涕, 繡澀短刀何足云.

내용 측면에서 볼 때 많은 부분이 고래 서복전설이나 일본 관련 전설인데, "至今器皆精巧" 등의 견문, 실감과 "令厳不許傳中國" 등의 풍설도 있어 저자 본인의 의견과 감상도 포함되어있음을 알 수 있다. 특히 "徐福行時書未焚, 逸書百篇今尙存"라는 어디서 본 듯한 구절은 해당 시문보다 빠른 시기에 창작된 것을 찾을 수 없어 아마도 작가가 여러 전설을 정리하여 만들어낸 새로운 내용일 것이다. 김정우는 당시 저자를 북송의 사마광(司馬光, 1019~1086)으로 추정, 사마광이 당시 북송의 장서 기관에 해당하는 '비각'에서 일하고 있었던 점이 시에서 일서에 주목하는 주요한 원인으로 파악하고 시에서 당·5대 10국 시기부터 유행하던 '일서회류(佚書回流)'의 경향과 중국 관점에서 행해진 '禮失求諸野'식의 선언 등의 정치적·문화적 의미를 지적하고 있다.[14] 다시 말해, 『일본도가』가 제기하는 서복이 일서를 일본에 가져왔다는 설은 북송 당시의 정치와 문화교류 등과 같은 조건에서 만들어진 새로운 상상과 견해는 아닐지 생각해볼 수 있다.

이후, '서복일서'설과 비슷한 전설은 동아시아 세계에 널리 퍼졌다. 일본 남북조시대(1336~1392)의 남조 중신인 기타바타케 지카후사(北畠親房)는 1339년에 편찬한 『신황정통기(神皇正統記)』의 '제7대 효령(孝霊)천황'조에 '45년 을묘, 진시황이 즉위하였다. 이 시황제는 선술(仙方)을 좋아하여, 불사장생의 약을 일본에서 구하였다. 일본에서는 오제 삼황의 유서(遺書)

---

14 김정우, 앞의 논문.

를 요구하여, 이에 시황제는 이를 전부 보내어, 이후 30년에, 분서갱유가 있어, 공자전경은 일본에 남아있다.[15] 이 일은 중국 다른 왕조의 기록에 남아있다'는 서술이 있다. 상기한 서술에는 서복의 이름이 보이지는 않지만, 진시황제가 선약(仙藥)을 구한다는 것과 전경의 일본 전래와 같은 주요한 내용은 모두 서복전설과 『일본도가』의 기술과 똑같은 원류로부터 만들어졌음을 알 수 있다. 기타바타케가 해당 저술을 편찬한 이유는 남조 황통의 정통성을 호소하려 한 것으로 추정되는데, 효령 천황도 유명한 '결사팔대(缺史八代)' 중 하나이기 때문에 해당 기록을 역사적 사실이라고 판단하기는 힘들다. 다만, 해당 기록 자체는 틀림없이 '서복일서'설이 일본에 전해졌다는 것과 일본인의 자기 역사인식의 일부로 생성되고 있었음을 증명하는 것은 아닐까.

조선 측 관계 사료를 전면적으로 파악할 수는 없으나, 관견으로 볼 때, 조선도 이른 시기에 『일본도가』의 영향을 받기 시작하였다고 생각된다. 사절로서 일본에 방문한 경력이 있는 조선 초기문신 신숙주(1417~1475)는 자신이 편찬한 『해동제국기(海東諸國記)』의 「일본국기(日本國紀)」, 「천황대서(天皇代序)」에서 효령 천황 부분에 "七十二年壬午, 秦始皇遣徐福 入海求仙, 福遂至紀伊州居焉"[16]이라 기록하였다. 이 내용에는 중국의 서복전설을 수용하면서도 『신황정통기』의 일본 측 서복전설에 대한 이해도 받아들인 것으로 볼 수 있다. 따라서, 당시 조선에는 『일본도가』와 '서복일서'설의 영

15 北畠親房, 『神皇正統記』, 국립국회도서관 소장, 和16~139号.

16 조선고서간행회 편, 앞의 책, 『해행총재』 1, 1914, 19~20쪽 ([DCI]ITKC_GO_1377A_0010_020_0010_2004_001_XML).

향이 이미 널리 퍼져 있었을 가능성이 없지 않다. 한편, 해당 설이 일본이나 조선 중 어느 곳에 먼저 전해졌느냐에 대해서는 아직 판단하기 어렵다.

근세에 이르러 조선 측이 최초로 에도 막부에 사절을 파견하였을 때 바로 서복이 가져 온 전경의 소재와 열람을 요청하였다는 점에서 적어도 조선의 문인들은 일서설을 숙지하고 있었음을 알 수 있다. 또한, 조선 인조(1623~1649) 대의 문신 장유도 자신이 편찬한 『계곡선생집(谿谷先生集, 1635년 완성)』의 「만필(漫筆)」 권1에서 일서설을 자세히 고찰한 바 있다.[17] 장유는 먼저 "世人多言日本有全經, 未經秦火者, 蓋徐福入海時所帶去也. 其說甚無拠, 而考其原, 蓋出于歐陽公也"라 하였는데, 곧 서복일서설의 기원이 『일본도가』에 있음을 지적한 것이다. 또한, 장유는 『사기(史記)』에 서복이 진시황 37년에 다시 진을 등졌다는 기록을 들어, '서복이 일본으로 떠났다'는 사실을 부정하고, 또 도사인 서복이 도망치면서 대량의 서적을 가지고 바다로 나갔을 가능성이 낮다고 추측하여 서복일서설을 "殆好事者傅其說", 즉 근거 없는 소문이라고 파악하였다.

장유의 고증은 서복일서설의 모호한 부분을 꼬집어 비판하였기 때문에 그 신빙성이 높다고 볼 수 있다. 하지만 이는 어디까지나 바다 건너의 이국의 이야기였기 때문에 확실한 반증을 찾지 못하였고, 『일본도가』라는 유명한 시문을 증거로 하는 경우 이른바 '공자전경'이 일본에 있을 가능성을 완전히 부정할 수는 없었다. 이러한 복잡한 태도야말로 방일한 조선 사절들이 일서에 대한 질문을 반복한 하나의 중요한 이유는 아닐까 생각된

17 장유, 『계곡선생집』, 민족문화추진회, 1996, 562쪽 ([DCI]ITKC_MO_0333A_0380_010_0010_2003_A092_XML).

다. 한편, 조선 문인 층이 이렇게 복잡한 태도를 견지하던 이유는 어쩌면 『일본도가』의 작가이자 중국의 대문호 구양수가 가져온 의심할 수 없는 신빙성과 고문 『육경』이 대표하는 동아시아 문화 정통의 거대한 가치일 것이다. 가장 근본적인 원인은, 무엇보다도 동아시아 세계에서 중화 문화의 압도적인 지배성과 그 전면적인 영향에 있다. 그리고, 이 또한 조선 사절이 일본 측과 '복장·풍속·유학·예문' 부문에서 문화적 경쟁을 할[18] 때, 빈번하게 서복일서를 추구 및 부정하려고 한 요인은 아닐까.

일본의 서복일서설에 대한 입장도, 조선 측에 응대할 때와 같이 확실한 것은 아니었다. 근세 초기에 막부의 내정외교에 깊게 관여하고 있던 유학자 하야시 라잔(林羅山, 휘는 노부카쓰(信勝), 1583~1657)은 여러 차례 서복에 관한 전설을 제기 및 고증하였는데 그가 일본 역사와 문화를 찬미한 부분인 『왜부(倭賦)』에도 "彼徐福之求藥兮, 遂羽化而登仙"[19]의 내용이 있었다. 그가 쓴 「相刀目録序」라는 문장에는 "(日本刀)其名遠傳, 稱于中華, 故歐陽公·唐荊川等賦『日本刀歌』以贊之"[20]와 같은 표현도 있어 그가 『일본도가』를 숙지하고 있음을 알 수 있다. 라잔은 『본조편년록(本朝編年録)』(막부 관수사서인 『본조통감(本朝通鑑)』 양식)이라고 하는 사서를 편찬할 때, '徐福来日'조의 내용에 대해 다음과 같이 서술하였다.

發明秦政二十八年, 徐福入海. 三十四年, 焼『詩』『書』·百家語. 三十五年,

18 葛兆光, 앞의 논문.

19 京都史蹟会 編, 『林羅山文集』, 京都史蹟会, 1979, 4쪽.

20 京都史蹟会 編, 위의 책, 575쪽.

坑諸生四百六十余人. 世傳徐福賚来經書, 皆孔氏之全書也. 福之来日本, 在焼書坑儒之前六·七年矣. 想科斗·篆籀·韋漆·竹牒, 時人知者鮮也. 其後世々兵燹, 紛乱失墜, 未聞其傳. 嗚呼哀哉, 讀書好古之人, 於是乎未嘗涙之不下也.[21]

라잔은 『사기』 기록에 기초하여 시간과 사건의 발생을 서술하였는데 서복이 '공 씨의 전서'를 가지고 온 것과 그 내용이 고문에 쓰여 있기 때문에 '당시에 이를 아는 사람은 극소'라는 내용은 명백하게 『일본도가』에 따라 만들어진 것이다. 이를 통해 보면, 라잔은 '서복일서'설의 대부분을 받아들인 것으로 볼 수 있다. 학자인 그가 해당 설을 그대로 수용한 원인도 역시전술한 조선 측의 복잡한 태도의 원인과 마찬가지로, 『사기』나 『일본도가』 등 중국 고전 서적의 신빙성을 깊게 신용하고 있기 때문일 것이다.

라잔은 향래, 중화 문화를 동경하고 있어 중국의 유가사상과 그 경전·의례와 같은 전통을 상당히 존숭하고 있는 주자학의 대선비였다고 볼 수 있다. 이러한 독특한 개성은 조일통교 중에서도 나타났다. 막부의 신뢰를 얻은 유학자로서 라잔은 1624년부터 1655년까지 도합 4회의 조선사절 방문 접대를 경험한 인물로, 그 중 몇 회는 접대 시 사절들의 필담과 시문 창화까지도 행하였다. 1636년 제4회(제1회 통신사)의 시기, 라잔이 조선 측의 3사에게 보낸 서한 중, "箕子遭殷乱, 避地朝鮮, 或曰武王封之. 然貴國俗稱箕子来, 其從者五千人, 故云半万殷人渡遼水. 此事中華群書未之見也, 欲

---

21 京都史蹟会 編, 위의 책, 658쪽.

知其所拠"이라 언급하여, 기자를 조선의 시조라 하는 전설은 '中華群書'에 기록되어 있지 않았기 때문에 신빙성이 낮다고 지적하고, 또한 단군신화 역시 '中華歴代之史'의 '朝鮮·三韓傳'에도 찾아볼 수 없기 때문에 마치 '齊東野人之語'와 같은 것이라고 단언하였다.[22] 즉, 라잔이 기자전설과 단군신화의 진위에 의구심을 가진 이유는 바로 이러한 전설·신화가 '中華群書', '中華歴代之史'에서 보이지 않기 때문으로 여기에서 그의 중국 고전문헌과 중화 문화의 정통성에 대한 숭신을 엿볼 수 있다. 따라서, 라잔이 『사기』나 『일본도가』에 기록된 서복일서의 전설을 신뢰한 사실도 쉽게 이해할 수 있을 것이다.

다만, 이렇게 되면, 라잔은 서복이 가져온 일서의 소재라는 하나의 문제를 풀지 않으면 안되었다. 관견의 한계로 라잔이 조선사절들과 일서의 문제를 논한 기록은 찾지 못하였으나 그는 확실히 이러한 토론을 예상하여 스스로 준비를 하고 있었다. 라잔은 아들 하야시 가호(林鵞峰)·하야시 도코사이(林讀耕斎)에게 유학이나 정도 등을 지도하기 위해 쓴 『시서정문조(示恕靖問条)』 중 '일서' 조에는 '箕子國聘禮使'를 발신인으로 하는 질문이 상정되어 있다.

仄聞徐福来日本時, 賚先秦之書以往来. 故歐陽脩詠日本刀詩有云, 徐福往時書未焚, 逸書百篇今猶存. 想夫其科斗篆字之典謨訓誥, 並諸經傳亦

22 京都史蹟会 編, 위의 책, 156쪽.

有之乎. 使臣幸観國光, 所望請者, 許一窺其古書 (후략).[23]

이 질문은 전술한 경섬의 청구와 거의 비슷한데, 아마도 막부의 외교 문제에 참획한 라잔은 조선 측에 이렇게 질문을 받은 적도 있었을 것이다. 또한, '箕子國聘禮使'라고 하는 호칭도 정치적 의미가 있을지도 모른다. 마찬가지로, '呉泰伯渡日'과 '箕子奔朝'는 조선·일본과 중화 역사의 정통과의 관련성을 보여주는 중요한 건국 신화로, 언제나 동아시아 문인 층의 주목을 받았다. 라잔이 의도적으로 기자를 강조한 것은 어쩌면 두 자식에게 조일문화 전통의 기초인 중화문화의 존재를 제시하려고 한 것은 아닐까 생각된다. 아울러, 정영실은 라잔이 조선사절과의 교류·교섭에서 언제나 일본 측의 문화적 존엄을 지키려 하였다는 점을 지적하고 있다.[24] 요컨대, 일서문제나 조선의 건국신화를 둘러싼 라잔의 예상적 사고나 도발적인 질문들도 근세 조일통교라고 하는 독특한 정치적 환경에서 기인한 것이라 말할 수 있다. 그의 이러한 행위를 문화적 경쟁이라고 하기보다는 오히려 문화교류라고 하는 방식으로 진행된 평화적인 정치대항으로 파악하는 것이 더 바람직하다고 본다. 그리고, 서복전설을 지탱하는 중화문화의 정통사상이야말로 이른바 정치대항의 논리적 전제와 내재적 동인일 것이다.

라잔과 비교하여 같은 에도 막부에 종사하는 유학자 아라이 하쿠세키

23 京都史蹟会 編, 위의 책, 409쪽.

24 정영실, 「朝鮮通信使と林家」, 『東アジア文化交渉研究』, 2013.

는 조일통교에 나아가 한층 더 선명한 정치적 의도를 드러내면서 일서의 전래와 현존을 단언하였을 뿐 아니라, 조선사절에 대한 초대의례를 간략화하거나 국서에 있는 도쿠가와 쇼군의 호칭을 그때까지의 '대군(大君)'에서 '일본국왕(日本國王)'으로 개칭하는 무례를 감행하여 쇼토쿠 도의 조선 정사 조태억으로부터 '국욕'이라고 하는 공의를 받은 일도 있다.[25] 이러한 '국가주의'에 가까운 입장을 취한 아라이 하쿠세키가 조선사절에 일서의 존재에 대해 전달한 이유는 어쩌면 문화·지식 상의 확신에서 기인한 것이 아니라 자국의 존엄 훼손에 대한 반론이 아닐까 생각된다. 그 가운데 본래 문화교류의 의미는 이미 정치 경쟁의 의미로 교체되어갔다고 말할 수 있겠다.

한편, 조선 사절과 교섭에서 박학한 유학자였던 하쿠세키가 단언한 것은 반드시 그의 본심은 아니었을 것으로 생각된다. 그가 1705년에 쓴 『동문통고(同文通考)』 권2 '神代文字'조에는 다음과 같은 기록이 있다.

> 又出雲ノ大社ニハ, 神代ヨリ傳レル物ナリトテ, 漆ヲ以テ文字ヲシルセル竹簡アマタアリ, 但シ其文字ハ讀得ヘカラズ, 又尾張ノ熱田ノ社ニモカヽル物有ニハ, 是等皆イニシヘニ聞ヘシ, 竹書ナドイフ物ニテ, 又科斗ノ文ナド書ル物ニハアラズヤ, サレバ我國ノ古ニ用ヒシ所モ, 異朝ノ昔シニカハラザリシニヤ, 又秦ノ徐福カ我國ニ来リシ時, 百篇ノ尙書ヲ持来リシヨシ, 彼國ノ人イヒ傳ヘタレハ, 是等ノ竹簡カノ百篇ノ尙書ナランモ知レズトイフ人アリ, 「徐福が尙書ヲ携ヘテ我國ヘ来リシ由シ

---

25 이원식, 「新井白石と朝鮮通信使:『白石詩章』序跋を中心に」, 『日本思想史』, 1995.

ハ, 宋ノ歐陽脩ノ外集ニ見ヘタリ, 其後ノ諸儒此事ヲ述コト, コレ多シ」彼ノ二ツノ社ニアリトイフナル竹簡, マコト神代ヨリ傳ハレル所ナランニハ, 我國ノ神代ニ文字ナシトモイフベカラス, 徐福ガ我國ノ史籍ニ見ヘサレハ, 彼國ニイヒ傳フル所, 必シモ信ズベカラス, 万多親王ノ姓氏録ヲ見ルニ, 惟秦人ノミニカギラズ, 彼國ノ代々ノ人, 我調ニ来トヾマレルコト, イクラトイフ数ヲシラズ, 是等ハ皆史籍ニ載シ所ヲシルサレシ所ニテ, 事ヲ載ル官ヲオカレザリシ, 先ノ代ノ事ハ漏所最モ多カルヘシ,「十八代ノ帝, 履中天皇ノ十四年ニ, 始テ諸國ニ史ヲオカレシコト, 下ニ見ユ」イカナル人ノ何レノ代ニ, 彼國ヨリ来テ, 其代ノ文書ヲ我國ニノコシ傳ヘタリケレモ知ルヘカラズ, タヾ其竹簡ノ彼ノ二ツノ社ニ傳ハレリトイフコトノ, マコトイツワリノ聞ヲシラレバ, イカントモ定メガタシ.[26]

또 이즈모의 대사에는, 신대부터 전해지는 물건이 있는데, 문자가 칠로 된 죽간이다. 다만 그 문자는 읽을 수 없다. 또 오와리의 아쓰다 신사에도 관련된 물건이 있는데, 이들 모두 없어졌다고 전해진다. 죽간이라고 하는 물건으로, 또 과두문으로 쓰인 물건이 아닌가. 그렇다면 우리나라에 예부터 사용하던 바도, 이조의 옛날과 다르지 않았던 것인가. 또 진의 서복이 우리나라에 왔을 때, 백편의 상서를 가지고 왔는데, 그 나라에서 온 사람이 적어, 그러한 죽간이 백편의 상서라는 것도 모르는 사

26 新井白石,『同文通考』, 勉誠社, 1979, 118~120쪽.

람도 있었다. 「서복이 상서를 가지고 우리나라에 온 연유는 송나라 구양수의 외편에서 보인다. 그 후 여러 학자들이 이 일을 기록한 것이 많다」 이 두 신사에 있다고 하는 죽간이, 진실로 신대부터 전해져 온 것이라면, 우리나라의 신대문자가 있었다고 할 수밖에 없다. 서복이 우리나라의 사적에 보이지 않고, 그 나라에서 전해진 바도 적어, 반드시 믿을 수만은 없다. 만타 신왕(万多親王)의 씨성록을 보면, 오직 진인뿐만 아니라, 그 나라 사람 대대로, 우리 조정에 머물렀던 것이 몇 번인지 헤아릴 수 없다. 이 모두 사적에 오른 바를 기록하지 않은 것으로, 사관을 두지 않아 선대의 일이 누락된 바가 상당히 많았을 것이다. 「18대 천황 리추천황(履中天皇) 14년에 처음으로 여러 나라에 사관을 두게 한 것은 아래를 참고」 어떤 사람이 어떤 시기에 그 나라로부터 와서 그 시대 문서를 우리나라에 남겨 전하였다고 해도 알 수 없고, 그 죽간이 이 두 신사에 전해졌다는 것이 그저 거짓 소문이었다고 해도, 어떻게든 이렇다 정하기 어렵다. (역자 해석)

즉, 이즈모다이샤와 아쓰다 신궁에 칠서의 죽간이 보존되어 있다는 전설과 죽간에는 과두문 기록이 있다는 소문도 이른 시기부터 전해져 왔으므로 하쿠세키가 만든 이야기는 아니다. 하쿠세키는 또한, '서복일서'설이 일본에 전해진 후, 두 신사 소장 죽간이 고문 "상서"라는 소문이 전해져 왔다고까지 주장하였다. 요컨대, 하쿠세키의 견해를 보면 이즈모·아쓰다에 죽간이 있다는 설과 죽간은 과두문으로 쓰였다는 설, 또한 과두문의 죽간은 서복이 가져온 "상서"라는 설은 잇따라 성립되어 온 세 가지의 전설이다. 그리고, 하쿠세키 본인은 제1의 설을 받아들였지만, 뒤의 두 가지 설에 대하여 명확한 의문을 가지고 있음을 엿볼 수 있다.

하쿠세키가 이 문장을 쓴 목적은 일본에 '신대문자(神代文字)'의 존재 여부에 대한 논쟁을 검토하기 위함이다. 만약 이즈모·아쓰다 양사(兩社)의 죽간칠서가 일본 고유의 것이라고 증명된다면 '신대문자'가 존재하는 중요한 증거가 될 것이다. 이에 대해 과두문설은 이미 양사의 죽간이 '중국에서 전래'한 것이라는 설인 것이며, 서복일서설은 더욱 이들 전부를 중화 문화의 산물이라고 파악하는 설인 것이다. 요컨대, 양설을 취하면 양사의 죽간을 '신대문자' 존재의 증거로 삼을 수 없게 된다. 하쿠세키는 단순히 양사의 죽간을 일본의 고유물이라고 파악하지 않았는데, 『신찬성씨록(新撰姓氏録)』 등 일본 사적에 기재되지 않은 서복일서설을 부정적인 선입관에 의거하여 비판하려고 한 점을 보면 역시 그는 '신대문자'의 존재를 증명하여 일본 문화의 우세와 나아가 독립성까지 보여주려고 한 정치적 의도를 가지고 있던 것으로 볼 수 있다.

이러한 의도에 따라 하쿠세키는 문자의 기원을 고증할 때 '신대문자'를 인정하면서 서복일서설을 부정하여 조일교섭 당시 서복일서설을 받아들이면서도 조선 측의 질문에 대항하여 각각 다른 입장을 취하였다. 이러한 표현을 진정한 무시라고 볼 수도 있겠으나, 이는 하쿠세키의 유학과 학술의 지평과는 관계없는, 그가 동아시아 세계에서 도모한 일본의 정치적 지위와 성격에 대한 사고의 결과일 것이다. 이 사고에는 중화 문화의 정통과 중심적 지위를 거부하려고 한 가능성도 있을지 모르지만, 사고의 성립은 중화 문화를 중심으로 하는 동아시아의 문화적 맥락의 연장은 아닐까 생각된다.

Ⅳ. '서복일서' 쟁론에서 본 조일 쌍방의 일본사 인식

하야시 라잔과 아라이 하쿠세키가 전술한 견해나 의도를 통해, 근세 조일 간의 '서복일서' 토론을 둘러싼 일본 역사의 인식 문제가 수면 위로 떠올랐다. 그렇다면 일서 문제의 전제가 되는 '서복도일'이라고 하는 전설은 조일 쌍방의 일본사 인식에 어떤 영향을 주었던 것일까.

주지하다시피 일본에서는 8세기 전반에 이르러 『고사기』, 『일본서기』 등의 관찬 정사의 편찬이 완성되어 야마토 왕조의 건국 신화나 천황·조정 및 호족들의 권위와 정당성도 이를 통해 확립되어 왔다고 볼 수 있다.[27] 중세 이후, 신도 우라베(卜部)가를 중심으로 하는 『일본서기』 중 「신대권(神代卷)」에 대한 주석·해설 활동이 성행하여 이에 기초한 천황의 신성화와 권위 강화도 점차 확립되었다.[28] 이에 따라 일본 문화의 정통과 독립을 도

---

27 韓昇, 「日本古代修史と『古事記』·『日本書紀』」, 『史林』(中國), 2011.

28 斎藤喜英 「『釈日本紀』·『日本書紀纂疏』から『神書聞塵』へ:中世における「註釈知」の系譜を求めて」, 山下久夫 등 편, 『日本書紀一三〇〇年史を問う』, 思文閣出版, 2020, 167쪽.

모한 아라이 하쿠세키나 남조의 정통을 세우려 한 기타바타케 지카후사는 물론이고 전술한 조선의 신숙주까지도 서복도일의 전설에 대해 논할 때 그의 도일 시기를 '효령 천황 72년'으로 상정하였다.(근세 막부 편찬 사적 『본조통감』도 동일하다.)[29] 이를 통해 볼 때, '기기신화'에 기초한 일본 역사, 특히 '결사필대'기의 일본사에 대한 인식은 이미 확립되어 왔으며 게다가 일본 자국에 한정되지 않고 조선을 시작으로 동아시아 국가들에게까지 영향을 미쳤다. 서복도일이라고 하는 전설의 성립도 이 인식에 기초하면서 조일 쌍방에게 수용되어왔던 것이다.

주목해야할 것은 근세 조일통교에서 서복전설은 단순히 중화 문화의 내용으로서 제기된 것이 아니라 오히려 일본사의 한 가지 중요한 내용으로서 다루어지고 있다는 것이다. 전술한 기하쿠 겐보가 서술한 바와 같이 서복의 자손은 모두 '진(秦)'씨를 자칭하여 대대로 일본에서 살고 있었다고 한다. 서복이 기슈 구마노에 정착·거류한 설도 근세에 이르러서도 유행하였다. 또한, 응웨이밍(吳偉明)이 지적한 것과 같이 에도 막부 치세에서 '서복열'이 성행하여 서복에 관한 유적이나 유물 등이 상당히 주목되어 의도적인 날조나 위작 활동도 있었던 것이다.[30] 즉, 근세 조선에서도 일본에서도 서복이라고 하는 인물과 그의 도일이 수용된 후 일본에서는 더우이 서복의 자손이 진씨를 자칭하여 기슈 구마노 부근에 대대로 살고 있다는

---

29 林鵞峰 등 편찬, 『本朝通鑑』一, 국립공문서관 소장, 和32369号.

30 응웨이밍은 또한, 근세 일본에서 서복전설의 유행을 당시 중일문화교류의 번영과 도쿠가와막부의 수사사업·문화물의 위작운동 등의 원인으로 인한 결과라고 파악한다.(吳偉明, 「江戸時代における徐福伝説の文献分析」, 『アジア遊学』, 2015, 70~91쪽.)

사실 역시 받아들여졌다. 이에 따라, 서복은 고대 중국 혹은 동아시아 교류사 상의 전설 속 인물에서 당시 일부 일본인의 선조로서 일본 역사상의 전설적인 인물로 완전히 전환되었다.

이러한 역사 인식은 실제로 중국 고전서적에서 성립한 것이다. 예를 들면, 『일본도가』 중 "其先徐福詐秦民, 採藥淹留丱童老"라는 구절에서는 서복 자손의 일본 거류가 이미 묘사되어 있다. 원의 주치중(周致中)이 편찬한 『이역지(異域志)』 중 「일본국」 조에는 이 전설을 더욱 충실하게 서술한 내용이 있다.

> 日本在大海島中. 島方千里, 即倭國也. 其国乃秦始皇時, 徐福所領童男女始創之國. 時福所帶之人, 百工技藝·醫巫·卜筮皆全. 福因避秦之暴虐, 已思遁去, 不意遂爲國焉. 而中國詩書遂留于此, 故其人多尙作詩寫字. 自唐, 方入中國爲商, 始有奉胡教者. 王乃髡髮, 爲桑門, 穿唐僧衣. 其國人皆髡髮, 孝服則留頭.[31]

『일본도가』에 기초하여 한층 더 상상을 더한 주치중의 일본 인식에는 서복과 소년소녀들이 일본인의 선조로 천황도 서복의 자손이라고 한다. 또한 상기한 기술은 명 후기 문인 유중달(劉仲達)이 편찬한 유서(類書) 『劉氏鴻書』의 「지리부(地理部)」권5 「이국(夷國)」조에 그대로 인용되었다. 같은 책에는 명초기 주관(朱權)이 편찬한 『원시비서(原始秘書)』 중 '日本之学始於徐

31 周致中, 『異域志』卷上, 中華書局, 2000, 3쪽.

福'의 논설도 인용되었는데 근세 중후기 일본 유학자 마쓰시타 겐린(松下見林)이 자신이 편찬한 『이칭일본전(異稱日本傳)』에서 이 문단을 인용하였기 때문에 이들의 일본 인식이 일본에 전해졌다는 것을 상상해볼 수 있다.

중국 사료에 따르면 서복전설의 성립과 변화는 주로 세 가지 도달점이 있는데, 이는 첫째, 『사기』 중 "入海採藥", "得平原廣沢, 止王不来"의 기록을 시작으로 하여, 서복도해의 전설이 성립하였다는 것, 둘째, 후주 승려 의초(義楚)가 쓴 『의초육첩(義楚六帖)』 중 「국성주시부(國城州市部)·일본(日本)」에 "徐福止此(日本)謂蓬莱, 至今子孫皆曰秦氏"를 시초로 서복의 행방이 일본에 있었다는 전설의 변형이 성립하였다는 것, 셋째, 남북조·무로마치 시대의 선승 젯카이 추신(絶海中津)이 명 태조 주원장을 배알하였을 당시 시문 창화에 "當年徐福求仙藥, 直到如今更不帰"와 같은 시문을 들어 서복도일의 전설이 점차 중화의 정통권력에게 승인되었다는 것이다.[32] 이들의 변천은 어디까지나 중일문화교류의 번영이 가져온 전설과 정보의 왕복과 교환에 의해 이루어진 것이다.

한편, 중국 고전서적 중 서복의 천황시조설은 물론 일본의 건국신화와 천황의 권위에 허용되지 않는 것이었기 때문에 당연히 일본 측도 이러한 설을 받아들이지 않았다. 설령 중화문화의 정통성을 높이 평가·존숭하는 하야시 라잔이라 하더라도 서복을 '효령 천황 72년'에 내일한 인물로 파악하여, 천황가와의 관계를 생략하고 있다.

또한 명 말기부터 중일국교의 단절과 명청 교체, 아울러 근세 '쇄국령'

---

32 사마천, 『史記』, 中華書局, 2014, 317·335·3751쪽; 의초, 『義楚六帖』, 朋友書店, 1979, 459쪽; 絶海中津, 『蕉堅藁』, 국립국회도서관 소장, 和6~79号.

과 동아시아의 충돌과 위기로 인하여 서복전설의 영향도 서서히 약화되었다. 근세 이후 일본의 유학자와 호문(好文)무사들은 대체로 서복을 중국 문화의 전래자, 혹은 진의 폭정으로 인한 '난민'으로 파악하여 일본과 중화문화와의 연관 혹은 일본의 신국적 성격에 눈을 돌렸다.[33] 또한 서복전설의 신빙성에 의혹을 제기하면서 일본의 우월함을 강조하려는 의견도 있는데 서복전설은 언제나 일본사 인식의 일부로서 이해되고 있다는 점은 변하지 않았다.

이러한 일본 역사전설로서의 성격과 그 배후의 중화문화의 성격이 바로 조일 양국의 문인 층이 서복일서라고 하는 전설을 문화교류 혹은 경쟁의 공통 화제로 삼은 가장 중요한 전제와 기초이다. 조선의 문인들은 서복도일설을 완전히 신뢰한 것은 아니다. 전술한 장유의 반론 외에도, 1764년 제11회 조선통신사의 정사 조엄도 후지산 아래를 통과하면서 서복전설을 제기하여 서복이 채집한 선약은 인삼이며, 봉래의 '삼신산'도 일본의 후지·구마노·아쓰다 산이 아니라 바로 조선의 한라·금강·지리산이라고 주장하였으며 나아가 서복도일설까지도 부정하여 "徐市初無到日本之事云, 如果眞有, 則以日本誕妄之習, 豈不誇張而敷演也"라고 말하였다.[34] 그저 동아시아 세계에서 오랜 기간 유행하던 서복도일설은 물론 조선 측의 의문과 반론에 큰 제한을 받았던 것이다. 근세 조일통교에서 서복일서설을 둘러싼 수차례의 토론도 언제나 서복이 일본에 왔다는 것에 의문을 제기하

33 偉明, 앞의 논문, 2015, 168쪽.

34 조선고서간행회 편, 『해행총재』 3, 조선고서간행회, 1914, 235쪽 ([DCI]ITKC_GO_1397A_0040_020_0090_2004_007_XML).

지 않는 것을 전제로 하여 전개되었다는 것을 볼 때, 해당 설은 일본 역사 인식의 일부가 되었던 것을 알 수 있다.

V. 맺음말

여기에서 주목해야 할 점은 서복일서설을 추구하여 온 근세 조선 사절들이 중국의 고전서적을 기본적으로 신뢰하고 있었다는 점이다. 이에 따라 그들은 『일본도가』를 직접 부정하지는 못하고 서복도일설까지도 일본의 역사전설로서 인식하고 있었다. 한편, 조선 측이 일서전설에 대하여 언제나 의문을 가지고 있던 점도 명백하다. 이렇게 반복된 의문과 추구를 사절들의 방일 활동과 맞추어 보면, 그 안에 심각한 정치적·문화적 의도가 도사리고 있었다.

조선은 그 직전 도요토미의 침략전쟁(1392~1398)으로 인해 막대한 피해를 입었음에도 불구하고 도쿠가와막부와 쓰시마 번으로부터 무력적 협박에 의해 어쩔 수 없이 국교를 회복하게 되었다. 그런 가운데 쓰시마 번은 '범릉적(犯陵賊)' 압송이라는 회복 교섭의 조건까지도 사실을 날조하였으며 이를 알게 된 조선 측도 교섭을 중지할 수 없어 침묵을 지키면서 국교회복을 마무리하였다.[35] 이에 따라, 조선 사절들이 일본을 방문하였을

35 荒木和憲, 「「壬辰戦争」の講和交渉」, 『SekiguchiGlobal Research Association Report』, 2019.

때 명백한 분노와 적대적 태도를 보인 것도 상기한 정치적 전제에 따른 것이다. 1636년 게4회 조선사절(제1회 통신사)에 이르러서도 부사 김세렴(호 동명)은 『大坂詩其二』이라는 시문 중 "仲雍或東入, 徐市來何日", "習俗類西秦, 富者多侈佚"과 같이 일본의 문화나 사회 성격 등을 칭송하면서 "奈何不自量, 一朝成蚌鷸" 나아가 "萬代不共天, 所讎惟秀吉"과 같이 침략전쟁이라는 방해와 전쟁을 시작한 히데요시에 대한 원한을 강하게 호소하였다.[36] 이는 어쩌면 조선 사절들의 일반적인 태도였을지도 모른다.

거자오광은 유학과 시문이 난숙한 양반 사대부를 중심으로 조선 사절들은 시종, '자국의 존엄을 유지하고 문화적으로 경쟁하는 심리'를 가지고 일본의 학문에 대해 오만한 태도를 보이면서 일본의 학자들을 경시하는 데에 익숙하였음을 지적하고 있다.[37] 조선 사절들의 '자대(自大)'에 대해, 어쩌면 양국 간에 존재하던 명백한 문화적 거리뿐만 아니라, 히데요시의 침략과 조일통교 과정에서 느낀 굴욕까지도 하나의 원인으로 파악하여야 할 것이다. 한편, 적극적으로 국교회복을 요구한 도쿠가와막부도 아직 침략전쟁이 조일관계에 초래한 악영향으로부터 완전히 벗어났다고는 말할 수 없다. 『해사록』에 따르면 1607년 제1회 조선 사절이 교토를 경유하였을 때 항상 무가 정권의 외교 사정을 담당하던 시이조 조타이(西笑承兌, 1584~1607)는 "朝鮮使臣, 非有益於日本, 不過探兵機審形勢而來也"라고 말하며 사절들에게 태만하여도 상관없다고 주장하였는데, 막부 신료인 이타

36 조선고서간행회 편, 앞의 책, 『해행총재』 3, 1914, 25쪽 ([DCI]ITKC_GO_1388A_0010_010_0610_2004_004_XML).

37 葛兆光, 앞의 논문.

구라 가즈시게(板倉勝重)의 반대로 실행하지 않았다.[38]

도쿠가와막부는 언제나 조선 사절에게 장엄한 의례와 연회를 베풀어 주면서도, 쌍방이 경쟁할 때 조선 측에 한 가지도 타협하지 않고, 나아가 의도적으로 하지 않는 척을 하면서 조선 측에게 굴욕을 준 경우도 적지 않다. 예를 들면, 1617년 제2회 조선 사절이 일본을 방문하였을 대, 부사 이경직이 쓴 『부상록(扶桑錄)』에 따르면, 쇼군 도쿠가와 히데타다는 교토에서 조선 측의 국서를 받은 후 일부러 사절들을 교토 다이부쓰지(大仏寺)를 배견하도록 하고 절 내 초대 향연을 베풀었다. 해당 대불전은 바로 히데요시 일족을 공봉한 곳으로 절의 문 앞에는 침략 전쟁 시기에 조선에서 데려온 포로들의 귀와 코가 매장된 '이총(耳塚)'도 이었다. 이경직은 이총에 대해 알게 된 후 "不勝痛骨"하며 "拜此讎賊, 初非不知. 到此屈膝, 心膽欲裂" 한다고 느끼면서 동료들과 함께 "相對淚下, 不勝慷慨憤惋"하게 되었다.[39] 얄궂은 것은 조선 측이 막대한 굴욕을 느낀 다이부쓰지 배견이 바로 사절들이 방일 중에 하지 않으면 안 될 사항이 되어 이로부터 1748년 제10회 조선통신사 시기까지 이어졌다.[40]

도쿠가와막부는 조일통교를 적극적으로 유지하려고 하는 한편, 조선 측의 분노를 임의로 계속 도발하였다는 점에서 무력 협박에 의해 국교회

---

38 조선고서간행회 편, 앞의 책, 『해행총재』 2 1914, 30~31쪽 ([DCI]ITKC_GO_1381A_0010_040_0290_2004_002_XML).

39 조선고서간행회 편, 앞의 책, 『해행총재』 3, 1914, 150~151쪽 ([DCI]ITKC_GO_1383A_0010_030_0260_2004_003_XML).

40 仲尾宏, 「朝鮮通信使と「耳塚」:江戸時代の「耳塚」観と壬申·丁酉の戦乱」, 金洪圭 編, 『秀吉·耳塚·四百年』, 雄山閣, 1998, 104~109쪽; 魯成煥, 「耳塚の「霊魂」をどう考えるか」, 『日文研フォーラム』 268, 2013.

복이라고 하는 '구안(旧案)'의 영향을 엿볼 수 있다. 이에 따라 일본 측이 초래한 정치적 굴욕을 참을 수밖에 없던 조선 사절들은 일본 측 사람들에게 문화적 측면에서 오만하고 경시하는 태도를 보여줌으로서 단순한 문화적 경쟁뿐만 아니라 현실의 정치와 깊게 연관된 일종의 복수를 한 것으로 말할 수 있겠다.

다만, 중화문화로부터 전개된 동아시아의 문화적 맥락은 결국 서복전설에서 고대에서 근세까지 중국으로부터 조선·일본에 영향을 넓히는 길목을 마련하고, 근세 조일통교에서 쌍방의 교류와 교섭을 지탱하는 전제와 기초까지도 제공하게 되었다. 중화문화라는 거대한 구심력은 다양화되고 다차원적인 문화교류를 통해 동아시아 세계 전체를 연결하는 일종의 문화적 맥락을 형성하였다. 이 맥락은 서복전설과 같은 화제가 여러 나라와 민족 사이에 제기·토론될 때 제국·제민족에게 공통된 문화 기초로서 사용될 뿐 아니라 나아가 동아시아의 정치정세의 발전과 변천의 주요한 전제와 요인으로서 영향을 미쳤다. 그 결과, 이른바 '동아시아 문화공동체'의 내부구조와 전체 인식이 형성되어 갔다고 볼 수 있다.

(번역: 한상아)

이 글은 劉晨,「「徐福逸書」と近世日朝交渉における東アジアの文脈」,『延辺大学学報(哲学社会科学版)』, 2021年 第5号를 바탕으로 가필 수정한 것이다.

참고문헌

| 사료

강홍중, 『東槎錄』

경섬, 『海槎錄』

남용익, 『扶桑録』

신숙주, 『海東諸國記』

신유한, 『海遊錄』

이경직, 『扶桑錄』

이덕무 『青莊館全書』

임수간, 『東槎日記』

장유 , 『谿谷先生集』

『古事記』

『同文通考』

『本朝編年録』

『神皇正統記』

『異稱日本傳』

『日本刀歌』

『日本書紀』

『史記』

『義楚六帖』

『異域志』

| 연구논문

김정우, 「東アジア文化圏における『日本刀歌』」, 『学術月刊』, 2014.
이원식, 「新井白石と朝鮮通信使:『白石詩章』 序跋を中心に」, 『日本思想史』, 1995.
荒木和憲, 「「壬辰戦争」 の講和交渉」, 『SekiguchiGlobal Research Association Report』, 2019.
魯成煥, 「耳塚の「霊魂」をどう考えるか」, 『日文研フォーラム』 268, 2013.
呉偉明, 「江戸時代における徐福伝説の文献分析」, 『アジア遊学』, 2015.
葛兆光, 「文化間の試合:朝鮮訪日通信使史料の意義」, 『中華文史論叢』114, 2014.
韓昇, 「日本古代修史と『古事記』·『日本書紀』」, 『史林』(中國), 2011.

| 연구서

이원식, 『朝鮮通信使の研究』, 思文閣出版, 1997.
정영실, 「朝鮮通信使と林家」, 『東アジア文化交渉研究』, 2013.
金洪圭 編, 『秀吉·耳塚·四百年』, 雄山閣, 1998.
京都史蹟会 編, 『林羅山文集』, 京都史蹟会, 1979.
復旦大学文史研究院 , 『周辺から中國を見る』, 中華書局, 2009.
山下久夫 編, 『日本書紀一三〇〇年史を問う』, 思文閣出版, 2020.

제 3부

『입당오가전』의 역주 및 입당승·입송승 일람

1

『입당오가전』의 해제

- 정순일

『입당오가전(入唐伍家伝)』은 헤이안 시대 전기의 입당승인 혜운(惠運), 종예(宗叡), 상효(常暁), 진여(眞如), 원행(圓行) 등 5명의 이야기를 정리한 승전 사료이다. 여기에는 육국사 및 기타 사료에는 보이지 않는 독자적인 기재가 적지 않아 9세기의 불교 정세와 대외관계를 논함에 있어 빠뜨릴 수 없는 자료로 평가받는다. 그러나, 『입당오가전』이 가지고 있는 사료적 성격에 대해서는 충분한 분석이 이루어졌다고 말하기 어렵다. 일찍이 이 자료의 서지학적 사항 및 사본 계통을 밝히고자 하는 시도가 있었으나 성립 시기와 편자, 편찬의 역사적 배경 등을 둘러싸고는 여전히 미해명 과제도 남아 있다.

이 글에서는 최근까지 발표된 관련 연구를 종합 정리하여, 『입당오가전』의 성립 시기와 편찬에 이르는 과정을 기초적으로 검토함과 동시에, 본 사료가 어떠한 목적 아래 성립하였는지를 해설함으로써 독자들의 이해를 돕고자 한다.

1. 입당오가전의 사본 계통

『입당오가전』의 사본은 동사(東寺) 관지원(観智院) 소장본을 비롯하여 궁내청 서릉부가 소장하고 있는 속군서유종 원사본(中山信名 서사), 정가당(靜嘉堂) 문고 소장본(內藤廣前 서사), 도쿄대학 사료편찬소 소장본 및 동 기관 소장의 등사본, 국립공문서관 소장본, 국립국회도서관 소장본, 규슈대학 부속도서관 소장본이 확인되고 있다. 이에 더하여, 궁내청 서릉부 소장인 「진여친왕 입당략기」도 주요 사본 가운데 하나로 꼽힌다.

현존하는 모든 사본은 동사 관지원본을 조본(祖本)으로 하고 있는 것으로 보인다. 동사 관지원본은 동사 소속 승려인 현보(賢宝)의 자필본으로 여겨진다. 나아가, 현보 자필본인 동사 관지원본이야말로 『입당오가전』의 원본이라고 하는 입장도 존재한다. 즉, 『입당오가전』의 성립이란, 동사 관지원본의 성립과 같은 의미를 지닌다고 말할 수도 있다는 것이다.

2. 입당오가전의 내용 구성과 원사료

『입당오가전』이 다섯 입당승의 가전으로 구성된 복합 사료라는 사실은 앞서 언급한 대로이다. 그래서인지 구성면에서 통일적이지 않고 집록적(集錄的)인 측면이 강하다. 가전 그 자체도 다양한 사료를 복합하여 정리한 형태라 중층적인 구조를 지니고 있다. 따라서, 『입당오가전』 성립 과정을 논함에 있어서는 이들 각 가전을 구성하는 원사료에 대해서도 개별적으로 검토를 해나갈 필요가 있어보인다. 다음에서는 다섯 종류의 승전이 각각 어떠한 사료를 바탕으로 선별 서술되고 있는지를 해설하고자 한다.

(1) 안상사 혜운전

안상사 혜운전[01](이하, 혜운전)에 대해서는 「안상사 자재장(資財帳)」과 같은 내용의 기재가 대부분을 차지하고 있는 점에서 같은 사료를 바탕으로 작성되었을 것으로 보인다. 보다 정확하게는 혜운전은 「안상사 자재

01 이 책의 역주에서는 〈에운, 안쇼지 에운전〉으로 표기하였다. 역주에서는 일본의 승려명, 사찰명, 지명 등 일부 고유 명사를 일본어 발음으로 표기함으로써 독자의 이해를 돕고자 하였다.

장」을 바탕으로 선술된 「혜운 가전」(고 소승도 법안화상 가전[故小僧都法眼和尙家傳])을 서사한 것이라 말할 수 있다.

혜운전의 원사료인 「혜운 가전」은 중앙에 제출하기 위한 목적으로 연희 원년(901년)에 안상사 내에서 제작되었다. 이와 관련하여 비슷한 시기인 연희 2년(902년)에 작성된 「천태종 연력사 과주 원진전」의 오쿠가키(奧書)에 "이전의 가전, 강소의 첩에 따라 청서 1권을 국사소에 바치는 것은 이미 마쳤다. 이에 기록한다."라고 되어 있는 점이 주목된다.

가까운 시기에, 국사소로에 제출했다고 하는 것은 『신국사』에 수록·게재되도록 하기 위함인데, 이를 기도하면서 「원진전」이 편찬된 사실에서 봤을 때, 혜운 가전도 마찬가지로 국사소에 진상하기 위해 선별 서술되었을 가능성을 배제할 수 없는 것이다.

다만, 혜운의 사망 시기는 정관 11년(869년)이며, 이 시기는 『일본삼대실록(日本三代実録)』 수록 범위에 해당한다는 사실이 어색하다.

『일본삼대실록』의 완성은 혜운 가전 성립보다 빠른 연희 원년(901년) 8월이긴 하지만, 이 시점에 「혜운 가전」을 국사소에 제출하더라도, 혜운의 졸전이 『신국사』에 수록되기에는 무리가 따르기 때문에 혜운전의 성립 배경에 대해서는 추후 더욱 정밀한 검토가 요구된다 하겠다.

⑵ 선림사 승정전

선림사 승정전(이하, 종예전)[02]은 『일본삼대실록(日本三代実録)』 원경8년

02 이 책의 역주에서는 〈슈에이, 젠린지 승정전〉으로 표기하였다.

(884) 3월 26일 정해조에 실려 있는 「종예(宗叡) 졸전」과 거의 같은 내용이며, 양자는 인용 관계에 있음이 확인된다. 이와 관련해서는 가와지리 아키오(川尻秋生)의 최근 연구에서 흥미로운 지적이 이루어진 바 있다. 종예전은 "원경8년 2월 26일 정해. 운상殞霜. 승정 법인 대화상 위 종예 졸하다"라는 문구로 시작하는데, 이때 "2월"이라고 한 점 이외에는 『일본삼대실록』에 수록된 「종예 졸전」과 거의 같은 문장이라는 것이다. 가와지리 연구에서는 '운상(殞霜)'이라는 문구에 주목한다. 운상(殞霜)이란, 서리가 내렸다는 것을 의미하는데, 원경8년 3월 26일의 날씨를 기록한 것이기 때문에 종예의 사망과는 관계가 없다는 것이다. 즉, 종예전 서술에 즈음하여 『일본삼대실록』을 인용함에 있어 부주의하게도 본문 흐름과 무관한 날씨 정보까지도 추가함으로써 혼란을 일으켰다는 것이다. 이러한 오류는 문헌의 신뢰성을 떨어뜨릴 수 있는 요소가 되기 때문이다. 종예전의 서술 과정에서 발생한 부주의한 인용은 사료의 정확성을 확보하기 위한 후속 연구의 필요성을 시사하기도 한다.

(3) 오구루스 율사전

오구루스(小栗栖) 율사전(이하, 상효전)[03]은 『속일본후기』 권5, 8, 9의 상효(常曉) 관련 조문을 인용하는 전반부 단락과, 「입당 근본 대사기(入唐根本大師記) 오구루스 사(小栗栖寺)」라고 제목 붙여진 「상효 가전」의 중반부 단락, 상효로 시작하는 태원법 아자리(太元法阿闍梨)의 계보를 이어붙인

03 이 책의 역주에서는 〈조교, 오구루스 율사전〉으로 표기하였다.

후반부 단락, 그리고 세 개의 우라가키(裏書)로 이루어진다.

전반 단락의 『속일본후기』 인용문은 각각 『유취국사』권185, 불도 12승위, 승화3년(836) 윤5월 병신(28일)조(『속일본후기』 逸文), 『속일본후기』 승화6년(839) 9월 신축(23일)조, 『속일본후기』 승화7년(840) 6월 정미(3일)조를 원사료로 한 것이라는 사실을 확인할 수 있다.

이어지는 중반부의 「입당 근본 대사기(入唐根本大師記) 오구루스 사(小栗栖寺)」와 후반 단락의 태원법 아자리 계보는 원사료 단계에서 접합되어 있었을 가능성이 높다. 왜냐하면, 이 이중의 사료를 합친 것이 「태원법 아자리 차제기(太元法阿闍梨次第記) 역운 입당근본대사기(亦云 入唐根本大師記)」라고 하는 사료 속에 『입당오가전』과 마찬가지로 「입당근본대사기 오구루스 사」의 이름으로 수록되어 있기 때문이다. 〈태원법 아자리 차제기 역운 입당근본대사기〉에 찬자, 성립연차 등의 기재는 없지만, 이 사료가 고이치조(後一条) 천황 때인 장원(長元) 2년(1029)에 제작되었다는 사실이 확인되는 것으로 봐서, 태원법 아자리의 계보는 성립 당초만 해도 제16대 신겐(信源, 재임: 1010년~1083년)까지 기재되어 있었던 것으로 여겨지며, 이후의 계보는 후대의 추기임을 알 수 있다.

⑷ 진여친왕 입당략기

진여친왕 입당략기(真如親王入唐略記)(이하, 진여전)[04]의 기술은 '전운(傳云)'으로 시작하는 진여의 내력을 약술한 도입부와, 진여의 입당구법

04 이 책의 역주에서는 〈신뇨, 신뇨 친왕 입당략기〉로 표기하였다.

과정을 상술한 「두타친왕 입당략기頭陀親王入唐略記」, 그리고 재당승 호진(好眞)의 첩(牒) 1통과, 그에 관해 대재부로 보내는 태정관첩 2통으로 구성된다. 게다가, 「두타친왕 입당략기」의 이면에 19자가 부기되어 있기도 하다. 도입부는 기사 내용으로 봐서 『부상략기』 원경5년(881) 10월 13일 무자(戊子)조를 초출(抄出)한 것으로 추측된다. 이어지는 내용은 각각 『일본기략』, 『일본후기』, 『일본삼대실록』의 기사를 인용·초출한 것이라 보인다.

「두타친왕 입당략기」는 문장에 기록되어 있는 것처럼, 진여의 외조부로서 함께 입당한 이세노 오키후사(伊勢興房)가 작성한 입당기록이다. 이 사료가 어떠한 과정을 거쳐 『입당오가전』에 수록되었는지는 명확하지 않지만 뒤에서 언급하는 「진여전」 오쿠가키(奥書)를 바탕으로 볼 때, 14세기 중엽에는 수심원(隨心院)에 전해지고 있었음을 알 수 있다.

그에 뒤이어 수록된 경복 2년(893) 윤5월 15일부의 「재당승 호진 첩」은 일본 승려 호진이 당 승려 홍권(弘拳)을 일본에 초빙하는 시도가 성공한 사실을 보고하고, 홍권이 일본에서 홍법 활동을 할 수 있도록 신청하는 내용의 문서이다. 이에 대해서 일본의 조정은, 관평 5년(893) 8월 16일부 태정관부를 통해 호진의 신청을 승인함과 동시에, 홍권 등을 두텁게 위로하도록 대재부에 명하고 있다.

다음에 이어지는 문서는 연월일이 불분명한 태정관부이다. 이 문서는 어쩌면 앞의 호진, 홍권을 태우고 일본으로 건너간 당 상인 주분(周汾)에 관한 것이라 추측된다. 그렇다고 한다면, 이 관부는 직전에 실린 관평 5년 8월 16일 태정관부와 전후하여 발행되었던 것으로 볼 수 있다. 이들 3통의 첩 및 관부는 시계열적으로 서로 이어지는 것이었을 가능성이 높다.

문제는 호진, 홍권에 관한 문서는 진여와 직접적으로 관계 없는 것임에도 불구하고 왜 이것이 「진여전」에 수록되었는가 하는 점이다. 여기에서 유의되는 사실은, 진여가 사망하였다는 풍문을 퍼뜨린 장본인이 호진과 같은 재당 승려 중관(中瓘)이었다는 것이다. 『관가문초(管家文草)』 권9 관평 6년(894) 9월 14일 기록을 보면, 중관이 상객(상인) 왕눌(王訥)의 배를 타고 왔다는 내용이 확인되고 있는데, 「진여전」 수록 「재당승 호진 첩(在唐僧好眞牒)」도 어쩌면 왕눌에 의해 일본으로 전달되었을 가능성이 있다. 호진과 중관의 관계에 대해서는 분명히 알기 어렵지만 단순한 혼입은 아닐 것으로 보이며, 특정한 의도가 있었기 때문에 수록되었다고 봐야 할 것이다.

끝으로, 우라가키(裏書)에 대해서이다. 이것은 「두타친왕 입당략기」 가운데에 '본국 유학 원재 법사(本国留学円載法師)'라고 기록된 곳의 뒷면에 '유학선지자(留学宣旨者)…'라고 기재된 내용이다. 해당 문장이 어떤 사료를 인용한 것인지 정확히 알기 어렵지만, 아마도 본문에 보이는 '유학'이라는 말을 설명하기 위해 『입당오가전』 편찬 단계에 첨부된 것이라 추정된다.

(5) 영암사 화상전

영암사 화상전(이하, 원행전)[05]은, 전반에 원행(円行)의 행적을 기록하고, 후반에 부법 제자(付法弟子)와 '혹혈맥(或血脈)', '혹기(或記)', '사운(私云)' 등 기사를 덧붙여 싣고 있다.

---

05 이 책의 역주에서는 〈엔교, 레이간지 화상전〉로 표기하였다.

그 가운데, 전반의 원행전 본문에 대해서는 영해(榮海, 1278~1347년) 찬 『진언전(眞言傳)』 권3 원행조 기사 내용과 대단히 흡사하다는 지적이 있다. 세세한 표현의 차이를 빼면 거의 같은 문장이라 말해도 좋을 정도이다. 설화연구회 편 『진언전 대교(對校)』의 두주(頭註)에서는 『진언전』 원행조의 근본 사료를 『입당오가전』 수록 원행전에서 구하고 있으나, 『입당오가전』의 성립 시기를 생각해볼 때 오히려 거꾸로 『진언전』 기사를 『입당오가전』이 인용한 것일 가능성이 더욱 높다.

이상 검토를 통해서 『입당오가전』이 얼마나 다양한 사료군으로 구성되고 있는지가 분명해졌다. 다시 한 번 『입당오가전』의 원사료를 일목요연하게 정리하면 아래 〈표〉와 같다.

〈표〉를 보는 한 분명한 것은, 『입당오가전』의 원사료가 육국사 및 사찬사서를 제외하고, 대부분 진언 승려에 의해 제작된 편찬물과 사본이라는 사실이다. 특히 원행전은 그 경향이 현저하다. 유일하게 『태장계대법대수기(胎藏界大法対受記)』만은 천태승 안연(安然)의 저술이지만 이 또한 동사 관지원 금강장성교(金剛藏聖教)에 천양(天養) 원년(1144)의 사본이 전해지고 있어, 동사의 장서로 인정된다고 말할 수 있다.

『입당오가전』의 편찬은, 이처럼 다양한 진언종 관련의 사료를 섭렵·집성할 수 있는 환경에서 행해졌다고 생각되지만, 그렇다면 『입당오가전』이 생성·제작된 공간이란 어디였을까? 결론을 당겨서 말하면 그것은 현재도 『입당오가전』이 소장되어 있는 동사 관지원이었을 가능성이 높다. 또한, 바로 이 동사 관지원 및 관지원 금강장성교의 형성에 관여한 인물이 다름 아닌 『입당오가전』의 편자 현보였던 것이다.

<표> 입당오가전의 원사료 일람

입당오가전		원사료
가전	항목	
혜운전		恵運家伝 (延喜元年11月27日撰)
종예전		『日本三代実録』 元慶8年3月26日条
상효전	도입부	『類聚国史』 仏道12 · 承和3年閏5月丙申条 『続日本後紀』 承和6年9月辛丑条 『続日本後紀』 承和7年6月丁未条
	입당근본대사기 오구루스사	「賢覚法眼本」 系統写本＋異本 (?)
진여전	도입부	『扶桑略記』 元慶5年10月13日条 『日本紀略』 大同4年4月己丑条 『日本後紀』 弘仁元年9月13日条 『日本三代実録』 元慶5年10月13日条
	두타친왕 입당략기	「随心院御本」
	재당승 호진 관련 첩, 관부	?
원행전	본문	栄海 『真言伝』 円行条 「胎蔵大次第巻上並序」 (『小野六帖』 所引) 『霊巌寺和尚請来法門道具等目録』
	혹혈맥1	「師記」 (心覚 『入唐記』 所引)
	혹혈맥2	「小野僧正記」 (『東寺長者補任』 所引)
	혹혈맥3	安然 『胎蔵界大法対受記』
	혹기	尚祚 『奥院興廃記』 承和4年6日付 「実恵等書状」

3. 입당오가전 성립의 배경과 의의

(1) 성립의 과정

『입당오가전』의 성립 과정은 대단히 복잡해서 언제쯤, 어떤 과정으로 편찬되고 성립하였는지를 명료하게 설명하기는 쉽지 않다. 다만, 이 문헌은 다음의 두 단계를 거치면서 현재의 형태에 이르렀던 것으로 볼 수 있다.

먼저 제1단계로, 1357년 무렵 현보가 진여전(「진여친왕 입당략기」)를 서사하였던 시점이다. 이 때에는 『입당오가전』이라는 문헌을 본격적으로 편찬하고자 하는 의식이 없었을 가능성이 있다. 다음의 제2단계로, 1385년 무렵 혜운전에 주필(朱筆)을 써넣는 과정를 거치면서 현재의 『입당오가전』 형태로 굳혀진 것이 아닌가 생각된다.

(2) 편찬 배경과 의의

『입당오가전』 성립의 전제에는 고보-현보 사제에 의한 성교류(聖教類)의 서사·찬술 활동이 있었음을 지적해두지 않을 수 없다. 그렇다면 왜 그들은 방대한 양에 달하는 성교류를 서사하고 찬출하였던 것일까? 그 배경에는 중세 동사의 쇠퇴와 재흥 사업이 있었던 것으로 생각된다.

본래 진언밀교에서는 교상(教相, 교리적 측면)과 사상(事相, 기도·수법 등의 실천적 측면) 쌍방을 수련하는 것이 장려되었고, 이 양자는 수레의 양 바퀴처럼 불가분의 관계로 여겨져 왔다. 그러나 원정기 이래, 현세 이익에 직결하는 사상(事相)에 대한 사회적 관심과 기대가 집중하는 한편, 난해한 교상(教相)에 대한 사회적 수요는 적었다. 그 때문에 사상(事相)의 거점으로서 다이고지(제호사), 닌나지(인화사)는 세속 권력과의 관계를 강화하면서 발전을 이룩해갔던 데 대해, 가마쿠라 시대 이후 동사는 열세를 면하지 못하였다.

이와 같은 상황에서, 고우다(後宇多) 법황은 덕치 3년(1308) 동사 재흥

(부흥)의 뜻을 널리 선포한다. 동사 관지원 금강장성교를 구성하는 방대한 성교류의 서사와 찬술도 고우다 법황의 청원에 바탕한 동사 재흥 사업의 일환이었던 것이다. 고우다 법황의 바람에 따라 동사의 독자성과 우위성을 다시금 강조하고자 하는 움직임이 동사 내부에서 나타났는데, 그 중심적 역할을 한 사람이 동사의 주승(住僧)이었던 고보-현보 사제였다.

즉, 『입당오가전』이 편찬된 배경에는 고우다 법황이 추진했던 동사 부흥 사업과 그것에 동반하여 동사의 독자성 및 우위성을 강조하고자 하는 움직임이 있었으며, 그러한 가운데 중책을 맡은 사람들이 고보(杲宝)-현보 두 사람이었던 것이다. 고보는 그의 저작물을 통해 동사를 중심으로 하는 진언종의 모습을 제시하였는데 그것은 제자인 현보에게 계승되었다. 진언종 내에서 동사의 우위성을 주장하기 위해, 현보는 종래에 그다지 주목받지 않았던 공해(쿠카이) 이외의 '동사 오가(東寺伍家)'와 유일한 입축(入竺, 인도로 들어간) 구법승이었던 진여에 착안하였던 것이다. 이들 초기 진언종을 뒷받침한 입당승의 가전을 정리함으로써 진언종 내에서 동사의 독자성, 우위성을 주장하는 것이야말로 현보가 『입당오가전』을 편찬한 목적이었을 것으로 생각된다. 『입당오가전』은 그동안 헤이안 시대 전기의 대표적인 승전이라든지, 대외 관계를 보여주는 사료로서밖에 평가되지 않았으나, 중세 불교 사료라는 성격도 동시에 지니고 있다는 점은 이 문헌을 이해할 때 대단히 중요한 부분이라 할 수 있다.

참고문헌

梅沢伊勢三, 「入唐五家伝」(続群書類従完成会編『群書解題』2′ 続群書類従完成会, 1961)

森哲也, 「『入唐五家伝』の基礎的考察」(『市史研究　ふくおか』3, 2008)

森哲也, 「『入唐五家伝』の基礎的考察・補考」(『市史研究　ふくおか』12, 2017)

佐藤長門 編, 『遣唐使と入唐僧の研究　附　校訂『入唐五家伝』』(高志書院, 2015)

森公章, 「九世紀の入唐僧―遣唐僧と入宋僧をつなぐもの―」(『成尋と参天台五臺山記の研究』吉川弘文館, 2013)

古代学協会・古代学研究所編, 『平安時代史事典』本編(下) (角川書店, 1994) 의 「入唐五家伝」 항목

国史大典編纂委員会編, 『国史大辞典』11 (吉川弘文館,1990) 의「入唐五家伝」 항목

柳田甫, 「『入唐五家伝』 の編纂とその意義」 (佐藤長門 編, 『古代東アジアの仏教交流』, 勉誠出版, 2020)

2

『입당오가전』의 역주

- 정순일, 정기웅, 한상아

Ⅰ. 에운, 안쇼지 에운전

Ⅱ. 슈에이, 젠린지 승정전

Ⅲ. 조교, 오구루스 율사전

Ⅳ. 신뇨, 신뇨 친왕 입당략기

Ⅴ. 엔교, 레이간지 화상전

Ⅰ. 에운(惠運), 안쇼지 에운전(安祥寺惠運傳)

注進故少僧都法眼和尚家傳事

고(故) 소승도(少僧都)[01] 법안화상(法眼和尚)의 가전(家傳)을 주진(注進)[02] 하는 것.

和尚 諱慧運 俗姓安曇氏 山城州人也

화상(和尚)[03]의 휘(諱)[04]는 에운, 속성(俗姓)은 아즈미(安曇)이며 야마시

01 고대 일본 승려들에게 주어졌던 벼슬(官)로 승정(僧正), 승도(僧都), 율사(律師) 등이 있다. 그리고 이들 벼슬에는 각각 법인대화상위(法印大和尚位), 법안화상위(法眼和尚位), 법교상인위(法橋上人位) 라는 승위가 주어졌다.
『日本三代實錄』 貞觀7年(865) 3月 25日 條 少僧都法眼和上位**慧運**申牒
본문과 위 사료를 통해서 에운은 4위에 상당하는 소승도의 승관과 법안화상위의 승위를 받았음을 알 수 있다.

02 주진이란, 큰일이나 사건을 급하게 보고하는 것을 말한다.
『平安遺文』 37号 正曆3年(993) 6月 23日
注進従**父兄弟事** 謹案件事猶可依
『平安遺文』 529号 長元8年(1036) 6月 16日
注進左右看督長番役見不參事

03 육국사에서는 엔닌(圓仁, 864년 1월 14일), 교키(行基, 749년 2월), 사이초(最澄, 822년 6월 4일), 감진(鑑眞, 853년 10월 19일) 등이 화상으로 칭해졌다. 즉 화상은 승려의 경칭, 혹은 고승을 의미한다.

로슈(山城州)[05] 사람이다.

延暦十七年[歳次戊寅]生也

연력(延歴) 17년(798)[세차 무인년]에 태어났다.

年始自十有出家之意

비로소 10살부터 출가의 뜻을 갖고 있었다.

遂随東大寺泰基大法師并薬師寺中継律師 始學習大乘經典并法相法文等

마침내 도다이지(東大寺)[06] 다이키(泰基) 대법사(大法師)[07]와 야쿠시지(薬師寺) 주케이(中継)[08] 율사(律師)를 따라서 대승경전(大乘經典)과 법상(法

---

04 『平安遺文』 423号 弘仁6年(815) 4月 1日
大弁正三蔵「**法諱**不空」青龍阿闍梨「**法諱**恵果」弘法大師「**法諱**空海」貞觀阿闍梨「**法諱**恵果」
위 사료를 통해서 승려의 법명을 휘 또는 법휘라고 불렀음을 알 수 있다.

05 다음 사료에 의하면 야마시로슈는 야마시로국(山城國)과 동일한 지역을 가리킨다고 생각된다.
『鎌倉遺文』 14121号 弘安 3 年(1281) 10月 8 日
大日本國**山城州**紀伊県
『鎌倉遺文』 25958号 正和 5 年(1317)
日字密道号高峰 日本國**山城州**平安城人也

06 비슷한 시기 같은 이름의 승려 다이케(泰景)이라는 인물이 확인된다. 『속일본후기』에 의하면 다이케(764-851)는 오와리국(尾張國) 출신의 도다이지 사승(師僧)으로서 835년에 법사, 840년에 대승도, 843년에 승정이 되었다.

07 법사란 불법에 잘 통하여 그 교법의 스승이 되었던 승려를 말한다. 법사 중에서도 특별히 뛰어났던 승려를 대법사라고 불렀다.

08 『日本三代實録』 仁和 2年(886) 7月 22日 조에는 류카이(隆海) 율사(815-886)가 사망했는데 주케이 율사가 그에게 법상종을 가르쳤다고 나온다.

相)[09]의 법문(法文) 등을 비로소 학습하였다.[09]

弘仁六年[歲次乙未]生年十八 淂(得)度受具足戒

홍인(弘仁) 6년(815)[세차 을미년] 생년(生年)[10] 18세에 득도(得度)[11]하고 구족계(具足戒)[12]를 받았다.

和尚進具之後 於唯識无境之道 日夕尅念 欲入至極

화상이 진구(進具)한 이후 '유식무경(唯識无境)[13]'의 길에서 밤낮으로(日夕)[14] 정념을 이겨서(尅念), 지극(至極)에 들어가고자 하였다.

---

09 남도6종(南都六宗)에 속하는 불교학파이다. 모든 존재는 식(識)이 만들어 낸 가짜이고 인간의 근본의식인 아뢰야식(阿賴耶識) 이외에는 어떤 사물도 실재하지 않는다고 주장한다. 일본에는 653년에 도쇼(道昭)가 입당해서 현장(玄奘)에게 전수받아 들여왔다. 고후쿠지(興福寺)와 야쿠시지를 대본산으로 한다.

10 『続日本紀』 寳亀 元年(770) 10月 8日
去天平寶字八年 真備**生年**数満七十
천평보자 8년(764)은 기비노 마키비(694-775)가 만 70세가 되던 해이다. 이것을 볼 때 생년(生年)이란 나이를 가리킨다는 것을 알 수 있다.

11 『日本三代實錄』 貞觀 8年(866) 5月 8日 條
常陸國久慈郡人椿戸門主 嘉祥三年**出家得度**
『續日本後紀』 承和 5年(838) 12月 27日 條
大安寺僧傳燈大法師位壽遠卒 壽遠俗姓椋橋部氏 武藏國人也 延曆之末 **出家得度**

12 승려와 비구니가 지켜야 할 계(戒)를 뜻한다. 이 계를 지킨다면 덕은 저절로 구족(具足, 부족하거나 흠이 없는 상태)한다고 한다. 부파(部派)에 따라서 그 수가 다르지만 승려는 250계, 비구니는 348계를 지켜야 한다는 것이 대표적이다. 진구(進具)라고도 한다.

13 오직 식(識)만이 있고 외부에는 어떠한 존재도 실재하지 않는다는 뜻이다.

14 『平安遺文』 52号 天長 3年(826) 11月 24日
駈馳**日夕** 経営東西
『平安遺文』 1006号 康和 2年(1101) 1月 21日

其中間 秘法阿闍梨實惠少僧勸奬云 夫法相大乘雖教廣理深 而不超三大得果尤難

그 중간에 비법(秘法) 아사리(阿闍梨)[15] 지쓰에(實惠)[16] 소승도(少僧都)가 권장(勸奬)[17]하며 말하기를, "대저 법상(法相)과 대승(大乘)은 비록 가르침이 넓고 이치가 깊지만, 삼대(三大)[18]를 뛰어넘지 못하고, 득과(得果)[19]하기도 더욱 어렵다.

不斷種習 證理安在 徒然馳騖多 刧(却)破臆困躬

종습(種習)을 부단히 해서 이치를 깨달아 편안히 있게 된다. 그리고 쓸데없이 노력이 많으면 도리어 마음을 위협하고 파괴하며 몸을 위태롭게 한다.

日夕奔波無致懈怠

15 밀교에서, 수행이 일정 단계에 도달하여 전법관정(傳法灌頂)이라는 직위를 가지고 제자에게 비법을 전수하였던 승려를 가리킨다.

16 『續日本後紀』 承和 3年(836) 5月 10日 條
以傳燈大法師位實惠爲律師
『續日本後紀』 承和 7年(840) 9月 28日 條
律師傳燈大法師位實惠爲少僧都

17 『平安遺文』 4419号 弘仁 9年(818) 8月 27日
唐求法沙門最澄「上」題 「勸奨天台宗年分学生式」 천태종 연분학생의 수업연한, 과정에 대한 규정이다.

18 대승기신론(大乘起信論)에 의하면 삼대는 중생들 마음에 있는 세 방면의 존재형태를 가리킨다. 즉, 본체인 체대(体大), 성능(性能)인 상대(相大) 그리고 작용인 용대(用大)를 말한다.

19 공해(空海)가 썼다고 알려진 『삼교지귀(三教指帰)』에 의하면 득과는 불도를 수행해서 깨달음을 얻는 것을 뜻한다. 혹은 정토에 극락왕생하는 것을 의미한다.

唯有三乘之外神通乘者 是三藏之外持明藏也

오직 삼승(三乘)[20]이외에 신통승(神通乘)[21]이 있는 것은, 이것 삼장(三藏)[22]이외에 지명장(持明藏)이 있는 것이다.

一念之 便不經三祇而九重妄執忽清 一觀之 即不掃磐石三重曼荼頓得 所謂即身成佛之秘術者也

한 번 그것을 생각하면, 곧 삼기(三祇)[23]가 지나지 않았는데도 아홉 겹(九重)의 헛된 집념(妄執)이 갑자기 맑아진다. 한 번 그것을 보면, 곧 넓고 큰 돌(磐石)을 쓸지 않고도 세 겹(三重)의 만다(曼荼)[24]를 단번에 얻는다.[25] 이른바 즉신성불(即身成佛)[26]할 수 있는 비술(秘術)인 것이다." 라고 하였다.

---

20 대승불교의 가르침으로서 진리에 이르는 세 가지의 길 혹은 방법을 탈 것에 비유해서 나타낸 것을 의미한다. 성문승(声聞乘)·연각승(縁覚乘)·보살승(菩薩乘).

21 진언밀교의 다른 이름. 밀교 수행자가 초인적인 능력을 발휘하거나 밀교적 수법의 결과로서 혹은 그 과정에서 초인적인 능력을 몸에 지니게 되는 것을 말한다(北原裕全, 「神通乗について」, 『密教文化』 199~200, 1998).

22 경장(經藏), 율장(律藏), 논장(論藏)을 일컫는다. 혹은 '경·율·론'에 통달했던 고승을 가리킨다.

23 삼아승기겁(三阿僧祇劫)의 약자이다. 깨달음을 얻을 때까지 수행에 걸리는 몹시 긴 시간을 말한다.

24 여러 성인의 깨달음의 세계를 상징하는 것으로서 일정한 방식에 기초해서 여러 부처, 보살 및 신들을 망라해서 그린 그림이다. 사종만다라(四種曼荼羅)·양계만다라(両界曼荼羅) 등 많은 종류가 있는 데 원래는 밀교의 것이었다.

25 『日本三代實錄』 貞觀 16年(874) 正月 29日 條
右近衛宇保貞主宿直杖下 **頓得**病死 或稱 氣絶於宮中 或云出於宮外而命終

26 오랜 수행과정을 거쳐 부처가 되는 것이 아니라 현재의 몸 그대로 바로 부처가 되는 것을 말한다.

和尚 依阿闍梨教誡鑽仰其宗 一紀之年不覺而至

화상은 아사리의 교계(敎誡)를 따라 그 종을 찬앙(鑽仰)했고, 일기(一紀)[27]의 세월이 깨닫지 못하는 사이에 흘렀다.

忽然有 勅 檢校寫一切經於坂東 曆(歷)四箇年功畢奉進

홀연히 칙이 있어, 일체경(一切經)을 반도(坂東)[28]에서 검교(檢校)[29]하고 사경(寫經)하였다.[30] 4년(四箇年)이 흘러 공이 완성되어서 봉진(奉進)하였다.[31]

---

27 본문의 1기(紀)는 12년을 가리킬 가능성이 크다. 예를 들어 824년 일본은 발해국에 대해서 1기1공(貢) 즉, 12년에 한 번만 조공을 허락하는 내조 제한을 두었다.

28 아시가라(足柄)·우스이(碓氷)의 동쪽을 가리키고 도고쿠(東國), 간토(関東)이라고도 한다. 사가미(相模), 무사시(武蔵), 가즈사(上総), 시모후사(下総), 아와노(安房), 히타치(常陸), 가미쓰케(上野), 시모쓰케(下野)의 8개 구니를 반도(坂東) 8국이라고 한다.

29 점검하고 잘못을 바로잡는 것, 혹은 조사하고 감독하는 것을 말한다.

30 『續日本後紀』 承和 2年(835) 正月 14日 條
去年有勅 令相摸上總下總常陸上野下野等國 奉**寫一切經**
『日本後紀』 天長 5年(828) 2月 13日 條
在西大寺四王堂 故正四位下吉備朝臣由利之**奉寫一切經**

31 봉진이란 다음 사료에 의하면 부서나 외국 사절 등이 천황에게 물건을 바치는 것, 혹은 신사에 신물을 바치는 것을 의미한다.
『日本三代實錄』 貞觀 6年(864) 11月 條
陰陽寮**奉進**御曆 天皇不御前殿 內侍奏之
『日本三代實錄』 元慶 7年(883) 5月2日 條
大使裴頲等 於朝堂 **奉進**王啓及信物
『日本三代實錄』 仁和 3年(887) 7月15日 條
雨水 **奉進**白馬於丹生川上神社 祈止霖雨也

天長十年 重有 勅 被拜鎭西府觀音寺講師 兼筑前國講師 以爲九國二嶋之僧統 持[特]勾當寫大藏經之事

천장(天長) 10년(833) 다시 칙이 있어, 진서부(鎭西府)[32] 간논지(觀音寺)의 강사(講師)[33] 겸 지쿠젠국(筑前國) 강사의 벼슬을 받았고[34], 9국2도[35]의 승통(僧統)이 되었다. 특별히 대장경 필사를 구당(勾當)[36]하였다.

---

32 743년에 다자이후가 진서부로 개칭되었다. 큐슈 지역을 관할 하에 두고 감독하는 부서로서 장관인 장군 외에 직원을 두었다. 745년 다자이후가 다시 배치되면서 폐지되었다.
하지만 『續日本後紀』 承和15年(848) 3月 26日 條의 "去年十月駕新羅商船 來著 **鎭西府** 是日歸朝"에서 알 수 있듯이 계속 진서부가 사용되었다.

33 헤이안 시대, 전국의 국분사에 있으면서 승니에 관한 일을 담당하거나 불교 경전을 강의하였던 승관(僧官)을 가리킨다.

34 여기서 피배(被拜)란 다음의 사료에 의하면 특정 관직에 임명되는 것을 의미한다.
『續日本後紀』 承和 10年(843) 2月 3日 條
散位從四位下勳七等大野朝臣眞鷹卒 (중략) 厥後**被拜**紀伊權守 未之國卒 時年六十二
『續日本後紀』 承和 12年(845) 2月 20日 條
眞貞 右京人也 중략 **被拜**東宮學士 遭皇太子廢 出爲備後權守 (후략)

35 『日本文德天皇實錄』 仁寿 5年(852) 2月 8日 條
夫大宰府者 西極之大壤 中國之領袖也 東以長門爲關 西以新羅爲拒 加以 **九國二嶋** 郡縣闊遠 自古于今 以爲重鎭 (후략)
무릇 다자이후라는 것은 동쪽으로는 나가토(長門)가 관문이고 서쪽으로는 신라를 방어한다. 게다가 9국2도의 군현은 넓고 멀어서 예부터 지금까지 군사적 요충지(重鎭)로 삼았다. 즉, 다자이후가 관할하는 지쿠젠(筑前)·지쿠고(筑後)·부젠(豐前)·분고(豐後)·히젠(肥前)·히고(肥後)·히무카(日向)·사쓰마(薩摩)·오스미(大隅) 등 9개 구니와 이키(壱岐)·쓰시마(対馬) 등 2개의 섬을 가리킨다.

36 『續日本紀』 天平 16年(744) 10月 2日 條
律師道慈法師卒 (중략) 屬遷造大安寺於平城 勅法師 **勾當**其事 法師尤妙工巧 (후략)
위 사료에 의하면 다이안지를 헤이조쿄로 옮겨서 지을 때 법사 도지(道慈)에게 칙을 내려서 그 일을 구당하였는데, 도지는 특히 기술 분야에서 매우 뛰어나서 얽고 짓는 것이 모두 규범에 맞았다고 한다. 여기서 구당은 절을 짓는다거나 경전을 베끼는 등 절과 관련된 업무를 맡긴다는 의미라고 파악된다.

和尚固辭 不許 強赴任所

화상은 완고하게 사양하였지만 허락되지 않았고, 억지로 임지로 가게 되었다.

但〔翅カ〕競寸陰而顯得〔得〕心佛之曼荼 寧樂經半紀而叨爲首領之浮事

“다만 촌음을 다투어서 심불(心佛)[37]의 만다라를 현득(顯得)[38]하고자 할 뿐이다. 어찌 6년(半紀)[39]을 편안하게 지내면서 우두머리(首領)[40]의 덧없는 일을 탐내겠는가”

---

37 우리들의 마음이 그대로 부처가 되는 것을 말한다. 마음이 곧 부처다.

38 중생의 생각과 말과 행동으로 하는 수행이 모두 원만하게 완성된 결과를 말한다.

39 에운이 강사로 임명된 후 다짐했던 내용으로 생각된다. 즉 강사 임기 6년 동안 사원 내의 권력을 누리지 않고 불도 수행에만 정진하고자 하는 마음가짐을 나타냈다. 원래 불교의 강사는 한번 임명되면 해임 없이 종신토록 절에 머무르면서 불교 경전의 강연이나 설교를 직무로 한다. 그리하여 불교를 널리 펴지게 해서 사람들에게 이익이 되고자 하는 것을 목적으로 한다. 그러나 어떤 강사는 늙어서 지도를 할 수 없게 되면서 불교의 가르침을 더럽히는 죄를 짓게 되었다. 또한 고쿠시가 절을 감독하는 위치가 되면서 절의 역인들이 고쿠시와 영합하는 문제점이 발생하였다. 이러한 폐단을 막기 위해서 불교의 지혜가 뛰어난 자를 선별해서 강사로 임명하고 임기를 6년으로 고치는 것이 언상되었다. 그래서 승려가 세속 권력에 빌붙는 일이 없도록 해야 한다고 주장하였다. 천황은 이를 허락하면서 강사의 임명 요건을 강화하고 관할 내의 절은 고쿠시와 강사가 함께 감독하도록 해서 혼자만 사원을 감독하는 일을 없게 하였다.

40 수령에 대해서는 다음의 발해사 관련 사료를 제외하고는 용례가 거의 없다.
『日本三代實錄』 貞觀 17年(875) 7月 5日 條
下野國言 討殺賊徒二十七人 歸降俘囚四人 勅 殺服降者 情所不忍者 若非元兇 宜全**首領** 其勝兵先登 逐虜擒敵者 量加褒賞 使知崇功

儻値大唐商客李處人等化來

마침 대당의 상객 이처인(李處人)등이 일본에 왔기에[41]

和尚就他要望 乘公歸船入唐 巡禮薦福興善曼荼羅道場 得見青龍寺義眞和尚 請益於秘宗 兼看南岳五臺之聖迹

화상은 다른 곳에 가기를 절실하게 바라기를 "공의 돌아가는 배에 타고 입당해서, 천복사(薦福寺)[42]와 흥선사(興善寺)[43]의 만다라 도장을 순례하고, 청룡사[44]의 의진화상(義眞和尙)[45]을 만나 뵙고, 비종(秘宗)[46]을 청익(請

---

41 본문의 화래(化來)는 일본으로 온 것을 의미하지만 대부분의 사료에서는 귀화의 의미로 사용되었다.
『日本書紀』 雄略天皇 10年(466) 7月 條
有従百済國逃**化來**者 自称名曰貴信
『日本書紀』 推古天皇 16年(608) 是歳 條
是歳 新羅人多**化來**
『日本書紀』 天武天皇 13年(684) 5月 14日 條
化來百済僧尼及俗人 男女并二十三人 皆安置于武蔵國
『日本後紀』 弘仁 5年(814) 8月 23日 條
化來新羅人加羅布古伊等六人配美濃國

42 684년 장안에 건립된 사찰이다. 당 현종 조에는 밀교를 중국에 전하였던 금강지(金剛智) 삼장이 730년부터 741년까지 천복사에 머무르면서 대만다라 관정도량(灌頂道場)을 건립하고 밀교 경전을 한역(漢譯)하였다.

43 532년 수나라 문제가 장안에 건립했다. 수·당 시기를 통틀어 장안에서 제일 큰 절이었다. 756년 불공(不空)이 절에 머문 이후 권정도장이 설치되어 밀교의 중심 사원이 되었다. 회창 연간의 법난(法難) 이후 황폐화된 이후 일시 재흥하였지만, 청대에 다시 이슬람교도에 의해서 파괴되었다. 흥선사라고도 한다. 엔닌도 840년 8월 대흥선사 번경원(翻經院)의 원정(元政) 아사리를 찾아 스승이 되어주기를 요청했다. 그리고 그에게 금강계대교(金剛界大教)를 배웠고, 오병관정(五瓶灌頂)을 받았으며 전법(傳法)을 허락받았다.

44 582년 수나라 문제가 장안에서 창건하였다. 밀교승이자 구카이(空海)의 스승인 혜과(惠果)가 머물렀던 사원이다. 804년에 입당했던 구카이가 밀교의 법을 전

益)[47]하며, 아울러 남악(南岳)[48] 오대(五臺)[49]에 있는 성스러운 흔적을 보고 싶다" 라고 하였다.

船主許諾云 東西任命 駈馳隨力

선주(船主)는 허락하며 말하기를 "여기저기에서 일을 맡았으니 힘닿는 데까지 빨리 달리겠다" 라고 하였다.

遂則承和九年 即大唐會昌二年[歲次壬戌]夏五月端午日 脫飂兩箇講師 即出去觀音寺

마침내 곧 승화(承和) 9년(842) 대당 회창(會昌) 2년[세차 임술년] 여름 5월 단오일 두 강사 벼슬에서 물러났고 바로 관음사를 나와서 떠났다.

수받는 등 당대 밀교의 중심 사원이다. 845년 회창 폐불 때 문을 닫게 되었다.

45 『日本三代實錄』 貞觀 6年(864) 正月 14日 條에 의하면 엔닌은 840년 8월 장안성의 흥선사를 방문하였고, 841년에는 청룡사의 의진 아시리를 만나서 스승이 되어주기를 부탁하였다.

46 밀교의 다른 이름이다.

47 가볍게 인사하면서 무언가에 대해 허락을 구하는 것을 뜻한다.

48 오악 가운데 하나로서 형산을 가리킨다.

49 『日本三代實錄』 貞觀 6年(864) 正月 14日 條에 의하면 엔닌은 입당 후 840년 여름에 오대산으로 가 성스러운 흔적(聖跡)을 보고 덕이 높은 승려를 만났다고 한다. 즉 대화엄사 등의 사찰을 방문하고 일사자(一師子), 지원(志遠) 화상, 현감(玄鑒) 등의 고승을 만났으며 37권의 경전을 얻어서 베꼈다.

在太宰府博太津頭始上船

다자이후(大宰府) 하카타(博太)[50] 진두(津頭)[51]에서 비로소 배에 올랐다.

到於肥前國松浦郡遠値嘉島那留浦 而船主李處人等 弃唐來舊船 便採嶋裏楠木更新織作船舶 三箇月日 其功已訖

히젠국(肥前國) 마쓰우라군(松浦郡) 도오치카노시마(遠値嘉島)[52] 나루포(那留浦)에 이르러서 선주(船主) 이처인 등은 당에서 가져왔던 옛 배를 버렸다. 곧 섬 안의 남목(楠木)[53]을 벌채해서 다시 새로이 선박을 만들었다. 3개월을 날마다 하여 그 일이 이미 완료되었다.

---

50 하카타의 다른 표기이다.

51 나루를 뜻한다.

52 고대부터 보이는 섬 이름이다. 치카섬을 이루는 여러 섬 가운데 토오치카섬이 어느 섬인지 그 구체적인 범위는 분명히 할 수 없지만, 히젠노구니(肥前國) 가운데 규슈와 가까운 곳에서 봤을 때 먼 곳에 위치하고 있는 섬의 이름일 것이다. 그래서 후쿠에섬(福江島)을 중심으로 하는 일대라고 하는 설이 있지만, 나루우라(那留)라는 이름의 포(浦)를 도내(島内)로 하고 있다는 것으로부터, 다른 여러 섬을 포함하는 총칭이라고도 생각된다. 예를 들어 히라도섬(平戸島)이 가까운 섬이라고 한다면, 원치가도는 고토열도(伍島列島)라고도 볼 수 있다. 『續日本紀』 天平 12年(740) 11월 5일 條에는 '등보지하도(等保知駕島) 색도도(色都島)'라고 하는 섬이 나온다. 740년 9월 큐슈 여러 구니의 병사를 동원해서 반란을 일으킨 후지와라노 히로쓰구(藤原広嗣)는 토벌군에 패배하자 한반도로 건너가려고 하였다. 후지와라노 히로쓰구는 기카이섬(知駕島)에서 출항하여 동풍을 타고 4일 만에 탐라도 근처까지 도달하였지만, 바람이 그치는 바람에 만 하루를 표류한 끝에 서풍을 받고 다시 돌아와 색도도에 닿을 수 밖에 없었다고 한다. 이 '등보지하도 색도도'가 토오치카섬의 이칭(異稱)이라는 설도 있다.

53 녹나무과의 상록수이다. 일본에서는 관동 이남의 따뜻한 지역, 특히 해안에 많다. 높이가 20미터 이상에 달하고 나무에서 향기가 나는 것이 특징이며 가로수로 많이 식재한다. 나무의 재질이 단단해서 건축재, 선박의 재료로서 유용하다.

秋八月二十四日午後 上帆過大陽海入唐 [淂(得)正東風六箇日夜 汯(流カ)着大唐温州樂城縣王留鎮府前頭] 經五箇年巡禮求學

가을 8월 24일 오후 돛을 올려 대양해(大陽海)를 지나서 당에 들어갔다.[정동풍(正東風)을 6일 밤낮으로 받아서 대당 온주(溫州) 낙성현(樂城縣)[54] 옥류진부(玉留鎮府) 앞까지 흘러 들어가 도착하였다] 5년을 순례와 구학으로 지냈다.[55]

承和十四年 即大唐大中二年[歳次丁卯]夏六月廿一日 乘唐〔人脫カ〕張支〔友カ〕信元淨〔靜カ〕等之船 從明州望海鎮頭上帆 [得西南風三箇日夜 纔歸著遠値嘉嶋那留浦 纔入浦口 風即止 舉船難〔歎〕云 奇快々々]

승화(承和) 14년(847) 곧 대당 大中 2년[세차 정묘년] 여름 6월 21일 당인 장우신(張友信)[56]과 원정(元淨) 등의 배에 타서 명주(明州) 망해진두(望海

54 지금의 절강성 온주의 악청시(樂青市)에 해당한다.

55 에운은 842년 8월 24일 입당해서 847년 6월 24일 귀국하였다. 그런데 당에서는 842년부터 846년까지는 회창의 폐불이 단행되었기 때문에 승니들에게는 매우 엄혹했던 시절이었다. 특히 842년 3월에는, 입당했던 외국인 승니들을 환속시킨 후 귀국토록 하는 조치가 취해졌다. 그래서 에운이 충분하게 당에서 구법과 순례를 했을지 의문이다. 모리 키미유키(森公章)는 에운이 일본에 가져온 물품들을 보면 그렇게 많은 양은 아니었지만 밀교 경전만큼은 충분히 가져온 것이라고 평가했다(森公章, 「九世紀の入唐僧: 遣唐僧と入宋僧をつなぐもの」, 『東洋大学文学部紀要』 37, 2011, p.12).

56 장우신은 통역, 상인, 선박 건조 등 다양한 역할을 담당한 것으로 보인다.
『입당오가전』「신뇨 친왕 입당략기(眞如親王入唐略記)」
貞觀 三年(861) 十月七日仰唐通事張**友信** 令造船一隻 **友信**申云 此塩商人也
『日本三代實錄』 貞觀 6年(864) 8月 13日 條
大宰府言 大唐通事**張友信**渡海之後 未知歸程 唐人來往 亦無定期 請**友信**未歸之間 留唐僧法惠 令住 觀音寺 以備通事 太政官處分 依請

鎭頭)[57]로부터 닻을 올렸다. [서남풍을 3일 밤낮으로 얻어서 겨우 도오치카노시마 나루포로 돌아왔다. 간신히 포구로 들어가자 바람이 곧 멈추었다. 배의 모든 사람들이 탄식하며 '기특하고 즐겁다'고 하였다]

旋歸本朝 其取來儀軌經論 佛荓祖師像曼荼羅道具等 [貞〔具〕如日〔目〕録]

돌고 돌아서 일본으로 귀환했다. 그 취해 온 것은 의궤(儀軌)[58], 경론(經論)[59], 부처와 보살(佛菩薩)의 조사상(祖師像)[60], 만다라 도구 등이다. [자세한 것은 목록과 같다][61]

嘉祥元年[歲次戊辰]秋八月 得前攝津國少掾上毛野朝臣松雄之山地 奉爲五條太皇大后宮并四恩 始建立安祥上下兩寺

---

57 지금의 절강성 영파시(寧波市) 망해촌(望海村)에 해당한다.
『日本三代實錄』 元慶 8年(884) 3月 26日 條에 의하면 슈에이(宗叡)도 입당한 지 4년째인 866년에 명주 망해진에서 귀국길에 올라 3일 만에 일본에 도착하였다.

58 밀교의 의례·수행방법이나 도상(図像)에 관한 규칙들이 기술된 경전을 말한다.

59 부처의 설법을 기록한 것이 경(經)이고, 이 경을 해석한 것이 론(論)이다.

60 불제자, 나한 혹은 각 종파의 조사의 용모와 형태를 조각, 회화 등으로 표현한 것을 말한다.

61 본문에는 없지만 아래의 '에운선사장래교법목록(惠運禅師将来教法目録)'에서 혜운이 가져온 것들을 살펴볼 수 있다.
『平安遺文』 承和 14年 6月 30日 4454号 惠運禅師将来教法目録
真言経儀軌等合壱佰捌拾巻金剛瑜祇経一巻理趣釈経二巻孔雀明王経三巻雲居集一部二巻
右従大唐将来仏舎利梵夾真言経像壇供具物数謹録上
여기에 따르면 혜운은 『진언경(真言経)』과 의궤 등 180권, 『금강유기경(金剛瑜祇経)』 1권, 『이취석경(理趣釈経)』 2권, 『공작명왕경(孔雀明王経)』 3권, 『운거집(雲居集)』 1부 2권, 부처의 사리, 범어 경전 등을 가져왔다.

가상(嘉祥) 원년[848년, 세차 무진년] 가을 8월 전 셋쓰국(攝津國)의 쇼조(少掾)[62] 가미쓰케노 마쓰오(上毛野朝臣松雄)[63]의 산지(山地)를 얻어서, 오조태황대후(五條太皇大后)[64]의 궁 및 사은(四恩)[65]을 받들기 위해(奉爲)[66] 비로소 안상상사(安祥上寺)와 안상하사(安祥下寺)[67]를 건립했다.

所安置之界會佛像一切經論并堂塔房舍等 [員依繁不記之]

---

62 율령제의 4등 관제 중 3번째인 판관을 가리키며 종7위상의 위계에 해당한다. 4등 관제의 두 번째인 차관(次官, 스케)의 밑에 위치하며 4등 관제의 4번째인 주전(主典, 사칸)의 위에 위치한다. 사무상의 과오 적발, 공문서의 심사, 숙직의 할당 등을 담당한다. 셋쓰(攝津)와 같은 대국에서는 대소(大少)로 구분되어 있다.

63 가미쓰케씨(上毛野氏)는 가미쓰케 지역을 거점으로 했던 호족이다. 숭신천황(崇神天皇)의 황자인 도요키이리히코노 미코토 (豊城入彦命)를 조상으로 하는 황별씨족(皇別氏族)으로서 上毛野君, 뒤에는 上毛野朝臣의 성으로 칭하였다.

64 『日本三代實錄』 貞觀 7년(865) 7月 19日 條에 의하면 태왕태후인 후지와라노 노부코(藤原順子, 809-871)의 발원에 의해서 안상사가 건립되었다는 것을 알 수 있다. 후지와라노 노부코는 후지와라노 후유쓰구(藤原冬嗣)의 장녀이고 인명천황(仁明天皇)의 뇨고(女御)이다. 또한 황태후로서 문덕천황(文德天皇)의 모친이며 통칭은 오조후(五條后)이다.

65 『日本三代實錄』 貞觀 4年(862) 10月 7日 條
(중략) 何謂四恩 一父母恩 二衆生恩 三國王恩 四三寶恩
중생이 이 세상에서 받는 4종류의 은혜 즉, 부모은, 중생은, 국왕은, 삼보(佛, 法, 僧)을 사은이라고 한다.

66 육국사에는 봉위폐하(**奉爲**陛下), 봉위성황(**奉爲**聖皇), 봉위국가(**奉爲**國家), 봉위선황(奉爲先皇) 등의 표현이 다수 있다.
『日本三代實錄』 貞觀 3年(861) 2月 7日 條
今上**奉爲**先帝 寫得金字大般若經一部 是日 於內殿屈請百僧 奉讀彼經 限三日訖

67 안쇼지는 산에 있는 절인 조지(上寺)와 산 아래에 있는 절인 카지(下寺)로 이루어져있다. 조지에는 예불당(礼仏堂)과 오대당(五大堂)으로 이루어진 당원(堂院), 동서승방(東西僧房), 고리(庫裏), 욕당(浴堂) 등의 시설이 있고, 카지에는 약 2만 평방미터의 지역 내에 탑, 불당, 승방(僧坊), 문루(門楼) 등이 있었다고 여겨진다(京都大学大学院文学研究科21世紀COE, 「グローバル化時代の多元的人文学の拠点形成」, 『王権とモニュメント』, 2004).

안치한 곳에는 계회불상, 일체경론 및 당탑(堂塔)[68]과 방사(房舍)[69] 등이 있었다.[수효는 복잡하기 때문에 기록하지 않는다]

仁壽元年[歲次辛未]春三月 五條太皇大后宮始置七僧 以持念薰修

인수(仁壽) 원년[851년, 세차 신미년] 봄 3월, 오조태황대후궁이 비로소 칠승(七僧)[70]을 배치해서 지념(持念)[71]과 훈수(薰修)[72]를 하였다.

同二年 穎稻一千斤 以爲常燈分 即下官符 付之山城國

인수 2년(852) 영도(穎稻)[73] 일천 근을 항상 등분(燈分)[74]으로 삼도록 하

---

68 부처를 모시는 공간을 당(堂)이라 하고, 부처의 뼈, 머리카락 등과 같은 성스러운 유물을 모시기 위한 건조물을 탑(塔)이라고 한다.

69 『日本三代實錄』 元慶 3年(879) 2月 22日 條
紀伊國金光明寺火 **堂塔房**舍室成灰燼

70 대법회에서 일곱 가지의 일을 담당하는 승려들로서, 강사(講師)·독사(讀師)·주원사(呪願師)·삼례사(三礼師)·패사(唄師)·산화사(散華師)·당달(堂達)의 총칭이다. 『日本文德天皇實録』 嘉祥 3年(850) 10月 23日 條에 의하면 칠승을 청량전(清涼殿)으로 불러서 수법(修法)과 인주(印呪)를 하게 하였고, 3일 동안 국가를 위해서 기도하게 하였다.

71 정법(正法)을 항상 잊지 않도록 하는 것을 뜻한다.

72 옷에 향기가 배어나도록(薰) 수행하는 것을 뜻한다.
『續日本後紀』 承和 2年(835) 正月 6日 條에 의하면 봉(封) 200호를 할당해서 승려들에게 국가를 위해 훈수(薰修)하게 하였다고 한다. 거기에는 인간과 하늘에 이익이 되고자 하는 목적이 있었다.

73 탈곡하기 이전, 벼 이삭이 그대로 붙어있는 상태의 벼를 영도(穎稻)라고 한다. 이에 반해서 탈곡된 벼를 도곡(稻穀)이라고 부른다.

74 헤이안 시대에 사원의 유지를 위해서, 등불의 기름값(油料) 명목으로 정부가 사원에 지급했던 벼를 일컫는다.
『日本三代實錄』 仁和 2年(886) 6月 20日 條에 의하면 안상사의 예를 좇아서, 벼 일천 속(束)을 야마지로국의 고쿠시(國司)에게 맡기고 이를 이용해 매년 출거(出擧)

였다. 곧 관부(官符)[75]를 내려, 그것을 야마시로국에 맡겼다.

齊衡元年[歲次甲戌] 有　勅賜權律師位

제형 원년[854년, 세차 갑술년] 권율사(權律師)[76] 벼슬을 사여한다는 칙이 있었다.

二年言上 編付件寺官額

제형 2년(855), 언상해서 안쇼지에 관액(官額)을 편부(編付)하였다.[77]

三年 施寺之四邊山

제형 3년(856), 절의 사변산을 보시하였다.[78]

하도록 해서 그 이자를 원각사(圓覚寺)에 등분(燈分)하는데 충당하였다고 한다.

75 태정관부의 약칭이다. 율령제 하 태정관에서 팔성(八省) 및 모든 관사 혹은 모든 구니로 내려 보냈던 공문서를 뜻한다.

76 승강(僧綱)의 3번째 위(位)로서 승도(僧都)의 다음에 해당하는 승관이다. 정(正)·권(權)의 두 단계로 나누어져 있으며, 5위에 준한다.

77 『日本文德天皇實録』 齊衡 2年(855) 6月 條
詔以安祥寺預於**定額** 施稻一千束 以充燈油
위의 사료에 의하면, 안상사는 정액(定額)을 받고, 벼 일천 속을 보시 받았다고 한다. 그런데 이 해는 본문의 관액(官額)을 편부 받았던 해와 동일하기 때문에 결국 관액은 정액과 동일한 의미라고 생각된다. 정액사는 일정한 사원들에 한해서만 보호했던 관사(官寺)를 의미하며 관도(官稲)를 지급 받았던 사원이다. 그런데 관사로 대우 받기를 원하는 사원이 많았기 때문에 정액사 제도를 제정하였던 것이다. 정액사는 안상사를 비롯해서 권수사(勧修寺), 제호사(醍醐寺) 등이 있다.

78 『日本文德天皇實録』 齊衡 3年(856) 10月 21日 條
以山城國宇治郡**粟田山**施入安祥寺
위의 사료에서, 안쇼지에 안쇼지 우치군 소재 아와타산(粟田山)이 시입(施入)되었다는 것을 알 수 있다.

貞觀元年[歲次己卯]夏四月上啓 請每年度僧 以令恒轉諸宗法輪

정관 원년[859년, 세차 기묘년] 여름 4월 계(啓)를 올렸다. 매년 승려에게 도첩을 주어, 이로써 항상 여러 종파의 법륜(法輪)[79]을 전(轉)[80]하도록 청하였다.

殿下允許 遂發勝願建立堂宇 圖寫尊像繕寫經論

(황태후) 전하[81]는 윤허하였다. 드디어 승원(勝願)[82]을 발해서 당우(堂宇)[83]

---

79 불교의 가르침, 혹은 불법(佛法)이라고도 한다.

80 『續日本後紀』 天長 10年(833) 4月 21日 條
是日 延十禪師於內裏轉經
이 날 연십선사가 내리에서 경을 전(轉)하였다.
『續日本後紀』 承和 6年(839) 4月 27日 條
會百法師於八省院 限三箇日 **轉**大般若經 以祈雨焉
100명의 법사를 팔성원에 모이게 해서 3일 동안 『대반야경』을 전(轉)해서 비를 내리도록 하였다.

81 전하는 황태자(皇太子)·황태자비(皇太子妃)·황태손(皇太孫)·황태손비(皇太孫妃)·친왕(親王)·친왕비(親王妃)·내친왕(內親王)·왕(王)·왕비(王妃)·여왕(女王) 등에 대한 경칭이다. 사료에서도 주로 皇太后殿下, 太后殿下, 皇太子殿下 로 쓰였으며. 천황은 주로 폐하라는 경칭이 사용되는 것을 확인할 수 있다. 본문에서의 전하는 황태후를 뜻한다.

82 부처나 보살에게 바랐던 기원을 말한다.

83 절의 불당(仏堂), 금당(金堂), 본당(本堂), 강당(講堂), 법당(法堂)을 뜻한다.
『日本後紀』 大同 2年(807) 12月 條에 의하면
오노성(大野城)에 당우를 건립해서 사천왕상을 안치하고 승려 4인으로 하여금 수행하게 하였다. 그러나 이후 이를 정지시키고, 사천왕상과 불도구 등을 곤코묘지(金光明寺)로 옮기는 한편 당우는 존치시켰다. 그런데 불상을 곤코묘지로 옮긴 이후부터 역병이 크게 발생하였기 때문에 다시 오노성으로 옮기기를 청했다고 한다.

를 건립하고, 존상(尊像)[84]을 베껴 그리고, 경론을 다시 고쳐 베꼈다.[85]

始度三人年分

비로소 세 명의 연분도자를 두었다.[86]

身籠高峯 不出山門 晝(晝)夜無間轉妙法論 講安居經

몸은 높은 봉우리에 둘러싸여서 산문을 나가지 않았다. 밤낮으로 끊이지 않고 묘법론(妙法論)[87]을 전(轉)하고, 안거경(安居經)[88]을 강의하였다.

---

84 『續日本紀』 天平 13年(741) 3月 24日 條
(중략) 去歲 普令天下造釈迦牟尼仏**尊像** 高一丈六尺者 各一鋪 (후략)
지난 해(740년) 전국에 석가모니불의 존상을 높이 1장 6척으로 각 1포씩 만들도록 하였다.

85 『續日本後紀』 嘉祥 2年(849) 10月 10日 條
是日 藥師寺僧等**繕寫**藥師經四十卷 盛之高机獻之 爲奉賀天皇寶算滿四十也
위 사료에 의하면 이 날 약사사의 승려 등이 인명 천황의 40세 생일을 축하하기 위해 『약사경』 40권을 선사(繕寫)해서 바쳤다고 한다.

86 연분도자(年分度者)란 헤이안 초기에 불교 각 종파의 모든 대사(大寺)에서 매년 수를 정해서 학업을 시험하여 출가를 허락하는 것을 의미한다.
다음의 사료에서도 황태후의 발원으로 안상사에 연분도자를 두었다는 것을 확인할 수 있다.
『日本三代實録』 貞觀 元年(859) 4月 18日 條
(중략) 縁皇太后御願 置安祥寺年分 度者三人 (후략)

87 묘법은 『묘법연화경(妙法蓮華經)』의 약칭이다. 『묘법연화경』은 대승경전의 하나로서 406년에 구마라습(鳩摩羅什)이 번역하였다. 모든 대승경전 중에서 가장 높고 원대한 묘법을 보여주었다고 하는 경전이다.

88 안거란, 승려가 일정 기간 포교를 나가지 않고, 한 장소에서 수행하는 것을 말한다. 보통 음력 4월 16일에 시작해서 7월 15일에 마무리한다.

進出維摩最勝兩會立義 三會聽衆等人 如是等事自例格也

나아가 유마회(維摩會)[89]·최승회(最勝會)[90]의 두 법회에서 입의(立義)[91]한, 삼회(三會)[92]의 청중 등 사람을 내보냈다. 이와 같은 것 등의 일은 예격[93](例格)에서 비롯된다.

每年秋九月中三箇日夜 晝講演經疏等 夜稱禮五十二位賢聖尊方

매년 가을 9월 중, 3일 밤낮으로 낮에는 경소(經疏)[94] 등을 강연하고, 밤에는 52위[95]의 현성(賢聖)[96]과 존방(尊方)을 칭례(稱禮)하였다.

---

89 『유마경(維摩經)』을 강찬(講讃)하는 강회를 뜻한다. 『유마경』은 대승경전(大乘経典) 가운데 하나로서, 유마(維摩)가 편협한 불제자를 계발하고, 반야의 공관(空觀)에 의해서 불가사의한 해탈의 경지를 얻어 일체의 모든 법을 모조리 하나의 법으로 귀의하게 하는 것을 희곡적인 수법을 가지고 설명한 것이다.

90 『금광명최승왕경(金光明最勝王経)』을 강설하고, 국가의 안온을 기도하는 법회이다.

91 다음 사료에 의하면 입의(立義)란 큰 절의 법회에서 행하여졌던 학문승에 대한 자격시험을 뜻한다.
『續日本後紀』 承和 元年(834) 正月 29日 條
勅 維摩會<u>**立義**</u>得第僧 宜依舊例 請爲諸寺安居講師

92 부처가 도를 깨달은 이후, 중생 구제를 위해서 행하였던 세 번의 법회를 말한다. 그리고 일본에서는 남경삼회(南京三會) 즉, 흥복사(興福寺)의 유마회(維摩會)와 약사사(薬師寺)의 최승회(最勝會), 대극전에서의 어제회(御斎會)를 가리킨다.

93 전례(前例)로 하여 온 격식(格式)을 뜻한다.

94 『日本後紀』 延暦 22年(803) 3月 8日 條에 의하면 입당승 교가(行賀)가 당에서 『법화경소(法華經疏)』 등 500여권의 책을 베껴서 귀국했고, 그 공로로 문도(門徒) 30명을 지급받았다고 나온다. 그리고 원효(617-686)가 저술한 『화엄경소』는 중국에서도 많이 원용되었을 정도로 유명하다. 여기서의 경소는 『법화경』, 『화엄경』에 주석을 달았다는 것을 의미한다.

95 천태교학에서 수행자의 계위(階位)를 일컫는다. 즉, 10신(十信)·10주(十住)·10행(十行)·10회향(十廻向)·10지(十地)·등각(等覺)·묘각(妙覺)의 52가지의 수행의 위(位)가 있다. 10신부터 10회향까지는 범부의 위이고, 십지 이후부터가 성자(聖子)의 위이다.

96 현인(賢人)과 성인(聖人)으로서 지덕(知德)이 뛰어난 사람을 가리킨다.

論義問答 不違三會事

논의[97]의 문답은 삼회(三會)의 일에 어긋나지 않았다.

修於此寺 儀式移大唐

이 절에서 수양하고, 의식은 당으로 옮겼다.

同六年[歲次甲申] 有勅授少僧都號

정관 6년[세차 갑신년], 칙이 있어 소승도[98]의 호칭을 주었다.

同十一年[歲次己巳] 秋九月廿三日遷 [生年七十二 夏臈五十三]

정관 11년[세차 기사년[99]] 가을 9월 23일 사망했다[나이 72세, 하알(夏臈)[100] 53세]

所生弟子二百卅五人 受法弟子五十六人

소생의 제자는 235명이고, 불법을 전수 받은 제자(受法弟子)[101]는 56명이다.

---

97 경론(經論)의 요지를 문답하고 의논하는 것을 뜻한다. 절에서 학승의 수련, 시험을 위해서 시행되었다.

98 승강(僧綱) 가운데 하나로서 승정(僧正)의 다음에 해당하는 승관이다. 대승도(大僧都)·권대승도(權大僧都)·소승도(少僧都)·권소승도(權少僧都)로 나누어진다.

99 기사년이 아닌 기축(己丑)년이 옳다.

100 승려가 된 이후의 연수를 말한다. 법세(法歲)라고도 한다.

101 『續日本後紀』 天長10年(833) 10月 20日 條에는, 사이초(最澄)가 관정비법(灌頂秘法)을 거쳐서 7명의 수법제자를 배출하였다고 나온다. 관정(灌頂)이란, 밀교에서 아사리로부터 비법을 전수받을 때의 의식을 뜻한다. 본문의 수법제자도 관정비법을 거쳤을 것이다.

自爾以降 師々相傳

이 이후부터 스승의 가르침이 제자에게 전수되었다.[102]

門徒一味 興隆佛法 誓護國家 于今不止

그의 문도들 일동은 불법을 흥륭하며 국가를 서호(誓護)하였고, 지금까지도 그치지 않고 있다.

右件家傳 注顯進上如件

延喜元年十一月廿七日　　　都維那師傳燈仕位僧

寺主傳燈大法師　　　上座々々々々々

檢校々々々々々　　　檢校々々々々々

右比校安祥寺資財帳 不審字直之了 賢實[記之]

앞의 가전을 분명하게 기록해서 진상하는 것은, 앞서 기술한 내용대로이다.

연희(延喜) 원년(901) 11월 27일　　도유나사(都維那師)[103] 전등주(傳燈住)[104] 위의 승려

102 사자상승(師資相承), 사자상전(師資相傳)과 같은 의미다.

103 유나(維那)와 동일하다. 삼강(三綱)의 하나로서 절의 사무를 담당하였다.

104 승강 등에 임명되지 못한 법사위(法師位)의 승려를 뜻하는 凡僧(범승)의 승위 가운데 하나이다.

사주(寺主)[105] 전등대법사(傳燈大法師)　　　상좌(上座)[106]々々々々々

검교々々々々々　　　　　　　　　　검교々々々々々

앞의 『안쇼지자재장(安祥寺資財帳)』[107]과 비교해서 미심쩍은 글자는 바로잡아서 끝마쳤다. 겐포(賢寶)[108]가 그것을 기록했다.

---

105 사주(寺主)는 모든 대사(大寺)와 정액사(定額寺)에 두어졌던 삼강 중의 하나이다. 절의 사무를 감독하는 직위이다.

106 상좌(上座)는 삼강의 하나이다. 주로 연장자, 덕이 있는 자들이 임명되었고 절 내의 승려를 통합 감독(統監)하며 절의 사무를 담당한다.

107 『안쇼지자재장』은, 에운이 867년에 직접 절의 건립 경위, 절의 규모, 자재 등을 상세하게 기록한 문서이다.

108 겐포(1333-1398)는 남북조시대의 승려이다. 동사(東寺) 관지원(觀智院)에 있을 때인 1385년에 『안쇼지자재장』을 서사했다고 한다.

Ⅱ. 슈에이(宗叡), 젠린지 승정전(禪林寺僧正傳)

禪林寺僧正傳 宗叡[勸修寺長者補任云 眞紹之甥[云々]]

젠린지(禪林寺)[109] 승정(僧正)[110]전 슈에이(宗叡)[권수사장사[111]보임(勸修寺長者補任)에서 말하길, 신조(眞紹)[112]의 조카[라고 한다]]

---

109 『日本三代實錄』 貞觀 5年(863) 9月 6日 條
以山城國愛宕郡道場一院預於定額 賜名禪林寺 先是 律師傳燈大法師位眞紹申牒稱(후략)

110 승강(僧綱)의 하나. 승려 중 최고직관.
『日本書紀』 推古天皇 32年(624) 4月 13日 條
詔曰 夫道人尚犯法 何以誨俗人 故自今已後 任僧正 僧都 仍応検校僧尼
헤이안 시대 초기까지는 남도(南都) 여러 대사(大寺)의 승려들이 임명되었으나, 문덕(文德) 천황(850~858) 시대부터 진언(眞言)과 천태(天台) 두 종에서도 승정이 임명되었다.

111 후지와라(藤原) 씨 북가(北家) 다카후지(高藤, 838-900)의 후손인 권수사류(勸修寺流) 후지와라씨의 씨장자(氏長者)로 보인다. 권수사 사원의 장은 장리(長吏)라고 부른다.

112 신조에 대한 기록은 다음과 같다.
『続日本後紀』 承和 14年(847) 4月 23日 條
(전략) 大法師**眞紹**爲權律師
『続日本後紀』 嘉祥 元年(848) 6月 28日 條
以權律師**眞紹**爲正(후략)
『日本三代實錄』 貞觀 6年(864) 2月 16日 條
(전략) 律師傳燈大法師位**眞紹** 法眼和上位權少僧都 (후략)

元慶八年二〔三〕月廿六日[丁亥] 殞霜 僧正法印大和尚位宗叡卒

원경(元慶) 8년(884) 2월 26일[정해] 서리가 내렸다. 승정 법인대화상위[113] 슈에이가 사망하였다.

宗叡俗姓池上氏 左京人也

슈에이의 속성은 이케가미(池上)씨[114]이고 사쿄(左京)[115] 사람이다.

幼而遊學 受習音律 年甫十四 出家入道

어려서 유학하고 음율(音律)[116]을 익혔다. 나이 비로소[117] 열넷에 출가입도[118]하였다.

---

113 승강(僧鋼)의 위계로서 승정의 계에 해당한다.
『日本三代實錄』 卷八 貞觀 6年(864) 2月 16日 條
制定僧綱位階 詔曰 (중략) 仍彼三階之外 更制法橋上人位 **法眼和上位** 法印大和尚位等三階 以爲律 師已上之位 宜法印大和尚位爲僧正階 法眼和上位爲僧都階 法橋上人位爲律師階 (후략)

114 『續日本紀』 天平寶字 2年(758) 2月 條
左大舍人広野王賜**池上**真人姓
『續日本紀』 天平寶字 2年(758) 12月 15日 條
左京人広野王賜姓**池上**真人

115 교토 주작대로의 왼쪽, 즉 동쪽을 뜻한다.

116 『日本三代實錄』 貞觀 7年(865) 10月 22日 條
(전략) 始師事雅樂權少屬外從五位下良枝宿禰清上 受學吹笛 清上特善吹笛 **音律** 調弄皆窮其妙 (후략)
위 사료를 보면 음율(音律)은 음악을 가리키는 것으로 생각된다.

117 『續日本後紀』 嘉祥 3年(850) 3月 25日 條
奉葬天皇於山城國紀伊郡深草山陵 (중략) 帝嘗縱容謂侍臣曰 朕**年甫**七齡 得腹結病也 八歲得齊下絞 痛之痾 尋患頭風 (후략)

118 도사, 여관, 승려, 비구니가 되는 것을 뜻한다.

從内供十禪師載鎭 承受經論

내공십선사[119] 사이친(載鎭)을 따라 경론[120]을 이어받았다.

登棲叡山 无復還情

히에이잔(比叡山)[121]에 올라 살며, 다시 돌아갈 뜻이 없었다.

天長八年 受具足戒 就廣寺義演法師 稟學法相宗義

천장 8년(831) 구족계를 받았다. 고코지(廣罡寺)의 기엔(義演) 법사에게 가서 법상의 종의[122]를 품학하였다.[123]

『日本書紀』 養老 5年(721) 5月 12日 條
右大弁従四位上笠朝臣麻呂 請奉為太上天皇**出家入道** 勅許之

119 내공(봉(奉)), 십선사는 궁중에서 천황의 안녕을 기원하는 승직을 가리킨다. 내공봉과 십선사를 겸직하면 내공(봉)십선사라고 부른다.
『続日本紀』 寶龜 3年(772) 3月 6日 條
禅師秀南 広達 (중략) 或持戒足称 或看病著声 詔充供養 並終其身 當時称為**十禅師** 其後有闕 択清 行者補之
『日本後紀』 弘仁 3年(812) 12月 條
調綿一萬五百屯施七大寺常住僧并内**供奉十禪師**

120 삼장(三藏) 가운데 경장(經藏)과 논장(論藏)을 말한다.

121 히에이잔(比叡山)의 약칭이다.
『日本後紀』 弘仁 5年(814) 6月 19日 條
(전략) 僧最澄久住**比叡山** 学業共勤 施近江國稻四百束 以充山資

122 종파가 의거하고 있는 근본의 가르침을 말한다.

123 수학(受學)과 같은 뜻이다.
『後漢書』「馬援列傳」 朱勃小器速成 智盡此耳 卒當從汝**稟學** 勿畏也

數年後 歸叡山 廻心向大受菩薩戒 譜〔諳〕究天台宗大義

수년 후, 히에이잔에 돌아가 연심향대(廻心向大)[124]하여 보살계[125]를 받았고 천태종의 대의를 암구(諳究)[126]하였다.

于時叡山主神假口於人 告曰

그 때 히에이잔의 주신(主神)[127]이 사람의 입을 빌려서 고하여 말하기를

汝之苦行 吾將擁護 遠行則雙烏相隨 暗夜則斤 竹歟〔行カ〕火相照 以此可爲徵驗

"그대의 고행을 내가 장차 옹호하노라. 멀리 가면 곧바로 두 까마귀[128]가 따르고 어두운 밤에는 곧바로 불을 붙여(行火)[129] 비추리라. 이것이 징

---

124 자신의 깨달음만을 추구하는 소승의 마음가짐에서 벗어나 대승으로 향하는 것.

125 대승불교의 계율로 보살이 지켜야 할 계(戒)로서 삼취정계(三聚浄戒)로 정의된다. 삼취정계는 5계, 8계, 10계 등 계율을 지키는 섭률의계(摂律儀戒), 스스로 모든 선을 실행하는 섭선법계(摂善法戒), 일체의 중생을 제도하는 섭중생계(摂衆生戒)를 말한다.

126 충분히 외우는 것을 뜻한다.
『晉書』「王隱傳」隱以儒素自守 不交勢援 博學多聞 受父遺業 西都舊事多所**諳究**

127 히에이잔의 수호신은 일길대사(日吉大社) 서본궁(西本宮)의 대기귀신(大己貴神)과 동본궁(東本宮)의 대산사신(大山咋神)이다. 사이초(最澄)가 히에이잔에 일승지관원(一乗止觀院, 후의 延暦寺)을 건립하면서 두 신을 사원의 수호신으로 삼았다. 대기귀신(大己貴神)은 대비예신(大比叡神)이라고도 부른다.

128 산악신앙을 기원으로 하는 수험도(修驗道)에서는 까마귀를 신의 사자로 여긴다고 한다. 히에이잔에도 일길대사(日吉大社)의 산왕신앙이 존재하며 그 기원은 산악신앙에 있다고 한다.

129 육국사에서 행화(行火)는 불을 붙인다는 뜻으로 사용된 사례가 여럿 있다.
『續日本後紀』承和 15年(848) 3月 5日 條

험(徵驗)이 될 것이다"고 하였다.

厥後 宗叡到越前國白山

그 후, 슈에이는 에치젠국(越前國) 하쿠산(白山)[130]에 이르렀다.

雙烏飛隨 在於先後 夜中有火 自然照路 見者奇之

두 까마귀가 날며 따라 앞뒤에 있고, 밤중에는 불이 있어 자연히 길을 비추니, 본 사람은 이를 기이하다 하였다.

久之移住東寺 就小僧都實惠 受學金剛界大法

오랜 시간이 지나 도지(東寺)[131]로 이주하여 소승도[133] 지쓰에(實惠)[134]에

(전략) 是日 永安門西廊有火 近衞及今良等 競水沃之即滅 初是作物所冶師**行火**之所延也

130 가가국(加賀國), 히다국(飛驒國), 에치젠국(越前國), 미노국(美濃國)에 걸쳐있는 산으로 가가(加賀)의 하쿠산(白山) 또는 에치(越)의 하쿠산이라고 칭한다. 후지산, 다테야마산과 함께 일본 3산의 하나이다.
『日本文德天皇實錄』 仁寿 3年(853) 10月 22日 條
加加賀國**白山**比姬神從三位 (후략)
『日本三代實錄』 貞觀 元年(859) 1月 27日 條
京畿七道諸神 進階及新叙 惣二百六十七社 (중략) 加賀國**白山**比女神正三位 (후략)

131 진언종(眞言宗) 도지파(東寺派)의 대본산이다. 본명은 금광명사천왕교왕호국사비밀전법원(金光明四 天王教王護國寺秘密傳法院)이다. 나성문(羅城門)의 동쪽에 위치하여 도지(東寺)라고 칭했다. 환무(桓武) 천황이 延曆 15年(796)에 창건을 지시하였으며 차아(嵯峨) 천황이 구카이(空海)에게 하사하고 승려 50인을 두어 밀교를 배우게 했다.
『續日本後紀』 承和 2年(835) 正月 6日 條
大僧都傳燈大法師位空海奏曰 依弘仁十四年詔 欲令眞言宗僧五十人住**東寺** 修三密門 今堂舍已建 修 講未創 願且割被入東寺官家功德料封千戶之內二百戶「甲斐

게 가서 금강계대법을 수학하였다.

詣少僧都眞紹 受阿闍梨位灌頂 自内藏寮給料物焉

소승도 신조를 뵙고 아사리위 관정(灌頂)[134]을 받아 내장료(内藏寮)[135]로부터 요물(料物)[136]을 받았다.

清和太上天皇儲貳之初 選入侍東宮

國五十戸 下總國百五十戸」以充僧供 爲 國家薫修 利濟人天 許之 (후략)

132 안상사 에운전 정기옹 주1) 참조

133 『平安遺文』 164号 「東寺所藏文書」 貞觀 9年(867) 6月 11日
空海阿闍梨授**実恵**阿闍梨 実恵阿闍梨授恵運

134 밀교의 의식 중 전법(傳法) 아사리가 상대에게 아사리위(位)를 주는 것을 전법 관정, 혹은 아사리관정이라 한다.

135 율령제 관사의 하나로서 중무성(中務省)에 속한다. 주로 금은, 주옥(珠玉), 보기(寶器), 비단 등 진기한 물건을 보관, 출납하고, 천황과 중궁의 옷, 신발, 안장 등과 여러 제사에 사용하는 물품을 조달했다.
『日本後紀』 延暦 18年(799) 4月 27日 條
勅 (중략) 廢内**藏寮**主鎰四人 加少屬一員 (후략)
위 사료는 육국사에서의 내장료의 초출 기사이다.
『類聚三代格』 巻4 加減諸司官員并廢置事「雑任」 30 大同 3年(808) 12月 15日 太政官符
停止并減定諸司才長上事 (중략) 内藏寮 典履三員 右減一員 定二員 典革長上 造油絁長上 造 御履長上 造御櫛長上 右四員並停止
위 사료에서는 내장료에 소속되었던 인원에 대해 볼 수 있다.

136 특정 목적에 사용하는 물건, 비용을 말한다.
『續日本後紀』 承和 9年(842) 10月 14日 條
勅左右京職東西悲田 並給**料物** (후략)
그리고 연희식에서는 제사에 쓰일 물자를 가리키는 경우도 있다.
『延喜式』「神祇一」 大原野神四座祭 條
右 **料物**同春日祭 春二月上卯 冬十一月中子日祭之

청화(淸和) 태상천황이 저이(儲貳)[137]에 임명된 초창기[138], 선택받아 들어가 동궁(東宮)[139]에서 모셨다.

貞觀四三歟[140]年 高岳親王入於西唐

정관 4년(862) 다카오카 친왕(高岳親王)이 서당(西唐)[141]에 들어갔다.

---

137 태자를 이르는 말이다.
『日本三代實錄』 光孝天皇 即位前紀 條
天皇諱時康 仁明天皇之第三子也 (중략) 仁明天皇之爲**儲**弍也 選入東宮 (후략)

138 『日本文德天皇實錄』 嘉祥 3年(850) 11月 25日 條
惟仁親王爲皇太子(후략)
위 사료를 보면 고레히토(惟仁) 친왕(이후 청화 천황)은 태어난 해인 850년에 황태자로 임명되었다는 것을 알 수 있다.

139 황태자의 처소를 가리킨다.

140 평성(平城) 천황(재위: 806~809)의 3남인 다카오카 친왕(高岳親王)의 입당 시기에 대해서는 정관(貞觀) 2년설(『본조황윤초운록(本朝皇胤紹運錄)』)과 동 3년설(즈다 친왕 입당략기(頭陀親王入唐略記)), 동 년설(신뇨 친왕 입당략기(眞如親王入唐略記))」, 『일본삼대실록(日本三代實錄)』 원경(元慶) 5년 10월 13일 條) 등이 있다.

141 『日本三代實錄』 天安 3年(859) 6月, 元慶 5年(882) 10月 13日, 元慶 8年(885) 條에는 다카오카 친왕이 863년에 서당(西唐)으로 갔다고 나온다. 남송의 학자 왕응린(王應麟)이 썼다고 전해지는 『옥해(玉海)』라는 책에 서당과 관련된 기사가 전해지는데 여기서의 서당이 『일본삼대실록』의 서당과 같은 장소인지는 확실하지 않다. 이외에 현재 상해 근교에 '서당(西塘)'이라는 지명이 있는데 혹 이곳을 가리키는 것인지는 확인이 필요하다. 또 다른 해석으로 단순히 당의 수도인 장안의 서쪽에 진입했다고 해석해 볼 수도 있다.
『玉海』 卷18, 地理 郡國下 唐開置州縣. "正[貞]觀元年置西·仁·嵋州 而龜·林·軌州 黨項·叢·洪·南·壽·應州置於二年三年 定襄·雲中都督 嶂浮·祐順·**西唐州** 置於四年 以拓拔部置西戎·儒州及雅·蛾·炎·向·麟·闊·肆·直之置 則五年也"

宗叡請從渡海 初遇汴[142]州阿闍梨玄慶 受灌頂 習金剛界法 登攀五臺山巡禮聖跡

슈에이가 청하여 쫓아 도해하였다. 처음에 변주(汴州)[143]의 아사리(阿闍梨) 현경(玄慶)을 만나 관정(灌頂)을 받고 금강계법(金剛界法)을 익혔으며 오대산(五臺山)[144]에 올라 성스러운 유적을 순례하였다.

---

142 전국시대(戰國時代)에는 대량(大梁), 동위(東魏) 때는 양주(梁州)라고 했다가 수·당 대에 변주로 고쳤다. 오대(五代) 이후로 여러 대에 걸쳐 수도로 정했기 때문에 변경(汴京)이라 칭하게 되었다(『宋史』 卷85, 志38, 地理1, 京城, 東京). 지금의 하남성(河南省) 개봉(開封) 일대이다.

143 범어 아사리아(a-ca-rya)의 음역(音譯)이다. 궤범사(軌範師) 등으로 의역되며 흔히 계사(戒師)라고 한다. 규칙, 규범을 가르치는 모범적인 스승이라는 뜻이며, 바른 행동을 보여준다고 하여 정행(正行)이라 부르기도 한다.

144 산서성(山西省) 흔주시(忻州市) 오대현(五台縣)에 자리하며, 중국 불교사에 있어 굉장히 중요한 의미를 가지고 있는 산이다. '오대산신앙(五臺山信仰)'이라 명명될 정도로 오대산을 중심으로 불교가 발전하였는데 그 경위를 따지면 다음과 같다. '오대산신앙'은 『구역화엄경(舊譯華嚴經)』이 중국에 전래되는 동진(東晉) 이래로, 먼저 문수신앙(文殊信仰)이 유포되었고, 점차 경중문수지주(經中文殊止住)의 청량산(淸涼山)이 중국의 오대산에 비정되기 시작함으로서 성립하게 되었다. 그러나 오대산 신앙이 본격적인 흥성을 보인 것은 당대에 들어가서의 일이다. 밀교의 대덕(大德)인 불공(不空, 705~774)이 오대산을 전국불교의 중심지로 만들고 호국도량화(護國道場化)하였을 뿐 아니라 화엄의 징관(澄觀)은 오대산신앙에 새로운 교의(敎義)를 확립하였다. 징관은 이세가시의 문수시주처(文殊止住處)의 오대산신앙에 문수보살의 특성인 지혜를 결부시켜 오대산 성소 신앙을 밀교의 깊은 교리를 나타내는 만다라(曼多羅)의 세계관에 접합시켜 해석하였다. 즉 금강계만다라의 오방불(五方佛) 개념을 도입하여 오대산신앙에 대한 새로운 해석을 시도하였던 것이다. 이에 『화엄경』에 의거하여 성립된 오대산신앙은 밀교사상과 결합을 이룩하였던 것이며 아울러 당대 오대산신앙이 가지는 특성도 바로 여기에 있다(朴魯俊, 「五臺山信仰의 起源研究-羅·唐 五臺山信仰의 比較論的 考察」, 『嶺東文化』 2, 1986, 68쪽).
『舊華嚴』 卷29, 菩薩住處品 第27 "東北方有菩薩住處 名淸涼山 過去諸菩薩常於中住 彼現有菩薩 名文殊師利 有一萬菩薩眷屬 常爲說法"

即於西臺維摩談石之上 見五色雲 於東臺那羅延窟之側 見聖燈及吉祥鳥 聞聖鐘

곧 서대(西臺)[145]의 유마담석(維摩談石)[146] 위에 오색구름을 보았고 동대(東臺)[147]의 나라연굴(那羅延窟)[148] 옆에 성스러운 등불과 길하고 상서로운 새를 보았으며, 성스러운 종소리를 들었다.

尋至天台山 次於大花嚴寺供養千僧

얼마 지나지 않아 천태산(天台山)에 이르렀고, 다음으로 대화엄사(大花嚴寺)에서 천승공양[149]하였다.

即是本朝御願也

즉, 이것은 본조(本朝)[150]의 발원이다.

---

145 괘월봉(挂月峰)이라고 부른다.

146 『入唐求法巡禮行記』 開成 5年 5月 20日 기사에는 오대산에서 문수사리보살(文殊師利菩薩)과 유마거사(維摩居士)가 대담했다고 전해지는 거암(巨巖)이 묘사되어있다.
『入唐求法巡禮行記』 卷3 開成 5年(840) 5月 20日
從臺西下坂行五六里近谷有文殊与維摩對談處 兩箇大巖相對高起 一南一北 高各三丈許 巖上皆平皆有大石座 相傳云 文殊師利井共維摩相見對談之處

147 망해봉(望海峰)이라고 부른다.

148 나라연은 천상의 역사로서 불법을 지키는 신이다. 제석천의 권속으로, 집금강의 하나이며, 그 힘의 세기가 코끼리의 백만 배나 된다고 한다. 밀적금강(密迹金剛)과 함께 이천(二天)이라고 부른다.

149 많은 승려들에게 제(齋)를 베풀어서 행하는 공양을 일컫는다.

150 다음의 사료에서 본조(本朝)는 일본을 가리킨다는 것을 알 수 있다.
『日本三代實錄』 元慶 7年(883) 6月 10日 條
從五位下行丹波介清內宿禰雄行卒 雄行 字清圖 河內志紀郡人也 本姓凡河內忌寸

至青龍寺 隨阿闍梨法全 重受灌頂 學胎藏并〔界〕法盡其殊旨

청룡사(青龍寺)[151]에 이르러 아사리(阿闍梨) 법전(法全)[152]을 따라 관정(灌頂)[153]을 거듭 받았으며 태장계법(胎藏界法)을 배워 독특한 종지를 다하였다.

阿闍梨 以金剛杵并儀軌法門等 付宗叡 用充印信

아사리는 금강저(金剛杵)[154]와 의궤·법문 등으로써 슈에이에게 주어 인

昔者 唐人金禮信·袁晉卿二人 歸化**本朝**

151 청룡사(青龍寺)는 좌가(左街)의 신창방(新昌坊) 남문의 동쪽에 있었다. 『장안지(長安志)』에 따르면 수 587년에 건립되었던 영감사(靈感寺)의 후신으로, 711년에 청룡사가 되었다고 한다. 회창폐불(會昌排佛) 이후, 선종(宣宗) 즉위 초기에 일시 호국사(護國寺)로 개칭되기도 하였다(『舊唐書』 卷18下, 武宗李炎, 會昌 6年(846) 5月).

152 당의 승려로서 대략 경종(敬宗, 824~826)에서 선종(宣宗, 847~859) 시대에 태어났다. 처음에 청룡사 의조(義操)에게 나가 밀승을 배웠고, 나중에 현법사(玄法寺)에 들어가 도중(徒衆)을 이끌었다. 무종 회창 연간(841~846)에 장생전지념대덕(長生殿持念大德)으로 뽑혔고, 나중에 청룡사로 옮겼다. 슈에이와 엔닌, 엔자이 등 일본에서 온 승려들에게 법을 전수하였다.

153 수계하여 불문에 들어갈 때 물이나 향수를 정수리에 뿌리는 의식을 가리킨다.

154 금강저는 인도 베다시대 경전 『리그베다(Rgveda)』에 등장하는 'Vajra'에서 유래한 단어이다. 『리그베다』 1082 찬가의 내용을 보면 4분의 1이 인드라를 칭송하는 이야기로 그려지고 있다. 그 예시로 경전 1권에는 인드라(Indra)가 바즈라(Vajra, 이하 금강저)를 손에 쥔 신이며, 악룡 브리드라(Vrtra)를 없앴다는 내용이 등장한다. 이처럼 『리그베다』에서 인드라는 악마를 퇴치하며 인간계에 물과 빛을 가져다주는 존재이며 그가 사용하는 무기가 Vajra, 즉 금강저인 것이다. 이후 금강저는 힌두교, 인도 토속신앙이 불교와 융합되는 과정에서 제석천이나 금강역사, 금강수보살 등이 사용하는 지물(持物)로 변하게 된다. 그리고 '무기'로서의 공격성을 나타내기보다는 중생들의 번뇌를 씻어주고 항마(降魔)하는 수호·수행의 의미로 쓰이게 된다. 불교에서 금강저는 여러 도상(圖像)들의 지물로 등장하는 것만 아니라 실제 불교 의식 법구와 수행 도구로 사용되었다. 『금강정경(金剛頂經)』, 『다라니집경(陀羅尼集經)』등 불교 경전에서는 금강저의 사용법이 다양하게 서술되어있다. 특히 밀교에서 금강저는 수법(修法)을 행할

신(印信)[155]으로 사용하게 하였다.

更尋慈恩寺造玄 興善寺智惠輪等阿闍梨 承秘奧詢求幽〔賾カ〕

그리고 자은사(慈恩寺)[156]의 조현(造玄), 흥선사(興善寺)[157]의 지혜륜(智惠輪)[158] 등의 아사리를 찾고, 깊은 뜻을 계승하여 심오한 도리를 물어 구하였다.

때 사용하는 법구로 수행자가 직접들고 의식을 행하거나 단(檀) 위에 놓여 결계하는 용도로 사용되었다. 이뿐만 아니라 삼매야형(三昧耶形)으로 만다라에 그려지거나 문양으로 장식되는 등 그 쓰임새가 다양하였다. 그리고 이러한 모습은 여러 조각, 회화, 공예에서 찾아볼 수 있다. 한국, 중국, 일본 나아가 인도네시아 자바, 네팔 등 많은 국가에서 불교 도상에 금강저가 등장하고 있으며 금강령과 동반으로 출토되고 있다(김미정, 「한국 금강저 연구」, 동국대학교 석사학위논문, 2018, 1~4쪽).

155 사승(師僧)이 비법을 전수했다는 증거로서 제자에게 수여하는 서장(書狀)을 가리킨다.

156 중국 당 태종 정관(貞觀) 22년(648)에 당시 황태자였던 고종(高宗)이 어머니를 위해 건립하였다. 인도에서 귀국한 현장이 이곳에 머물며 경전의 번역에 전념하였다. 이후 현장이 경전과 불상을 수장하기 위해 5층 전탑을 세웠고, 그 후 8세기 초에 7층탑으로 개수되었는데 이것이 현재 남아 있는 대안탑(大雁塔)이다(『舊唐書』 卷150, 列傳141, 方伎, 僧玄奘).

157 수 문제에 의해 당시 도성이던 대흥성(大興城)에서 가장 먼저 설립된 절이며 '국사(國寺)'라는 칭호를 받은 수 왕조 최고의 국가 대사이다. 흥선사는 국가의 기복과 안녕을 위해 건립한 것으로서 수의 국통(國統)이 거주하였고, 수 문제가 '도입천자(道入天子)'라 불렀던 영장(靈藏)이 사주(寺主)로서 머무르던 교권의 중심지이기도 하였다. 당대(唐代)에 들어서는 진언종(眞言宗)의 중심지가 되었다(蘇鉉淑, 「隋의 國家大寺 大興善寺-寺刹의 內外的 環境과 空間의 復原的 考察」, 『中國史硏究』 88, 2014, 45~46쪽).

158 지혜륜(?~876)은 호승(胡僧)으로서 밀교의 일본 전래에 있어서 매우 중요한 역할을 하였다. 특히 입당승 엔친과 슈에이가 입당했을 때 스승의 역할을 하였다.

迴至洛陽 便入聖善寺善无畏三藏舊院

돌고 돌아 낙양에 이르러 곧 성선사(聖善寺) 선무외삼장(善無畏三藏)[159]의 구원(舊院)으로 들어갔다.

其門徒以三藏所持金剛杵并經論梵夾諸尊儀軌等授之

그 문도들은 삼장(三藏)이 소지했던 금강저(金剛杵)를 비롯하여 경론(經論)·범협(梵夾)·제존(諸尊)·의궤(儀軌)등을 그에게 주었다.

八年 到明州望海鎭 適遇弟子延孝 遙指扶桑將泛一葉 宗叡同丹〔舟〕〔順脫カ〕風解纜 三日夜間歸着本朝

정관 8년(866) 명주(明州) 망해진(望海鎭)[160]에 도착하여 마침 제자 연효(延孝)를 만나 아득히 부상(扶桑)[161]을 향해 작은 배 한 척[163]을 띄우려 하였

159 범어 슈바카라싱하를 번역한 이름으로, 중국에서 역경승으로 활동한 중천축국(中天竺國) 출신의 학승이다. 밀교의 조사(祖師)들 중 한 명으로, 마가다국의 왕가로부터 분파된 감로반왕(甘露飯王)의 후예인 불수왕(佛手王)의 아들이었다고 한다. 13세에 왕위를 물려받았으나, 형제들이 난을 일으켜 곧 왕위를 버리고 나란다사로 가서 달마국다(達摩掬多)로부터 밀교를 배우고 그 요체를 터득하여 명성을 날렸다. 인도 각지의 불적을 순례한 후, 스승의 명에 따라 범본(梵本)의 불전들을 갖고 카슈미르, 우디야나, 디베드를 거쳐 716년에 당 장안에 도착했다. 당 현종의 환대를 받고 흥복사(興福寺)와 서명사(西明寺)에서 머무르다가 보제원(菩提院)으로 옮겨 역경에 전념했으며, 735년에 입적했다. 금강지(金剛智)와 함께 중국 밀교의 기초를 확립하는 데 크게 공헌했다(한국불교대사전편찬위원회, 『한국불교대사전』 3, 1993, 명문당, 569~570쪽). 그리고 일찍이 신라의 혜통(惠通)이 그에게 불법을 구한 바 있다(『三國遺事』 卷5, 惠通降龍).

160 현재 절강성(浙江省) 영파시(寧波市)이다.

161 중국인들의 관념상 동쪽을 의미한다. 태양이 뜨는 곳. 일본을 가리키기도 한다. 『양서(梁書)』 동이전(東夷傳)에는 부상국전(扶桑國傳)이 따로 기록되어 있다.

다. 슈에이의 무리는 순풍이 불자 배의 닻줄을 풀어, 3일 만에 일본으로 돌아왔다.[162]

主上大悅 遇以殊禮

주상께서 크게 기뻐하셨고, 특별한 예로써 대우하셨다.

當時法俗 皆望和尙之傳金剛界法 胎藏密敎

당시 법속이 모두 화상이 금강계법과 태장밀교를 전하기를 바랐다.

和尙於東寺授之

화상이 도지(東寺)에 이것들을 주었다.

學後數傾懷而說

학도들은 여러 차례 마음을 기울여 설법하였다.

여기에 따르면 부상국의 위치와 풍속 등이 꽤 자세히 서술되어 있다. 실체의 진위 여부에 대해서는 여러 가지 설이 있으나 『양서』와 이를 참고한 『남사(南史)』 외에 부상국전이 존재하지 않아 대체로 허구의 존재로 파악하고 있다.

162 일엽편주(一葉片舟)의 고사 속 달마(達摩)가 일엽편주를 타고 인도에서 중국 광주(廣州)로 왔다는 기록을 찾기 위해 『전등록(傳燈錄)』이라는 송(宋) 진종(眞宗) 대의 문서를 찾아보았으나 해당 문서에서는 천축국의 왕이 달마에게 큰 배를 구해주는 것으로 기술되어 있어 내용이 일치하지 않았다(『傳燈錄』, 卷3, "王即具大舟 實以衆寶 躬率臣寮 送至海").

十一年春正月廿七日 爲權律師 十六年冬十二月二十九日 轉權少僧都

정관 11년(869) 봄, 권율사(權律師)가 되었다. 정관 16년(874) 겨울, 권소승도(權少僧都)로 옮겼다.[163]

奉授天皇金剛界大毗盧[164]遮那三摩地法觀自在⁺⁺⁺[165]秘密眞言法

천황에게 금강계대비로자나삼마지법(金剛界大毗盧遮那三摩地法)과 관자재보살비밀진언법(觀自在秘密眞言法)을 바쳤다.

又奉爲 國家 造胎藏金剛兩部大曼荼羅 安置宮中修法院持念矣

또 국가를 위해 태장·금강 양부(兩部)[166]의 대만다라(大曼荼羅)[167]를 만

---

163 승계는 다음의 표와 같다.

승계							
대승정 (大僧正)	권대승정 (權大僧正)	중승정(中僧正) ·승정(僧正)	권중승정 (權中僧正)	소승정 (少僧正)	권소승정 (權少僧正)	대승도 (大僧都)	권대승도 (權大僧都)
중승도(中僧都) ·승도(僧都)	권중승도 (權中僧都)	소승도 (少僧都)	권소승도 (權少僧都)	대율사 (大律師)	중율사(中律師) ·율사(律師)	권율사 (權律師)	

164 『日本三代實録』 元慶 8年(884) 3月 26日 條 및 『遣唐使と入唐僧の硏究-附 校訂『入唐五家傳』-』 361쪽의 필사본에서는 盧로 되어 있다. 대부분의 사서에서 毗盧遮那 혹은 毘盧遮那로 나오며 毗慮遮那로 기록된 경우는 찾기 힘들기 때문에 盧가 타당해 보인다. 毗盧遮那는 범어 바이로차나(vairocana)를 음역한 것이기 때문에 비로자나로 읽는다.

165 『日本三代實録』 元慶 8年(884) 3月 26日 條에는 보살(菩薩)로 나온다.

166 밀교(密敎)의 2대 법문(法門)인 태장계(胎藏界)와 금강계(金剛界)를 의미한다.
『日本三代實録』 元慶 8年(884) 9月 17日 條
年來執遍照之辺 稟学胎藏金剛**兩部**大法既訖

167 산스크리트어 mahā-maṇḍala의 음역이다. 사종만다라(四種曼荼羅)의 하나로 우주의 진리나 그 보편적인 모습을 부처와 보살로 묘사한 그림을 뜻한다.

들어 바치고 궁중 수법원(修法院)에 안치하여 지념(持念)[168] 하였다.

十九年 天皇遷御清和院 禪位於皇太子 歸念佛道 深悟苦空

정관 19년(877), 천황이 청화원(清和院)[169]으로 거처를 옮겼다.[170] 황태자에게 선위하고[171] 불도(佛道)에 귀념(歸念)[172]하였으며 고공(苦空)[173]을 깊이 깨달았다.

宗叡奉勅太上天皇 令聽學華嚴涅槃等大乘經

슈에이가 태상천황의 칙서를 받들어 『화엄경』과 『열반경』 등의 대승경

---

168 정법(正法)을 항상 잊지 않도록 하는 것을 뜻한다.

169 문덕(文德) 천황이 후궁 후지와라노 아키라케코(藤原明子)의 청으로 불심원(佛心院)을 건립한 것에서 비롯되었다. 876년 청화(清和) 천황으로 양위한 후 현재의 이름으로 개칭되었다.

170 『續日本紀』 天平勝寶 元年(749) 5月 23日 條에 "天皇遷御藥師寺宮"라 나오고 또 11月 30日 條에 "是日 遷御大郡宮"이라 나온다. 6개월 만에 이동한 것으로 볼 때 천어(遷御)는 완전한 이동보다는 단순한 이동을 의미할 가능성이 높아 보인다.

171 『日本三代實録』 貞觀 18年(876) 11月 29日 條에 "天皇讓位於皇太子"라고 나온다. 즉 청화 천황은 貞觀 18年(876)에 제1 황자인 9세의 정명(貞明) 천황에게 양위하고 태상 천황이 되었다.

172 『日本三代實録』 貞觀 13年(871) 2月 16日 條
婦出羽國田川郡人大荒木臣玉刀自 夫死之後 廬於墓側 **歸念**佛理 守不移勅叙位二階 免戸内租 表於門廬

173 중생이 번뇌로 얻게 되는 네 가지 중 고(苦)와 공(空)을 아울러 이르는 말로서 곧 이 세상은 괴롭고 허무하다는 뜻이다.
『日本三代實録』 元慶 4年(880) 12月 4日條
自遜皇位 御清和院 **歸念苦空**(佛道) 發心菩提

(大乘經)[174]을 배우도록 명하였다.

元慶三年夏四月 太上天皇遷御圓覺寺 則落餝入道 設灌頂法壇 受佛性三摩地(衍カ)耶密乘戒

원경(元慶) 3년(879) 여름 4월, 태상천황이 엔가쿠지(圓覺寺)로 거처를 옮겨 곧 낙식(落餝)[175]입도하였고, 관정(灌頂)[176]을 행하는 법단(法壇)을 설치하여 불성(佛性)[177]삼마야(三摩耶)[178]밀승계(密乘戒)를 받았다.

以衣服臥具珍寶車乘 儭施於宗叡 於是分捨東寺東大延曆等諸寺 一物不入已(己)焉

의복, 와구(臥具)[179], 보물(珍寶), 수레(車乘)를 슈에이에게 보시(儭施)하니 이를 도지(東寺), 도다이지(東大寺), 엔랴쿠지(延曆寺) 등 여러 절에 나누어 희사하고 어떤 것도 들이지 않았다.

---

174 널리 인간 전체를 구제하여 부처의 경지에 이르게 하는 대승의 교법을 해설한 다섯 가지의 불경을 일컫는다. 『화엄경』, 『대집경』, 『반야경』, 『법화경』, 『열반경』이 이에 해당한다.

175 고귀한 신분의 사람이 머리를 깎고 불문에 들어가는 것을 의미한다.
『日本三代實錄』 貞觀 3年(861) 2月 29日條
皇太后**落**餝入道

176 밀교 의식의 하나로 수계(受戒)하여 불문(佛門)에 들어갈 때, 물을 정수리에 붓는 의식을 말한다. 본래 인도 제왕(帝王)의 즉위식 때, 사대해수(四大海水)를 떠서 태자의 정수리에 부어 사해를 장악할 것을 기원하는 의미에서 행하여졌다.

177 부처를 이룰 수 있는 근본 성품으로 미혹이나 깨달음에 의하여 변하는 일 없이 본래부터 중생에게 갖추어져 있는 성품을 가리킨다.

178 밀교에서 본원 또는 평등을 이르는 말이다.

179 이불이나 베개 따위와 같이 수행자가 누울 때 쓰는 물건을 통틀어 이르는 말이다.

是年冬十月廿三日 至僧正位

이해 겨울, 승정(僧正)[180]위(位)에 이르렀다.

太上天皇見(衍カ)巡覽山城大和攝津等國名山佛寺

태상천황이 야마시로(山城)[181], 야마토(大和)[182], 셋쓰(攝津)[183] 등 구니의 명산과 불사를 순람하였다.

宗叡奉旋引導 到舟(丹)波國水尾山 以爲終焉之地

슈에이가 받들어 모시고 인도하였는데 단비국(丹波國)[184] 미즈오산(水尾山)에 이르러 종언의 땅으로 삼았다.[185]

---

180 승강의 하나로 승려 중 가장 높은 직관이다.
『日本書紀』 推古天皇 32年(624) 4月 13日 條
詔曰 夫道人尚犯法 何以誨俗人 故自今已後 任**僧正** 僧都 仍応検校僧尼
헤이안 시대 초기까지는 남도(南都) 여러 대사(大寺)의 승려에서 임명되었으나, 문덕 천황(850~858) 시대부터 진언(眞言), 천태(天台) 두 종에서도 승정이 임명되었다. 입당팔가(入唐八家) 중 생전에 승정을 받은 것은 슈에이가 유일하다(川尻秋生, 「입당승 슈에이와 청래서적의 행방」, 『동아시아 속의 한일관계사』, 제이앤씨, 2010, 428쪽).

181 지금의 교토부(京都府) 남부이다.

182 지금의 나라현(奈良縣)이다.

183 현재의 오사카 시를 포함한 오사카부의 북부와 고베 시 일부를 포함한 효고현 남동부에 해당한다.

184 지금의 교토부 중부이다.

185 이에 따라 이후 청화 천황의 유해를 수미산에 두었다.
『日本三代實録』 元慶 4年 12月 7日 條
奉葬太上天皇於山城國愛宕郡上粟田山 奉置御骸於水尾山上

和尚性沈重 不好言談 當於齋口不言灑(濃)淡

화상(和尚)[186]은 성정이 침중[187]하여 언담을 좋아하지 않아 재식(齋食)[188]할 때도 맛의 짙음과 옅음을 말하지 않았다.

未嘗寢脫衣裳 念珠離手 年七十六 終於禪林寺云々

일찍이 잠자리에서 의상을 벗거나 염주(念珠)[189]를 손에서 뗀 적이 없었다. 76세에 젠린지(禪林寺)에서 임종하였다고 한다.

---

186 수행을 많이 한 승려, 혹은 승려의 높임말이다.

187 성격·마음 따위가 무게가 있다는 뜻과 병세가 매우 무겁고 위태롭다는 두 가지 뜻이 있다. 육국사에서는 침중(沈重)이라는 용어가 4번 등장하는데 그 중 3번은 후자의 뜻으로 쓰였다(沈重病). 전자의 뜻으로 쓰인 나머지 하나는 위의 문장과 동일하다. 전자의 뜻으로 쓰인 용례는 『고려사(高麗史)』에도 있다.
『高麗史』 卷104, 列傳17 諸臣 金永煦 條
性嚴毅**沈重** 親姻故舊有匱乏者 無不賙給

188 불가에서 하루에 한 번 오전 중에 식사하는 것을 말한다.

189 염불의 횟수를 기억하는 구슬이다. 염불할 때나 다라니를 외울 때 일정한 수의 구슬을 끼워 연결한 염주를 가지고 그 수를 기억하도록 하는 도구이다. 보통 108주(珠)를 사용하는데, 이를 108염주라고 한다.

참고자료

『입당오가전』의 「젠린지 승정전」은 『일본삼대실록』의 슈에이(宗叡) 졸전을 원본으로 삼고 있다. 아래에 『일본삼대실록』의 슈에이 졸전과 『입당오가전』「젠린지 승정전」을 대조한 표를 첨부한다. 『일본삼대실록』은 黒板勝美 編, 『新訂增補國史大系 日本三代實錄 後篇』, 吉川弘文館, 1974를, 『入唐五家傳』 은 佐藤長門 編, 『遣唐使と入唐僧の研究: 附 校訂 『입당오가전』』, 高志書院, 2015에 수록된 궁내성(宮内省) 서릉부(書陵部) 소장 『속군서유종(續群書類從)』을 원고로 사용하였다.

日本三代實錄	入唐五家傳
元慶八年三月廿六日丁亥 殞霜	元慶八年二月廿六日[丁亥] 殞霜
僧正法印大和尚位宗叡卒	僧正法印大和尚位宗叡卒
宗叡 俗姓池上氏 左京人也	宗叡 俗姓池上氏 左京人也
幼而遊學 受習音律 年甫十四 出家入道	幼而遊學 受習音律 年甫十四 出家入道
從内供**奉**十禪師載鎮 承受經論	從内供十禪師載鎭 承受經論
登棲叡山 **無**復還情	登棲叡山 **无**復還情
天長八年 受具足戒 就廣**岡**寺義演法師 稟學法相宗義	天長八年 受具足戒 就**廣寺**義演法師 稟學法相宗義
數年**復** 歸叡山 廻心向大 受菩薩戒 **諳**究天臺宗	數年**後** 歸叡山 廻心向大 受菩薩戒 **譜**究天台宗
大義	大義
随円珍和尚 於園城寺 受兩部大法	
于時叡山主神 假口於人 告曰	于時叡山主神 假口於人 告曰
汝之苦行 吾將擁護	汝之苦行 吾將擁護
遠行則雙烏相隨 暗夜則**行**火相照 以此可爲徴驗	遠行則雙烏相隨 暗夜則**斤**火相照 以此可爲徴驗
厥後 宗叡到越前國白山 雙烏飛隨 在於先後 夜	厥後 宗叡到越前國白山 雙烏飛隨 在於先後 夜
中有火 自然照路 見者奇之	中有火 自然照路 見者奇之
久之移住東寺 就**少**僧都實惠 受學金剛界大法	久之移住東寺 就**小**僧都實惠 受學金剛界大法
詣少僧都眞紹 受阿闍梨位灌頂 自内藏寮 給料物焉	詣少僧都眞紹 受阿闍梨位灌頂 自内藏寮 給料物焉
清和太上天皇**爲**儲貳之初 選入侍東宮	清和太上天皇儲貳之初 選入侍東宮
貞觀四年 高丘親王入於西唐 宗叡請從渡海	貞觀四年 高岳親王入於西唐 宗叡請從渡海
初遇汴州阿闍梨玄慶 受灌頂 習金剛界法	初遇汴州阿闍梨玄慶 受灌頂 習金剛界法
登攀五臺山 巡禮聖跡	登攀五臺山 巡禮聖跡

日本三代實錄	入唐五家傳
即於西臺維摩**詰**石之上 見五色雲 於東臺那羅延窟之側 見聖燈及吉祥鳥 聞聖鐘	即於西臺維摩**談**石之上 見五色雲 於東臺那羅延窟之側 見聖燈及吉祥鳥 聞聖鐘
尋至天台山 次於大**華**厳寺 供養千僧	尋至天台山 次於大**花**嚴寺 供養千僧
即是 本朝御願也 至青龍寺 隨阿闍梨法全 重受**灌**頂 學胎藏**界**法 盡其殊旨	即是 本朝御願也 至青龍寺 隨阿闍梨法全 重受**灌**頂 學胎藏**并**法 盡其殊旨
阿闍梨 以金剛杵并儀軌法門等 付**属**宗叡 用充印信	阿闍梨 以金剛杵并儀軌法門等 付宗叡 用充印信
更尋慈恩寺造玄 興善寺智**慧**輪等阿闍梨 承**受**秘奥 詢求**幽賾** **廻**至洛陽 便入聖善寺善**無**畏三藏舊院	更尋慈恩寺造玄 興善寺智**恵**輪等阿闍梨 承秘奥 詢求**幽嵴廻**至洛陽 便入聖善寺善**无**畏三藏舊院
其門徒 以三藏所持金剛杵并經論梵夾諸尊儀軌等授之	其門徒 以三藏所持金剛杵并經論梵夾諸尊儀軌等授之
八年 到明州望海鎮 適遇**李**延孝 遥指扶桑 將泛一葉	八年 到明州望海鎭 適遇**弟子**延孝 遙指扶桑將泛一葉
宗叡同**舟** **順**風解纜 三日夜間 歸着本朝	宗叡同**丹** 風解纜 三日夜間 歸着本朝
主上大悦 遇以殊禮	主上大悦 遇以殊禮
當時法侶 皆望和尚之傳金剛界法胎藏**界法**密教	當時法俗 皆望和尚之傳金剛界法胎藏密教
和尚於東寺**教**授之 學**徒有**數 傾懷而説	和尚於東寺授之 學**後**數 傾懷而説
十一年春 爲權律師 十六年冬 転權少僧都	十一年春**正月廿七日** 爲權律師 十六年冬**十二月二十九日** 轉權少僧都
奉授天皇金剛界大毗盧遮那三摩地法觀自在**菩薩**秘密眞言法	奉授天皇金剛界大毗盧遮那三摩地法觀自在**艹艹**秘密眞言法
又奉爲國家 造胎藏金剛兩部大曼荼羅 安置宮中修法院持念**堂**	又奉爲國家 造胎藏金剛兩部大曼荼羅 安置宮中修法院持念**矣**
十九年 天皇遷御清和院 讓位於皇太子 歸念佛道 深悟苦空	十九年 天皇遷御清和院 **禪**位於皇太子 歸念佛道 深悟苦空
宗叡奉勸 太上天皇 令聽學華厳涅槃等大乘經	宗叡奉勅 太上天皇 令聽學華嚴涅槃等大乘經
元慶三年夏四月 太上天皇遷御圓覺寺 **剔**落入道 設灌頂法壇 受佛性三摩耶**秘**密乘戒	元慶三年夏四月 太上天皇遷御圓覺寺 **則**落餝入道 設灌頂法壇 受佛性三摩**地**耶密乘戒
以衣服臥具珍寶車乘 嚫施於宗叡	以衣服臥具珍寶車乘 儭施於宗叡
於是 分捨東寺東大延暦等諸寺 一物不入**己**焉 是年冬 至僧正位	於是 分捨東寺東大延暦等諸寺 一物不入**已**焉 是年冬**十月廿三日** 至僧正位
太上天皇 巡覽山城大和攝津等國名山佛寺	太上天皇 **見**巡覽山城大和攝津等國名山佛寺
宗叡奉**従**引導 到**丹**波國水尾山 以爲終焉之地	宗叡奉**旋**引導 到**舟**波國水尾山 以爲終焉之地
和尚性沈重 不好言談 當於斎**食** 口不言**濃**淡 未嘗寢脱衣裝 念珠**不**離手	和尚性沈重 不好言談 當於齋 口不言**灑**淡未嘗寢脱衣裳 念珠離手
年七十六 終於禪林寺	年七十六 終於禪林寺**云々**

Ⅲ. 조교(常曉), 오구루스 율사전(小栗栖律師傳)

續日本後紀第五云 丙申 授唐留學元興寺僧傳燈住位常曉滿位

『속일본후기』 제5권에서 이르기를, 병신(丙申, 28)일「승화 3년(839) 윤(閏) 5월이다」 당에 유학한 간고지(元興寺)[190]의 승려 전등주위(傳燈住位) 조교(常曉)[191]에게 만위(滿位)[192]를 수여하였다.[194]

---

190 간고지는 나라(奈良)에 있는 사원으로서 남도칠대사 가운데 하나이다. 소가노 우마코(蘇我馬子)가 아스카에 건립했던 일본 최고(最古)의 본격적 불교사원인 호코지(法興寺)가 헤이조쿄(平城京) 내로 이전했던 사원이다.

191 조교(常曉, -867年 1月 9日)는 헤이안 시대 전기의 승려로 오구루스 율사(小栗栖律師)·입당근본대사(入唐根本大師)라고도 불렸고, 입당팔가(入唐八家) 가운데 한 사람이다. 간고지의 부안(豊安)에게 처음으로 교학을 배웠고, 이후 구카이(空海)로부터 관정(灌頂)을 수여 받았다. 승화(承和) 5년(838) 삼론(三論)의 유학승으로서 당에 건너갔다. 양주(揚州)에서 원조(元照)에게 삼론의 교학을, 분자이(文サイ)에게 밀교와 대원수법(大元帥法)을 배운 후 839년에 일본에 귀국했다. 그는 궁중의 상녕전에서 대원수법을 처음으로 행하였다. 이후 대원수법은 후칠일어수법(後七日御修法)에 준하여 대우받게 되었다. 864년에 권율사(權律師)에 임명되었다.

192 『日本後紀』 天長 9年(832) 12月16日 條
延曆寺僧**傳燈住位**僧叡勝·僧圓修·僧円仁·僧德圓·僧乘天·僧道叡 並授**傳燈滿位**。
위 사료는 엔랴쿠지의 승려이자 전등주위였던 승려들에게 전등만위를 수여했다는 내용이다. 본문의 조교도 이와 마찬가지로 전등주위에서 전등만위가 되었다.

第八云 是日承和六年九月辛丑也 朔己卯也 令太宰府進 上自大唐所奉請大元帥畫像[云々]

『속일본후기』 제8권에서 이르기를[194], 이날「승화 6년(839) 9월 신축(辛丑)이고, 삭은 기묘(己卯)이다」 다자이후에 명하여 당으로부터 봉청(奉請)한 대원수(大元帥)[195]의 초상을 진상하게 하였다 [라고 나온다.]

第九云 丁未承和七年六月也 朔乙巳 入唐請益僧傳燈大法師位常曉言 山城國宇治郡法琳寺 地勢困燥〔閑燥カ〕 足修大法 望請 今般自大唐奉請大元帥靈像秘法 安置此處 爲修法院 保護國家 不關講讀師之攝 許也〔之〕[云々]

제9권에서 이르기를, 정미「丁未, 승화 7년(840) 6월이고, 삭 을사(乙巳)

전등법사위(傳燈法師位)는 승려의 위계이다. 천평보자(天平寶字) 4年(760) 제정한 승위(僧位)로 제4위에 해당한다. 전등은 법맥(法脈)을 전해서 끊이지 않는 것을 의미한다. 승려의 위계에는 전등법사 위 위에 傳燈大法師位가 있고, 그 아래에는 전등만위(傳燈滿位), 주위(住位), 입위(入位)가 있다(小野勝年, 『入唐求法巡禮行記の硏究 第2卷』, 鈴木學術財團, 1964, 208쪽).

193 전등주위 조교에게 만위를 수여하였다는 내용은 다음의 사료에서도 확인할 수 있다.
『續日本後紀』 承和 3年(836) 5月 28日 條
授遣唐留學元興寺僧傳燈住位常曉滿位

194 관련된 사료는 다음과 같다.
『續日本後紀』 承和 6年(839) 9月 23日 條
是日 令大宰府進上自大唐所奉請大元帥畫像

195 조교는 당으로부터 귀국한 후 곧 상표문을 포함한 「청래목록(請來目錄)」(『平安遺文』 4446号 「常曉和尙請來目錄」)을 제출하고 아울러 태원수명왕의 화상(畵像)을 진상하였다고 전해지는데, 「청래목록(請來目錄)」에 따르면 '태원수법이 도내(都內)에 10 공봉(供奉)이외에 전해지지 않고, 여러 주(州)에서 절도사댁 바깥으로 나오지 않았다'고 한다. 태원수법은 특정한 성격을 부여받았다기보다는 '만능의 항마법(降魔法)'으로 기대되었을 것으로 판단된다(정순일, 「신라해적과 國家鎭護의 神·佛」, 『역사학보』 226, 2015, 269쪽).

이다」, 입당 청익승(請益僧) 전등대법사위 조교가, "야마시로국(山城國) 우지군(宇治郡)에 있는 호린지(法琳寺)[196]는 지세가 아름답고 건조하여 대법(大法)[197]을 수양하기에 족하다. 이번에 대당으로부터 봉청한 대원수 영상(靈像)의 비법을 이 절에 안치해서 수법원(修法院)[198]으로 하고, 국가를 보호하며 강독사(講讀師)[199]의 간섭에 관련되지 않기를 청하고 바란다(望請)" 라고 말하였다. 이를 허락한다

입당근본대사기(入唐根本大師記)

以承和三年[丙辰]五月 銜入唐命 其年漂廻

승화(承和) 3년(836) 5월에 입당의 명을 받들었는데, 그 해 표류하여 돌아왔다.

---

196 호린지는 교토시 후시미구(伏見区)에 위치한 사원이다. 하쿠호 시대(白鳳時代)부터 가람(伽藍)이 있었으며, 조교가 태원수법(太元帥法)을 수법(修法)하는 도량으로서 어원사(御願寺)가 되었다. 헤이안 시대 후기에 만다라지(曼荼羅寺), 가마쿠라 시대에는 다이고지(醍醐寺) 이성원(理性院)의 말사(末寺)가 되었다. 1385년 이후부터 쇠퇴하여 무로마치 시대 중기부터는 폐절되었다.

197 대법(大法)은 밀교의 수법(修法) 가운데 하나로서, 규모가 크고 가장 중요시되었다.

198 수법원(修法院)은 헤이안쿄(平安京)의 대내리(大內裏)에 있었던 수법도량(修法道場)이다. 궁중진언원(宮中真言院) , 만다라도량(曼荼羅道場)이라고도 한다. 834년 12월 구카이(空海)의 상주에 의해서, 당의 내도량(內道場)을 본떠서 만들어졌다.

199 강사(講師)와 독사(讀師)를 합한 말이다. 나라·헤이안 시대에 전국 국분사에 두어졌던 승관으로서 승니를 지도하고 경론을 강설하는 자를 강사라 하고, 이를 보좌해서 법회 등을 맡았던 자를 독사라고 한다.

四年不果渡海

승화 4년(837)에 도해를 달성하지 못하였다.[200]

五年[戊吾]六月進發 同八月到岸 住淮〔准〕南大都督府廣綏官〔陵館〕

승화 5년(838) 6월에 발진하여[201] 같은 해 8월 언덕에 이르렀고, 회남(淮南)[202] 대도독부(大都督府) 광능관(廣陵館)으로 갔다.[203]

---

200 837년의 견당사에 관련된 기사는 다음과 같다. 이에 의하면 견당사선은 역풍을 만나서 이키, 지카노시마에 표착했다는 것을 알 수 있다.
『續日本後紀』 承和4年(837) 3月13日 條
遣唐使朝拜
『續日本後紀』 承和4年(837) 3月 19日 條
遣唐大使藤原朝臣常嗣出自鴻臚 發向大宰府
『續日本後紀』 承和4年(837) 3月 22日 條
依遣唐使進發 差内匠頭正五位下楠野王等 奉幣帛於伊勢大神宮
『續日本後紀』 承和4年(837) 3月 24日 條
遣唐副使小野朝臣篁發自鴻臚 向大宰府
『續日本後紀』 承和4年(837) 7月 22日 條
大宰府馳傳言 遣唐三ヶ舶 共指松浦郡旻樂埼發行 第一第四舶 忽遇逆風 流着壹伎嶋 第二舶左右方 便漂着值賀嶋
『續日本後紀』 承和4年(837) 8月 20日 條
大宰府奏遣唐使三ヶ舶漂廻之狀 并上使等奏狀

201 승화 5년의 견당사에 관련된 기사는 다음과 같다.
『續日本後紀』 承和 5年(838) 6月 22日 條
勘發遣唐使右近衛中將藤原朝臣助奏 副使小野朝臣篁依病不能進發
『續日本後紀』 承和 5年(838) 7月 5日 條
大宰府奏 遣唐使第一四舶進發
『續日本後紀』 承和 5年(838) 7月 29日 條
大宰府奏 遣唐第二舶進發

202 장강(長江)의 북쪽과 회하(淮河)의 남쪽에 위치한 강소(江蘇)·안휘(安徽)·호북(湖北) 지역을 일컫는다.

203 다음의 사료는 승화 5년에 견당사로 당에 갔던 후지와라노 쓰네쓰구(藤原常嗣)가 천황에게 올렸던 표이다. 이 사료에 의해서도, 1년 전인 837년에 후지와라노

同年十二月 移住栖靈寺大悲持念院 始隨文璨和尚 受金剛界并大道法

승화 5년(838) 12월 서령사(栖靈寺)[204]의 대비지념원(大悲持念院)[205]으로 이주하고, 비로소 문찬화상(文璨[206]和尚)을 따라서 금강계(金剛界)[207]와 대도법(大道法)을 받았다.

同六年正月四日 設二百僧齊(齋)供四衆

승화 6년(839) 정월 4일, 승려 200명의 제(齋)를 베풀고 사중(四衆)[208]을

쓰네쓰구는 당으로 건너가려고 했지만 실패했다는 것을 알 수 있다.
『續日本後紀』 承和 5年(838) 8月3日 條
是日 遣唐使表奏到來 其表曰 臣常嗣等言 伏奉四月廿八日勅書慰問 臣等捧戴顚倒 涯分不次 施無遠近 資生之道潛通 恩及客旅 感化之心更切 臣等自辭闕庭 載離寒暑 國命未宣 勞勤頻年 雖有一生 分 當萬死 不億 運闕三秋 嚴霜不行肅殺之命 天爲一物 偏恩曲煦埋枯之根 是知 臣等年齊栢寢 酬恩何 期紙·蘭臺 書罪空滿 謹拜表以聞

204 강소성(江蘇省) 양주시(揚州市)에 위치한 불교 사원이다. 수나라 인수(仁壽) 원년(601)에 창건되었다. 당나라 대인 천보(天寶) 원년(742) 일본에 불법과 계율을 전했던 고승 감진(鑑真)이 주지의 직무(住職)를 맡게 되었다. 당 회창 3년(843)에 9층의 서령탑(栖靈塔)이 큰 불로 소실되었다. 1980년에 이름을 대명사(大明寺)로 개칭하였다.

205 『日本三代實錄』 元慶 8年(884) 3月 26日 條에 의하면, 슈에이(宗叡)는 국가를 위해서 대만다라(大曼荼羅)를 지어 궁중의 수법원(修法院)과 지념당(持念堂)에 안치했다고 한다.

206 이 글자의 본자는 빛날 찬(璨)이다.

207 밀교에서 말하는 양부(兩部)·양계(兩界)의 하나이다. 우주와 일체라고 여겨지는 범신론적인 밀교의 교주(教主)인 대일여래(大日如来)를 지혜의 방면에서 분명하게 했던 부문이다. 대일여래가 깨달은 지혜는 견고하고, 일체의 번뇌를 깬다고 한다.

208 불교의 교단을 구성하는 사람들을 4종류로 분류한 것을 일컫는다. (1) 남성 출가자를 뜻하는 비구(比丘), (2) 여성 출가자를 뜻하는 비구니(比丘尼), (3) 남자 재가신도를 뜻하는 우바새(優婆塞), (4) 여자 재가신도를 뜻하는 우바이(優婆

대접하였다.

同年二月十九日 受灌頂位

승화 6년(839) 2월 19일 관정위(灌頂位)를 받았다.

同廿一日 准勅赴本朝

승화 6년 2월 21일 칙에 따라 일본으로 돌아갔다.

同九月二日上表 自同七年[庚申] 居住於小栗栖寺

승화 6년 9월 2일에 상표하여 승화 7년부터 오구루스지(小栗栖寺)에 거주했다.

以同年六月三日 以小栗栖寺爲修法院之由奏聞

승화 6년 6월 3일부터 오구루스지를 수법원(修法院)으로 하는 까닭을 아뢰었다.

即有裁下 建立御願堂 安置尊像

곧 재가가 내려와 어원당(御願堂)[209]을 건립하고 존상(尊像)을 안치했다.

夷) 등이다.

209 천황·황후·왕자 등의 발원에 의해서 건립한 절로서 어원사(御願寺), 칙원사(勅願寺)라고도 한다.

別降 詔旨 太政官謹依 綸旨 仰諸司 始造一百利劔一百弓箭及法壇種々道具

따로 조지(詔旨)를 내렸다. 태정관이 삼가 논지에 따라서, 제사(諸司)에 명해 비로소 100개의 날카로운 검(利劔)과 100개의 활과 화살(弓箭) 및 법단(法壇)과 여러 종류의 도구를 만들도록 하였다.

始同七年至于嘉祥三年 於常寧殿被修此法十一ケ年

승화 7년(840)부터 비로소, 가상(嘉祥) 3년(850)에 이를 때까지 상녕전(常寧殿)[210]에서 이 법을 11년간 닦았나.

以同十年貞觀六年二月十六日或記被任律師[云々]

승화 10년「정관(貞觀) 6년(864) 2월 16일이라고 혹자는 기재」에 율사(律師)[211]로 임명되었다[고 한다].

以同十三年[丙寅]五月一日 每年正月 於王宮裏 請十五僧修此法

승화 13년(846) 5월 1일로서, 매년 정월 왕궁(王宮)의 안에서 15명의 승려를 청하여 이 법을 닦게 하였다.

---

210 헤이안쿄 내리(內裏)의 전사(殿舍) 가운데 하나로서 황후·뇨고(女御)의 거소이다. 승향전(承香殿)의 북쪽, 정관전(貞觀殿)의 남쪽에 위치해 있다. 오절(五節)의 춤이 펼쳐졌기 때문에 오절전(五節殿)이라고도 부른다.

211 계율에 통달했던 승려나 덕망이 높은 승려를 가리키거나, 승강(僧綱)의 제3위로서, 승도(僧都) 다음의 승관(僧官)을 뜻하기도 한다. 오위(五位)에 준한다.

其用途物 一事已上 准眞言院例之由奏聞

거기에 필요한 물건의 전부를 진언원(眞言院)[212]의 예에 준하는 까닭을 아뢰었다.

未有裁下 天安聖主即從仁壽元年至于 年并百年

아직 재가는 내려오지 않았다. 천안(天安)[213]의 성스러운 군주는 곧 인수(仁壽) 원년(851)부터 해에 이를 때까지 합쳐서 백년이다.

同年[辛未]十二月廿九日 以此旨奏聞 以卅日降宣旨 依請 已載祈(新)式永爲國典

인수 원년(851) 12월 29일 이러한 취지로 아뢰었고, 30일에 선지(宣旨)를 내려, "청에 의해서, 이미 새로운 법식을 올려서 영구히 국전(國典)으로 하라" 라고 하였다.

---

212 다음의 사료에 의하면, 단바국(丹波國) 이카루가군(何鹿郡)에 소재한 부쓰난지(佛南寺)를 진언원(眞言院)으로 정하였고, 곧바로 고쿠시(國司)가 검교(検校)를 하였다는 것을 알 수 있다.
『日本三代實錄』 貞觀 5年(863) 6月 3日 條
以丹波國何鹿郡佛南寺爲**眞言院** 即付國司検校

213 헤이안 시대 전기에 해당하는 문덕(文徳)·청화(清和) 천황 조의 연호이다. 제형(斉衡) 4년(857) 2월 21일에 천안으로 개원하였고, 천안 3년(859)에 다시 정관(貞觀)으로 개원하였다.

以同二年十一月三日 請天判 傳法阿闍梨位授寵壽法師

인수(仁壽) 2년 11월 3일, 천황의 재가(天判)를 청하여 전법아사리위[214]를 조주(寵壽)[215] 법사에게 수여했다.

齊衡年中 田邑天皇以藥師堂定御願 安置七佛藥師佛像

제형 연간(854-857), 문덕천황(田邑天皇)[216]은 약사당(藥師堂)[217]을 어원(御願)[218]으로 정하고, 칠불약사불상(七佛藥師佛像)[219]을 안치하였다.

---

214 밀교(密教)에서 전법관정을 받아서 사람들에게 교법(教法)을 전수하는 위(位)를 말한다. 전교아사리(傳教阿闍梨), 전등아사리(傳灯阿闍梨)라고도 한다.

215 다음의 사료에 의하면 조주는 태원수법을 하였고, 7승려를 거느리고 항적법(降賊法)을 닦았다고 한다.
『日本三代實錄』 元慶 2年(878) 6月 28日 條
詔 遣大元帥法阿闍梨傳燈大法師位寵寿於出羽國 卒七僧修降賊法

216 다음의 사료에서, 안쇼지는 전읍 천황을 받들기 위해 건립되었으며, 전읍 천황은 곧 선대 문덕(文德) 천황이라는 것을 알 수 있다.
『日本三代實錄』 貞觀 7年(865) 7月 19日 條
緣太皇太后御願 於安祥寺 永代相承 持念尊勝眞言 轉讀孔雀王經及諸宗經論 其願文曰 深悲遠慮 調御用心 勝利常行 薩攸急 爰從去貞觀元年 在建立安祥寺 奉爲**田邑天皇**「文德」

217 약사여래(藥師如来)를 본존으로 하는 불당을 말한다.

218 천황·황후·왕자 등의 발원에 의해 지어진 절을 말한다.

219 다음의 기사에 의하면 문덕 천황은 천황의 자리에 올랐던 날에도 칠불약사법을 닦고 칠불상을 그리게 하였다.
『續日本後紀』 嘉祥 3年(850) 3月 19日 條
於清涼殿 修**七佛藥師法** 畫**七佛像** 懸御簾前 七重輪燈立於庭中 復於紫宸殿南庭 新度十人 先是 有詔 度五百人

太元大道持來以來 經朝及于今上十五代 從承和六年[庚申] 至于長元々年[戊辰] 并一百九十年

태원(太元)[220]의 대도(大道)를 가지고 온 이후, 대를 지나서 금상에 이를 때까지 15대이며, 승화(承和) 6년(840)부터 장원(長元) 원년(1028)에 이를 때까지 합쳐서 190년이다.

唯當寺建立以後 從丁巳年齊明天皇三年歟至于長元二年合三百七十三年

다만 약사당(藥師堂)[221]을 건립한 이후, 정사년「丁巳年, 657, 제명 천황 3년인가」부터 장원(長元) 2년(1029)에 이를 때까지 합해서 373년이다.

件寺是奉爲後罡本天皇天智天皇 鈴間公成所建立也

약사사는 후강본천황(後罡本天皇, 천지천황)을 받들기 위해서 영간공(鈴間公)[222]이 건립을 이룬 곳이다.

---

220 대원수법(大元帥法)을 말한다. 대원수법은 궁중 등에서 국가의 진호(鎮護)를 위해서 대원수명왕(大元帥明王)을 본존으로 하여 어수법(御修法)에 준하여 정월 8일부터 14일까지 행하였던 수법이다. 인수 원년인 851년에 처음 시행되었다.

221 여기서 약사당(藥師堂)은 약사사(藥師寺)를 뜻하는 것으로 생각된다. 다만, 『일본서기』 천무(天武) 천황 9年(680) 11月 12日 條에 의하면 천무 천황이 훗날 지통천황이 되는 우노노 사라라(鸕野讃良) 황후의 병이 낫기를 기원하여 야쿠시지의 건립을 발원(発願)하고 백 명의 승려를 출가시켰다고 한다.

222 약사사는 천무 천황이 천지 천황을 위해 지었던 절이므로, 여기서 영간공은 천무 천황을 뜻한다고 보인다.

後罡本者人王第三十八代[云々]第卅八代齊明天皇都大和國罡本宮 第卅九代天智天皇都罡本五ケ年後遷近江國志賀群(郡)大津宮

천지 천황은 인왕(人王)[223]의 제38대 손이라고 전한다.「제38대[224] 제명 천황은 야마토국 오카모토궁(罡本宮)에 도읍을 정하고[225], 제39대 천지 천황은 오카모토(岡本)를 5년 동안 도읍으로 한 이후, 오미국(近江國) 시가군(志賀郡) 오쓰궁(大津宮)으로 옮겼다」

於神泉院 齊衡三年春三月[云々]被奉修 爲祈雨

신천원(神泉院)[226]에서 제형(齊衡) 3년「856년 3월 봄이라고 한다」 수양해서 받들어 비를 기원하였다.

---

223 언주인왕(彦主人王, 생몰년 불상)은 『일본서기』 등에서 전하는 고대 일본의 황족을 말한다.

224 제명 천황은 일본의 제35대 및 37대 천황이다.

225 다음의 사료들에 의하면, 제명(斉明) 천황 2년(656)에 아스카(飛鳥)의 오카모토(岡本)에 궁을 정하여 고구려, 백제, 신라에서 사신을 보내 조공하게 했다고 한다. 또한, 천무 천황은 672년에 오카모토궁의 남쪽에 궁실을 조영하고, 겨울에 이곳으로 천도한 후 이름을 아스카키요하라궁(飛鳥浄御原宮)으로 하였다.
『日本書紀』 斉明天皇 2年(656) 是歳 條
於飛鳥岡本更定宮地 時高麗 百済 新羅 並遣使進調
『日本書紀』 天武天皇 元年(672) 是歳 條
是歳 営宮室於岡本宮南 即冬 遷以居 焉是謂飛鳥浄御原宮

226 신천원(神泉院)은 794년 헤이안쿄로의 천도와 거의 동시에 당시 대내리(大内裏)의 남쪽에 접해있던 땅에 조영되었던 금원(禁苑)이었다. 계절을 불문하고 또한 어떤 가뭄에도 마르지 않는 신천원의 못에는 용신인 선녀용왕(善女竜王)이 살고 있다고 한다. 824년에 사이지(西寺)의 수민과 도지(東寺)의 구카이가 기우의 법을 다투어서, 구카이가 이겼다. 또한 구카이 이후에도 밀교승에 의한 걸우(乞雨)가 몇 번이고 이루어졌다.

向中央幡係白龍 修善間不去

중앙의 번(幡)[227]을 향해서 백룡(白龍)[228]과 잇고, 선을 닦는 사이에는 떠나지 않았다.

仍寺奉迎 外護山奉移了

이에 절에서 귀인을 맞아서, 외호산(外護山)으로 받들어 모시는 것을 마쳤다.

即山名改云福德龍王山[云々]

곧 산의 이름을 고쳐서 복덕용왕산(福德龍王山)[229]이라고 하였다[고 한다].

入唐根本大師常曉上綱[持阿闍梨廿七年 始申成阿闍梨宣旨]

承和七年[丙辰] 御忌日貞觀八年[丙戌]十一月卅日 付法次第解状 寵

227 번(幡)은 불(仏)·보살(菩薩), 혹은 법회의 장을 장엄 공양하는 깃발이다. 보통, 삼각형의 번두(幡頭)와 번신(幡身)·번수(幡手)·번족(幡足)으로 이루어졌고, 포(布)·금동(金銅) 등으로 만든다.

228 다음의 사료를 통해서 백룡은 용왕과 마찬가지로 물과 관련이 있다는 것을 알 수 있다.
『日本後紀』 弘仁 10年(819) 7月 20日 條
京中**白竜**見 有暴風雨 損民屋

229 다음의 사료를 통해서 용왕은 가뭄이 들었을 때 비를 내려줄 수 있는 신이라는 것을 알 수 있다. 그래서 앞서 신천원에서 비를 기원하였고, 효험이 있었기 때문에 복덕용왕산(福德龍王山)으로 이름을 바꿨다고 생각된다.
『續日本後紀』 嘉祥 3年(850) 5월 11일 條
加雨 水潦奔溢 時人以爲 諸僧苦請之誠 感動龍王也

壽[十禪師]大師入滅之後 經廿二日蒙 宣旨

입당근본대사 조교상강[아사리를 가진지 27년, 비로소 아사리 선지(宣旨)를 받들었다]

승화 7년(840), 어기일(御忌日)[230]은 정관 8년(866) 11월 30일이다. 법에 따라 차례대로 해상(解狀)[231]한다. 조주(寵壽)「십선사(十禪師)[232]」는 조교 대사가 입적한 이후, 22일이 지나서 선지를 이어받았다.

第二阿闍梨寵壽 [持阿闍梨廿一年 蒙宣旨]

貞觀八年[丙戌]十二月廿二日 御忌日仁和二年[丙午]正月廿八日 次第申四人 賢石僧都 濟俊(僊)律師 元如 命藤 寵壽入滅之後 經一年 蒙 宣旨

제2 아사리 조주(寵壽)[아사리를 가진지 21년, 선지를 받들었다]

정관 8년(866) 12월 22일, 어기일(御忌日)은 인화 2년(886) 정월 28일이다. 차례로 상신하는 4명은 겐샤쿠(賢石) 승도, 사이센(濟僊) 율사, 간뇨(元如), 묘토(命藤)이다. 총수가 입적한 이후, 1년이 지나서 선지를 이어받았다.

---

230 다음의 사료에서 어기일(御忌日)은 문덕 천황의 사망일을 가리킨다는 것을 알 수 있다.
『日本三代實錄』 貞觀 10年(868) 2月 18日 條
(중략) 每年八月 文德天皇**御忌日** 奉爲天皇 講法華經 迄終一生不廢此業 時人以忠孝相許

231 율령제 하에서, 팔성(八省) 이하 내외의 모든 관리, 즉 경관(京官)·지방관(地方官)이 태정관 및 소관 부서에 상신하는 공문서를 말한다.

232 십선사(十禪師)는 궁중의 내도량(內道場)에서 봉사하고, 어제회(御齋會)의 독사(讀師)나 야거승(夜居僧)의 역할을 담당했던 승려로서 정원은 10명이었다. 일본에서는 학식과 덕을 겸비한 뛰어난 승려를 10명 선발하여 십선사를 겸직시켰기 때문에 내공봉십선사(內供奉十禪師)라고도 불렀다.

第三阿闍梨元如 [持阿闍梨十二年 蒙宣旨]

仁和三年[丁未]正月五日 御忌日寬平九年[丁巳]九月廿三日 元如入滅之後 經廿一日蒙宣旨

제3 아사리 간뇨(元如)[아사리를 가진지 12년, 선지를 받들었다]

인화(仁和) 3년(887) 정월 5일, 어기일은 관평(寬平) 9년(897) 9월 3일이다. 간뇨가 입적한 이후, 21일이 지나서 선지를 이어받았다.

第四阿闍梨命藤十禪師 [持阿闍梨十三四年 蒙宣旨]

寬平九年十月十四日 年五十九臈三十八始任 次第申四人 舒隆 元忠 泰舜 泰幽 命藤入滅之後 經十十(衍カ)五日蒙宣旨

제4 아사리 묘토(命藤) 십선사[아사리를 가진지 14년, 선지를 받들었다]

관평 9년(897) 10월 14일, 59세이고 승려가 된 지 38년에 비로소 맡았다. 차례로 상신하는 4명은 쇼류(舒隆), 간추(元忠), 다이순(泰舜), 다이유(泰幽)이다. 묘토가이 입적한 이후, 15일이 지나서 선지를 이어받았다.

第五阿闍梨舒隆 [持阿闍梨五年 持命廿四年[233] 蒙宣旨]

延喜十年[庚午]十月五日 年五十一臈三十三始任 御忌日承平四年[甲午]十二月廿三日 讓附元忠 延喜十五年[乙亥]九月廿三日 得讓日蒙宣旨

제5아사리 쇼류(舒隆)[아사리를 가진지 5년, 명을 가진지 24년, 선지를

233 아사리에 오른 지 24년 만에 사망했다는 뜻이다.

받들었다]

연희(延喜) 10년(910) 10월 5일, 51세 승려가 된 지 33년 만에 비로소 맡았다. 어기일은 승평(承平) 4년(934) 12월 23일이다. 간추에게 양부(讓附)한 것은 연희 15년(915) 9월 23일이다. 양보를 득한 날 선지를 이어받았다.

第六阿闍梨元忠 [持阿闍梨六年 [或本十六年] 蒙宣旨]

延喜十五年九月廿三日 年五十六臈卅五始任 御忌日承平元年[辛亥〔卯〕]二月廿五日 但舒隆天命以前入滅 元忠入滅之後 經卅五日蒙宣旨

제6아사리 간추(元忠)[아사리를 가진지 6년, [어떤 책에는 16년], 선지를 받들었다]

연희 15년(915) 9월 30일, 나이 56세 승려가 된 지 35년에 비로소 아사리를 맡았다. 어기일(御忌日)은 승평(承平) 원년(931) 2월 25일이다. 다만 쇼류(舒隆)가 천명(天命)[234]하기 이전에 입적했다. 간추가 입적한 이후 35일이 지나서 선지를 이어받았다.

第七阿闍梨泰舜上綱或權律師 [持阿闍梨十四年 持命十八年 蒙宣旨]

承平元年四月二日 年五十六臈三十四始任 御忌日天曆三年[己酉]

234 다음의 사료를 통해서 천명(天命)은 입적, 사망과 같은 뜻임을 알 수 있다.
『日本後紀』 天長10年(833) 正月 19日 條
出雲守正四位下紀朝臣咋麻呂卒 爲人無才 以田原天皇外戚 得至四位 終以**天命** 時年七十九

十一月三日 讓附泰幽 天慶七年[甲辰]七月十九日 次第申六人 泰幽 圓照 行觀[不] 如照[不] 觀算[不] 譽好

第7아사리 다이슌(泰舜) 상강(上綱)「혹은 권율사」[아사리를 가진지 14년, 명을 가진지 18년, 선지를 받들었다]

승평 원년(931) 4월 2일, 나이 56세 승려가 된 지 34년 만에 비로소 아사리를 맡았다. 어기일은 천력(天曆) 3년(949) 11월 3일이다. 다이유(泰幽)에게 양부(讓附)한 것은 천경(天慶) 7년(944) 7월 19일이다. 차례로 상신하는 6명은 다이유, 엔쇼(圓照), 교칸(行觀)[不], 조쇼(如照)[不], 간잔(觀算)[不], 요코(譽好)이다.

第八阿闍梨泰幽已講 [持阿闍梨三年]

天慶四年維摩會講師 蒙宣旨天慶七年七月十九日 年七十臈五十始任 御忌日天曆元年[丁未]二月廿八日 但泰舜天命以前入滅 泰幽入滅之後 經二月餘蒙宣旨

제8아사리 다이유(泰幽) 이강(已講)[아사리를 가진지 3년,]

천경(天慶) 4년(941) 유마회(維摩會)[235]의 강사를 하였다. 선지를 받들었던 것은 천경 7년 7월 19일이다. 나이 70세, 승려가 된 지 50년 만에 비로소 아사리를 맡았다. 어기일은 천력(天曆) 원년(947) 2월 28일이다. 다만 다이슌(泰舜)이 천명하기 이전에 입적했다. 다이유(泰幽)

235 유마회는 불교 행사의 하나로서, 『유마경』을 강독해서 공양하는 법회이다. 특히 나라 고후쿠지에서 음력 10월 10일부터 16일까지 시행되는 것이 남경삼회(南京三會)의 하나로서 매우 유명하다.

가 입적한 이후, 2개월 정도가 지나서 선지를 이어받았다.

第九阿闍梨圓照上綱或權律師 [持阿闍梨廿七年 蒙宣旨]

天暦元年五月十九日 年五十一臈三十一始任 御忌日天延二年[甲戌]三月廿六日 圓照入滅之後 經卌余日蒙宣旨

제9 아사리[236] 엔쇼(圓照) 상강[237]「혹은 권율사」[238] [아사리를 가진 지 27년, 선지[239]를 받들었다]

천력(天曆) 원년(947) 5월 19일, 나이 51세이자 출가한 지 31년째에 비로소 아사리에 임명되었다. 어기일(御忌日)은 천연(天延) 2년(974)(甲戌) 3월 26일이다. 엔쇼가 입멸[240]한 후, 40여 일이 지나 선지를 이어받았다.

第十阿闍梨譽好十禪師 [持阿闍梨廿四(十五カ)年 蒙宣旨]

---

236 밀교에서, 수행이 일정 단계에 도달하여 전법관정(傳法灌頂)이라는 직위를 가지고 제자에게 비법을 전수하였던 승려를 가리킨다.

237 승강(僧綱) 중에서 상위의 사람을 가리킨다.

238 승강은 승정(僧正), 승도(僧都), 율사(律師)로 구성되며 율사는 대율사, 율사, 권율사로 구분된다. 권(權)은 정원을 초과하여 임명했음을 나타낸다.

239 율령기 이후 일본에서 천황, 태정관의 의향을 전달하는 문서이다. 천황의 명령이 태정관부, 태정관 첩으로 문서화되는 과정에서 변관국의 사(史)에게 그 내용이 구두로 전달되는데, 이때 변관이 기억해두기 위해 작성한 문서가 당사자에게 발급되면서 문서양식의 일종으로 자리 잡은 것이 선지이다. 선지에는 변관의 서명만이 기입되지만 천황의 의사를 반영하는 문서로 취급되었다. 본래 율령의 규정에서 천황이 발급하는 문서는 조서(詔書), 칙지(勅旨)였는데 이들은 중요한 안건인 경우에 엄밀한 형식에 따라 발급되었으므로, 유연하게 발급이 가능한 선지라는 문서 형태가 등장하나 것이다.

240 열반에 드는 것. 석가의 죽음, 혹은 고승의 죽음에 쓰인다.

天延二年五月十三日 年六十八臈四十七始任 御忌日永祚元年[己丑]十二月廿五日 次第申七人 妙譽 賀仲 章助 仁聚 泉澍 法圓 信源 譽好入滅之後 經三ケ日蒙宣旨

제10 아사리 요코(譽好) 십선사[241] [아사리를 가진 지 24「15인가」년, 선지를 받들었다]

천연(天延) 2년(974) 5월 13일, 나이 68세이자 출가한 지 47년째에 비로소 아사리에 임명되었다. 어기일은 영조 원년(989)[己丑] 12월 25일이다. 차제에 말할 7인은 묘요(妙譽), 가추(賀仲), 쇼조(章助), 닌슈(仁聚), 센주(泉澍), 호엔(法圓), 신겐(信源)이다. 묘코가 입멸한 후, 3개월이 지나 선지를 이어받았다.

第十一阿闍梨妙譽 [持阿闍梨一年 [或本經四年] 蒙宣旨]

永祚元年[己丑]十二月廿八日 年八十一臈卌五始任 御忌日正曆元年[庚寅]四月十八日 妙鑒入滅之後 十〔經脫カ〕日蒙宣旨

제11 아사리 묘요(妙譽) [아사리를 가진 지 1년「어떤 책은 4년」 선지를 받들었다]

영조(永祚) 원년(989) 12월 28일, 나이 81세이자 출가한 지 45년째에 비로소 아사리에 임명되었다. 어기일은 정력 원년(990)[庚寅] 4월 18일이다.

241 십선사(十禪師)는 궁중의 내도량(内道場)에서 봉사하고, 어제회(御斎會)의 독사(読師)나 야거승(夜居僧)의 역할을 담당했던 승려로서 정원은 10명이었다. 일본에서는 학식과 덕을 겸비한 뛰어난 승려를 10명 선발하여 십선사를 겸직시켰기 때문에 내공봉십선사(内供奉十禪師)라고도 불렀다.

묘칸(妙鑒)이 입멸한 후, 10일이 지나 선지를 이어받았다.

第十二阿闍梨賀仲 [持阿闍梨四年 蒙宣旨]

正暦元年四月廿八日 御忌日長徳元年[乙未]正月八日 妙(妙以下十二行衍歟)鑒入滅之後 經十日蒙宣旨

제12 아사리 가추(賀仲)[아사리를 가진 지 4년, 선지를 받들었다]

정력(正曆) 원년(990) 4월 28일 아사리에 임명되었다. 어기일은 장덕(長德) 원년(995)[乙未] 정월 8일이다. 묘칸이 입멸한 후, 10일이 지나 선지를 이어빋있다.「묘이하 12자는 질못인가」

第十三阿闍梨仁聚 [持阿闍梨一年 蒙宣旨]

長徳元年八月或本二月廿五日 御忌日長徳元年十月廿四日

제13 아사리 닌슈(仁聚)[아사리를 가진 지 1년, 선지를 받들었다]

장덕(長德) 원년(995) 8월「어떤 책은 2월」25일 아사리에 임명되었다. 어기일(御忌日)은 장덕 원년 10월 24일이다.

第十四阿闍梨泉澍 [持阿闍梨十年 蒙宣旨]

長徳元年十一月十日 年五十七臈三十八始任 泉澍入滅之後 經三十四日蒙宣旨

제14 아사리 센주(泉澍)[아사리를 가진 지 10년, 선지를 받들었다]

장덕(長德) 원년(995) 11월 10일, 나이 57세이자 출가한 지 38년째에 비로소 아사리에 임명되었다. 센주가 입멸한 후 34일이 지나 선지를 이어받았다.

第十五阿闍梨法圓 [持阿闍梨五年 蒙宣旨]

寬弘二年十月八日 年四十六臈卅二始任 御忌日寬弘七年[庚戌]二月四日 法圓入滅之後 經十月蒙宣旨

제15 아사리 호엔(法圓)[아사리를 가진 지 5년, 선지를 받들었다]

관홍(寬弘) 2년(1005) 10월 8일, 나이 46세이자 출가한 지 42년째에 비로소 아사리에 임명되었다. 어기일은 관홍 7년(1010)[庚戌] 2월 4일이다. 호엔이 입멸한 후 10개월이 지나 선지를 이어받았다.

第十六阿闍梨信源 [持阿闍梨廿九年 蒙宣旨]

寬弘七年[庚戌]十二月廿七日 年四十五臈廿七始任 御忌日長曆二年五月十五日 次第申三人 進恩 源慶 禪快[死去] 源慶依有犯過逃亡 信源入滅之後 經八月蒙宣旨

제16 아사리 신겐(信源)[아사리를 가진 지 29년, 선지를 받들었다]

관홍(寬弘) 7년[庚戌] 12월 27일, 나이 45세이자 출가한 지 27년째에 비로소 아사리에 임명되었다. 어기일은 장력(長曆) 2년(1038) 5월 15일이다. 차제로 말할 3명은 신온(進恩), 겐케이(源慶), 젠카이(禪快)[사거]이다. 겐케이는 잘못을 범해서 도망갔다. 신겐이 입멸한 후, 8개월이 지나 선지를 이어받았다.

第十七阿闍梨進恩 [持阿闍梨八年 蒙宣旨]

長曆二年[戊寅]十二月七日 年六十六臈五十一始任 御忌日永承元年六月十一日 大賊被害

제17 아사리 신온(進恩)[아사리를 가진 지 8년, 선지를 받들었다]

장력(長曆) 2년(1038) 12월 7일, 나이 66세이자 출가한 지 51년째에 비로소 아사리에 임명되었다. 어기일은 영승(永承) 원년(1046) 6월 11일이다. 대적(大賊)에게 해를 당하였다.

第十八阿闍梨尊覺 [持阿闍梨十二年 進恩入滅之後 經七月蒙宣旨]

永承元年十二月卅日 年七十臈五十二始任 御忌日天喜五年五月十四日

제18 아사리 손카쿠(尊覺)[아사리를 가진 지 12년, 신온이 입멸한 후 7개월이 지나 선지를 받들었다]

영승(永承) 원년(1046) 12월 30일, 나이 70세이자 출가한 지 52년째에 비로소 아사리에 임명되었다. 어기일은 천희(天喜) 5년(1057) 5월 14일이다.

第十九阿闍梨信算 [持阿闍梨二年 蒙宣旨]

天喜五年十月十五日 康平二年十二月卅日追却

제19 아사리 신산(信算)[아사리를 가진 지 2년, 선지를 받들었다]

천희(天喜) 5년(1057) 10월 15일 아사리에 임명되었고, 강평(康平) 2년(1059) 12월 30일 추각(추방) 되었다.

第廿阿闍梨眞宗 [持阿闍梨一年 蒙宣旨]

康平二年十二月卅日 同三年十二月廿九日追却

제20 아사리 신슈(眞宗)[아사리를 가진 지 1년, 선지를 받들었다]

강평(康平) 2년 12월 30일에 아사리에 임명되었고, 강평 3년(1061) 12월

29일 추각되었다.

第廿一阿闍梨源慶[242] [持阿闍梨十五年 蒙宣旨]

康平三年十二月廿九日 御忌日承保二年五月八日

제21 아사리 겐케이(源慶)[아사리를 가진 지 15년, 선지를 받들었다]

강평 3년 12월 29일 아사리에 임명되었고, 어기일은 승보(承保) 2년 (1075) 5월 8일이다.

第廿二阿闍梨宣經 [持阿闍梨廿七年 蒙宣旨]

承保二年十二月卅日 御忌日康和五年五月十四日

제22 아사리 센쿄(宣經)[아사리를 가진 지 27년, 선지를 받들었다]

승보 2년 12월 30일에 아사리에 임명되었고, 어기일은 강화(康和) 5년 (1103) 5월 14일이다.

第廿三阿闍梨定慶 [持阿闍梨三年 蒙宣旨]

康和五年十二月廿九日 御忌日長治二年四月四日

제23 아사리 조케이(定慶)[아사리를 가진 지 3년, 선지를 받들었다]

강화 5년 2월 29일에 아사리에 임명되었고, 어기일은 장치(長治) 2년 (1105) 4월 4일이다.

---

242 제16 아사리 부분에서 나온 원경과 동일 인물인지는 불분명하다.

第廿四阿闍梨宣覺 [持阿闍梨一年 蒙宣旨]

嘉承元年

제24 아사리 센카쿠(宣覺)[아사리를 가진 지 1년, 선지를 받들었다]

가승(嘉承) 원년(1106)에 아사리에 임명되었다.

第廿五阿闍梨良雅小野範俊僧正弟子 住小野 [持阿闍梨四年 蒙宣旨]

嘉承三年正月日任

제25 아사리 료가(良雅)「소야[243] 한슌(範俊)[244] 승정의 제자, 소야에 살다」[아사리를 가진 지 4년, 선지를 받들었다]

가승(嘉承) 3년(1108) 정월 일에 아사리에 임명되었다.

第廿六阿闍梨定覺覺尊〔寬意〕[245]僧都弟子 仁和寺常林房阿闍梨 [天永三年任「十二、廿八、」持四年]

제26 아사리 조카쿠(定覺)「가쿠손(覺尊) 승도의 제자. 닌나지(仁和寺)[246]

---

243 진언종 소야류(小野流)의 개조 닌가이(仁海)가 991년 일조(一條) 천황으로부터 오노(小野)씨의 저택을 하사받아 창설한 소야만다라사(小野曼荼羅寺), 혹은 우피산만다라사(牛皮山曼荼羅寺)를 지칭하는 것으로 보인다. 소야만다라사의 탑두(塔頭, 고승을 추모하여 세운 탑 혹은 건물)로서 수심원(随心院)이 건립되어 진언종 보통사파(善通寺派)의 대본산이 되었다.

244 헤이안 시대 후기의 진언종 승려로 백하(白河) 천황에게 발탁되어 굴하(堀河) 천황의 호지승(護持僧)이 되었다. 흥복사 사무(寺務), 동사장자(東寺長者), 권승정(権僧正)을 역임했다.

245 가쿠손(覺尊): 조카쿠(定覺)의 스승에 대해서 『호린지별당보임(法琳寺別当補任)』에는 칸쿄(寬竟), 『태원비기(太元秘記)』에는 칸쿄(寬意)라 하였으나, 승도(僧都)에 칸쿄에 해당하는 예가 없다.

246 진언종어실파(真言宗御室派)의 총본산으로 888년 우다(宇多) 천황에 의해 창

상림방(常林房) 아사리」[천영 3년(1102) 아사리에 임명되었다. 「12-28」 4년간 아사리를 지냈다]

第廿七阿闍梨兼尊仁和寺 [永久元[247]「四カ」年任 持二年]

제27 아사리 겐손(兼尊) 「닌나지」[영구(永久) 원년(1113) 아사리에 임명되었고, 2년간 아사리를 지냈다]

第廿八阿闍梨寬觀惠仁和寺寬助弟子 [仁和寺周防僧都 圓樂寺別當 永久二年任] 持八年

제28 아사리 간에 「닌나지 간조(寬助)의 제자」[닌나지 슈보(周防) 승도, 엔라쿠지(圓樂寺)[248] 별당, 영구 2년(1114)에 아사리에 임명되었다] 8년간 아사리를 지냈다.

립되었다. 우다 천황이 출가 후 머물면서 어실어소(御室御所)로 칭해지기도 하며, 이후 황족이 주지를 맡으며 황족과 귀족의 비호를 받았다.

247 겐손(兼尊)의 아사리 취임 시기에 대해서 『호린지별당보임』은 영구(永久) 원년, 『태원비기』 별당차제사(別当次第事)는 영구 4년이라 나온다.

248 야마나시현(山梨県)에 위치한 진언종 지산파(智山派) 사원이다. 본존은 약사여래로서 메이지 시기에 신불 분리가 이루어지기 전까지 오사권현(五社権現)의 별당사(別当寺)였다. 『가배국사기(甲斐國社記)』에 의하면, 701년에 엔노 오즈노(役行者)에 의해 창건되었다고 한다. 724년 교키(行基)에 의해 재흥되었고, 환무(桓武) 천황 시기에는 국가 진호의 기도 도량이 되었다.

第廿九阿闍梨林覺律師 [醍醐遍知院律師 醍醐義範僧都弟子] 持十一年

제29 아사리 린카쿠(林覺) 율사[제호[249] 편지원(遍知院)[250] 율사, 제호 기한(義範) 승도의 제자] 아사리를 11년간 지냈다.

第卅阿闍梨賢覺 [醍醐理性房法眼 醍醐勝覺僧正弟子] 持十三年

제30 아사리 현각(賢覺)[251] [제호 이성방(理性房) 법안, 제호 승각 승정의 제자] 아사리를 12년간 지냈다.

第卅一阿闍梨眞助寬助弟子 [仁和寺常林房定覺アサリ弟子 山僧都 久安三年正月七日補任了]

제31 아사리 진조(眞助)「각조의 제자」 [인화사 상림방 정각 아사리의 제자로서 산승도, 구안(久安) 3년(1147) 정월 7일 아사리에 보임하였다]

第卅二阿闍梨覺耀 [仁和寺眞助弟子 已灌頂]

제 32 아사리 각요(覺耀) [인화사 진조의 제자로서 이미 관정[252]이다]

---

249 진언종제호파(真言宗醍醐派)의 총본산인 다이고지(醍醐寺)로 보인다. 다이고지는 쇼보(聖寶)가 874년 가사토리산(笠取山)에 창건하였으며 제호(醍醐) 천황이 자신의 기원사(祈願寺)로 삼아 비호하여 발전하였다.

250 양계만다라(両界曼荼羅)의 하나인 태장만다라(胎蔵曼荼羅)의 중앙상부에 위치하는 구획(院)을 가리킨다.

251 헤이안 시대 후기 진언종의 승려이다(1080-1156). 자는 이성(理性)으로 이성방(理性房) 현각이라고 불렀다. 제호사(醍醐寺) 삼보원(三寶院)의 승각(勝覚)에게 관정(灌頂)을 받았다. 1115년 부친의 주방(住房)을 고쳐서 이성원(理性院)을 열었다.

252 밀교 의식의 하나로 수계(受戒)하여 불문(佛門)에 들어갈 때, 물을 정수리에 붓

Ⅳ. 신뇨(眞如), 신뇨 친왕 입당략기(眞如親王入唐略記)

傳云 親王歸命覺路 混形沙門 住東大寺 機明敏樂 涉內外眞言秘教 究竟幽玄

전(傳)에서 '친왕이 불교에 의지하여 도를 깨닫고, 몸을 사문에 맡겨서 동대사(東大寺)에 살았다. 기교에 밝고 영리하여 내외의 진언[253]과 비교(秘教)를 섭렵하고 유현(幽玄)[254]을 깨달았다.[255]'라고 하였다.

는 의식을 말한다. 본래 인도 제왕(帝王)의 즉위식 때, 사대해수(四大海水)를 떠서 태자의 정수리에 부어 사해를 장악 할 것을 기원하는 의미에서 행하여졌다.

253 밀교에서 여러 불·보살 또는 제천(諸天)에 호소해서 기도하거나 의식에 효력을 부여하기 위해서 외우는 주문을 말한다.

254 불교에서 교의의 심원함과 훌륭함을 나타내는 말로서 사물의 이치가 헤아리기 어려울 만큼 깊음을 의미한다.

255 『日本三代實録』 元慶 5年(882) 10月 13日 條
去大同五年 廢皇太子 親王歸命覚路 混形沙門 名曰眞如 住東大寺 親王 機識明敏 学渉内外 聽受領悟 罕見其人 稟受三論宗義於律師道詮 稍通大義 又眞言密教 究竟秘奥
위의 『일본삼대실록』 원경 5년 10월 13일 條에서도 친왕이 대동(大同) 5년에 황태자에서 내려간 이후 승려가 되었다는 것을 파악할 수 있다.

貞觀四年 奏請擬入西唐 適蒙勅許 乃乘一舶渡唐

정관 4년(862년), 서당(西唐)[256]에 향해 들어가기를 주청하니, 마땅히 칙으로 허락을 받았다. 이에 1척의 배를 타고 당으로 건너갔다.

高岳親王[平城天皇太子 母贈從三位伊勢繼子 從(正)四位下勳四等老人母(ママ)[257]女也] 大同四年四月十三(四)[258]日 立爲太子

다카오카 친왕(高岳親王)[259][평성(平城) 천황의 태자이다. 어머니는 종삼위(從三位)를 받은 이세노 쓰기코(伊勢繼子)[260]이며, 정사위하(正四位下) 훈4

256 각주 143번을 참고할 것.

257 母: [續]없음. [佛]「母恐衍」이라 注記. ; 『일본삼대실록』에도 '母'가 없는 것으로 보아 잘못 삽입된 것으로 보인다(각주 12번 참조).

258 三: [諸]「三」이라 기록하였다. ; 하지만, 『일본후기』에 의하면 다카오카 친왕이 태자에 오른 시기는 14일로 기록되어 있어 차이를 보인다(『日本後紀』 大同 4年 4月 己丑**【十四】**立高岡親王 爲皇太子).

259 다카오카 친왕은 평성 천황의 셋째 아들이다. 대동 4년(809년) 황태자에 올랐으나, 대동 5년(810년) 구스코의 변으로 인해 폐위된다. 이후 출가하여 법명을 신뇨(眞如)라 하였다. 정관 4년(862년) 당으로 출발하여 정관 6년(864년)에 장안에 도착하였다. 그러나, 당시 당은 무종의 불교 탄압정책의 영향으로 불교가 쇠퇴하고 있었다. 다카오카 친왕은 천축행을 결심하여 정관 7년(865년) 황제의 칙허를 얻어 광저우에서 해로로 천축을 향해 출발하였으나, 그 후 소식이 끊겼다. 이후 원경 5년(881년) 재당 유학생들에게 나월국(羅越國)에서 사망했다는 소식이 전해졌다. 현재 말레이시아의 조호 마루에는 그의 공양탑이 건립되어 있다.

260 『일본삼대실록』 홍인(弘仁) 3年(812) 7月 6日 條에 의하면, 이세노 쓰기코(伊勢繼子)는 평성천황의 후궁으로 이세노 오키나(伊勢老人)의 딸이다. 모두 2남 3녀를 낳았으며, 812년 7월 6일에 41세로 사망하였다. 후에 종삼위(從三位)로 추증되었다.
『日本三代實録』 弘仁3年(812) 7月 6日 條
壬戌 從四位下伊勢朝臣繼子卒 贈從三位 喪事所須 令官給焉 從四位下老人之女也 (중략) 生親王二 男三女 卒時年四一

등(勳四等)[261] 오키나(老人)[262]의 딸이다.[263]] 대동(大同) 4년(809년) 4월 14일 태자에 올랐다.

弘仁元年九月十三日 癈皇太子 出家 貞觀清和三四イ年 入唐 法名眞如 元慶陽成五年 | 月三十イ日 自唐申遷化由 到流沙 於羅越國亡[云々]

홍인 원년(810년) 9월 13일 황태자에서 폐위되어[264] 출가하였다. 정관 4년(861년) 당에 들어가 법명을 신뇨(眞如)라 하였다. 원경 5년(881년) 10월 13일, 당으로부터 천화(遷化)[265]의 이유가 알려졌다. 유사(流沙)[266]에 이르러

---

261 훈4등(勳四等)의 훈등(勳等)은 훈공의 등급으로 공훈에 대해 수여된 것을 뜻한다. 일본에서는 율령제에서 훈위(勳位)라고 칭하데, 훈일등 이하 훈십이등까지 12등급으로 이루어져 있었다.

262 『続日本紀』 天応 元年(781) 9月 甲申 條의 授従四位上伊勢朝臣老人正四位下와 『続日本紀』 延暦8年(789) 4月 庚辰條의 夏四月庚辰 木工頭正四位下伊勢朝臣老人卒에 의하면, 이세노 오키나(伊勢老人)는 이세노 쓰기코(伊勢繼子)의 아버지이다. 781년에 정4위하가 되었으며 도오토미(遠江)의 가미(守), 목공두(木工頭) 등의 관직을 지냈다. 789년에 사망하였다.

263 다카오카 친왕의 가계에 대해서는 다음의 두 사료에 의해서 파악할 수 있다.
『日本三代實録』 貞觀5年(863) 19日 壬午 條
親王者日本根子天排國高彦尊天皇之皇女 母正四位下勳四等伊勢朝臣老人之女 贈従三位繼子也
『日本三代實録』 元慶5年(881) 10月 13日 戊子 條
親王者 平城太上天皇之第三子也 母贈従三位伊勢朝臣繼子 正四位下勳四等老人之女也

264 『日本三代實録』 弘仁元年 9月 13日 條의 "廢皇太子 立中務卿諱「淳和」爲皇太弟" 에서도 신뇨친왕이 황태자에서 폐위되었고, 대신 순화가 황태제로 되었다는 것을 알 수 있다.

265 천화(遷化)란 변화 혹은 인간의 죽음을 뜻한다. 불교에서는 이 세상에서 교화할 인연이 끝나 다른 세상에 교화하러 간다는 뜻으로, 고승의 죽음을 이르는 말이다.

266 여기서의 유사(流沙)는 지명을 가리키는데 현재의 광둥성 지역으로 보인다. 이곳에는 유사촌(流沙村)과 같이 유사와 관련된 지명이 보이기 때문이다.

나월국(羅越國)[267]에서 죽었다[라고 한다].[268]

즈다 친왕(頭陀親王) 입당략기(入唐略記)

貞觀三年三月 親王被許入唐 六月十九日 發自池邊院南行 御宿巨勢寺

정관 3년(861년) 3월 친왕은 당에 들어가는 것을 허락받았다. 6월 19일 지변원(池邊院)[269]에서 나와 남쪽으로 가 고세지(巨勢寺)[270]에서 숙박하였다.

別當僧平海 率徒衆將迎[平海此親王御弟子] 親王甚卑下 不要僧徒之迎候 經曆此寺廿日 于時七大寺長宿和尚 朝夕鳩集

별당승 효카이(平海)가 무리를 거느리고 맞이하였는데[효카이는 친왕

---

267 다음의 사료에 의하면, 나월국(羅越國)은 말레이반도 남쪽에 있었다고 추정된다.
『新唐書』 卷 43下 地理七下 峯州都督府 一曰陸真臘 其南水真臘 又南至小海 其南**羅越國** 又南至大海

268 『日本三代實録』 元慶 5年(881) 10月 13日 條 가운데 "親王先過震旦 欲度流沙 風聞 到羅越國 逆旅遷化者 雖薨背之日不記 而審問之來可知焉"에서도 신뇨친왕이 나월국에 이르러서 사망하였다고 나온다.

269 지변원(池邊院)에 대한 용례는 확인되지 않는다. 다만, 『일본서기』와 『속일본기』에는 '지변궁(池邊宮)'이라는 명칭이 확인된다.
『日本書紀』 卷21 用明天皇 元年 條
天皇即天皇位 宮於磐余 名曰**池辺双槻宮**
『續日本紀』 和銅 4年(711) 12月 條
壬子 従五位下狛朝臣秋麻呂言 本姓是阿倍也 但当石村**池辺宮**御宇聖朝

270 나라현 고세시에 있는 사찰이다. 관련 기록으로서 고세지에 200호를 봉하였다는 기록이 있다.
『日本書紀』 朱鳥 元年(686년) 8月 23日 條
巨勢寺封二百戸

이 거느리는 제자이다.] 친왕이 심히 스스로를 낮추고 승도의 마중을 필요하지 않다고 하였다. 이 절에서 머무른 지 20일이 지났을 때 칠대사(七大寺)[271]의 명망이 높은 화상들이 아침저녁으로 모여들었다.

七月十一日 出自臣〔巨〕勢寺 指難破津 名僧數十許人 遂從相送 到大和國葛上郡舊國府 爰親王駐馬 指謝僧徒云 從此應被却廻 即僧徒下馬拜別 皆垂淚云 僧等齒傾暮 再展何日 親王答云 彼此好在 隨緣相見

7월 11일 고세지(巨勢寺)로부터 나와 나니와진(難破津)[272]으로 향했다. 이름난 승려 수십 명이 나아가 마침내 함께 따라갔다. 야마토국(大和國) 가쓰조군(葛上郡)[273] 구국부(舊國府)에 이르렀다. 여기에서 친왕이 말을 머무

---

271 칠대사(七大寺)는 나라 시대 헤이조쿄 및 그 주변에 존재하며 조종의 보호를 받은 7개의 대사 즉 도다이지(東大寺)·고후쿠지(興福寺)·간고지(元興寺)·다이안지(大安寺)·사이다이지(西大寺)·야쿠시지(薬師寺)·호류지(法隆寺)를 말한다. 관련 기록은 다음과 같다.
『續日本紀』 天平勝寶 八歲(756년) 5月 丁巳 條의 "於七大寺誦経焉"

272 나니와진(難破津)은 고대 오사카 지역에 있는 항만 시설의 명칭으로서, 당·백제·고구려 사신들이 이곳에 정박하여 육로로 이동한 것으로 보인다. 현재 히가시요코보리천(東横堀川)과 코라이교(高麗橋) 주변이 나니와진으로 추정된다. 관련 기록은 다음과 같다.
『日本書紀』 舒明天皇 4年 10月 甲寅 條의 "唐國使人高表仁等 到于**難波津**"
『日本後紀』 延曆 22年 4月 癸卯 條의 "遣唐大使葛野麻呂等言 今月十四日 於**難波津**頭 始乘船 十六日進發"

273 야마토국(大和國)은 현재 나라현으로 大倭國으로도 불렸다. 15개의 군을 거느리고 있었는데 가쓰조군(葛上郡)도 그중 하나였다. 『화명유취초(和名類聚抄)』에 의하면 가쓰조군은 아래에 10개의 향(鄕)이 있었다고 한다(『和名類聚抄』 國郡部 第69 大和國 葛上郡 日置高宮牟婁桑原上鳥下鳥太坂楢 原神戸余戸). 그리고 육국사에도 야마토국 가쓰조군에 관련된 기록이 보인다.
『續日本紀』 文武 4年(700) 11月 壬寅條의 "**大倭國葛上郡**鴨君粳売一産二男一女"
『日本後紀』 大同 元年(806) 4月 己未條의 "**大和國葛上**郡正四位上高天彦神預四

르게 하고 승려 무리를 향해 사례하며 말하기를, "여기서부터는 돌아가십시오."라고 하자 곧 승려들이 말에서 내려 절하며 헤어지면서 모두 눈물을 흘리며 말하기를, "저희가 나이가 많은데 언제 다시 만날 수 있겠습니까" 하니, 친왕이 답하여 이르길, "여러 좋음이 있다면 인연에 따라 볼 수 있을 것입니다."라고 하였다.

其晩頭到難破(波)津 便債淂(得)大宰貢綿歸船二隻 十三日 駕船

그 저녁에 나니와진에 이르렀다. 다시 다자이후의 목화[274]를 바치고 돌아가는 배 2척을 빌려 얻었다. 13일 배에서 내렸다.

八月九日 到著大宰府鴻臚館 于時主船司香山弘貞申府(府カ) 即大貳藤原冬緒朝臣 筑前守藤原朝臣貞庭等 率隨身騎兵百餘人到來 頂拜存問 于時大唐商人李延存(孝)[275] 在前居鴻臚北館

8월 9일, 다자이후 고로칸(鴻臚館)[276]에 이르렀다. 이때 주선사(主船

時幣帛"

274 『日本三代實録』 貞觀 13年(871) 5月 丙午朔 條
二日丁未 制 筑前國所輸攝津國住吉神封戸調庸綿 便付**大宰貢綿**使 送彼神社 永以爲例

275 당 상인 이연효(李延孝)에 관련된 사료는 다음과 같다.
『日本三代實録』 貞觀 4年(862) 7月 23日 庚寅條의 "大唐商人**李延孝**等四十三人來"
『日本三代實録』 貞觀 7年(865) 7月 27日 丙午條의 "先是 大宰府言 大唐商人李延孝等六十三人"

276 고로칸(鴻臚館)은 규슈 하카타(博多)에 위치한 국가영빈관이다. 이곳은 외국 상인들이 일본에 방문하였을 때 숙박하고 거래할 수 있게 허가되어 공무역의 거점 역할을 하였다(김보한, 2009, 「중세 일본 표류민·피로인의 발생과 거류의 흔적」, 『사총』 68. 4쪽). 고로칸과 관련된 기록은 다음과 같다. 여기서는 발해 사

司)[277] 가야마노 히로사다(香山弘貞)[278]가 부(府)에 상신했다. 곧 다이니(大貳)[279] 후지와라노 후유오(藤原冬緒)[280]와 지쿠젠(筑前)의 가미(守) 후지와라노 사다니와(藤原貞庭)[281] 등이 수신(隨身)과 기병 100여 명을 거느리고 와

신 고남용 등을 고로칸에서 대접했다고 나온다.
『日本後紀』 大同5年 4月 庚午朔條의 "夏四月庚午朔 饗渤海使高南容等 於**鴻臚館**"

277 율령제 하에서, 병부성(兵部省)에 소속되어 공사(公私)의 모든 선박, 선구(船具)를 관리했던 관직이다. 정6위하의 위계이다.

278 가야마노 히로사다(香山弘貞)가 누구인지는 분명하지 않다. 다만, 『속일본후기』에는 "知乘船事 從8位上 香山連淸貞"라는 기사가 보인다. 지승선사(知乘船事)는 배의 운항을 총괄하는 직책을 맡은 견당사 구성원 중의 하나인데, 주선사(主船司)도 이와 관련된 직책이 아닐까 생각된다. 따라서 가야마노 히로사다 역시 遣唐使와 관련된 역할을 수행하고 돌아온 인물이지 않을까 생각된다.
『續日本後紀』 承和2年(835년) 11月 辛酉條 "遣唐使**知乘般事從八位上香山連淸貞**兄二人 改連賜宿禰" 참고

279 율령제 하 다자이후의 차관(次官) 가운데 가장 높은 위계에 해당한다. 권수(權帥)가 부재할 시 실무를 담당하였다.

280 후지와라노 후유오(藤原冬緒, 808~890년)는 헤이안 시대 전기의 공경이다. 유학에 재능이 있었으며, 민정에도 밝아 전관의 설치를 제창하고 재정의 재건을 행하였다. 청화(淸和)·양성(陽成) 시기를 지탱하는 능리(能吏)로 활약하였다. 정치적으로 부진했던 후지와라 경가(京家)에 있어서 두드러진 존재이며 경가 출신의 마지막 공경이 되었다. 위 기록과 관련하여 그가 다이니(大貳)의 직위에 오른 시점은 정관(貞觀) 3년 5월 20일이다(『日本三代實録』 貞觀 3年(861) 5月 20日 癸巳條의 "從四位下行右中辨**藤原朝臣冬**緒**爲大宰大貳**").

281 후지와라노 사다니와(藤原貞庭, ?~?)는 헤이안 시대 초기의 공경인 후지와라노 타다누시(藤原縄主)의 아들로 인명조(仁明朝)에 춘궁방소진(春宮坊少進)을 맡아 황태자와 항정(恒貞) 친왕을 섬겼다. 그러나, 842년 승화의 난이 발생하여 춘궁(春宮)이 폐지되면서 춘궁의 궁인들도 함께 처벌을 받았는데, 이로 인해 사도(佐渡)의 권연(權掾)으로 좌천되었다. 그 후 죄를 용서받아 대장소보(大藏少輔)·대재소이(大宰少貳) 등을 지냈고 정관 5년(863년) 지쿠젠 가미의 직책을 받았다(『日本三代實録』 貞觀 5年 2月 10日 癸卯條의 "大宰少貳從五位下藤原朝臣眞庭爲筑前守"). 다만, 고악친왕이 출발한 정관 년 시점에 후지와라노 사다니와는 지쿠젠의 가미가 아닌 다자이후 이였다(『日本三代實録』 貞觀 2年 11月 27日 癸卯條의 "大藏少輔從五位下藤原朝臣貞庭爲太宰少貳"). 따라서 시기상 오

서 머리 숙여 절하고 안부를 물었다. 이때 당의 상인 이연효(李延孝)[282]가 먼저 와서 고로북관(鴻臚北館)에 머물고 있었다.

大貳明旦歸府 留貞庭朝臣云 求其間結番遞候 親王 我望非如此 今湏(須)早去

다이니(大貳)는 동이 틀 무렵 부(府)로 돌아갔다. 후지와라노 사다니와는 머무르면서 말하기를, "결번[283]을 번갈아 살필 기간을 구합니다." 하니 친왕이 "나는 그렇게 하지 않기를 바랍니다. 곧 마땅히 서둘러 갈 것입니다"라고 하였다.

九月五日 去向壹伎嶋 々司并講讀師等 亦來迎圍繞 親王彌猒〔厭カ〕此事 々々左右 自波〔彼カ〕渡著小嶋[此小嶋名云斑嶋[云々]] 於是自〔白〕水郎多在 仍不細 更移肥前國松浦郡之柏嶋

9월 5일, 이키(壹伎嶋)[284]를 향하여 갔다. 섬의 관리와 강독사(講讀師) 등도 또한 와서 둘러싸고 맞이하였다. 친왕이 더욱 이 일을 싫어하였다. 이 일을 차치하고 그곳을 지나니 고지마(小嶋)[이 고지마(小嶋)의 이름은 마

류가 있다. 아마도, 후대에 편찬 과정에서 최종관직으로 기록된 듯하다.

282 이연효(李延孝)는 월주(越州)·태주(台州)와 일본 사이를 8번 왕래하면서 교역하였던 당의 상인이었다. 그는 '발해상주(渤海商主)'라고도 불렸는데, 발해를 주된 거점으로 삼고 원거리 교역을 위해 일본과 절강에도 거점을 만들어 해상을 종횡으로 왕래한 국제 상인의 전형이었다(鈴木靖民, 2008, 「渤海의 國家와 對外交流」『동아시아 속의 발해와 일본』, 동북아역사재단, 9쪽).

283 결번(結番)이란 차례를 정하고 교대로 숙직 등의 근무를 맡는 것을 뜻한다.

284 『日本三代實録』 貞觀 18年(876) 3月 9日 條의 "壹伎嶋者 肥前國昧旦發程 入夜着岸 對馬嶋與壹 伎嶋又亦如之"를 통해서, 이키섬은 히젠국(肥前國)과 쓰시마와도 멀지 않은 거리에 위치한 것으로 보인다.

다라섬(斑嶋)[285]라고 한다[고 전한다].]가 나타났다. 이곳엔 백수랑(白水郞)[286]이 많이 있어서 이로 인해 머물지 못하였다. 이에 다시 히젠국(肥前國)[287]마쓰우라군(松浦郡)[288]의 가시와지마(柏嶋)[289]로 이동하였다.

十月七日仰唐通事張支〔友カ〕信 令造船一隻

10월 7일 당의 통사[290] 장우신[291]에게 명령하여 배 한 척을 만들게 하였다.

---

285 마다라섬(斑嶋)이란 현재 사가현의 마다라섬(馬渡島)이다.

286 백수랑(白水郞)은 바닷사람(海人) 또는 어민(漁民)를 뜻한다.
『日本後紀』 大同 5年(810) 7月 26日 條의 "令天下諸國 七箇日間 禁斷殺生 **其白水郞 以漁爲業者** 給粮"

287 히젠국은 현재 사가현, 나가사키현에 해당한다. 11개 군이 있었는데 마쓰우라군(松浦郡)도 이에 속하였다.

288 마쓰우라군은 현재 사가현(佐賀縣) 가라쓰시(唐津市)이다(佐賀縣教育委員會, 2007, 『中原遺跡 I 』, 145쪽). 관련 기록은 다음과 같다.
『日本後紀』 延曆 24年 6月 甲寅條의 "遣唐使第二船判官正六位上菅原朝臣清公來到肥前國松浦郡 鹿嶋" 이외에도 육국사(六國史)에는 히젠국 마쓰우라군 뒤에 섬이 붙은 사례가 5건이 보이는데 가시와섬은 보이지 않는다.

289 가시와섬은 현재 사가현 가시와섬(神集島)에 해당한다(佐賀縣教育委員會, 2007, 앞의 책, 149쪽).

290 통사(通事)는 통역을 뜻한다.
『日本書紀』 推古天皇 15年(607) 7月 3日 條
秋七月戊申朔庚戌 大礼小野臣妹子遣於大唐 以鞍作福利為**通事**

291 장우신(張友信) 혹은 장지신(張支信)으로 표기된다. 『입당구법순례행기』와 『입당오가전』 중 「안쇼지 에운전」과 「즈다 친왕 입당략기」에는 장지신으로 표기되었으며, 육국사와 평안유문(平安遺文) 164호 「안상사자재장(安祥寺資財帳)」 및 4472호 「원성사문서(園城寺文書)」에는 장우신으로 표기되어있다. 友와 支의 이체자 표기는 유사하다고 할 수 있으나 명확히 결론을 내기는 어렵다.
『続日本後紀』 承和 14年(847) 7月 8日 條
辛未 天臺留學僧圓載從仁好及僧惠蕚等至自大唐 上奏圓載之表状 唐人**張友信**等四十七人同乘而來著
『日本三代實錄』 貞觀 6年(864) 8月 13日 條

四年五月造舶已了 時到鴻臚館

(정관) 4년(862) 5월 배를 만드는 것이 드디어 끝나다. 그때 고로칸[292]에 이르렀다.

七月中旬 率宗叡和尚 賢眞 慧蕚 忠全 安展 禪念 惠池 善寂 原懿 猷繼 并胎〔船カ〕頭高丘眞今等 及梭〔控〕者十五人 [此等並伊勢氏人也] 拖〔柁〕師絃〔ママ〕 張支〔友カ〕信 金文習 任仲元 [三人並唐人]建部福成 大鳥智丸 [二人並此問〔間カ〕人] 水手等 僧俗合六十人 駕舶離鴻臚館 赴遠値嘉嶋

7월 중순, 슈에이 화상, 겐신(賢眞)[293], 에가쿠(慧蕚)[294], 주젠(忠全), 인덴

十三日丁卯 節婦紀伊國名草郡人伴連宅子 叙位二階 免戶內田租 表其門閭 以旌貞節 先是 大宰府言 大唐通事張友信渡海之後 未知歸程 唐人來往 亦無定期 請友信未歸之間 留唐僧法惠 令住觀音寺 以 備通事 太政官處分 依請

292 고로칸(鴻臚館)은 고대에 외국 사신의 접대 기관으로 설치되었으며 명칭은 중국의 홍려사(鴻臚寺)에서 유래했다. 고로칸은 헤이안쿄와 셋쓰국(攝津國), 다자이후에 설치되었다. 헤이안 시대 중기 이후로는 사신이 아닌 당 상인의 응접 기관이 되었으며, 장인소(藏人所)의 장인(藏人)·출납(出納)을 파견하여 시장을 열었다.
『日本後紀』 大同 5年(810) 4月 庚午朔 條
夏四月庚午朔 饗渤海使高南容等 於鴻臚館
『續日本後紀』 承和 11年(844) 10月 9日 條
攝津國言 (중략) 便以鴻臚舘爲國府 且加修理者 勅聽之
『日本文德天皇實錄』 仁寿 2年(852) 12月 22日參 條
議左大辨從三位小野朝臣篁薨 (중략) 太宰鴻臚舘 有唐人沈道古者 聞篁有才思 數以詩賦唱之 每覩其和 常美艶藻 (후략)

293 겐신은 다음의 사료에도 당으로 건너갔다고 나온다.
『日本三代實錄』 貞觀9年 (867) 6月21日 條
詔以近江國滋賀郡比良山妙法 最勝兩精舍爲官寺 故律師傳燈大法師位靜安所建也 靜安弟子傳燈大法 師位**賢眞**從唐還此 自申牒請預於官寺 從之

294 에가쿠는 다음의 사료를 통해서도 당으로 건너갔다는 것을 알 수 있다.
『日本文德天皇實錄』 嘉祥 3年(850) 5月 5日 條
(전략) 後遣沙門惠蕚 泛海入唐 以繡文袈裟 奉施定聖者僧伽和上康僧等以寶幡及

(安展), 젠넨(禪念), 에치(惠池), 젠자쿠(善寂), 겐이(原懿), 유케이(猷繼)와 함께 선두 고악진금(高丘真今) 등 및 따르는 자가 15명이었다[이들은 모두 이세씨[295]의 사람이다]. 키잡이, 絃, 장우신, 김문습, 임중원[세 사람은 모두 당인이다], 건부복성(建部福成), 대조지환(大鳥智丸)과 뱃사람, 승려와 속인을 합쳐 모두 60인[296]을 이끌고 배를 다고 고로칸을 떠나 도오치카노시마(遠值嘉嶋)[297]로 갔다.

鏡奩之具 施入 五臺山寺

295 앞서 다카오카 친왕의 외조부인 이세노 오키나(伊勢老人)도 당으로 같이 갔다는 것을 언급하였다.
『続日本紀』天平 19年(747) 10月 14日 條
伊勢國人従六位上伊勢直大津等七人 賜中臣**伊勢連姓**
『続日本紀』天平寶字 8年(764) 9月 11日 條
(전략) 従六位下中臣伊勢連老人 (중략) 弓削宿禰浄人賜姓弓削御浄朝臣 中臣伊勢連老人中臣伊勢朝臣 (후략)
『続日本紀』天平神護 2年(766) 12月 22日 條
癸卯 外従五位下中臣伊勢連大津賜姓伊勢朝臣
신뇨친왕의 어머니가 이세노 오키나의 딸인 것과 관련이 있어 보인다.

296 『續日本後紀』承和 3年(836) 8月 8日 條
勅曰 遣唐第三船 未遂利涉 半途漂損 纔乘桴所着使下之徒廿有五人 漂着之後 已經旬日 而判官録事 史生知乘船事等惣一百餘人 未知所去 存亡難量 宜仰大宰府差海邊諳路之人 遣絶嶋無人之處 漂損人物一向尋覓 募以穀帛
위에 제시한 승화 3년 견당사 제3선의 사고 기사로 보면, 견당사의 인원은 배 한 척당 120여 명 정도로 보인다.
『延喜式』卷30 大蔵省 94 入諸蕃使에서는 견당사 구성원과 그들에게 지급할 액수에 대해 서술하고 있다. 다음은 구성원 목록을 발췌한 것이다.
入唐大使, 副使, 判官, 錄事, 知乘船事, 譯語 請益生, 主神, 醫師, 陰陽師, 畫師, 史生, 射手, 船師, 音聲長, 新羅·奄美等譯語, 卜部, 留學生, 學問僧, 傔從, 雜使, 音聲生, 玉生, 鍛生, 鑄生, 細工生, 船匠, 柂師, 傔人, 挾杪, 留學生, 學問僧, 還學僧, 水手長, 水手

297 도오치카노시마가 나오는 사료는 다음과 같다.
『日本後紀』延暦 24年(805) 7月 16日 條
大宰府言 遣唐使第三船 今月四日發自肥前國松浦郡庇良嶋 指遠值嘉嶋 (후략)

八月十九日 著于遠值嘉嶋

8월 19일 도오치카노시마에 이르렀다.

九月三日 從東北風飛帆 其疾如矢

9월 3일 동북풍을 따라 돛을 올렸다. 그 빠르기가 화살과 같았다.

四日三夜馳渡之間 此月六日未時 順風忽止 逆浪打艫

4일 간 세 번의 밤을 달려 건너는 동안 그달의 6일 미시(13~15시)에 순풍이 홀연히 멈추고 역풍의 물결이 배를 쳤다.

即收帆投洗〔沈〕石 而氿〔沈〕石不著海底

곧바로 돛을 거두고 침석[298]을 던졌다. 그런데 침석이 해저에 닿지 않

『日本三代實錄』貞觀 18年(876) 3月 9日 條
參議大宰權帥從三位在原朝臣行平起請二事 (중략)其二事 請合肥前國松浦郡庇羅值嘉兩鄉更建二郡號 上近下近置值嘉嶋曰 (중략)合件二 更建二郡 號上近下近便爲值嘉嶋 新置嶋司郡領 任土貢 但其俸 擧定正稅公廨之間 令兼任肥前國權官 (후략)
신라 해적에 대처하기 위해 히젠국 마쓰우라군의 히라(庇羅)와 치가(值嘉) 두 향(鄕)을 합쳐 치가시마(值嘉嶋)를 둘 것을 청하는 아리와라 유키히라(在原行平)의 기청문과 그것이 받아들여졌다는 기사이다. 치가(值嘉)가 히젠국 마쓰우라군에 위치했음을 보여준다.
『延喜式』卷16 陰陽寮 20 儺祭料 → 五色薄絁各
(중략) 千里之外 四方之堺 東方陸奧 西方遠值嘉 南方土佐 北方佐渡与里乎知能所乎 (후략)
여기서는 일본의 서방 경계를 도오치카(遠值嘉)라고 기록하고 있다.
그리고 『히젠국풍토기(肥前國風土記)』의 치가향(值賀鄕) 항목에는 섬 이름으로 소근토(小近土)와 대근토(大近土)가 있다고 서술하고 있다.

298 고대에는 밧줄에 묶은 큰 돌을 닻으로 사용했다고 하는데 그것으로 보인다.

았다.

仍更續儲斷〔料〕綱下之 綱長五十餘丈 纔及水底

그래서 더욱이 저료(儲料)[299]인 그물을 이어서 이를 내렸다. 그물의 길이가 50여 장으로 겨우 해저에 미치다.

此時波濤甚高如山 終夜不息 舶上之人皆惶失度 異口同音 祈願佛神

이때 파도가 매우 높아 산과 같았고 밤새 그치지 않았다. 배 위의 사람은 모두 두려워하며 당황하였다. 이구동성으로 부처와 신에게 기원하였다.

但見親王神色不動 曉旦之間 風氣微扇 乃觀日暉 是如順風

다만 친왕을 보니 얼굴빛이 변함이 없었다. 새벽 사이에 바람의 기운이 약간 일어났다. 후에 햇빛을 보니 이것이 순풍과 같았다.

乍嘉行矴挑帆 隨風而走 七日午尅 遙見雲山

기뻐하며 닻을 올리고 돛을 걸어 바람을 따라 달렸다. 7일 오시(11~13

299 『日本三代實錄』 貞觀 7年(856) 2月 13日 條
園韓神祭如常 出雲國言 衰弊年久 黎元凋殘 疫癘數發 稼穡不登 護國安民般若之力 攘災招福經王之助 望請 每年春秋仲月 講演仁王般若經 其布施供養 充國**儲料** 太政官處分 依請
『연희식』과 『유취삼대격』에는 저료(儲料)를 특정 목적을 위한 물건으로 사용하는 용례가 다수 나타난다.

시)에 멀리 구름이 걸린 산을 보았다.

未尅 著大唐明州之揚扇山 申尅 到彼岩(石)丹奧泊 [石丹奧 明州池(地)名也]

미시에 대당 명주[300]의 양선산에 도착하였다. 신시(15~17시)에 그 석단오의 정박지에 이르렀다[석단오는 명주의 지명이다].

即落帆下矴 見其涯上 有人數十許

곧바로 돛을 내리고 닻을 내렸다. 그 물가 위에 사람 수십 명 정도 있었다.

喫酒皆脫被 坐倚子 乃看舶之來著 皆驚起

술을 마시면서 모두 입은 것을 벗고 의자에 앉아 있었는데 이후에 배가 오는 것을 보고, 모두 놀라 일어났다.

各衫群立涯邊 見張支〔友カ〕信問由緣

각자 옷을 입고 물가에 무리지어 서서 장우신을 보고 연유를 물었다.

---

300 현재 절강성(浙江省) 영파시(寧波市)로서 738년에 월주(越州)에서 분리되어 설치되었다.
『新唐書』 志第三十一 地理 五
明州餘姚郡 上 開元二十六年 採訪使齊澣奏以越州之鄮縣置 以境有四明山為名(후략)

支〔友カ〕信答云 此日本國求法僧徒等 於是彼群居者皆感歎

우신이 답하여 말하길 "이들은 일본국의 구법승도 등이다."라고 하니 이에 그 무리에 있는 사람이 모두 감탄하였다.

差使存問 兼獻送彼土梨柿甘蔗沙糖白蜜茗茶等數般

사자를 보내 안부를 묻고 또 그 땅의 배, 감, 사탕수수, 사탕, 백밀, 명차 등을 바쳐오는 것이 여러 배였다.

親王問支〔友カ〕信云 此何等人 支〔友カ〕信申云 此塩商人也

친왕이 장우신에게 묻기를 "이는 어떤 사람들인가." 라고 하였다. 장우신이 말씀 올리길 "이들은 소금 상인입니다."라고 하였다.

親王歎曰 雖是商人 躰貌用〔閑カ〕麗如此也

친왕이 탄식하며 말하길 "아무리 이들이 상인이라 하더라도 모습이 우아하고 아름다움이 이와 같단 말인가."라고 하였다.

即謝答 贈以本國立〔土カ〕物數種

곧바로 사례하고 답하여 본국의 토물(土物)[301]을 여러 종류 보냈다.

---

301 『續日本紀』 慶雲 3年(706) 正月 12日 條
金儒吉等還蕃 賜其王勅書曰 天皇敬問新羅王 使人一吉飡金儒吉 薩飡金今古等至 所献調物並具之 王有國以還 多歷年歲 所貢無虧 行李相属 款誠既著 嘉尚無已 春首猶寒 比無恙也 國境之内 当並平安 使人今還 指宣往意 并寄土物如別
위 사료에 의하면 신라사 김유길, 김금고가 일본에 조물(調物)을 바쳤으며, 귀국

爰彼商人等辭退不肯 以更遣友志

이에 그 상인 등이 사양하면서 받아들이지 않았다. 이로써 더욱 우애의 뜻을 보냈다.

于時彼商人等唯受雜物 謝還金銀之類云

그때 그들 상인 등은 오직 잡물[302]을 받았고 사례하면서 금은 종류를 주며 말하길

異國珍物遍命固厚 不見此明州望海鎭 登之遊宴

"이국의 진기한 물건이 편명고후(遍命固厚)[303]하여 이 명주 망해진에서도 볼 수 없다. 이를 올려 잔치를 벌여 노시라."라고 하였다.

此歲 大唐感(咸)通三年九月十三日 明州 差使司馬李閑 點撿舶上人物 奏聞京城

이 해가 대당 함통 3년(862) 9월 13일이다. 명주는 사마(司馬)[304] 이한(李

하는 길에 일본 조정은 그들에게 토물을 주었다고 한다.

302 『日本後紀』 延曆 24年(805) 7月 22日 條
能登國言 舶一艘漂著珠洲郡 遣使檢船上雜物
위 사료에 의하면, 노토국의 고쿠시가 보고하기를, 배 한 척이 표착하였는데, 사신을 보내서 선상의 잡물을 검사하였다고 한다.

303 편명고후(遍命固厚)의 용례는 다른 곳에서 찾기 어려워 뜻이 명확하지는 않으나 명주 망해진에서도 볼 수 없다고 이어지는 문맥으로 보아 얻기 어려운 진귀한 물품을 가리킨다고 추정할 수 있다.

304 당대(唐代)에는 주마다 사마를 두어서 자사(刺史)를 보좌하였다. 그런데 실제로는 직무를 담당하지 않았고, 주로 좌천되기 전에 임명되었던 관직이었다.

閑)을 사자로 보내 배 위의 사람과 물건을 점검하였고, 장안의 천자에게 상주하였다.

其年十二月 勅以付〔符カ〕到云 湏〔須〕收彼器 或早隨故許者〔著カ〕越州

그해 12월 칙하여 부로서 도달하여 이르기를 "마땅히 그 물건을 거두고 또한 빨리 선례에 따라 월주(越州)[305]에 다다르는 것을 허락하라."고 하였다.

五年 彼州觀察使鄗〔鄭〕[306] [暉略]更爲實録 轉以言上

정관 5년(863), 명주의 관찰사 정휘략(鄭暉略)이 다시 사실을 기록하고, 바꾸어 언상하였다.

五月十一日 巡禮所々 求法從客 蒙親王教云 近來歷問天師之質我疑者就此州節度使孤陶許 入京之奏者

5월 11일, 곳곳을 순례하였다. 구법의 종객이 친왕의 가르침을 받아 말하기를, "근래에 천사(天師)의 아의(我疑)를 밝힐 자를 널리 묻기 위해서, 이 주의 절도사인 고도허에게 가 입경을 주청합시다."라고 하였다.

爰陶許奏 時被許入京符 九月到來

이에 고도허가 아뢰었으며 마침 입경을 허락하는 부(符)가 9월에 도래

305 현재 절강성(浙江省) 소흥시(紹興市)에 해당한다.

306 사에키 아리키요(佐伯有淸)는 정휘략(鄭暉略)에 대해서 862~863년에 월주(越州)의 관찰사(觀察使)로 있었던 정예작(鄭裔綽)의 자(字)라고 하였다.

하였다.

十二月 親王 宗叡和尚 智聰 安展 禪念 及興房 任仲元 仕丁丈部秋丸等 駕江船牽索 傍水入京

12월에 친왕, 슈에이 화상, 지소(智聰), 안텐(安展), 젠넨(禪念)과 오키후사(興房)[307], 임중원(任仲元), 지초(仕丁)[308], 하세쓰카베(丈部)[309], 슈간(秋丸) 등은 강에서 쓰는 배(江船)를 타고 노를 저어 물을 거슬러 입경하였다.

但賢眞 惠蕚 忠全 并小師弓午(手)掩(柁)師水手等 此年四月 自明州令歸本國畢

다만, 겐신, 에가쿠, 주젠 및 소사(小師)[310], 궁수, 조타수, 수부 등은 그해 4월 명주로부터 일본으로 돌아가게 하였다.

---

307 『日本三代實録』 貞觀 14年(872) 5月 22日 條
以前筑後少目從七位上伊勢朝臣興房 爲領歸客使通事
『日本三代實録』 元慶 7年(883) 1月 條
(전략) 是日 以正六位上行少外記大藏伊美吉善行·式部少丞高階眞人茂範 爲存問渤海客使 前筑後少 目從八位上伊勢朝臣興房爲通事
위 두 사료는 872년과 883년에 이세노 오키후사를 귀객사통사, 통사(통역관)로 삼았다는 기사이다. 이는 신뇨 친왕입당략기의 이후 시점이므로 입당 경험을 통해 통역으로 활동했을 것으로 보인다. 그리고 신뇨친왕이 입당하면서 대동한 이세씨 집단의 일원이었을 것으로 추정된다.

308 지초(仕丁)란 율령제에서 50호마다 2명씩 선발하여 3년간 중앙관청 및 친왕, 대신 가문 등의 잡역에 복역한 자를 일컫는다.

309 『続日本紀』 霊亀 元年(715) 3月 25日 條
相摸國足上郡人 **丈部**造智積 君子尺麻呂 並表閭里 終身勿事 旌孝行也
위의 사료는 하세쓰카베씨(丈部氏)의 육국사 초출 기사이다.

310 수계한지 10년 미만으로 스승에게서 벗어나지 못한 승려를 말한다.

然親(王脫カ)渡淮至細〔泗カ〕州普光(王脫カ)寺

그리고 친왕은 회수[311]를 건너 사주(泗州)[312]의 보광왕사(普光王寺)[313]에 이르렀다.

此僧伽和尚入定寺也

이곳은 승가(僧伽)[314]화상이 입정(入定)[315]했던 절이다.

緣拜(緣汴)河凍 不得進御

변하의[316] 물가가 얼어 나아가지를 못하였다.

仍蹔寄住件寺 多錢物供養和尚靈像衆僧

때문에 잠시 그 절에서 임시로 머물기로 하였고, 많은 양의 전물(錢物)을 화상의 영상(靈像)과 여러 승려에게 공양하였다.

---

311 현재의 화이허강이다.

312 현재의 안휘성 동북부 및 강소성 서부에 걸친 행정구역이다.

313 안휘성 사현(四縣)의 신의방(信義坊)에 위치한 사찰이다. 당의 용삭(唐龍, 661~663)이 화걸지(華杰地)에 세웠고, 그 탑원을 사수탑(塔州塔), 승가탑(僧歌塔), 영서탑(靈瑞塔)이라 부를 정도로 유명하다.

314 파미르 고원 북쪽 하국(何國) 출신의 승려로 당 중종이 보광왕사라는 절 이름을 하사했다. 사후 관음보살의 화신으로서 신앙의 대상이 되었다.

315 고승의 죽음을 말한다.

316 수 양제 때 개통한 운하이다. 당시는 통제거(通濟渠) 또는 어하(御河)라 하였으며 당 시절에는 광제거(廣濟渠)라고도 불렀다. 낙양과 개봉의 중간 지점인 하음(河陰)에서 황하로부터 갈라져 남동쪽으로 향한다. 남동 방면의 물자를 국가의 수도로 운반하는 대동맥이다.

六年二月中旬 得凍解駕江船 汴河者〔著カ〕

6년(864) 2월 중순, 얼음이 녹자 강선(江船)을 타고, 변하에 도착하였다.

買鞍馬自陸入京

안장을 갖춘 말을 구매하여 육지로부터 입경하였다.

但宗叡和尚 依有宿自汴州相列 取河中苻(府)道向五臺山

다만 슈에이 화상은 숙원이 있어 변주(汴州)[317]에서 헤어져 하중부(河中府)[318]의 길을 따라 오대산(五臺山)으로 향했다.

同晦頭 親王至洛陽 掩留五日 尋師聽讀 无人教授

마찬가지로 그믐 초에 친왕은 낙양에 이르렀고, 멈추고 머무르는 5일 동안 스승을 찾아 청독했으나 남의 가르침을 받을 것이 없었다.

即出自定斯 過天津福(ママ)橋白馬寺槽(ママ)等 五月廿一日到長安城

곧 정사(定斯)에서 출발하여 천진복교(天津福橋), 백마사(白馬寺)[319] 등을 지나 5월 21일 장안성에 도착하였다.

---

317 현재 하남성 개봉시(開封市)이다.

318 현재 산서성 운성시(運城市)이다.

319 후한 명제(明帝) 시절에 낙양 근교에 설립된 사원이다. 가섭마등(迦葉摩騰)과 축법란(竺法蘭) 두 승려가 백마를 타고 경전을 가지고 낙양을 방문했다는 설화에 기초하여 백마사라는 이름이 붙었다.

入自春門 安下西明寺

권문으로 들어갔으며 서명사(西明寺)[320]에서 쉬었다.

即本國留學圓載法師 奏聞親王入城之由

곧 본국에서 유학 온 엔사이(圓載)[321] 법시가 친왕이 입성한 뜻을 황제에게 아뢰었다.

皇帝感歎 仰請來阿闍梨 令決難疑

황제는 감탄하여 아사리를 청래하기를 명하여 어려운 의문을 결정하게 하였다.

經六箇月 問難闍梨 不能擊蒙

6개월이 지나 어려움을 아사리에게 물었지만, 무지를 깨트리지 못하였다.

---

320 656년 당 고종과 측천무후가 황태자의 건강을 기원하여 세웠다는 사원으로, 장안성 내의 대사원이었다고 한다.

321 천태종의 개조이자, 전교대사(傳教大師)로 알려진 사이초(最澄)의 제자이다. 839년 천태종 교의에 관한 의문 50과를 가지고 입당하였다. 일본으로 돌아가지 않고 당에 머물렀으며, 당 선종이 서명사에 살게 명하고 궁에도 불러 강독을 들었다고 한다. 그와 관련된 기록은 다음과 같다.
『續日本後紀』 承和10年(843) 12月 9日 條
入唐留學天臺宗僧圓載之弟子仁好 順昌 與新羅人張公靖等廿六人 來着於長門國
『續日本後紀』 承和14年(847) 7月 8日 條
天臺留學僧圓載從仁好及僧惠蕚等至自大唐 上奏圓載之表状 唐人張友信等四十七人同乘而來著

伺更令圓載奏可渡西天竺

여쭈어 다시 엔사이로 하여금 서천축으로 건너가도록 아뢰었다.

且事勅許 官苻施行 廣州亦詵

이 일이 칙허되자 관부를 시행하였고, 광주(廣州)에 다시 이르렀다.

興房 此年十月九日 於長安承仰事 獨身却廻淮南 請取處々寄附功德雜物 或有不早還者 或有詐相争者

오키후사는 그해 10월 9일, 장안성에서 명령을 받아 홀로 회남으로 가서 돌면서 곳곳에서 기부·공덕의 잡물들을 청하여 받았는데, 간혹 일찍 돌아오지 않는 자들이나 속여서 서로 싸우는 자들이 있었다.

由斯通状掲府 被詐令紀之間 宗叡和尚 感(咸)通六年 自長安歸來云 件雜物早請取 可向尚廣州者

이 때문에 서장를 통해 부(府)에 알려 거짓을 가려 밝히는 동안 슈에이 화상이 함통 6년(865) 장안으로부터 돌아와서 말하기를, "이 잡물을 빨리 받아서 마땅히 광주로 향하여야 한다."라고 하였다.

興房此論淂(得)雜物 欲忝起廣州之間 任仲元將教書來之

오키후사가 이에 잡물을 논하여 얻어 광주로 가져가려는 사이 임중원이 교서를 가지고 그에게 왔다.

令待興房 不遠進發有期 不可稽留

이 교서에서는, 오키후사에게 기다리라고 명하고 있지만, 머지않아 진발할 시기가 있을지니, 계류하지 말라고 하였다.

仍止月廿七日 率安展 圓覺 秋丸等 向西已了

따라서 정월 27일, 안텐, 엔가쿠, 슈간 등을 거느리고 서쪽으로 향하였다.

湏(須)停起來 早駕李延孝舶本(歸脫カ)國者

일어나 오는 것을 멈춰서 기다렸다가 아침 일찍 이연효(李延孝)[322]의 배에 타서 본국으로 돌아갔다.

因宗叡和尚 興房等 同年六月 延孝舶自大唐福州得順風 五日四夜著値(嘉脫カ)嶋

따라서 슈에이(宗叡) 화상·오키후사(興房)[323] 등은 동년 6월 이연효의 배

---

322 이연효에 대한 『일본삼대실록』의 기사는 다음과 같다.
『日本三代實錄』 貞觀 4年(862) 7月 23日 條
大唐商人李延孝等四十三人來 勅大宰府 安置供給
이 기사는 이연효에 대한 첫 번째 기사로서, 그는 당의 상인으로 일본에 왔고, 일본 조정의 명으로 다자이후에 안치되어, 식량을 공급받았다는 것을 알 수 있다.
『日本三代實錄』 貞觀 7年(865) 7月 27日 條
先是 大宰府言 大唐商人李延孝等六十三人 駕船一艘 來著海岸 是日 勅安置鴻臚舘 隨例供給
그리고 이 기사에 의하면, 이연효는 3년 후인 865년에 다시 36명의 인원으로 다자이후에 왔으며, 고로칸에 안치되었고, 식량을 공급받았다.

323 『日本三代實錄』 貞觀 14年(872) 5月 22日 條
以前筑後少目從七位上<u>伊勢朝臣興房</u> 爲領歸客使通事

로 당나라 복주(福州)[324]에서 순풍을 받아 5일, 4밤이 걸려 지카노시마(値嘉嶋)[325]에 도착하였다.

但智聰法師 尚往大唐不來

다만 지소(智聰) 법사(法師)[326]는 오히려 당나라에 가서 오지 않았다.

仍略記如件 [記註申伊勢興房之 八十二千州内縣員三千三百七十二 國内市員在十二

이에 약기(略記)한 것은 전술한 것과 같다.[이세노 오키후사가 말한 것

전 지쿠고국의 소목 종 7위상 이이세노 오키후사를 영귀객사통사로 삼았다는 기사이다. 여기서 통사는 통역을 맡았던 벼슬을 가리키므로 오키후사는 통역사로서 슈에이의 귀국길에 활약했음을 알 수 있다.
『日本三代實錄』 元慶 7年(883) 正月 條
(전략) 是日 以正六位上行少外記大藏伊美吉善行·式部少丞高階眞人茂範 爲存問渤海客使 前筑後少目從八位上**伊勢朝臣興房**爲通事
그리고 위의 기사에 의하면, 882년에는 발해에서 사신이 왔고, 이세노 오키후사가 통사로 활약을 하였다.

324 중국 복건성(福建省)의 성도(省都)인 푸저우이다. 민강(閩江)의 하류에 위치하며, 옛날부터 무역항이었으며, 차·목재·죽지(竹紙) 등의 집산지였다. 지금은 경공업이 발달했으며, 인구는 212만 4천여 명이다.

325 지카노시마는 도오치카노시마(遠値嘉島)라고도 하며, 히젠국(肥前國) 마쓰우라군(松浦郡)에 위치해있다. 『안쇼지 에운전』에서도 지카노시마는 당(唐)에 오고 갈 때 중간 기박지로서의 역할을 하였음을 확인할 수 있다.

326 『日本三代實錄』 元慶 元年(877) 12月 21日 條
是日 令大宰府 量唐人駱漢中并從二人衣粮 入唐求法僧**智聰**在彼廿余載 今年還此 漢中隨**智聰**來 智聰曰 漢中是大唐處士 身多技藝 知其才藻 勸令同來 不事求 獨取艱澁 願加優恤 以慰旅情 詔依請焉
위 사료에 의하면, 지소는 신뇨친왕, 슈에이 등과 동행하지 않고, 877년이 되어서야 당인 낙한중(駱漢中) 등과 함께 귀국하였던 것을 알 수 있다.

을 기주(記註)[327] 한다. 82천주 안에 현원(縣員)이 3,372이고, 국내의 시(市)는 12개가 있다.

加長安士寸〔寺カ〕員四十萬八千七十二 塔寺廿萬千二

더 나아가 장안의 사원(寺員)은 408,072이다. 탑사(塔寺)는 201,002이다.

長安市内八十六町

장안의 시 안에는 86정(町)이 있다.

印内尼市人貞〔員〕二千九百六十人

인내(印内)의 니시(尼市) 인원은 2,960명이다.

印司長官四位 次官五位 録事七位 吏生八位 使部八十人

인사장관(印司長官)은 4위이고 차관(次官)은 5위이며 녹사(録事)[328]는 7위이고 이생(吏生)은 8위이다. 이부(使部)[329]는 80인이다.

---

327 기주(記注)라고도 하며, 언어와 동작을 그대로 기록하는 것을 의미한다.

328 기록, 문서, 장부 등을 관리하는 관직이다.

329 율령제 하에서, 태정관, 팔성 등의 관청에서 잡역으로 일했던 하급의 역인을 가리킨다.

陽州出擧正稅三千七百萬束 明州出擧正稅二百萬束

양주(陽州)[330]의 출거(出擧)[331]와 정세(正稅)[332]는 3,700만 속이고 명주(明州)[333]는 200만 속이다.

東越州陽州城去三千二百里 越州城去一千三百里 明州城去一千八百里 雜三千百八里 渤海州城去四千里 百濟州城去二千九百里

동쪽으로 월주(越州)[334]·양주성(陽州城)은 3,200리 떨어져 있다. 월주성

---

330 중국 강소성에 위치한 지급시(地級市)로서 본래는 양주(揚州)라고 표기했지만 당 대에 이르러 표기를 양주(陽州)로 바꾸었다. 당 대에는 아라비아인, 페르시아인들이 방문해서 국제항으로서 자리 잡아 교역이 발전하였지만, 760년에 발생한 대학살 사건으로 무역의 중심지가 천주(泉州)와 광주(廣州)로 옮겨갔다.

331 출(出)은 대부(貸付), 거(挙)는 회수를 뜻한다. 국가가 행하는 공출거(公出挙)는 봄에 관도를 농민에게 빌려주고, 가을에 3-5할의 이자를 함께 회수하는 것을 말한다. 명목으로는 영농자금이었지만, 나라 시대 중기부터 이도(利稻) 수입을 목적으로 한 조세적인 색채가 강해졌다. 사사(寺社), 귀족, 호족들이 행한 사출거(私出挙)는 벼 외에 돈이나 물건도 빌려줘서 연 5-10할의 이자를 받았다.

332 율령제 하에서 제국의 내에 있는 정창(正倉)에 쌓여있는 도곡(稻穀)을 가리킨다. 주로 매년 조세 수입과 정세로부터의 출거에 의한 이자분으로 구성되어있다.

333 지금의 영파시(寧波市)를 가리키며 절강성에 위치한 부성급(副省級) 시이다. 연해부(沿海部)의 항만도시로서 상공업이 발달하였다. 당대 개원 연간부터 명주로 불렸지만, 청대부터는 영파부로 명칭이 바뀌었다. 당대부터 일본, 신라, 동남아시아의 배가 왕래하였고, 송·원의 시대에도 일본의 불승(佛僧)이 유학했으며 시박사(市舶司)가 설치되었다. 외국선의 입항지가 나라마다 정해졌던 명대에는 영파가 일본의 지정항이 되어 일명 무역이 이루어졌다.

334 월주(越州)는 현재는 없는 지명이지만, 『일본삼대실록』 등의 사료에서는 자주 등장하는 지명이다.

『日本後紀』 延曆 24年(805) 6月 8日 條

(중략) 三月廿九日 到越州永寧驛 越州即觀察府也 監使王國文 於驛舘喚臣等 附勅書函 便還上都 越州更差使監送 至管内明州發遣 (후략)

『日本書紀』 斉明天皇 5年(659) 7月 3日 條

(중략) 十六日夜半之時 吉祥連船 行到越州會稽県須岸山 (후략)

(越州城)은 1,300리, 명주성(明州城)은 1,800리이며 합쳐서 3,108리이다. 발해주성(渤海州城)은 4,000리, 백제주성(百濟州城)은 2,900리 떨어져 있다.

大唐國相從他國一千八百里(國カ) 中有皇國一千八國 无皇國八百六十國之中有職國九百國 異國百六十國 之中陸道六百六十八國 海道一千二百國也

대당국(大唐國)과 친하게 지내는 타국은 1,800국이며 그중에서 황국(皇國)이 1,008국이다. 황국이 아닌 나라는 860국이다. 이 중 유직국(有職國)[335]은 900국, 이국(異國)이 160국이다. 이 중 육로로 통하는 나라가 668국이고 해로로 통하는 나라가 1,200국이다.

陽州一年稻二度殖苅 蠶養四度 絁綿泰多无比之]

양주는 1년에 벼를 2번 심고 베고, 누에를 4번 기른다. 시면(絁綿)의 크고 많음은 이에 비할 바가 없다."]

在唐好眞牒 好眞伏聞 教興天竺 傳授支那

당에 있는 고신(好眞)[336]의 첩(牒)에, "고신이 삼가 듣자오니 교(教)가 천

위 사료들을 통해서 월주는 영파, 회계현(會稽県) 등을 포함하고 있으며 관찰부가 있었던 곳이었음을 알 수 있다. 특히 이후 742년에 월주는 회계현(會稽県)으로 명칭이 변경되었다. 또한, 회계는 양주 동부, 장강 하류 지역에 위치했으며, 육조시대에는 정치, 문화의 중심지로서 발전했다.

335 직(職)을 가진 국가로서 벼슬이 주어진 국가를 말한다.

336 여기서 나오는 재당승 고신은 일본 국적의 승려로서 시료(師良)와 함께 당으로 갔다. 고신은 장안 숭성사(崇聖寺)의 승려인 홍거(弘挙)에게 일본에 가서 전법(傳法)할 것을 의뢰했고, 홍거는 이를 허락했다. 홍거는 수백 권의 경전을 가지

축(天竺)에서 일어나 지나(支那)[337]에 전수되었습니다.

摩騰騰入漢 乘白馬以馱經 僧會來歟呉 舍利以主乘

마등(摩騰)[338]이 한(漢)에 들어와 백마(白馬)에 타 경전을 싣고, 승회(僧會)[339]는 오나라로 와 사리로써 주승(主乘)하였습니다.

降續來三藏 不名言 聖典聿興 遐邇遍布 且好眞伏〔狀〕困(ママ) 頃年隨師 良大德過[適歟]適獲屆大唐

계승되어 온 삼장(三藏)은 널리 알려지지 않았습니다. 성전(聖典)이 여

고 일본으로 향하게 되었고, 고신은 이러한 경위를 적은 첩을 써서 홍거에게 가져가게 하였다. 이러한 고신의 첩을 받은 다자이후는 관부를 내려서, 고신의 의뢰로 전법을 위해 일본에 온 당승 홍거에게 의복과 식량을 지급하게 하였다.

337 진(秦)이 전와(轉訛)된 표현으로서 외국인의 중국에 대한 호칭이다. 인도의 불전(佛典)에서 처음 사용되었다. 일본에서는 에도시대 중기 이후부터 제2차 세계대전 말까지 사용되었다.

338 축섭마등(竺葉摩騰)·섭마등(攝摩騰)·마등이라고도 한다. 매우 총명하여 대소승(大小乘)의 경(經)과 율(律)을 통달하였고, 서인도에서 『금광명경(金光明經)』을 강설하여 이름을 떨쳤다. 중국 후한의 명제(明帝)가 불법을 구하기 위하여 승려 법란(法蘭)과 함께 채음(蔡愔) 등을 인도에 보냈을 때, 중앙 아시아 대월지국(大月氏國)에서 가섭마등을 만났다. 그는 67년 불상과 경전을 백마에 싣고 낙양(洛陽)에 이르러 백마사(白馬寺)를 짓고 사십이장경(四十二章經) 등을 번역하였는데, 이것이 중국 역경의 시초이다. 중국에 불법을 최초로 전한 자로서 낙양에서 죽었다.

339 강승회(康僧會, ? -280年)로서 삼국시대 오(呉)의 역경승(訳経僧)이다. 247년에 오의 수도인 건업으로 가서, 손권의 지지를 얻어 강남지방의 최초의 불교사원인 건초사(建初寺)를 건립했다고 알려져 있다. 그 후 경전의 한역에 종사했고, 그 중에서도 『육도집경(六度集經)』은 번역된 경전이 아닌 강승회 본인의 저술이라고 여겨지고 있다. 초기의 중국불교와 유교적인 관념과의 접촉, 교섭의 단서로서 의미가 있다.

기에서 흥하고, 멀고 가까운 곳에 두루 베풀었습니다. 또 고신(好眞)의 장(狀)에 '근년에 사량대덕(師良大德)을 따라 당나라에 이르렀습니다.

不幸和尚 在唐遷化 [好眞]因修駐 留濫(ママ)陪講

불행히도 화상이 당에서 천화(遷化)하여, 이로 인해 수행하여 머무르며 강의에 배석하였습니다.

々稚(雖)以聽探 未苦深和

비록 강의를 들었지만, 아직 괴로움이 깊어서 잔잔해지지 않았습니다.

今伏見上都崇聖寺長講經律弘學大德 志在傳燈 偏灑法雨

지금 삼가 상도(上都)[340] 숭성사(崇聖寺)에서 길게 경율을 강의하는 홍거(弘擧) 대덕(大德)[341]을 보니, 뜻이 전등(傳燈)[342]에 있어, 두루 법우(法雨)[343]가 뿌렸습니다.

---

340 『日本三代實錄』 貞觀 9年(867) 10月 4日 條
從五位上行掃部頭藤原朝臣貞敏卒 貞敏者 刑部卿從三位繼彦之第六子也 少耽愛音樂 好學鼓琴 尤善彈琵琶 承和二年爲美作掾兼遣唐使准判官 五年到大唐 達**上都**
위 사료를 비롯해서 육국사에는 상도(上都)가 당의 수도인 장안을 가리키는 용어로서 자주 등장하고 있다.

341 덕이 높은 승려를 말한다.

342 법의 등불을 전한다는 말로, 법맥을 받아 전하는 것을 이르는 말이다.

343 불법(佛法)이 중생을 교화하여 덕화(德化)를 사람들에게 입히는 것을 초목들을 적시어 잘 자라게 하는 비에 비유해서 하는 말이다.

虔誠三請 願赴本國之宗源 闡一乘之法相 伏蒙開慈悲之路 啓提誘之方

경건한 정성(虔誠)으로 3번을 청하여, 본국의 종원(宗源)[344]에 가서, 일승의 법상을 밝힐 것을 원합니다. 엎드려 은혜를 받아서 자비의 길을 열고, 제유(提誘)[345]의 방법을 깨우칩니다' 라고 하였다.

免許降臨 親飛杖錫 將數百卷之眞語 官船以解纜

강림(降臨)[346]의 도를 허가하였습니다. 친히 지팡이(杖錫)를 날리며 수백 권의 진언(眞語)[347]을 끌고 관선으로써 밧줄을 풀고 출항하였습니다.

庶福龍圖 社稷祥耀遍霑雨

무리가 뛰어난 계략(龍圖)[348]을 기원하고, 지신과 곡신(社稷)의 상서로운

344 한 종(宗)에서 내세우는 종지(宗旨)의 근원을 말한다. 도지(東寺)가 진언종(眞言宗)의 근본도량(根本道場)이며 총본산(総本山)에 해당하므로, 본문에서의 종원은 도지라고 생각된다.

345 다음의 사료를 봤을 때 제유(提誘)는 불교에서의 깨우침을 의미하는 듯하다.
『日本三代實錄』 貞觀 2年(860) 2月 25日 條
僧正傳燈大法師位眞濟卒 眞濟者 俗姓紀朝臣 左京人也 祖正五位下田長 父巡察彈正正六位上御 園眞濟少年出家 學大乘道 兼通外傳 夙有識悟 從大僧都空海 受眞言教 大師海公鑑其器量 特加提誘 遂授兩部大法 爲傳法阿闍梨

346 부처나 보살이 천상에서 인간세계로 내려오는 것을 뜻한다.

347 진언이란, 산스크리트 어인 만트라(Mantra)를 번역한 단어로서 '부처의 진실된 말, 비밀의 말'이라는 뜻이다. 밀교 경전인 『대일경(大日經)』에서 유래했고, 많은 대승불교의 종파에서 사용된 주술적인 어구이다. 한문으로 번역한 경전에서는 진언 외에도 밀언(密言), 주(呪), 명주(明呪) 등으로도 사용되었다.

348 다음의 사료에 의하면 용도(龍圖)는 계략, 계책의 의미로 사용되었다.
『日本後紀』 大同 元年(806) 4月 13日 條
右大臣神王等上啓曰 惟天爲大 運四序以授時 惟辟奉天 括三才而育物 故能據龍圖而朝萬國 握鳳紀 而撫八荒 (중략)

조짐이 빛나고 두루 비를 적셨습니다.

謹具事由申報 伏乞柏公仁恩 特賜奏

삼가 사유(事由)를 갖추어 고하여 알리고, 엎드려 백공(柏公)의 어진 은혜(仁恩)를 비니, 특별히 주(奏)를 하사하셨습니다.

牒件狀如前 護牒

첩(牒)한 건은 전술한 것과 같습니다. 삼가 첩을 올립니다."라고 하였다.

唐景福二年閏五月十五日 在唐僧好眞牒

당 경복(景福) 2년(893) 윤 5월 15일, 재당승(在唐僧) 고신(好眞)의 첩.

太政官符 大宰府

應給衣粮大〔德脫カ〕弘擧事

右淂〔得〕在唐僧好眞牒偁 上都崇聖寺長講經律弘擧大德 志在傳燈 偏灑法雨 虔誠三請 願起本國 慈悲允許 藏錫解纜 謹具事由申報 伏乞仁恩 特賜奏 中納言兼右近衛大將從三位行春宮大夫藤原朝臣時平宣 奉勅 如好眞弘擧大德望 湏〔須〕加勞來 以慰旅情者 府宜承知 量給生物 兼賜時觸事傍 苻到奉行

寬平五年八月十六日 正七位下[349]守右大夫〔史〕[350]兼春宮太屬生忌寸

---

349 『어산부유기(御産部類記)』 寬平 5년 4월 2일조에는 "右大史從六位下壬生忌寸望材爲大屬"라고 나온다.

350 육국사에도 '우대사(右大史)'로 기록되어 있다.

從上五位守右中弁

태정관부 다자이후

옷과 식량을 대덕(大德) 홍거(弘擧)에게 주는 일.

위의 당에 있는 승려 고신(好眞)의 첩을 얻어 살펴보니, '상도(上都) 숭성사(崇聖寺)[351]의 장강경율(長講經律) 홍거 대덕이 마음으로 전등함이 있고 (마음을) 기울여 법우[352]로 깨끗하게 하였습니다. 경건한 정성으로 3번 청하여 본국에 다다르기를 원합니다. 자비로 윤허하여 주시고 곳간을 하사하시어 닻을 풀어주소서. 삼가 자세히 이유를 고하여 엎드려 은혜를 비오니 특별히 이름을 주소서.'라고 하였다. 중납인(中納言) 겸 우근위대장(右近衛大將) 종3위 춘궁대부(春宮大夫) 후지와라노 토키히라(藤原時平)[353]가 받들기를, "칙령을 받아 고신과 홍거 대덕이 바라는 것과 같이 마땅히 근

『日本三代實録』 元慶 元年 4月 9日 庚辰 條 "**右大史**正七位上時統宿禰當世行事".

351 숭성사(崇聖寺)는 중국 장안 우가의 숭덕방(崇德坊)에 있는 사찰이다. 원래 그 방에는 제도니사(濟度尼寺)와 청덕니사(淸德尼寺)가 있었다. 정관 22년(648) 태종이 붕어했을 때 제도니사의 비구니승을 다른 곳으로 옮기고 태종을 모셨던 빈첩들을 득도(得度)시켜 이 사원에 있게 하였고, 영보사(靈寶寺)라고 이름하였다. 당시 재인(才人)으로 태종을 모셨던 무후도 비구니로서 이 절에 들어왔었다고 생각된다. 또한 도덕니사는 숭성궁(崇聖宮)으로서 태종의 영혼을 모셨는데, 의봉 2년(677) 영보사와 병합하고 이때 숭성사라고 명명하였다(『入唐求法巡禮行記』 권3 唐武宗 會昌 元年 정월 25일 '崇聖寺' 각주 참조).

352 법우(法雨)란 불법이 중생을 교화하여 덕화를 사람들에게 입히는 것을 이르는 말이다.

353 헤이안 시대 전기의 공경이다. 후지와라 북가이며, 섭정 관백 태정대신인 모토츠네(基経)의 장남이다. 관위는 정2위 좌대신이며 본원대신(本院大臣)이라고 불렸다. 제호(醍醐) 천황이 즉위하자 좌대 신으로서 조당의 정점에 섰다. 의욕적으로 개혁에 착수하였지만 39세에 사망하였다. 태창(昌泰)의 변에 이은 스가와라 미치자네(菅原道真)의 좌천 사건에서 중심인물이었고, 천신신앙(天神信仰)이 확산하였던 후세의 설화에서는 극악한 인물로 묘사되었다.

심함에 위로를 더하고 족의 정을 위로한다."라고 하였다. 다자이후는 마땅히 명을 따라 생물을 주는 것을 헤아리고, 때에 닿아 가까이에 일을 주라고 하니 부에 이르러 봉행하였다.

관평 5년(893) 8월 16일, 정7위하 수우대사(守右大史) 겸 춘궁대속(春宮太屬) 나마이미키(生忌寸) 종상5위(從上五位) 수우중변(守右中弁)

太政官苻 太宰苻(府)

應大唐商人周汾等六十人事

右淂(得)七月廿三日解偁 件唐人 今月八日駕大舶來著 浮(ママ)復有爲合監文室時實等發遣 爰時實牒偁 以廿一日 於博多津 件唐船 便風飛帆 到著此津者 即合進覽物帳 且差(ママ)脚中雜物 子細勘録 追申上者 右大將中納言宣 奉勅 宜准量供給者 府宜承知 依宣行人〔之カ〕 苻到奉行

延文二年[丁酉]四月廿二日 於東寺西院僧房 以隨心院御本書寫了 文字誤多 遂可削直之 大法師賢寶[生廿五]

同廿六日 校合了

태정관부 다자이후

대당상인 주분(周汾) 등 60명의 일.

위의 7월 23일 조사를 얻어 살펴보니, '해당 건의 당인이 이번 달 8일 큰 배를 타고 왔다. 재차 만나야 함에 감(監) 훈야노 토키자네(文室時實) 등을 파견하였다. 이에 도키자네(時實)가 첩에서 이르기를, "21일에 하카타진에서 당선이 바람에 편승해 돛을 날려 이 하카타진에 도착하였습니다."

라고 하였다. 곧, 물건의 장부를 진람(進覽)하고, 또한 각종 잡물을 자세하게 조사해 기록하여 보고하였다.'라고 하였다. 우대장(右大將)·중납언(中納言)[354]이 받들기를, "칙을 받아 마땅히 양을 헤아려서 공급하라."라고 하였다. 부를 잘 이해하고, 선(宣)에 의거하여 이것을 행하게 하니 부(符)가 이르면 봉행하라.

延文 2년(1357) 4월 22일, 동사의 서원 승방에서 수심원[355] 어본(御本)을 가지고 서사(書寫)를 완료하였다. 문자의 오기가 많아서 마침내 이것을 고쳤다. 대법사 겐포(賢寶)[356]가 같은 달 26일에 교정을 마쳤다.

---

354 해석에서는 우대장·중납언으로 2개의 주체로 풀었다. 다만, 『속일본후기』에 의하면 두 관직이 겸임되는 사례가 있어 하나의 주체일 가능성도 있다. 『續日本後紀』 天長 10年(833) 3月 壬寅條 "罷權**中納言**藤原朝臣吉野所兼右大將之任".

355 수심원(隨心院)은 현재 교토시 야마시나구(山科区) 오노(小野)에 있는 진언종 젠쓰지(善通寺) 파 본산의 불교사찰이다.

356 남북조시대 진언종 승려이다. 동사의 밀교 철학 연구를 완성시킨 뛰어난 인물이다. 동사(東寺)의 고호(杲寶)의 밑에서 출가하여 연문(延文) 4년 (1359) 10월 전법관정(傳法灌頂)을 받았다. 그 후에는 고호와 고호의 스승인 라이호(賴寶)가 완성하지 못했던 밀교 철학 연구에 매진하였다.

V. 엔교(圓行), 레이간지 화상전(靈巖寺和尚傳)

傳燈大法師位圓行 左京一條人也

전등대법사위 엔교(圓行)는 사쿄(左京)[357]의 이치조(一條) 사람이다.

十一以元興寺歲榮律師師事

11세에 간코지(元興寺)[358]의 사이에(歲榮) 율사를 스승으로 섬겼다.

十六歲依華巖宗年分得度 十七才受有部具足戒

16세에 화엄종의 연분(年分)에 의해서 득도하고, 17세에 유부구족계(有部具足戒)[359]를 받았다.

---

357 헤이조쿄·헤이안쿄 등의 동반부(東半部)를 가리킨다. 중앙의 주작대로(朱雀大路)로부터 동쪽에 있는 구역이다.

358 남도칠대사(南都七大寺) 중의 하나이다. 소가노 우마코(蘇我馬子)가 아스카(飛鳥)에 건립했던 일본에서 가장 오래된 본격적인 불교사원인 호코지(法興寺)가 헤이조쿄(平城京) 내로 이전했던 사원이다. 나라 시대에는 인접한 도다이지(東大寺), 고후쿠지(興福寺)와 함께 대사원이었지만, 중세 이후에는 쇠퇴하였다.

359 비구·비구니가 지켜야 할 계를 말한다. 이 계를 가지고 있다면, 덕은 저절로 갖추어 진다(具足)고 한다. 부파(部派)에 따라서 다르지만, 비구는 250계, 비구니

年廿五就高野贈僧正 受學兩部大法

나이 25세에 고야증승정(高野贈僧正)에 나아갔고, 양부대법(兩部大法)[360]을 수학했다.

又隨杲隣法師弘法弟子 入灌頂壇

또한 고린(杲隣) 법사(法師)[361] 「홍법제자(弘法弟子)」를 따라서 관정단(灌頂壇)[362]에 들어갔다.

承和仁明天皇五年 承入唐請益 勅命渡海 初到唐禮賓院

인명(仁明)조 승화(承和) 5년(838) 입당청익(入唐請益)의 칙명을 삼가 받들어서, 처음으로 당나라의 예빈원(禮賓院)에 이르렀다.

是大唐開成三年也 同十二月 得到長安城

이때는 당 개성(開成) 3년(838)이다. 같은 해 12월에 장안성에 이를 수

는 348계가 대표적이다.

360 양부란 밀교의 두 대법문(大法門)인 금강계(金剛界)와 태장계(胎藏界)를 가리키며, 대법은 밀교에서 가장 규모가 크고 중요하다고 여겨지는 수법(修法)을 말한다.

361 고린(杲隣, 767-?)은 헤이안 시대 전기 진언종 승려로서, 구카이의 10대 제자 중 한 사람이다. 처음에는 도다이지에서 삼론종과 법상종을 수학했고, 후에 구카이를 스승으로 섬겨 밀교를 배웠다. 836년 지쓰에(實惠)가 입당청익승 신제(眞濟)에게 부탁했던 서장(書狀)에는, 구카이로부터 전법(傳法)의 인가를 받았던 제자 8인 가운데에 '영동(嶺東)의 고린'이 보인다. 837년 제자 엔교가 당에 건너갔을 때의 서장에도 저명한 8명 가운데 '전등대법사고린'으로서 그의 이름이 보인다.

362 관정단(灌頂壇)은 관정을 행하는 단이다. 관정은 아사리로부터 법을 받을 때의 의식을 가리킨다.

있었다.

四年正月十三日 依 勅青龍寺上座内供奉講論大德沙門圓境等 迎入和尚

개성(開成) 4년(839) 정월 13일, 칙에 의하여 청룡사[363]의 상좌(上座)[364], 내공봉(内供奉)[365], 강론(講論), 대덕(大德)[366], 사문(沙門)[367], 원경(圓境) 등이 화상을 맞아들였다.

彼寺灌頂座主内供奉義眞阿闍梨率廿餘衆 机上燒海岸香 立五十賢瓶 出門迎和尚

그 절의 관정(灌頂) 좌주(座主)[368] 내공봉(内供奉) 의진 아사리(義眞阿闍梨)는 20여 명의 무리를 거느리고, 탁상 위에 해안향(海岸香)을 태우고, 오

363 수 개황(開皇) 2년(682)에 창건하였고, 처음에는 영감사(靈感寺)라고 불렸다. 당 초기인 621년에 폐사되었지만, 662년에 재건되어 관음사라고 고쳐졌다. 청룡사로 이름이 바뀌었던 것은 711년이었다. 당 중기에는 혜과 등 밀교승이 주지로 있을 때, 입당유학승들과의 관계가 생겨났다. 구카이는 혜과로부터 배웠고 천태종의 엔닌, 엔친 등도 혜과의 법계를 이은 법전(法全)에게 밀교를 배웠다. 845년 회창의 폐불에 의해서 다시 폐사되었고 852년에는 다시 부흥하여서 호국사라고 이름이 바뀌었다.

364 삼강(三綱)의 하나이나. 원장사·덕이 있는 자로서 승려를 감독하고, 절의 사무를 맡은 역승(役僧)이다.

365 궁중의 내도량(内道場)에 봉사하고, 매년 어제회(御斎會)가 시행될 때 독사(読師) 등의 업무를 담당하여, 국가 진호의 임무를 하였다.

366 덕이 높은 승려를 가리킨다.

367 출가하여 도를 닦는 사람을 일컫는다.

368 본래는 불교 사원에서 여러 승려를 통솔하는 힘을 가졌던 승려, 혹은 주지 승려를 가리켰는데, 후에는 엔랴쿠지(延暦寺)에서 가장 지위가 높은 승려를 좌주라고 부르게 되었다.

십 개의 현병(賢甁)[369]을 세워서, 문을 나가 화상을 맞이하였다.

即誦讚打鐃令入寺

곧, 찬(讚)[370]을 외우고, 징을 쳐서 절에 들어오게 하였다.

即拜故惠果阿闍梨廟塔 以獻上本國信物等

곧, 고(故) 혜과 아사리(惠果阿闍梨)[371]의 묘탑(廟塔)에 방문하여, 본국의 신물 등을 헌상하였다.

同月十五日 保壽寺內供奉臨壇大德沙門光辨等 論談教門問難 玄義莫不通

개성(開成) 4년(839) 정월 15일, 보수사(保壽寺)의 내공봉(內供奉) 임단(臨壇) 대덕(大德) 사문(沙門) 광변(光辨) 등이, 교문(教門)[372]을 논담하고 어려움을 물었는데, 현의(玄義)[373]에 통달하지 않음이 없었다.

---

369 현병(賢甁)이란, 밀교에서 만다라(曼荼羅) 제존(諸尊)을 공양하기 위해 오보(五寶), 오향(五香), 오약(五藥), 오곡(五穀), 향수(香水) 등을 담았던 용기이다.

370 부처님의 공덕을 기리는 단어이다.

371 혜과(746-806)는 당나라 대의 밀교승이며 구카이의 스승이다. 『금강정경(金剛頂經)』, 『대일경(大日經)』의 두 계통의 밀교를 통합했던 제 일인자였고, 양부(兩部) 만다라의 중국적인 개혁도 도모하였다. 장안 청룡사에 거주하며 동아시아의 다양한 지역에서 모여든 제자들에게 법을 전수하였다. 한편으로는 대종(代宗), 덕종(德宗), 순종(順宗)의 3대에 걸친 황제의 스승으로 추앙받았다.

372 불교의 가르침으로서, 삼계(三界)의 괴로움으로부터 나올 수 있는 문이다.

373 인간의 지성으로는 이해할 수 없지만, 신앙에 의해서 받아들일 수 있는 종교적 신비를 가리키는 단어이다.

集會大德等感悅 具以奏聞

집회에서 대덕 등은 감격해 기뻐하여, 구체적으로 주문하였다.

同日 左衞(街)功德使仇驃騎 青龍寺上座圓境召之

같은 날, 좌가공덕사(左街功德使)[374] 구표기(仇驃騎)를 청룡사의 상좌 원경(圓境)이 불렀다.

仰曰 日本國傳燈大法師圓行 可爲內供奉講論大德

우러러보며 "가히 일본국의 전등대법사 엔교는 내봉공(內供奉) 강론(講論) 대덕(大德)이 되어야 한다" 라고 말했다.

即賜冬法服并綠綾六十疋及日供物等

곧, 겨울용 법복(法服)과 푸른 비단(綠綾) 60필 및 매일 공물(供物) 등을 수여했다.

遂以座主大阿闍梨義眞 爲師承事

드디어 좌주(座主) 대아사리(大阿闍梨) 의진(義眞)을 스승으로 삼아서 일을 계승했다.

---

374 공덕사란, 당나라 대에 좌우의 양가(兩街)에 둔, 승려를 관리하던 관리를 말한다.

研習眞言宗義 稟承三密幽致

진언(眞言)의 종의(宗義)를 연습하고, 삼밀(三密)[375]의 유치(幽致)를 품승(稟承)했다.

決疑兩部之大旨 開悟諸尊之密法

양부(兩部)의 대강의 취지(大旨)에 의혹을 품었고, 제존(諸尊)의 밀법을 깨달았다.

潤正月三日 隨和尚授傳法阿闍梨位灌頂

윤(潤) 정월 3일, 화상을 따라서 전법아사리위의 관정을 받았다.

又傳法門道具佛舍利等

또한 법문도구(法門道具)와 불사리(佛舍利) 등을 전했다.

同月四日 歸禮賓院欲歸朝 相送惜別 禮儀不可具記

윤 정월 4일, 예빈원으로 돌아가 귀조하고자 하였다. 서로 이별을 아쉬워하며 배웅했다. 예의는 자세히 기록되지 않았다.

---

375 밀교에서 중시하는 수행 방법으로, 삼업(三業)을 이르는 말이다. 진언(眞言)을 외우는 구밀(口密), 손으로 수인(手印)을 맺는 신밀(身密), 마음으로 불보살의 존상(尊像)을 바라보는 의밀(意密)을 통틀어 이른다.

同十二月六日 歸來本朝 即承和六年也

같은 해 12월 6일, 본조로 돌아왔는데, 곧 승화(承和) 6년(839)이었다.

同廿九日 所請來法門一百廿三部 佛舍利三千粒等 公家奉進之

승화(承和) 6년(839) 12월 29일, 청래(請來)한 것은 법문(法門) 133부, 불사리 3천립(粒) 등이며, 공가(公家)에서 그것을 봉진했다.

件舍利 義眞和尚并中天三藏難陀靈山大德等所授和尚也

해당 사리는, 의진 화상(義眞和尚) 및 중천삼장난타(中天三藏難陀), 영산대덕(靈山大德) 등이 화상에게 주었던 것이다.

入唐求法次第 具如請來錄

입당 구법한 다음으로 이와같이 청래 기록을 갖추었다.

仁壽文德天皇二年三月六日寅尅遷化 春秋五十四 夏臈三十八

「문덕천황」인수(仁壽) 2년(852) 3월 6일 인(寅)시에 사망하였다. 나이 54세, 법랍 38세였다.

付法弟子

법을 전한 제자는

延最 三澄法師 [思恒寺攝津國郡北山建立之]泰澄 教日和尚 貞隆十禪師 [云々]

엔사이(延最), 산초(三澄) 법사[376],[셋쓰국(摂津國) 군호쿠산(郡北山)에 사항사(思恒寺)를 건립한]태징(泰澄), 교일화상(教日和尚)[377], 정륭십선사(貞隆十禪師)라고 한다.

或血脉云 付法弟子二人 教日 眞頂[云々]

어떤 이는 혈맥(血脈)을 말하여, 법을 전한 제자는 2명으로서 지쓰쿄(教日), 신초(眞頂)[378]라고 하였다.

---

376 다음의 사료에 의하면, 산초는 전등만위(傳燈滿位)의 승려로서 국가를 받들기 위해서 닌초지(忍頂寺)를 건립했다는 것을 알 수 있다. 본문에서의 시코지(思恒寺) 건립과는 다르다.
『日本三代實錄』 貞觀 2年(860) 9月 20日 條
傳燈滿位僧<u>三澄</u>奏言 神岑山寺在攝津國嶋下郡 <u>三澄</u>奉爲國家所建立也 春演說最勝王經 秋吼講法華 妙典 請爲御願眞言一院 賜名忍頂寺 詔許之

377 다음의 사료에 의하면 지쓰쿄는 신천원에서 비를 기원하였다.
『日本三代實錄』 元慶 元年(877) 6月 26日 條
屈傳燈大法師位<u>**教日**</u>於神泉苑 廿一僧 修金翅鳥王經法 祈雨也

378 다음의 사료에 의하면, 신초는 인명조의 대법사로서 특별히 궁에서 천황의 병을 돌보았다.
『續日本後紀』 嘉祥 3年(850) 2月 7日 條
是日 大法師眞頂與北山近士觀善 特入御簾中奉加持 觀善誓曰 御病不除 不更起座 不復飮食

或血脉云 蓮臺寺寬空僧正 初受神日律師 又習圓行和尚[云々] 南忠大德 初受圓行 後受慈覺

어떤 이는 혈맥을 말하여, 렌다이지(蓮臺寺)[379]의 칸쿠(寬空) 승정[380]이 처음으로 진니치(神日) 율사[381]에게 배웠고, 또한 엔교(圓行) 화상에게 배웠다고 하였다. 난추(南忠) 대덕(大德)은 처음에는 엔교에게 배웠고, 후에는 지카쿠(慈覺)[382]에게 배웠다.

或記云 仁明天皇御宇 承和五年[戊午] 靈巖寺圓行和上入唐之次 實惠眞雅等八ヶ大德 附種々國信方物 贈青龍寺惠果和尚影前 遙申孫弟之禮

어떤 기록에는, 인명 천황이 다스렸던 승화(承和) 5년(838), 레이간지(靈巖寺)의 엔교 화상이 당으로 간 다음, 지쓰에(實惠)와 신가(眞雅)[383] 등 8명

---

379 조힌렌다이지(上品蓮台寺)라고도 한다. 사전(寺傳)에 의하면, 쇼토쿠 태자(聖德太子)가 어머니의 호다이지(菩提寺)로서 건립했고, 우다법황(宇多法皇)이 중흥했다고 한다. 우다법황의 제자였던 간쿠(寬空)가 인접한 고류지(香隆寺)와 조힌렌다이지의 주지를 겸임했기 때문에 고류지라고도 불렸다.

380 간쿠(寬空, 884-972)는 진언종의 승려이다. 렌다이지승정(蓮台寺僧正)·고류지승정(香隆寺僧正)이라고도 불렸다. 우다 법황의 시동(侍童)이었고, 그 후 출가해서 법황 및 진니치(神日)로부터 법을 전수받았다. 945년 권율사가 되었고, 964년에는 승정이 되었다. 971년에는 모든 직책을 사임하고 렌다이지를 충실히 정비했다.

381 진니치(神日, 860-916)는 헤이안 시대 전-중기의 진언종 승려이다. 아타고산(愛宕山)의 하쿠운지(白雲寺)에서 온조지(圓城寺)의 야쿠신(益信)으로부터 관정(灌頂)을 받았고, 겐세이(玄靜), 엔세이(延性)에게서 배웠다.

382 엔닌(圓仁, 794 -864)은 자각대사(慈覚大師)라고도 불렀으며 입당팔가(入唐八家) 가운데 한 명이다.

383 신가(真雅, 801-879) 는 헤이안 시대 전기 진언종의 승려로서 구카이(空海)의 형제이며, 그의 십대제자(十大弟子) 중 한 명이다. 청화(清和) 천황이 탄생한 이후 호지승(護持僧)을 지냈고, 천황과 그 외조부인 후지와라노 요시후사(藤原良

의 대덕이 여러 종류의 국신방물(國信方物)을 보태서, 청룡사의 혜과(惠果) 화상의 영전(影前)에 바쳤고, 멀리서 손제(孫弟)의 예를 올렸다고 한다.

仍次年開成四年[相當日本承和六年己未]正月廿二日 計渡書狀并方物等

거듭해서 다음 해인 개성(開成) 4年(839)[일본의 승화(承和)6年 기미년에 상당한다] 정월 22일 서장(書狀) 및 방물(方物) 등을 헤아려 주었다.

爰同年閏正月 圓行歸朝之時 青龍寺門徒義眞等十人 又以大唐方物 贈遣日本國實惠等八人之許

곧, 같은 해 윤(閏) 정월, 엔교(圓行)가 일본으로 돌아올 때, 청룡사의 문도인 의진(義眞) 등 10명이, 또한 당나라의 방물을 일본국의 지쓰에(實惠) 등 8명의 곁으로 보냈다.

狀云 五鈷鈴一 三鈷杵一 獨鈷杵一 已上三事 故大德惠果先師受持道具宛彙阿闍梨影前供養

서장(書狀)에는, '오고령(五鈷鈴)[384] 한 개, 삼고저(三鈷杵)[385] 한 개, 독고

房)로부터 두터운 신임을 받았다. 청화 천황의 어원사(御願寺)인 조간지(貞觀寺)의 터를 개척했고, 조간지 승정(貞觀寺僧正)·법광대사(法光大師)라고도 불렀다.

384 밀교 의식에서 사용하는 법구(法具)인 금강서(金剛杵) 가운데 하나로, 한쪽 끝이 다섯 갈래로 갈라진 형태의 법구이다.

385 밀교 의식에서 사용하는, 양쪽 끝이 세 갈퀴로 된 금강저를 말한다.

저(獨鈷杵)[386] 한 개, 이상의 세 가지는 고(故) 대덕 혜과(惠果) 선사가 항상 소지하던 도구이며, 해(海) 아사리의 영전에 공양으로 보낸다.' 라고 되어 있다.

[乃至列十六種物]實惠阿闍梨 與圓行阿サリ 九人同受用分散 謹状上

[내지는 16종의 물건이 나열되어있다.] 지쓰에 아사리와 엔교 아사리, 9명이 동일하게 따로 받아서 썼다. 삼가 서장(書狀)을 올린다.

開成四年閏正月三日 傳法阿闍梨義眞等[云々]

개성(開成) 4년(839) 윤(閏) 정월 3일, 전법아사리 기신(義眞) 등이 말했다.

私云 高野山奥院 安置道具 併圓行和尚歸朝之尅所持來也 是任義眞等素意 令安置高祖影

나는, "코야산(高野山)[387]의 깊숙한 절에 도구를 안치했다. 또한, 엔교 화상이 일본으로 돌아왔을 때에 갖고 왔던 것이다. 이것에 기신 등의 본래 뜻에 따라서 고조(高祖)의 영전에 안치하게 하였다.

---

386 손잡이의 두 끝 부분이 갈라지지 않은 금강저를 말한다.

387 코야산(高野山)은 와카야마현(和歌山県)에 위치한 100개 이상의 사원이 밀집해있는 일본에서는 유례가 없는 종교 도시이다. 진언밀교의 성지이며 홍법대사 입정신앙(入定信仰)의 산으로서 2004년 7월에 등록되었던 유네스코 세계유산 '기이산지(紀伊山地)의 영장(霊場)과 참지도(参詣道)'를 구성하는 자산의 일부이다.

前者也 和漢雖境隔 門徒芳契志令(今カ)可貴々々

일본과 당이 비록 국경이 막혔지만, 문도의 약속이 가진 뜻은 가히 귀중하다"고 말했다.

右入唐五家傳東寺觀智院所藏延文古本也

앞의 『입당오가전』은 동사 관지원에서 소장하고 있는 연문(延文)[388] 대의 고본이다.

文政二年丁巳潤月令門人中山信名就本院寫之了

문정(文政) 2년(1819) 문인 나카야마 노부나(中山信名)[389]로 하여금 본원의 고본을 취해서 모사를 완료하게 했다.

檢校保己一

하나와 호키이치(保己一)[390]가 검교했다.

388 연문(延文)은, 남북조 시대의 원호로서 북조에서 사용되었다. 1356-1361년까지를 가리킨다.

389 에도시대 후기의 국학자로서 1802년, 16세에 하나와 호키이치(保己一)의 문하로 들어가서 『군서유종(群書類従)』의 편찬에 진력하였다. 하나와 호키이치가 화학강담소(和學講談所)의 교수가 되면서 그의 이름도 널리 알려졌다.

390 하나와 호키이치(保己一, 1746-1821)는 에도시대의 국학자이다. 『군서유종』, 『속군서유종』을 편찬하였다. 총검교(総検校)의 직위에 있었고, 정4위의 관위를 받았다.

3

고대 일본의 입당승·입송승 일람
(653~1200년)

- 정순일, 가와노 야스히로, 데시마 다카히로

번호	승려이름	입당한 해 (서력)	입당한 해 (일본 연호)	입당한 해 (중국 연호)	입당할 때 이용한 배	주요 체류지
1	도겐 (道厳)	653	하쿠치(白雉) 4년	영휘(永徽) 4년	견당사 (대사 기니노 나가니 (吉士長丹))	불명
2	도쓰 (道通)	653	하쿠치 4년	영휘 4년	견당사	불명
3	도코 (道光)	653	하쿠치 4년	영휘 4년	견당사	
4	게이시 (恵施)	653	하쿠치 4년	영휘 4년	견당사	불명
5	쇼카쿠 (覚勝)	653	하쿠치 4년	영휘 4년	견당사	불명
6	벤세이 (弁正)	653	하쿠치 4년	영휘 4년	견당사	불명
7	세이쇼 (恵照)	653	하쿠치 4년	영휘 4년	견당사	불명
8	소닌 (僧忍)	653	하쿠치 4년	영휘 4년	견당사	불명
9	지소 (知聡)	653	하쿠치 4년	영휘 4년	견당사	불명
10	지벤 (知弁)	653	하쿠치 4년	영휘 4년	견당사	불명
11	도쇼 (道昭)	653	하쿠치 4년	영휘 4년	견당사	장안 (長安)
12	조에 (定恵)	653	하쿠치 4년	영휘 4년	견당사	장안
13	아다치 (安達)	653	하쿠치 4년	영휘 4년	견당사	
14	도칸 (道観)	653	하쿠치 4년	영휘 4년	견당사	
15	기도쿠 (義徳)	653	하쿠치 4년	영휘 4년	견당사	
16	도후쿠 (道福)	653	하쿠치 4년	영휘 4년	견당사	
17	기코 (義向)	653	하쿠치 4년	영휘 4년	견당사	
18	에묘 (恵妙)	불명				
19	지코쿠 (智國)	불명				

귀국한 해	귀국할때 이용한배	사항	출전	비고
불명			『書紀』	
불명			『書紀』	
덴무7년 (678)		율종을 배우고「사분율초선록문(四分律抄選錄文)」을 저술한다.	『書紀』 『傳通緣起』	
불명		몬무(文武) 2년 3월에「승정(僧正)」이 된다.	『書紀』 『僧綱補任』	
객사			『書紀』	
불명			『書紀』	
불명			『書紀』	
불명			『書紀』	
조난사			『書紀』	
하쿠치 4년 (654)			『書紀』 『善隣國寶記』	
사이메이 7년(661)	견당사 (쓰모리노 키사)	겐조(玄奘)에게 법상종을 배운다. 법상제일전(法相第一傳).	『書紀』『續紀』 『傳通緣起』	
덴지 4년 (665)	당사(唐使) 류덕고(劉德高)의 배	후지와라노 가마타리(藤原鎌足)의 아들. 진타이(神泰)에게서 배운다.	『書紀』『家傳』	
			『書紀』	
			『書紀』	
지토(持統) 4년(690)	신라배 (김고훈(金高訓))		『書紀』	
조난사			『書紀』	
조난사			『書紀』	
객사			『書紀』	
불명			『書紀』	

번호	승려이름	입당한 해 (서력)	입당한 해 (일본 연호)	입당한 해 (중국 연호)	입당할 때 이용한 배	주요 체류지
20	지소 (智宗)	653	하쿠치 4년	영휘 4년	견당사	
21	기쓰 (義通)	불명				
22	묘이 (妙位)	불명				
23	호쇼 (法勝)	불명				
24	지쓰 (智通)	658	사이메이(斉明) 4년	현경(顕慶) 3년	신라배	장안
25	지타쓰 (智達)	658	사이메이 4년	현경 3년	신라배	장안
26	도큐 (道久)	불명				
27	조칸 (浄願)	불명				
28	지조 (智蔵)	663~671	덴지(天智) 연간	용삭(龍朔) 2년~ 함형(咸亨) 2년		
29	벤세이 (弁正)	701~703	다이호(大寶) 연간	사성(嗣聖) 18~20년		장안
30	도지 (道慈)	702	다이호 2년	사성 19년	견당사	장안
31	지호 (智鳳)	703	다이호 3년	사성 20년		복양 (濮陽)
32	지란 (智鸞)	703	다이호 3년	사성 20년		복양
33	지유 (智雄)	703	다이호 3년	사성 20년		복양
34	쇼교 (勝暁)	불명				
35	교젠 (行善)	불명				
36	겐보 (玄昉)	717	요로(養老) 원년	개원(開元) 5년	견당사	
37	리교 (理鏡)	717 ?	요로 원년 인가?	개원 5년 인가?	견당사	

귀국한 해	귀국할때 이용한배	사항	출전	비고
지토(持統) 4년(690)	신라배(김고훈)		『書紀』	
조난사			『書紀』	
하쿠치 5년 (654)	견당사		『書紀』	
하쿠치 5년 (655)	견당사		『書紀』	
불명		겐조·기키(窺基)에게서 배운다. 법상제이전(法相第二傳).	『書紀』 『傳通緣起』	
불명		겐조·기키(窺基)에게서 배운다. 법상제이전(法相第二傳).	『書紀』	
덴지 10년 (671)	곽무종(郭務宗)의 배		『書紀』 『傳亨釋書』	
지토(持統) 4년(690)	신라배(김고훈)		『書紀』	
지토시기 (687~696)		고학니(高學尼)에게 삼론(三論)을 배운다. 삼론제이전(三論第二傳).	『書紀』 『傳通緣起』 『懷風藻』	
객사		현종(玄宗)이 그의 바둑 기술을 사랑하다.	『懷風藻』	
요로 2년 (718)	견당사	삼론·법상을 배운다. 삼론제삼전(三論第三傳).	『續紀』 『傳通釋起』	
불명		지주(智周)에게 삼론을 배운다. 법상제삼전(法相第三傳).	『元亨釋書』 『傳通緣起』	
불명		지주에게 삼론을 배운다. 법상제삼전(法相第三傳).	『傳通緣起』	
불명		지주에게 삼론을 배운다. 법상제삼전(法相第二傳).	『傳通緣起』	
요로 2년 (718)인가?		「학문승」, 전경창례(轉經唱禮)의 본보기라고 이야기된다.	『緣紀』	
요로 2년 (719)인가?		스이코(推古) 천황대에 고구려로 파견되었고, 그후 당에 건너가 「일본국사」와 함께 귀조했다고 한다.	『靈異記』 『扶桑略記』	
덴표 6년 (734)	견당사	복양의 지주에게 배운다. 법상제사전(法相第四傳).	『續紀』 『傳通緣起』	
덴표 8년 (736)	견당사	중천축(中天竺)의 바라문(婆羅門) 승려 보리선나(菩提僊那)를 데리고 온다.	『南天竺婆羅門僧正碑』	

번호	승려이름	입당한 해 (서력)	입당한 해 (일본 연호)	입당한 해 (중국 연호)	입당할 때 이용한 배	주요 체류지
38	요에이 (栄叡)	733	덴표(天平) 5년	개원 21년	견당사	낙양(洛陽)·장안·양주(揚州)
39	후쇼 (普照)	733	덴표 5년	개원 21년	견당사	낙양·장안·양주
40	겐로 (玄朗)	733	덴표 5년	개원 21년	견당사	낙양·장안·양주
41	겐호 (玄法)	733	덴표 5년	개원 21년	견당사	낙양·장안·양주
42	교코 (業行)	733	덴표 5년	개원 21년	견당사	낙양·장안·양주
43	교가 (行賀)	752	덴표쇼호 (天平勝宝) 4년	천보(天寶) 11년	견당사	
44	가이유 (戒融)	불명				
45	에이추 (永忠)	770~775	호키(寶亀) 초기	태력 5~9년		
46	가이묘 (戒明)	772	호키 3년	태력 7년		
47	도쿠세이 (得清)	불명				
48	지조 (智蔵)	불명				
49	젠기 (善議)	불명				
50	곤고산마이 (金剛三昧)	불명				
51	사이초 (最澄)	804	엔랴쿠(延暦) 23년	정원(貞元) 20年	견당사	명주(明州)·천태산 (天台山)·월주(越州)
52	기신 (義真)	804	엔랴쿠 23년	정원 20년	견당사	명주·천태산·월주
53	구카이 (空海)	804	엔랴쿠 23년	정원 20년	견당사	복주(福州)·장안·월주

귀국한 해	귀국할때 이용한배	사항	출전	비고
객사		양주에서 감진(鑑真)에게 사사.	『東征傳』	
덴표쇼호 5년(753)	견당사	덴표호지 3년(759), 도로에 과수를 심을 것을 아뢴다.	『續紀』 『東征傳』	
불명		덴표 15년(743) 감진과 함께 도항하지만 행방이 묘연	『東征傳』	
불명		덴표 15년(744) 감진과 함께 도항하지만 행방이 묘연	『東征傳』	
불명		덴표 15년(745) 감진과 함께 도항하지만 행방이 묘연	『東征傳』	
		유식(唯識)·법화(法華)를 연구. 『성교요문(聖教要文)』 5백권을 가져오다.	『類聚國史』	
덴표호지 7년(763)	송(送) 발해사의 배	입당학문승이라고 한다.	『續紀』	
엔랴쿠 초기 (782~791)		율려선궁도(律呂旋宮図)등을 장래.	『元亨釋書』 『御将来目錄』	
불명		입당했을 때, 『승만경의소(勝蔓經義疏)』 등을 양주 용흥사(龍興寺) 영우(靈祐)에게 준다.	『延曆僧錄』	
불명		입당했을 때, 『승만경의소』 등을 양주 용흥사 영우에게 준다.	『延曆僧錄』	
불명		「일본승 지조(智藏)」라고 한다.	『文苑英華』 221	
불명		입당했다고는 하지만 다른 사료에 보이지 않는다.	『元亨釋書』	
불명		『유양잡조(酉陽雑俎)』에 「왜국승 곤고산마이」라고 기록되어 있다.	『酉陽雑俎』 『入竺日本僧金剛三昧傳考』	
엔랴쿠 24년(805)	견당사	도수(道邃)와 행만(行滿)에게 천태학을 배우고, 소연(翛然) 으로부터 선(禪), 순효(順曉)로부터 밀교를 배운다.	『叡山大師傳』 『續後紀』	입당팔가(入唐八家)
엔랴쿠 24년(805)	견당사	사이초(最澄)의 통역으로 입당. 천태종 제2조.	『叡山大師傳』 『元亨釋書』	
다이타이(大同) 원년(806)	견당사	청룡사 혜과(惠果)에게 밀교를 배우고, 새로 번역한 경전을 다수 장래.	『性靈集』 『御將來目録』	입당팔가

번호	승려이름	입당한 해 (서력)	입당한 해 (일본 연호)	입당한 해 (중국 연호)	입당할 때 이용한 배	주요 체류지
54	료센 (靈仙)	804	엔랴쿠 23년	정원 20년	견당사	장안·오대산 (五臺山)
55	엔키 (円基)	785~805	엔랴쿠 4~24년	정원 원년 ~20년		
56	조교 (常曉)	838	조와(承和) 5년	개성(開成) 3년	견당사	양주
57	기초 (義澄)	838	조와 5년	개성 3년	견당사	양주·장안
58	가이묘 (戒明)	838	조와 5년	개성 3년	견당사	양주
59	엔교 (円行)	838	조와 5년	개성 3년	견당사	양주·장안
60	엔닌 (円仁)	838	조와 5년	개성 3년	견당사	양주·적산(赤山)·오대산·장안
61	유이쇼 (惟正)	838	조와 5년	개성 3년	견당사	
62	유이교 (惟曉)	838	조와 5년	개성 3년	견당사	
63	엔사이 (円載)	838	조와 5년	개성 3년	견당사	천태산·장안
64	닌코 (仁好)	838	조와 5년	개성 3년	견당사	
65	준쇼 (順昌)	838	조와 5년	개성 3년	견당사	
66	닌사이 (仁濟)	838	조와 5년	개성 3년	견당사	
67	에가쿠 (恵蕚)	841	조와 8년			사주(泗州)·오대산·천태산·항주(杭州)
68	에운 (恵運)	842	조와 9년		당인(唐人) 이처인(李處人)의 배	오대산·장안·천태산

귀국한 해	귀국할때 이용한배	사항	출전	비고
객사		예천사(醴泉寺)에서 통역으로 일하고, 삼장(三藏)을 받는다. 이후에 오대산 영경사(靈境寺)에 은거.	『靈仙三藏行歷抄』 『巡禮行記』	
불명		『행력초(行歷抄)』에는 눈병때문에 귀국했다고 나온다.	『叡山大師傳』 『行歷抄』	
주와 6년 (839)	선낭사	양주에서 원조(元照)에게 삼론교학을, ?에게 밀교와 대원수법(大元帥法)을 배운다.	『常曉和尚將來目錄』 『巡禮行記』	입당팔가
조와 6년 (839)	견당사	입경이 허락되지 않아서, 견당사의 겸종(傔從)으로 변장해서 입경.	『巡禮行記』	
조와 6년 (839)	견당사	진언청익승(真言請益僧). 입경이 허락되지 않음.	『巡禮行記』	
조와 6년 (839)	견당사	진언청익승. 청룡사 의진(義眞)에게 밀교를 배운다.	『巡禮行記』 『靈巖寺和尚傳』	입당팔가
조와 14년 (847)	신라인 김진(金珍)의 배	적산법화원에서 오대산 순례를 뜻하였고, 이어서 장안에서 원정(元政)·의진(義真)에게 밀교를, 남천축의 보월(寶月)에게 범어 등을 배우며, 여러 종류의 경전을 장래한다.	『巡禮行記』	입당팔가
조와 14년 (847)	신라인 김진의 배	엔닌의 종승(從僧).	『巡禮行記』	
객사		엔닌의 종승으로, 장안에서 사망.	『巡禮行記』	
조난사	당인 이연효(李延孝)의 배	천태산 광수(廣修)·유견(維蠲)의 당쾌(唐決)를 얻고, 또한 청룡사의 법전(法全)으로부터 관정(灌頂)을 받았다.	『巡禮行記』 『扶桑略記』	
조와 10년 (843)	신라인 장공정(張公靖)의 배	엔사이의 종승. 천태산에서 얻은 당쾌를 가지고 돌아온다.	『續後紀』	입당 첫 번째
조와 10년 (843)	신라인 장공정의 배	엔사이의 종승. 천태산에서 얻은 당쾌를 가지고 돌아온다. 닌코와 함께 귀국.	『續後紀』	
불명		엔사이의 종승.	『巡禮行記』	
조와 9년 (842)	당인 이인덕(李驎德)의 배	오대산·천태산 등을 순례한다.	『續後紀』 『巡禮行記』 『入唐略記』	입당 첫 번째
조와 14년 (847)	당인 장우신(張友信)의 배	오대산을 순례하고, 기신에게 밀교를 배운다.	『安祥寺資財帳』	입당팔가

번호	승려이름	입당한 해 (서력)	입당한 해 (일본 연호)	입당한 해 (중국 연호)	입당할 때 이용한 배	주요 체류지
69	엔슈 (円修)	842 ?	조와 9년인가?			천태산·명주
70	닌코 (仁好)	844	조와 11년	회창(會昌) 4년		
71	에가쿠 (惠蕚)	844	조와 11년	회창 4년		소주(蘇州)·명주
72	쇼카이 (性海)	846	조와 13년		당인 이인덕(李驎德)의 배	
73	엔가쿠 (円覚)	불명				오대산·장안
74	에가쿠 (惠蕚)	불명				오대산·서주(徐州)
75	에가쿠 (惠蕚)	불명				명주
76	엔친 (円珍)	853	닌주(仁寿) 3년		당인 흠량휘(欽良暉)의 배	복주·천태산·낙양·장안
77	간세이 (閑静)	853	닌주 3년		당인 흠량휘의 배	복주·천태산·낙양·장안
78	호치 (豊智)(智聡)	853	닌주 3년		당인 흠량휘의 배	복주·천태산·낙양·장안
79	신뇨 (真如) 法親王	862	조간(貞観) 4년	함통(咸通) 3년	당인 장우신(張友信)의 배	명주·낙양·장안·광주
80	겐신 (賢真)	862	조간 4년	함통 3년	당인 장우신의 배	
81	추젠 (忠全)	862	조간 4년	함통 3년	당인 장우신의 배	

귀국한 해	귀국할때 이용한배	사항	출전	비고
조와 11년 (844)일까?	당인 장우신의 배	조와 10년 천태산에 오른다.	『行歷抄』	
조와 14년 (847)	당인 장우신의 배	엔닌·엔사이에게 금을 주고, 엔사이의 글을 갖고 귀국.	『巡禮行記 『續後紀』	입당 두 번째
조와 14년 (847)	당인 장우신의 배	폐불 때문에 소주에서 발이 묶이고, 『백씨문집(白氏文集)』을 서사하며, 당승 의공(義空)을 초빙한다.	『續後紀』 『巡禮行記』 『入唐略記』 『白氏文集』	입당 두 번째
조와 14년 (847)	신라인 김진의 배	엔닌의 제자. 서신 등을 갖고 돌아왔다.	『續後紀』 『巡禮行記』	
불명		장안에서 엔친과 만나고, 만다라(曼荼羅)를 서사. 신뇨(眞如) 일행과 천축으로 향한다.	『智証大師將來目録』 『入唐略記』	
가쇼(嘉祥) 2년(849)	당인 서공우(徐公祐)의 배	오대산의 무무화상(無々和尙)을 초빙한다.	「唐人書簡」	입당 세 번째
닌주(仁寿) 2년(852)	당인 서공우의 배	기쿠(義空)와 교우가 있는 당승과 교류.	「唐人書簡」	입당 네 번째
덴안(天安) 2년(858)	당인 이연효(李延孝)의 배	천태산에 오르고, 월주 개원사(開元寺)에서 천태를 배우고, 장안의 핫센에게 밀교를 배운다.	『行歷抄』 『円珍公験』	입당팔가
덴안 2년 (858)	당인 이연효의 배	엔친의 종승.	『行歷抄』	
간교(元慶) 원년(877)	당인 낙한중(駱漢中)의 배	엔친의 종승. 도중에 엔친과 이별하고, 신뇨가 입당하자 월주에서 맞이하여, 장안으로 안내했다.	『三代實錄』	
객사		입당구법을 뜻하여, 장안으로 향하여 엔사이와 만난다. 그러나 폐불의 영향으로 좋은 스승을 얻지 못하고 천축으로 향하는 도중에 나월국(羅越國)에서 사망한다.	『入唐略記』 『三代實錄』	헤이제이(平城) 천황의황사, 나가오카(高岳) 친왕
조간 5년 (863)	당인 장우신의 배	신뇨 법친왕(法親王) 의 종승(従僧).	『入唐略記』	
조간 5년 (863)	당인 장우신의 배	신뇨 법친왕의 종승.	『入唐略記』	

번호	승려이름	입당한 해 (서력)	입당한 해 (일본 연호)	입당한 해 (중국 연호)	입당할 때 이용한 배	주요 체류지
82	슈에이 (宗叡)	862	조간 4년	함통 3년	당인 장우신의 배	오대산·천태산·변주(汴州)·장안
83	안텐 (安展)	862	조간 4년	함통 3년	당인 장우신의 배	
84	젠젠 (禅然)	862	조간 4년	함통 3년	당인 장우신의 배	
85	에치 (恵池)	862	조간 4년	함통 3년	당인 장우신의 배	
86	젠자쿠 (善寂)	862	조간 4년	함통 3년	당인 장우신의 배	
87	겐이 (原懿)	862	조간 4년	함통 3년	당인 장우신의 배	
88	유케 (猷継)	862	조간 4년	함통 3년	당인 장우신의 배	
89	에가쿠 (恵蕚)	862	조간 4년	함통 3년	당인 장우신의 배	명주
90	이치엔 (壱演)	불명				
91	주칸 (中瓘)	불명				
92	이센 (以船)	874	조간 16년			
93	산에 (三慧)	882	간교(元慶) 6년			
94	고신 (好眞)	불명				
95	시료 (師良)	불명				
96	고쿄 (弘挙)	불명				
97	지쿄 (智鏡)	불명				불명

귀국한 해	귀국할 때 이용한 배	사항	출전	비고
조간 7년 (865)	당인 이연효의 배	신뇨 법친왕과 입당. 오대산·천태산을 순례하고, 또한 변주의 현경(玄慶), 장안의 핫센 등에게 밀교를 배운다.	『入唐略記』	입당팔가
불명		신뇨 법친왕의 종승.	『入唐略記』	
불명		신뇨 법친왕의 종승.	『入唐略記』	
불명		신뇨 법친왕의 종승.	『入唐略記』	
불명		신뇨 법친왕의 종승.	『入唐略記』	
불명		신뇨 법친왕의 종승.	『入唐略記』	
불명		신뇨 법친왕의 종승.	『入唐略記』	
조간 5년 (863)	당인 장우신의 배	신뇨 법친왕을 따라서 입당. 겐신(賢真)·주젠(忠全)과 명주에서 귀국.	『續後紀』 『巡禮行記』 『入唐略記』	입당 다섯 번째
불명		신뇨 법친왕의 제자. 일찍이 당에 건너왔다고는 하지만, 다른 사료에 보이지 않는다.	『今昔物語集』	
불명		신뇨 법친왕이 천축으로 향할 때, 도중에 나월국에서 사망했다고 전해진다.	『三代實錄』 『菅家文草』	
불명		입당을 위해서 다자이후로부터 벼를 받는다.	『三代實錄』	
불명		엔친의 명에 따라서 입당하고, 궐경(闕經) 340여 권을 구한다.	『円珍傳』	
불명		『입당략기(入唐略記)』에 수록된 재당승 고신(好眞)의 첩에 있다.	『入唐略記』	
객사		고신의 첩에 이름이 있다.	『入唐略記』	
불명		고신의 첩에 이름이 있다.「상도숭성사장강경률(上都崇聖寺長講経經)」	『入唐略記』	
엔기(延喜) 13년(913)		913년, 『치성광경(熾盛光經)』을 조정에 진상. 이 경전은 908년 천주(泉州) 개원사 승려 유신(惟慎)이 서사했던 것일까?	『熾盛光經(青蓮院吉水藏)』 跋文	

번호	승려이름	입당한 해 (서력)	입당한 해 (일본 연호)	입당한 해 (중국 연호)	입당할 때 이용한 배	주요 체류지
98	간켄 (寛建)	927	엔초(延長) 5년	천성(天成) 2년		복주·건주(建州)
99	간호 (寛輔)	927	엔초 5년	천성 2년		복주·건주·오대산·장안·낙양·개봉(開封)
100	조카쿠 (澄覚)	927	엔초 5년	천성 2년		복주·건주·오대산·장안·낙양
101	초안 (長安)	927	엔초 5년	천성 2년		복주·건주·오대산·장안·낙양·개봉(開封)
102	초카이 (超會)	927	엔초 5년	천성 2년		복주·건주·오대산장안·낙양·개봉(開封)
103	니치엔 (日延)	953	덴랴쿠(天暦) 7년	광순(廣順) 3년	오월국(呉越國) 장승훈(蔣承勲)의 배	항주·천태산
104	덴치 (伝智)	957?	덴토쿠(天徳) 원년	현덕(顯徳) 4년	오월국 성덕언(盛徳言)의 배인가?	항주·첨성국(瞻城國)
105	조넨 (奝然)	983	에이간(永観) 원년	태평흥국(太平興國) 8년	오월국(송) 진인상(陳仁爽)·서인만(徐仁満) 등의 배	태주(台州)·천태산·개봉·오대산·낙양
106	가인 (嘉因)	983	에이간 원년	태평흥국 8년	오월국(송) 진인상·서인만 등의 배	태주·천태산·개봉·오대산·낙양

귀국한 해	귀국할때 이용한배	사항	출전	비고
객사		고후쿠지의 승려. 구법·오대산 순례를 위해서 도해. 조정으로부터 고(故)·스가와라노 미치자네(菅原道真) 등 4명의 시집과 황금을 부탁받는다. 간켄(寛建)은 민국(閩國) 건주(建州)에서 사망.	『日本紀略』 『扶桑略記』 『鵝珠鈔』	
객사		간켄의 종승. 오대 후당의 장흥(長興) 연간에 낙양으로 가고, 오대산 등을 순례. 개봉에서 밀교를 보급했다.	『鵝珠鈔』 『参記』	
불명		간켄의 종승. 간호(寛輔)와 같이 상경하여, 유식론(唯識論)을 강의했다. 이후 귀국을 위해서 양절로 내려갔다고 한다.	『鵝珠鈔』	
불명		간켄의 종승.	『鵝珠鈔』	
객사인가?		간켄의 종승. 중국에 체재하면서 983년 개봉에 왔던 입송승 조넨(奝然)과 대면했다.	『鵝珠鈔』	
덴토쿠 원년(957)	오월국 성덕언(盛德言)의 배	오월로부터의 불전 송치(送致)에 응하기 위해서 엔랴쿠지(延暦寺)에서 파견. 새 역법을 배워서 귀국, 내외전적(内外典籍)을 가져왔다.	『大宰府神社文書』 『参記』	
객사		본래는 다자이후의 관인. 항주로 건너간다. 이후 인도를 목표로 가는 도중, 참파국에서 사망.	『鵝珠鈔』 『洺水集』7	959년에 오월국의 배로 도해했을 가능성이 있다.
간와(寛和) 2년(986)	송 정인덕(鄭仁德)의 배	구법과 오대산 순례를 위해서 입송, 태종으로부터 판본대장경(版本大蔵経)을 하사받아서 귀국. 청량사(清凉寺) 현존의 삼국전래석가여래상(三國傳來釋迦如來像)도 청래.	『奝然入宋求法巡禮行並瑞像造立記(清凉寺釋迦如來像胎内納入物)』 『盛算記(優填王所造栴檀釋迦瑞像歴記)』	
간와 2년(986)	송 정인덕의 배	조넨의 종승. 이후 재차 입송.	同上	

번호	승려이름	입당한 해 (서력)	입당한 해 (일본 연호)	입당한 해 (중국 연호)	입당할 때 이용한 배	주요 체류지
107	조엔 (定縁)	983	에이간 원년	태평흥국 8년	오월국(송) 진인상·서인만 등의 배	태주·천태산·개봉·오대산·낙양
108	고조 (康城)	983	에이간 원년	태평흥국 8년	오월국(송) 진인상·서인만 등의 배	태주·천태산·개봉·오대산·낙양
109	세이산 (盛算)	983	에이간 원년	태평흥국 8년	오월국(송) 진인상·서인만 등의 배	태주·천태산·개봉·오대산·낙양
110	기켄 (祈乾)	983	에이간 원년	태평흥국 8년	오월국(송) 진인상·서인만 등의 배	태주·천태산·개봉·오대산·낙양
111	기메이 (祈明)	983	에이간 원년	태평흥국 8년	오월국(송) 진인상·서인만 등의 배	태주·천태산·개봉·오대산·낙양
112	가인 (嘉因)	988	에이엔(永延) 2년	단공(端拱) 원년	송인 정인덕(鄭仁德)의 배	개봉인가?
113	기켄 (祈乾, 祚乾)	988	에이엔 2년	단공 원년	송인 정인덕의 배	개봉인가?
114	소이치 (祚壹)	불명				개봉
115	자쿠쇼 (寂照)	1003	초호(長保) 5년	함평(咸平) 6년		명주·천태산·개봉·소주
116	겐토 (元燈)	1003	초호 5년	함평 6년		명주·천태산·개봉·소주

귀국한 해	귀국할때 이용한배	사항	출전	비고
간와 2년 (986)	송 정인덕의 배	조넨의 종승.	同上	
간와 2년 (986)	송 정인덕의 배	조넨의 종승.	同上	
간와 2년 (986)	송 정인덕의 배	조넨의 종승.	同上	
간와 2년 (986)	송 정인덕의 배	조넨의 종승. 984년 태종의 탄생절(건명절)에 수계.	同上	
간와 2년 (986)	송 정인덕의 배	조넨의 종승. 985년 태종의 탄생절(건명절)에 수계.	同上	
쇼랴쿠 (正曆) 원년(990)	송 정인덕의 배인가?	오대산 공양과 새롭게 번역한 경전의 청래를 목적으로 하여, 태종 앞으로 보내는 조넨의 표 및 공물을 가지고 입송.	『宋史』 『續左丞抄』 『扶桑略記』 『小右記』	
쇼랴쿠 원년(990)	송 정인덕의 배인가?	가인(嘉因)의 종승.	同上	가인과 함께 귀국했다고 생각해 두자.
불명		989년 개봉에서 송승 혜문(惠文)으로부터 『약사소재의궤(薬師消災儀軌)』를 전수받아 서사. 또한 혜문은 일본승 간호(寛補)의 지본(持本)으로 동 의궤를 전학(傳學)하였다.	『薬師瑠璃光如来消災除難念誦儀軌』識語『覚禅鈔』薬師法	조넨의 제자인가? 기켄(祈乾)과 동일 인물로 보는 견해도 있다.
객사		속명은 오오에노 사다모토(大江定基). 입도(入道) 후, 오대산 순례를 지원하여, 겐신(源信)의 당쾌(송 천태로 보내는 질문장)를 가지고 입송. 송 불교계에서 활동하고 사거.	『扶桑略記』 『日本紀略』 『小右記』 『御堂關白記』 『参記』 『四明尊者教行錄』	
객사		자쿠쇼(寂照)의 종승. 천태산으로 들어가, 송승의 제자가 되는 등 장기 활동을 했던 것 같다.	同上	

번호	승려이름	입당한 해 (서력)	입당한 해 (일본 연호)	입당한 해 (중국 연호)	입당할 때 이용한 배	주요 체류지
117	묘렌 (明蓮)	1003	초호 5년	함평 6년		명주·천태산·개봉·소주
118	넨큐 (念救)	1003	초호 5년	함평 6년		명주·천태산·개봉·소주
119	가쿠인 (覚因)	1003	초호 5년	함평 6년		명주·천태산·개봉·소주
120	넨큐 (念救)	1015?	조와(長和) 4년	대중상부 (大中祥符) 8년		불명 (명주·천태산 등일까?)
121	쇼료 (紹良)	不明				명주
122	게세이 (慶盛)	1049	에이쇼(永承) 4년	황우(皇祐) 원년		불명
123	조진 (成尋)	1072	엔큐(延久) 4년	희령(熙寧) 5년	송인 증취(曾聚) 등의 배	항주·천태산·개봉·오대산
124	라이엔 (頼縁)	1072	엔큐 4년	희령 5년	송인 증취 등의 배	항주·천태산·개봉·오대산
125	가이슈 (快宗)	1072	엔큐 4년	희령 5년	송인 증취 등의 배	항주·천태산·개봉·오대산
126	유이칸 (惟観)	1072	엔큐 4년	희령 5년	송인 증취 등의 배	항주·천태산·개봉·오대산
127	신켄 (心賢)	1072	엔큐 4년	희령 5년	송인 증취 등의 배	항주·천태산·개봉·오대산

귀국한 해	귀국할때 이용한배	사항	출전	비고
불명		자쿠쇼의 종승.	同上	
조와(長和) 2년(1013)		자쿠쇼의 종승. 일시 귀국해서 입경, 후지와라노 미치나가(藤原道長) 등을 방문하여 송 천태산으로의 권진(勸進)을 행한다.	同上	귀국한 해는 전년으로 거슬러 올라갈 가능성이 있다.
불명		자쿠쇼의 종승. 1022년 명주에서 지례(知禮)의 저작을 서사.	同上, 그리고 『両巻疏知記』識語	
불명		송 천태산에 대한 기진물(寄進物)과 자쿠쇼 등 5명의 도첩을 가지고 1015년에 수도를 지나간다.	『日本紀略』 『小右記』 『御堂關白記』	입송한 해는 다음해가 될 가능성이 있다.
불명		지례의 흔적을 따라서 명주 연경원(延慶院) 주지가 되었던 고치(廣智) 화상의 밑에서 법을 배우고, 3년 후에 귀국.	『佛祖統紀』	입송은 쇼켄(尚賢)이 연경원의 주지가 되었던 1028년 이후이다.
불명		이해, 관부(官符)를 신청해서 입당(송)했다고 한다.	『入唐記』	
객사		천태산과 오대산을 순례. 궁중에서 기우의 수법을 행한다. 귀국하지 않고 송에서 사망한다.	『参記』	
엔큐(延久) 5년(1073)	송인 손길(孫吉)의 배	조진(成尋)의 종승. 조진이 수집한 불서, 신종 황제의 천황에 대한 증물(贈物) 등을 가지고 귀국.	『参記』 『百練抄』	손길은 뒤에 나오는 손충과 동일 인물인가?
엔큐 5년 (1073)	송인 손길의 배	조진의 종승. 위와 같음.	同上	
엔큐 5년 (1073)	송인 손길의 배	조진의 종승. 위와 같음.	同上	
엔큐 5년 (1073)	송인 손길의 배	조진의 종승. 위와 같음.	同上	

번호	승려이름	입당한 해 (서력)	입당한 해 (일본 연호)	입당한 해 (중국 연호)	입당할 때 이용한 배	주요 체류지
128	젠큐 (善久)	1072	엔큐 4년	희령 5년	송인 증취 등의 배	항주·천태산·개봉·오대산
129	세이슈 (聖秀)	1072	엔큐 4년	희령 5년	송인 증취 등의 배	항주·천태산·개봉·오대산
130	초메이 (長明)	1072	엔큐 4년	희령 5년		항주·천태산·개봉·오대산
131	에이치 (永智)	1073	엔큐 5년	희령 6년	송인 류곤(劉琨)·이전(李詮)의 배	명주
132	추카이 (仲回)	1077	조랴쿠(承曆) 원년	희령 10년	송인 손충(孫忠)의 배	명주
133	겐엔 (嚴円)	불명				천태산
134	가이카쿠 (戒覚)	1082	에이호(永保) 2년	원풍(元豊) 5년	송인 류곤의 배	명주·개봉·오대산
135	류손 (隆尊)	1082	에이호 2년	원풍 5년	송인 류곤의 배	명주·개봉·오대산
136	센세이 (仙勢)	1082	에이호 2년	원풍 5년	송인 류곤의 배	명주·개봉·오대산
137	가이슈 (快宗)	불명				개봉
138	에이센 (永暹)	불명				천태산

귀국한 해	귀국할때 이용한배	사항	출전	비고
엔큐 5년 (1073)	송인 손길의 배	조진의 종승. 위와 같음.	同上	
불명		조진의 종승. 조진과 함께 송에 체재한다.	『参記』	
불명		조진의 종승. 조진과 함께 송에 체재한다.	『参記』	
불명		전년도에 히젠국(肥前國)의 가베섬(壁島)에서 조진 등을 배웅했던 승려. 조진을 마중하게 위해서 입송한 것일까?	『参記』	라이엔(頼縁) 등과 함께 귀국했을까?
겐호(元豊) 원년(1078)	송인 손충(孫忠)의 배	신종(神宗)이 조진의 종승에게 맡겼던 증물의 반례(返禮)를 명주에서 보낸다. 대사(大師) 칭호를 받고, 회사품(回賜品)과 함께 귀국.	『宋史』 『續資治通鑑長編』 『師記』	
불명		송에서 조진으로부터 혈맥(血脈)을 하사받다.	『忍空授釼阿狀』	
객사		하리마국(播磨國) 짓포지(實報寺)의 승려. 밀항해서 송으로 건너가, 황제를 알현한 후 오대산으로 들어간다.	『渡宋記』	
불명		가이카쿠(戒覚)의 종승. 1083년 이후 가이카쿠의 일기『도송기(渡宋記)』를 가지고 귀국했을까?	同上	
불명		가이카쿠의 종승. 가이카쿠와 함께 오대산에 체재한다.	同上	
불명		1083년 3월, 가이슈(快宗) 등 13명은 신종을 알현. 가이슈는 죠진을 따라 1072년에 입송, 다음해 귀국하였다.	『續資治通鑑長編』	
불명		1083년 정월, 천태산에서 조진이 수지한 불서를 서사. 또한 다음해 정월, 천태산에 있는 조진의 묘 앞에서, 상술한 겐엔(厳円)으로부터 법을 받는다.	『大乘瑜伽金剛性海曼殊室利千臂千鉢儀軌』 奥書 『忍空授釼阿狀』	

번호	승려이름	입당한 해(서력)	입당한 해(일본 연호)	입당한 해(중국 연호)	입당할 때 이용한 배	주요 체류지
139	니치엔(日円)	불명				천태산인가?
140	가이엔(快円)	불명				불명
141	메이한(明範)	1091	간지(寛治) 5년	대안(大安) 5년(요)	송인 융곤(隆琨)의 배	불명
142	초겐(重源)	1167	닌안(仁安) 2년	건도(乾道) 3년		명주·아육왕산(阿育王山)·천태산
143	에이세이(栄西)	1168	닌안 3년	건도 4년		명주·아육왕산·천태산
144	유이카(唯雅)	1168	닌안 3년	건도 4년		불명
145	가쿠아(覚阿)	1171	조안(承安) 원년	건도 7년		항주·천태산·금릉(金陵)·진강(鎮江)
146	긴케이(金慶)	1171	조안 원년	건도 7년		항주·천태산·금릉·진강
147	센카이(先海)	불명				불명

귀국한 해	귀국할때 이용한배	사항	출전	비고
객사		금봉산(金峯山) 등에서 수행한 후, 오대산 순례를 뜻에 두고 입송. 천태산에서 입적했다고 전해진다.	『續本朝往生傳』『金峯山創草記』	가이슈(快宗)와 함께 신종을 알현했던 13명 가운데 한 명일까?
불명		니치엔(日円)의 종승. 오대산과 관련있는 불아(仏牙), 문수찬(文殊讃) 등을 청래.	『伽陀集(金沢文庫蔵)』『御室相承記』	
간지(寛治) 6년(1092)	송인 융곤(隆琨)의 배	거란(요)에 입공하고, 병구(兵具) 등을 매각하여 귀국.	『遼史』『中右記』	융곤은 유곤(劉琨)과 동일 인물일까?
닌안(仁安) 3년(1168)		다른 배로 입송하였던 에이사이(榮西)와 함께 명주 아육왕산·천태산을 순례하고 귀국. 오대산 순례는 달성하지 못함.	『榮西入唐縁起』『愚昧記』『佛祖統紀』『元亨釋書』『玉葉』	1176년까지 세 차례 입송했다고 한다(천복사 소장 종명(鐘銘)).
닌안(仁安) 3년(1168)		명주에서 추겐(重源)과 만나, 함께 아육왕산·천태산을 순례하고 귀국.	『榮西入唐緣起』『興禪護國論』『元亨釈書』	
가오(嘉応) 2년(1170)		1168년에 에이사이와 함께 입송, 귀국할 때 범본(梵本)『법화경(法華経)』을 청래.	『播磨國增位集記』	
조안(承安) 3년(1173)		히에이잔(比叡山)의 승려. 임제종(臨済宗) 양기파(楊岐派)의 가쓰도 에온(瞎堂慧遠)의 법을 계승하여 귀국, 송조의 선(禪) 등을 일본에 전하였다.	『嘉泰普燈錄』『佛海瞎堂禪師廣錄』『周文忠集』40『元亨釋書』	
조안 3년 (1173)		가쿠아(覚阿)의 종승.	同上	
불명		전거 사료에 의하면, 대법사 호신(寶心, 1174년 사망)의 부법(付法) 제자로 입당했다고 한다.	『血脈類集記』	

번호	승려이름	입당한 해 (서력)	입당한 해 (일본 연호)	입당한 해 (중국 연호)	입당할 때 이용한 배	주요 체류지
148	교이 (教意)	불명				불명
149	조에이 (長叡)	불명				불명
150	다이코 교유 (退耕行勇)	1184	겐랴쿠(元曆) 원년	순희(淳熙) 11년		불명
151	에이사이 (栄西)	1187	분지(文治) 3년	순희 14년		항주·온주(温州)·천태산·명주 천동산(天童山)
152	렌추 (練中)	1189?	분지 5년	순희 16년		명주 아육왕산
153	쇼벤 (勝弁)	1189?	분지 5년	순희 16년		명주 아육왕산
154	슌조 (俊芿)	1199	쇼지(正治) 원년	경원(慶元) 5년	송인 장차랑(庄次郎)의 배	강음(江陰)·천태산·명주·항주·수주(秀州)
155	안슈 (安秀)	1199	쇼지 원년	경원 5년	송인 장차랑(庄次郎)의 배	위와 같은가?
156	조가 (長賀)	1199	쇼지 원년	경원 5년	송인 장차랑(庄次郎)의 배	위와 같은가?

귀국한 해	귀국할때 이용한배	사항	출전	비고
불명		전거 사료에 의하면, 겐신(賢信, 1118-1187)의 부법 제자로 입당했다고 한다.	『傳法灌頂師資相承血脈』	
불명		송 건도(乾道) 9년(1173)에 경전 서사.	『佛說呪歯經』奥書	
분지(文治) 4년(1188)		미나모토노 요리토모(源頼朝)의 명으로 입송, 귀국 후에는 바로 가마쿠라로 들어갔다고 한다.	『開山禪師行狀幷足利靈符』	진위 여부는 불명이지만, 일단은 기록한다.
겐큐(建久) 2년(1191)	송인 양삼강(楊三綱)의 배	인도로 가고자 하였으나 달성하지 못하고, 임제종의 법맥을 이어서 귀국, 송 불교를 일본에 보급한다.	『興禪護國論』 『栄西入唐緣起』 『元亨釋書』	
분지 5년(1189)		셋쓰국(摂津國) 산보지(三寶寺)의 승려 노닌(能忍)이, 아육왕산의 홋쇼톡코(拙庵徳光)의 밑으로 렌추(練中)·쇼벤(勝弁)을 파견하여 선종의 인가를 구하였다.	『朱衣達磨半身像賛』 『聖光上人傳』 『成等正覚論』	입송한 해는 전년 이전으로 소급할 가능성이 있다.
분지 5년(1189)		셋쓰국 산보지의 승려 노닌이, 아육왕산의 홋쇼톡코의 밑으로 렌추·쇼벤을 파견하여 선종의 인가를 구하였다.	同上	입송한 해는 전년 이전으로 소급할 가능성이 있다.
겐랴쿠(建暦) 원년(1211)	송인 소장육(蘇張六)의 배	히고국(肥後國) 출신. 절강의 여러 사원에서 선(禪)·율(律)·교(教)를 배우고 귀국, 동시대의 송 불교를 일본에 전파한다.	『不可棄法師傳』	
불명		죠(俊彷)의 종승. 전거사료에 의하면, 송 천태종의 북봉종인(北峯宗印)이 죠의 「문도」를 일본에 보내 오법부(五部法)를 요구하였지만, 해난(海難)을 만나서 사망했다고 한다.	『釋門正統』	
불명		조(俊彷) 종승. 전거사료에 의하면, 송 천태종의 북봉종인이 조의 「문도」를 일본에 보내 오법부를 요구하였지만, 해난을 만나서 사망했다고 한다.	同上	

번호	승려이름	입당한 해 (서력)	입당한 해 (일본 연호)	입당한 해 (중국 연호)	입당할 때 이용한 배	주요 체류지
157	리쿄 (理教)	1199	쇼지 원년	경원 5년		불명
158	안카쿠 (安覚)	불명				종릉(鐘陵, 강서성 남창)

※ 이 표는 기미야 야스히코(木宮泰彦), 『일지교통사(日支交通史) 上』, 金刺芳流堂, 1926과 모리 카츠미(森克己), 『견당사(遣唐使)』, 至文堂, 1966에 게재된 표를 참고하여 가필 수정한 것이다. 「에가쿠(恵萼)」의 입당에 관해서는 다나카 후미오(田中史生), 『국제교역과 고대일본(国際交易と古代日本)』, 吉川弘文館, 2012을 참조했다. 또한 당 멸망부터 12세기까지의 도해승에 대해서는, 하라 미와코(原美和子)·에노모토 와타루(榎本渉), 「일중·일조승려왕래연표(日中日朝僧侶往来年表)」, 『8-17世紀の東アジア地域における人·物·情報の交流』 報告書, 2004 등을 참조해서 작성했다.

※ 출전: 『書紀』(『日本書紀』), 『続紀』(『続日本紀』), 『続後紀』(『続日本後紀』), 『三代実録』(『日本三代実録』), 『伝通縁起』(『三国仏法伝通縁起』), 『家伝』(『藤氏家伝』), 『霊異記』(『日本霊異記』), 『東征伝』(『唐大和上東征伝』), 『行歴抄』(『入唐求法行歴抄』), 『巡礼行記』(『入唐求法巡礼行記』), 『入唐略記』(『頭陀親王入唐略記』), 『円珍伝』(『天台宗延暦寺座主円珍伝』), 『参記』(『参天台五臺山記』)

귀국한 해	귀국할때 이용한배	사항	출전	비고
불명		전거 사료에 　 죠와 동시에 입당(송)했다고 보인다.	『十不二門指要鈔序私見聞』	
불명		나대경(羅大經, 1195년 이후에 탄생)가 소년이었을 때 만난 일본승려. 대장경의 서사를 위해 10년 이상 송에 있었다.	『鶴林玉露』丙 4	

저자 소개

| 정순일 |

고려대 역사교육과를 졸업하고 와세다대 대학원 문학연구과에서 박사 학위를 취득하였다. 현재 고려대학교 역사교육과 부교수로 재직 중이다. 연구 주제는 일본고대사, 동아시아 해역사이다. 주요 연구 성과로는 「九世紀の来航新羅人と日本列島」(저서), 「바다에서 본 역사」(공역), 「古代日本対外交流史事典」(공저) 등이 있다.

| 나행주 |

건국대 사학과를 졸업하고 와세다대 대학원 문학연구과에서 박사 학위를 취득하였다. 현재 건국대 사학과 강의교수이면서 한일관계사학회 회장을 맡고 있다. 연구 주제는 일본고대사, 고대한일관계사, 동아시아 고대의 정치문화이다. 주요 연구 성과로는 「왜 일본에 사무라이가 등장했을까?」(저서), 「소가씨 4대」(저서), 「일본 고중세사」(공저) 등이 있다.

| 강은영 |

전남대 사학과와 서울대 대학원을 졸업하고, 교토대 대학원 문학연구과에서 박사 학위를 취득하였다. 현재 전남대 사학과 교수로 재직 중이다. 연구 주제는 일본고대사, 고대한일관계사이다. 주요 연구 성과로는 「태평양 전쟁과 역사학」(역서), 「신라 촌락문서의 정창원 입고 계기」(논문), 「7세기 신라 · 왜의 대외교섭과 증물(贈物)」(논문) 등이 있다.

| 고치 하루히토 (河内 春人) |

메이지대 대학원 문학연구과에서 박사 학위를 취득하였다. 현재 간토 가쿠인 대학교(関東学院大学) 경제학부 교수로 재직 중이다. 연구 주제는 일본고대사, 동아시아 교류사이다. 주요 연구 성과로는 「東アジア交流史のなかの遣唐使」(저서), 「日本古代君主号の研究」(저서), 「倭の伍王: 王位継承と伍世紀の東アジア」(저서), 「ユ—ラシアのなかの「天平」: 交易と戦争危機の時代」(저서) 등이 있다.

| 가와노 야스히로 (河野 保博) |

고쿠가쿠인대 대학원 문학연구과에서 일본고대사를 전공하였다. 현재 교토예술대학 대학원 준교수로 재직 중이다. 연구 주제는 일본고대사, 동아시아 교류사이다. 주요 연구 성과로는 「入唐僧の求法巡礼と唐代交通」(공저), 「古代日本対外交流史事典」(공저), 「古代史講義【海外交流篇】」(공저) 등이 있다.

| 후루하타 도루 (古畑 徹) |

도호쿠대 대학원 문학연구과에서 동양사를 전공하였다. 현재 가나자와대 인간사회연구역 특임교수로 재직 중이다. 연구 주제는 발해사, 당대사, 동아시아 국제관계, 국제교류사이다. 주요 연구 성과로는 「渤海国と東アジア」(저서), 「渤海国とは何か」(저서), 「高句麗 · 渤海史の射程」(편저) 등이 있다.

| 데시마 다카히로 (手島 崇裕) |

도쿄대 대학원 총합문화연구과에서 박사 학위를 취득하였다. 현재 경희대 일본어학과 조교수로 재직 중이다. 연구 주제는 헤이안시대 대외관계사, 불교 교류사이다. 주요 연구 성과로는 「平安時代の対外関係と仏教」(저서), 「入宋僧の「留学」経験: 平安時代を中心に」(논문), 「伍代 · 宋時代の仏教と日本」(논문), 「근대에서의 입송승(入宋僧) 관련 언설(言說) 연구: 일본 국정교과서 내 기술 등장을 실마리로 하여」(논문) 등이 있다.

| 팜 레 후이 (Pham Le Huy) |

와세다대 문학부와 대학원 문학연구과를 졸업한 후 베트남국립대에서 박사 학위를 취득하였다. 현재 베트남국립대 하노이교 인문사회과학대학 동양학부 전임강사로 재직 중이다. 연구 주제는 일본고대사, 베트남 고중세사이다. 주요 연구 성과로는 「新発見の仁寿元年の交州舎利塔銘について」(논문), 「年号と東アジア: 改元の思想と文化」(공저), 「東アジア文化講座: 東アジアに共有される文学世界」(공저) 등이 있다.

| 에노모토 와타루 (榎本 渉) |

도쿄대 대학원 문학연구과에서 박사 학위를 취득하였다. 현재 국제일본문화연구센터 연구부 교수로 재직 중이다. 연구 주제는 9~14세기 동아시아 교류사이다. 주요 연구

성과로는 「東アジア海域と日中交流: 9~14世紀」(저서), 「南宋・元代日中渡航僧伝記集成　附江戸時代における僧伝集積過程の研究」(저서), 「僧侶と海商たちの東シナ海(増訂版)」(저서) 등이 있다.

| 미즈구치 모토키 (水口 幹記) |

와세다대 대학원 문학연구과에서 박사 학위를 취득하였다. 현재 리쓰메이칸대 문학부 교수로 재직 중이다. 연구 주제는 일본고대사, 동아시아 문화사이다. 주요 연구 성과로는 「古代日本と中国文化: 受容と選択」(저서), 「前近代東アジアにおける〈術数文化〉」(저서), 「成尋」(저서) 등이 있다.

| 곤도 쓰요시 (近藤 剛) |

주오대 대학원 문학연구과에서 박사 학위를 취득하였다. 현재 가이세이(開成) 중학교・고등학교 교사로 재직 중이다. 연구 주제는 고중세 한일관계사이다. 주요 연구 성과로는 「日本高麗関係史」(저서), 「モンゴル襲来以前の日本と高麗:「進奉船」の成立と展開」(논문), 「日本と高麗の交流」(논문) 등이 있다.

| 셰 종즈 (謝 忠志) |

타이완 중국문화대에서 박사 학위를 취득하였다. 현재 타이완 원자오 외국어대 교양교육센터(文藻外語大学通識教育中心) 부교수로 재직 중이다. 연구 주제는 명대 군사사, 명대 사회생활사이다. 주요 연구 성과로는 「直那一死：明代的河豚文化」(논문), 「精兵簡政：明代江西兵備道考辨」(논문), 「明中葉後人物伝記的撰写與傳鈔 ：以張中為例」(논문) 등이 있다.

| 이가와 겐지 (伊川 健二) |

도쿄대 대학원 문학연구과에서 박사 학위를 취득하였다. 현재 와세다대 문학학술원 교수로 재직 중이다. 연구 주제는 일본 중근세 대외관계사이다. 주요 연구 성과로는 「世界史のなかの天正遣欧使節」(저서), 「大航海時代の東アジア: 日欧通交の歴史的前提」(저서), 「Horizons médiévaux d'Orient et d'Occident：regards croisés entre France et Japon」(공저) 등이 있다.

| 야마우치 신지 (山内 晋次) |

오사카대 대학원 문학연구과에서 박사 학위를 취득하였다. 현재 고베여자대 문학부 교수로 재직 중이다. 연구 주제는 전근대 해역 아시아사, 일본 고중세 국제교류사이다. 주요 연구 성과로는 「奈良平安期の日本とアジア」(저서), 「日宋貿易と「硫黄の道」」(저서), 「海域アジア史研究入門」(공편) 등이 있다.

| 류 천 (劉 晨) |

칭화대를 졸업하고, 교토대 대학원 문학연구과에서 박사 학위를 취득하였다. 현재 산둥대 유학고등연구원 부연구원으로 재직 중이다. 연구 주제는 일본 근세사, 동아시아 민속문화이다. 주요 연구 성과로는 「近世初期徳川政権の親族政策について: 徳川「御三家」の成立をめぐって」(논문), 「歴史と文化: アジア史の中の日本古代研究」(공편), 「江戸開幕」(역서) 등이 있다.

| 정기웅 |

고려대 사학과와 대학원 사학과 석사과정을 졸업하고, 같은 학과 박사과정을 수료하였다. 연구 주제는 일본고대사, 고대 역병의 역사이다. 주요 연구 성과로는 「역병의 대유행과 조정의 대응책: 天平9(737)년 역병 사례를 중심으로」(논문), 「8세기 전반 사신의 왕래와 동아시아역내 역병의 전파」(논문), 「고대 일본 의사(医師)의 기능과 역할」(논문) 등이 있다.

| 한상아 |

고려대 역사교육과와 대학원 교과교육학과 석사과정을 졸업하고, 같은 학과 박사과정을 수료하였다. 연구 주제는 동아시아 근현대사, 역사교육이다. 주요 연구 성과로는 「신궁봉경회의 활동과 제신논리의 변용」(논문), 「집단전기학(prosopography)으로 일본 교육학의 궤적을 추적한다」(서평) 등이 있다.

승려와 불교의 동아시아 해역 교류

초판 1쇄 인쇄 2024년 12월 20일
초판 1쇄 발행 2024년 12월 27일

엮 은 이 정순일
지 은 이 정순일, 나행주, 강은영, 고치 하루히토, 가와노 야스히로, 후루하타 도루, 데시마 다카히로, 팜 레 후이, 에노모토 와타루, 미즈구치 모토키, 곤도 쓰요시, 셰종즈, 이가와 겐지, 야마우치 신지, 류천, 정기웅, 한상아
발 행 인 한정희
발 행 처 경인문화사
편 집 김한별 김윤진 김지선 한주연 양은경
마 케 팅 하재일 유인순
출판번호 제406-1973-000003호
주 소 경기도 파주시 회동길 445-1 경인빌딩 B동 4층
전 화 031-955-9300 팩 스 031-955-9310
홈페이지 www.kyunginp.co.kr
이 메 일 kyungin@kyunginp.co.kr

ISBN 978-89-499-6833-9 93910
값 59,000원